EUROPA-FACHBUCHREIHE
für Metallberufe

D1995596

Technische Mathematik Metallbau Konstruktionsmechanik

Lehr- und Übungsbuch

8. überarbeitete Auflage

Bearbeitet von Lehrern an beruflichen Schulen
Lektorat: Alfred Weingartner, München

VERLAG EUROPA-LEHRMITTEL · Nourney, Vollmer GmbH & Co. KG
Düsselberger Straße 23 · 42781 Haan-Gruiten

Europa-Nr.: 11710 ohne Formelsammlung
Europa-Nr.: 12121 mit Formelsammlung

Autoren:

Bahnmüller, Harald	Oberstudienrat	Landshut
Bulling, Gerhard	Studiendirektor	München
Dillinger, Josef	Studiendirektor a. D.	Hausen
Heringer, Stefanie	Oberfachlehrerin	Schechen
Weingartner, Alfred	Studiendirektor a. D.	München

Lektorat und Leitung des Arbeitskreises:
Alfred Weingartner, München

Bildbearbeitung:
Zeichenbüro des Verlags Europa-Lehrmittel, Ostfildern
Bilder ohne Quellenangabe sind vom jeweiligen Autor.

8. Auflage 2020, korrigierter Nachdruck 2024
Druck 5 4 3
Alle Drucke derselben Auflage sind parallel einsetzbar, da sie bis auf die Korrektur von Druckfehlern identisch sind.

ISBN 978-3-8085-1643-0 ohne Formelsammlung
ISBN 978-3-8085-1644-7 mit Formelsammlung

www.europa-lehrmittel.de

Satz: Satz+Layout Werkstatt Kluth GmbH, 50374 Erftstadt
Umschlag: braunwerbeagentur, 42477 Radevormwald
Umschlagfoto: Eislaufhalle im Olympiapark München
Druck: mediaprint solutions GmbH, 33100 Paderborn

Vorwort

Das vorliegende Buch **Technische Mathematik für Metallbauberufe** ist ein Lehr-, Arbeits- und Übungsbuch für die Aus- und Weiterbildung im Berufsfeld Metalltechnik, insbesondere für die Berufe **Metallbauer, Konstruktionsmechaniker** und **Anlagenmechaniker**. Es vermittelt rechnerische Grund- und Fachkenntnisse und kann sowohl unterrichtsbegleitend als auch zum Selbststudium verwendet werden.

Inhalte und Aufbau des Buches folgen dem Lernfeldkonzept der aktuellen Lehrpläne.

Dies spiegelt sich bereits in der Anordnung der Inhalte wider. Konkreten berufstypischen Kundenaufträgen folgen die notwendigen Grundlagen, um die Probleme der Aufgaben zu lösen. Dabei wurden alle Inhalte der bisherigen Auflagen erhalten, sodass erprobte und bewährte Unterrichtskonzepte weiterhin verfolgt werden können.

Der Inhalt gliedert sich in vier Hauptabschnitte:

1 Berechnungen zu typischen Kundenaufträgen
2 Technisches Rechnen
3 Aufgaben zur Vertiefung und Prüfungsvorbereitung
4 Rechnerische Grundlagen

Der Abschnitt 1 Berechnungen zu typischen Kundenaufträgen enthält typische Kundenaufträge, in denen sich die Handlungsfelder und Ausbildungsstufen der Berufsgruppe abbilden. Eine vorangestellte Übersicht gibt eine Empfehlung zur Bearbeitung in entsprechenden Lernfeldern. Dabei sind nicht alle Lernfelder aufgeführt, da sich nach dem Lernfeldkonzept aus der betrieblichen Praxis nicht für jedes Lernfeld notwendig Rechenaufgaben ergeben.

Wiederholungen rechnerischer Probleme bei den einzelnen Kundenaufträgen dienen der Wiederholung und Übung bereits bekannten Wissens. Die Lösung der Aufgaben erfolgt unter Zuhilfenahme der Einführungsbeispiele im Abschnitt 2 im gelenkten Unterricht oder in Eigenarbeit. Teilweise sind dazu auch Werte aus entsprechenden Tabellen zu entnehmen.

Die im Abschnitt 2 Technisches Rechnen aufgeführten Aufgaben können dabei zur weiteren Vertiefung und Übung eingesetzt werden. Die Abschnitte bilden jeweils eine Einheit und sind nach denselben methodischen Gesichtspunkten aufgebaut. Nach der Einführung der Formel wird diese an Musterbeispielen exemplarisch angewandt. Schwierige Aufgaben sind mit einem roten Punkt (●) gekennzeichnet.

Im Abschnitt 3 Aufgaben zur Vertiefung und Prüfungsvorbereitung sind Aufgaben zu ausgewählten Projekten und Aufgabengruppen, die sich an den Fachrichtungen bzw. Schwerpunkten der Ausbildungsberufe orientieren. Sie sollen zur Vertiefung und Prüfungsvorbereitung dienen.

Zum Ausgleich von Wissenslücken und rechnerischen Schwächen dient der Abschnitt 4 Rechnerische Grundlagen, in dem zum Nachschlagen und Üben die rechnerischen Voraussetzungen für die Berufsschule enthalten sind.

In der **8. Auflage** wurde das **Kapitel 2.14 Festigkeitsberechnungen im Stahlbau** vollständig überarbeitet und durch das Kapitel **Statische Berechnungen im Stahl- und Metallbau** ersetzt. Dabei sind die aktuellen Berechnungsverfahren der DIN EN 1990 ff. und EUROCODES umgesetzt. Die Normen wurden auf den aktuellen Stand gebracht und die Abstimmung mit dem Tabellenbuch Metallbau verbessert.

Für Anregungen und sachkritische Hinweise sind wir dankbar (lektorat@europa-lehrmittel.de).

Sommer 2020 Die Autoren

1 Berechnungen zu typischen Kundenaufträgen
Seite 7 ... 34

2 Technisches Rechnen
Seite 35 ... 224

3 Aufgaben zur Vertiefung und Prüfungsvorbereitung
Seite 225 ... 248

4 Rechnerische Grundlagen
Seite 249 ... 278

Inhaltsverzeichnis

Zuordnung Lernfelder – Kundenaufträge/Projekte 6

1 Berechnungen zu typischen Kundenaufträgen 7
1.1 Fertigen eines Schlüsselanhängers 7
1.2 Fertigen eines Stahlgehäuses für eine Standuhr 8
1.3 Herstellen eines Dosenquetschers aus Stahlprofilen 10
1.4 Fertigen eines Stahlgehäuses mit Fuß für eine Leuchte 11
1.5 Fertigen eines CD-Ständers 13
1.6 Fertigen eines Blechtopfs 15
1.7 Herstellen eines Flachmeißels 16
1.8 Fertigen von sechs Parkbänken, Modell „Petersberg", mit Gestellen aus Stahlprofilen 17
1.9 Fertigen eines Trockenstempel-Prägegerätes 19
1.10 Fertigen der Fenster für ein Doppelhaus 22
1.11 Fertigen eines First-Oberlichts in Pfosten-Riegel-Konstruktion 24
1.12 Fertigen einer Außentreppe 27
1.13 Fertigen von Rahmenbindern 30
1.14 Torsteuerung und Inbetriebnahme 32
1.15 Herstellen eines geschmiedeten Gartentores 33

2 Technisches Rechnen 35
2.1 Längenberechnungen 35
2.1.1 Teilung von Längen 35
2.1.2 Kreisumfänge und Kreisteilungen 37
2.1.3 Gestreckte und zusammengesetzte Längen 38
2.1.4 Maßstäbe 40
2.1.5 Lehrsatz des Pythagoras 41
2.1.6 Winkelfunktionen 44
2.1.7 Koordinatenmaße 48
2.2 Flächenberechnungen 50
2.2.1 Geradlinig begrenzte Flächen mit Beispielen 50
2.2.2 Kreisförmig begrenzte Flächen mit Anwendungsbeispielen 53
2.2.3 Zusammengesetzte Flächen 55
2.2.4 Verschnitt 56
2.3 Körperberechnungen 57
2.3.1 Volumen und Oberfläche 57
2.3.2 Masse, Gewichtskraft 60
2.3.3 Berechnung der Masse mithilfe von Tabellen 61
2.4 Bewegungslehre 63
2.4.1 Geradlinige Bewegung 63
2.4.2 Kreisförmige Bewegung 65
2.4.3 Ungleichförmige Bewegung 67
2.4.4 Mittlere Geschwindigkeit bei Kurbeltrieben 69
2.5 Kräfte an Bauelementen 70
2.5.1 Darstellen von Kräften 70
2.5.2 Zusammensetzen von Kräften 70
2.5.3 Zerlegen von Kräften 71
2.5.4 Reibungskräfte 74
2.5.5 Seilkräfte bei Lastaufnahmeeinrichtungen 76
2.6 Einfache Maschinen 77
2.6.1 Hebel und Drehmoment 77
2.6.2 Hebelgesetz 78
2.6.3 Auflagerkräfte 80
2.6.4 Mechanische Arbeit und Energie 82
2.6.5 Die schiefe Ebene 84
2.6.6 Der Keil als schiefe Ebene 85
2.6.7 Die Schraube als schiefe Ebene 86
2.6.8 Rollen und Flaschenzüge 87
2.6.9 Mechanische Leistung und Wirkungsgrad 89
2.7 Elektrotechnik 91
2.7.1 Ohmsches Gesetz 91
2.7.2 Leiterwiderstand 92
2.7.3 Reihenschaltung von Widerständen 93
2.7.4 Parallelschaltung von Widerständen 94
2.7.5 Elektrische Leistung 95
2.7.6 Elektrische Arbeit 97
2.7.7 Transformator 98
2.8 Hydraulik und Pneumatik 99
2.8.1 Druck, Druckeinheiten 99
2.8.2 Druck und Druckausbreitung von Gasen 101
2.8.3 Kolbenkräfte 102
2.8.4 Kraftübersetzung 105
2.8.5 Kolbengeschwindigkeit 107
2.8.6 Strömungsgeschwindigkeit 108
2.8.7 Luftverbrauch pneumatischer Zylinder 109
2.9 Metallbaukonstruktionen 110
2.9.1 Teilungslängen bei Gittern und Bauelementen 110
2.9.2 Teilungslängen gekrümmter Strecken 114
2.9.3 Oberflächen von Profilkonstruktionen 116
2.9.4 Masse von Profilkonstruktionen 117
2.9.5 Längenberechnungen bei Metallbaukonstruktionen 119
2.9.6 Zuschnittlängen von Systemkonstruktionen 121
2.9.7 Rohmaße von Schmiede- und Pressstücken 127
2.9.8 Treppenberechnung 129
2.10 Blechkonstruktionen, Apparatebau 131
2.10.1 Gekantete Bauteile 131
2.10.2 Zugaben 133
2.10.3 Abwicklungen 135
2.11 Maschinentechnik 139
2.11.1 Zahnradmaße 139

2.11.2 Achsabstand bei Zahnrädern 139
2.11.3 Einfache Übersetzungen 141
2.11.4 Vorschubgeschwindigkeit 146
2.11.5 Hauptnutzungszeit beim Bohren, Senken, Reiben 148
2.12 Schmelzschweißen 151
2.12.1 Nahtquerschnitt und Elektrodenverbrauch beim Lichtbogenschmelzschweißen 151
2.12.2 Schweißzeitberechnungen beim Lichtbogenhandschweißen 154
2.12.3 Verbrauch technischer Gase 156
2.12.4 Schweißzeitberechnungen und Gasverbrauch beim Schmelzschweißen 158
2.13 Wärmetechnik 160
2.13.1 Temperatur 160
2.13.2 Wärmemenge 160
2.13.3 Längen- und Volumenänderung 162
2.13.4 Kohle- und Gasverbrauch beim Schmieden 164
2.13.5 Wärmedurchgang an Bauelementen 166
2.13.6 Wärmedämmung 168
2.13.7 Vermeidung von Tauwasserbildung auf Oberflächen 170
2.13.8 Wasserdampfdiffusion (Feuchteschutztechnische Berechnungen) 171
2.13.9 Nachweisverfahren des Wärmedurchganges 172
2.14 Statische Berechnungen im Stahl- und Metallbau 173
2.14.1 Einwirkungen auf Tragwerke 174
2.14.2 Bemessungswerte der Querschnittsbeanspruchungen 179
2.14.3 Beanspruchbarkeit von Querschnitten 184
2.14.4 Tragsicherheitsnachweis 185
2.14.5 Knickfestigkeit 188
2.14.6 Nachweis von Schweißverbindungen 191
2.14.7 Nachweis von Schraubenverbindungen 195
2.15 Festigkeitsberechnungen im Maschinen- und Anlagenbau 199
2.15.1 Beanspruchung auf Zug 199
2.15.2 Beanspruchung auf Druck 201
2.15.3 Beanspruchung auf Flächenpressung 203
2.15.4 Beanspruchung auf Schub (Scherung) 204
2.15.5 Schneiden von Werkstoffen 206
2.15.6 Beanspruchung auf Biegung 208
2.15.7 Beanspruchung auf Torsion (Verdrehung) 211
2.16 NC-Technik 213
2.16.1 Berechnen von Werkstückkonturpunkten über Hilfsdreiecke 213
2.16.2 Berechnen von Werkstückkonturpunkten über Winkelbeziehungen 215
2.17 Steuerungs- und Informationstechnik 217
2.17.1 Schaltlogik 217
2.17.2 Logikplan 218
2.17.3 Funktionsgleichung 219
2.17.4 Arbeitstabelle 219
2.18 Kostenrechnung 221
2.18.1 Kostenartenrechnung 221
2.18.2 Kostenstellenrechnung 222
2.18.3 Kostenträgerrechnung 223

3 Aufgaben zur Vertiefung und Prüfungsvorbereitung 225
3.1 Lernfeldbezogene Projektaufgaben 225
3.1.1 Gartentor mit Stabfüllung 225
3.1.2 Freitragendes Schiebetor 226
3.1.3 Stahltreppe 227
3.1.4 Aluminiumfenster 228
3.1.5 Behälter 230
3.1.6 Absauganlage 232
3.1.7 Ablaufsteuerung 234
3.2 Fachrichtungs- und schwerpunktbezogene Aufgaben 236
3.2.1 Konstruktionstechnik 236
3.2.2 Ausrüstungstechnik 238
3.2.3 Metall- und Schiffbautechnik 239
3.2.4 Feinblechbautechnik 240
3.2.5 Rohrleitungstechnik 242
3.2.6 Apparatebau 244
3.2.7 Fahrzeugbau 246
3.2.8 Metallgestaltung 248

4 Rechnerische Grundlagen 249
4.1 Mathematische und physikalische Begriffe 249
4.2 Zahlensysteme 250
4.3 Grundrechnungsarten 252
4.3.1 Klammerausdrücke (Klammerterm) 252
4.3.2 Strich- und Punktrechnungen 252
4.3.3 Potenzieren 255
4.3.4 Radizieren (Wurzelziehen) 257
4.3.5 Bruchrechnen 259
4.3.6 Schlussrechnungen (Dreisatzrechnung) 260
4.3.7 Prozentrechnungen 261
4.3.8 Winkelberechnungen 262
4.4 Angewandte Grundrechnungsarten 264
4.4.1 Formeln (Größengleichungen) 264
4.4.2 Zahlenwertgleichungen 264
4.4.3 Größen und Einheiten 265
4.4.4 Darstellung großer und kleiner Zahlenwerte 265
4.4.5 Rechnen mit physikalischen Größen 266
4.4.6 Umrechnen von Einheiten 266
4.4.7 Umstellen von Formeln 269
4.5 Grafische Darstellungen von Funktionen und Messreihen 272
4.6 Taschenrechner 275
4.6.1 Aufbau und Tastenfeld eines Taschenrechners 275
4.6.2 Eingabe von Zahlen 275
4.6.3 Technische Berechnungen mit dem Taschenrechner 276

Sachwortverzeichnis 279

Zuordnung Lernfelder – Kundenaufträge/Projekte

Die nachfolgende Tabelle gibt eine Übersicht über die Möglichkeiten, wie die einzelnen Kundenaufträge/Projekte den Lernfeldern der Lehrpläne für Metallbauer/Metallbauerin und Konstruktionsmechaniker/Konstruktionsmechanikerin zugeordnet werden können. Dabei handelt es sich um Vorschläge, die der jeweiligen Organisation der Schule angepasst werden müssen. Die Aufgaben der 10. Jahrgangsstufe eignen sich für alle Metallberufe.

Lernfeld	Kundenaufträge/Projekt	Seite
Jahrgangsstufe 10: Metallbauer/Metallbauerin und Konstruktionsmechaniker/Konstruktionsmechanikerin bzw. alle neu geordneten Metallberufe		
Fertigen von Bauelementen mit handgeführten Werkzeugen	Fertigen eines Schlüsselanhängers	7
Fertigen von Bauelementen mit Maschinen	Fertigen eines Stahlgehäuses für eine Standuhr	8
Herstellen einfacher Baugruppen	Herstellen eines Dosenquetschers aus Stahlprofilen Fertigen eines Stahlgehäuses mit Fuß für eine Leuchte	10 11
Jahrgangsstufe 11: Metallbauer/Metallbauerin		
Herstellen von Blechbauteilen	Fertigen eines CD-Ständers Fertigen eines Blechtopfs	13 15
Herstellen von Umformteilen	Herstellen eines Flachmeißels	16
Herstellen von Konstruktionen aus Profilen	Fertigen von 6 Parkbänken Fertigen eines Trockenstempel-Prägegerätes	17 19
Herstellen von Treppen und Geländern	Fertigen einer Außentreppe Stahltreppe	27 227
Herstellen von Schmiedeteilen	Herstellen eines Flachmeißels	16
Jahrgangsstufe 12/13: Metallbauer/Metallbauerin		
Instandhalten von Systemen des Metall- und Stahlbaus	Torsteuerung und Inbetriebnahme	32
Herstellen von Fenstern, Fassaden und Glasanbauten	Fertigen der Fenster für ein Doppelhaus Fertigen eines First-Oberlichts	22 24
Herstellen von Türen, Toren und Gittern (Metallgestalter)	Herstellen eines geschmiedeten Gartentores	33
Herstellen von Türen, Toren und Gittern (Konstruktionstechnik)	Gartentor mit Stabfüllung	225
Herstellen von Stahl- und Metallbaukonstruktionen	Fertigen von Rahmenbindern	30
Jahrgangsstufe 11: Konstruktionsmechaniker/Konstruktionsmechanikerin		
Herstellen von Baugruppen aus Blechen	Fertigen eines Blechtopfs	15
Herstellen von Konstruktionen aus Blechbauteilen	Fertigen eines CD-Ständers	13
Umformen von Profilen	Herstellen eines Flachmeißels	16
Herstellen von Baugruppen aus Profilen	Fertigen von 6 Parkbänken	17
Jahrgangsstufe 12/13: Konstruktionsmechaniker/Konstruktionsmechanikerin		
Instandhalten von Produkten der Konstruktionstechnik	Torsteuerung und Inbetriebnahme	32
Herstellen von Konstruktionen aus Profilen	Stahltreppe Fertigen einer Außentreppe Fertigen von 6 Parkbänken	227 27 17
Herstellen von Produkten der Konstruktionstechnik	Fertigen von Rahmenbindern	30
Ändern und Anpassen von Produkten der Konstruktionstechnik	Torsteuerung und Inbetriebnahme	32

1 Berechnungen zu typischen Kundenaufträgen

1.1 Fertigen eines Schlüsselanhängers

Kundenauftrag: Es soll ein Schlüsselanhänger in Form eines Vorhängeschlosses für Werbezwecke hergestellt werden. Er besteht aus drei Bauteilen **(Bild 1)**:

Pos. 1 dem Schließblock aus einer Aluminiumlegierung mit den Maßen 40 × 15 × 30,

Pos. 2 dem Bügel aus einem Rundstab 5 DIN EN 10088 1.4301 und

Pos. 3 einer galvanisch verzinkten Rändelmutter DIN 467 — M5 – 5.

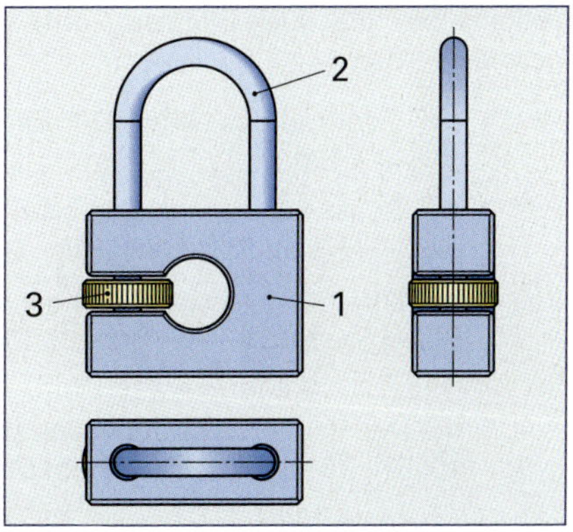

Bild 1

1. Der Schließblock soll nach der Allgemeintoleranz DIN ISO 2768-01 gefertigt werden. Für die Funktionstüchtigkeit sind drei Nennmaße **(Bild 2)** mit unterschiedlichen Toleranzklassen besonders wichtig:

l_1= 25 mm Toleranzklasse f, l_2 = 6 mm Toleranzklasse m und l_3 = 30 mm Toleranzklasse c.

Für die drei Längen sind folgende Maße zu ermitteln:

a) die Grenzabmaße,

b) die Höchstmaße G_{oB},

c) die Mindestmaße G_{uB} und

d) die Toleranzen T_B in mm.

Methodische Lösungshilfe siehe Seite 252

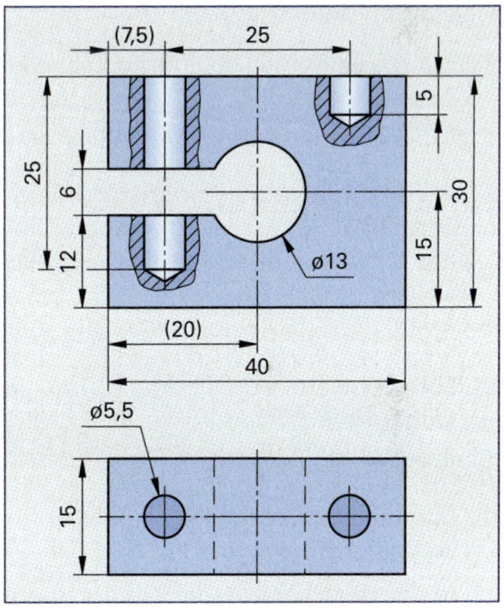

Bild 2

2. Zur Fertigung der Bohrungen an der Ständerbohrmaschine sind für die Spiralbohrer aus Schnellarbeitsstahl die notwendigen Drehzahlen zu berechnen.

a) Welche maximale Schnittgeschwindigkeit v_c in m/min soll für diese Al-Legierung nach Tabelle verwendet werden?

b) Welche Drehzahl n_1 in Umdrehungen/min ist für den Durchmesser d_1 = 5,5 mm einzustellen?

c) Welche Drehzahl n_2 muss für den Durchmesser d_2 = 13 mm eingestellt werden?

Methodische Lösungshilfe siehe Seite 65

3. Der Bügel **(Bild 3)** soll mithilfe einer Biegevorrichtung gefertigt werden. Auf welche Zuschnittlänge *L* muss der Rundstab zugeschnitten werden?

Methodische Lösungshilfe siehe Seite 38

4. Mit einer Handhebelschere sollen die Bügel ohne Verschnitt abgelängt werden. Wie viele Bügel ergeben sich aus einem 6 m langen Stab?

Methodische Lösungshilfe siehe Seite 36

5. Es soll zusätzlich ein Schließblock aus einem nichtrostenden Stahl hergestellt werden. Wie groß ist das Volumen des Schließblocks in dm^3, wenn nur die Durchgangsbohrung **(Bild 2)** d = 13 mm berücksichtigt wird? Wie groß ist der Masseunterschied in Gramm und in Prozent ausgehend von der Aluminiumausführung?

Methodische Lösungshilfe siehe Seite 60

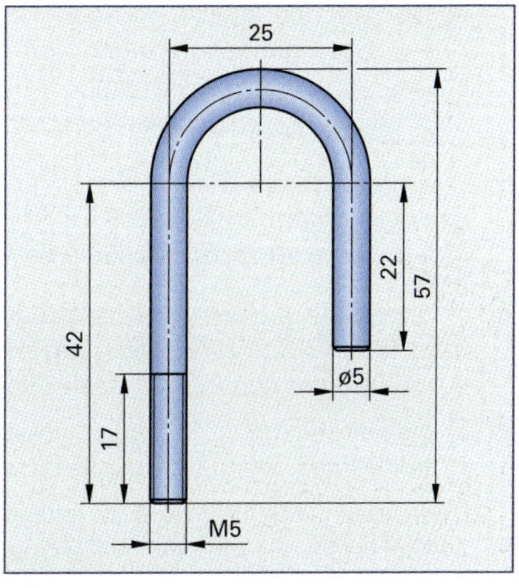

Bild 3

1.2 Fertigen eines Stahlgehäuses für eine Standuhr

Kundenauftrag: In einer Kleinserie sollen 75 Standuhren, bestehend aus einem Gehäuse (eine Stahlkonstruktion) und einem elektronischen Uhrwerk, gefertigt werden. Das Gehäuse soll aus den folgenden Blechen, Form- und Stabstählen hergestellt werden:

Pos. 1 der Standfuß aus einem U-Profil DIN 1026 – S235 JR – U 40 × 120,

Pos. 2 der Bügel aus einem Flachstab EN 10058 – 30 × 3 × 6000 M Stahl DIN EN 10025 – S235JR,

Pos. 3 das Ziffernblatt, sowie Pos. 4 die Rückwand aus einem Blech EN 10131 – 2 × 84 × 87 Stahl DIN 10130 DC01 Am,

Pos. 5 die zwei Verbindungsstücke aus einem Vierkantstab EN 10059 – 15 x 24 × 6000 M Stahl DIN EN 10025-S235 JR.

Die einzelnen Positionen werden durch Zylinderschrauben mit Innensechskant ISO 4762 – M5 × 12 – 8.8 (Pos. 6) lösbar verbunden **(Bild 1)**.

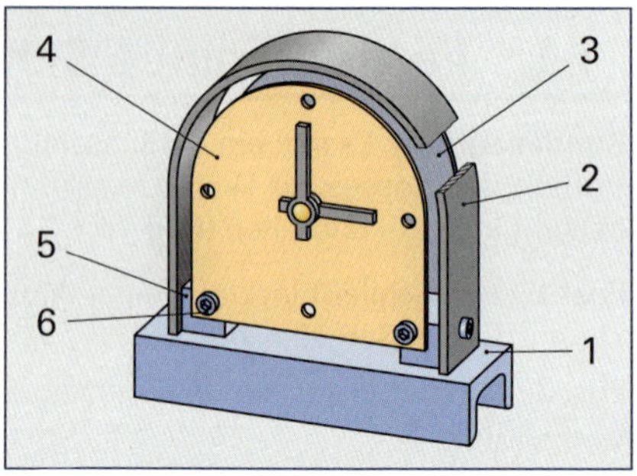

Bild 1

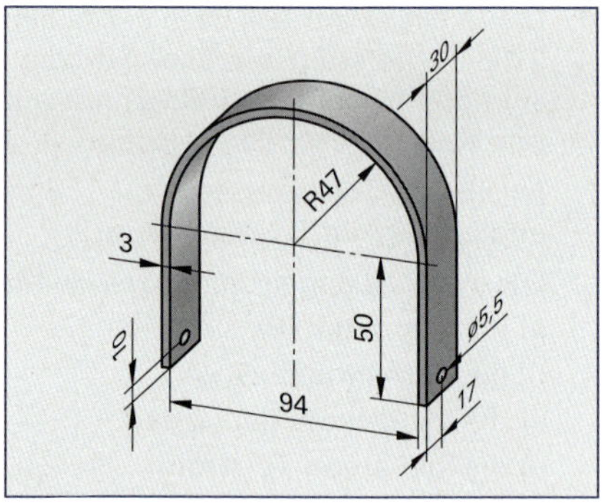

Bild 2

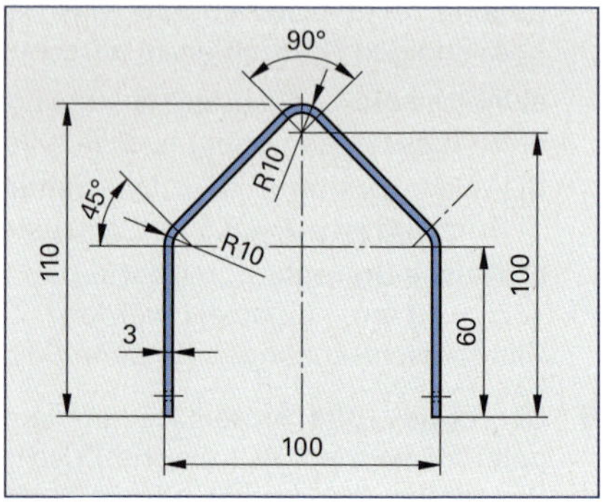

Bild 3

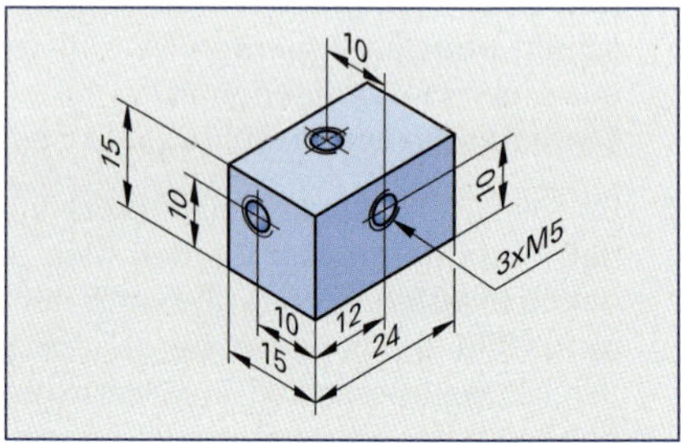

Bild 4

1. Der Bügel **(Bild 2)** soll hergestellt werden. Wie groß ist die Zuschnittlänge *L*?
   Methodische Lösungshilfe siehe Seite 38

2. Als Alternative soll ein zweiter Bügel mit einer anderen Form **(Bild 3)** hergestellt werden. Die Zuschnittlänge *L* und der Längenunterschied zum Halbkreismodell in Prozent sind zu berechnen.
   Methodische Lösungshilfe siehe Seite 38

3. Für die beiden Bügelmodelle sind die Massen mithilfe der längenbezogenen Masse $m' = 0{,}705$ kg/m zu berechnen.
   Methodische Lösungshilfe siehe Seite 61

4. Für das Verbindungsstück **(Bild 4)** sind die folgenden Größen zu ermitteln:
   a) der Durchmesser der Kernlochbohrung für die Gewinde M5 nach DIN 13-1 und
   b) das Volumen eines Verbindungsstückes abzüglich der drei Durchgangsbohrungen für die Gewindeherstellung.
   Methodische Lösungshilfe siehe Seite 57

5. Wie groß ist die Masse eines Verbindungsstückes bei einem spezifischen Gewicht für Stahl von 7,85 kg/dm³?
   Methodische Lösungshilfe siehe Seite 60

6. Im Standfuß müssen zwei Bohrungen mit einem Durchmesser von 6 mm zur Befestigung der Verbindungsstücke ausgeführt werden.
   a) Welche maximale Schnittgeschwindigkeit ist für unlegierte Baustähle nach Tabelle zu wählen?
   b) Die einzustellende Drehzahl ist zu berechnen.
   Methodische Lösungshilfe siehe Seite 65

7. Das Ziffernblatt Pos. 4 und die Rückwand Pos. 3 sollen komplett zum Schutz vor Korrosion nasslackiert werden. Die Bohrungen bleiben unberücksichtigt und die Kosten für 1 m^2 Klarlack betragen 1,99 €.

a) Es ist die zu lackierende Fläche für das Halbrundmodell der Kleinserie von 75 Uhren zu berechnen **(Bild 1)**.

b) Als Vergleich soll die Gesamtfläche der dreieckigen Alternativserie bestimmt werden **(Bild 2)**.

c) Wie hoch sind die Lackkosten der beiden Varianten bei einem Lackverlust von 15 % am gesamten Flächeninhalt?

Methodische Lösungshilfe siehe Seite 50

8. Die Massen für ein Ziffernblatt Pos. 4 beider Modelle sind mithilfe der flächenbezogenen Masse *m*″ für das Blech EN 10131 – 1,5 × 84 × 87 Stahl DIN 10130 DC01 Am zu berechnen. Die Bohrungen bleiben unberücksichtigt.

Methodische Lösungshilfe siehe Seite 61

9. Wie viele Stangen mit je $L = 6$ m sind von dem

a) U-Profil DIN 1026 – S235 JR U 40 × 120,

b) dem Flachstab EN 10058 30 × 3 × 6000 M Stahl DIN EN 10025 – S235JR für das Halbrundmodell und

c) dem Vierkantstab EN 10059 – 15 × 24 × 6000 M Stahl DIN EN 10025 S235JR

für die Produktion von 75 Uhren zu bestellen? Die Schnittbreite des Sägeblattes beträgt 3 mm.

Methodische Lösungshilfe siehe Seite 36

10. Welche Drehzahlen n_1 und n_2 sind nach dem Schaubild **(Bild 3)** zum Bohren der Durchmesser $d_1 = 5{,}5$ mm und $d_2 = 10$ mm bei einer Schnittgeschwindigkeit $v_c = 25$ m/min einzustellen?

Methodische Lösungshilfe siehe Seite 65

11. Als alternative Gestaltung für den Standfuß werden trapezförmige Ausbrüche an beiden Schenkeln des U-Profils hergestellt **(Bild 4)**.

a) Welche Fläche hat der Ausbruch?

b) Wie groß ist das Maß *x*?

Methodische Lösungshilfe siehe Seite 41

12. Die beiden Ausbrüche sollen mithilfe von Bohrungen entlang der Ausbruchkante mit einem Meißel herausgestemmt werden **(Bild 4)**. Die Anrisslinien für die Bohrungen befinden sich in 3 mm Entfernung von den entstehenden Körperkanten. Der Bohrerdurchmesser beträgt $d = 4$ mm. Die Anrisslinie hat eine Länge von 71 mm. Zwischen den Bohrungen soll jeweils ein mindestens 1 mm breiter Steg entstehen. Die beiden Randabstände betragen $a = 3{,}5$ mm.

a) Wie viele Bohrungen sind auszuführen?

b) Welche Stegbreite *b* in mm wird tatsächlich erreicht?

c) Wie groß ist der Abstand *p* von Bohrungsmittelpunkt zu Bohrungsmittelpunkt?

Methodische Lösungshilfe siehe Seite 36

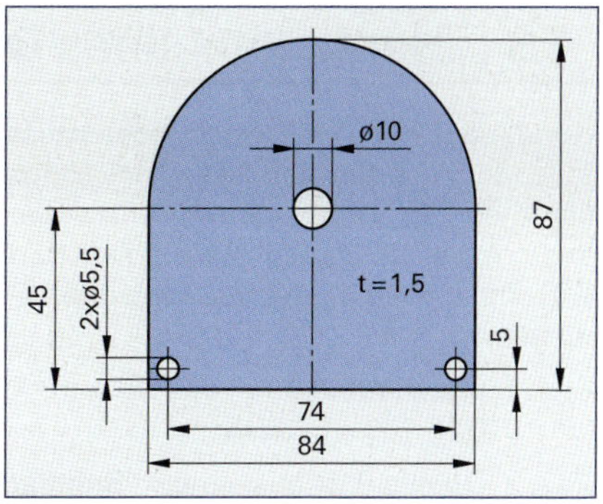

Bild 1

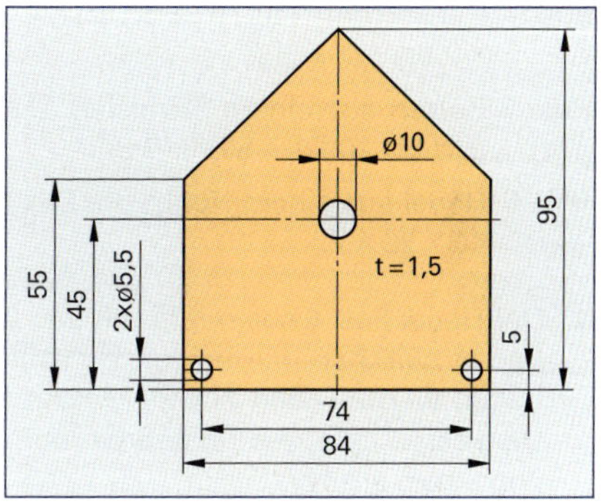

Bild 2

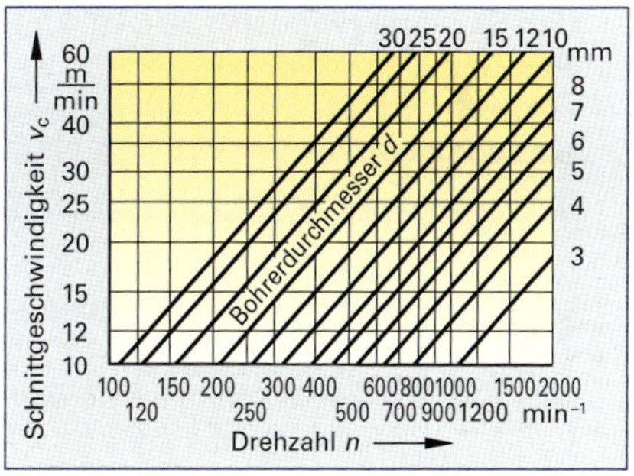

Bild 3

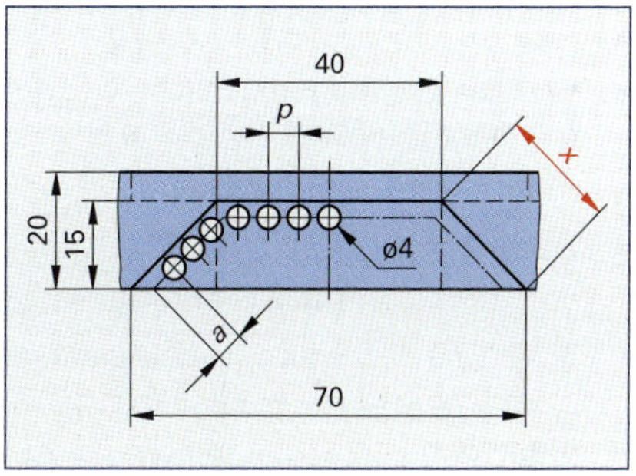

Bild 4

1.3 Herstellen eines Dosenquetschers aus Stahlprofilen

Kundenauftrag: Aus Platzgründen muss der im Haushalt anfallende Blechdosenabfall auf das kleinstmöglichste Maß zusammengepresst werden. Hierfür sollen 28 Dosenquetscher aus Stahlprofilen und Normteilen hergestellt werden. Der Quetscher **(Bild 1)** soll aus folgenden Stahlprofilen gefertigt werden:

Pos. 1 Dosenaufnahme aus einem U-Profil DIN 1026-2 UPE 160 – S235JR;

Pos. 2 Druckplatte aus einem Breitflachstahl DIN 59200 – S235JR – 6 × 180;

Pos. 3 Haltewinkel aus L EN 10056-1 – 40 × 40 × 5 S235 JR;

Pos. 4 Distanzrohre aus HFCHS DIN EN 10210 – S275J0 – 26,9 × 2,6;

Pos. 5 Bolzen aus einem Rundstab EN 10060 – 20 M Stahl DIN EN 10025 – S235JR und

Pos. 6 Hebel aus einem Hohlprofil DIN EN 10219 – S355J0 – 40 × 20 × 2.

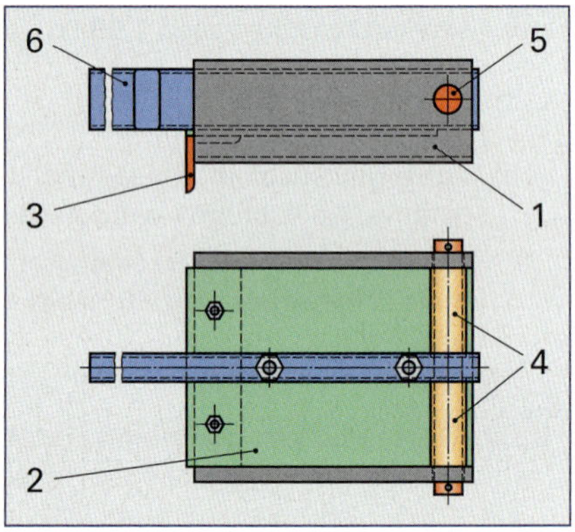

Bild 1

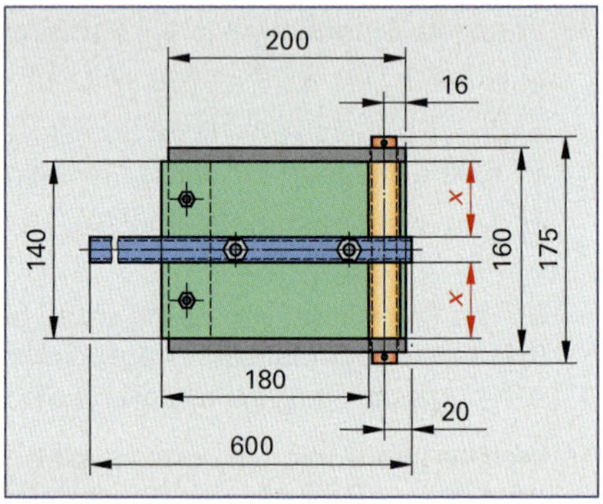

Bild 2

1. Der Hebel Pos. 6 soll mittig mit den beiden Distanzrohren Pos. 4 zwischen den beiden U-Profilschenkeln Pos. 1 gehalten werden **(Bild 2)**. Auf welche Länge *x* müssen die Distanzstücke zugeschnitten werden, damit sich ein Spiel von 1 mm ergibt?
Methodische Lösungshilfe siehe Seite 35

2. Es sollen die Materialeinzelkosten errechnet werden. Für den Stahlpreis werden 1,60 €/kg angesetzt. Für den Bolzen Pos. 5 ist eine längenbezogene Masse von $m' = 2{,}47$ kg/m anzunehmen. Die Zuschnittlängen sind aus dem **Bild 2** zu entnehmen.

a) Wie groß ist die Gesamtmasse bei einem Verschnitt von 3 %?

b) Welche Materialkosten ergeben sich für einen Dosenquetscher?

Methodische Lösungshilfe siehe Seite 61 und 221

3. Wie viele Stangen mit je einer Länge von 6 m sind von den einzelnen Profilen für die Herstellung der 28 Dosenquetscher zu bestellen? Die Sägeblattbreite beträgt 3 mm.
Methodische Lösungshilfe siehe Seite 36

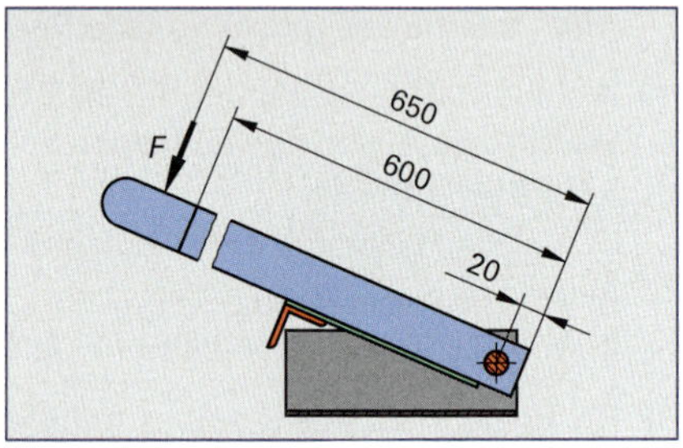

Bild 3

4. Welches Drehmoment in Nm wird durch den Hebel **(Bild 3)** mit einer Handkraft *F* von 200 N erzeugt?
Methodische Lösungshilfe siehe Seite 77

5. Um eine Konservendose zu zerquetschen, ist eine Kraft F_1 von mindestens 800 N erforderlich **(Bild 4)**.

a) Welche Handkraft F_2 in N ist dafür mindestens notwendig?

b) Welche Handkraft F_2 in N wäre nötig, wenn der Hebel um 200 mm verlängert wird?

Methodische Lösungshilfe siehe Seite 77

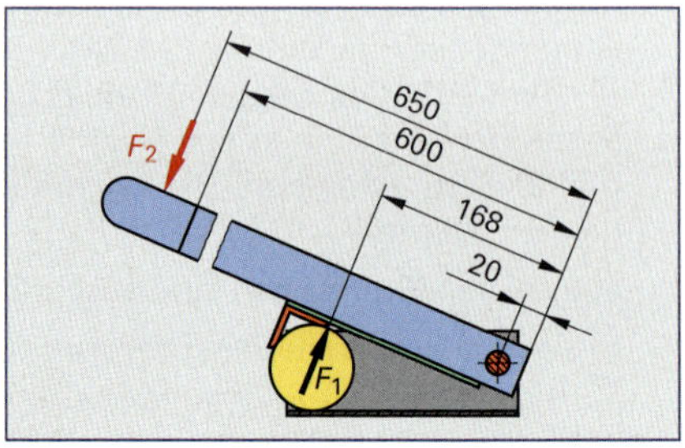

Bild 4

1.4 Fertigen eines Stahlgehäuses mit Fuß für eine Leuchte

Kundenauftrag: Es soll ein Stahlgehäuse mit Fuß für eine Lampe gefertigt werden **(Bild 1)**. Der zylindrische Lampenkörper Pos. 1 soll um die Achsen x–x und y–y verstellbar und in einer gewünschten Position fixiert werden können. Der Lampenkörper soll mit einer Dreiwalzenbiegemaschine gerundet und durch Punktschweißen verbunden werden. Als Blechversteifung dienen Sicken, wobei an einer Seite ein Deckel Pos. 2 für die Aufnahme der Lampenfassung eingeschweißt werden muss. Die Verstellung um die x–x-Achse soll durch Blindnietmuttern im Lampenkörper und die Rändelschrauben durch den Bügel Pos. 3 erfolgen. Die Verstellung um die y–y-Achse soll über den Bügel und den Lampenfuß mithilfe einer Sechskant-Hutmutter bewerkstelligt werden. Der Lampenfuß Pos. 4 soll aus einem Rundprofil mit einem M8-Außengewinde und einer angeschweißten Ronde Pos. 5 bestehen.

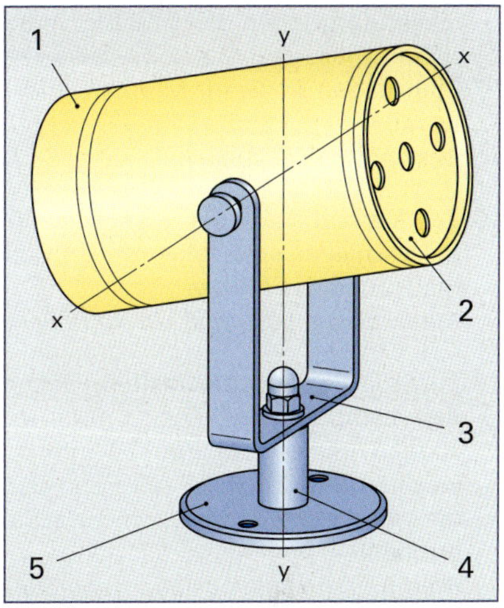

Bild 1

1. Der Lampenkörper Pos. 1 und der Deckel Pos. 2 sollen aus einem Blech DIN EN 10131 – 0,8 Stahl EN 10130 DC04 Am hergestellt werden **(Bild 1)**.

   Zu berechnen sind:

   a) die Zuschnittlänge des Lampenkörpers bei einer Überlappung von 8 mm **(Bild 2)**,

   b) für eine spätere Nasslackierung die Manteloberfläche bei einer Zuschnittbreite $B = 150$ mm und

   c) die Masse.

   Methodische Lösungshilfe siehe Seite 38 und 60

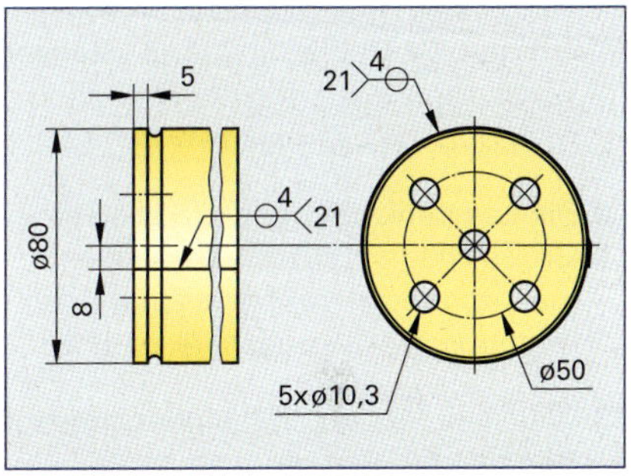

Bild 2

2. Der Deckel Pos. 2 mit Rand zum Anschweißen **(Bild 2)** soll mit der Kreismesserschere zugeschnitten werden. Auf welchen Durchmesser muss diese eingestellt werden?
   Methodische Lösungshilfe siehe Seite 35

3. Der Lampenbügel Pos. 3 **(Bild 3)** soll aus einem Flachstab EN 10058 – 20 × 3 M Stahl DIN EN 10025 – S235JR hergestellt werden.

   a) Auf welche Länge muss der Flachstab zugeschnitten werden?

   b) Wie groß ist die Masse m bei einer längenbezogenen Masse $m' = 0{,}471$ kg/m?

   Methodische Lösungshilfe siehe Seite 36 und 61

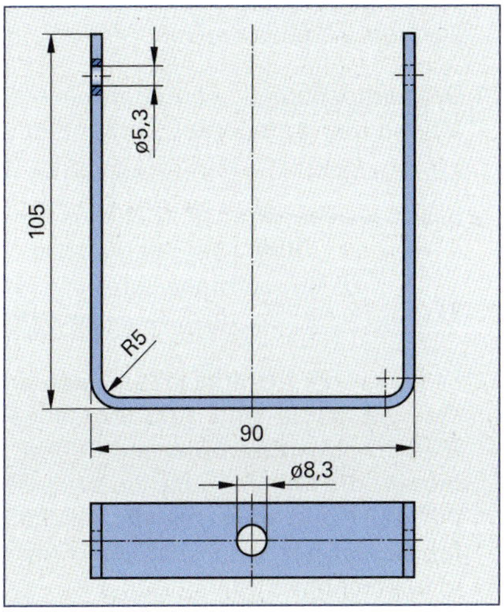

Bild 3

4. Zu berechnen sind die Bohrerdrehzahlen bei einer Schnittgeschwindigkeit von $v_c = 30$ m/min für die folgenden Bohrungen **(Bild 3)**: $d_1 = 8{,}3$ mm und $d_2 = 5{,}3$ mm. Es steht eine Standbohrmaschine mit folgender Getriebeabstufung zur Verfügung: $n = 900$, 1100, 1300, 1800 und 2000 1/min.

   Welche der Einstellungen für die Bohrungen sind zu wählen?
   Methodische Lösungshilfe siehe Seite 65

5. Der Lampendeckel Pos. 2 kann alternativ mit 7 anstatt 4 Stanzungen **(Bild 1)** zur besseren Wärmeableitung hergestellt werden. Auf dem Lochkreis d = 50 mm sollen diese Stanzungen gleichmäßig verteilt werden. Zum Anreißen muss der Mittelpunktswinkel α zwischen je zwei Stanzungen in Grad, Minuten und Sekunden errechnet werden.
Methodische Lösungshilfe siehe Seite 37

6. Zur Maßkontrolle der Stanzabstände **(Bild 1)** mit dem Messschieber sind folgende Größen zu berechnen: das Maß x und das Maß y.
Methodische Lösungshilfe siehe Seite 44

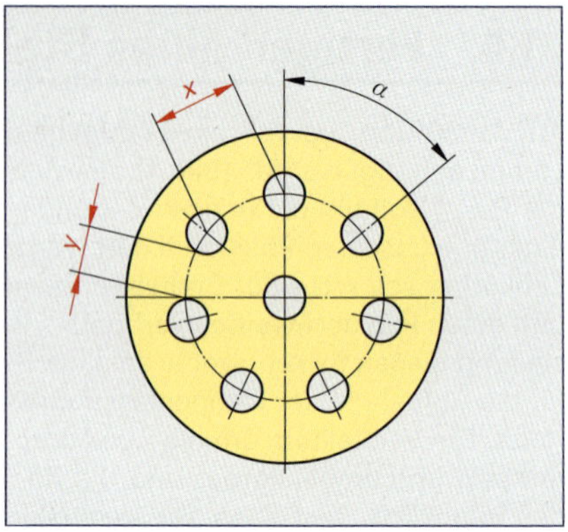

Bild 1

7. Zusätzlich zur Wärmeableitung sollen alternativ rund um den Lampenkörper Pos. 1 fünf rechteckförmige Stanzungen mit den Maßen 25 mm × 10 mm ausgeführt werden **(Bild 2)**. Beim Anreißen der Abwicklung ist auf die Überlappung von 8 mm zu achten. Das Maß z ist zu ermitteln.
Methodische Lösungshilfe siehe Seite 35

8. Für die Herstellung des Lampendeckels steht ein Blech EN 10131 – 0,8 × 100 × 100 Stahl EN 10130 DC04 zur Verfügung. Welcher Verschnitt in Prozent entsteht, wenn von der fertigen Deckelfläche (ohne Stanzungen) ausgegangen wird?
Methodische Lösungshilfe siehe Seite 275

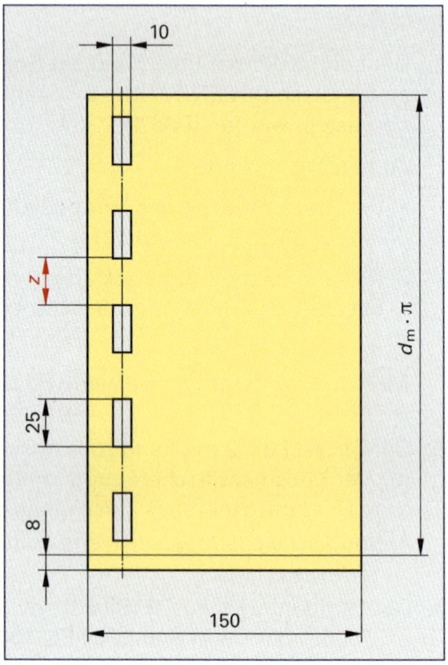

Bild 2

9. Die Lampenkörper und -deckel werden aus Blechtafeln der Größe 2000 × 1000 mm herausgeschnitten. Wie viele erhält man rein rechnerisch aus einer Tafel?
Methodische Lösungshilfe siehe Seite 35

10. Wie viele Stangen mit einer Länge von je 6 m sind für die Herstellung von 40 Lampenbügeln aus dem Material Flachstab EN 10058 – 20 × 3 M Stahl DIN EN 10025 – S235 JR zu bestellen?

Die Sägeschnittbreite beträgt 3 mm.
Methodische Lösungshilfe siehe Seite 36

11. Der Lampenbügel soll mittels einer Sechskant-Hutmutter M8 mit dem Lampenfuß verbunden werden.

a) Zu ermitteln ist die wirksame Hebellänge.

b) Mit welcher Kraft F in N muss die Mutter angezogen werden **(Bild 3)**, wenn das Anziehdrehmoment M_A = 25 Nm betragen soll?

Methodische Lösungshilfe siehe Seite 77

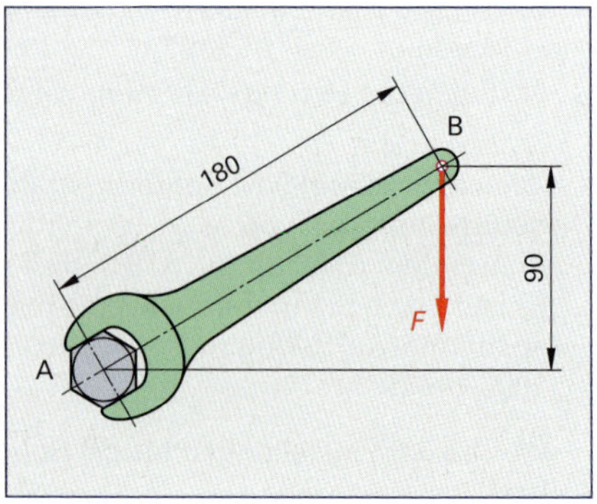

Bild 3

12. Es sollen die Materialeinzelkosten errechnet werden. Für den Stahlpreis sind 1,60 €/kg angesetzt. Pos. 4 und 5 **(Bild 3)** haben zusammen eine Masse von 0,28 kg. Die Hutmutter, die Scheibe und die zwei Rändelschrauben sind mit 3,80 € zu veranschlagen. Welche Kosten ergeben sich für einen Spot, wenn der Verschnitt beim Lampendeckel mit berechnet wird?
Methodische Lösungshilfe siehe Seite 221

1.5 Fertigen eines CD-Ständers

Kundenauftrag: Es sollen CD-Ständer aus Blechformteilen gefertigt werden. Sie bestehen aus dem Ständer Pos. 1, dem Sockel Pos. 2 und den beiden Winkeln Pos. 3 **(Bild 1)**. Diese Bauweise wird jeweils mit zwei unterschiedlichen Materialien ausgeführt. Die Variante 1 besteht aus einem rostfreien Edelstahlblech X5CrNi18-10 und die Variante 2 aus einem schmelztauchveredelten Stahlblech DX52D. Mit einer kraftbetriebenen Tafelschere werden alle Positionen zugeschnitten. Alle Bauteile werden mit einer Schwenkbiegemaschine gekantet und mit einer hydraulischen Presse gestanzt. Am Ständer werden die Winkel angeschweißt (WP21) und mit dem Sockel verschraubt. Zum Verschrauben werden an den unteren Schenkeln der Winkel jeweils zwei Löcher gestanzt. Am Sockel werden 4 Gewindebolzen angeschweißt. Mit Hutmuttern und Scheiben sind die Winkel und der Sockel lösbar miteinander verbunden.

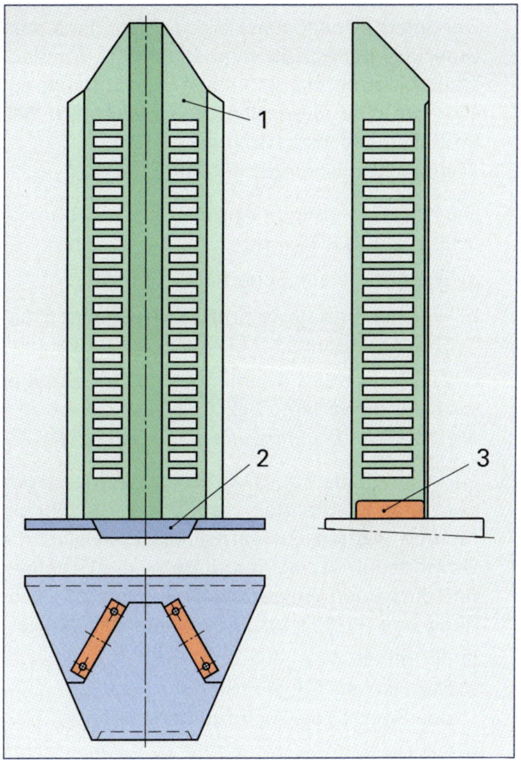

Bild 1

1. Die Bauteillänge der Winkel Pos. 3 **(Bild 2)** ist 100 mm.
   a) Wie groß muss die Bauteilbreite *B* vor der Kantung in mm sein?
   b) Wie viele Winkel können aus einem Streifen 1,5 × 100 × 2000 zugeschnitten werden?

   Methodische Lösungshilfe siehe Seite 131

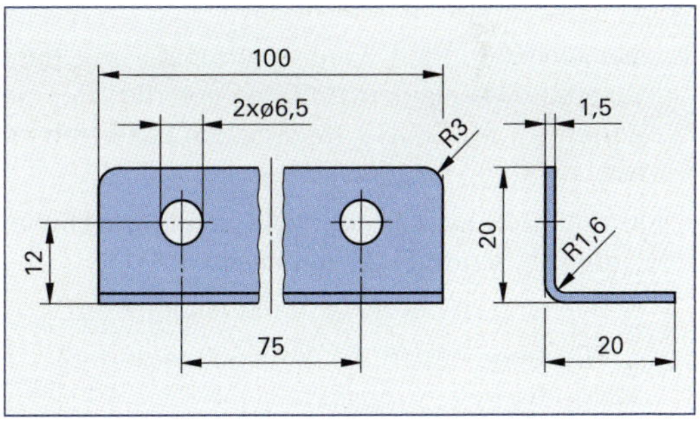

Bild 2

2. Der Sockel Pos. 2 **(Bild 3)** wird aus einer Tafel 1,5 × 1000 × 2000 hergestellt. Die Zuschnittlänge *L* beträgt 300 mm.
   a) Wie groß ist die Zuschnittbreite *B* in mm (Biegewinkel bei allen 4 Biegungen beträgt rechnerisch 90°)?
   b) Wie viele Sockelbleche lassen sich aus einer Tafel herstellen?

   Methodische Lösungshilfe siehe Seite 131

3. Der Ständer Pos. 1 **(Bild 1)** hat eine Höhe von 600 mm und wird aus einer Tafel 1 × 1000 × 2000 zugeschnitten.
   a) Wie groß ist die Zuschnittbreite *B* in mm bei einem Biegeradius von 1,6 mm?
   b) Wie viele Ständerbleche lassen sich aus einer Tafel herstellen?
   c) Wie groß ist das verbleibende Restmaterial in mm²?

   Methodische Lösungshilfe siehe Seite 131

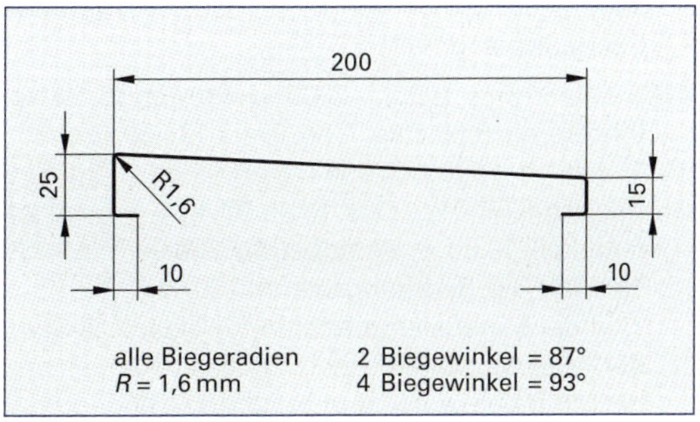

Bild 3

4. In den Ständer Pos. 1 **(Bild 2)** werden jeweils links und rechts 22 rechteckförmige Aussparungen für die Aufnahme der CD-Hüllen gestanzt. Der untere Randabstand bis zur Mitte der ersten Stanzung beträgt 56 mm. Der obere Randabstand bis zur Mitte der letzten Stanzung beträgt 124 mm. Die Gesamtlänge ist 600 mm. Wie groß ist die Teilung *p* in mm?
Methodische Lösungshilfe siehe Seite 36

5. Die rechteckförmigen Aussparungen haben die Maße 12 mm × 75 mm.

a) Wie groß ist die Scherfläche in mm²?

b) Welche minimalste Kraft in kN ist zum Stanzen der Variante 1 (X5CrNi18-10) notwendig?

c) Wie groß muss die minimalste Scherkraft in kN für die Variante 2 (DX 52 D) sein?
Methodische Lösungshilfe siehe Seite 206

6. Für die Variante 2 aus DX52D soll die Masse des gesamten CD-Ständers nach DIN EN 10 029 berechnet werden. Zu vernachlässigen sind die Gewindebolzen, die Hutmuttern, die Scheiben und die beiden Winkel Pos. 3. Die Masseberechnung des Sockels erfolgt mithilfe der Abwicklung **(Bild 3)**.

a) Die Flächen für den Ständer Pos. 1 und für den Sockel Pos. 2 sind zu berechnen.

b) Die Gesamtmasse von Pos. 1 und Pos. 2 in kg ist zu ermitteln.
Methodische Lösungshilfe siehe Seite 63

7. Die Aussparungen werden alternativ mit dem Laserstrahlschneidenverfahren gefertigt. Für die Variante 1 (X5CrNi18-10) wird ein Laser mit einer Leistung von 1500 kW verwendet.

a) Wie groß ist die maximale Schnittgeschwindigkeit in m/min (Qualitätsschnitt)?

b) Wie lang ist der gesamte Schneideweg?

c) Wie lange dauert die reine Schneidezeit?
Methodische Lösungshilfe siehe Seite 63

8. Für das bestellte Material der Variante 1, Edelstahlblech 1.430, gebürstet, ist die folgende Rechnung angefallen:

1 Tafel 1,5 × 1000 × 2000 Liefermenge 24 kg, Einzelpreis 5,65 €/kg, Ges. Preis 135,60 €, 1 Tafel 1,0 × 1000 × 2000 Liefermenge 16 kg, Einzelpreis 5,65 €/kg, Ges. Preis 90,40 €, Frachtkostenanteil 10,00 €, Nettobetrag 236,00 € MwSt: 19 % 44,84 €, Rechnungsbetrag 280,84 €. Wie hoch sind die Materialeinzelkosten für einen CD-Ständer? Der Verschnitt, der Frachtkostenanteil und die Mehrwertsteuer sind zu berücksichtigen.
Methodische Lösungshilfe siehe Seite 221

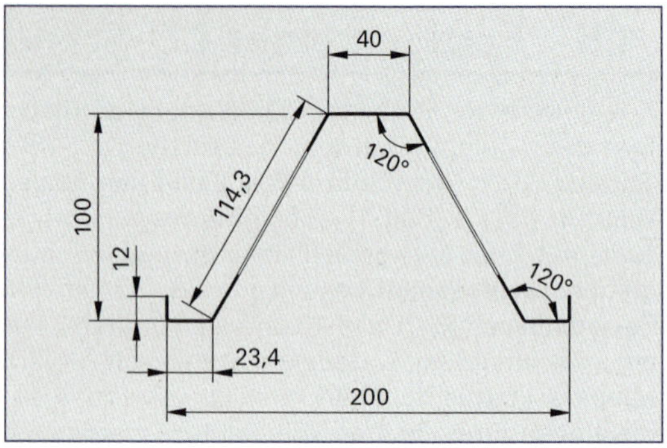

Bild 1

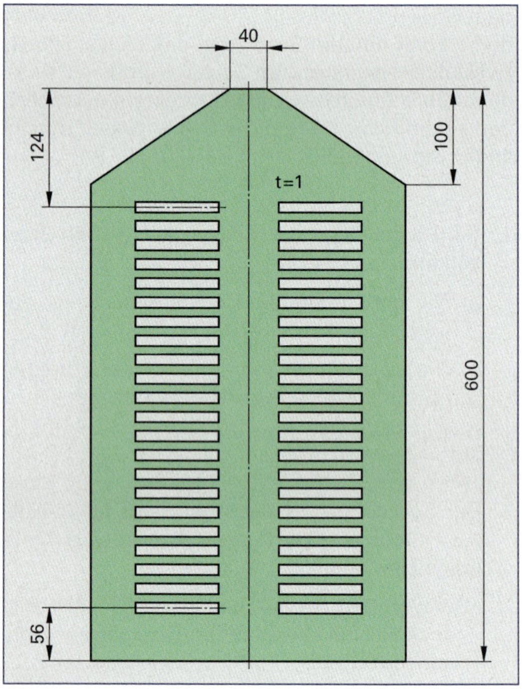

Bild 2

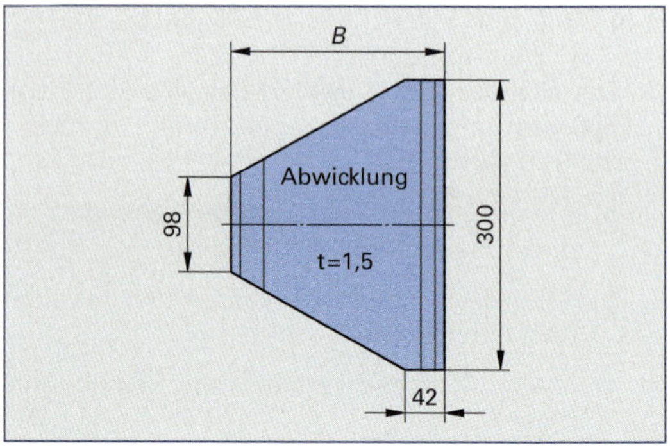

Bild 3

1.6 Fertigen eines Blechtopfs

Kundenauftrag: Es soll ein Blechtopf zur Aufbewahrung von Bohrern, Stifte usw. hergestellt werden. Durch einen breiten Boden erhält er eine besondere Stabilität. Dieser Umstand erleichtert ein Schieben und Stoßen auf ebener Fläche, wie der Werkbank oder dem Werkstattboden. Zur Verwendung kommt ein schmelztauchveredeltes Feinblech DX51D+Z150–N nach DIN EN 10327 mit einer Blechdicke von 0,8 mm. Der Mantel soll am offenen Ende mit einem Hohlumschlag versteift, mit einer Dreiwalzenbiegemaschine gerundet und durch einen einfachen, nach außen durchgesetzten Mantelfalz geschlossen werden. Das Bodenblech soll mit dem Bördeleisen und einem Holzhammer eingebördelt werden. Der Steg am Mantel soll mit dem Hammer geschweift und durch einen einfachen Bodenfalz verbunden werden **(Bild 1)**.

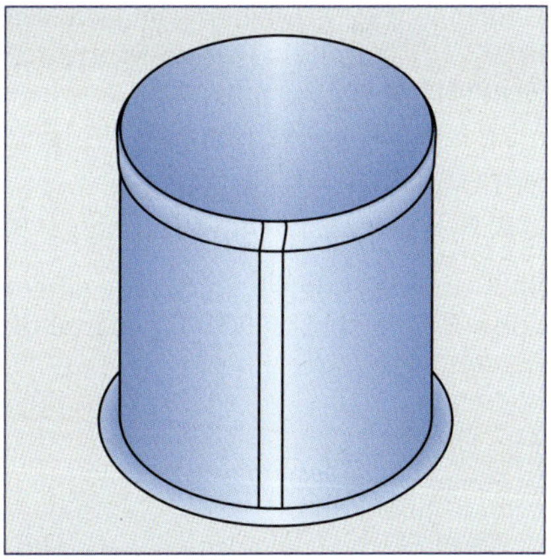
Bild 1

1. Die zylindrische Zarge **(Bild 2)** wird mit einem einfachen Falz geschlossen. Die Zugabe für den Steg am Bodenende beträgt 5 mm **(Bild 3)**.

Es sind zu berechnen:

a) die Zuschnittbreite L_{s1} in mm und

b) die Zuschnittlänge L_{s2} in mm.
Methodische Lösungshilfe siehe Seite 133

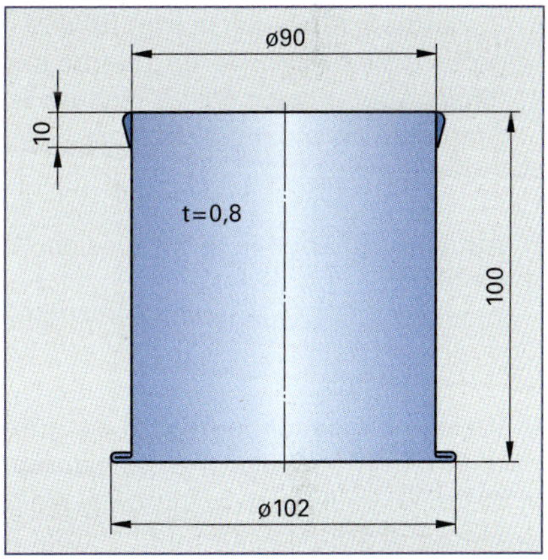

Bild 2

2. Der Mantel und der Boden werden durch einen einfachen Bodenfalz verbunden **(Bild 3)**. Auf welchen Durchmesser d in mm muss das Bodenblech zugeschnitten werden?
Methodische Lösungshilfe siehe Seite 133

3. Der einfache Mantelfalz wird alternativ durch einen doppelten ersetzt.

Wie groß ist die Zuschnittlänge L_{s2} in mm?
Methodischer Lösungsweg siehe Seite 38

4. Als alternative Randversteifung wird eine Drahteinlage verwendet **(Bild 4)**.

a) Wie groß muss der kleinste Drahtdurchmesser in mm sein?

b) Welche Drahtlänge in mm ist für den Mantel notwendig?

c) Wie groß ist die Zuschnittbreite L_{s1}, in mm bei einer solchen Änderung?
Methodischer Lösungsweg siehe Seite 133

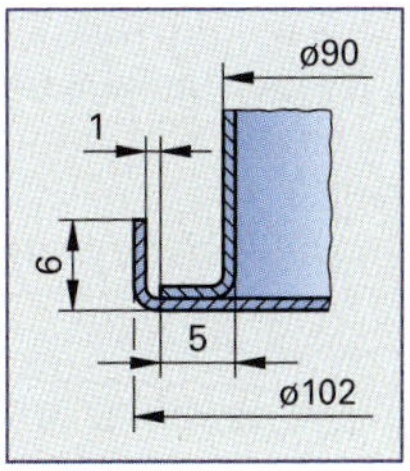

Bild 3

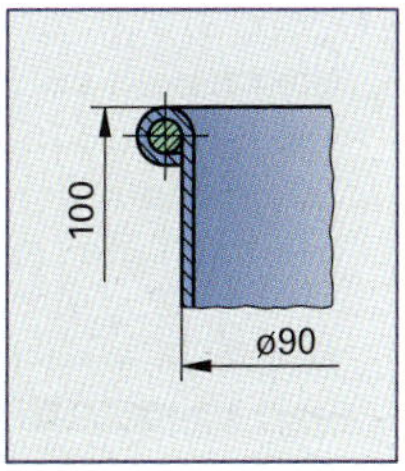

Bild 4

5. Das Bodenblech aus DX51D+Z wird mit der Handblechschere **(Bild 5)** ausgeschnitten. Für die Scherfläche wird 1 mm² angenommen.

a) Wie groß ist die notwendige Scherkraft F_1 in N?

b) Wie groß ist die Handkraft an Position 1 mit 30 mm Abstand vom Drehpunkt?

c) Wie groß ist die Handkraft an Position 2 mit 45 mm Abstand vom Drehpunkt?
Methodischer Lösungsweg siehe Seite 206

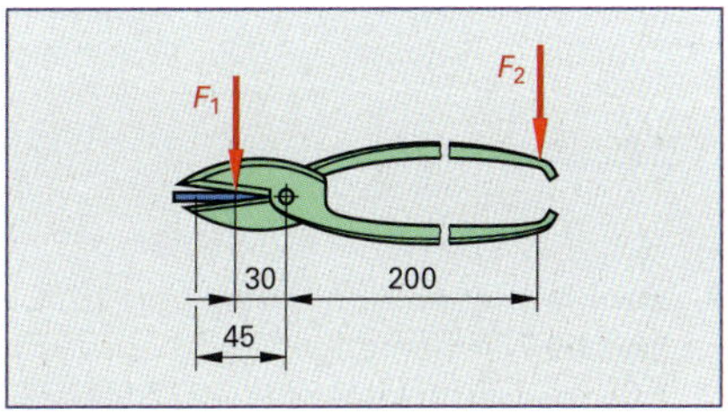

Bild 5

1.7 Herstellen eines Flachmeißels

Kundenauftrag: Aus einem kaltgewalzten Flachstab 20 × 15 DIN EN 10 083-1 C60E soll ein Flachmeißel geschmiedet werden **(Bild 1)**. Die Meißelspitze soll auf einen Spitzenwinkel von 20° geschmiedet und danach auf einen Keilwinkel von 65° angeschliffen werden.

Die Anfangstemperatur für das Freiformschmieden liegt bei ca. 1180 °C und die Endtemperatur bei ca. 820 °C.

Nach dem Schmieden im Schmiedefeuer soll die Meißelspitze mit einem Brenner bei ca. 800 °C gehärtet und bei ca. 180 °C angelassen werden.

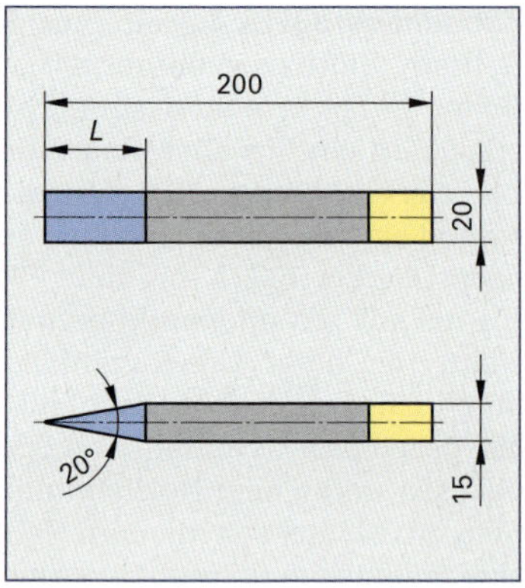

Bild 1

1. Die Länge L der Meißelspitze in mm nach dem Schmieden ist zu berechnen **(Bild 1)**.
   Methodische Lösungshilfe siehe Seite 44

2. In welchem Abstand l in mm **(Bild 2)**, bei der errechneten Keillänge L, muss die Markierungskerbe angebracht werden, wenn mit einem Abbrand von 5 % zu rechnen ist?
   Methodische Lösungshilfe siehe Seite 127

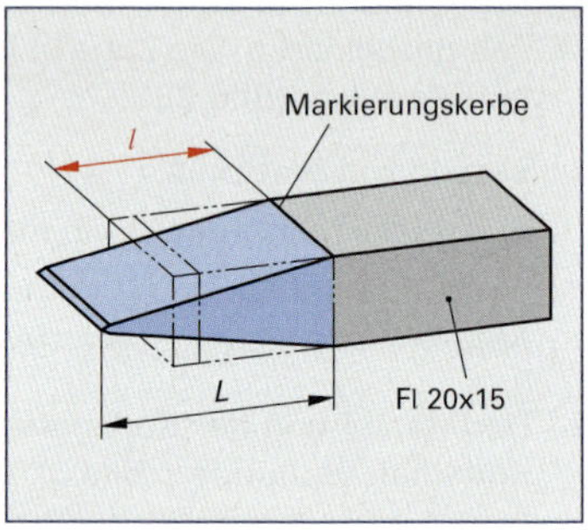

Bild 2

3. Auf welche Länge in mm muss der Meißelrohling zugeschnitten werden?
   Methodische Lösungshilfe siehe Seite 35

4. Welche Längenänderung Δl in mm erfährt der Meißelrohling theoretisch bei einer Ausgangstemperatur t_1 = 25 °C und einer Schmiedeanfangstemperatur t_2 = 1180 °C? Der Längenausdehnungskoeffizient α_l für Stahl beträgt 0,000012 1/C°.
   Methodische Lösungshilfe siehe Seite 162

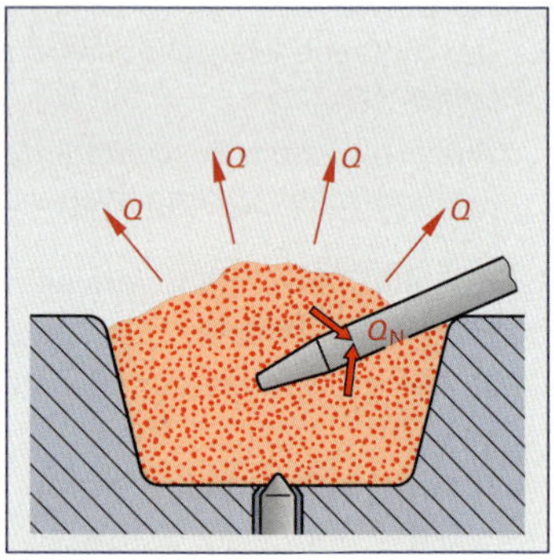

Bild 3

5. Die Massen m_1 des Meißelrohlings und des fertig geschmiedeten Flachmeißels m_2 bei einer Dichte von 7,85 kg/dm³ für unlegierten Stahl sind zu ermitteln.
   Methodische Lösungshilfe siehe Seite 60

6. Der Meißelrohling soll durch Schmieden umgeformt werden **(Bild 3)**. Hierfür muss dieser von 25 °C auf 1180 °C erwärmt werden. Wie viel kg Steinkohle mit einem Heizwert H = 34 MJ/kg sind theoretisch bei einem Wirkungsgrad des Schmiedefeuers nach **Tabelle 1** notwendig? Die Wärmekapazität c für Stahl beträgt 0,49 kJ/kgK.
   Methodische Lösungshilfe siehe Seite 164

Tabelle 1
Wirkungsgrade verschiedener Erwärmungseinrichtungen

Wärmequelle	Wirkungsgrad
Schmiedefeuer	0,06
Gasbeheizter Schmiedeofen	0,10
Brennstoffbeheizter Industrieofen	0,20
Induktionsofen	0,55

7. Der Meißel soll zum Härten von 25 °C auf 800 °C erwärmt werden. Welche Wärmemenge Q ist theoretisch erforderlich, wenn die spezifische Wärmekapazität von Stahl c = 0,49 kJ/kgK ist?
   Methodische Lösungshilfe siehe Seite 164

1.8 Fertigen von sechs Parkbänken, Modell „Petersberg", mit Gestellen aus Stahlprofilen

Kundenauftrag: Der Auftraggeber verlangt die folgenden Anforderungen: Die Parkbank **(Bild 1)** muss bis auf die Seitenteile demontierbar sein. Sie soll mit mindestens einer Querstrebe verschraubt werden, um die Stabilität der Parkbank zu gewährleisten. Bei der Gestaltung der Seitenteile sind die ergonomischen Erkenntnisse zu berücksichtigen, d.h., eine 5°-Neigung der Sitzfläche von der Vorderkante aus und eine 15°-Neigung der Rückenlehne von der Senkrechten nach hinten ist einzuhalten. Die Lattung besteht aus Lärchenholz mit den Maßen 80 × 40 × 1800 mm, die mittels Flachrundschrauben mit Vierkantansatz an den beiden Seitenteilen befestigt werden sollen. Die Sitzfläche soll aus 5 und die Rückenlehne aus 4 Holzlatten bestehen. Die Lattung soll 70 mm über die Außenkante der Seitenteile hinausragen.

Bild 1

1. Das komplette Gestell soll aus einem Hohlprofil DIN EN 10210 – S355JO – 50 x 30 x 3 gefertigt werden. Es ist die Zuschnittlänge der Querstrebe Pos. 4 **(Bild 2)** zu ermitteln.
   Methodische Lösungshilfe siehe Seite 35

2. Die zwei Befestigungslaschen aus einem Flachstab EN 10058 – 40 × 10 × 120 M Stahl DIN EN 10025 – S235JR sollen mit zwei Durchgangsbohrungen für Schrauben M10-Gewinde versehen werden **(Bild 3)**. Die Schnittgeschwindigkeit v_c beträgt 30 m/min. Es sollen die zwei Laschen aufeinandergelegt und gleichzeitig gebohrt werden.
   Für die Durchgangsbohrungen sind:
   a) die notwendige Drehzahl,
   b) die Vorschubgeschwindigkeit v_f in mm/min bei einem Vorschub f von 0,2 mm und
   c) die Hauptnutzungszeit t_n bei einem Anlauf l_a von 2 mm und einem Überlauf l_u von 4 mm
   zu berechnen.
   Methodische Lösungshilfe siehe Seite 148

3. Der Flachstab Pos. 5 und das Hohlprofil Pos. 4 werden mit einer umlaufenden Kehlnaht a = 4 mm **(Bild 2)** verschweißt. Es soll das Lichtbogen-Schmelzschweißen mit einer Elektrodenabmessung von 4 × 450 mm verwendet werden. Die Rundungen am Profil bleiben unberücksichtigt.
   Für alle 12 Schweißungen sind
   a) die Nahtlänge L,
   b) der Nahtquerschnitt A,
   c) das Volumen der Schweißnaht V_S,
   d) das nutzbare Volumen einer Elektrode V_E und
   e) der Elektrodenbedarf Z zu berechnen.
   Methodische Lösungshilfe siehe Seite 151

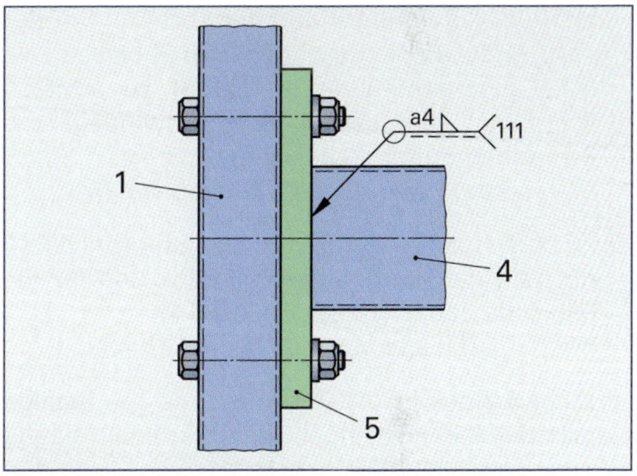

Bild 2

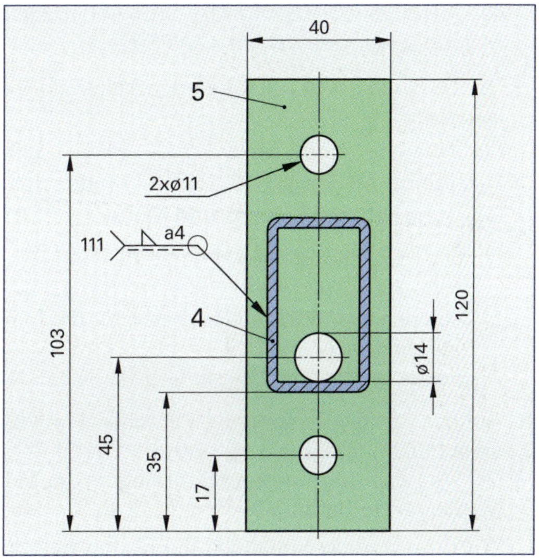

Bild 3

4. Die Oberkante der Rückenlehne Pos. 1 soll mit dem Fuß Pos. 2 zur höheren Standsicherheit eine gedachte senkrechte Linie bilden. Es ist das Maß *x* **(Bild 1)** für die genaue Positionierung der Rückenlehne am Fuß zu ermitteln.
Methodische Lösungshilfe siehe Seite 44

5. An den offenen Rohrenden an Pos. 1, Pos. 2 und Pos. 3 soll zum Schutz vor eindringendem Regenwasser je ein 3 mm Blech aufgeschweißt werden. Das Blech soll auf jeder Seite um 1,5 mm kleiner sein als das Hohlprofil, damit die beiden Teile mit einer Kehlnaht verschweißt werden können **(Bild 2)**. Es sind die Zuschnittmaße des Blechs zu berechnen.
Methodische Lösungshilfe siehe Seite 44

6. Für die Bestellung der Schrauben sind deren Längen zu ermitteln. Die Sechskantschraube ISO 4014 – M10 – 8.8, Scheibe ISO 7090 – 10 – 200 HV und die Sechskantmutter ISO 4032 – M10 – 8 dienen zur Verbindung der Querstrebe **(Bild 2)** mit dem Seitenteil.

Mit der Flachrundschraube DIN 603 – M8 – 4.6, der Scheibe ISO 7090 – 8 – 140 HV und der Sechskantmutter ISO 4032 – M8 – 8 sollen die Holzlatten **(Bild 3)** befestigt werden. Bei der Längenermittlung ist darauf zu achten, dass die Schrauben mindestens zwei Gewindegänge aus der Schraubenmutter hervorstehen.
Methodische Lösungshilfe siehe Seite 35

7. Zu berechnen ist der Bedarf an Hohlprofil 50 × 30 × 3 mm für die Herstellung einer Parkbank und für die gesamte Miniserie von 6 Parkbänken **(Bild 1)**.
Methodische Lösungshilfe siehe Seite 36

8. Zu berechnen ist die Gesamtmasse des Stahlgestells mithilfe der Zuschnittlängen ohne Berücksichtigung der Gehrungsverschnitte. Die längenbezogene Masse der Lasche für die Querstrebe Pos. 5 **(Bild 3)** und der Befestigungslaschen der Lattung Pos. 6 **(Bild 3)** Flachstab EN 10058 – 40 × 10 M Stahl DIN EN 10025 – S235JR beträgt 3,14 kg/m.
Methodische Lösungshilfe siehe Seite 61

9. Für die Parkbank ist mit folgenden Materialpreisen zu kalkulieren:

Profilstahl	1,95 €/kg
Flachrundschraube M8 verzinkt mit Mutter	1,38 €/Stück
Schraube M10 mit Scheibe und Mutter	1,01 €/Stück

a) Wie hoch sind die Materialeinzelkosten für eine Parkbank?

b) Wie hoch sind die Materialkosten für die Miniserie von 6 Parkbänken?

Methodische Lösungshilfe siehe Seite 221

10. Auf der Parkbank nehmen 2 Personen Platz **(Bild 4)**. Die erste Person wiegt 105 kg und die zweite Person 76 kg. Der Masseschwerpunkt der Bank liegt in der Mitte und die Masse der Holzlattung beträgt 25,92 kg ($g = 9{,}81\ m/s^2$).

Wie groß sind die Auflagerkräfte F_A und F_B in N?
Methodische Lösungshilfe siehe Seite 80

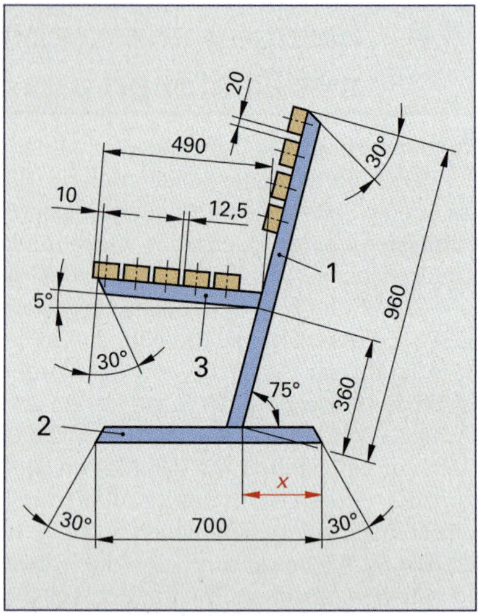

Bild 1

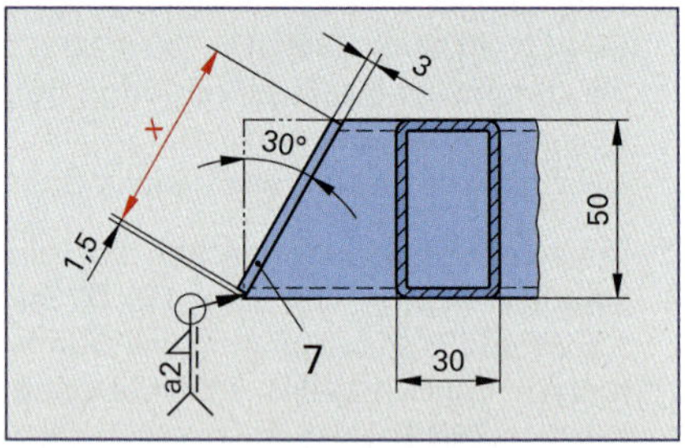

Bild 2

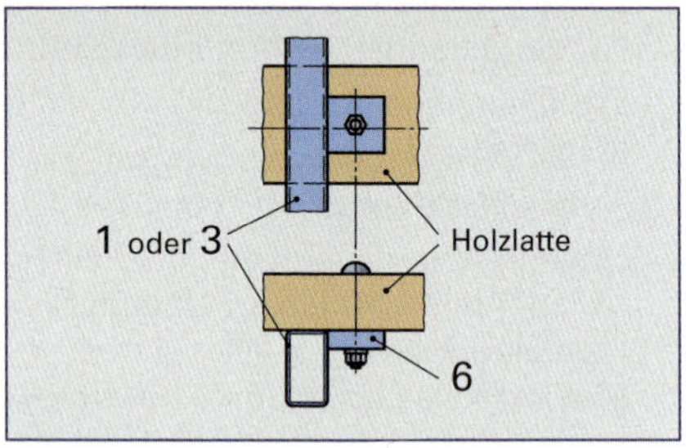

Bild 3

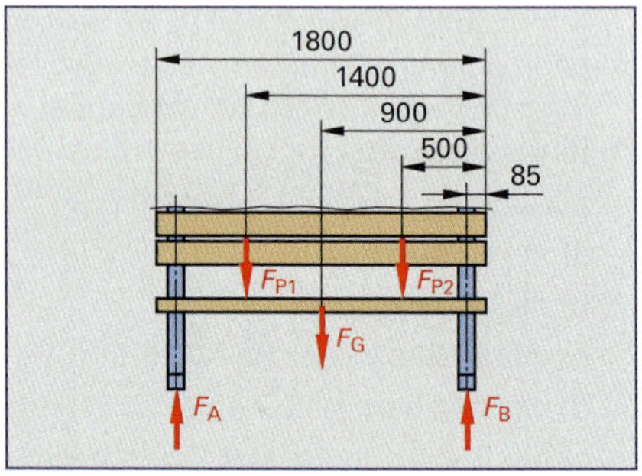

Bild 4

1.9 Fertigen eines Trockenstempel-Prägegerätes

Kundenauftrag: Es soll ein Trockenstempel-Prägegerät **(Bild 1)** für Papier und Kartons hergestellt werden. Die Funktion beim Prägen soll wie folgt vorgegeben sein: Der Handhebel Pos. 8 mit dem Kugelkopf Pos. 9 wird mit Muskelkraft nach unten bewegt, wodurch der Hebelhalter Pos. 10 auf den Druckbolzen Pos. 5 drückt. Dieser überträgt die Kraft auf den Stempelhalter Pos. 3 und auf den Prägestempel Pos. 1, wodurch das zu prägende Material in die Matrize Pos. 2 gedrückt wird.
Die Rückstellung erfolgt beim Loslassen des Hebels durch die Druckfeder Pos. 6. Stempel und Matrize sollen aus ihren Halterungen mittels Schrauben befestigt und gelöst werden können.

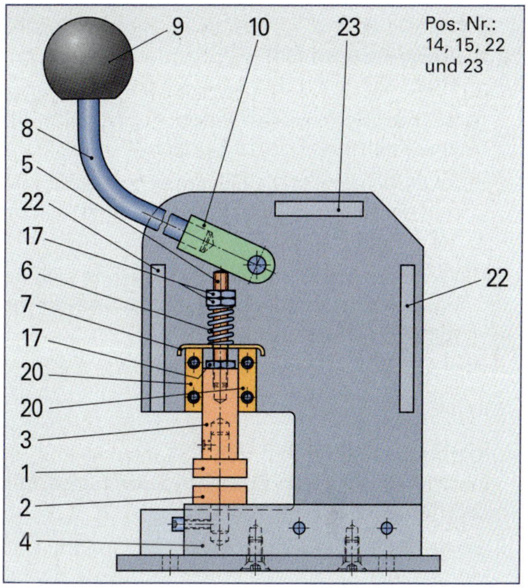

Bild 1

1. Der Handhebel Pos. 8 aus S355 J2C soll auf Maß zugeschnitten werden **(Bild 2)**. Der Durchmesser des Materials beträgt d = 12 mm. Die Gewindelänge im Kugelkopf ist 20 mm lang. Zu berechnen ist die gestreckte Länge l in mm.

   Methodische Lösungshilfe siehe Seite 38

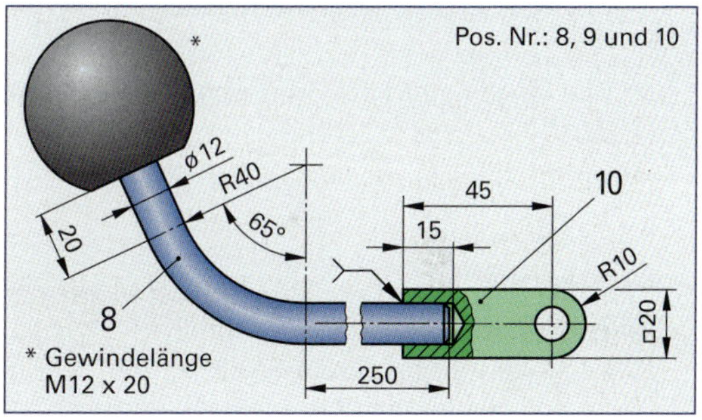

Bild 2

2. Die beiden Seitenteile Pos. 14 und Pos. 15 werden, damit die Bohrungen exakt fluchten, zusammen gebohrt **(Bild 3)**. Der Bohrungsdurchmesser beträgt d = 6,6 mm. Die Seitenteile haben einzeln eine Werkstückdicke s von 6 mm.

   Der Vorschub je Umdrehung beträgt f = 0,12 mm, es ist ein Bohrer „ N" für Stahl zu verwenden, der Anlauf beträgt l_a = 2 mm und der Überlauf l_u = 3 mm.

   a) Zu berechnen ist die einzustellende Drehzahl n in Umdrehungen pro Minute bei einer Schnittgeschwindigkeit von v_c = 25 m/min.

   b) Wie groß ist der Vorschubweg L in mm?

   c) Welche Hauptnutzungszeit t_h in min ist für die Herstellung notwendig?

   Methodische Lösungshilfe siehe Seite 148

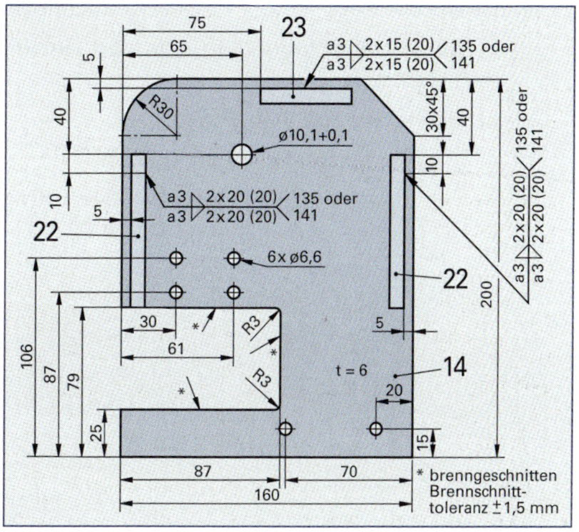

Bild 3

3. Die Distanzstücke Pos. 22 und 23 sollen links an das Seitenteil Pos. 14 mit dem MAG-Verfahren verschweißt werden. Die Kehlnahtdicke beträgt $a = 3$.

a) Welche Gesamtschweißnahtlänge l_s in mm ergibt sich nach **Bild 1** für ein Gerät?

b) Welche Schweißnahtlänge ergibt sich für eine Kleinserie von 15 Geräten?

c) Zu berechnen ist die Gesamtschweißzeit t_s in min der Kleinserie bei einer Schweißzeit von 1,4 min/m.

d) Welches Schweißnahtvolumen ergibt sich für die Schweißarbeit eines Gerätes und für die gesamte Serie?

Methodische Lösungshilfe siehe Seite 158

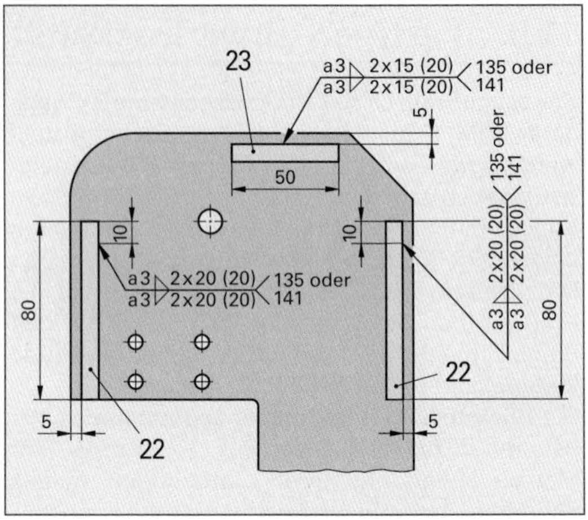

Bild 1

4. Die Aussparungen an den Seitenteilen Pos. 14 und 15 sollen durch Brennscheiden hergestellt werden **(Bild 2)**.

Beide Teile werden zusammengespannt und durch einen Qualitätsschnitt gefertigt.

a) Wie groß ist die Brennschnittlänge l in mm?

b) Welche Schneidgeschwindigkeit ist zu wählen?

c) Wie lange dauert der Brennschnitt t in Sekunden?

Methodische Lösungshilfe siehe Seite 64

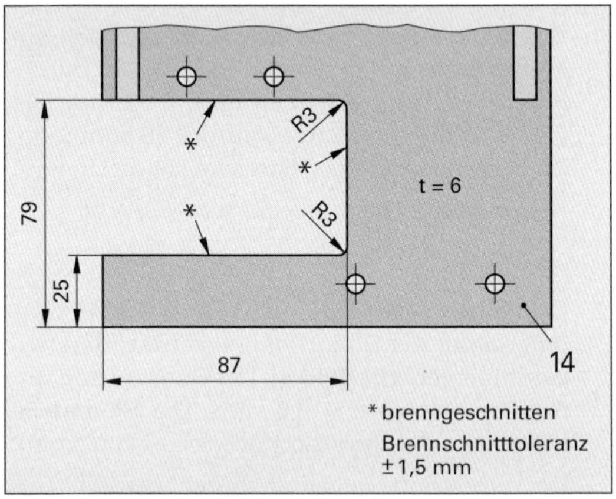

Bild 2

5. Die Matrizenhalterung Pos. 4 wird an das Bodenblech mittels Senkschrauben ISO 7046-1-M8 × __ 4.8 – Z verschraubt **(Bild 3)**. Die Verbindung soll normgerecht hergestellt werden.

Zu ermitteln sind folgende Angaben in mm:

a) der Durchmesser d_1 der Kernlochbohrung,

b) die Mindesteinschraubtiefe l_e in den Gewinde-Grundlöchern,

c) die Gewindelänge l_G in Pos. 4,

d) die Tiefe l_K der Kernlochbohrung und

e) der Durchmesser d_a der Durchgangsbohrung für Schrauben „mittel" nach DIN EN 20273 in Pos. 21.

Methodische Lösungshilfe siehe Seite 252

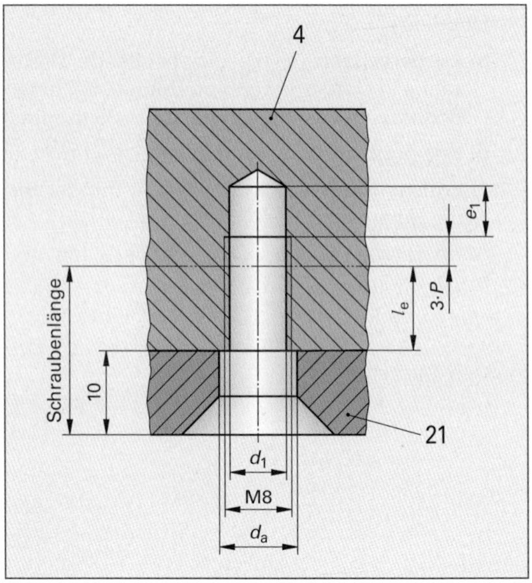

Bild 3

6. Mit einer Handkraft von F_H = 20 N und einer Hebellänge von l_H = 330 mm wird der Druckbolzen bei einer Länge l = 15 mm nach unten gedrückt **(Bild 1)**. Die Federkraft F_n = 22 N wirkt dieser entgegen. Wie groß ist die erzeugte Druckkraft F_D in N am Stempel?

Methodische Lösungshilfe siehe Seite 77

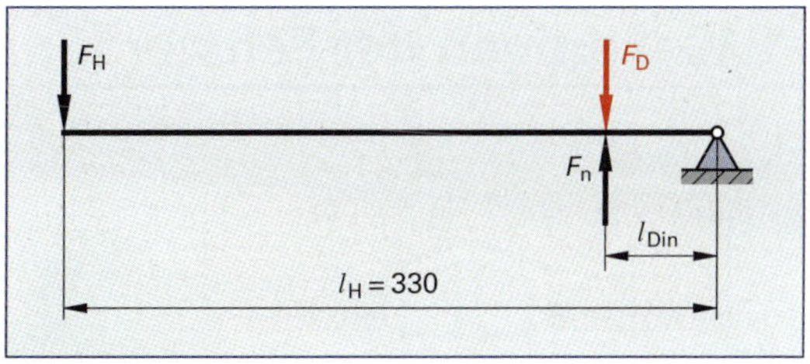

Bild 1

7. Die Stempelhalterführung Pos. 20 **(Bild 2)** wird aus Fl EN 10278 35 × 10–21 gefertigt. Der Werkstoff ist ein Automatenstahl 10S20.

Es sollen 15 Geräte hergestellt werden.

a) Welche Masse m in g hat eine Führung bei einer Dichte ϱ von 7,85 kg/dm^3?

b) Welche Länge l in mm ist für die Herstellung der Miniserie notwendig, wenn die Sägeschnittbreite 3 mm beträgt?

Methodische Lösungshilfen siehe Seite 60 und 119

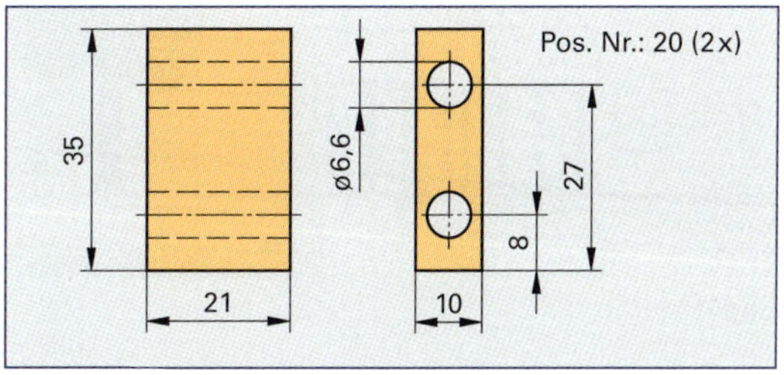

Bild 2

8. Mit einer Kreissäge soll die Stempelhalterführung Pos. 20 auf das Zuschnittmaß von l = 21 mm abgelängt werden. Die Schnittgeschwindigkeit beträgt v_c = 30 m/min und die Daten zum Kreissägeblatt sind mit 350 × 3 mm angegeben.

Welche Drehzahl n in 1/min muss an der Kreissäge eingestellt werden?

Methodische Lösungshilfe siehe Seite 65

9. Die beiden Seitenteile Pos. 14 und Pos. 15 werden mithilfe von Sechskantschrauben mit Schaft DIN ISO 4014 Pos. 24, Scheiben ISO 7089 Pos. 25 und Sechskant-Hutmuttern DIN 1587 Pos. 16 verbunden. Die Schraubengröße beträgt M6 und die Festigkeitsklasse ist mit 8.8 angegeben **(Bild 3)**.

a) Welche Nennlänge l in mm muss für die Schraube gewählt werden?

b) Es sind die Streckgrenze R_e und die Zugfestigkeit R_m in N/mm^2 der Bauteile zu ermitteln oder zu berechnen.

Methodische Lösungshilfe siehe Seite 191

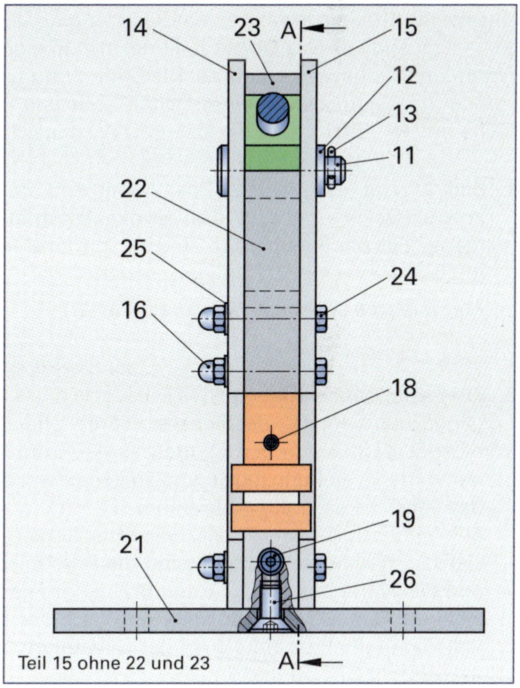

Bild 3

10. Welche Zuschnittlänge l in mm hat das Druckfederbodenblech Pos. 7 aus DC01 nach der Berechnung mit den Ausgleichswerten für das Kaltbiegen **(Bild 4)**?

Methodische Lösungshilfe siehe Seite 131

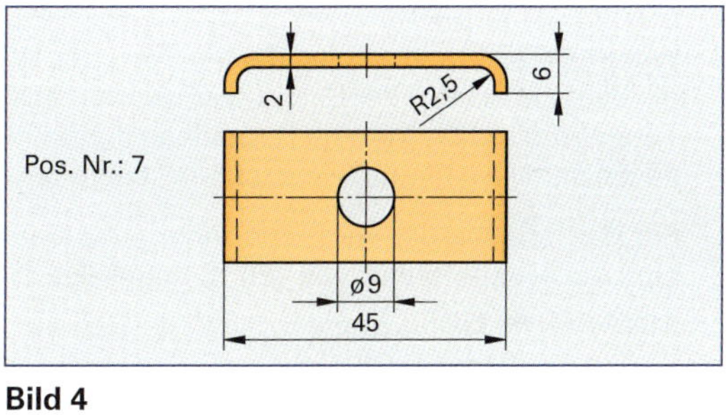

Bild 4

1.10 Fertigen der Fenster für ein Doppelhaus

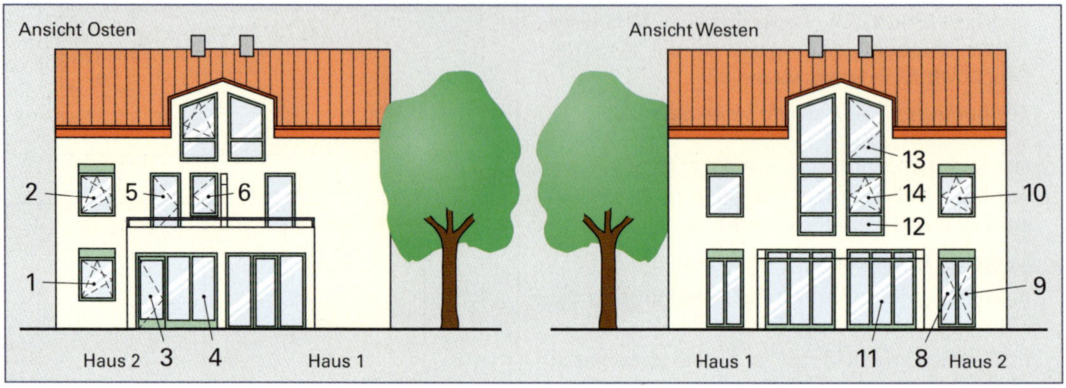

Bild 1

Kundenauftrag: Für den Neubau eines Doppelhauses sind die Metallbauarbeiten auszuführen. Das symmetrisch angelegte Bauwerk soll mit Fenstern und Türen ausgestattet werden. Die Wohnzimmer zur Gartenseite hin erhalten jeweils einen Glaserkerbau. Die Bauteile sollen die Anforderungen eines Niedrigenergiehauses erfüllen. Das Objekt befindet sich in einem Stadtviertel mit Ein- und Mehrfamilienhäusern mit Wohn- und Wohnsammelstraße. Die Entfernung zur nächsten Straßenmitte beträgt 30 m, die Entfernung von der nächsten lichtsignalgeregelten Kreuzung ist 95 m. Das Verkehrsaufkommen umfasst 2500 Fahrzeuge pro Tag. **Bild 1** zeigt die Ost- und Westansicht des Architekturplanes.

1. **Bild 2** zeigt das Fenster Pos. 1 mit den Baurichtmaßen der Entwurfszeichnung. Wie groß ist das Außenmaß des Blendrahmens? Für die Fugenbreite sind 10 mm und für das Basisprofil mit Unterlage sind 60 mm vorgesehen.

   Methodische Lösungshilfe siehe Seite 121

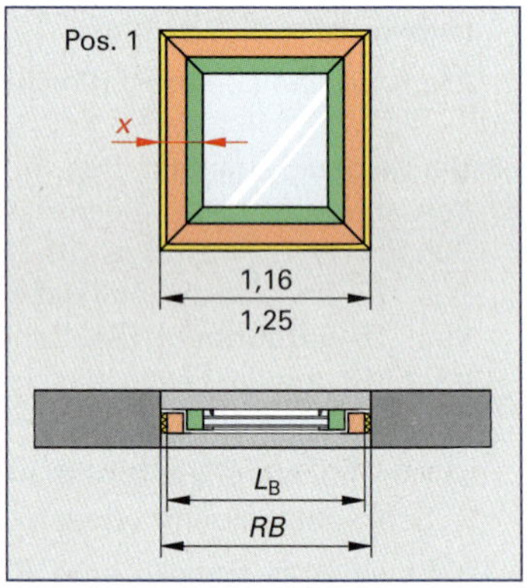

Bild 2

2. Zur Ermittlung des Jahresenergiebedarfs muss der Wärmedurchgangskoeffizient U_w der Fenster, Türen und Glasanbauten berechnet werden. Für den Bauherrn sollen zum Vergleich die Extremwerte (kostengünstigste und kostenaufwendigste Lösung) für das Fenster Pos. 1 aus Aluminium (U_f-Mittelwert nach Tabellen) mit unbeschichteter Zweischeiben-Isolierverglasung ermittelt werden. Für die Berechnung sind die Ergebnisse aus Aufgabe 1 und die Werte aus **Bild 3** für die Breite der Fensterprofile zu verwenden. Den Ergebnissen sind die Werte des Emissionsgrades, Scheibenaufbaues und die Art der Glasfüllung zuzuordnen.

   Methodische Lösungshilfe siehe Seite 169

3. Wie groß ist für den schlechtesten Wert der Wärmestrom durch die Bauteile in kW – der Energieverlust, der durch die Fenster und Türen entweicht – für eine Doppelhaushälfte, wenn die Gesamtfläche der Metallbauteile mit 25,5 m² angenommen wird?

   Für die Berechnung wird eine Innentemperatur von 21 °C und eine Außentemperatur von –20 °C angesetzt.

   Methodische Lösungshilfe siehe Seite 166

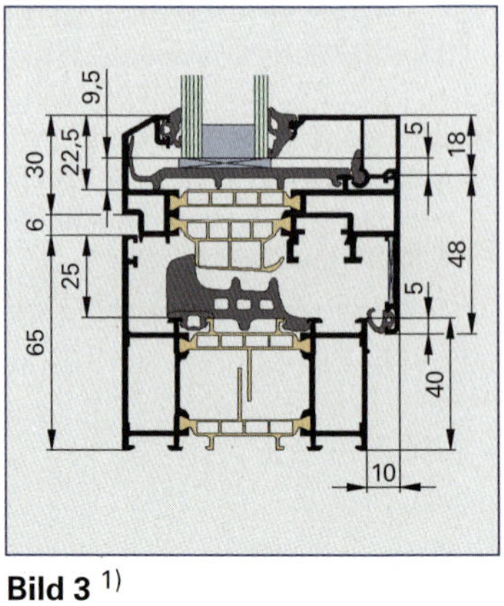

Bild 3 [1]

[1] WICONA

4. Für den Zuschnitt der Profile ist eine Zuschnittliste zu erstellen. Dafür sind die Längen der Blendrahmen-, Flügelrahmen- und Glasleisten-Profile zu berechnen. Es sind exemplarisch die Werte für das Fenster Pos. 1 **(Bild 2, Seite 22)** mit den System-Profilmaßen **(Bild 3)** zu berechnen. Die Ergebnisse sind in eine Zuschnittliste einzutragen. Muster siehe **Seite 122**.

Methodische Lösungshilfe siehe Seite 121

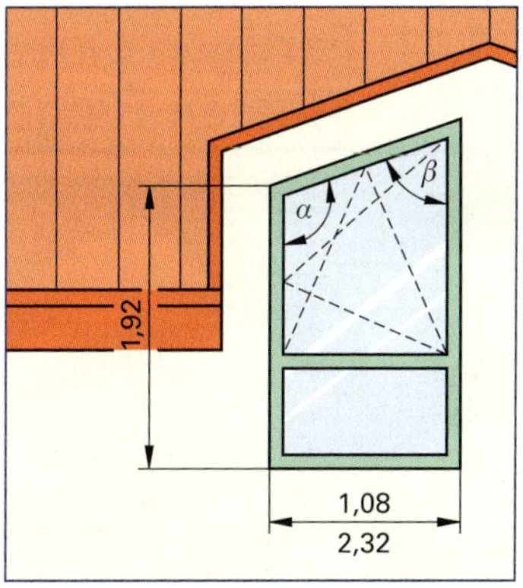

Bild 1

5. Für das Gaubenfenster **(Bild 1)** müssen die Profile in den beiden oberen Ecken in einem bestimmten Winkel zugeschnitten werden.

a) Wie groß ist der Winkel α?

b) Wie groß ist der Winkel β?

Methodische Lösungshilfe siehe Seite 44

6. Die Aluminiumprofile werden auf einer Doppelgehrungskreissäge zugeschnitten. Das Sägeblatt hat einen Durchmesser von 500 mm. Bei der Verwendung von hartmetallbestückten Sägeblättern ist eine Drehzahl von 2800 min^{-1} vorgesehen. Welche Schnittgeschwindigkeit wird damit erreicht?

Methodische Lösungshilfe siehe Seite 65

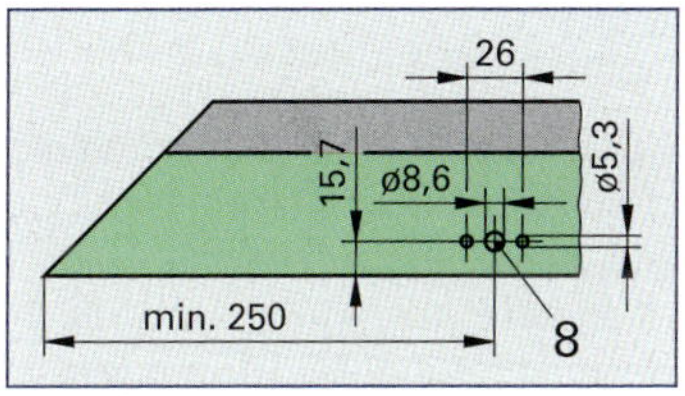

Bild 2

7. Die Löcher ∅ 8,6 mm **(Bild 2)** sollen gebohrt werden.

a) Welche maximale Schnittgeschwindigkeit ist für den Werkstoff EN AW-Al MgSi (3.3206) nach Norm vorgesehen?

b) Welche Drehzahl *n* (geradzahliger Wert) ist an der Bohrmaschine einzustellen?

Methodische Lösungshilfe siehe Seite 65

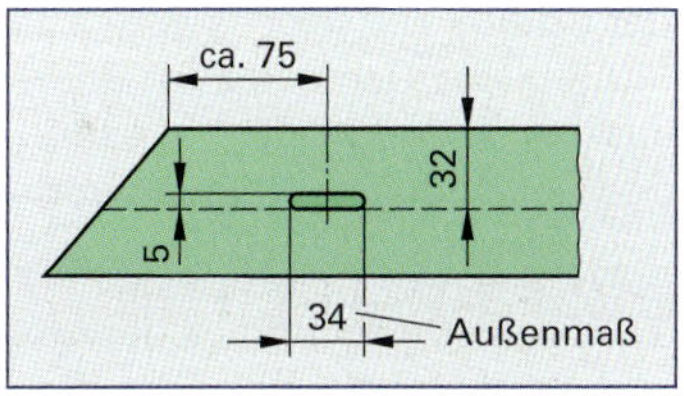

Bild 3

8. Die Entwässerungsschlitze **(Bild 3)** werden gestanzt.

a) Es ist die durchzutrennende Scherfläche zu berechnen.

b) Welche Scherkraft muss das Werkzeug aufbringen, wenn die Scherfestigkeit τ_{aB} = 130 N/mm^2 beträgt?

Methodische Lösungshilfe siehe Seite 206

9. Die Hauptlast des Fensters entsteht aus der Verglasung. Es soll ein Wärmeschutzglas, Standardausführung, Glasdicke 4/–/4 und 12 mm SZR eingesetzt werden. Der Falzgrund beträgt 8 mm.

a) Wie groß ist die Masse der Verglasung für das Fenster Pos. 1?

Methodische Lösungshilfe siehe Seite 52

b) Welche Gewichtskraft bewirkt diese Masse für g = 10 m/s^2?

Methodische Lösungshilfe siehe Seite 51

c) Wie groß ist die Zugkraft auf die Schere des Kippbeschlags **(Bild 4)**, wenn das Fenster um α = 15° kippt?

Methodische Lösungshilfe siehe Seite 44

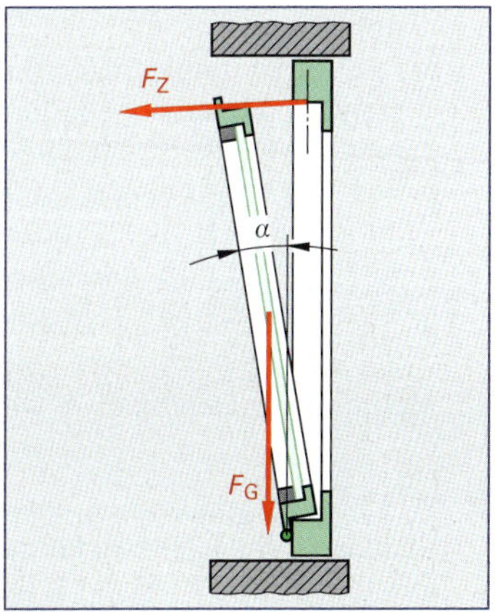

Bild 4

1.11 Fertigen eines First-Oberlichts in Pfosten-Riegel-Konstruktion

Bild 1

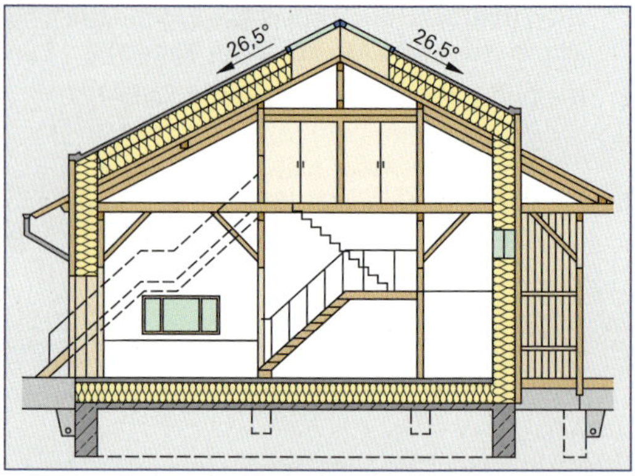

Bild 2

Kundenauftrag: Für die Lichtversorgung einer Dachgeschosswohnung ist ein First-Oberlicht auszuführen. Der bestehende Dachstuhl aus Holz ist als Sichtdachstuhl ausgeführt und die Isolierung als Aufdachisolierung **(Bild 1 und Bild 2).**
Das First-Oberlicht soll sich über 13 Felder erstrecken und die Aufteilung den vorgegebenen Sparren-Achsabständen entsprechen **(Bild 4).** Vier Felder davon sind unterteilt. Von diesen Feldern ist der untere Teil jeweils zum Lüften als Kippflügel ausgebildet. Der obere Teil und alle anderen Felder werden festverglast.
Das Dach hat eine Neigung von 26,5° **(Bild 3).**

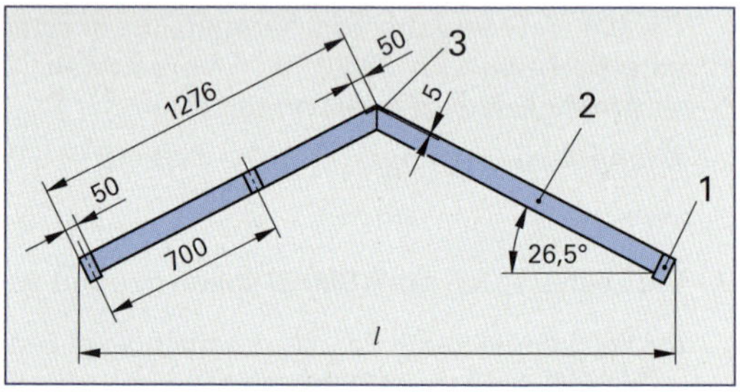

Bild 3

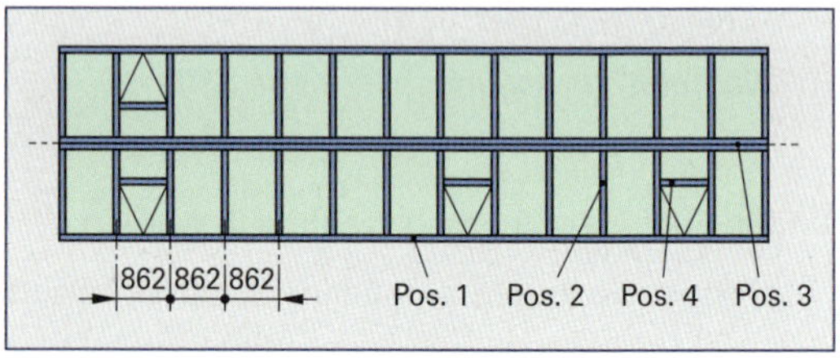

Bild 4

1. Für die Bestellung ist der tatsächliche Materialbedarf und die Anzahl der Bestellmenge an handelsüblichem Stangenmaterial für die Unterkonstruktion zu berechnen **(Bild 3 und Bild 4).**
   a) Wie viele handelsübliche Rechteckrohre **(Tabelle 1)** mit $l = 6$ m sind für die Pos. 1, 2 und 4 nötig?
   b) Der Verbindungsstreifen Pos. 3 soll aus 5 mm starkem Material gebogen werden. Zu berechnen ist die Streifenbreite **(Bild 5).**
   c) Pos. 3 kann aus einem handelsüblichen Stahlband DIN EN 10131 oder einer Blechtafel 2000 × 1000 mm gefertigt werden. Wie groß ist der Verschnitt in Prozent für beide Ausgangsmaterialien?

   Methodische Lösungshilfe siehe Seite 261

2. Welche Materialkosten entstehen bei einem Stahlpreis von 0,90 €/kg für den ermittelten Materialbedarf aus Aufgabe 1. a)?

   Methodische Lösungshilfe siehe Seite 221

Tabelle 1

Pos. 1	DIN EN 10219-S235JO- 100 × 50 × 4	12,80 kg/m
Pos. 2/4	DIN EN 10219-S235JO- 80 × 50 × 4	7,39 kg/m

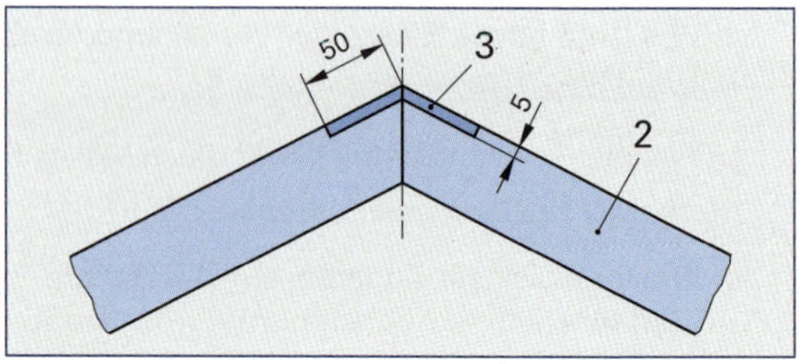

Bild 5

3. Für den Zuschnitt der Rechteckrohre Pos. 2 ist der Winkel α zu bestimmen.
Welcher Winkel ist an der Säge einzustellen? **(Bild 1)**

Methodische Lösungshilfe siehe Seite 44

4. Der obere Abschluss des Firstfensters ist gedämmt und mit einer Verkleidung aus einem 1 mm starken Titanzinkblech versehen. Zu ermitteln ist die Breite des Blechstreifens für die in **Bild 2** geplante Form.

Methodische Lösungshilfe siehe Seite 131

5. **Bild 3** zeigt die Glasscheiben in der Seitenansicht. Um die Scheiben bestellen zu können, müssen die Maße l_1 und l_2 ermittelt werden. Die einzelnen Scheiben müssen umlaufend 12 mm auf der Unterkonstruktion aufliegen.

Methodische Lösungshilfe siehe Seite 121 und 35

6. Es ist der Gesamtbedarf der Glaspressleisten aus Aluminium zu ermitteln.
Die Länge der Leisten entspricht der Länge l_2 der Scheiben (ohne Querleisten).

Methodische Lösungshilfe siehe Seite 35

7. Um einen gleichmäßigen Anpressdruck zu gewährleisten, sollen die Glaspressleisten an fünf Punkten auf die Unterkonstruktion geschraubt werden.
Zu bestimmen sind:
a) die Lochabstände, wobei die Randabstände zum oberen und unteren Rand **(Bild 4)** einzuhalten sind,
b) die Gesamtmenge der benötigten Schrauben und
c) die Mindestschraubenlänge **(Bild 5)**.

Methodische Lösungshilfe siehe Seite 35

8. Zur Kalkulation der Arbeitszeit sind für alle Bohrungen $d = 6$ mm in Pos. 1 und Pos. 2
a) der Vorschubweg L bei $l_a = 1$ mm und $l_u = 2$ mm,
b) die Drehzahl nach Tabelle für $v_c = 25$ m/min und
c) die Hauptnutzungszeit t_h bei $f = 0{,}12$ mm zu bestimmen bzw. zu berechnen.

Methodische Lösungshilfe siehe Seite 148

9. Für die Arbeitsvorbereitung zum Schweißen ist als Kontrollmaß die Länge l zu bestimmen. **(Bild 3, Seite 24)**

Methodische Lösungshilfe siehe Seite 41

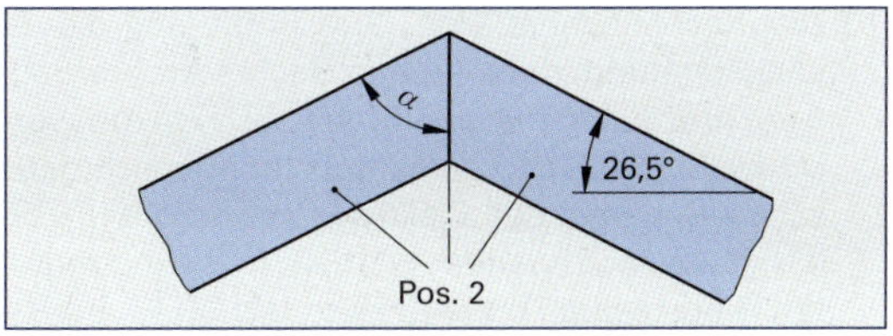

Bild 1

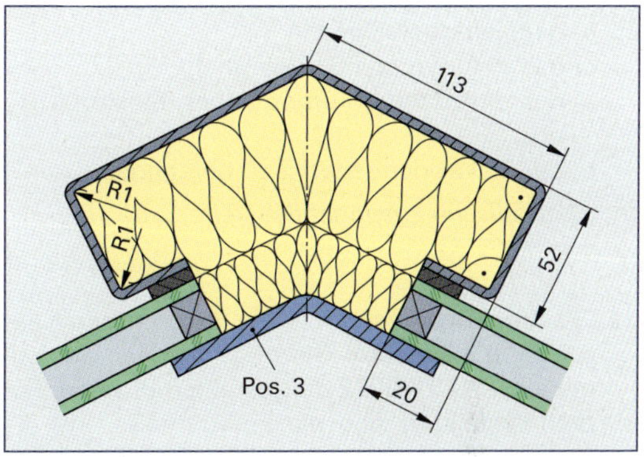

Bild 2

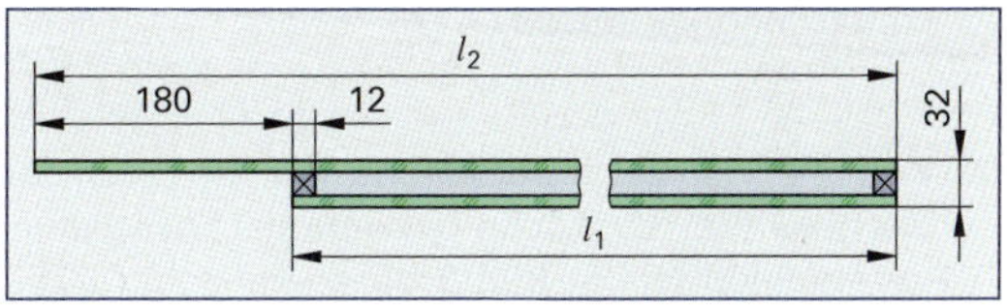

Bild 3

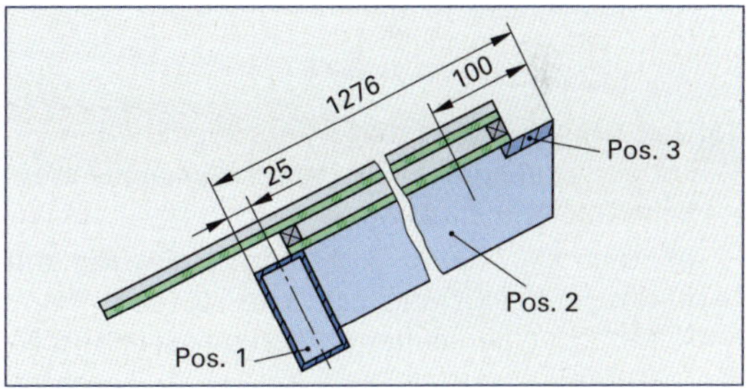

Bild 4

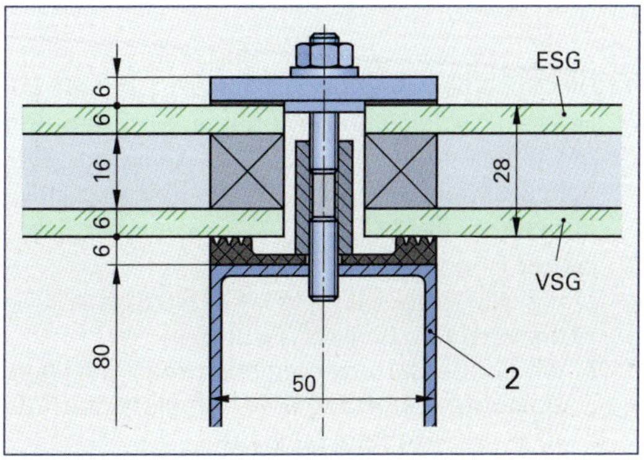

Bild 5

10. Die Rechteckrohre Pos. 2 werden auf die in Längsrichtung verlaufenden Rechteckrohre Pos. 1 auf drei Seiten mit einer Kehlnaht $a = 4$ mm verschweißt **(Bild 1).** Es soll das Lichtbogenschmelzschweißen mit der Elektrodenabmessung von 4 × 450 mm verwendet werden. Die Rundungen am Profil bleiben unberücksichtigt.
Für alle Schweißungen sind

a) die Nahtlänge L,
b) der Nahtquerschnitt A,
c) das Volumen der Schweißnaht V_S,
d) das nutzbare Volumen einer Elektrode V_E und
e) der Elektrodenbedarf Z zu berechnen.

Methodische Lösungshilfe siehe Seite 151

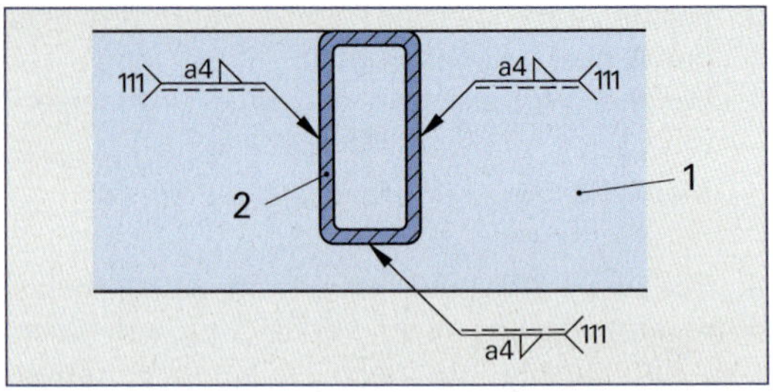

Bild 1

11. Die Kippflügel werden in die Rohrrahmen-Konstruktion eingesetzt. Gefertigt werden die Flügel aus den in **Bild 2** dargestellten Profilen. Für die Bestellung sind die Einbaumaße und die Scheibengröße zu bestimmen. Der Flügel soll umlaufend 12 mm auf der Rohrrahmen-Unterkonstruktion aufliegen.

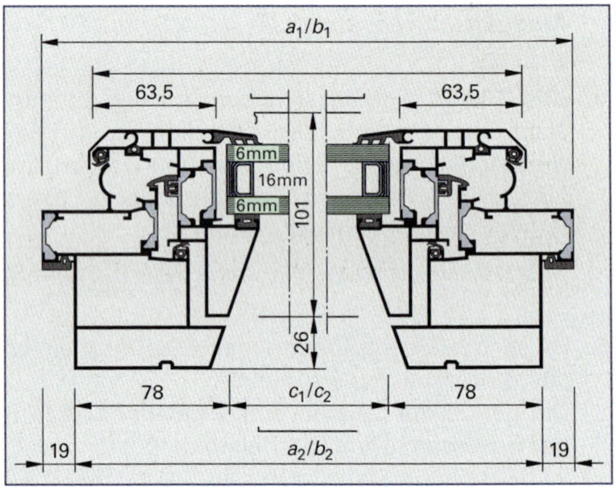

Bild 2

12. Wie groß ist der theoretische Wärmestrom für die gesamte Glasfläche bei einem Temperaturunterschied wie in **Bild 3** dargestellt (ohne die Felder mit Kippflügel)?

Methodische Lösungshilfe siehe Seite 166

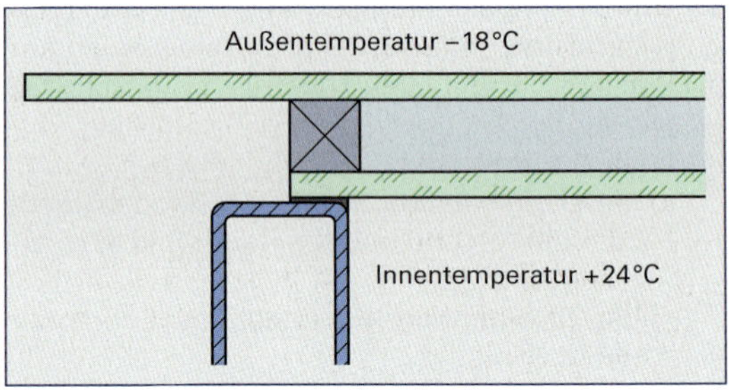

Bild 3

13. Das Tragwerk wird durch verschiedene Einwirkungen beansprucht. Zu berechnen ist die mögliche Gesamtbelastung

a) durch das Eigengewicht der Verglasung und
b) durch die Schneelast, mit der im Raum München gerechnet werden muss. (H. ü. d. M. 518 m)

Methodische Lösungshilfe siehe Seite 175

14. Die Scheiben werden auf einem Glasreff geliefert. Zur leichteren Montage wird das Reff mit einem Kran auf das Dach gehoben. Eine Scheibe wiegt 20 kg und für das Reff sind 50 kg anzusetzen **(Bild 4).**

Zu berechnen ist:

a) die Gewichtskraft F_G in kN ($g = 9{,}81$ m/s^2),
b) die wirkende Seilkraft F_S und
c) die Größe der erforderlichen mechanischen Leistung, wenn der Kran für die Höhe von 12 m 14 Sekunden benötigt.

Methodische Lösungshilfe siehe Seite 70 und 76

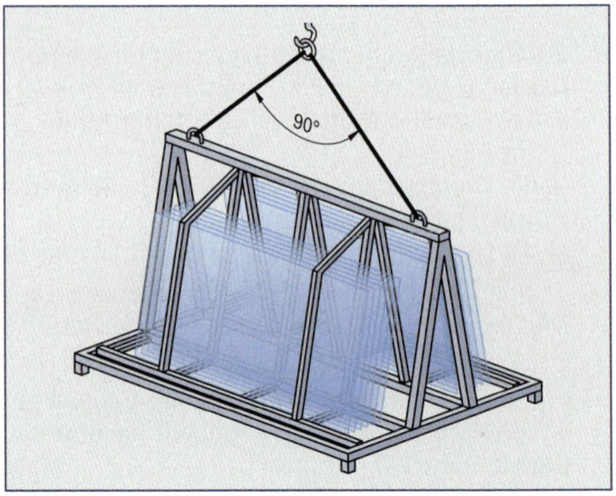

Bild 4

1.12 Fertigen einer Außentreppe

Bild 1: Ansicht Osten

Bild 2: Ansicht Süden

Kundenauftrag: Die **Bilder 1** und **2** zeigen eine vom Auftraggeber als Beispiel fotografierte Außentreppe eines Wohnhauses mit zwei Wohneinheiten, die er sich für seinen Neubau mit einer ähnlichen Situation vorstellen könnte. Zu der ausgebauten separaten Wohnung im ersten Stock der Wohnanlage soll eine Außentreppe im noch überdachten Bereich des Gebäudes geplant und gefertigt werden. Der Kunde wünscht den Zugang von der Südseite. Es soll eine zweiläufige, gerade Treppe mit Zwischenpodest erstellt werden. Die Treppenlauflänge, die sich aus l_1 und l_2 zusammensetzt und das Podest sollen bündig mit dem Dachüberstand enden.
Ausgeführt werden soll die Treppe als Wangentreppe mit eingeschraubten Gitterroststufen. Um an den Außenseiten der Wangen ein Geländer befestigen zu können, ist ein Mindestabstand von 60 mm zwischen den Wangen und angrenzenden Bauteilen einzuhalten. Die Treppenlaufbreite soll auf der gesamten Länge gleich breit bleiben und die maximale Breite einnehmen. Der Architektenplan zeigt die Vorderansicht und die Draufsicht (**Bild 3** und **Bild 4**) der vorgesehenen Treppe.

1. Für die Planung der Treppe sind aus den gegebenen Maßen (**Bild 3** und **Bild 4**) unter Berücksichtigung der Kundenwünsche die Treppenmaße zu ermitteln.

a) Zu bestimmen ist die Treppenhöhe h und die Treppenlauflänge l_{Ges} zur Berechnung der Treppe.

b) Zu berechnen ist die Anzahl der Steigungen n_s, die tatsächliche Treppensteigung s, die Auftrittsbreite a und der Steigungswinkel α der Treppe.

c) Die Ergebnisse sind nach der Schrittmaßregel zu überprüfen.

d) Zu ermitteln ist die Anzahl der Steigungen und Auftritte zu l_1 und l_2 jeweils bis zum Podest.

e) Welches Maß hat die ideale Podestlänge p?

Methodische Lösungshilfe siehe Seite 129

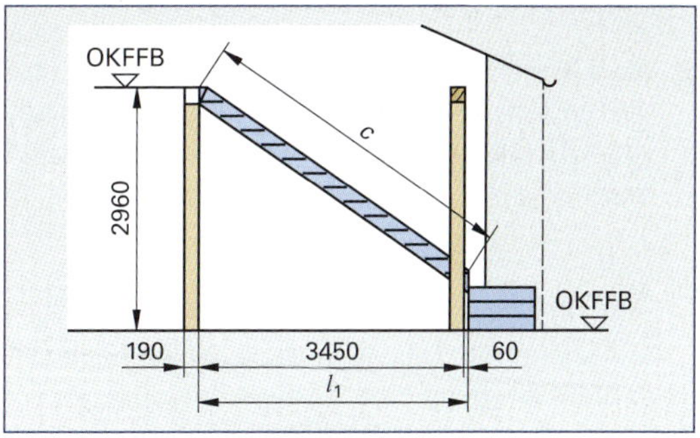

Bild 3: Ansicht von Süden

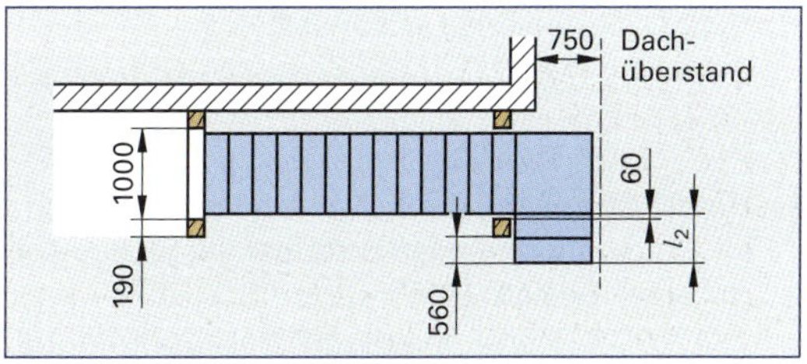

Bild 4: Ansicht von Süden

1. Im Bereich der ersten Stufe nach dem Podest ist die Durchgangshöhe l_D durch einen querlaufenden Balken beeinträchtigt. Es ist zu überprüfen, ob die Durchganshöhe an dieser Stelle den Anforderungen nach DIN 18065 entspricht **(Bild 1).**

Methodische Lösungshilfe siehe Seite 129

3. Als Treppensystem ist eine Wangentreppe vorgesehen. Die Wangen sollen aus Flachstahl gefertigt werden. Zu bestimmen ist mithilfe der **Tabelle 1** die notwendige Profilgröße des Flachstahls für die Treppenlauflänge l_1.

Die Handlaufbreite b beträgt 1 m.

Methodische Lösungshilfe siehe Seite 129

4. Für den Zuschnitt des oberen Anschlusses der Wangen sind die Winkel α, β und γ zu bestimmen.

Welcher Winkel α_S ist für den Zuschnitt an der Säge einzustellen **(Bild 2)?**

Methodische Lösungshilfe siehe Seite 44

5. Mithilfe der abgebildeten Einzelteile **(Bild 3)** ist zur Kalkulation der Kosten der Materialbedarf für die Wangen und das Podest zu ermitteln. Das Podest wird umlaufend zur Versteifung als Rahmen ausgebildet. Die Schrägschnitte bleiben dabei unberücksichtigt.

a) Zu berechnen ist das Gesamtgewicht in kg.

b) Wie viel handelsübliches Stangenmaterial wird benötigt? Dabei ist auf möglichst geringen Verschnitt zu achten. Für den Zuschnittplan ist die Verteilung auf die Stangen anzugeben.

Methodische Lösungshilfe siehe Seite 61

6. Die Wangen sollen verzinkt werden. Zu berechnen sind die Material- und Verzinkungskosten für die Wangen bei einem Stahlpreis von 1,10 €/kg und Verzinkungskosten von 0,90 €/kg.

Methodische Lösungshilfe siehe Seite 221

7. Die Trittstufen sollen als Gitterroststufen (SP) ausgeführt werden.

a) Anhand der **Tabelle 1, Seite 29,** ist nach DIN 24531 unter Berücksichtigung einer Unterschneidung von 35 mm eine geeignete Gitterroststufe auszuwählen.

b) Wie groß sind der Bohrlochabstand n, die Stufenbreite t bei einer Stufenlänge w von 800 mm.

Methodische Lösungshilfe siehe Seite 35 und 129

8. Für die Bestellung der Schrauben zur Befestigung der Stufen sind die Stückzahl und die Schraubenlänge zu ermitteln. Vorgesehen ist eine Sechskantschraube ISO 4017-M8-8.8, eine Scheibe ISO 7090-8-200HV und die Sechskantmutter ISO 4032-M8-8.

Methodische Lösungshilfe siehe Seite 252

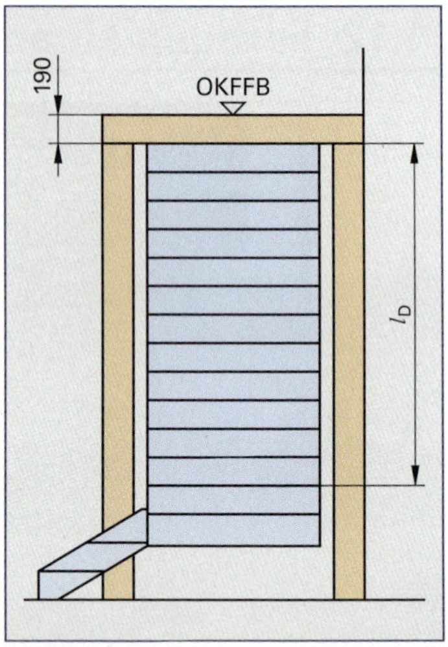

Bild 1

Tabelle 1

Wangentreppen Wohngebäude	**Bestimmung erforderlicher Profilgrößen** mit < 18 Steigungen und Steigungswinkeln von 20° bis 45°					
Stützweite in m	b=1 m			b=1,25 m		
	I	L	[	I	L	[
Ausführung leicht – Stufen aus Gitterrosten, Riffelblechen, Holz o.Ä.						
2,5	160x10	150x75x9	180	160x10	150x75x9	180
3,0	160x10	150x75x9	180	160x10	150x75x9	180
3,5	160x10	150x75x9	180	160x10	150x75x9	180
4,0	160x12	150x75x9	180	160x12	180x90x10	180
4,5	180x12	180x90x10	180	200x12	180x90x10	180
5,0	200x12	180x90x10	180	200x15	200x100x10	180
5,5	220x12	200x100x10	180	200x15	200x100x10	180

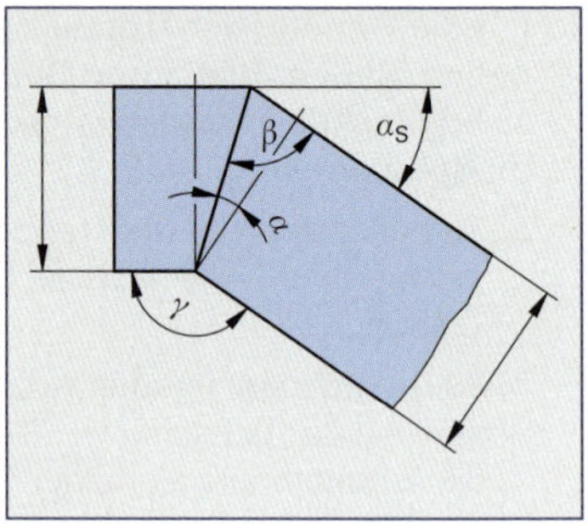

Bild 2

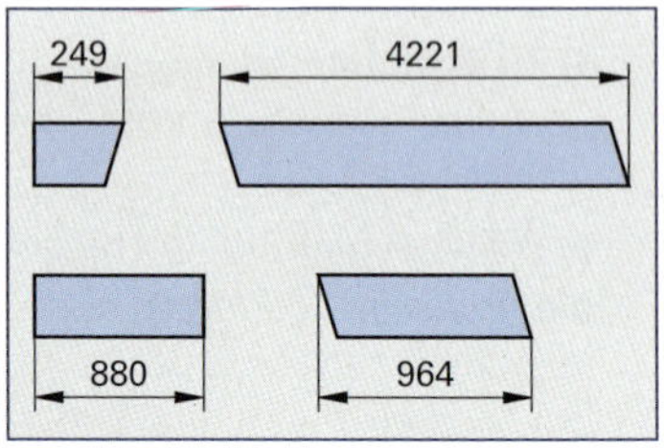

Bild 3

9. Um die Position der Bohrungen für die Gitterroststufen festzulegen und anreißen zu können, müssen folgende Maße ermittelt werden **(Bild 1** und **Bild 2)**:

a) der Winkel α und

b) der Abstand n zwischen den Bohrungen als auch der Randabstand a der Bohrungen. Die Stufen sollen ausgemittelt werden.

Methodische Lösungshilfe siehe Seite 44

10. Bei der Fertigung werden zum Erstellen der Bohrungen für die Befestigung der Gitterroststufen die identischen Wangenzuschnitte aufeinandergelegt. Dafür sind folgende Parameter zu berechnen:

a) der Vorschubweg L, bei $l_a = 0{,}5$ mm,

b) die Drehzahl n bei stufenloser Einstellung und einer Schnittgeschwindigkeit von v_c = 25 m/min,

c) die Hauptnutzungszeit t_h bei $f = 0{,}12$ mm.

Methodische Lösungshilfe siehe Seite 148

11. Für das Treppengeländer sind 4 Steher vorgesehen. Zwischen die Steher sollen einzelne Felder mit den gleichen Abmessungen eingeschraubt werden **(Bild 3)**.

a) Zu bestimmen ist die lichte Weite L_1 zwischen den Stehern.

b) Welche Abmessung l_2 haben die einzelnen Felder?

c) Welche Anzahl an Füllstäben und welche lichte Weite ergeben sich nach Diagramm?

d) Wie groß ist die Abweichung zwischen dem Wert nach Diagramm und durch Berechnung?

e) Auf welche Länge müssen die Abstandhalter zum Einschweißen der Stäbe zugeschnitten werden?

Methodische Lösungshilfe siehe Seite 110

12. Für den Zuschnitt ist die Höhe der Steher l_S zu bestimmen. Dabei ist die vorgeschriebene Geländerhöhe h nach DIN 18065 einzuhalten **(Bild 4)**.

Methodische Lösungshilfe siehe Seite 44

13. Auf das Geländer können verschiedene Kräfte einwirken. Welche maximale Kraft F_2 kann auf die Schraubenbefestigung wirken, bei einer waagrechten Last F_1 durch Anlehnen an das Geländer **(Bild 4)**.

Methodische Lösungshilfe siehe Seite 78

Maschenweite 30x30 (nach DIN 24531)			
Artikel-Nr.	**Maße**	***n***	**Tragstab**
NG602430	600x240	120	30/3
NG602730	600x270	150	30/3
NG802430	800x240	120	30/3
NG802730	800x270	150	30/3
NG803030	800x305	180	30/3
NG1002430	1000x240	120	30/3
NG1002730	1000x270	150	30/3
NG1003030	1000x305	180	30/3
NG1202440	1200x240	120	40/3
NG1202740	1200x270	150	40/3
NG1203040	1200x305	180	40/3

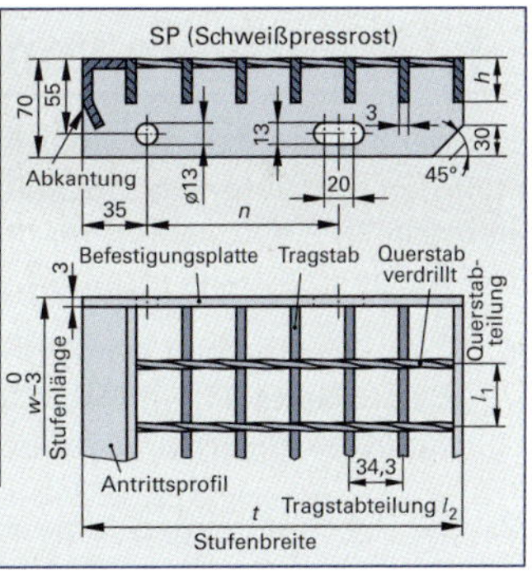

Bild 1

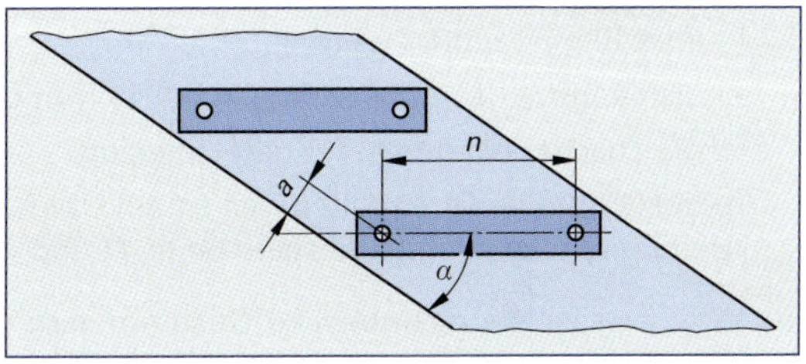

Bild 2

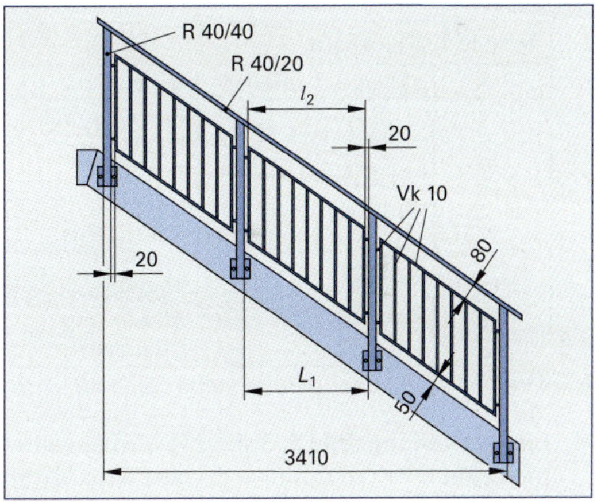

Bild 3

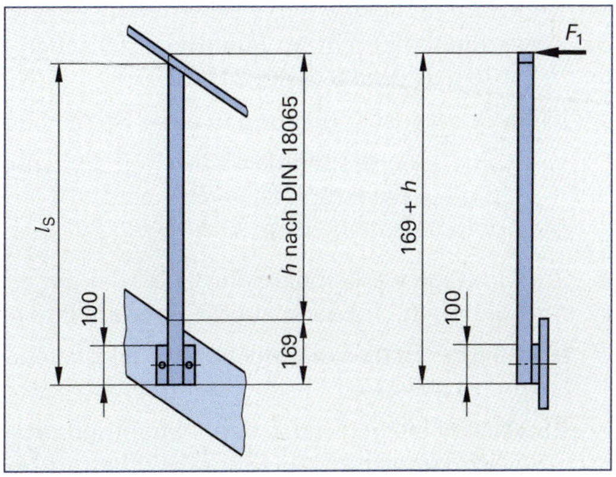

Bild 4

1.13 Fertigen von Rahmenbindern

Kundenauftrag: Für die Überdachung eines Verbindungsganges **(Bild 1, Seite 31)** sind sieben Binder als Rahmen mit Unterzug anzufertigen. Sie werden jeweils aus einem geschweißten Rahmen mit Unterzug hergestellt. Ein Konsolträger dient zur Aufnahme von Versorgungsleitungen. Der Firstträger und die Pfetten werden bauseits montiert. Das Dach ist aus Kunststoffplatten.

1. Zum Zuschneiden der Profile sind der Winkel α der Stützen und die Winkel β und γ der Aussteifung **(Bild 3, Seite 31)** und **(Bild 5, Seite 31)** zu berechnen.
   Methodische Lösungshilfe siehe Seite 44

2. Die Zuschnittlängen folgender Rahmenteile sind zu ermitteln **(Bild 2 bis 4, Seite 31)**:
   a) die Länge l_s der Stützen ohne Berücksichtigung der Querplatte,
   b) die Länge l_T des Trägers ohne Berücksichtigung der Querplatte, wobei am Firstende an der Mittellinie 10 mm addiert werden,
   c) die Länge l_K des Konsolträgers, bei 10 mm Überstand über den Unterzug,
   d) die Zuschnittlängen l_U für den Unterzug,
   e) die Größe der Querplatten, bei einem Überstand ringsum von 10 mm.
   Methodische Lösungshilfe siehe Seite 41 und 44

3. Wie groß ist die rechnerische Gesamtmasse eines Binders nach den Zuschnittgrößen für Stützen, Träger, Unterzug, Konsolträger, Querplatten und Fußplatten, wenn noch ein Zuschlag von 10% für Verschnitt, Versteifung, Auflagerkonsolen, Schweißnähte und Schrauben berücksichtigt wird?

Tabelle 1: Stückliste

Pos.	Menge	Einheit	Benennung	Sach-Nr./Norm-Kurzbezeichnung	Bemerkung
1	?		Rahmenprofil	IPB 120- …	S355JR
2	?		Firstträger	IPB 140- …	S355JR
3	?		Pfette	U 120- …	S235JR
4	?		Unterzug	I 80- …	S275JR
5	?		Konsolträger	IPB 120- …	S355JR
…	…		…	…	…
10	?		Fußblech	Bl 12-200 × 200	S235JR
11	?		Ausstellung	$^1/_2$ IPB 160	S355JR
12	?		Querplatte	Bl 12- …	S355JR

Methodische Lösungshilfe siehe Seite 52

4. Die Aussteifung **(Bild 5, Seite 31)** wird auf einer CNC-Brennschneidanlage ausgeschnitten. Zu bestimmen sind die Konturpunkte P1 bis P3 im Absolutmaß.
   Methodische Lösungshilfe siehe Seite 213

5. Für die Dachkonstruktion sind folgende Fälle nachzurechnen:
   a) das Biegemoment im Firstträger zwischen zwei Rahmenbindern bei einer Gesamtbelastung von F = 7000 N **(Bild 6, Seite 31)**,
   b) die Druckbeanspruchung in einer Stütze bei einer Gesamtbelastung eines Binders von F = 9000 N,
   c) die Flächenpressung der Stütze auf die Fußplatte und auf den Untergrund, wenn die Kräfte gleichmäßig auf die Fußplatte verteilt sind.
   Methodische Lösungshilfe siehe Seite 201 und 203

6. Zur Montage werden die Rahmenbinder mit einem Autokran von der Ladefläche des Lastwagens 2 m hochgehoben und dann auf die Fundamente gestellt.
   a) Wie groß ist die beim Hochheben verrichtete mechanische Arbeit bei einer Gesamtmasse von 450 kg (g = 10 m/s^2)?
   b) Welche Leistung muss der Kranantrieb erbringen, wenn das Hochheben drei Minuten dauert und der Wirkungsgrad des Krans 33% beträgt?
   Methodische Lösungshilfe siehe Seite 82

Bild 1

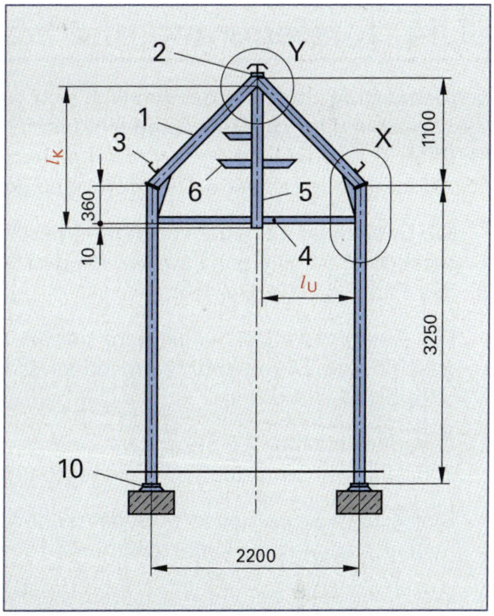

Bild 2: Rahmenbinder A

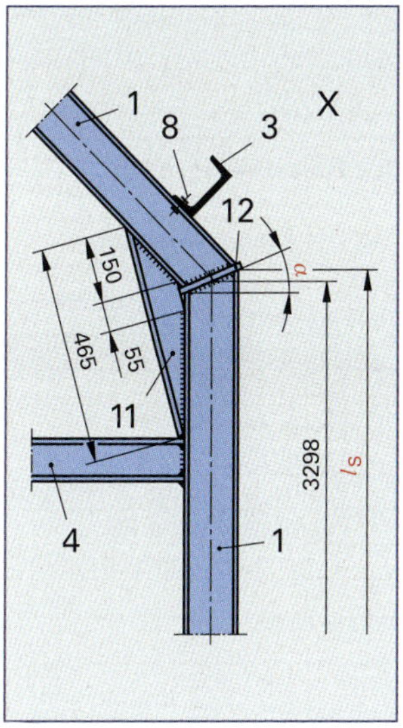

Bild 3

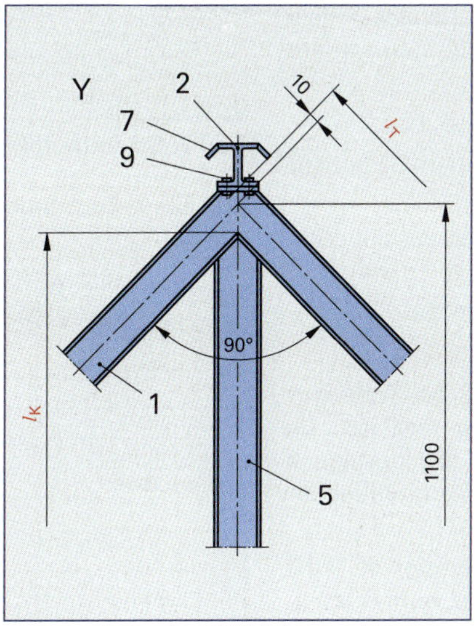

Bild 4

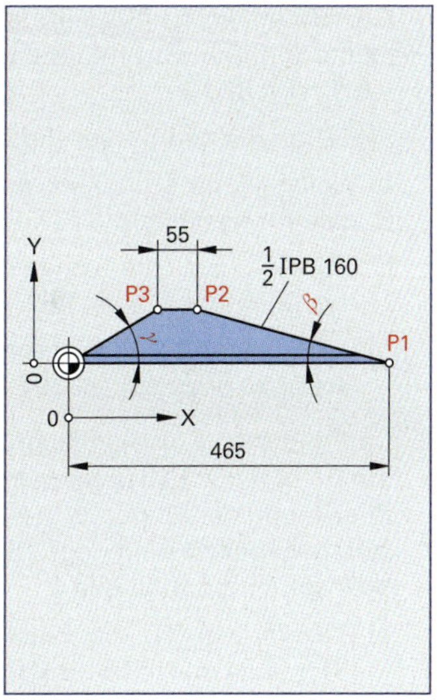

Bild 5

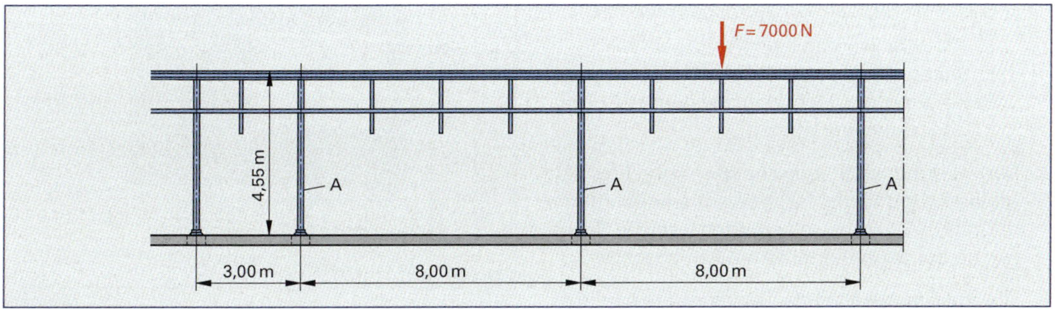

Bild 6

1.14 Torsteuerung und Inbetriebnahme

Kundenauftrag: Eine Firma beteiligt sich an der Ausschreibung für ein Tor zu einem Industriegelände **(Bild 1)**. Vom Auftraggeber werden bezüglich der Torsteuerung folgende Anforderungen gestellt:

- Die Bedienung des Tores erfolgt mittels Tasterbetätigung durch einen Pförtner, der den Betrieb des Tores auch überwacht.
- Das Tor wird im Normalfall ganz geöffnet oder geschlossen. Die Torfahrt kann jedoch jederzeit unterbrochen werden.
- Eine Blinkleuchte ist 5 Sekunden vor Beginn und während der Fahrt des Tores eingeschaltet.
- Durch eine Sicherheitsdruckleiste sollen beim Schließen des Tores Unfälle verhindert werden.

Bild 1

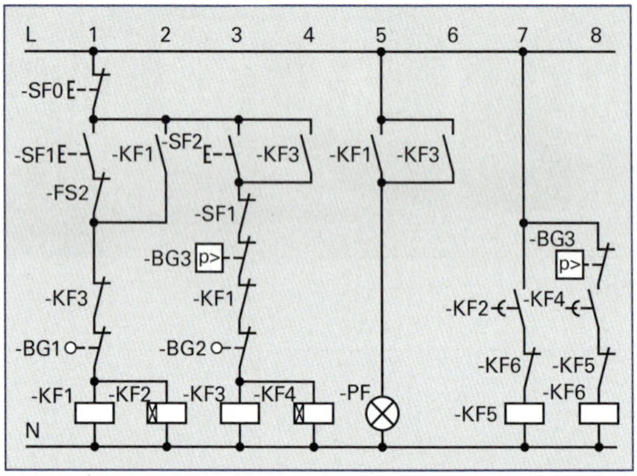

Bild 2: Stromlaufplan für Relaissteuerung

Tabelle 1: Zuordnung für die Kleinsteuerung

Komponenten	SPS	Kommentar
-KF5	Q1	Hauptschütz Tor AUF
-KF6	Q2	Hauptschütz Tor ZU
-SF0 (Öffner)	I3	Taster STOP
-SF1 (Schließer)	I1	Taster AUF
-SF2 (Schließer)	I2	Taster ZU
-BG1 (Öffner)	I4	Positionsschalter OFFEN
-BG2 (Öffner)	I5	Positionsschalter ZU
-BG3 (Öffner)	I6	Sicherheitsdruckleiste

1. Die Firma stellt bei der Ausschreibung zwei alternative Steuerungen für den Antrieb von automatischen Toren vor.

   Der Vorschlag für Steuerung I ist eine Relaissteuerung. Den Stromlaufplan für diese Steuerung zeigt **Bild 2**.

   a) Geben Sie den Steuerungsablauf an.

   b) Welche Logik ergibt sich aus dem Stromlaufplan für das Relais -KF1?

   c) Erstellen Sie die schaltalgebraische Gleichung für das Relais -KF2.

   d) Das Funktions-Zeit-Diagramm für die Zeitrelais ist zu erstellen.

2. Der Vorschlag II für die Steuerung des Tores wird durch eine SPS-Kleinsteuerung realisiert. Die Zuordnung der Eingangs- und Ausgangssignale sind in **Tabelle 1** hinterlegt. Die Verdrahtung der Kleinsteuerung zeigt **Bild 3**.

   a) Warum werden die Eingangssignale -SF0, -SF3, -SF4 und -SF5 als Öffner verdrahtet?

   b) Für den Ablauf der Torsteuerung ist der GRAFCET zu erstellen.

   c) Erstellen Sie den Funktionsplan für die Torsteuerung.

   d) Erweitern Sie den Funktionsplan so, dass bei Betätigung der Sicherheitsleiste das Tor automatisch wieder aufgeht.

3. Der Auftraggeber entscheidet sich für Vorschlag II. Das Tor ist fachgerecht eingebaut und die Inbetriebnahme soll erfolgen. Welche Schritte sind bei der Inbetriebnahme zu beachten?

4. Welche Angaben für die Torsteuerung sind dem Kunden in einem Wartungsplan zu hinterlegen?

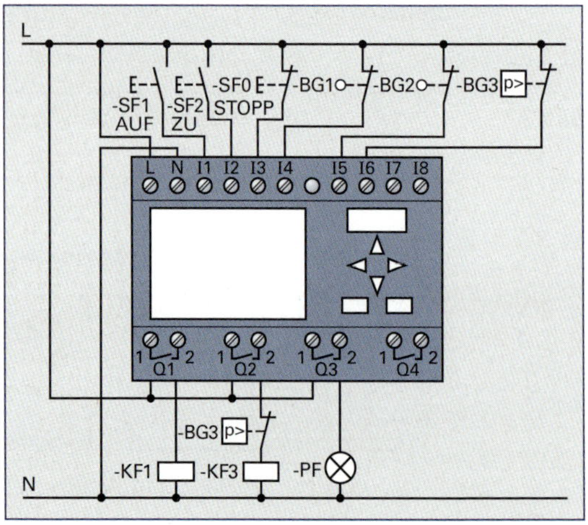

Bild 3: Anschlussplan für Logo

1.15 Herstellen eines geschmiedeten Gartentores

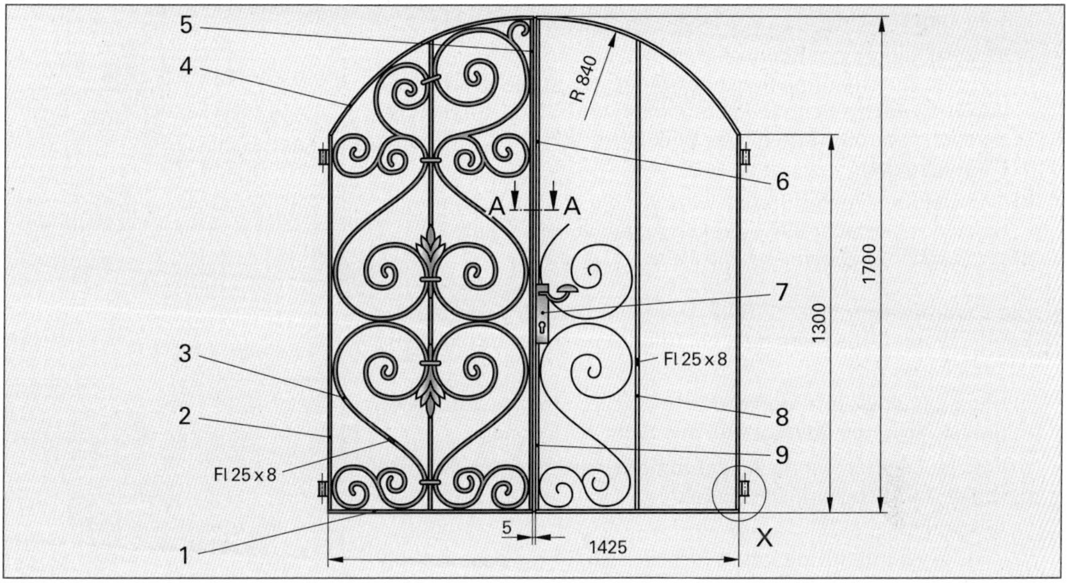

Bild 1: Geschmiedetes Gartentor

Kundenauftrag: Ein Privatkunde bestellt für sein Haus aus der Gründerzeit ein geschmiedetes Tor. Das zweiflügelige Gartentor besteht je aus einem geschweißten Rahmen aus Flachstahl Pos. 1, 2, 4, 6 und 9 **(Bild 1)**. Die vier Felder werden mit barockisierten, geschmiedeten Ornamenten gestaltet. Die Bänder werden aus Rund- und Flachstahl Pos. 11, 12 **(Bild 1, Seite 34)**, 13, 14 und 15 **(Bild 2)** selbst gefertigt. Zum Schließen und Sperren wird ein Rohrrahmen-Einsteckschloss in einen Schlosskasten Pos. 7 eingebaut. Der Gehflügel hat einen Anschlag aus Flachstahl Pos. 10 **(Bild 3, Seite 34)**.

1. Für den Rahmen müssen die oberen beiden Gurte in einem Radius von 840 mm gebogen werden. Auf welche Länge l_B müssen die Flachstähle abgelängt werden?
Methodische Lösungshilfe siehe Seite 35

2. Die beiden Flügel werden unterteilt. Dazu wird mittig ein Flachstahl Pos. 8 eingeschweißt. Wie groß ist der lichte Abstand L zwischen Rahmen und Mittelstab?
Methodische Lösungshilfe siehe Seite 119

3. Für den Kostenvoranschlag muss die Gesamtmasse des Tores nach DIN-Gewicht errechnet werden. Dazu werden die Massen der kompletten Bänder, der Hauptfüllornamente, der kürzeren Ornamente, der Zierelemente und der Bunde addiert. Das Hauptfüllornament Pos. 3 hat eine Zuschnittlänge von 1020 mm. Für die kürzeren Ornamente, die Zierelemente und Bunde wird ein Zuschlag von 30 % der Hauptfüllornamente veranschlagt.
Methodische Lösungshilfe siehe Seite 61 und 261

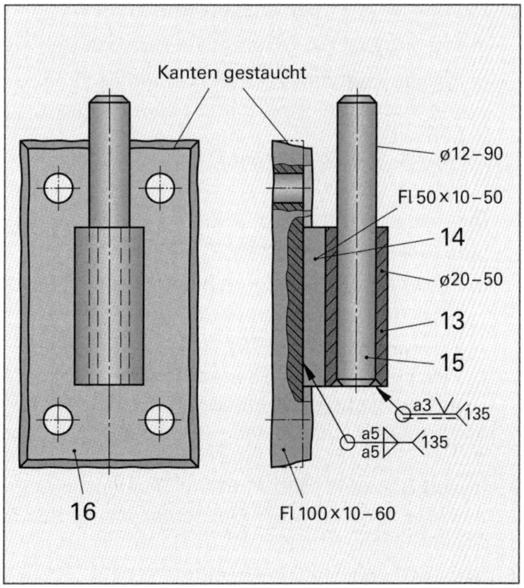

Bild 2: Band

4. Die Anschraubplatten Pos. 16 der Bänder **(Bild 2, Seite 33)** werden aus Flachstahl DIN EN 10058-30 × 8 – S235JR hergestellt. Aus gestalterischen Gründen werden dazu die Ränder etwa 2 mm hoch, schräg angestaucht.

a) Wie viel Kilogramm Steinkohle sind theoretisch zum Erwärmen der vier Anschraubplatten notwendig, wenn die Werkstücke von 20 °C auf die Schmiedetemperatur von 1250 °C im Schmiedefeuer erwärmt werden? Der Wirkungsgrad der Esse wird mit 5 % angegeben.

b) Wie viel Kubikmeter Erdgas wäre für die gleiche Arbeit nötig, wenn das Gasfeuer einen Wirkungsgrad von 15 % hat?

Methodische Lösungshilfe siehe Seite 160 und 164

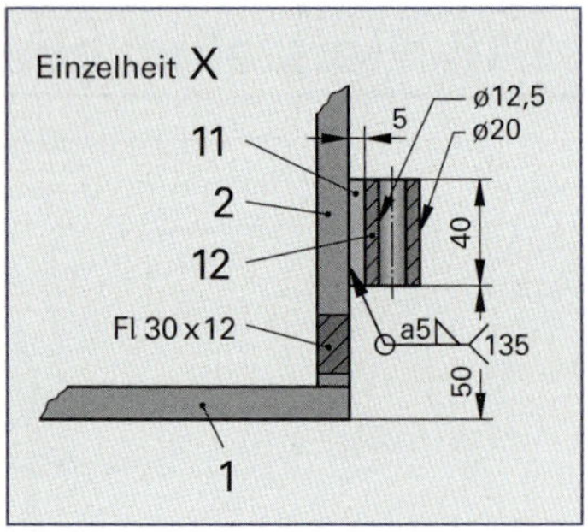

Bild 1

5. Die Lagerbuchsen Pos. 12 **(Bild 1)** und 13 **(Bild 2, Seite 33)** der Bänder werden aus Rundstahl gefertigt. Dazu muss das Profil Rd 20 gebohrt werden.

a) Wie groß ist die erforderliche Schnittgeschwindigkeit für einen unbeschichteten Spiralbohrer aus Schnellarbeitstahl?

b) Welche Drehzahl ist nach Drehzahldiagramm an der Bohrmaschine einzustellen? Das Ergebnis ist durch Berechnung zu überprüfen.

c) Welche Hauptnutzungszeit errechnet sich für die acht Bohrungen, wenn für An- und Überlauf jeweils 5 mm berücksichtigt werden?

Methodische Lösungshilfe siehe Seite 65 und 148

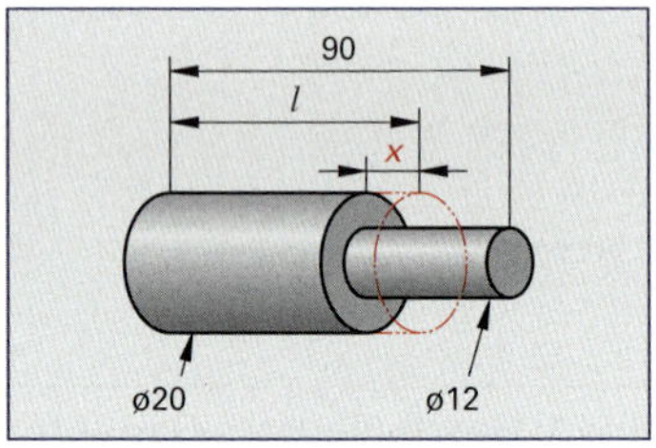

Bild 2

6. Die Achsbolzen des Tores könnten aus einem Stück durch Absetzen hergestellt werden **(Bild 2)**.

In welchem Abstand x muss der Markierungskörner gesetzt werden und auf welche Länge sind die Rundstähle abzulängen, wenn mit einem Abbrand von 5 % gerechnet wird?

Methodische Lösungshilfe siehe Seite 127

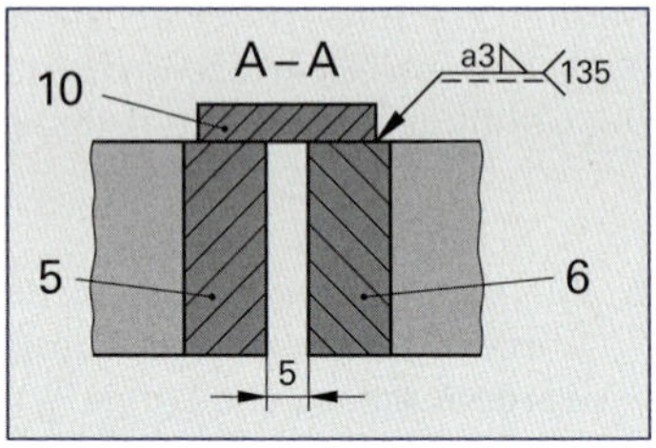

Bild 3

7. Die Löcher ∅ 11 der Anschweißplatten werden gestanzt.

a) Wie groß ist die Scherfläche zum Stanzen eines Loches?

b) Welche Kraft muss die Werkzeugmaschine zum Stanzen der Löcher aufbringen, wenn die Scherfestigkeit $\tau_{a,Bmax} = 296 \frac{N}{mm^2}$ beträgt?

Methodische Lösungshilfe siehe Seite 206

8. Das Tor wird mit einem Abstand von 5 mm bei einer Temperatur von 16 °C gesetzt **(Bild 3)**.

a) Reicht der Spalt aus, um ein Klemmen zu verhindern, wenn mit einer maximalen Temperatur des schwarz lackierten Tores von 60 °C gerechnet wird?

b) Welche theoretische Längenänderung tritt über ein Jahr gerechnet auf, wenn die Temperaturen im Winter bis –24 °C sinken?

Methodische Lösungshilfe siehe Seite 162

9. In den Bändern **(Bild 4)** treten Beanspruchungen und Momente auf. Wie groß sind die Gewichtskraft F_G des Torflügels und das Drehmoment M am oberen Band, wenn für einen Flügel eine Masse m von 38 kg angenommen wird (g =10 m/s²)?

Methodische Lösungshilfe siehe Seite 78

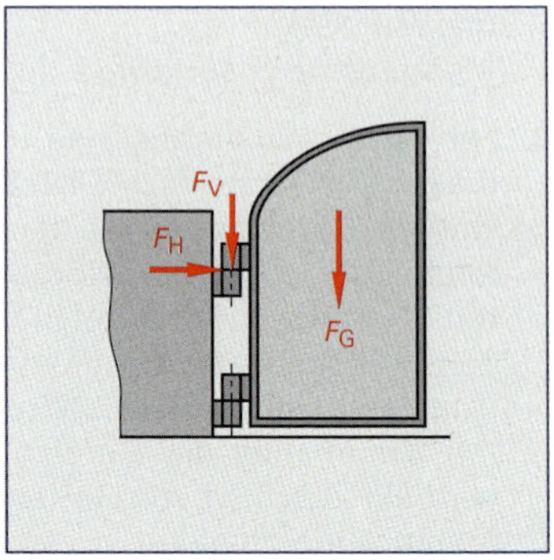

Bild 4

2 Technisches Rechnen

2.1 Längenberechnungen

2.1.1 Teilung von Längen

Bezeichnungen:

l	Gesamtlänge, Stablänge	mm	p	Teilung	mm
l_R	Restlänge	mm	a, b	Randabstände	mm
l_s	Teillänge beim Trennen	mm	n	Anzahl der Teilelemente, z. B. Sägeschnitte, Stäbe, Bohrungen	–
s	Sägeschnittbreite	mm			

Gesamtlängen werden durch Sägeschnitte, Gitterstäbe oder Bohrungen in Teillängen unterteilt. Dabei unterscheidet man drei Fälle:

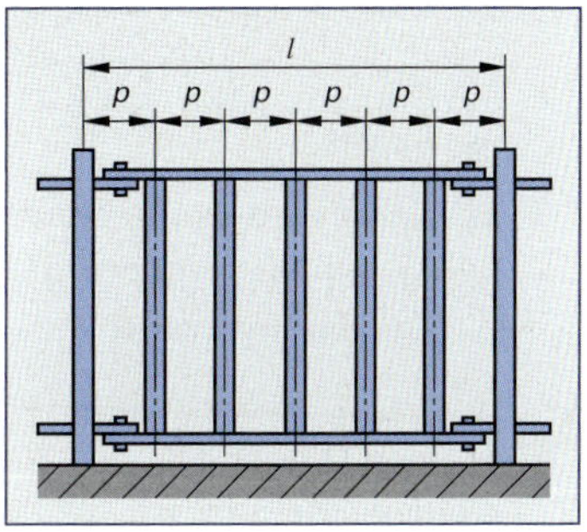

Bild 1

■ Randabstand gleich der Teilung

Die Gesamtlänge l des Gitters **(Bild 1)** wird durch $n = 5$ Füllstäbe in $p = 6$ gleiche Felder aufgeteilt.

Teilung = $\dfrac{\textbf{Gesamtlänge}}{\textbf{Teilelemente + 1}}$

$$p = \frac{l}{n+1}$$

1. Beispiel Wie groß ist die Teilung p der Füllstäbe **(Bild 2)**, wenn 18 Stäbe eingesetzt werden?

Lösung: $p = \dfrac{l}{n+1} = \dfrac{2375\ \text{mm}}{18+1} = \mathbf{125\ mm}$

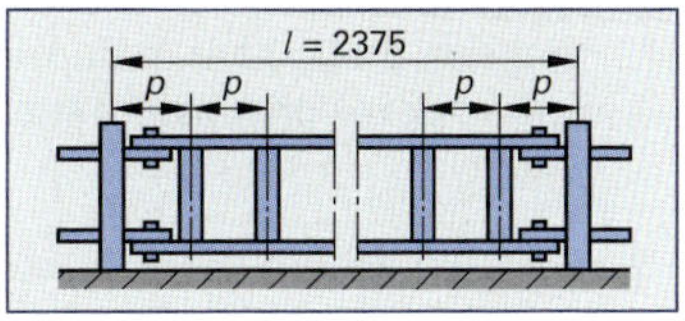

Bild 2

■ Randabstand ungleich der Teilung

Sind die Randabstände a und b verschieden groß und nicht gleich der Teilung p, so erhält man nach **Bild 3**:

Teilung = $\dfrac{\textbf{Gesamtlänge – Randabstände}}{\textbf{Anzahl der Teilelemente – 1}}$

$$p = \frac{l-(a+b)}{n-1}$$

2. Beispiel: In einen Obergurt aus Flachstahl **(Bild 4)** sollen 11 Löcher in gleichen Abständen gebohrt werden Die Randabstände sind mit $a = 80$mm und $b = 60$ mm angegeben. Die Teilung p ist zu berechnen.

Lösung: $p = \dfrac{l-(a+b)}{n-1} = \dfrac{1600\ \text{mm} - (80\ \text{mm} + 60\ \text{mm})}{11-1} = \mathbf{146\ mm}$

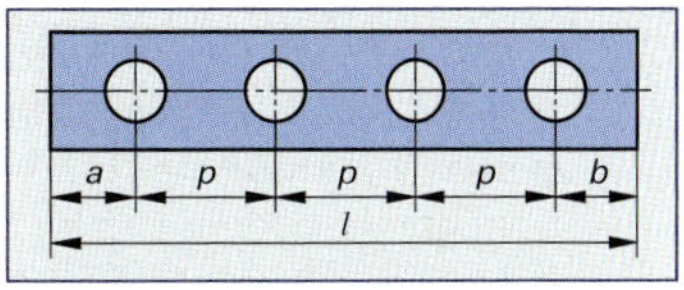

Bild 3

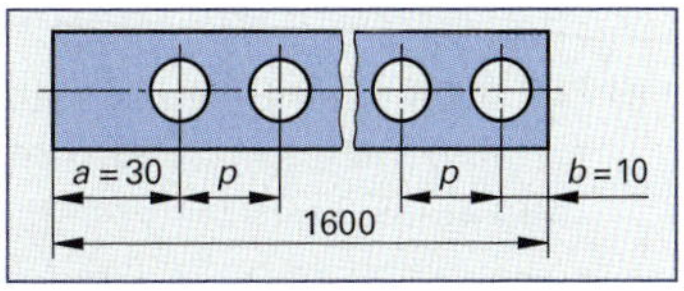

Bild 4

■ Trennen von Teilstücken

3. Beispiel: Von einem $l = 6$ m langen Messingrohr werden $l_s = 185$ mm lange Stücke abgeschnitten. Die Schnittbreite der Säge beträgt $s = 1{,}2$ mm

a) Wie viel Stücke konnen abgeschnitten werden?

b) Wie lang ist das Reststück?

Lösung: a) $n = \dfrac{l}{l_s + s} = \dfrac{6000\ \text{mm}}{185\ \text{mm} + 1{,}2\ \text{mm}} = \mathbf{32{,}2 = 32\ Stück}$

b) $l_R = l - (l_s + s) \cdot n = 6000\ \text{mm} - (185\ \text{mm} + 1{,}2\ \text{mm}) \cdot 32 = \mathbf{41{,}6\ mm}$

Anzahl der Teilelemente = $\dfrac{\textbf{Stablänge}}{\textbf{Teillänge + Sägeschnittbreite}}$

$$n = \frac{l}{l_s + s}$$

Restlänge = Stablänge – (Teillänge + Sägeschnittbreite) · Teilelemente

$$l_R = l - (l_s + s) \cdot n$$

Aufgaben Teilung von Längen

1. Von einem 6 m langen Flachstahl werden nacheinander 0,75 m; 87 mm; 1,30 m; 1540 mm; 625 mm abgeschnitten. Die Breite des Sägeblattes ist 2,5 mm. Wie groß ist die Restlänge?

2. Ein Sechskantstahl von 3,4 m Länge wird in 5 gleich lange Stücke geteilt.

a) Wie oft wird der Stab durchgesägt?

b) Wie lang sind die Teile, wenn eine Schnittbreite von 2 mm angenommen wird?

3. In einen Flachstahl von 300 mm Länge sollen 6 Löcher gebohrt werden. Wie groß ist

a) die Teilung, wenn Rand- und Lochabstände gleich groß werden,

b) die Teilung bei je 44,5 mm Randabstand?

4. Ein Flachstahl von 800 mm Länge soll 16 Löcher in gleichem Abstand erhalten. Der Mittelpunkt der Randlöcher soll 25 mm von den Stabenden entfernt sein. Es sind die Maße für das Anreißen der Löcher zu ermitteln.

5. Ein Schutzgitter, das aus 2 waagrechten und 15 senkrechten Stäben besteht, soll für eine Fensterbreite von 2 m angefertigt werden. Es ist die waagrechte Teilung p zu berechnen, wenn die Abstände von der Wand zur Mitte des ersten Stabes und die Abstände der Stäbe untereinander von Mitte zu Mitte gleich groß sein sollen.

6. Für das Schutzgitter **(Bild 1)** ist die Anzahl der senkrechten Stäbe bei gleicher Teilung zu berechnen.

7. In den Obergurt eines Gitters **(Bild 2)** sollen 9 Bohrungen für die Füllstäbe gebohrt werden. Die Teilung ist p = 70 mm. Wie lang muss der Flachstahl abgelängt werden?

8. Die Anzahl der Geländerstäbe und der Zwischenabstand × sind für eine Teilung p = 80 mm, ohne Anfangsstab, zu berechnen **(Bild 3)**.

9. ● In die Blechtafel **(Bild 4)** sind in Abständen von jeweils 60 mm, mit einem Randabstand von 200 mm, ringsum Löcher zu bohren. Wie groß ist die Anzahl der Bohrungen?

10. ● Für das Klingelschild aus Messingblech CuZn40 **(Bild 5)** sind die Abstände x und y in mm zu berechnen.

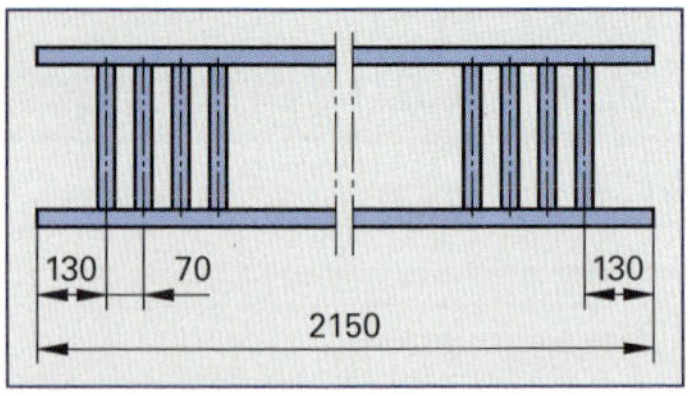

Bild 1

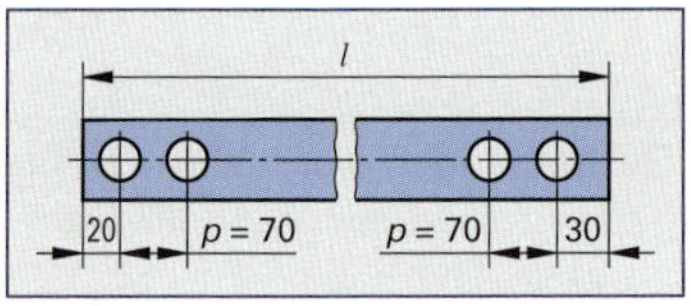

Bild 2

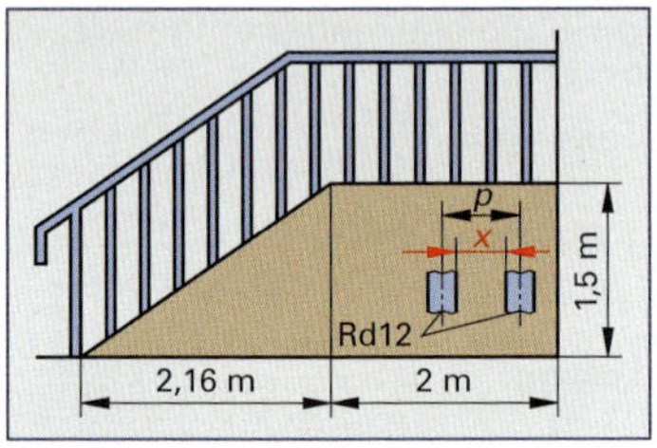

Bild 3

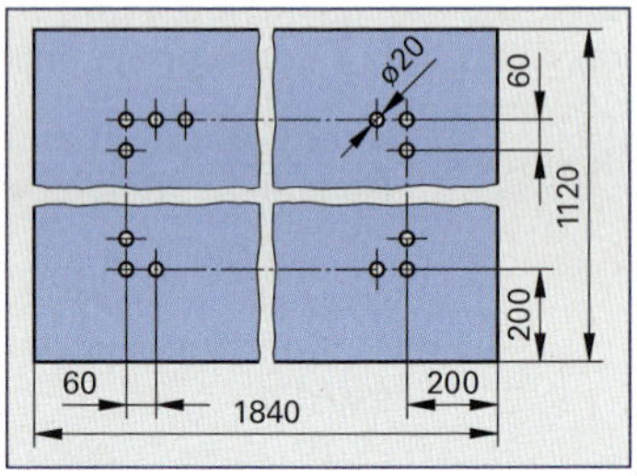

● **Bild 4**

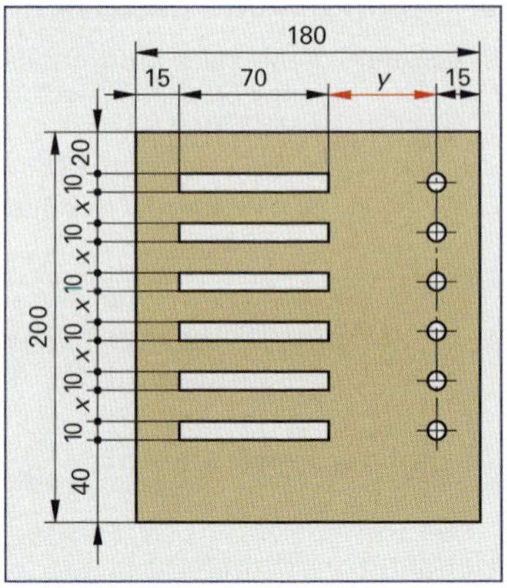

● **Bild 5**

2.1.2 Kreisumfänge und Kreisteilungen

Bezeichnungen:					
d	Durchmesser	mm	α	Mittelpunktswinkel	°
U	Kreisumfang	mm	l	Sehnenlänge	mm
r	Radius	mm	l_B	Kreisbogenlänge	mm
p	Teilung	mm	n	Anzahl der Teilelemente	–

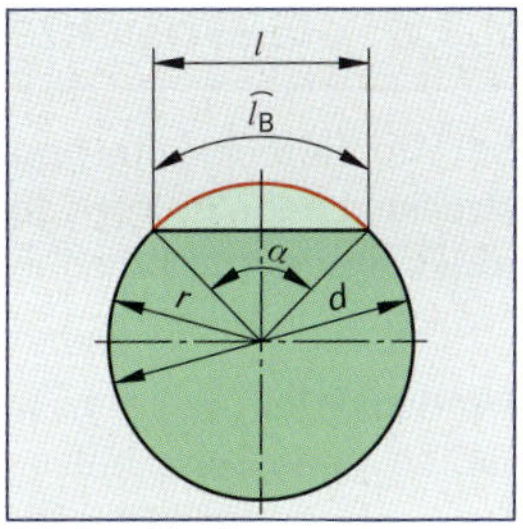

Bild 1: Kreis

Kreisumfang = π · **Durchmesser**

$$U = \pi \cdot d$$

Teilung = $\dfrac{\textbf{Kreisumfang}}{\textbf{Anzahl der Teilelemente}}$

$$p = \frac{U}{n} = \frac{\pi \cdot d}{n}$$

Kreisbogenlänge = $\dfrac{\pi \cdot \textbf{Durchmesser} \cdot \textbf{Zentriwinkel}}{\textbf{360°}}$

$$l_B = \frac{\pi \cdot d \cdot \alpha}{360°}$$

Sehnenlänge = **2 · Radius · sin** $\dfrac{\textbf{Zentriwinkel}}{\textbf{2}}$

$$l = 2 \cdot r \cdot \sin \frac{\alpha}{2}$$

Beispiel: Der Kreisumfang U und die Bogenlänge l_B des Kreises **(Bild 1)** sind für einen Durchmesser d = 70 mm und einen Zentriwinkel α = 110° zu berechnen.

Lösung: $U = \pi \cdot d = \pi \cdot 70\ \text{mm} = 21{,}99\ \text{mm} \approx \mathbf{220\ mm}$

$$l_B = \frac{\pi \cdot d \cdot \alpha}{360°} = \frac{\pi \cdot 70\ \text{mm} \cdot 110°}{360°} = \mathbf{67\ mm}$$

Aufgaben – Kreisumfänge und Kreisteilungen

1. Zu ermitteln sind die Kreisumfänge für folgende Durchmesser: d = 7,3 mm; 13 mm; 19,5 mm; 20,5 mm; 78,9 mm; 115,7 mm.
2. Zu den folgenden Kreisumfängen sind die Durchmesser zu ermitteln. U = 62,8 mm; 15,7 mm; 31,4 mm; 219,8 mm; 84,78 mm; 392,5 mm.
3. Wie lang muss das unverlötete Sägeblatt für die Bandsäge **(Bild 2)** sein, wenn der Rollendurchmesser 600 mm und der Rollenabstand 1250 mm betragen? Die Sägeblätter werden stumpf gelötet.
4. Zu berechnen sind die Längen der äußeren und inneren Umrisslinien der Schnittteile **(Bild 3** bis **Bild 5)**.
5. Es soll ein Baumschutzgitter nach **Bild 6** angefertigt werden. Wie viel Stäbe werden bei einem Mittenabstand von 72 mm benötigt?
6. Die Teilung p des Segmentes **(Bild 3)** ist zu berechnen, wenn auf dem vollen Kreisring 16 Bohrungen herzustellen sind.

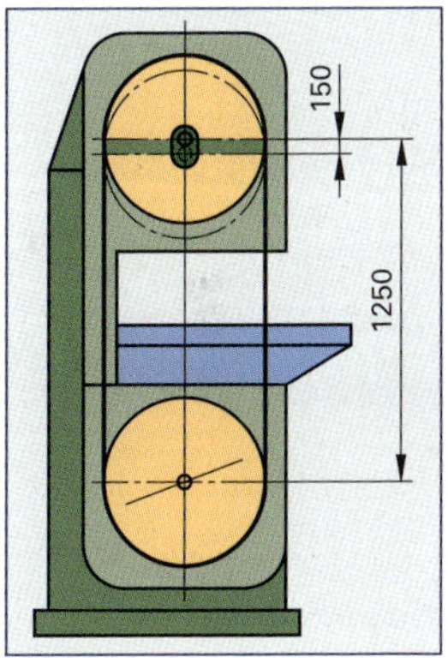

Bild 2

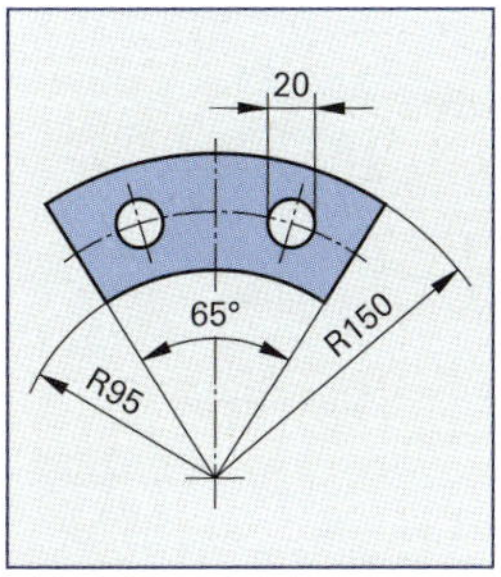

Bild 3

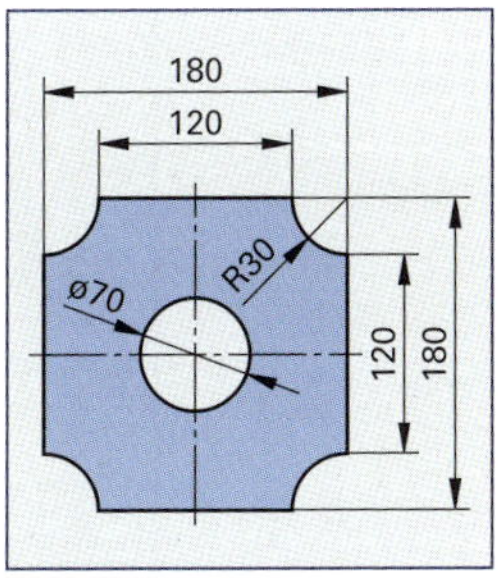

Bild 4

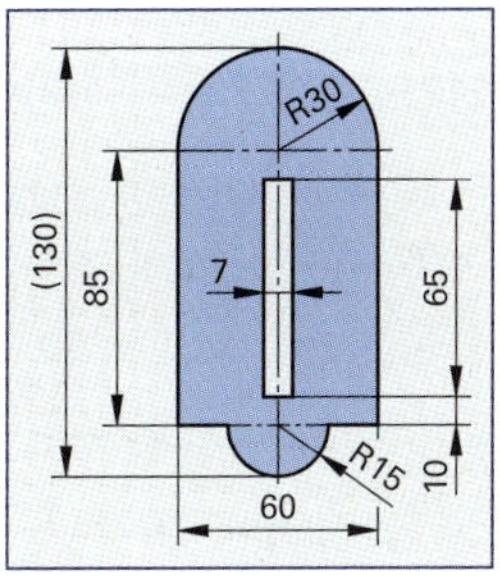

Bild 5

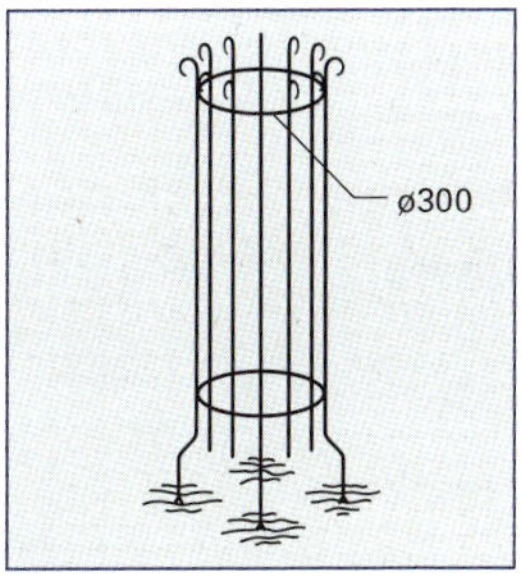

Bild 6

2.1.3 Gestreckte und zusammengesetzte Längen

Bei der Berechnung von Biegeteilen ist zu beachten, dass die gestreckte Länge dieser Teile gleich der Länge der neutralen Faser sein muss. Für symmetrische Teile liegt die neutrale Faser in der Mitte zwischen äußerem und innerem Durchmesser.

Hinweis: Bei unsymmetrischen Biegeteilen mit sehr kleinen Biegeradien siehe Seite 120.

Bezeichnungen:

l	gestreckte Länge	mm	α	Biegewinkel	°
l_1, l_2, l_3 ...	Teillängen	mm	D	Außendurchmesser	mm
L	zusammengesetzte Länge	mm	d	Innendurchmesser	mm
s	Dicke	mm	d_m	mittlerer Durchmesser	mm

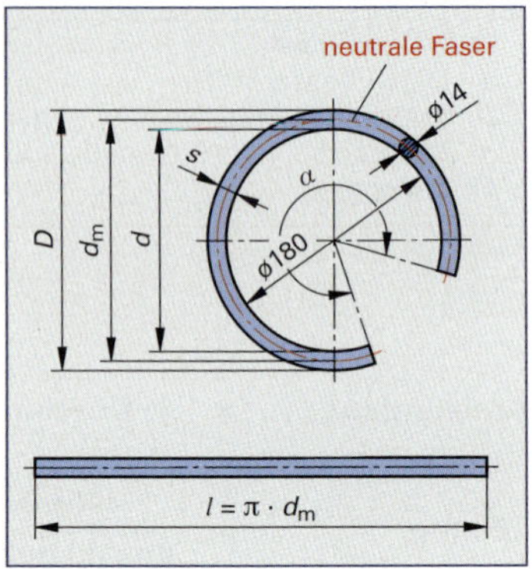

Bild 1: Gestreckte Länge

Gestreckte Länge beim Kreisring

Gestreckte Länge = π · mittlerer Durchmesser · Biegewinkel / 360°

$$l = \pi \cdot d_m \cdot \frac{\alpha}{360°}$$

Mittlerer Durchmesser = (Außendurchmesser + Innendurchmesser) / 2

$$d_m = \frac{D + d}{2}$$

Mittlerer Durchmesser = Außendurchmesser – Dicke

$$d_m = D - s$$

Mittlerer Durchmesser = Innendurchmesser + Dicke

$$d_m = d + s$$

Zusammengesetzte Länge = Summe der Teillängen

$$L = l_1 + l_2 + l_3 + \ldots$$

1. Beispiel: Die gestrecke Länge des geöffneten Kreisringes **(Bild 1)** ist für einen Biegewinkel $\alpha = 320°$ zu berechnen.

Lösung:

$$l = \pi \cdot d_m \cdot \frac{\alpha}{360°}$$

$$d_m = d + s = 180\ \text{mm} + 14\ \text{mm} = 194\ \text{mm}$$

$$l = \pi \cdot 194\ \text{mm} \cdot \frac{320°}{360°} = 541{,}75\ \text{mm} \approx \mathbf{542\ mm}$$

2. Beispiel: Gesucht ist die gestreckte Länge des Handlaufes **(Bild 2)**.

Lösung:

$$l = l_1 + l_2 + l_3;\ l_1 = 300\ \text{mm};\ l_3 = 500\ \text{mm}$$

$$l_2 = \frac{\pi \cdot d_m \cdot \alpha}{360°}$$

$$d_m = D - s = 1200\ \text{mm} - 60\ \text{mm} = 1140\ \text{mm}$$

$$l_2 = \frac{\pi \cdot 1140\ \text{mm} \cdot 150°}{360°} = 1492{,}3\ \text{mm}$$

$$l = 300\ \text{mm} + 1492{,}3\ \text{mm} + 500\ \text{mm} = \mathbf{2292{,}3\ mm}$$

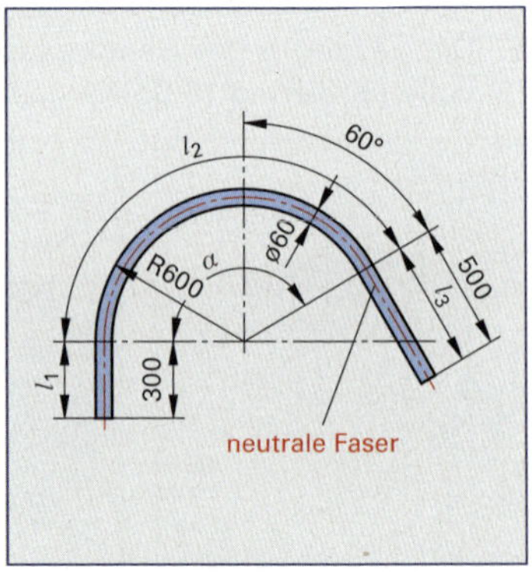

Bild 2: Handlauf

Aufgaben | Gestreckte und zusammengesetzte Längen

1. Gesucht ist die gestreckte Länge für den Ring **(Bild 1)**.
2. Ein Rundstahl mit 12 mm Durchmesser und einer Länge von 1058 mm wird zu einem Ring gebogen. Wie groß ist der innere Durchmesser des Ringes?
3. Ein zylindrischer Blechbehälter mit dem Außendurchmesser 900 mm erhält zur Verstärkung oben und unten Ringe aus Fl 60 × 20. Auf welche Länge l in m muss der Flachstahl abgesägt werden, wenn die Ringe außen hochkant angeschweißt werden?
4. Auf welche Länge muss der Haken **(Bild 2)** zugeschnitten werden?
5. Es sollen 12 Blumenkastenhalter **(Bild 3)** angefertigt werden. Wie viel Meter Flachstahl werden verarbeitet? Die Schnittbreite bleibt unberücksichtigt.
6. Wie lang ist der Zuschnitt für das Halsband eines Tores **(Bild 4)** aus Fl 10 × 4 DIN EN 10058?
7. Welche Länge L hat der Obergurt eines Balkongeländers **(Bild 5)** vor dem Biegen?
8. Wie groß ist die zusammengesetzte Länge L des Handlaufkrümmlings **(Bild 6)**?
9. Die zusammengesetzten Längen L der Rohrschelle **(Bild 7)** und des Griffes **(Bild 8)** sind zu berechnen.
10. Der Haken **(Bild 9)** wird aus Rd 20 DIN EN 10060 gebogen. Wie groß ist die zusammengesetzte Länge L?

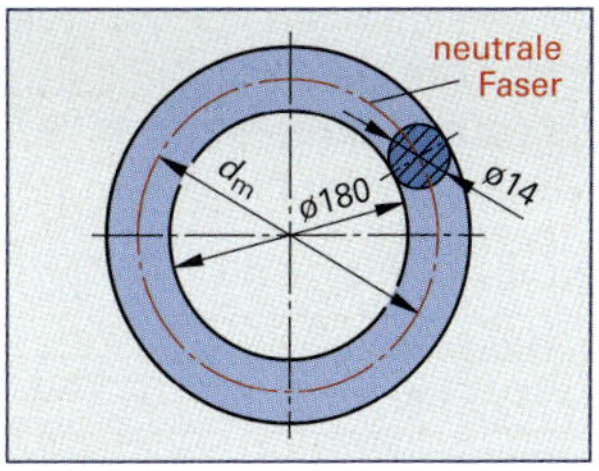

Bild 1

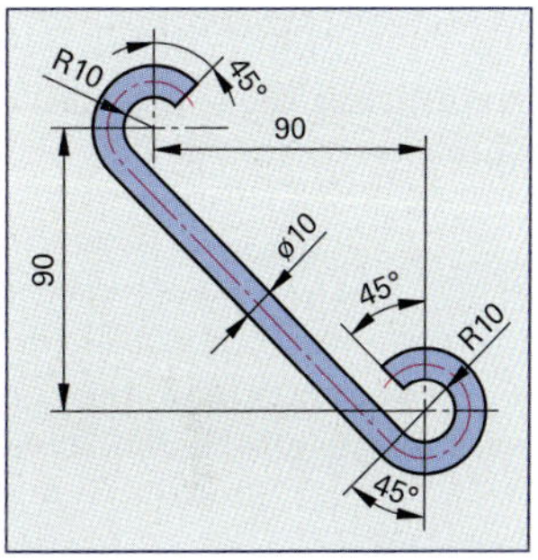

Bild 2

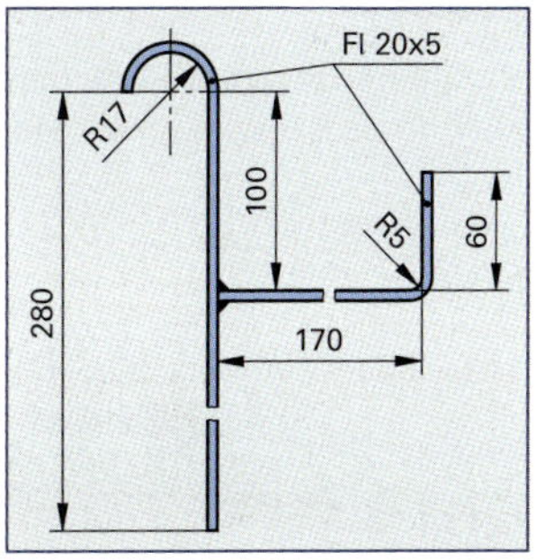

Bild 3

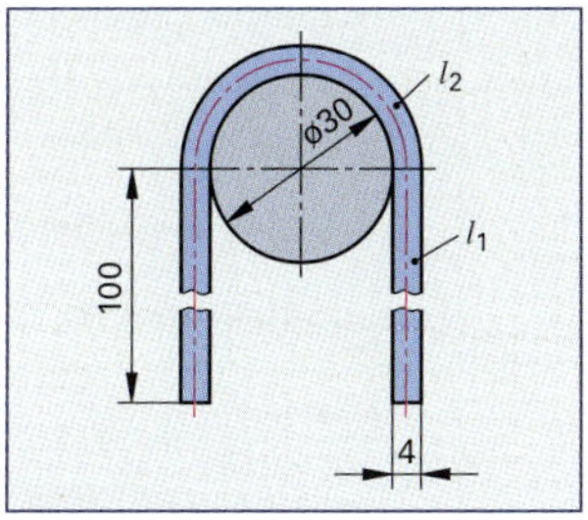

Bild 4

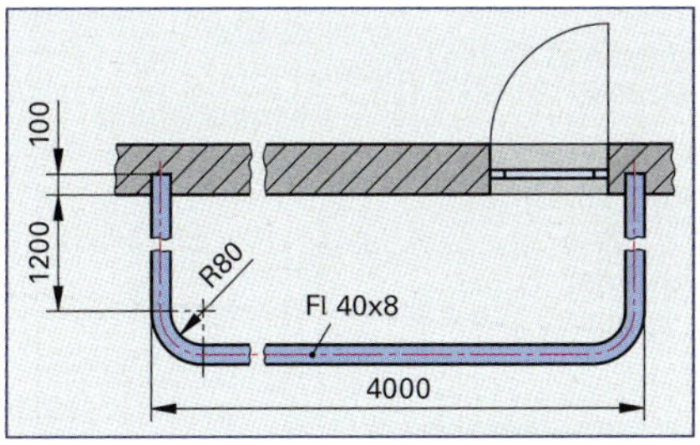

Bild 5

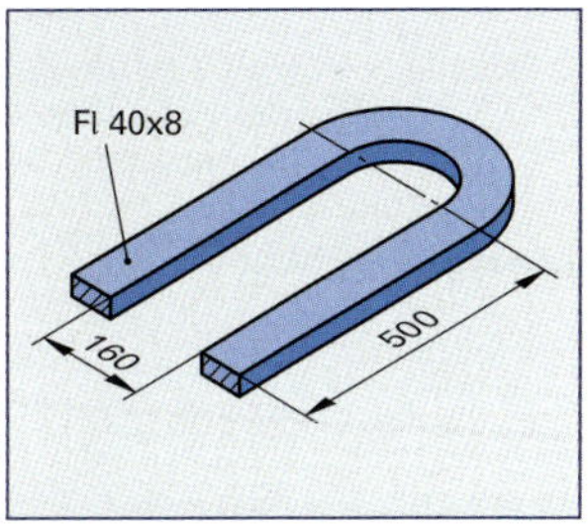

Bild 6

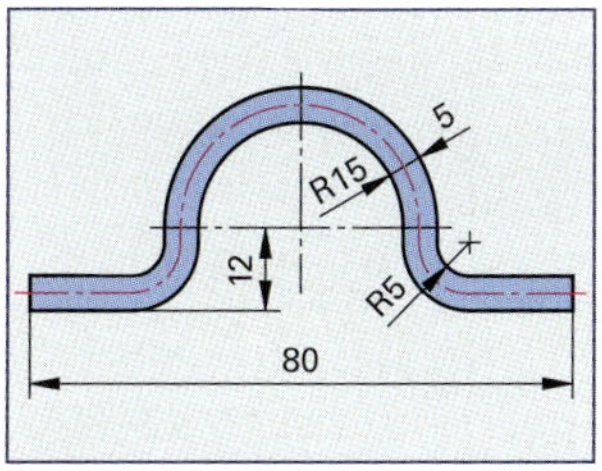

Bild 7

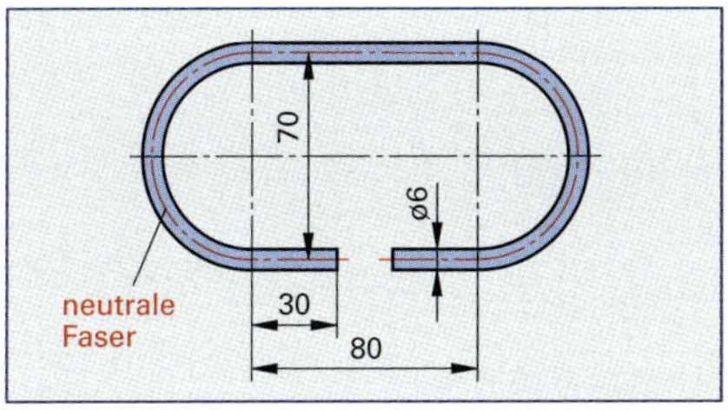

Bild 8

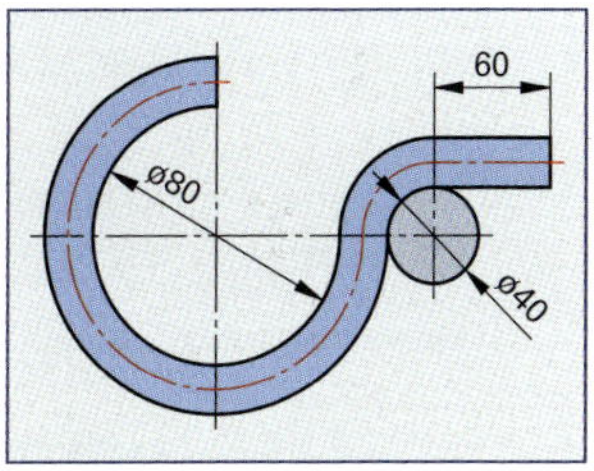

Bild 9

2.1.4 Maßstäbe

In Zeichnungen können Werkstücke, Baugruppen oder Anlagen oft nicht in natürlicher Größe gezeichnet werden **(Bild 1)**. Sehr kleine Teile werden vergrößert, sehr große Teile werden verkleinert dargestellt.

Bezeichnungen:
Maßstab –

Für technische Zeichnungen gibt es genormte Maßstäbe **(Tabelle 1)**.

Natürlicher Maßstab; die Zeichnungsmaße entsprechen den wirklichen Maßen.

Maßstab 1:1

Vergrößerungsmaßstab; die Zeichnungsmaße sind größer als die wirklichen Maße.

Maßstab x:1

Verkleinerungsmaßstab; die Zeichnungsmaße sind kleiner als die wirklichen Maße.

Maßstab 1:x

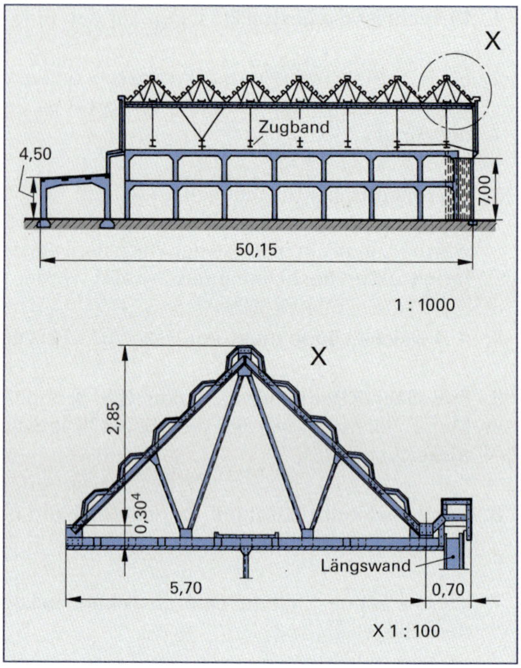

Bild 1

1. Beispiel: Ein Werkstück mit einer Länge l = 12 mm wird im Maßstab 5:1 gezeichnet. Welche Länge hat das Werkstück in der Zeichnung?

Lösung: Zeichnungsmaß = 5 · natürliches Maß = 5 · 12 mm = **60 mm**

2. Beispiel: Wie groß ist das Zeichnungsmaß für die Länge der Halle **(Bild 1)**, wenn sie im Maßstab 1:100 gezeichnet wird?

Lösung:

$$\text{Zeichnungsmaß} = \frac{\text{natürliche Größe}}{100} = \frac{50150\ \text{mm}}{100} = \mathbf{501{,}5\ mm}$$

Tabelle 1: Genormte Maßstäbe (Auswahl)

	Maßstab	Zeichnungsmaß
Natürliche Größe	1:1	Natürliche Größe
Vergrößerung	2:1	2 · Natürliche Größe
	5:1	5 · Natürliche Größe
	10:1	10 · Natürliche Größe
Verkleinerung	1:5	$\frac{\text{Natürliche Größe}}{5}$
	1:10	$\frac{\text{Natürliche Größe}}{10}$
	1:15	$\frac{\text{Natürliche Größe}}{15}$
	1:50	$\frac{\text{Natürliche Größe}}{50}$
	1:100	$\frac{\text{Natürliche Größe}}{100}$

Aufgaben Maßstäbe

1. Nach den Maßstäben **(Tabelle 1)** sind zu ermitteln

   a) Verkleinerung: Werkstückmaße 18 m; 780 mm

   b) Vergrößerung: 3 mm; 14,2 mm,

2. Wie groß sind die Zeichnungsmaße des Behälters **(Bild 1 auf Seite 230)** im Maßstab 1:15?

2.1.5 Lehrsatz des Pythagoras

Sind im rechtwinkligen Dreieck zwei Seiten bekannt, so kann man mit dem Lehrsatz des Pythagoras[1] die unbekannte dritte Seite berechnen.

Bezeichnungen:

c	Hypotenuse, die dem rechten Winkel gegenüberliegende, längste Seite	mm (cm)
$a; b$	Katheten, die den rechten Winkel einschließenden Seiten	mm (cm)

In **Bild 1** ist das Quadrat über a $a^2 = 4^2 = 16$
das Quadrat über b $b^2 = 3^2 = 9$
das Quadrat über c $c^2 = 5^2 = 25$

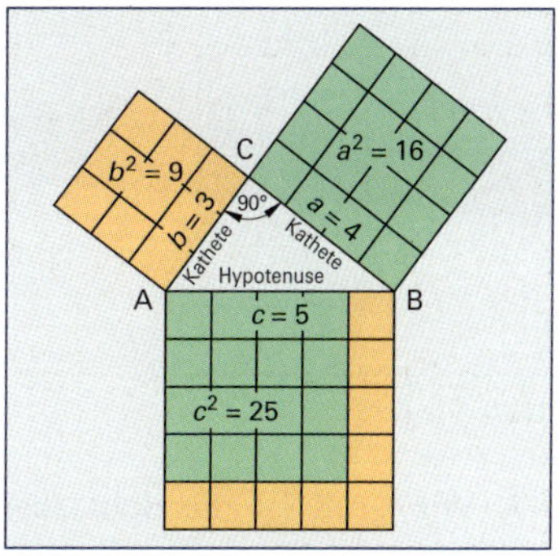

Bild 1

Im rechtwinkligen Dreieck ist das Quadrat über der Hypotenuse flächengleich der Summe der Quadrate über den beiden Katheten.

$$c^2 = a^2 + b^2$$

Beispiel: In einem rechtwinkligen Dreieck ist die Kathete a = 85 mm, die Hypotenuse c 160 mm. Wie groß ist die Kathete b?

Lösung:
$c^2 = a^2 + b^2$
$b^2 = c^2 - a^2$
$b = \sqrt{c^2 - a^2} = \sqrt{(160\text{ mm})^2 - (85\text{ mm})^2} = \mathbf{135{,}6\text{ mm}}$

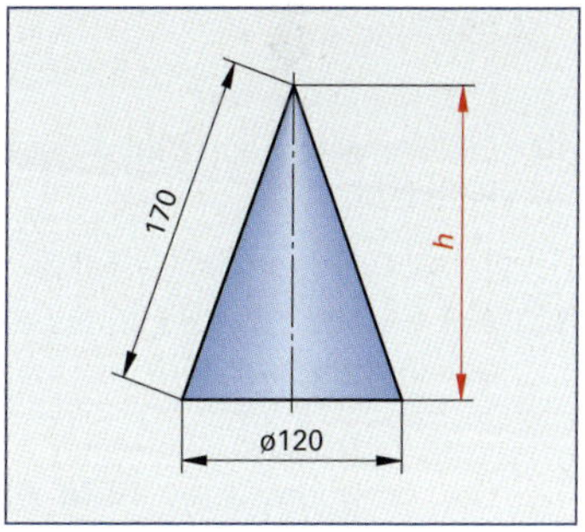

Bild 2

Aufgaben **Lehrsatz des Pythagoras**

1. Zwei Seiten eines rechtwinkligen Dreiecks sind jeweils gegeben. Die unbekannten Seiten der Dreiecke **a** bis **f** in **Tabelle 1** sind zu berechnen.

Tabelle 1	a	b	c	d	e	f
Seite *a*	120 mm	80 mm	8,3 cm	?	?	13,5 km
Seite *b*	160 mm	?	40 cm	6,4 dm	0,02 m	?
Seite *c*	?	170 mm	?	8,2 dm	0,12 m	20,2 km

2. Ein rechteckiger Rahmen 750 × 1200 mm wird diagonal versteift. Wie lang muss die Versteifungsstrebe sein?

3. Wie hoch ist der Kegel **(Bild 2)**?

4. Eine schräge Strebe von 9,20 m Länge soll bis zu einer Höhe von 7,5 m reichen. Gesucht ist der waagrechte Abstand der Strebe.

5. Die Länge × des schrägen Blendrahmenprofils eines Giebelfensters **(Bild 3)** ist zu berechnen.

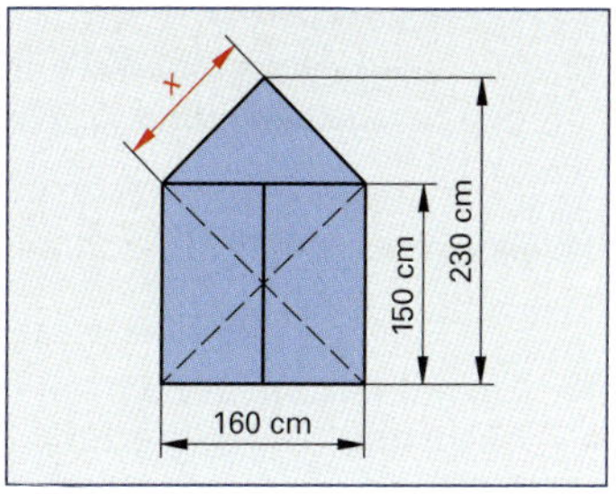

Bild 3

6. Auf der Platte **(Bild 4)** sollen die Mittelpunkte der vier Bohrungen angerissen werden. Wie groß ist der Abstand x?

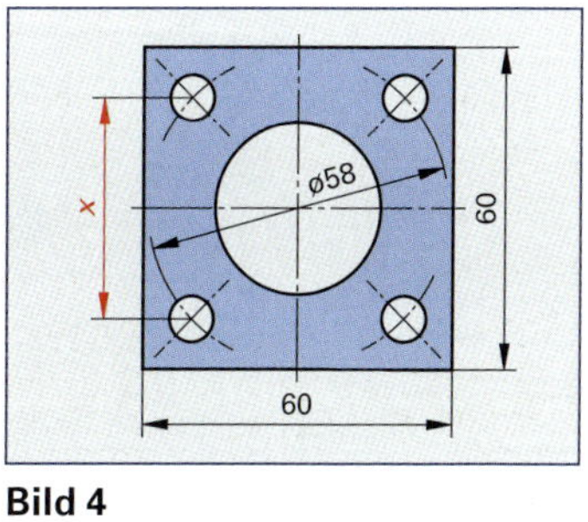

Bild 4

[1] Pythagoras, griechischer Mathematiker (etwa 570 v. Chr.)

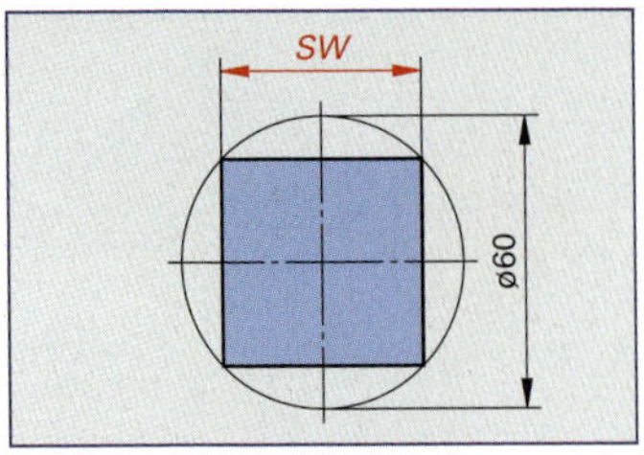

Bild 1

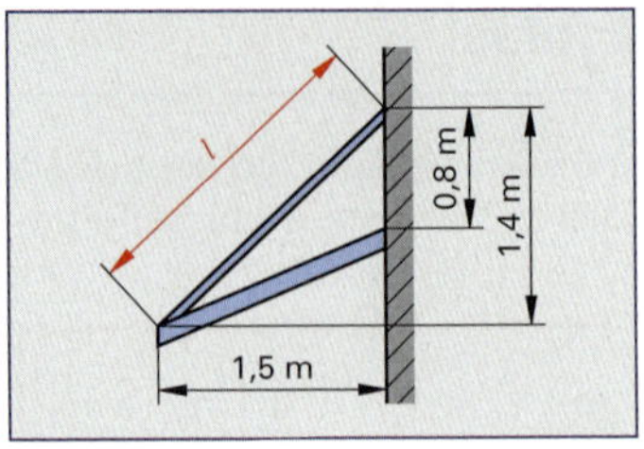

Bild 2

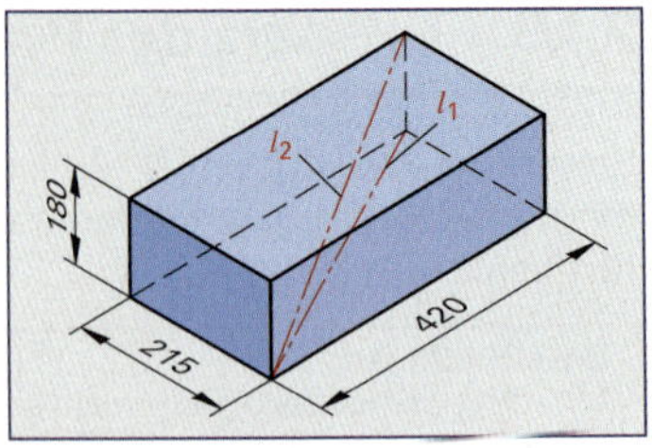

Bild 3

7. Wie groß ist die Schlüsselweite des Vierkants **(Bild 1)**, der an einen Bolzen mit dem Durchmesser d = 60 mm angefräst wird?

8. Das Vordach **(Bild 2)** ist mit einer Flachstahlstrebe zu sichern. Die Länge l der Strebe ist zu berechnen.

9. Für den Quader **(Bild 3)** sind die Diagonalen l_1 und l_2 zu berechnen.

10. Ein Tor wird nach **Bild 4** gestaltet. Welche Länge l in mm hat ein Füllstab?

11. Auf welche Länge x muss das Fensterrahmenprofil **(Bild 5)** zugeschnitten werden?

12. Die Treppenwange **(Bild 6)** wird mit einem Plasmaschneidgerät aus einer Blechtafel ausgeschnitten. Wie groß ist das Maß L?

13. Für einen Zahntrieb sind auf einem Bohrwerk die Lagerbohrungen herzustellen **(Bild 7)**. Wie groß ist der Abstand x?

14. Wie groß ist das Kontrollmaß x der Lehre **(Bild 8)**?
●

15. Ein Portalkran bewegt eine Last gleichzeitig senkrecht nach
● oben und in waagrechter Richtung. Die Hubgeschwindigkeit beträgt 1,3 m/s, die Geschwindigkeit in waagrechter Richtung 1,9 m/s. Wie groß ist die Geschwindigkeit der Last?

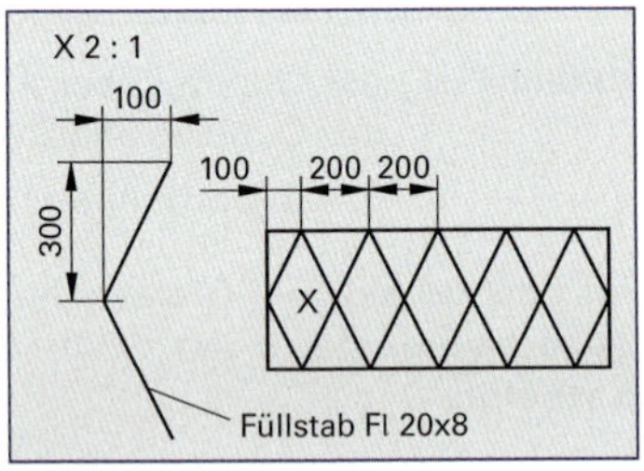

Bild 4

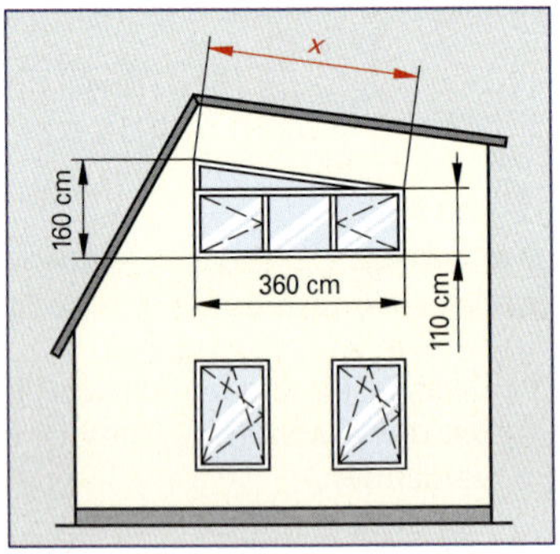

Bild 5

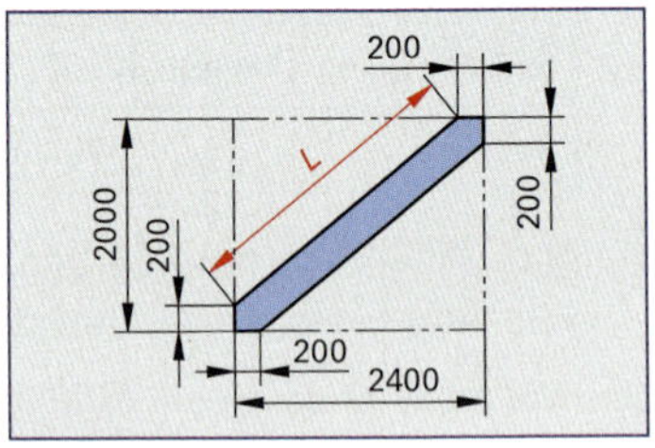

Bild 6

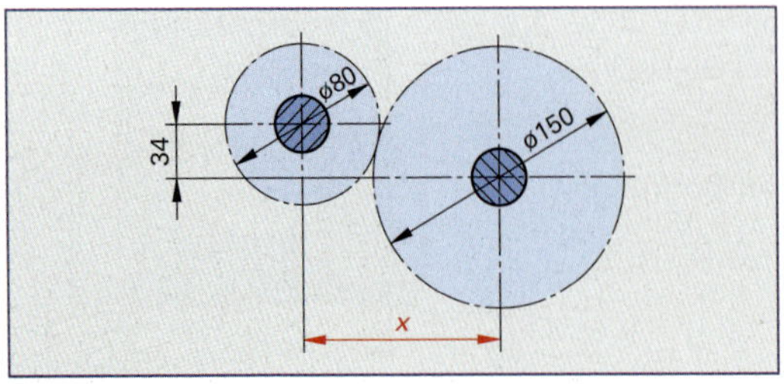

Bild 7

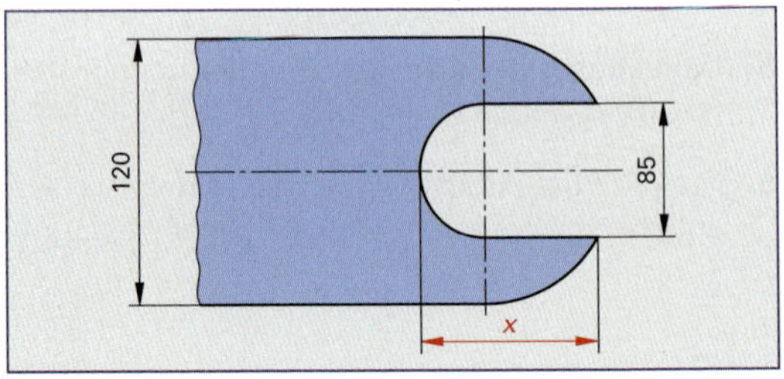

● Bild 8

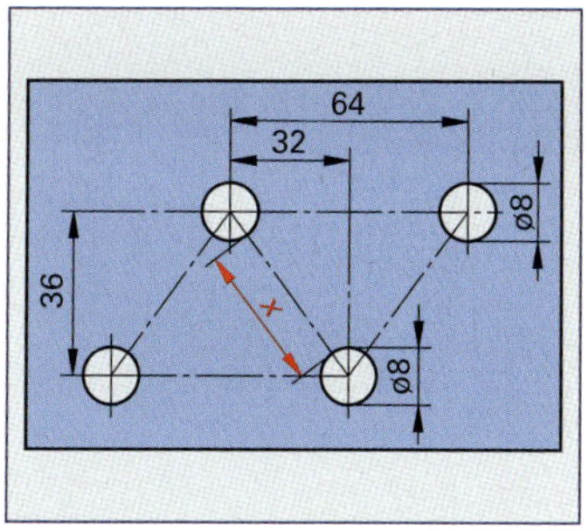

Bild 1

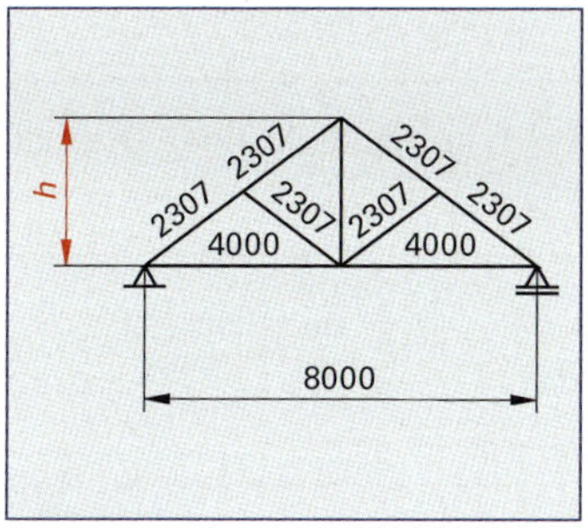

Bild 2

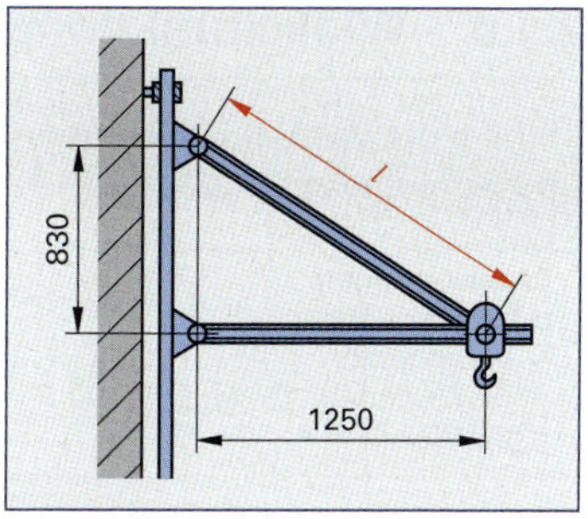

Bild 3

16. Bei einer versetzten Lochung ist das Kontrollmaß auf 2 Dezimalstellen zu berechnen **(Bild 1)**.

17. Die Höhe h des Dachbinders **(Bild 2)** ist in mm zu berechnen.

18. Für den schwenkbaren Ausleger **(Bild 3)** ist die Länge l des Zugstabes zu berechnen.

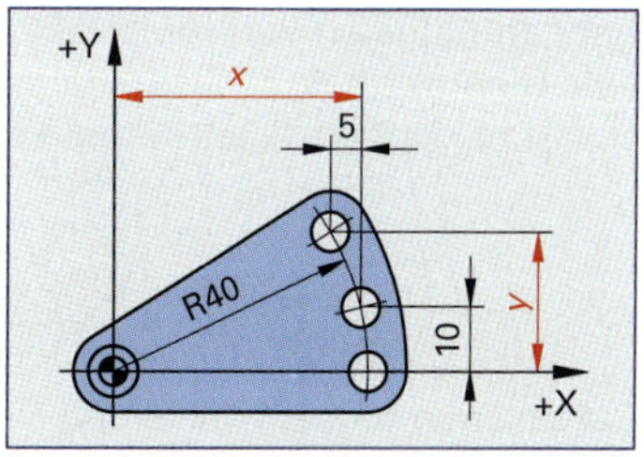

Bild 4

19. Die Bohrungen der Segmentplatte **(Bild 4)** werden auf einer numerisch gesteuerten Maschine gebohrt. Wie groß sind die zur Programmerstellung erforderlichen Koordinatenmaße x und y?

20. Für ein zweiflügeliges Tor soll ein Strebstangenbock **(Bild 5)** angefertigt werden. Welche Länge in mm muss der Stab x haben?

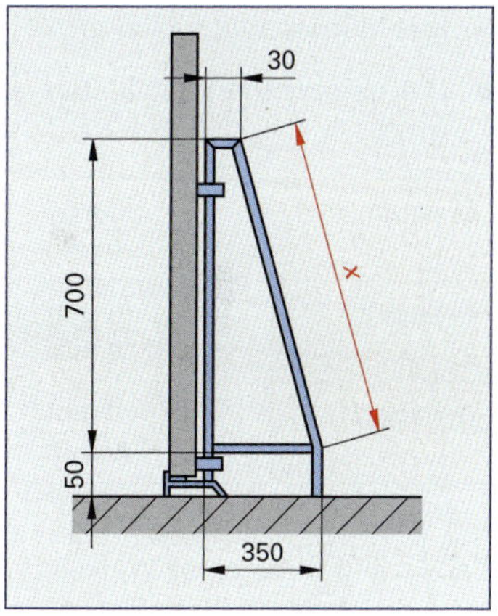

Bild 5

21. Die Stahlkonstruktion eines Hallenvorbaus **(Bild 6)** erhält aus Gründen der Stabilität einen Giebelverband. Die Längen l_1 und l_2 sind zu berechnen.

22. Die Konstruktionslänge AB für den Wintergarten **(Bild 7)** ist zu errechnen!

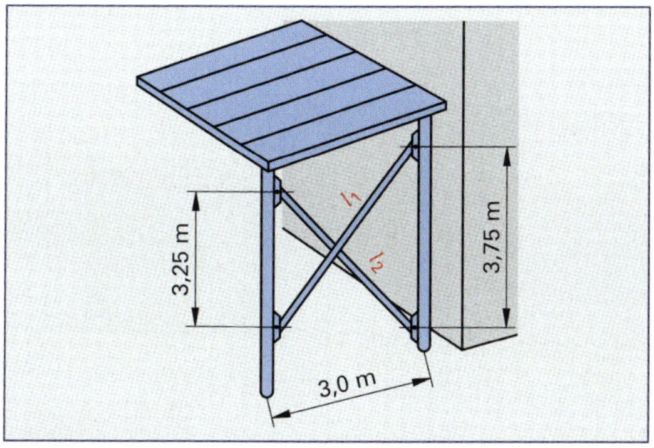

Bild 6

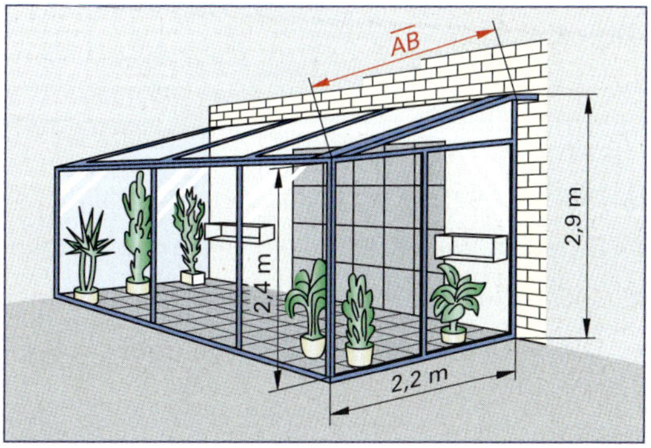

Bild 7

2.1.6 Winkelfunktionen

Mithilfe der Winkelfunktionen lassen sich im rechtwinkligen Dreieck Winkel und Seiten berechnen.

Bezeichnungen:

c	Hypotenuse	mm	sin	Sinus	–
a, b	Katheten (Ankathete, Gegenkathete)	mm	cos	Cosinus	–
			tan	Tangens	–
α, β	Winkel	°			

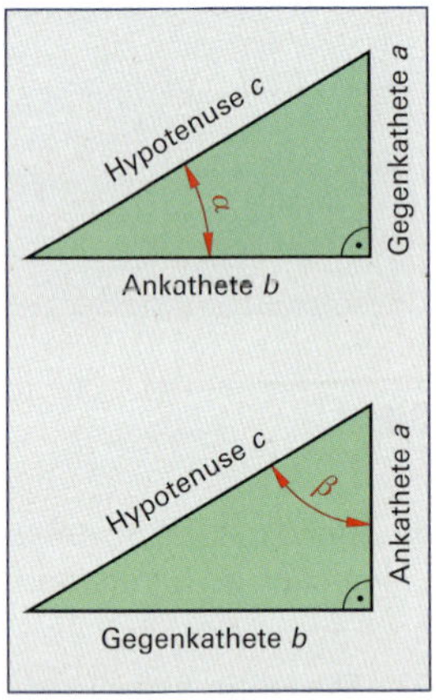

Bild 1

Die **Hypotenuse** ist die längste Seite im rechtwinkligen Dreieck. Sie liegt dem rechten Winkel gegenüber.

Bei den Katheten wird zwischen **Ankathete** und **Gegenkathete** unterschieden. Die Ankathete schließt mit der Hypotenuse den betreffenden Winkel ein. Die Gegenkathete liegt diesem Winkel gegenüber.

Vergleicht man die Winkel und Seiten der Dreiecke in **Bild 2**, so kommt man zu folgenden Ergebnissen:

- Die rechtwinkligen Dreiecke I, II und III sind ähnlich.
- Ihre Winkel sind gleich groß.
- Die entsprechenden Seitenverhältnisse in diesen Dreiecken sind gleich groß.

Dreieck I	$\frac{a}{b} = \frac{10\text{ mm}}{20\text{ mm}} = \frac{1}{2} = 0{,}5$	$\frac{b}{a} = \frac{20\text{ mm}}{10\text{ mm}} = \frac{2}{1} = 2$
Dreieck II	$\frac{a}{b} = \frac{15\text{ mm}}{30\text{ mm}} = \frac{1}{2} = 0{,}5$	$\frac{b}{a} = \frac{30\text{ mm}}{15\text{ mm}} = \frac{2}{1} = 2$
Dreieck III	$\frac{a}{b} = \frac{20\text{ mm}}{40\text{ mm}} = \frac{1}{2} = 0{,}5$	$\frac{b}{a} = \frac{40\text{ mm}}{20\text{ mm}} = \frac{2}{1} = 2$

Bei Veränderung eines Winkels, z. B. des Winkels α im Dreieck IV, ändern sich auch die Seitenverhältnisse:

Dreieck IV	$\frac{a}{b} = \frac{35\text{ mm}}{40\text{ mm}} = \frac{7}{8} = 0{,}875$
	$\frac{b}{a} = \frac{40\text{ mm}}{35\text{ mm}} = \frac{8}{7} = 1{,}14$

Daraus folgt für alle rechtwinkligen Dreiecke:

- Zu jedem Winkel gehört ein bestimmtes Seitenverhältnis.
- Jedem Seitenverhältnis entspricht ein bestimmter Winkel,
- Das Seitenverhältnis ist eine **Funktion** des Winkels.

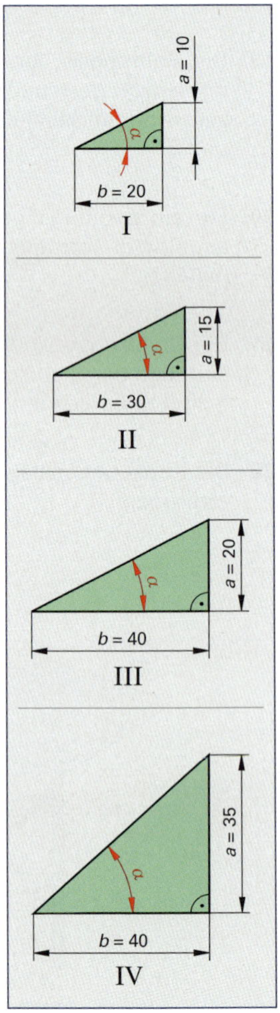

Bild 2

Zu jedem Winkel gehört ein Funktionswert der entsprechenden Winkelfunktion. Die Werte können Winkeltabellen in Tabellenbüchern entnommen oder mit dem Taschenrechner ermittelt werden **(Kapitel 4.6; Seite 275 ff.)**.

Die Winkeltabellen sind in der Regel von 10′ zu 10′ gestuft. Sind kleinere Abstufungen verlangt, so müssen die Zwischenwerte über eine Schlussrechnung bestimmt werden (Interpolieren). Dies ist bei Verwendung eines Taschenrechners nicht notwendig. Taschenrechner geben die Winkelwerte meistens als Dezimalbrüche an.

$$\textbf{sin}\ \alpha = \text{Sinus}\ \alpha = \frac{\text{Gegenkathete}}{\text{Hypotenuse}}$$

$$\textbf{cos}\ \alpha = \text{Cosinus}\ \alpha = \frac{\text{Ankathete}}{\text{Hypotenuse}}$$

$$\textbf{tan}\ \alpha = \text{Tangens}\ \alpha = \frac{\text{Gegenkathete}}{\text{Ankathete}}$$

1. Beispiel: Zu den Winkeln in der folgenden Tabelle sind die Funktionswerte des Sinus, Cosinus und Tangens zu bestimmen.

Lösung:

Winkel	**Funktionswert**		
α	**sin** α	**cos** α	**tan** α
10°	0,1736	0,9848	0,1763
20° 30′	0,3502	0,9367	0,3739
35,6°	0,5821	0,8131	0,7159

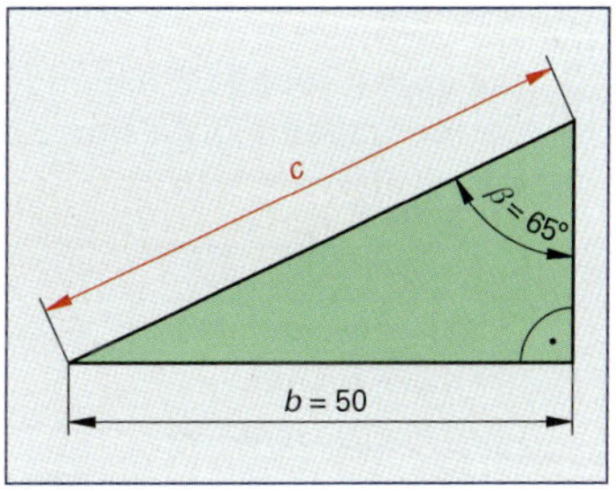

Bild 1

2. Beispiel: Zu den Funktionswerten in der folgenden Tabelle sind die Winkel zu bestimmen.

Lösung:

Funktionswert	**Winkel** α
sin α = 0,1564	9°
cos α = 0,8732	29° 10′ = 29,17°
tan α = 1,3500	53° 28′ = 53,47°

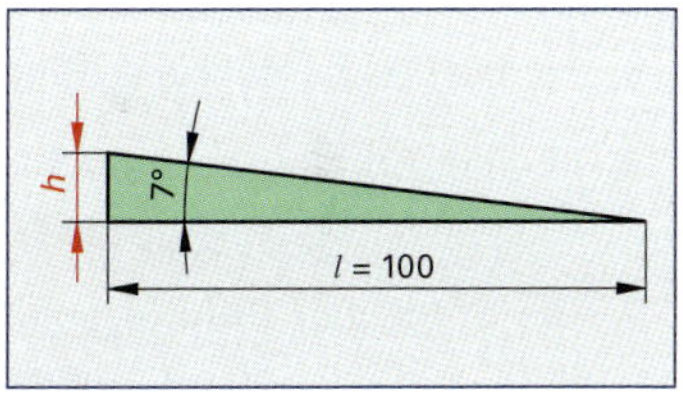

Bild 2

3. Beispiel: Wie lang ist in dem Dreieck **(Bild 1)** die Hypotenuse c?

Lösung:

$$\sin\beta = \frac{\text{Gegenkathete}}{\text{Hypotenuse}} = \frac{b}{c}$$

$$c = \frac{b}{\sin\beta} = \frac{50\ \text{mm}}{\sin 65°} = \frac{50\ \text{mm}}{0{,}9063} = \mathbf{55{,}17\ mm}$$

4. Beispiel: Wie groß ist die Höhe h des Keiles **(Bild 2)**?

Lösung:

$$\tan\beta = \frac{\text{Gegenkathete}}{\text{Ankathete}} = \frac{h}{l}$$

$$h = l \cdot \tan\alpha = 100\ \text{mm} \cdot \tan 7° = 100\ \text{mm} \cdot 0{,}1228 = \mathbf{12{,}28\ mm}$$

5. Beispiel: Wie groß ist der Winkel α der Scheibe **(Bild 3)**?

Lösung:

$$\tan\alpha = \frac{\text{Gegenkathete}}{\text{Ankathete}} = \frac{\frac{130\ \text{mm} - 75\ \text{mm}}{2}}{25\ \text{mm}}$$

$$= \frac{55\ \text{mm}}{2 \cdot 25\ \text{mm}} = 1{,}100$$

$$\alpha = \mathbf{47{,}72° = 47°\ 43'\ 35''}$$

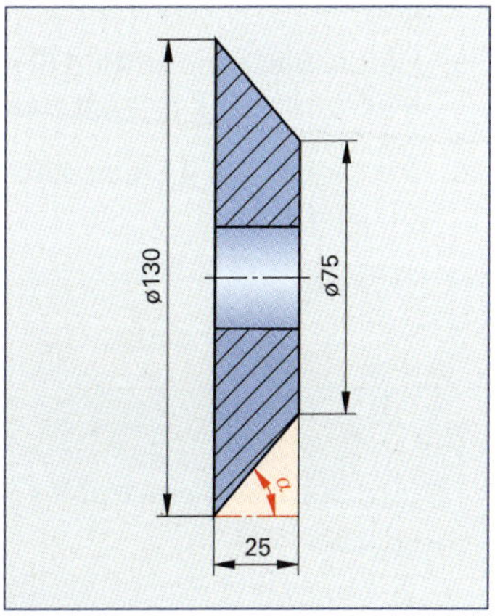

Bild 3

Aufgaben Winkelfunktionen

1. Die Funktionswerte für sin, cos und tan sind zu bestimmen:

a) 10°; 48°; 3° 40′; 29° 10′; 65° 50′; 8,2°; 42,12°

b) 20°; 86°; 9° 20′: 15° 30°; 43° 40′; 9,3°; 32,25°

2. Zu den Funktionswerten in **Tabelle 1** sind die entsprechenden Winkel zu bestimmen.

Tabelle 1

	a	b	c	d	e
sin α	0,1045	0,1478	0,6406	0,9387	0,9993
cos α	0,9996	0,9843	0,7790	0,5995	0,0872
tan α	0,0875	0,4663	2,8770	68,7501	343,7737

3. Die in der **Tabelle 2** fehlenden Werte für rechtwinklige Dreiecke der Aufgaben a bis e sind zu ermitteln.

Tabelle 2

	a	b	c	d	e
Hypotenuse *c* in mm	62	?	350	784	?
Kathete *a* in mm	?	30	?	?	760
Kathete *b* in mm	?	40	?	?	?
Winkel α	55°	?	?	?	42° 40′
Winkel β	?	?	50°	17,67°	?

4. Ein Nachstellkeil hat 45 mm Höhenunterschied auf 120 mm Länge. Wie groß ist der Neigungswinkel?

5. Für die Prismenführung **(Bild 1)** ist das Maß *x* zu berechnen.

6. In einer Bohrlehre sollen 3 Löcher nach **Bild 2** gebohrt werden. Gesucht sind die Lochabstände *b* und *c*.

7. Die Stiftlöcher **(Bild 3)** sollen auf einer NC-Bohrmaschine gebohrt werden. Die Koordinaten *x* und *y* für den Längs- und Querweg des Tisches sind zu berechnen.

8. Das Abdeckblech **(Bild 4)** soll mit einem Schneidbrenner aus einer Blechtafel ausgeschnitten werden. Wie lang ist die Schneidkante (Umfang)?

9. Für die Blechhaube **(Bild 5)** mit dem Neigungswinkel 50° ist das Maß *L* für den Zuschnitt zu ermitteln.

10. Die Längen der 4 Stäbe *d* bis *g* des Fachwerkträgers **(Bild 6)** sind zu berechnen.

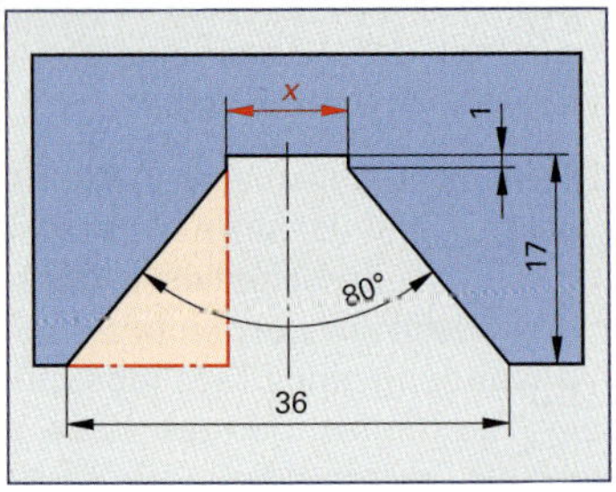

Bild 1

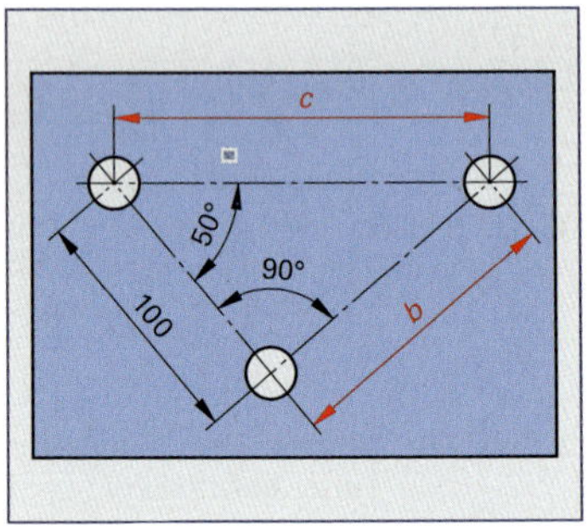

Bild 2

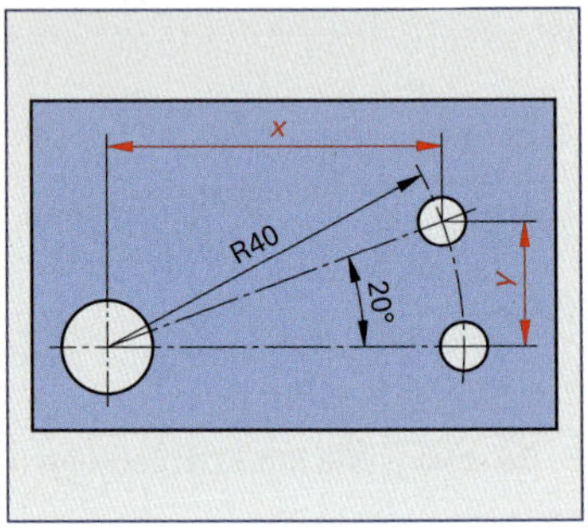

Bild 3

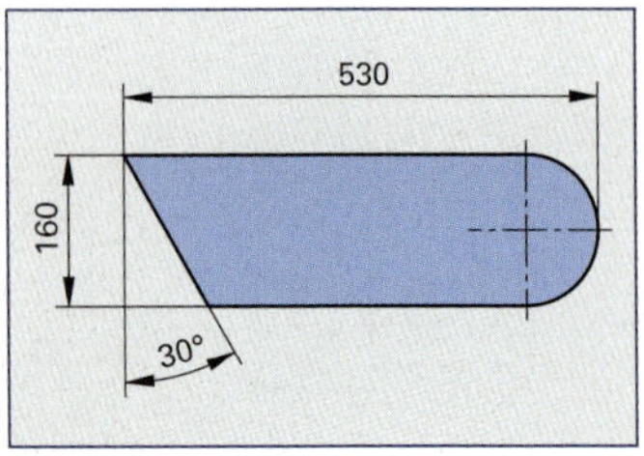

Bild 4

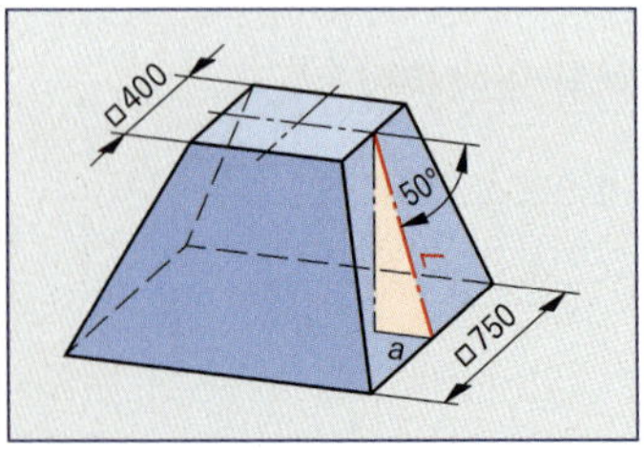

Bild 5

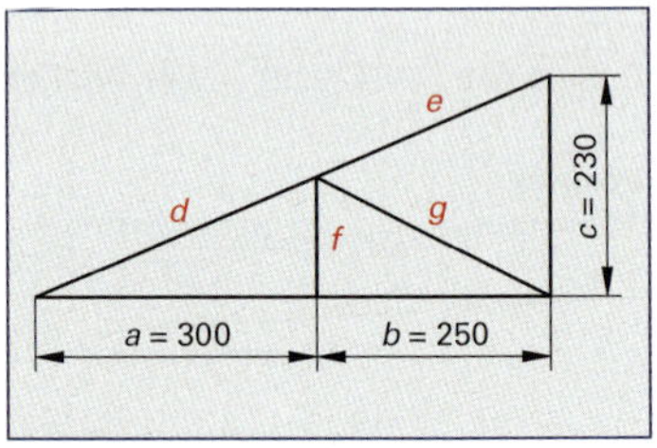

Bild 6

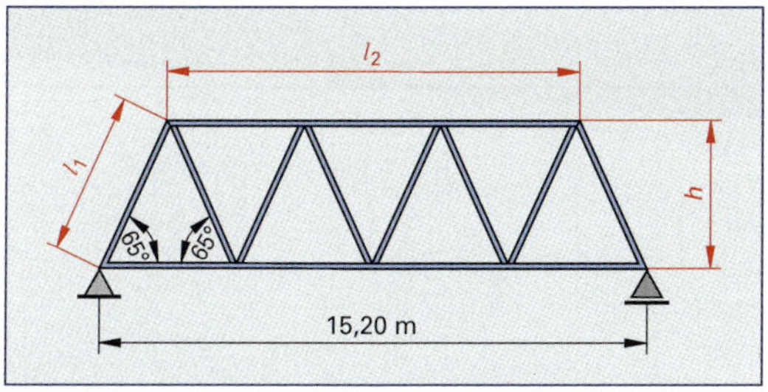

Bild 1

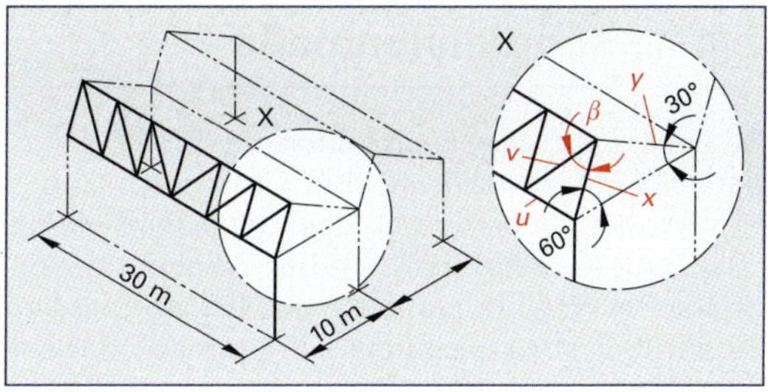

Bild 2

11. Für das Tragwerk einer Schulsporthalle werden Fachwerkträger gefertigt. Zu berechnen sind für den Teil des Strebenfachwerkes **(Bild 1)**

a) die Länge l_1 eines Füllstabes,

b) die Höhe h der Fachwerkkonstruktion,

c) die Länge l_2 des Obergurtes.

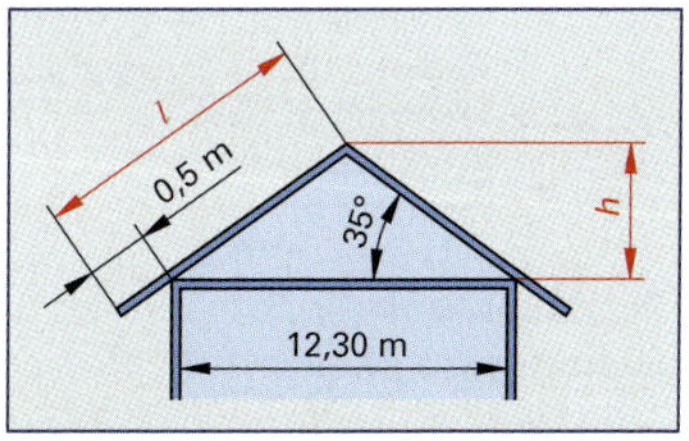

Bild 3

12. Die Fertigungshalle eines Betriebes soll ein geneigtes Dach aus Shedbindern **(Bild 2)** erhalten. Für den Zuschnitt sind zu berechnen

a) die Schenkellängen x und y des geneigten Shed,

b) die Längen u und v des Fachwerkbinders,

c) der Winkel β.

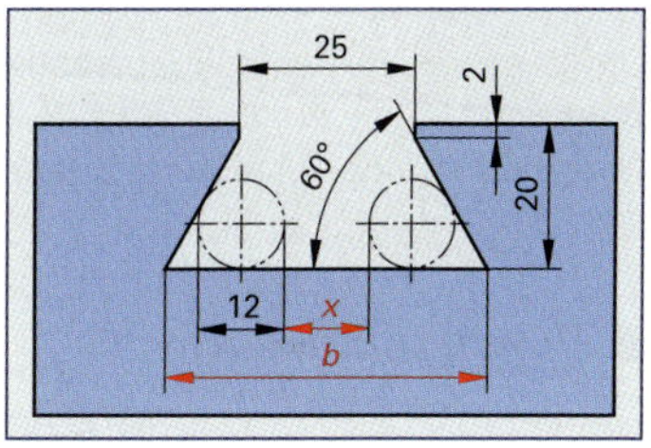

Bild 4

13. Die Sparren des Daches einer Eingangshalle **(Bild 3)** sollen an den Dachtraufen jeweils 0,5 m überstehen. Zu berechnen sind

a) die Länge l der Sparren in m,

b) die Höhe h bis zum First in m.

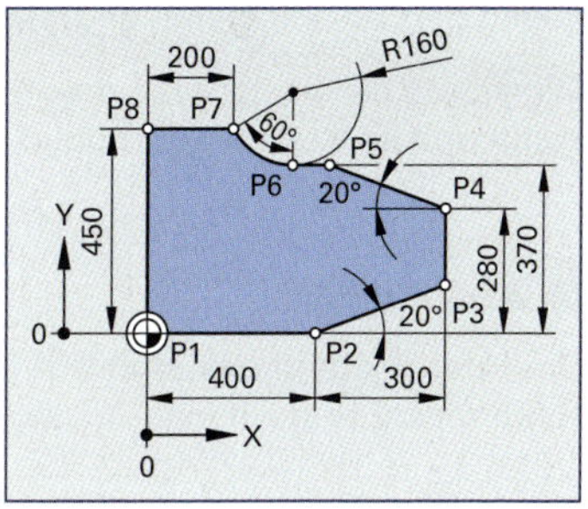

Bild 5

14. Für die Schwalbenschwanzführung **(Bild 4)** sollen berechnet werden

a) die untere Breite b der Führung,

b) das Kontrollmaß x.

15. ● Die Außenkontur der Profilplatte **(Bild 5)** wird in einem Schnitt auf einer Plasmaschneidanlage hergestellt. Für die Konturpunkte P1 bis P8 sind die X- und Y-Koordinaten zu berechnen.

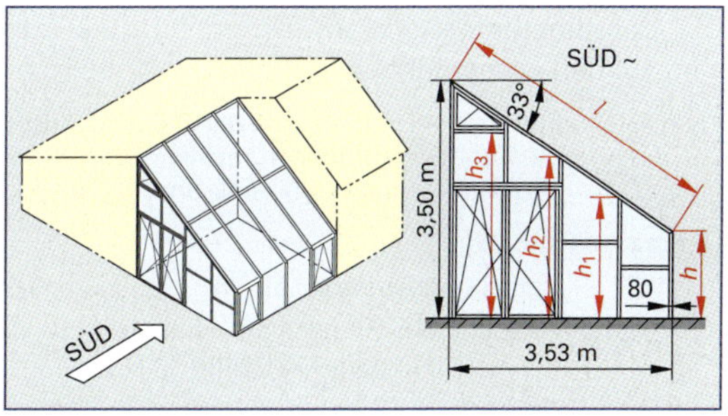

Bild 6

16. ● An einen bestehenden Altbau soll ein Wintergarten angebaut werden **(Bild 6)**. Die Fensterwand der Südseite wird in vier gleich breite Felder geteilt. Zu berechnen sind

a) die Länge l der Dachkante,

b) die Höhen h, h_1, h_2 und h_3 der Südseite.

2.1.7 Koordinatenmaße

NC-gesteuerte Maschinen führen die Arbeitsgänge, die zur Herstellung eines Werkstückes erforderlich sind, nach einem Programm selbsttätig aus. Dabei wird die geometrische Form des Werkstückes durch Weginformationen festgelegt. Die Weginformationen werden als Koordinatenmaße der Werkstückzeichnung entnommen oder aus dieser berechnet.

Bezeichnungen:		
X, Y, Z	Koordinatenachsen, Koordinatenmaße	mm
R	Radius, Abstand vom Pol	mm
A	Richtungswinkel	°
W	Werkstücknullpunkt	–

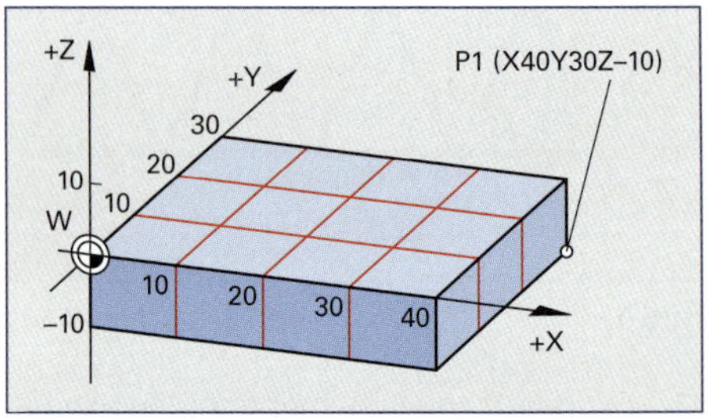

Bild 1

Die Weginformationen können in rechtwinkligen Koordinaten oder in Polarkoordinaten angegeben werden.

■ Rechtwinklige Koordinaten

Die Lage eines Punktes ist bestimmt durch Maße in den Achsrichtungen *X, Y, Z* **(Bild 1)**. Die Achsen sind auf die Hauptachsen der Maschine ausgerichtet.

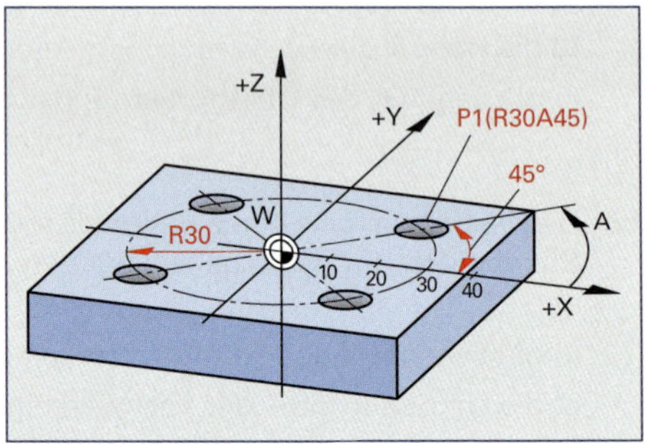

Bild 2

■ Polarkoordinaten

Die Lage eines Punktes ist bestimmt durch seinen Abstand *R* vom Pol und den Richtungswinkel *A*, der auf eine Achse bezogen ist **(Bild 2)**. Der Winkel ist positiv, wenn gegen den Uhrzeigersinn gedreht wird.

In beiden Koordinatensystemen ist eine Bemaßung im Absolut- und im Kettenmaß möglich.

■ Absolutmaß

Die Koordinatenmaße sind auf den Nullpunkt, die Richtungswinkel sind auf eine Achse bezogen.

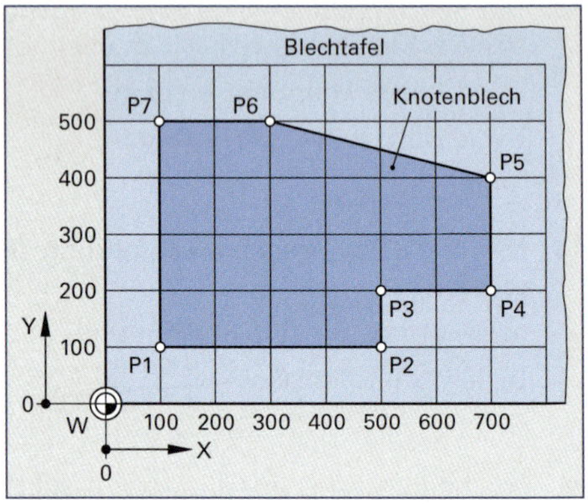

Bild 3

■ Kettenmaß (inkrementales Maß)

Die Koordinatenmaße eines neuen Punktes (Zielpunkt) sind auf den vorhergehenden Punkt (Startpunkt) bezogen.

1. Beispiel: Für die Punkte P1 bis P7 der Blechtafel **(Bild 3)** sind die Koordinatenmaße in rechtwinkligen Koordinaten im Absolut- und Kettenmaß anzugeben.

Lösung: **Tabelle 1**

Berechnungsbeispiel für P4:

Absolutmaß: P4 hat vom Nullpunkt die Abstände $x = 700$ mm und $y = 200$ mm.

Kettenmaß: P4 hat vom vorhergehenden Punkt P3 die Abstände $x = 200$ mm und $y = 0$ mm.

Tabelle 1

Punkt	Absolutmaß		Kettenmaß	
P1	X 100	Y 100	X 100	Y 100
P2	X 500	Y 100	X 400	Y 0
P3	X 500	Y 200	X 0	Y 100
P4	X 700	Y 200	X 200	Y 0
P5	X 700	Y 400	X 0	Y 200
P6	X 300	Y 500	X-400	Y 100
P7	X 100	Y 500	X-200	Y 0

2. Beispiel: Auf einer NC-Frasmaschine sollen Löcher in eine Grundplatte **(Bild 1)** gebohrt werden. Die Koordinaten der Bohrungsmittelpunkte P1 bis P5 sind in Polarkoordinaten im Absolut- und im Kettenmaß anzugeben.

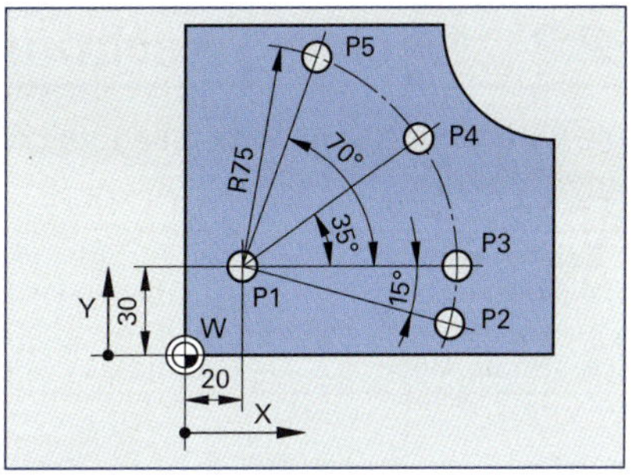

Bild 1

Lösung:

Punkt	Absolutmaß	Kettenmaß
P1	X 20 Y 30	X 20 Y 30
P2	R 75 A–15	R 75 A–15
P3	R 75 A 0	R 75 A 15
P4	R 75 A 35	R 75 A 35
P5	R 75 A 70	R 75 A 35

Berechnungsbeispiel für P5:

Als Pol wird P1 gewählt. Der Radius ist R = 75 mm. Der Richtungswinkel A wird auf die X-Achse bezogen.

Absolutmaß: Der Winkel im positiven Drehsinn ist A = 70°.

Kettenmaß: Um von P4 nach P5 zu verfahren, muss um A = 35° im positiven Sinn gedreht werden.

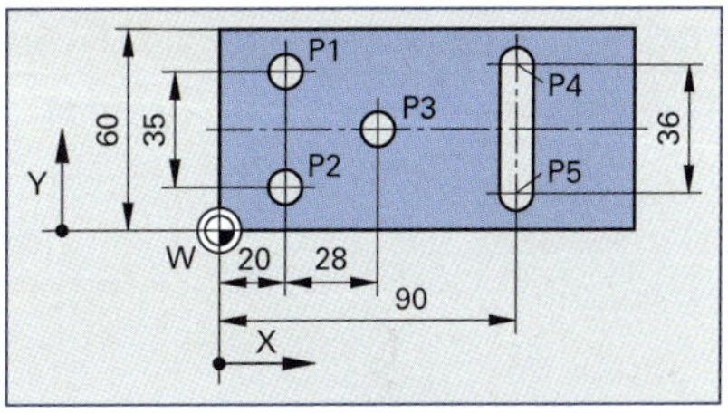

Bild 2

Aufgaben | Koordinatenmaße

1. Die Distanzplatte **(Bild 2)** soll auf einer NC-Fräsmaschine hergestellt werden.

Wie groß sind die jeweils auf den Werkstücknullpunkt bezogenen Absolutmaße für die Koordinaten

a) der Bohrung P1, P2, P3,

b) der Punkte P4 und P5 der Nut?

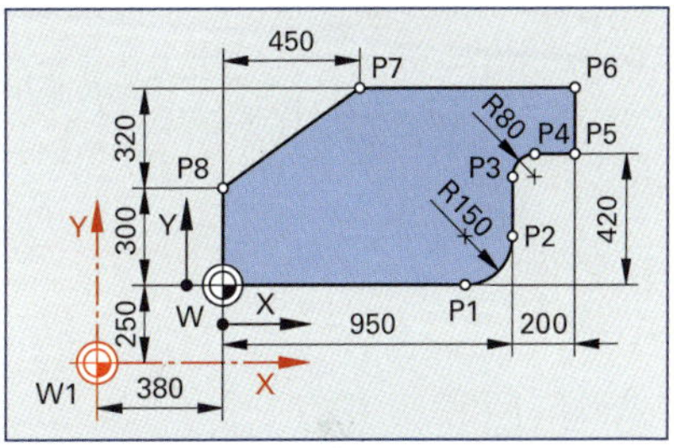

Bild 3

2. Welche Koordinaten haben die Punkte P1 bis P8 der Schablone **(Bild 3)**

a) bei absoluter Bemaßung und dem Werkstücknullpunkt W,

b) bei inkrementaler Bemaßung und dem Werkstücknullpunkt W,

c) bei absoluter Bemaßung und dem verschobenen Nullpunkt W1?

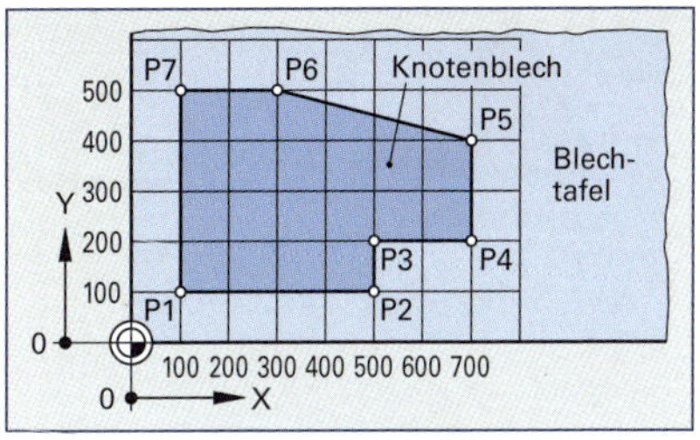

● **Bild 4**

3. ● Für die Punkte P1 bis P7 des Knotenbleches **(Bild 4)** sind die Polarkoordinatenmaße im Absolutmaß anzugeben. Der Pol ist der Werkstücknullpunkt; die Richtungswinkel werden auf die positive X-Achse bezogen.

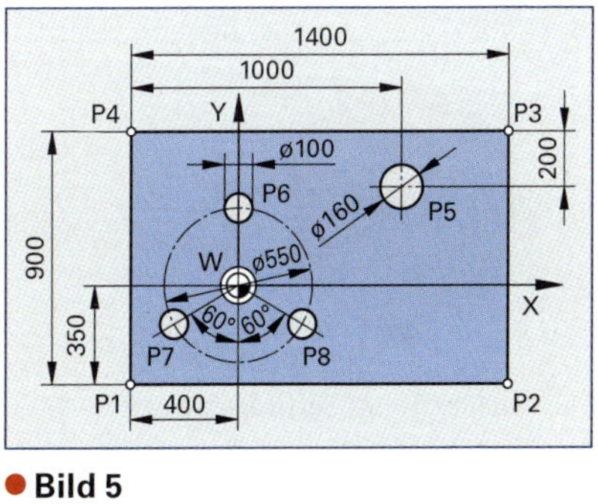

● **Bild 5**

4. ● Die Abdeckplatte **(Bild 5)** wird auf einer NC-Bohranlage hergestellt.

Welche Koordinaten besitzen jeweils im Absolut- und im Kettenmaß

a) in rechtwinkligen Koordinaten die Punkte P1 bis P5,

b) in Polarkoordinaten die Bohrungsmittelpunkte P6 bis P8 mit dem Werkstücknullpunkt als Pol und der X-Achse als Bezugsachse für die Drehwinkel?

2.2 Flächenberechnungen

Die Berechnung von Flächen benötigt man u. a. bei Volumen- und Festigkeitsberechnungen sowie bei der Berechnung von Kolbenkräften.

Bezeichnungen:

A	Fläche	mm^2	l_m	mittlere Länge	mm	α	Mittelpunktswinkel	°
l	Länge (Seite, Sehne)	mm	D	Umkreisdurchmesser	mm	n	Anzahl der Ecken	–
b	Breite, Höhe	mm	d	Inkreisdurchmesser	mm			

2.2.1 Geradlinig begrenzte Flächen mit Beispielen

Tabelle 1: Geradlinig begrenzte Flächen mit Beispielen

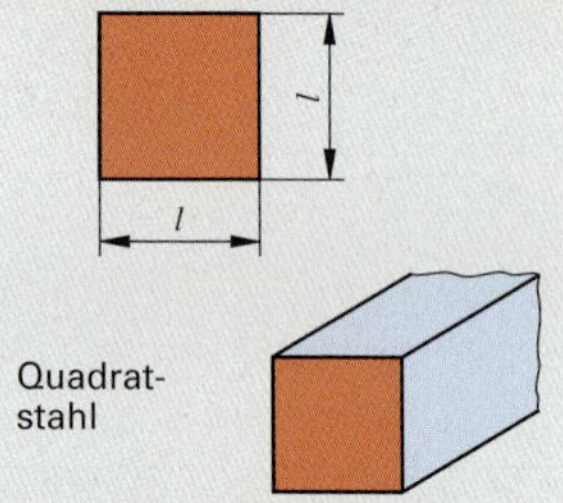

Quadrat

$$A = l^2$$

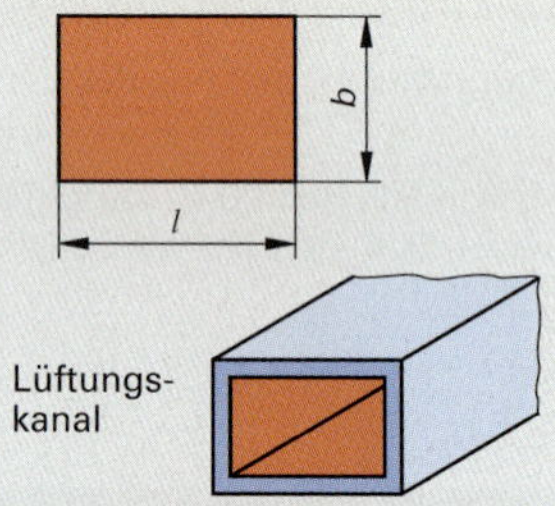

Rechteck

$$A = l \cdot b$$

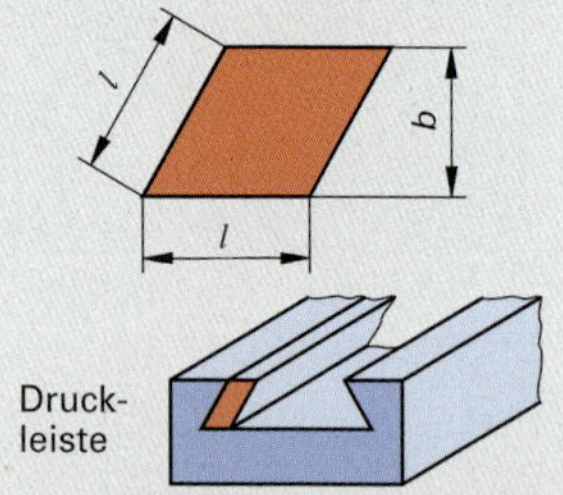

Raute (Rhombus)

$$A = l \cdot b$$

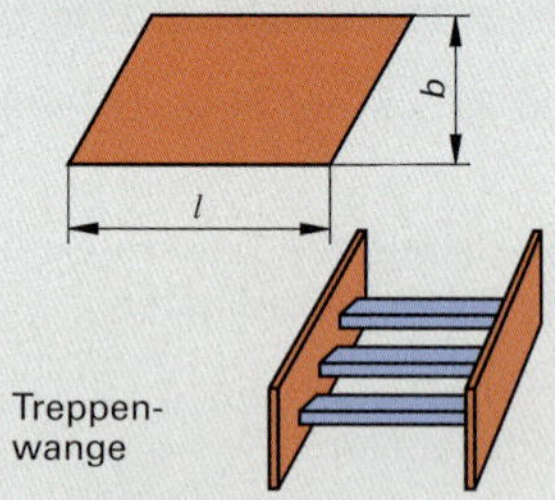

Parallelogramm

$$A = l \cdot b$$

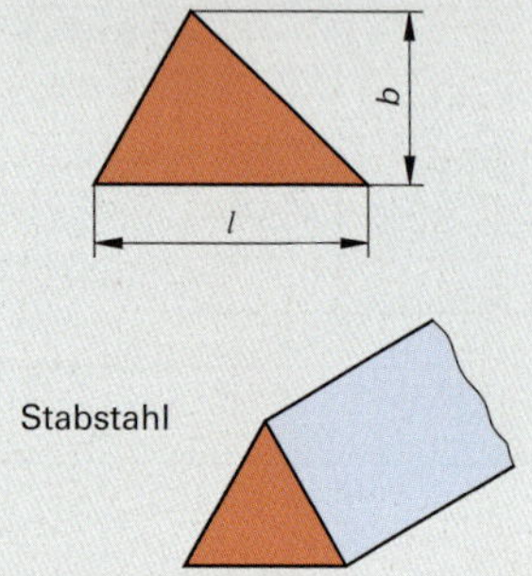

Dreieck

$$A = \frac{l \cdot b}{2}$$

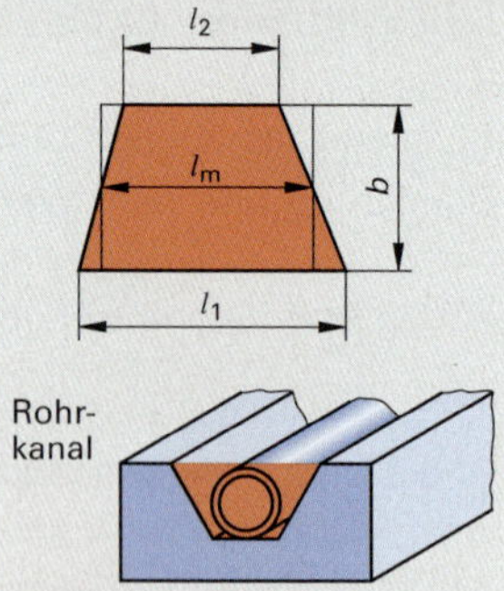

Trapez

$$A = \frac{l_1 + l_2}{2} \cdot b$$

$$A = l_m \cdot b$$

$$l_m = \frac{l_1 + l_2}{2}$$

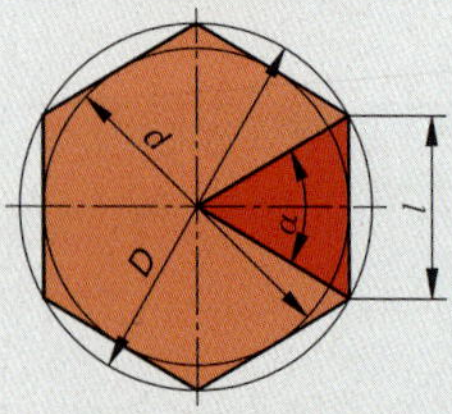

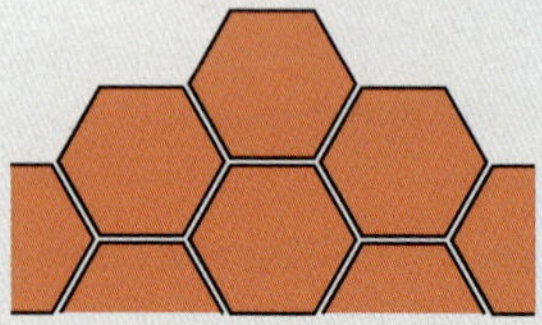

Wandverkleidung

Regelmäßiges Vieleck

$$A = \frac{n \cdot l \cdot d}{4}$$

$$l = D \cdot \sin\left(\frac{180°}{n}\right)$$

$$d = \sqrt{D^2 - l^2}$$

Im regelmäßigen Sechseck ist: $A \approx 0{,}649 \cdot D^2 \approx 0{,}866 \cdot d^2$; $D \approx 1{,}155 \cdot d$

Formeln für Vielecke mit anderer Eckenzahl können Tabellenbüchern entnommen werden.

Aufgaben — Geradlinig begrenzte Flächen

1. Die Quadratseiten sind für die Flächen A = 324 mm²; 1681 mm²; 47,61 cm²; 0,0576 m²; 9,61 dm² zu berechnen.

2. Welche Flächeninhalte haben Quadrate, wenn die Umfänge U = 144 mm; 112 mm; 14,8 cm; 3,16 dm; 3144 m; 8,12 dm sind?

3. Der Flächeninhalt des Knotenblechs **(Bild 1)** ist zu berechnen.

4. Wie groß ist die Querschnittsfläche der quadratischen Säule **(Bild 2)**?

5. Der kreuzförmige Querschnitt des Pfostens nach **Bild 3** ist in cm² zu berechnen.

6. Zwei Quadratstähle von je 6 mm Seitenlänge sollen durch einen quadratischen Stab mit gleich großer Querschnittsfläche ersetzt werden. Welche Seitenlänge muss dieser haben?

7. Für einen Schubriegel ist ein rechteckiger Querschnitt von 175 mm² notwendig. Wie groß wird l, wenn b = 12,5 mm ist?

8. Ein Quadratstahl 48 × 48 mm wird durch einen Flachstahl mit gleich großer Querschnittsfläche ersetzt. Wie breit muss dieser sein, wenn er 32 mm dick ist?

9. Der Kamin **(Bild 4)** soll an den vier Seitenflächen mit Kupferblech der Dicke t = 1 mm eingefasst werden

   Wie groß ist der Blechbedarf in m², wenn für Falze und Verschnitt ein Zuschlag von 15 % gerechnet wird?

10. Für eine Altbausanierung sollen sechs Fensterbleche nach den vorgegebenen Maßen **(Bild 5)** angefertigt werden.

    Wie groß ist die Gesamtfläche des verarbeiteten Bleches in m², wenn mit 14 % Verschnitt gerechnet wird?

11. Der Bedarf an Kupferblech für die Erkerabdeckung **(Bild 6)** ist in m² zuzüglich 12 % für Falze und Verschnitt zu berechnen.

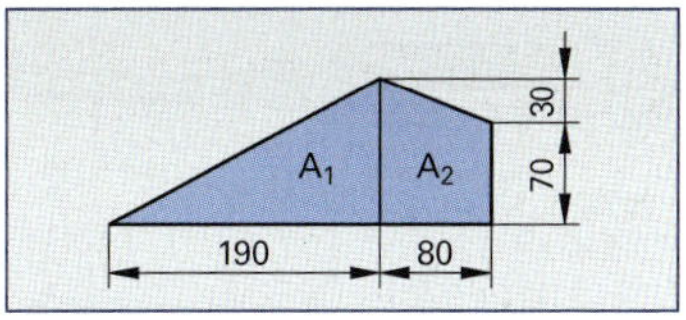

Bild 1

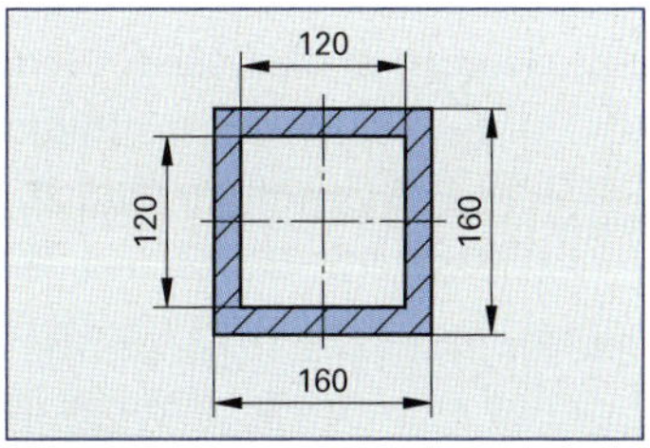

Bild 2

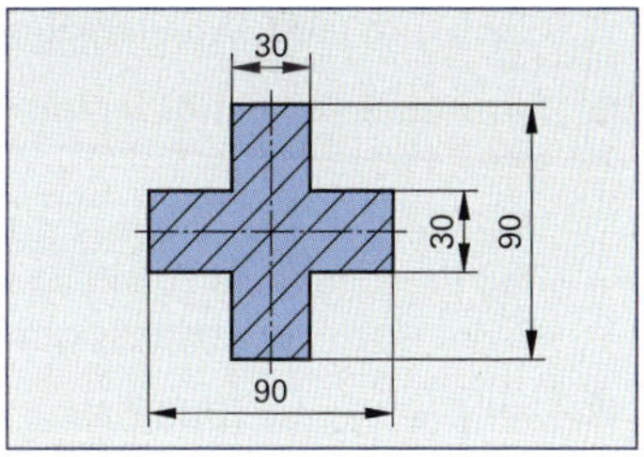

Bild 3

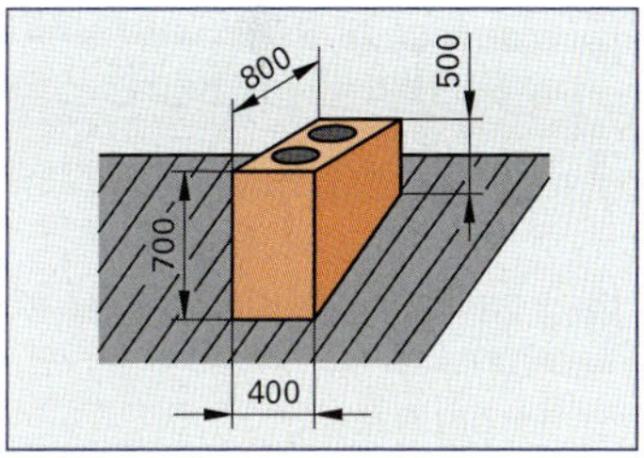

Bild 4

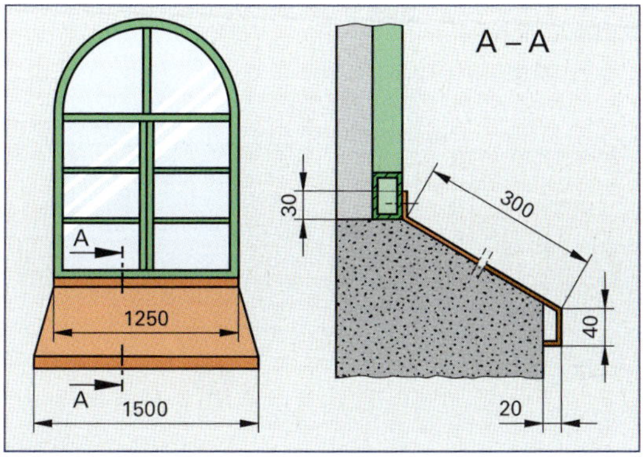

Bild 5

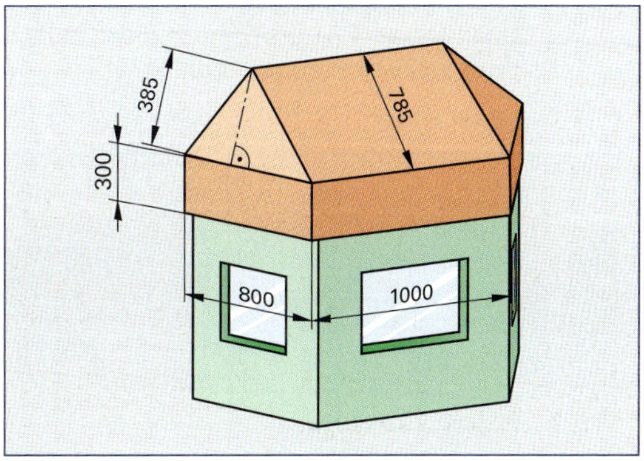

Bild 6

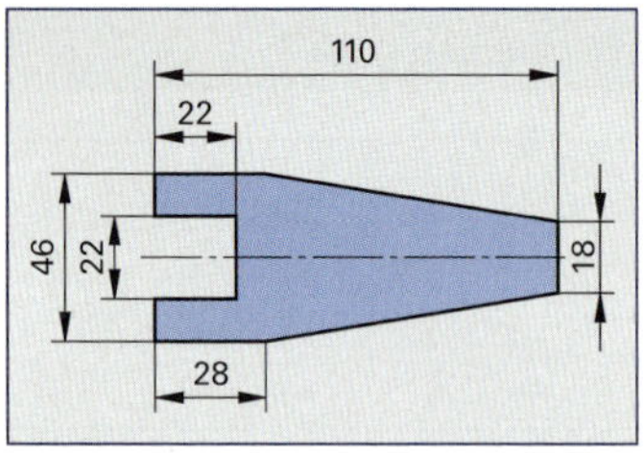

Bild 1

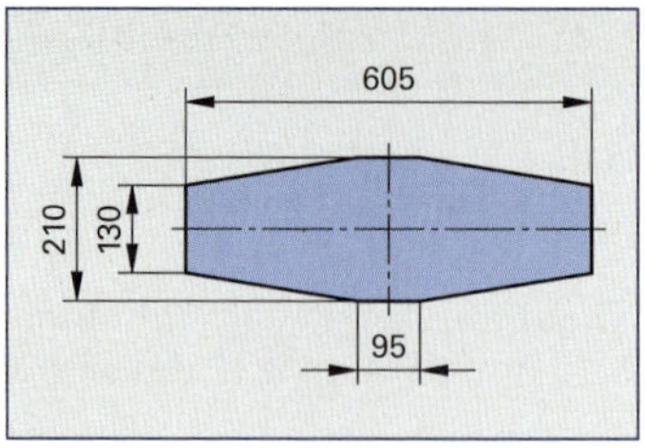

Bild 2

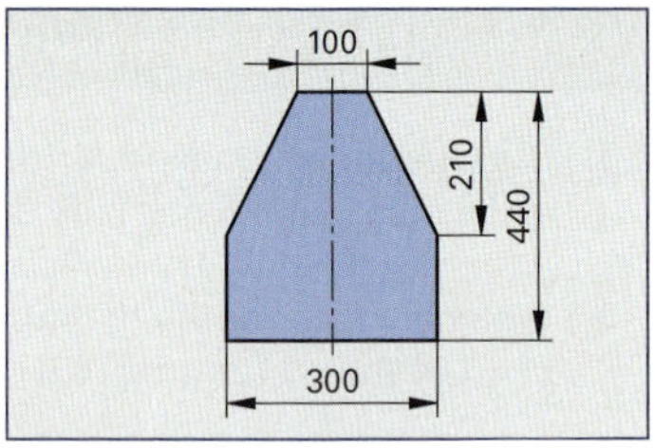

Bild 3

12. Gesucht ist die Gesamtfläche für

a) das Scharnierblech **(Bild 1)**,

b) das Knotenblech **(Bild 2)**,

c) das Verbindungsblech **(Bild 3)**.

13. Ein Trapez hat folgende Abmessungen: $l_1 = 200$ mm, $b = 120$ mm und $A = 210$ cm^2. Gesucht ist die Länge l_2.

14. Der trapezförmige Querschnitt eines Rohrkanals hat eine Fläche von 28900 mm^2. Die beiden parallelen Seiten sind 230 mm und 252,5 mm lang. Wie tief ist der Kanal?

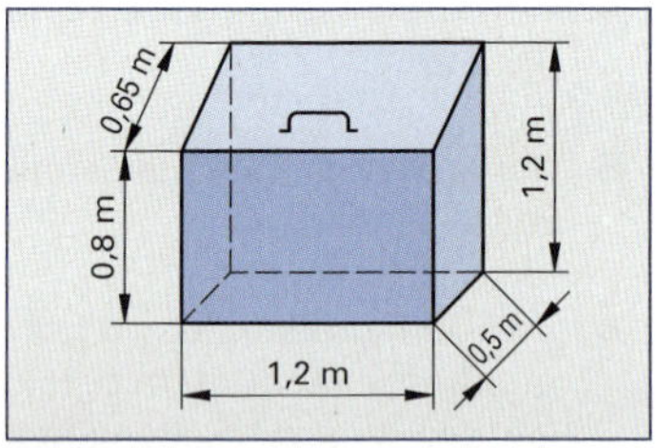

Bild 4

15. Für Abfälle ist ein geschlossener Blechbehälter **(Bild 4)** zu fertigen.

Wie viel m^2 Stahlblech sind dafür erforderlich, wenn für Falze und Verschnitt ein Zuschlag von 20% gerechnet wird? Die Blechstärke ist zu vernachlässigen.

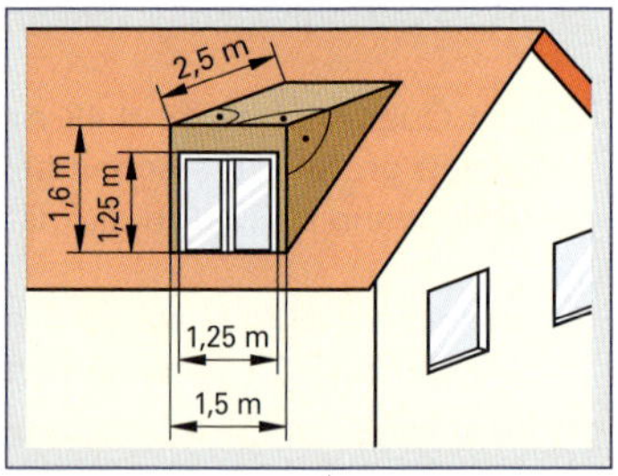

Bild 5

16. Die Dachgaube **(Bild 5)** soll mit Blech beschlagen werden. Der Blechbedarf ist in m^2 zu berechnen. Für Falze und Verschnitt werden 20% kalkuliert

17. Wie viel m^2 Blech werden für den Rauchabzug einer Schmiedeesse **(Bild 6)** benötigt?

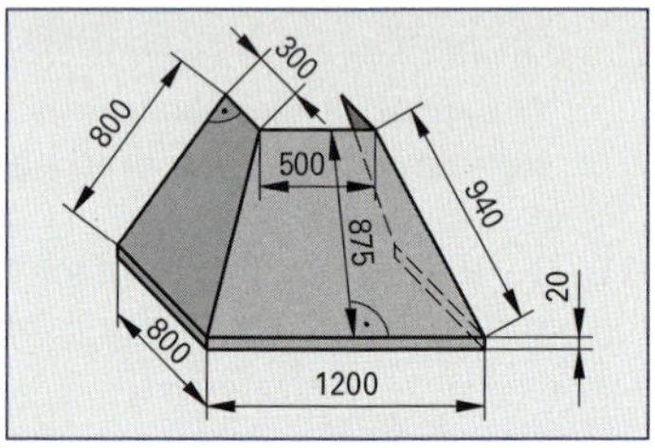

Bild 6

18. Wie groß ist die Querschnittsfläche der Anreißschablone **(Bild 7)**?

19. Eine Laufschiene hat das in **Bild 8** gezeichnete Profil. Gesucht sind

a) die Seite x,

b) die Querschnittsfläche in mm^2.

20. In der Zeichnung **(Bild 9)** eines Knotenbleches fehlt das Maß für die Gesamthöhe. Wie groß muss diese sein, wenn der Flächeninhalt mit 3,825 dm^2 angegeben ist?

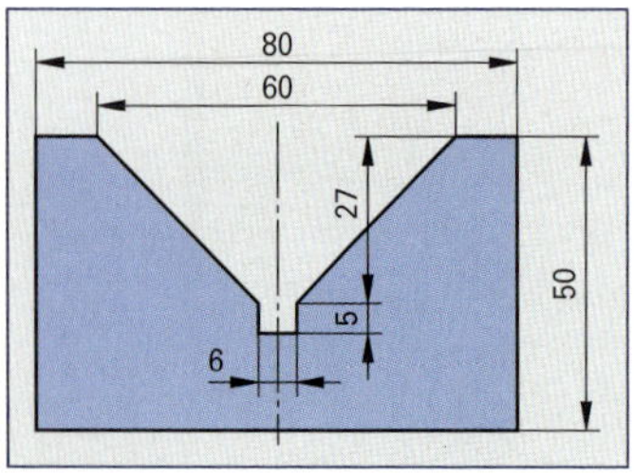

Bild 7

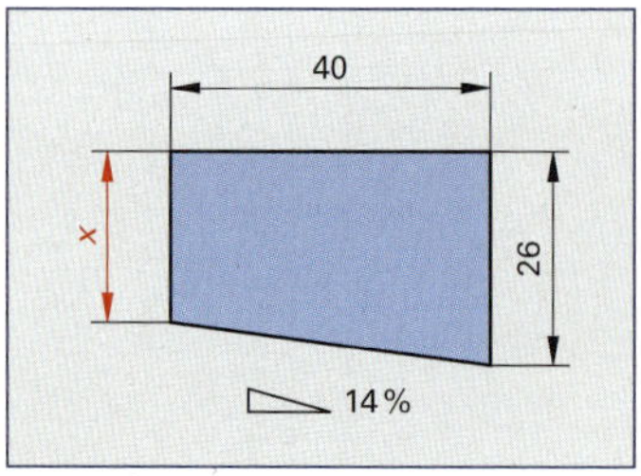

Bild 8

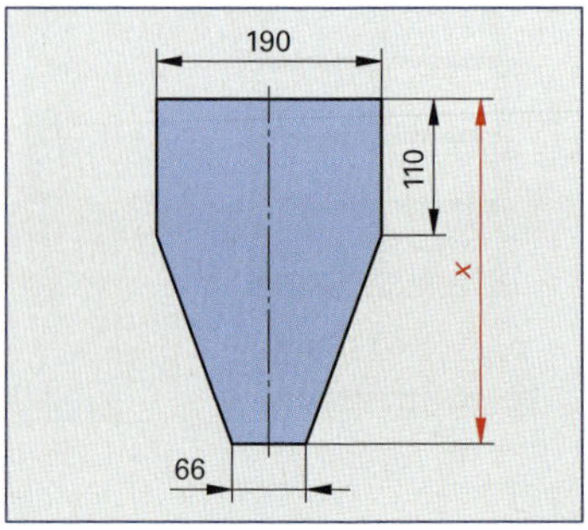

Bild 9

2.2.2 Kreisförmig begrenzte Flächen mit Anwendungsbeispielen

Bezeichnungen:

A	Fläche	mm^2	D, d	Durchmesser	mm
l	Sehnenlänge	mm	r	Halbmesser, Radius	mm
b	Breite, Dicke	mm	d_m	mittlerer Durchmesser beim Kreisring	mm
l_B	Bogenlänge	mm	α	Mittelpunktswinkel	°

Tabelle 1: Kreisförmig begrenzte Flächen mit Beispielen

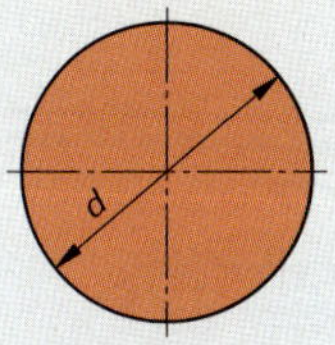

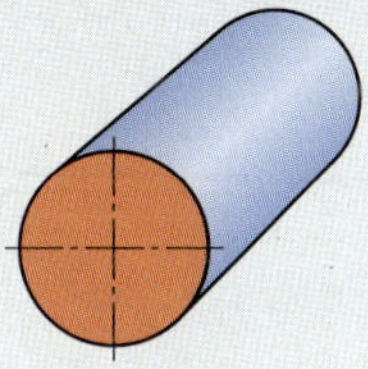

Stabstahl

Kreis

$$A = \frac{\pi \cdot d^2}{4}$$

$$A \approx 0{,}785 \cdot d^2$$

$$d = \sqrt{\frac{4 \cdot A}{\pi}}$$

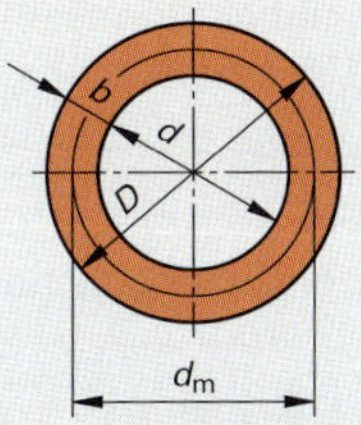

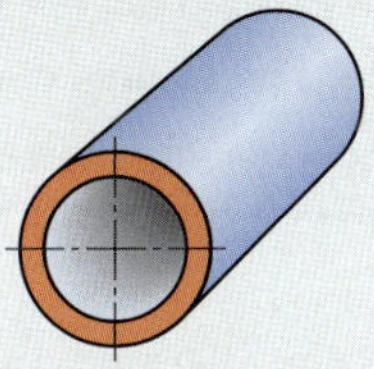

Stahlrohr

Kreisring

$$A = \frac{\pi \cdot D^2}{4} - \frac{\pi \cdot d^2}{4}$$

$$A = \frac{\pi}{4} \cdot (D^2 - d^2)$$

$$A = \pi \cdot d_m \cdot b$$

$$d_m = \frac{D + d}{2} \qquad b = \frac{D - d}{2}$$

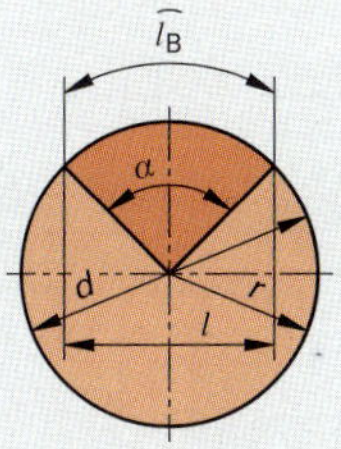

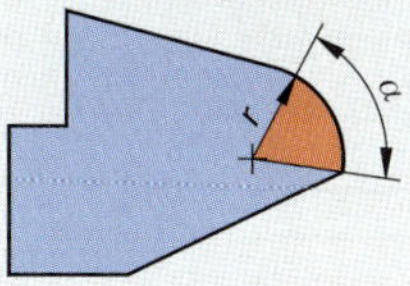

Formblech

Kreisausschnitt

$$A = \frac{l_B \cdot r}{2}$$

$$A = \frac{\pi \cdot d^2}{4} \cdot \frac{\alpha}{360°}$$

$$l_B = \frac{\pi \cdot r \cdot \alpha}{180°}$$

$$l = 2 \cdot r \cdot \sin\frac{\alpha}{2}$$

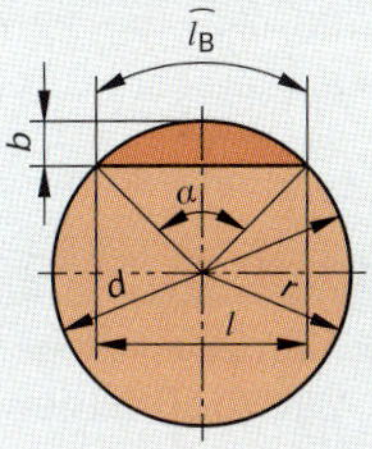

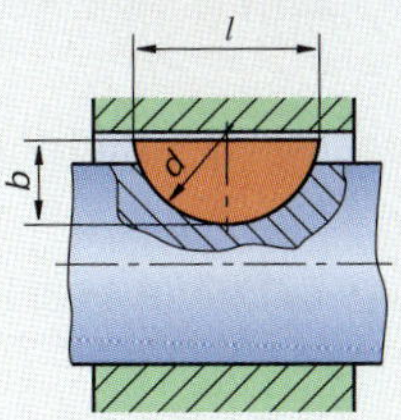

Scheibenfeder

Kreisabschnitt

$$A = \frac{l_B \cdot r - l \cdot (r - b)}{2}$$

$$A = \frac{\pi \cdot d^2}{4} \cdot \frac{\alpha}{360°} - \frac{l \cdot (r - b)}{2}$$

$$b = r\left(1 - \cos\frac{\alpha}{2}\right)$$

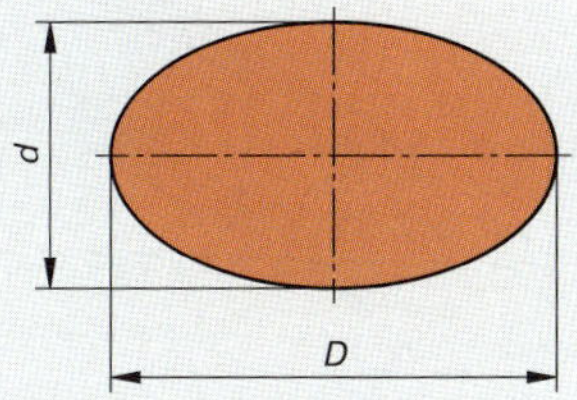

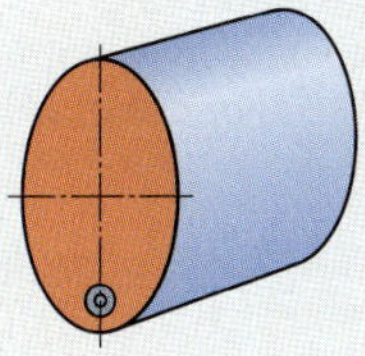

Fass

Ellipse

$$A = \frac{\pi \cdot D \cdot d}{4}$$

Aufgaben | Kreisförmig begrenzte Flächen

1. Für folgende Durchmesser sind die Kreisflächen zu berechnen: d = 63 mm; 275 mm; 4800 mm; 12,8 cm; 0,034 m; 7 cm; 0,97 dm; 8,7 m; 5,75 m; 0,008 m.

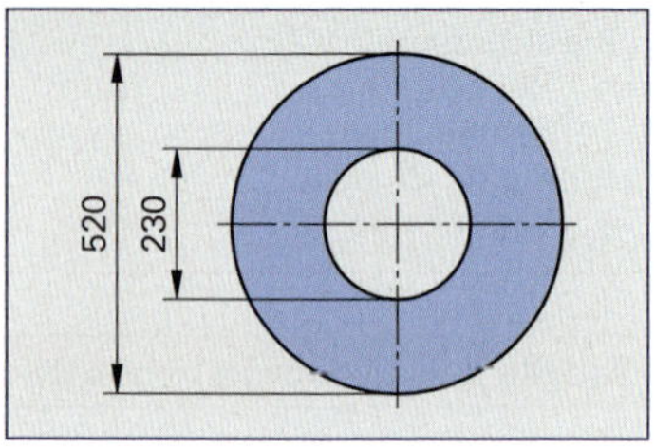

Bild 1

2. Für folgende Kreisflächen sind die Durchmesser zu berechnen: A = 56,75 cm²; 363,1 mm²; 1353 dm²; 43,01 cm²; 0,5931 m².

3. Welche Querschnittsflächen haben Rundstähle mit 7, 13, 24, 32, 48, 56, 64, 70, 85, 105, 110, 125 mm Durchmesser?

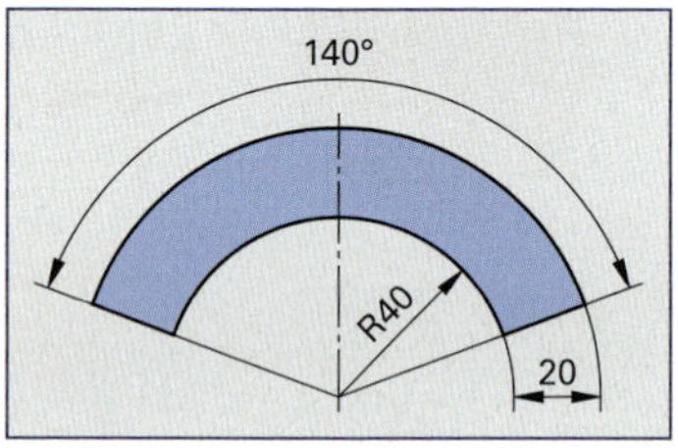

Bild 2

4. Die kreisrunde Fußplatte einer Säule aus Gusseisen hat 0,64 m Durchmesser. Wie groß ist die Auflagefläche der Fußplatte?

5. Mittelschwere Gewinderohre haben folgende Innendurchmesser: DN 10, DN 15, DN 20, DN 25, DN 32, DN 40, DN 50.

a) Wie groß ist der Durchgangsquerschnitt dieser Rohre in mm²?

b) Wie oft ist der Durchgangsquerschnitt des Rohres DN 15 im Querschnitt des Rohres DN 50 enthalten?

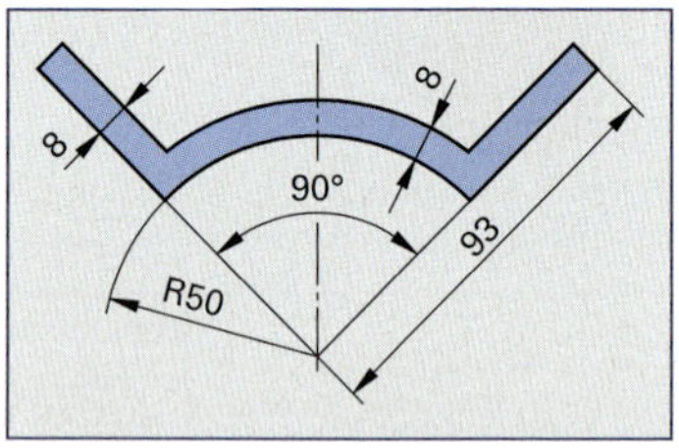

Bild 3

6. Ein Rohr DN 40 soll sich auf drei gleich große Rohre verzweigen lassen, die zusammen den gleichen Durchgangsquerschnitt wie das große Rohr haben. Welcher Durchmesser für die Zweigrohre ist aus den Nennweiten 20, 25 oder 32 mm auszuwählen, wenn der Gesamtdurchgangsquerschnitt ungefähr gleich bleiben soll?

7. Eine Auswahl von Scheiben hat folgende Außendurchmesser: 14; 22; 36; 98; 135 mm, bei den zugehörigen Innendurchmessern: 6; 10; 21; 54; 78 mm. Wie groß ist jeweils die Kreisringfläche?

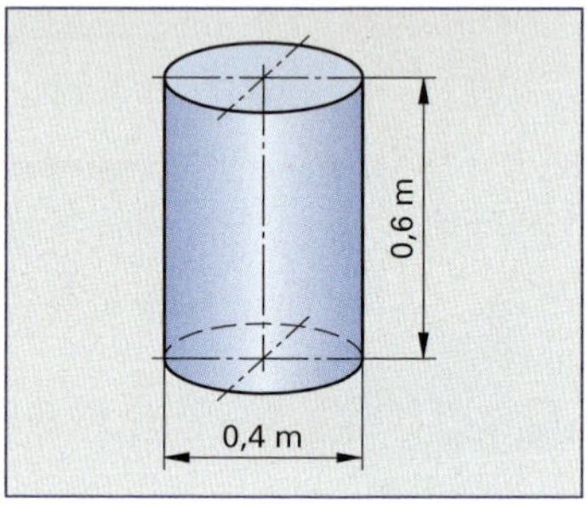

Bild 4

8. Der Blechbedarf für das Abdeckblech **(Bild 1)** ist zu berechnen.

9. Die Fläche des Kreisringausschnittes **(Bild 2)** ist gesucht.

10. Die Querschnittsfläche des Profiles **(Bild 3)** ist zu berechnen.

11. Ein oben offener Behälter **(Bild 4)** ist aus Stahlblech herzustellen. Der erforderliche Blechbedarf ist zu berechnen, wenn für Falze und Verschnitt ein Zuschlag von 18 % benötigt wird.

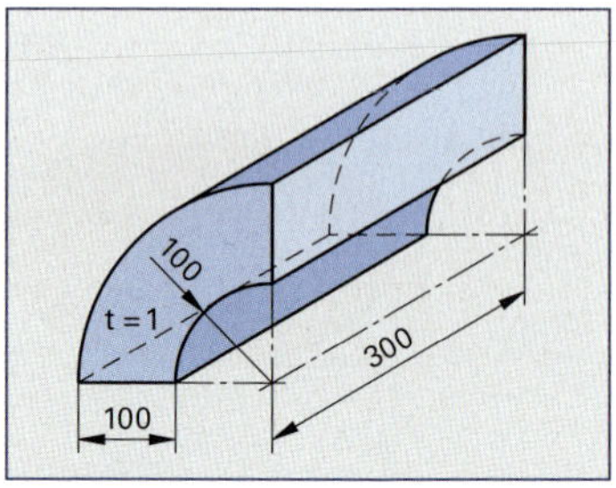

● **Bild 5**

12. ● Für eine Kanalanlage ist der Übergangsbogen **(Bild 5)** herzustellen. Wie viel m² verzinktes Stahlblech sind dafür notwendig? Der Kanal ist unten und vorn offen.

Die Blechdicke ist nicht zu berücksichtigen.

2.2.3 Zusammengesetzte Flächen

Zusammengesetzte Flächen werden aus ihren Teilflächen berechnet.

Beispiel: Der Flächeninhalt des Schließbleches **(Bild 1)** ist zu berechnen.

Lösung: $A = A_1 + A_2 - 2 \cdot A_3 - A_4 - A_5$

$$A_1 = 2 \cdot \frac{\pi \cdot d^2}{2 \cdot 4} = \frac{\pi \cdot 12^2 \text{ mm}^2}{4} = 113{,}1 \text{ mm}^2$$

$$A_2 = l \cdot b = 34 \text{ mm} \cdot 12 \text{ mm} = 408{,}0 \text{ mm}^2$$

$$-A_3 = -2 \cdot \frac{\pi \cdot d^2}{4} = -2 \cdot \frac{\pi \cdot 6{,}4^2 \text{ mm}^2}{4} = -64{,}3 \text{ mm}^2$$

$$-A_4 = -2 \cdot \frac{\pi \cdot d^2}{4} = -\frac{\pi \cdot 6^2 \text{ mm}^2}{4} = -28{,}3 \text{ mm}^2$$

$$-A_5 = l \cdot b = 19 \text{ mm} \cdot 6 \text{ mm} = 114{,}0 \text{ mm}^2$$

$$A = \mathbf{314{,}5 \text{ mm}^2}$$

Zusammengesetzte Flächen

$$A = A_1 + A_2 + \ldots = \sum A$$

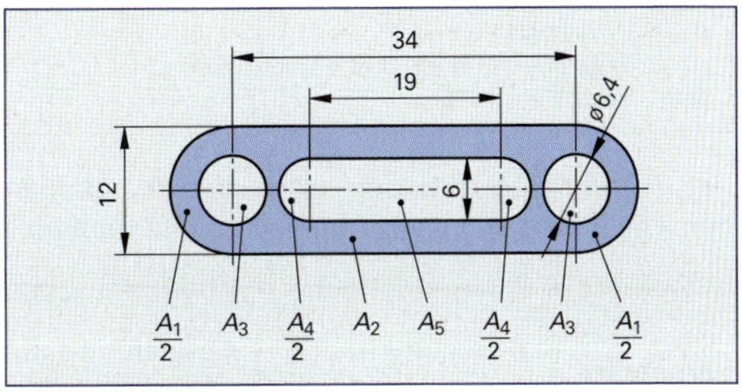

Bild 1: Schließblech

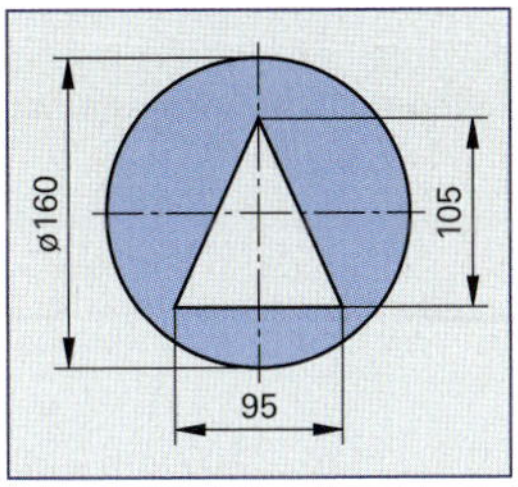

Bild 2

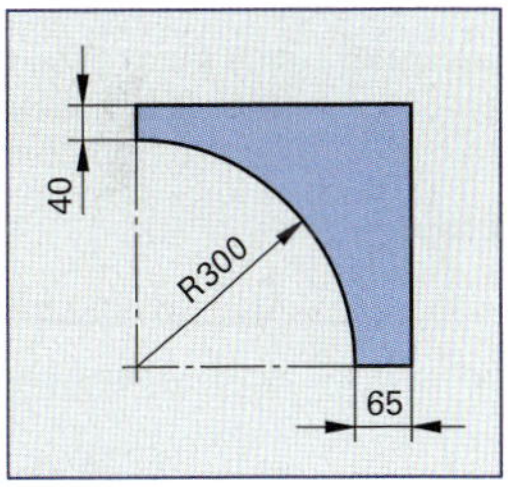

Bild 3

Aufgaben **Zusammengesetzte Flächen**

1. Gesucht ist der Flächeninhalt in mm^2 und in cm^2
   a) der Platte **(Bild 2)**,
   b) des Versteifungsbleches **(Bild 3)**.

2. Gesucht ist der Blechbedarf
   a) für die Schutzhaube **(Bild 4a)** bei 25% Verschnitt,
   b) für die Schutzhaube **(Bild 4b)** bei 30% Verschnitt.

3. Das Mannloch eines Kessels hat die Form einer Ellipse. Die kurze Achse ist 280 mm, die lange 380 mm lang. Welchen Flächeninhalt hat die Öffnung?

4. ● Gesucht ist der Blechbedarf für die beiden Seitenflächen
   a) des Riemenschutzes **(Bild 5a)** bei 20% Zuschlag für Verschnitt,
   b) des Riemenschutzes **(Bild 5b)** bei 25% Zuschlag für Verschnitt.

5. ● Wie groß ist der Flächeninhalt
   a) der Dichtung **(Bild 6)**,
   b) der Schablone **(Bild 7)**.

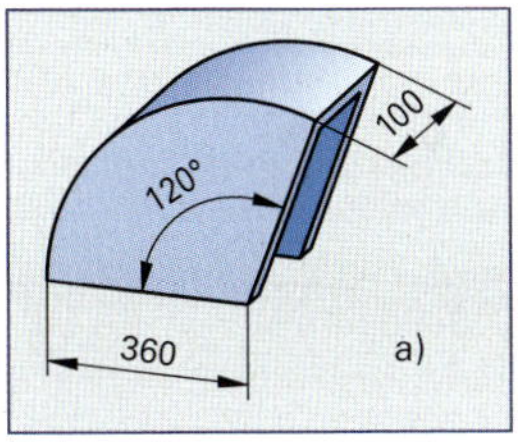

Bild 4a

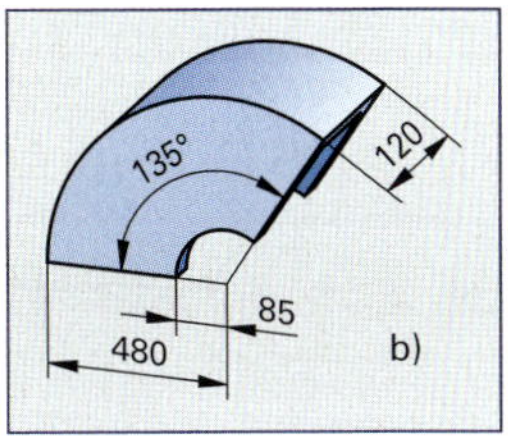

Bild 4b

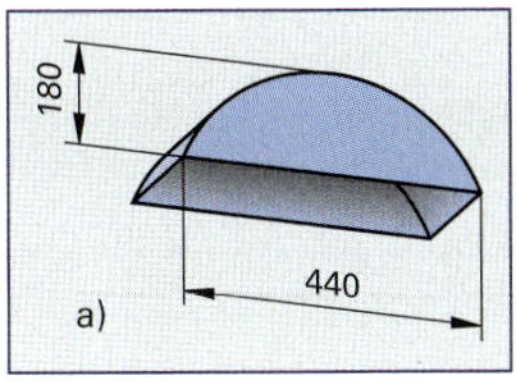

● **Bild 5a**

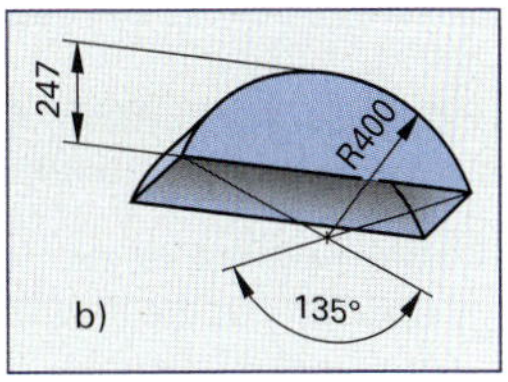

● **Bild 5b**

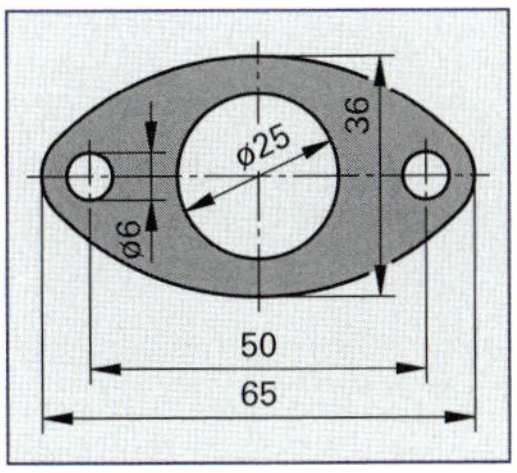

● **Bild 6**

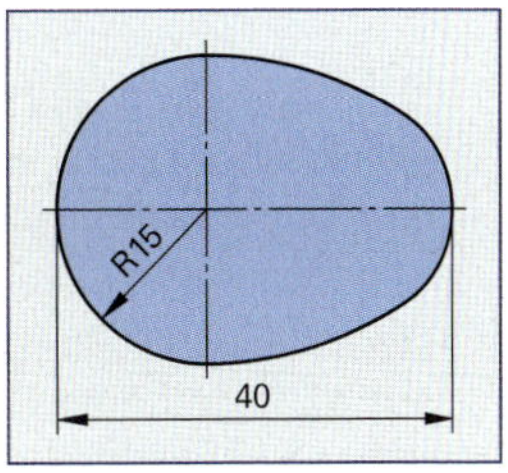

● **Bild 7**

2.2.4 Verschnitt

Die Flächen eines Rohteiles, z.B. einer Blechtafel, die nicht für das Werkstück benötigt werden, werden als Verschnitt bezeichnet.

Bezeichnungen:

A_{Ges}	Ausgangsfläche, Fläche des Rohteiles	mm^2
A_W	Werkstückfläche	mm^2
A_V	Verschnitt, Fläche des Verschnittes	mm^2
$A_{V\%}$	Verschnitt in %	%

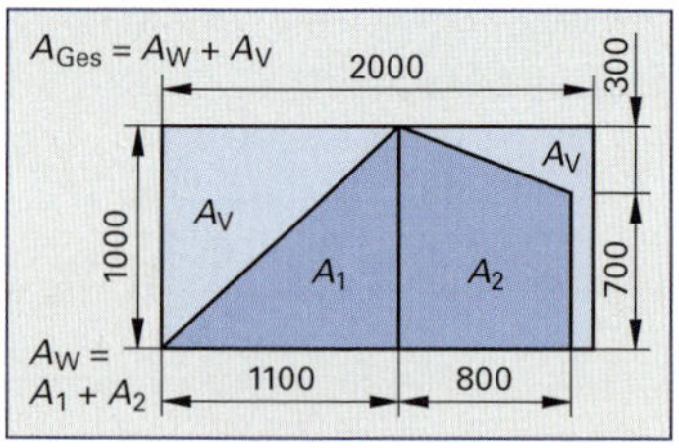

Bild 1: Knotenblech

Der Verschnitt wird häufig in Prozent der Ausgangsfläche angegeben. Die Fläche der Ausgangsfläche entspricht dabei 100%.

Verschnitt = Ausgangsfläche – Abwicklungsfläche

$$\textbf{Verschnitt} = \frac{\textbf{Ausgangsfläche – Abwicklungsfläche}}{\textbf{Ausgangsfläche}} \cdot \textbf{100\%}$$

$$A_V = A_{Ges} - A_W$$

$$A_V = \frac{A_{Ges} - A_W}{A_{Ges}} \cdot 100\,\%$$

Beispiel: Aus einer Blechtafel 1000 mm × 2000 mm soll das Knotenblech **(Bild 1)** hergestellt werden. Der Verschnitt ist in mm^2 und in Prozent zu berechnen.

Lösung:

$A_V = A_{Ges} - A_W$

$A_{Ges} = 1000\text{ mm} \cdot 2000\text{ mm}$

$A_{Ges} = 2\,000\,000\text{ mm}^2$

$A_W = \frac{1100\text{ mm} \cdot 1000\text{ mm}}{2} + \frac{700\text{ mm} + 1000\text{ mm}}{2} \cdot 800\text{ mm}$

$A_W = 1\,230\,000\text{ mm}^2$

$A_V = 2\,000\,000\text{ mm}^2 - 1\,230\,000\text{ mm}^2 = 770\,000\text{ mm}^2$

$A_{V\%} = \frac{A_{Ges} - A_W}{A_{Ges}} \cdot 100\,\%$

$= \frac{2\,000\,000\text{ mm}^2 - 1\,230\,000\text{ mm}^2}{2\,000\,000\text{ mm}^2} \cdot 100\,\% = \mathbf{38{,}5\,\%}$

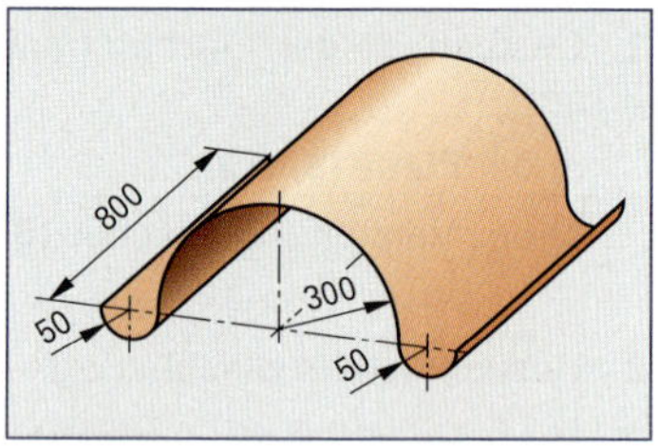

Bild 2

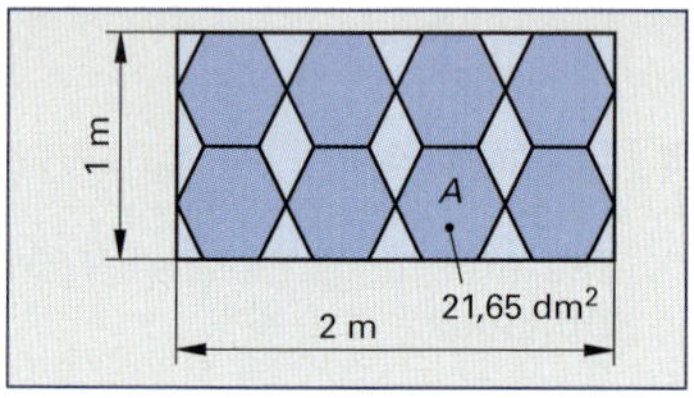

Bild 3

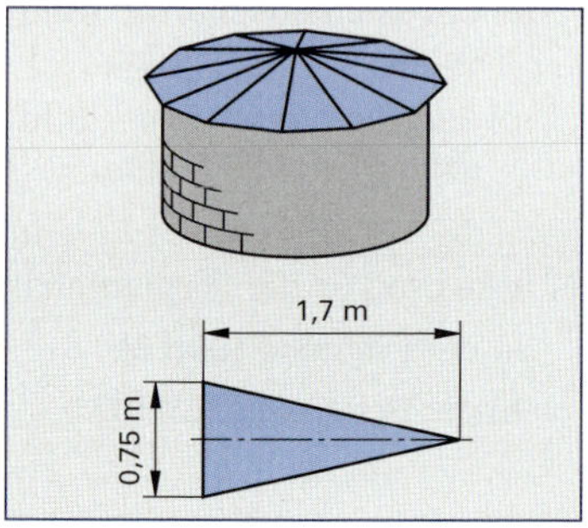

Bild 4

Aufgaben Verschnitt

1. Die Kamine einer Reihenhaussiedlung erhalten Abdeckkappen **(Bild 2)**. Für die Fertigung stehen Tafeln aus Kupferblech 1 m × 2 m zur Verfügung.

   Wie groß ist der Verschnitt in Prozent?

2. Aus einer Blechtafel sollen acht 6-eckige Blechabdeckungen mit jeweils einer Fläche von $A = 21{,}65\text{ dm}^2$ **(Bild 3)** ausgeschnitten werden. Der Verschnitt ist in dm^2 und in Prozent zu berechnen.

3. Die Winterabdeckung eines Brunnens aus Cu-Blech **(Bild 4)** ist aus 12 Segmenten gefertigt. Der Verschnitt ist in m^2 und in Prozent zu berechnen, wenn aus einer Tafel von 1 m × 2 m zwei Segmente geschnitten werden.

2.3 Körperberechnungen

2.3.1 Volumen und Oberfläche

Bezeichnungen:

V	Volumen (Rauminhalt)	A, A_1	Grundfläche	A_O	Oberfläche
V_1, V_2	Volumen der Teilkörper	A_2	Deckfläche	l_s	Schwerpunktlinie
h, H	Höhe	A_M	Mantelfläche[1]		

Körper	Beispiele	Formeln
Gleichdicke Körper		
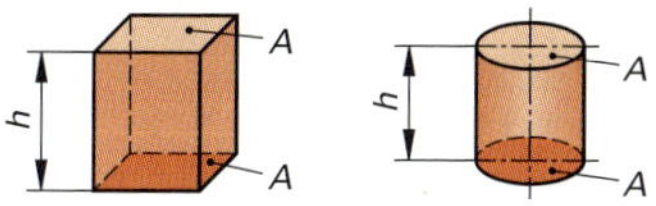 Vierkant-Prisma Zylinder 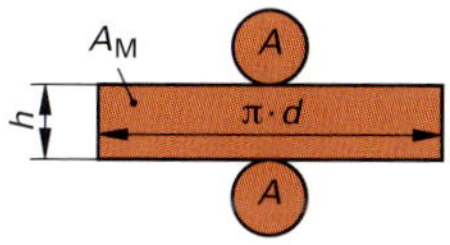 Abwicklung der Zylinderoberfläche	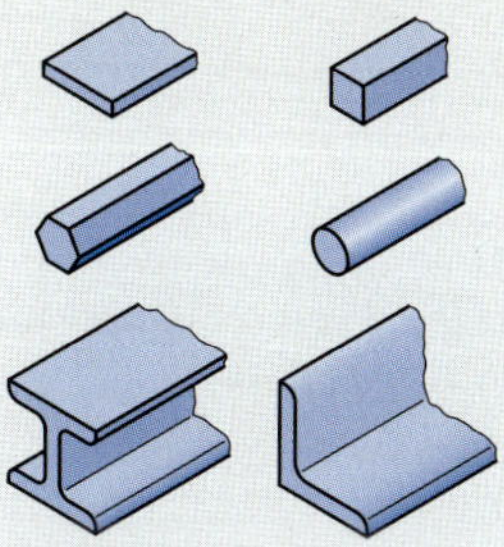 Stabstähle	**Volumen** $V = A \cdot h$ **Oberfläche** $A_O = A + A_M + A$
Spitze Körper		
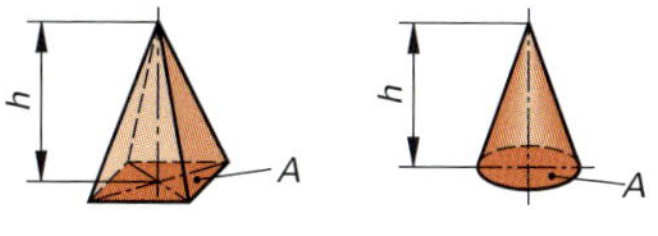 Pyramide Kegel 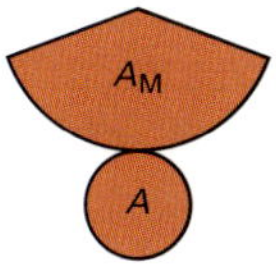 Abwicklung der Kegeloberfläche	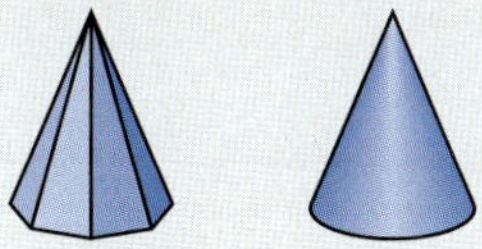 Abdeckungen 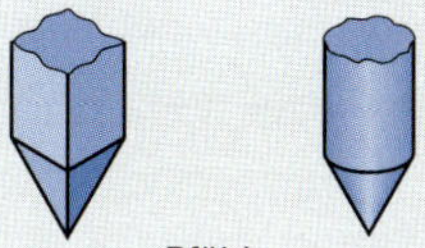 Pfähle	**Volumen** $V = \frac{A \cdot h}{3}$ **Oberfläche** $A_O = A + A_M$
Abgestumpfte Körper		
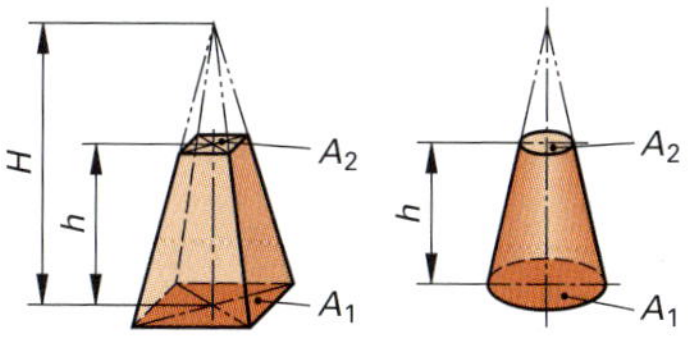 Pyramidenstumpf Kegelstumpf 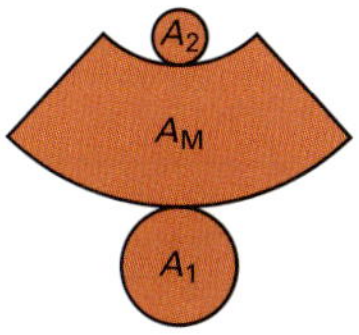 Abwicklung der Kegelstumpfoberfläche	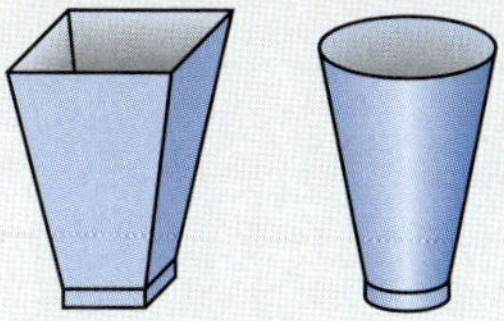 Trichter 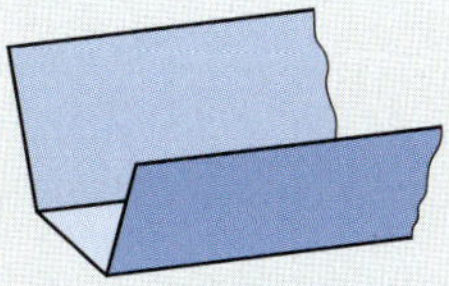 Schütte	**Volumen** Pyramidenstumpf $V = \frac{A_1 \cdot H}{3} - \frac{A_2\,(H-h)}{3}$ Kegelstumpf $V = \frac{\pi \cdot h}{12}\,(D^2 + d^2 + D \cdot d)$ **Oberfläche** $A_O = A_1 + A_M + A_2$

[1] Berechnungen von A_M auch in Kapitel 2.10.3 Abwicklungen, Seite 135

Körper	Beispiele	Formeln
Kugel		
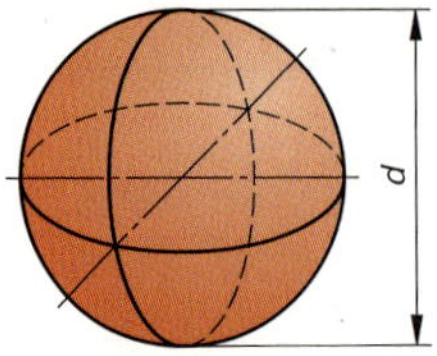	 Kugeltank	**Volumen** $V = \frac{\pi \cdot d^3}{6}$ **Oberfläche** $A_O = \pi \cdot d^2$
Ringförmige Körper		
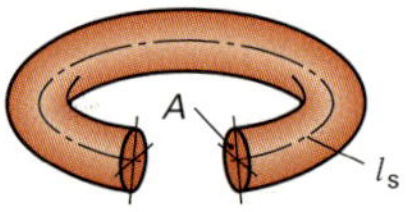	Bund 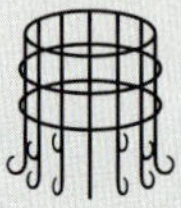	**Volumen** $V = A \cdot l_s$
Zusammengesetzte Körper		
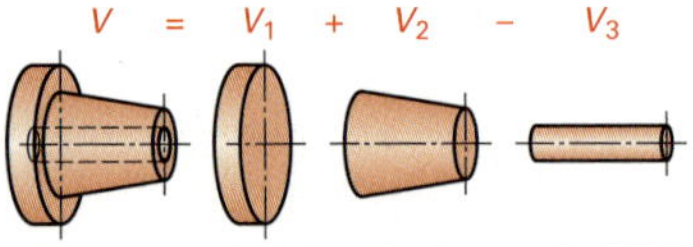	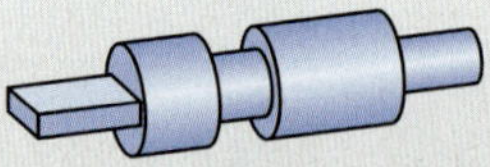 geschmiedete Welle	**Volumen** $V = V_1 + V_2 - V_3$

Einheiten für das Volumen (Bild 1)

$1\ m^3 = 1\ m \cdot 1\ m \cdot 1\ m$

$1\ m^3 = 1000\ dm^3$

$1\ dm^3 = 1000\ cm^3 = 1\ l = 1000\ ml$

$1\ cm^3 = 1000\ mm^3$

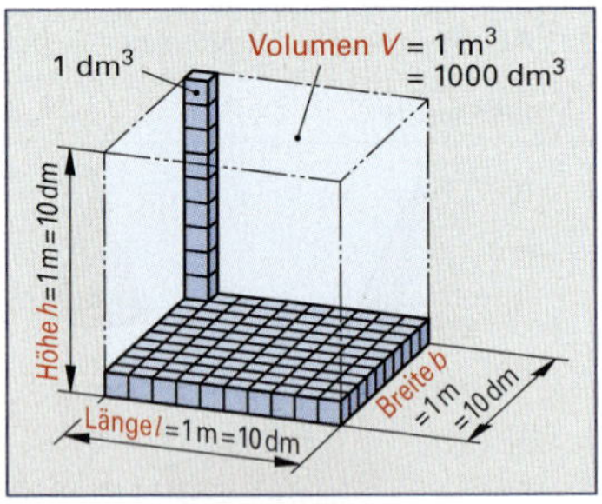

Bild 1

Beispiele:

Welches Volumen haben die folgenden Körper?

Gleich dicker Körper (Bild 2)

$$V = A \cdot h = \frac{\pi \cdot d^2}{4} \cdot h$$

$$V = \frac{\pi \cdot (12\ mm)^2}{4} \cdot 30\ mm = 3393\ mm^3 \approx \mathbf{3{,}4\ cm^3}$$

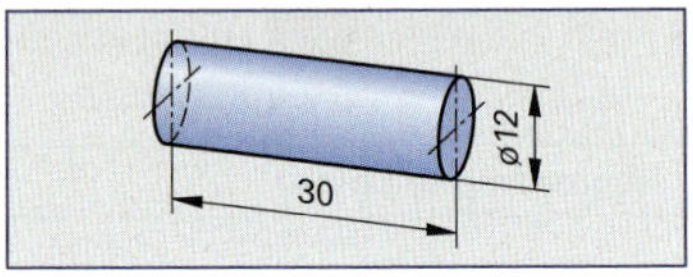

Bild 2

Abgestumpfte Körper (Bild 3)

$$V = \frac{\pi \cdot h}{12} \cdot (D^2 + d^2 + D \cdot d)$$

$$= \frac{\pi \cdot 20\ cm}{12} \cdot (12^2\ cm^2 + 8^2\ cm^2 + 12\ cm \cdot 8\ cm) = \mathbf{1591{,}7\ cm^3}$$

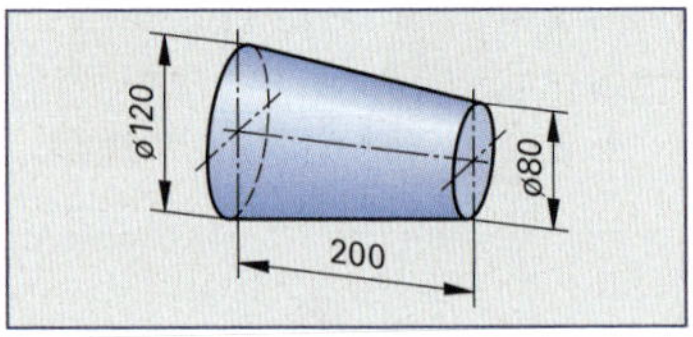

Bild 3

Zusammengesetzter Körper (Bild 4)

$$V = V_1 + V_2 - V_3$$

$$= A_1 \cdot h + A_2 \cdot h - A_3 \cdot h = (A_1 + A_2 - A_3) \cdot h$$

$$= \left(38\ mm \cdot 25\ mm + \frac{22\ mm \cdot 25\ mm}{2} - \frac{\pi \cdot (15\ mm)^2}{4}\right) \cdot 12\ mm$$

$$= (950\ mm^2 + 275\ mm^2 - 176{,}7\ mm^2) \cdot 12\ mm$$

$$V = 12580\ mm^3 \approx \mathbf{12{,}6\ cm^3}$$

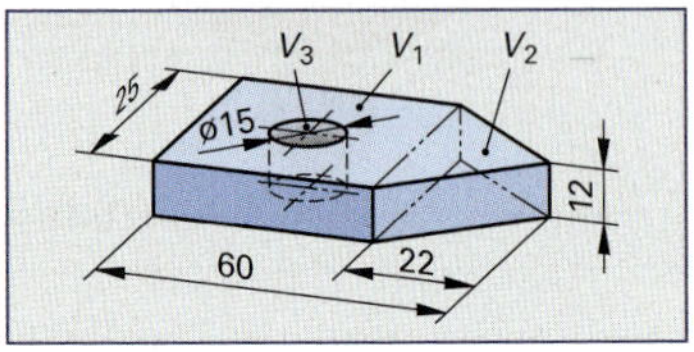

Bild 4

Aufgaben Volumen und Oberfläche

1. Ein oben offener Behälter für Abfälle **(Bild 1)** ist herzustellen.

a) Wie groß ist das Volumen *V* in Liter?

b) Wie viel m^2 Stahlblech sind erforderlich, wenn für Falze und Verschnitt ein Zuschlag von 15 % gerechnet wird?

2. Zum Transport von Schüttgut soll ein Behälter gefertigt werden, der mit dem Gabelstapler befördert werden kann **(Bild 2)**.

a) Das Volumen des Behälters ist zu berechnen.

b) Wie hoch muss eine Markierung gesetzt werden, wenn bei jedem Transport 1,5 m^3 befördert werden sollen?

3. Für eine Schmiede wird eine oben offene Kohlenkiste **(Bild 3)** gefertigt. Zu berechnen sind

a) das maximale Füllvolumen in m^3 und Liter,

b) der Blechbedarf in m^2.

4. Das Volumen der Wanne **(Bild 4)** ist zu berechnen. Wie viel m^2 Blech sind zur Herstellung erforderlich?

5. Das Volumen der Ringkörper **(Bild 5)** ist in cm^3 und dm^3 und die Oberfläche in cm^2 und dm^2 zu berechnen.

6. An einer Zierkugel mit dem Volumen 2 dm^3 soll die Oberfläche vergoldet werden.

a) Die Oberfläche der Kugel ist zu berechnen.

b) Welche Oberfläche besitzt ein Würfel mit demselben Volumen?

c) Wie verändert sich das Volumen, wenn der Durchmesser bzw. die Kantenlänge verdoppelt werden?

7. Ein Betrieb bekommt den Auftrag, aus Kupferblech halbkugelförmige Schalen mit dem Durchmesser 300 mm durch Drücken herzustellen.

a) Das Fassungsvermögen einer Schale ist zu berechnen.

b) Wie viel m^2 Blech sind erforderlich, wenn für Verschnitt 50 % berechnet werden?

8. Zum Aufbewahren von Lösungsmitteln soll ein kegelstumpfförmiger Metallbehälter mit d_1 = 300 mm, d_2 = 400 mm und h = 500 mm hergestellt werden.

a) Welches Volumen in Liter kann der Behälter fassen?

b) Welche Höhe *h* hätte ein Behälter mit gleichem Volumen, aber zylindrischem Körper ($d_1 = d_2$ = 300 mm)?

9. Für die Materialzuführung an einer Maschine soll ein Vorratsbehälter gefertigt werden **(Bild 6)**.

a) Das Füllvolumen des Fülltrichters ist in Liter zu berechnen.

b) Der erforderliche Blechbedarf ist in m^2 zu bestimmen, wenn für Verschnitt ein Zuschlag von 15 % veranschlagt wird.

c) Welches Volumen in Liter hat die alternative Bauform des Fülltrichters nach **Bild 7**?

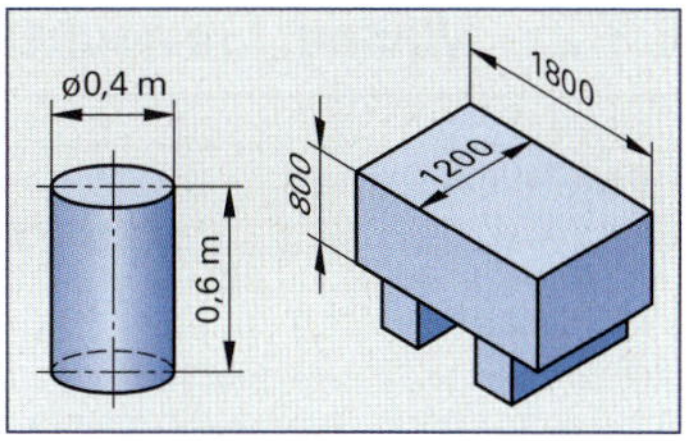

Bild 1 und 2

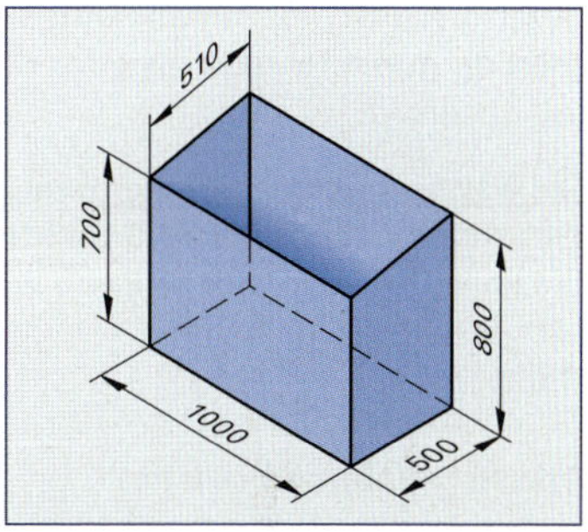

Bild 3

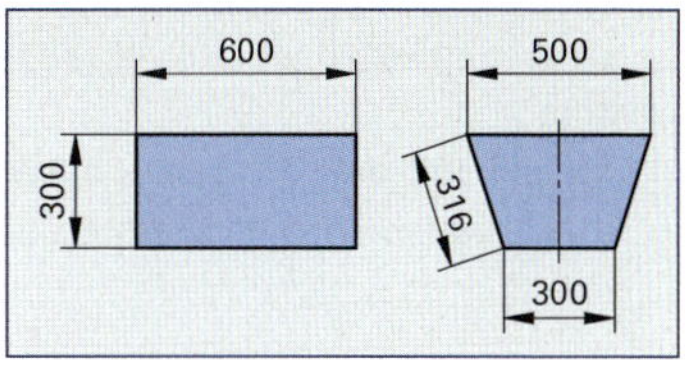

Bild 4

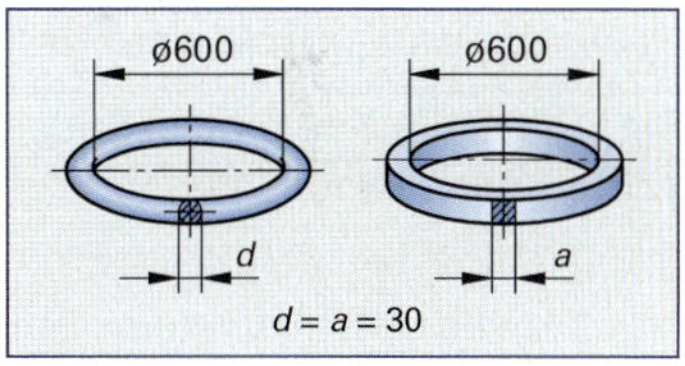

Bild 5

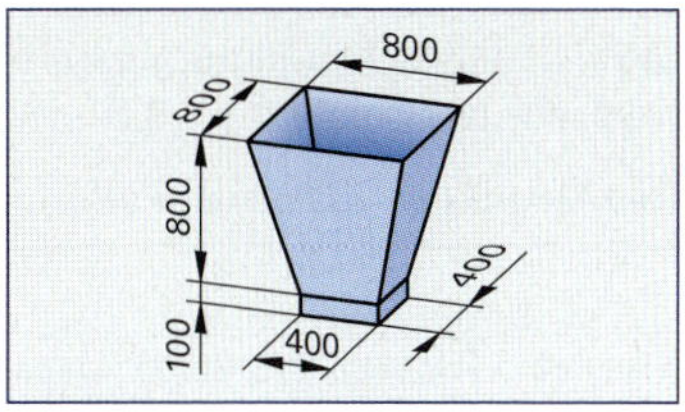

Bild 6

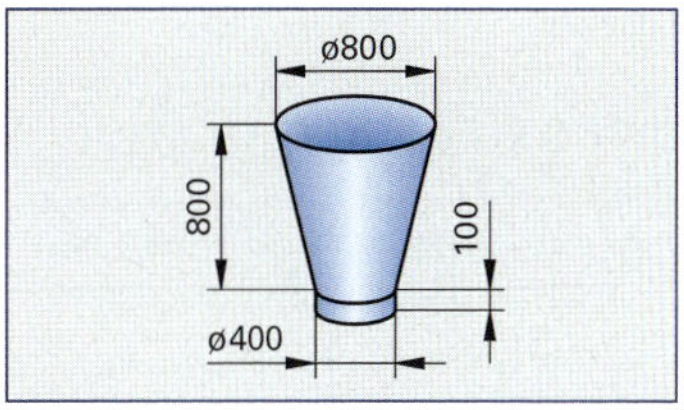

Bild 7

2.3.2 Masse, Gewichtskraft

Bezeichnungen:

V	Volumen (Rauminhalt)	dm^3
m	Masse (Gewicht)	kg
ϱ[1]	Dichte	kg/dm^3
g	Fallbeschleunigung	m/s^2
F_G	Gewichtskraft	N

Die Masse eines Körpers wird durch Wägen, d.h. durch Vergleichen mit geeichten Gewichtsstücken **(Bild 1)**, durch Berechnen oder mithilfe von Tabellen bestimmt.

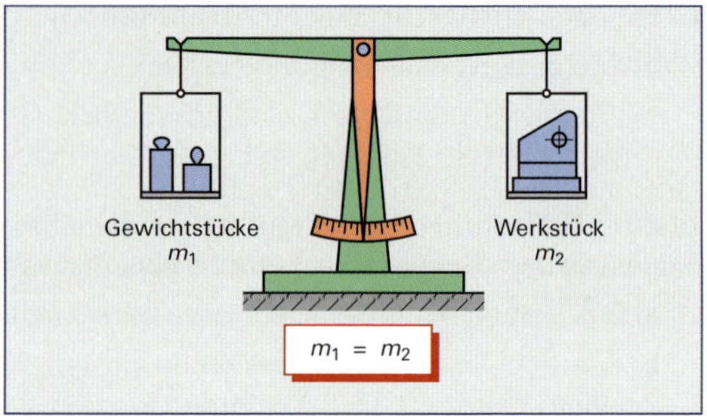

Bild 1

Die Masse einer Volumeneinheit, z. B. eines Kubikdezimeters, nennt man die Dichte ϱ eines Körpers. Sie kann Tabellen entnommen werden **(Tabelle 1)**.

Dichte = $\frac{\textbf{Masse}}{\textbf{Volumen}}$

$$\varrho = \frac{m}{V}$$

Masse = Volumen · Dichte

$$m = V \cdot \varrho$$

Beispiel: Für einen Quadratstahl □ 50 × 120 sollen Volumen und Masse berechnet werden.

Lösung:

$V = A \cdot h = (0{,}5\ dm)^2 \cdot 1{,}2\ dm = \mathbf{0{,}3\ dm^3}$

$m = V \cdot \varrho = 0{,}3\ dm^3 \cdot 7{,}85\ kg/dm^3 = \mathbf{2{,}355\ kg}$

Einheiten der Dichte ϱ

$$1\ \frac{g}{cm^3} = 1\ \frac{kg}{dm^3} = 1\ \frac{t}{m^3}$$

Tabelle 1

Stoffe		Dichte ϱ in kg/dm^3	Volumen Grundfläche $A = 1\ dm^2$ Masse $m = 1$ kg
Kork		0,5	
Wasser	H_2O	1,0	
Aluminium	Al	2,7	
Stahl	St	7,8	
Kupfer	Cu	8,9	
Gold	Au	19,2	

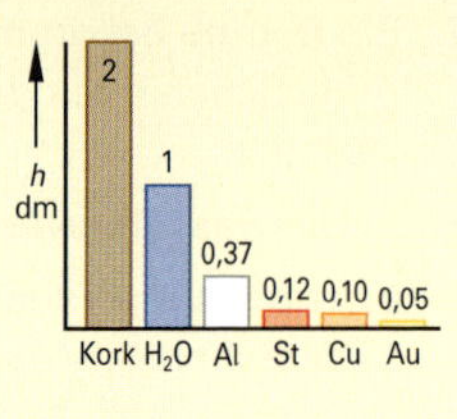

Die Erde übt auf jede Masse aufgrund der Gravitation eine Anziehungs- bzw. Schwerkraft aus, die als Gewichtskraft F_G der Masse bezeichnet wird.

Die Einheit der Kraft und damit auch der Gewichtskraft ist das Newton (N).

1 N ist die Kraft, die einem Körper mit der Masse $m = 1$ kg die Beschleunigung 1 m/s^2 erteilt.

Die Gewichtskraft eines Körpers kann man aus seiner Masse und der an dem betreffenden Ort wirksamen Fallbeschleunigung g berechnen. Als Normwert wurde festgelegt $g = 9{,}81\ m/s^2 \approx 10\ m/s^2$.

Gewichtskraft = Masse · Fallbeschleunigung

$$F_G = m \cdot g$$

$$1\ N = 1\ kg \cdot 1\ \frac{m}{s} \cdot \frac{1}{s} = 1\ \frac{kg \cdot m}{s^2}$$

Beispiel: Für den Körper der Masse $m = 2{,}355$ kg soll die Gewichtskraft F_G berechnet werden.

$$g = 9{,}81\ \frac{m}{s^2} \approx 10\ \frac{m}{s^2} = 10\ \frac{N}{kg}$$

Lösung:

$F_G = m \cdot g = 2{,}355\ kg \cdot 9{,}81\ \frac{m}{s^2}$

$= 23{,}1\ \frac{kg \cdot m}{s^2} = \mathbf{23{,}1\ N}$

[1] ϱ, griech. Buchstabe rho

2.3.3 Berechnung der Masse mithilfe von Tabellen

In der Praxis wird für Profilstäbe, Rohre und Drähte die Masse je Längeneinheit und für Bleche die Masse je Flächeneinheit aus Tabellen entnommen.

Mit diesen Tabellenwerten für die längenbezogene und flächenbezogene Masse oder DIN-Gewichte können dann die Massen der Werkstücke einfach ermittelt werden. Die notwendigen Angaben sind Tabellenbüchern oder DIN-Normen über Stabstähle, Formstähle, Rohre und Bleche zu entnehmen.

Tabelle 1: Stabstähle

$d = a$ in mm	Längenbezogene Masse m' in kg/m	
	DIN EN 10060 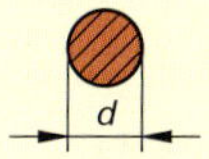	DIN EN 10059 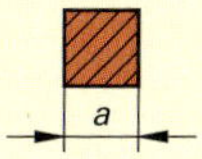
8	0,395	0,502
10	0,617	0,785
12	0,888	1,13
20	2,47	3,14
22	2,98	3,80

Bezeichnungen:

m	Masse	kg	z	Anzahl	–
m'	längenbezogene Masse	kg/m	l	Länge des Werkstücks	m
m''	flächenbezogene Masse	kg/m^2	A	Fläche des Werkstücks	m^2

Profile, Stäbe und Drähte:

Masse = längenbezogene Masse · Länge

$$m = m' \cdot l$$

Bleche:

Masse = flächenbezogene Masse · Fläche

$$m = m'' \cdot A$$

1. Beispiel: Mithilfe von Tabellen soll die Masse eines 6,3 m langen Rundstabes aus Stahl mit einem Durchmesser von 22 mm berechnet werden.

Lösung: Längenbezogene Masse nach **Tabelle 1** $m' = 2{,}98\ \frac{\text{kg}}{\text{m}}$

$$m = m' \cdot l = 2{,}98\ \frac{\text{kg}}{\text{m}} \cdot 6{,}3\ \text{m} = 18{,}774\ \text{kg} = \mathbf{18{,}8\ kg}$$

2. Beispiel: Eine Schlosserei erhält eine Lieferung von 15 Hohlprofile DIN EN 10210 – 21,3 × 2,3 mit 6 m Länge.

Die Masse der Lieferung ist zu berechnen.

Lösung: Längenbezogene Masse nach **Tabelle 2** $m' = 1{,}08\ \frac{\text{kg}}{\text{m}}$

$$m = m' \cdot l \cdot z = 1{,}08\ \frac{\text{kg}}{\text{m}} \cdot 6\ \text{m} \cdot 15 = \mathbf{97{,}2\ kg}$$

Tabelle 2: Hohlprofile DIN EN 10210

D in mm	Längenbezogene Masse m' in kg/m
21,3 × 2,3	1,08
26,9 × 2,6	1,56
33,7 × 3,2	2,41
48,3 × 4,0	4,37

3. Beispiel: Mithilfe einer Tabelle ist die Masse von 5 m^2 Stahlblech mit einer Blechdicke von 2 mm zu ermitteln.

Lösung: Flächenbezogene Masse nach **Tabelle 3** $m'' = 15{,}7\ \frac{\text{kg}}{\text{m}^2}$

$$m = m'' \cdot A = 15{,}7\ \frac{\text{kg}}{\text{m}^2} \cdot 5\ \text{m}^2 = \mathbf{78{,}5\ kg}$$

4. Beispiel: Mit einem Gabelstapler werden 6 Blechtafeln 2 m × 2 m und einer Blechdicke $t = 5$ mm transportiert. Mithilfe einer Tabelle ist die Gesamtmasse zu berechnen.

Lösung: Flächenbezogene Masse nach Tabellenbuch $m'' = 39{,}25\ \frac{\text{kg}}{\text{m}^2}$

$$m = m'' \cdot A \cdot z = 39{,}25\ \frac{\text{kg}}{\text{m}^2} \cdot 2\ \text{m} \cdot 2\ \text{m} \cdot 6 = \mathbf{942\ kg}$$

Tabelle 3: Stahlbleche DIN EN 10029

t in mm	Flächenbezogene Masse m'' in kg/m^2
1,0	7,85
1,5	11,80
2,0	15,70

Aufgaben | Masse, Gewichtskraft und Berechnung der Masse mithilfe von Tabellen

1. Eine Stahlblechtafel hat folgende Abmessungen:

Länge l = 1000 mm, Breite b = 400 mm, Materialdicke t = 10 mm. In der Mitte ist eine Bohrung mit 200 mm Durchmesser.

a) Welche Masse und welche Gewichtskraft hat die Tafel?

b) Die Masse für die Tafel aus Aluminium ist zu berechnen.

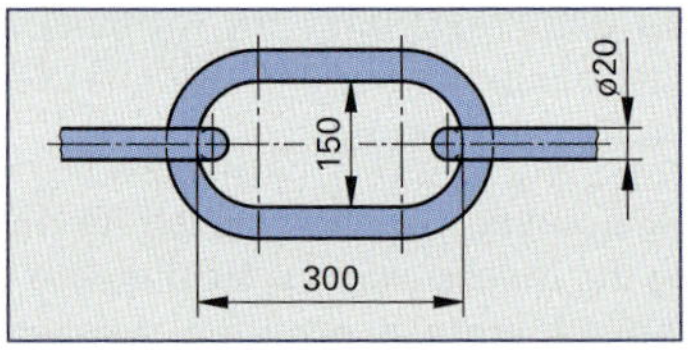

Bild 1

2. Für einen Schütttrichter werden 16 m² verzinktes Stahlblech mit t = 2,5 mm verarbeitet.

a) Masse und Gewichtskraft des Trichters sind zu berechnen.

b) Welche Masse hat der Trichter, wenn er aus Kupfer hergestellt wird?

3. In **Bild 1** ist ein Glied einer schweren Transportkette aus Stahl skizziert. Die Masse des Kettengliedes ist zu berechnen.

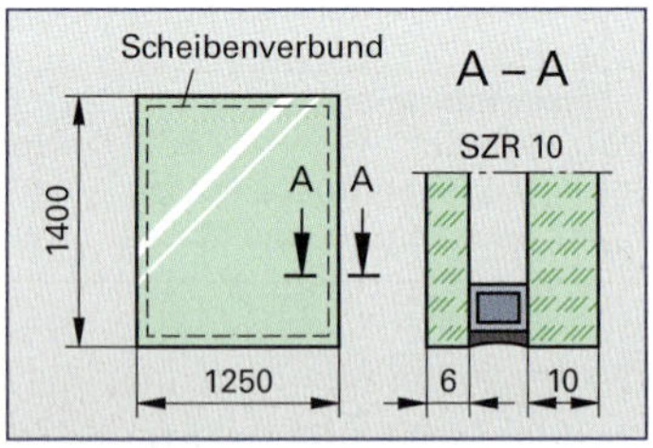

Bild 2

4. Die Masse des Schallschutzglases **(Bild 2)** mit der Dichte ϱ = 2,5 kg/dm³ ist zu berechnen. Die Masse des Scheibenverbundes wird nicht berücksichtigt.

5. Für ein schweres Hoftor wurden folgende Profile verwendet:
10,4 m U-Profil DIN 1026 – U 160,
6,3 m L-Profil DIN EN 10056-1 – L 60 × 60 × 6,
24 Stäbe mit je 2,1 m Flachstahl DIN EN 10058 – Fl 50 × 12,
1,8 m HFCHS DIN EN 10210 – 101,6 × 4.

Die Masse des Tores ist mithilfe von Profiltabellen zu ermitteln.

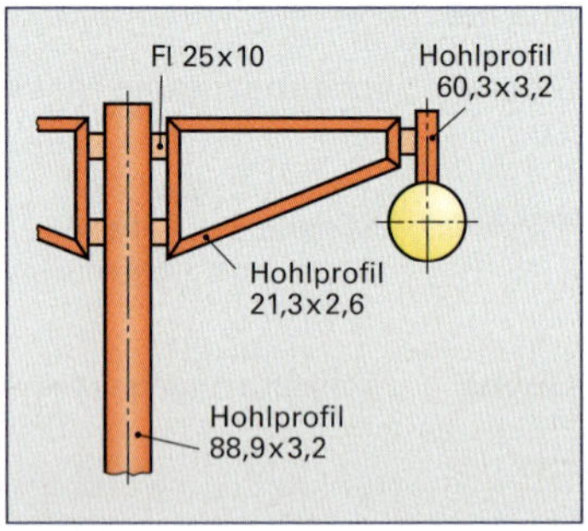

Bild 3

6. Für 20 Außenleuchten **(Bild 3)** wurden folgende Materialien verbraucht:

3,2 m Flachstahl DIN EN 10058 – Fl 25 × 10,
60,0 m Hohlprofil DIN EN 10210 – 21,3 × 2,6,
8,0 m Hohlprofil DIN EN 10210 – 60,3 × 3,2,
50,0 m Hohlprofil DIN EN 10210 – 88,9 × 3,2.

Die Gesamtmasse in kg für die 20 Leuchten ist zu berechnen.

7. Für eine Spielplatzrutsche **(Bild 4)** wurden folgende Materialien verwendet:

28,0 m Hohlprofil DIN EN 10210 – 26,9 × 2,6 für den Rahmen,
3,6 m Hohlprofil DIN EN 10210 – 21,3 × 2,3 für die Sprossen,
6,6 m² Blech DIN EN 10029 – 1,5 für die Rutsche und die Seitenwände.

Die Masse und die Gewichtskraft der Rutsche sind zu ermitteln.

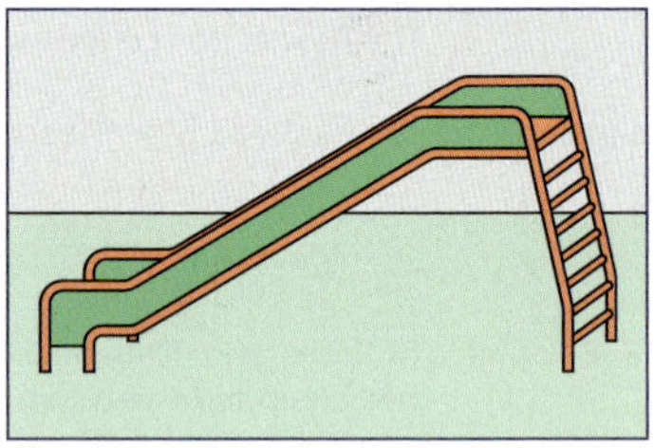
Bild 4

8. Zur Herstellung mehrerer Fenstergitter wurden folgende Profilstähle verarbeitet:

20,80 m	Flachstahl	DIN EN 10058 – 20 × 12,
1,92 m	Flachstahl	DIN EN 10058 – 20 × 5,
26,00 m	Quadratstahl	DIN EN 10059 – □ 10.

Die Gesamtmasse aller Profile ist zu berechnen.

9. Für eine Stahltüre **(Bild 5)** wurden 7 m RP-Rohr 450 L und 2 m² Stahlblech mit t = 1,5 mm verarbeitet.

Die Masse und die Gewichtskraft der Türe sind zu berechnen.

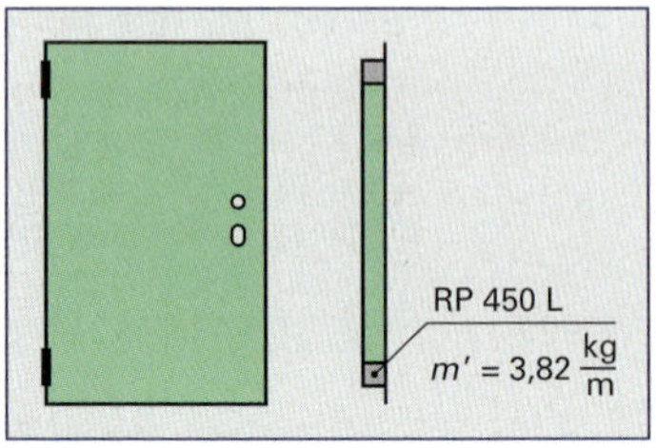

Bild 5

2.4 Bewegungslehre

2.4.1 Geradlinige Bewegung

Bewegungen unterscheiden sich in ihrer Richtung und in der Art ihrer Geschwindigkeit. Die Richtung kann geradlinig oder kreisförmig, die Geschwindigkeit gleichförmig oder ungleichförmig sein.

Bezeichnungen:

v	Geschwindigkeit	m/s	t	Zeit	s
s	Weg	m			

Pakete werden mit einem Förderband abtransportiert **(Bild 1)**. Der Bewegungsablauf ist im Weg-Zeit-Schaubild festgehalten **(Bild 2)**. In gleichen Zeiten werden jeweils gleiche Wege zurückgelegt. Die Bewegung ist gleichförmig.

Die Geschwindigkeit v ist der in einer Zeiteinheit t zurückgelegte Weg s. Sie ist für die gesamte Bewegung konstant **(Bild 3)**,

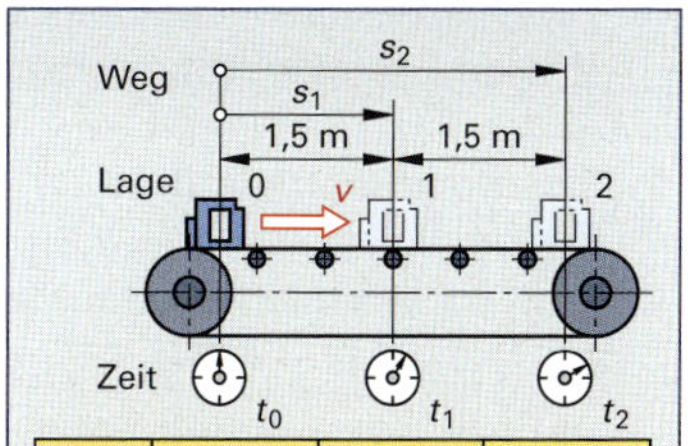

Lage	0	1	2
Zeit	$t_0 = 0$ s	$t_1 = 2$ s	$t_2 = 4$ s
Weg	$s_0 = 0$ m	$s_1 = 1{,}5$ m	$s_2 = 3$ m

Bild 1

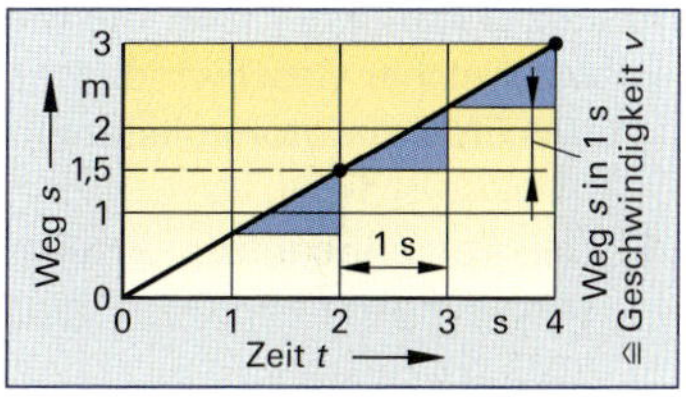

Bild 2: Weg-Zeit-Schaubild

Geschwindigkeit = $\frac{\textbf{Weg}}{\textbf{Zeit}}$

$$v = \frac{s}{t}$$

$$1\,\frac{m}{s} = 60\,\frac{m}{min} = 3{,}6\,\frac{km}{h}$$

$$1\,\frac{km}{h} = 16{,}67\,\frac{m}{min} = 0{,}278\,\frac{m}{s}$$

1. Beispiel: Aus den Weg- und Zeitangaben in **Bild 1** ist die Geschwindigkeit zu berechnen

Lösung: $v = \frac{s}{t}$; $v = \frac{s_1}{t_1} = \frac{1{,}5\text{ m}}{2\text{s}} = \mathbf{0{,}75\ \frac{m}{s}}$

oder $v = \frac{s_2}{t_2} = \frac{3{,}0\text{ m}}{4\text{s}} = \mathbf{0{,}75\ \frac{m}{s}}$

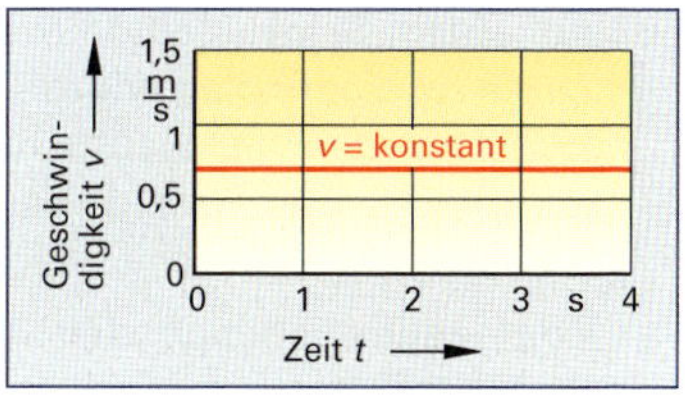

Bild 3: Geschwindigkeits-Zeit-Schaubild

2. Beispiel: Ein Montagekran hat eine Hubgeschwindigkeit v = 8,2 m/min. Welche Zeit benötigt er, um eine Last 3,2 m hoch zu heben?

Lösung: $v = \frac{s}{t}$; $t = \frac{s}{v} = \frac{3{,}2\text{ m}}{8{,}2\ \frac{\text{m}}{\text{min}}} = \mathbf{0{,}39\ min}$

Die meisten Bewegungsabläufe haben keine konstante Geschwindigkeit. Sie sind ungleichförmig. Zur Vereinfachung der Rechnung und für den praktischen Gebrauch genügt es oft, den Verlauf einer solchen Bewegung als gleichförmig anzunehmen und mit einer Durchschnittsgeschwindigkeit zu rechnen **(Bild 4)**.

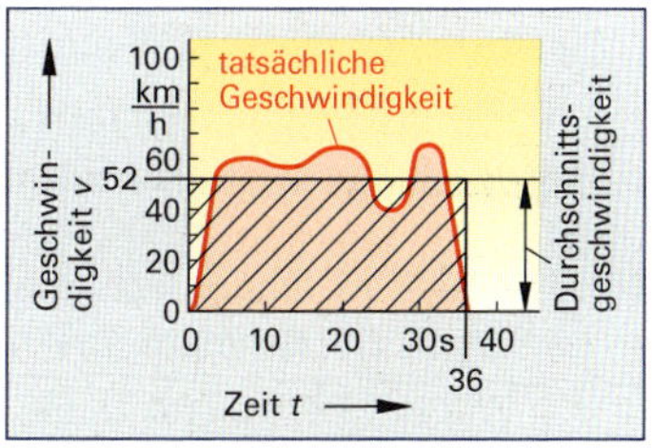

Bild 4: Durchschnittsgeschwindigkeit

3. Beispiel: Ein Kleinkraftradfahrer erreicht bei einer Fahrzeit von 36 min eine Durchschnittsgeschwindigkeit v = 52 km/h **(Bild 4)**. Wie groß ist der zurückgelegte Weg?

Lösung: $v = \frac{s}{t}$; $s = v \cdot t = 52\ \frac{\text{km}}{\text{h}} \cdot \frac{36}{60}\ \text{h} = \mathbf{31{,}2\ km}$

Aufgaben | Geradlinige Bewegung

1. Eine Hebebühne hebt eine Last in 11 s auf eine Höhe von 1,8 m. Wie groß ist die Hubgeschwindigkeit der Hebebühne?

2. Ein Rolltorantrieb **(Bild 1)** läuft mit einer Durchschnittsgeschwindigkeit von *v* = 2,5 m/min. Die lichte Höhe der Durchfahrt ist 3,75 m. In welcher Zeit ist die gesamte Durchfahrtshöhe frei?

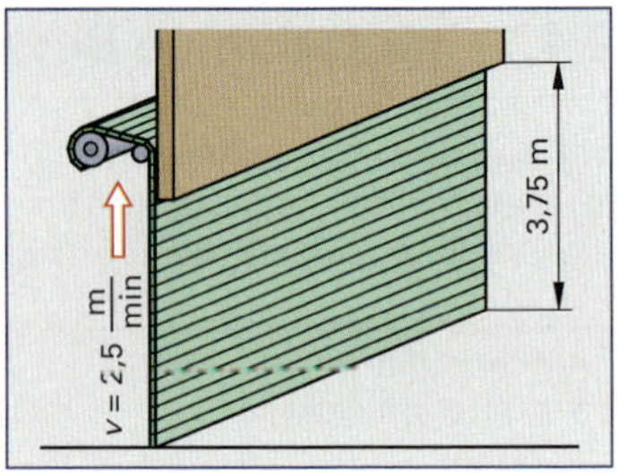

Bild 1

3. Ein Schweißer hat eine 1375 mm lange Kehlnaht mit einer durchschnittlichen Schweißgeschwindigkeit *v* = 110 mm/min geschweißt. Welche Zeit benötigte der Schweißer insgesamt, wenn er seine Schweißarbeit für 2,5 min unterbrochen hat?

4. Ein Windmelder lässt die Markise **(Bild 2)** in *t* = 75 s einfahren. Mit welcher Geschwindigkeit in m/min wird die Leinwand durch den Elektromotor vollständig eingefahren?

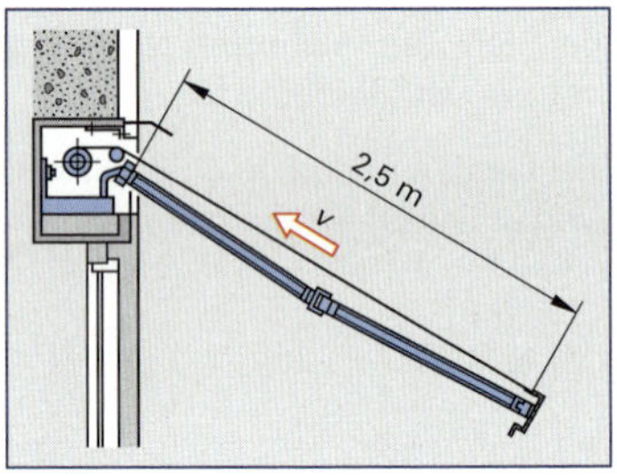

Bild 2

5. Der Personenaufzug in einem Hochhaus fährt mit einer Geschwindigkeit *v* = 204 m/min. Welchen Höhenunterschied legt er in 13,6 s zurück?

6. Eine hydraulische Strangpresse fertigt in einer Minute ein Profilrohr mit 6 m Länge. Wie lange dauert die Herstellung eines Profilrohres mit 8 m Länge?

7. Das Magnetband einer Steuerung, auf dem das Bearbeitungsprogramm für ein Werkstück gespeichert ist, läuft mit einer Geschwindigkeit von 10 cm/s.

a) Wie lange läuft das 500 m lange Band?

b) Welche Bandlänge wird für ein Programm von 65 s Dauer benötigt?

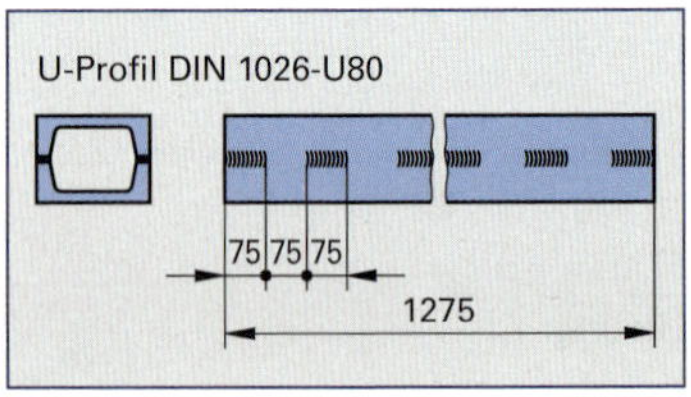

Bild 3

8. Auf einem Schweißautomaten werden zwei U-Profile DIN 1026 U 80 zu einem Kastenprofil verschweißt **(Bild 3)**. Die Wege zwischen den Schweißnahtabschnitten werden im Eilgang überbrückt. Das Geschwindigkeit-Zeit-Schaubild **(Bild 4)** zeigt den Verlauf der Geschwindigkeiten.

Wie lange benötigt der Automat zur Fertigstellung einer Profilseite?

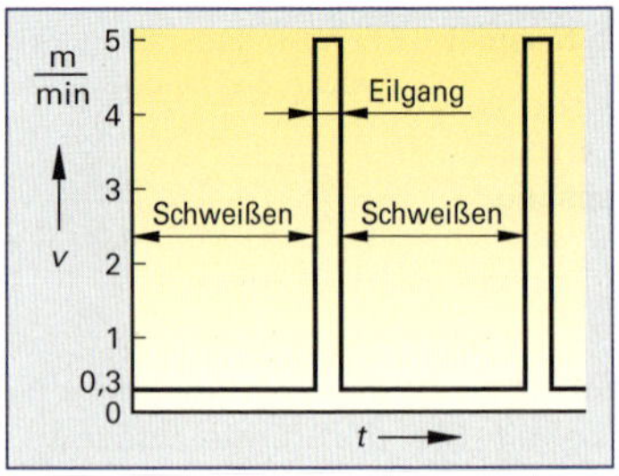

Bild 4

9. Einem 9,45 m langen Förderband werden in Abständen von 5 s Werkstücke zugeführt. Das Band läuft mit einer Fördergeschwindigkeit von 0,35 m/s **(Bild 5)**.

a) Wie groß ist der Abstand *a* von Werkstück zu Werkstück?

b) Wie lange liegt ein Werkstück auf dem Band?

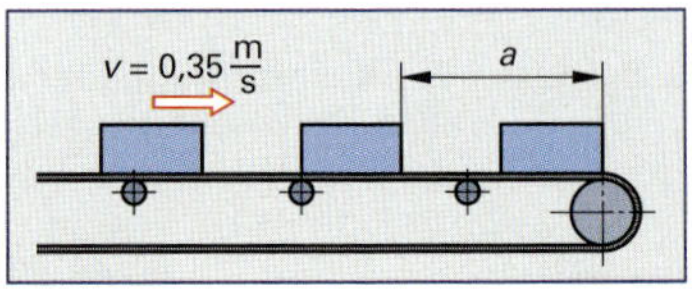

Bild 5

10. ● Ein 1200 m langer Schlepplift zieht mit der Geschwindigkeit 9,6 km/h. Die Schleppbügel haben 12 m Abstand untereinander,

a) Wie viel Personen können je Stunde befördert werden, wenn jeder Bügel mit einer Person besetzt ist?

b) Wie lange dauert die Schleppzeit?

2.4.2 Kreisförmige Bewegung

Bezeichnungen:		
v	Umfangsgeschwindigkeit	m/s
v_c	Schnittgeschwindigkeit	m/min
d	Durchmesser	m
z	Anzahl der Umdrehungen	–
n	Drehzahl (Umdrehungsfrequenz)	1/min

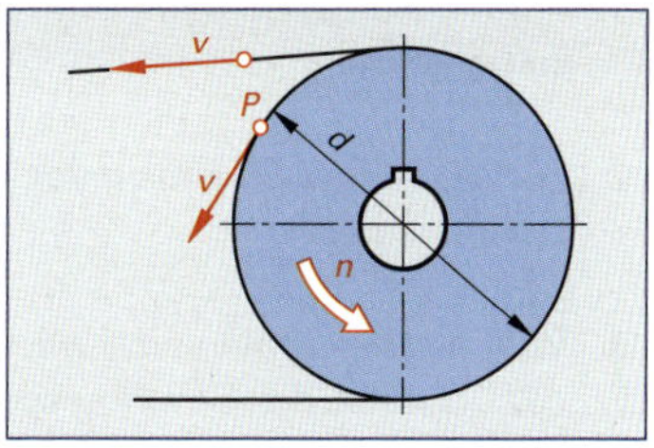

Bild 1

Die **Umfangsgeschwindigkeit** v ist der Weg, den ein Punkt P eines sich drehenden Körpers, z. B. einer Scheibe, in einer Zeiteinheit zurücklegt **(Bild 1)**.

Bei der geradlinigen Bewegung ist $v = \frac{s}{t}$.

Bei der kreisförmigen Bewegung ist der
Weg eines Umfangpunktes bei 1 Umdrehung $= \pi \cdot d$ und
bei z Umdrehungen $= \pi \cdot d \cdot z$.

Ersetzt man den Weg s durch $\pi \cdot d \cdot z$, so ergibt sich $v = \frac{\pi \cdot d \cdot z}{t}$.

Die Anzahl der Umdrehungen z in der Zeiteinheit t bezeichnet man als Drehzahl (Umdrehungsfrequenz) n. Somit ist die Umfangsgeschwindigkeit $v = \pi \cdot d \cdot n$.

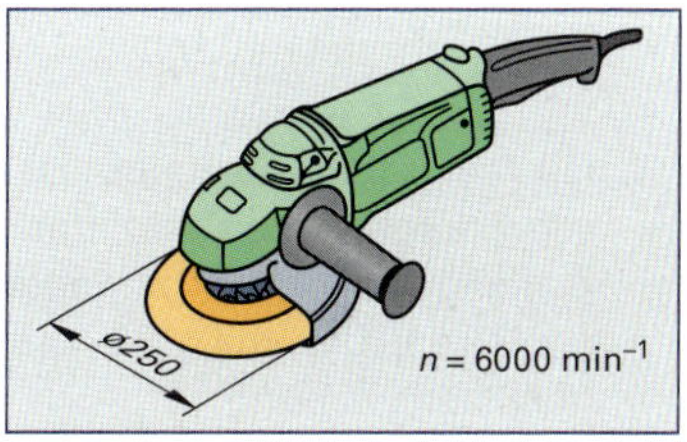

Bild 2

Umfangsgeschwindigkeit = Umfang · Drehzahl

$$v = \pi \cdot d \cdot n$$

Beispiel: Die Trennscheibe eines Winkelschleifers **(Bild 2)** hat einen Durchmesser $d = 250$ mm und eine Drehzahl $n = 6000$/min. Wie groß ist die Umfangsgeschwindigkeit der Scheibe in m/s?

Lösung: $v = \pi \cdot d \cdot n = \pi \cdot 0{,}25\ \text{m} \cdot 6000\ \frac{1}{\text{min}} = 4712{,}38\ \frac{\text{m}}{\text{min}}$

$= \frac{4712{,}38\ \text{m}}{60\ \text{s}} \approx \mathbf{78{,}54\ \frac{m}{s}}$

$\frac{1}{\text{min}} = \text{min}^{-1}$	$\frac{1}{\text{s}} = \text{s}^{-1}$

Die **Schnittgeschwindigkeit** v_c ist die Umfangsgeschwindigkeit, mit der bei der spanenden Bearbeitung die Spanabnahme erfolgt. Sie wird beim **Schleifen** in m/s, beim **Bohren**, **Fräsen** und **Drehen** in m/min angegeben.

Der Zusammenhang zwischen Schnittgeschwindigkeit, Bohrerdurchmesser und Drehzahl kann in Schaubildern dargestellt werden **(Bild 3)**.

Beispiel:

Welche Drehzahl ist an einer Säulenbohrmaschine einzustellen, wenn mit einer Schnittgeschwindigkeit $v_c = 30$ m/min und einem Bohrer mit $d = 8$ mm aus Schnellarbeitsstahl gebohrt werden soll?

Lösung:

a) mit Formel:

$$v_c = \pi \cdot d \cdot n; \quad n = \frac{v_c}{\pi \cdot d} = \frac{30\ \frac{\text{m}}{\text{min}}}{\pi \cdot 0{,}008\ \text{m}} = \mathbf{1193{,}7/min}$$

b) aus dem Schaubild abgelesen: $n = 1200$/min

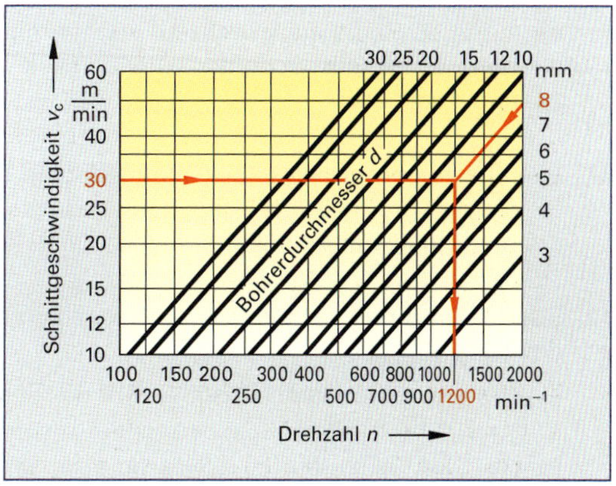

Bild 3

Aufgaben Kreisförmige Bewegung

1. Für die Aufgaben **a** bis **c** der **Tabelle 1** sind die fehlenden Werte zu berechnen.

2. Für die Aufgaben **a** bis **c** der **Tabelle 2** sind die fehlenden Werte zu berechnen.

3. Welche Drehzahlen sind nach dem Schaubild **(Bild 3, Seite 65)** zum Bohren der Durchmesser d = 10, 12, 20, 25 mm bei einer Schnittgeschwindigkeit v_c = 25 m/min einzustellen?

4. Wie groß ist die Umfangsgeschwindigkeit der Riemenscheibe eines Elektromotors, wenn die Scheibe einen Durchmesser d = 90 mm hat und mit n = 2800/min läuft **(Bild 1)**?

5. Für eine Schleifscheibe ist als höchstzulässige Umfangsgeschwindigkeit bei Zustellung von Hand 25 m/s, bei maschineller Zustellung 35 m/s angegeben. Welche Drehzahl darf eine Schleifscheibe mit 180 mm Durchmesser in beiden Fällen höchstens haben?

6. Eine Schleifscheibe mit 45 mm Durchmesser soll mit einer Schnittgeschwindigkeit von 18 m/s arbeiten **(Bild 2)**. Welche Drehzahl ist dafür notwendig?

7. Ein Bohrer mit 18 mm Durchmesser arbeitet mit einer Drehzahl von 355/min **(Bild 3)**. Wie groß ist seine Schnittgeschwindigkeit?

8. Eine Trennschleifmaschine läuft mit einer Drehzahl $n = 3000\ \text{min}^{-1}$. Wie groß darf der Scheibendurchmesser höchstens sein, damit die zulässige Umfangsgeschwindigkeit v = 40 m/s nicht überschritten wird?

9. Welchen Durchmesser muss die Antriebsrolle eines Transportbandes haben, wenn bei der Drehzahl n = 315/min eine Transportgeschwindigkeit von 40 m/min erreicht werden soll?

10. Welcher größte Walzendurchmesser kann auf einer Drehmaschine mit ihrer niedrigsten Drehzahl von 14/min noch bearbeitet werden, wenn die Schnittgeschwindigkeit nicht höher als 24 m/min sein darf?

11. Eine Tischbohrmaschine lässt als niedrigste Drehzahl 200/min zu. Welcher größte Bohrer kann noch benutzt werden, wenn die Schnittgeschwindigkeit 36 m/min sein darf?

12. ● Eine Seiltrommel kann mit zwei Drehzahlen angetrieben werden **(Bild 4)**,

a) Mit welcher Geschwindigkeit v_1 wird das Seil bei der Drehzahl n_1 = 30/min eingeholt?

b) Wie groß muss die Drehzahl n_2 sein, wenn das Seil mit v_2 = 70 m/min ablaufen soll?

Tabelle 1	a	b	c
d in mm	500	210	?
n in $\frac{1}{\text{min}}$	280	?	280
v in $\frac{\text{m}}{\text{s}}$	?	7,81	5,28

Tabelle 2	a	b	c
d in mm	70	35	?
n in $\frac{1}{\text{min}}$	355	?	250
v in $\frac{\text{m}}{\text{min}}$	?	9,6	28

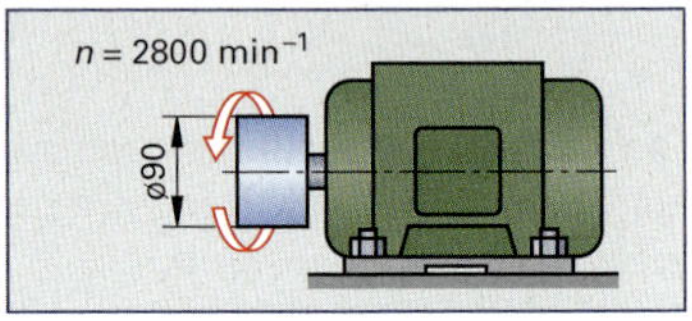

Bild 1

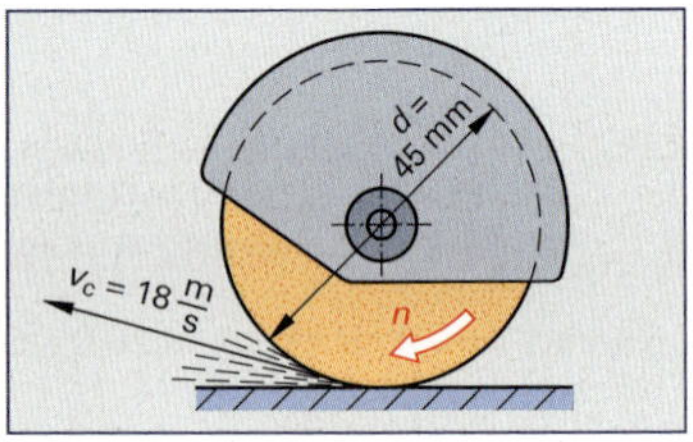

Bild 2

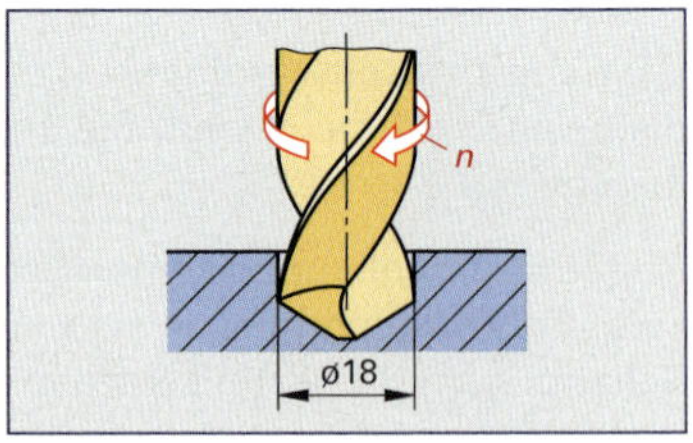

Bild 3

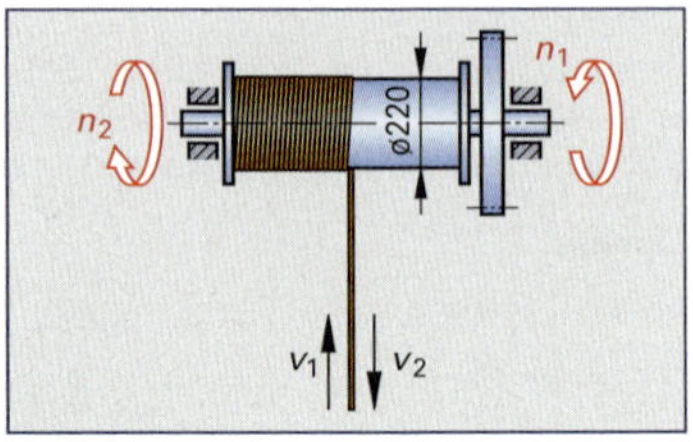

● **Bild 4**

2.4.3 Ungleichförmige Bewegung

Geradlinig beschleunigte Bewegung

Bewegungen aller Systeme werden durch Beschleunigungen eingeleitet und durch Verzögerungen zum Stillstand gebracht.

Bezeichnungen:

a	Beschleunigung, Verzögerung	m/s^2
v	Geschwindigkeit	m/s
t	Beschleunigungszeit, Verzögerungszeit	s
s	Beschleunigungsweg, Verzögerungsweg	m

Das Geschwindigkeit-Zeit-Schaubild **(Bild 1)** zeigt den Bewegungsablauf eines Pneumatikzylinders.

Während der Beschleunigungszeit nimmt die Geschwindigkeit in gleichen Zeitabschnitten jeweils um den gleichen Betrag zu.

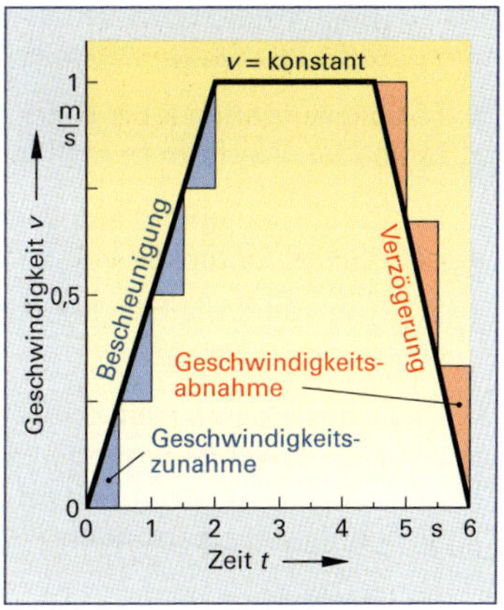

Bild 1: Geschwindigkeit-Zeit-Schaubild

Bei der Verzögerung nimmt die Geschwindigkeit entsprechend ab Die Geschwindigkeitsänderung in der Zeiteinheit ist die Beschleunigung bzw. Verzögerung a.

$$\textbf{Beschleunigung} = \frac{\textbf{Geschwindigkeit}}{\textbf{Zeit}}$$

$$a = \frac{v}{t}$$

Verwendet man für die Berechnung des bei der Beschleunigung zurückgelegten Weges **(Bild 2)** die mittlere Geschwindigkeit $v_m = v/2$, so gelten die Formeln der gleichförmig geradlinigen Bewegung:

$s = v_m \cdot t$ und damit für den Beschleunigungsweg $s = \frac{v}{2} \cdot t$.

Setzt man für $v = a \cdot t$, so gilt $s = \frac{a \cdot t}{2} \cdot t = \frac{a \cdot t^2}{2}$,

setzt man für $t = \frac{v}{a}$, so gilt $s = \frac{v}{2} \cdot \frac{v}{a} = \frac{v^2}{2 \cdot a}$.

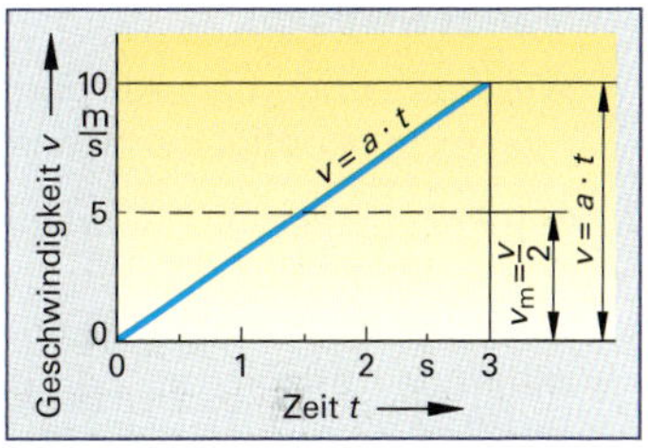

Bild 2

$$s = \frac{v}{2} \cdot t = \frac{a \cdot t^2}{2} = \frac{v^2}{2 \cdot a}$$

Beschleunigungsweg

1. Beispiel: Ein Gabelstapler beschleunigt in der Zeit $t = 3$ s eine Last auf die Geschwindigkeit $v = 0{,}48$ m/s **(Bild 3)**.

Mit welcher Beschleunigung wird die Last angehoben?

Lösung: $a = \frac{v}{t} = \frac{0{,}48\ \frac{m}{s}}{3\,s} = \mathbf{0{,}16\ \frac{m}{s^2}}$

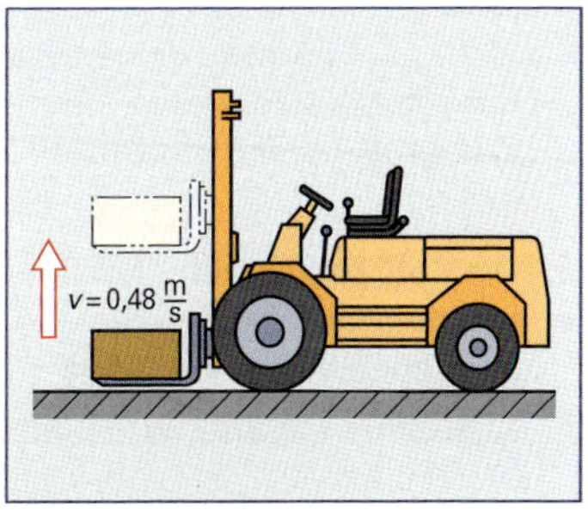

Bild 3: Gabelstapler

2. Beispiel: Ein Pkw fährt mit einer Geschwindigkeit $v = 54$ km/h. Das Fahrzeug wird in 6 s zum Stand abgebremst.

a) Wie groß ist die Verzögerung?

b) Wie groß ist der Verzögerungsweg (Bremsweg)?

Lösung: a) $v = 54\ \frac{km}{h} = 15\ \frac{m}{s}$; $a = \frac{v}{t} = \frac{15\ \frac{m}{s}}{6\,s} = \mathbf{2{,}5\ \frac{m}{s^2}}$

b) $s = \frac{v}{2} \cdot t = \frac{15\ \frac{m}{s}}{2} \cdot 6\,s = \mathbf{45\ m}$

oder $s = \frac{a \cdot t^2}{2} = \frac{2{,}5\ \frac{m}{s^2} \cdot 36\,s^2}{2} = \mathbf{45\ m}$ oder $s = \frac{v^2}{2 \cdot a} = \frac{225\ \frac{m^2}{s^2}}{2 \cdot 2{,}5\ \frac{m}{s^2}} = \mathbf{45\ m}$

Aufgaben | Geradlinig beschleunigte Bewegung

1. Für die Aufgaben **a** bis **d** der **Tabelle 1** sind die fehlenden Werte zu berechnen.

Tabelle 1	a	b	c	d
v	54 m/s	?	36 m/min	?
s	?	120 m	?	18 mm
t	18 s	?	?	0,5 s
a	?	5 m/s²	1,5 m/s²	?

2. Ein Pkw beschleunigt aus dem Stand in 16 s auf eine Geschwindigkeit von 72 km/h.

Wie groß sind die Beschleunigung und der Beschleunigungsweg?

3. Das Geschwindigkeit-Zeit-Schaubild **(Bild 1)** zeigt die Beschleunigungen von zwei Fahrzeugen. Aus dem Schaubild ist die jeweilige Beschleunigung zu ermitteln.

4. Bei Bremsversuchen wurde ein Fahrzeug aus verschiedenen Geschwindigkeiten bis zum Stillstand abgebremst **(Bild 2)**.

Die Bremszeiten sind aus dem Geschwindigkeit-Zeit-Schaubild **(Bild 2)** zu entnehmen, die Bremswege sind zu berechnen.

5. Ein Werkzeugschlitten soll mit einer Verzögerung $a = 2\ m/s^2$ aus einer Vorschubgeschwindigkeit $v_t = 360$ mm/min zum Stillstand abgebremst werden.

Welche Verzögerungszeit und welchen Verzögerungsweg benötigt der Schlitten?

6. ● Ein Pneumatikzylinder arbeitet mit einer Geschwindigkeit $v = 0{,}8$ m/s. Bei einem Hub von 500 mm soll er in einer Minute 30 Vorschubbewegungen ausführen. Für den Rückhub sind jeweils 0,8 s anzusetzen.

Wie groß sind die Beschleunigung und die Verzögerung, wenn die Verzögerung gleich 2 · Beschleunigung ist?

7. ● Auf einer Langhobelmaschine werden Werkstücke mit $l = 1600$ mm Länge mit einer Schnittgeschwindigkeit $v_c = 30$ m/min bearbeitet **(Bild 3)**. Der Anlauf $l_s = 125$ mm und der Überlauf $l_u = 100$ mm dienen zur Beschleunigung bzw. zur Verzögerung des Maschinentisches. Wie groß ist die Gesamtzeit für einen Arbeitshub?

8. ● Die Bohreinheit einer flexiblen Fertigungszelle hat zwischen Startpunkt und Bohrposition folgenden Bewegungsablauf:

- Beschleunigung auf Eilganggeschwindigkeit $v = 0{,}2$ m/s,
- Weiterfahrt mit $v = 0{,}2$ m/s,
- Verzögerung zum Stillstand **(Bild 4)**.

Wie groß ist die Gesamtzeit des Bewegungsablaufes, wenn die Beschleunigung und die Verzögerung mit $a = 2{,}2\ m/s^2$ erfolgen?

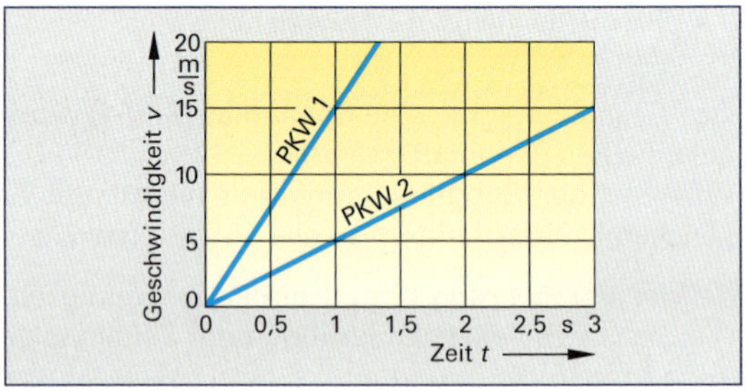

Bild 1

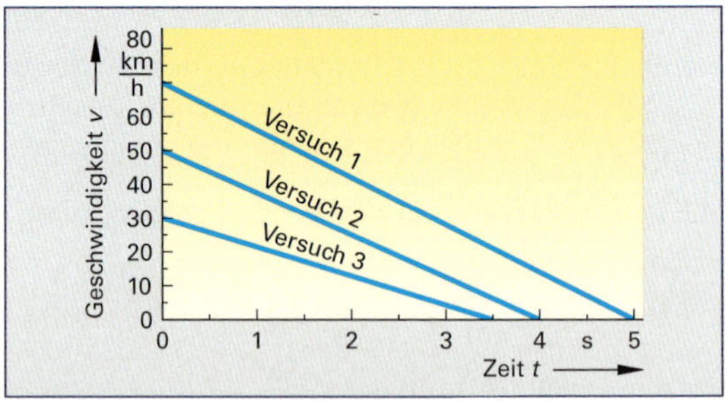

Bild 2

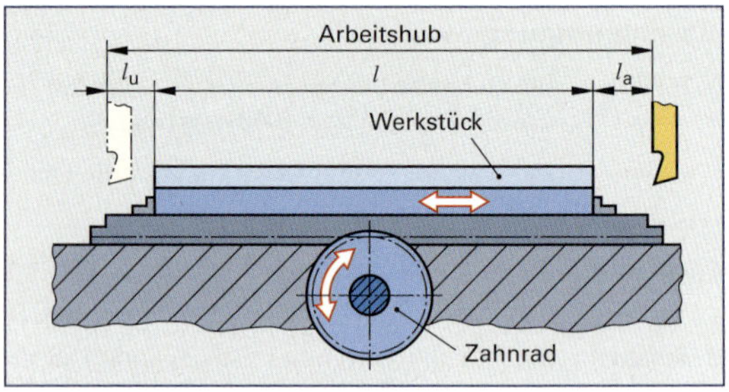

● **Bild 3: Maschinentisch**

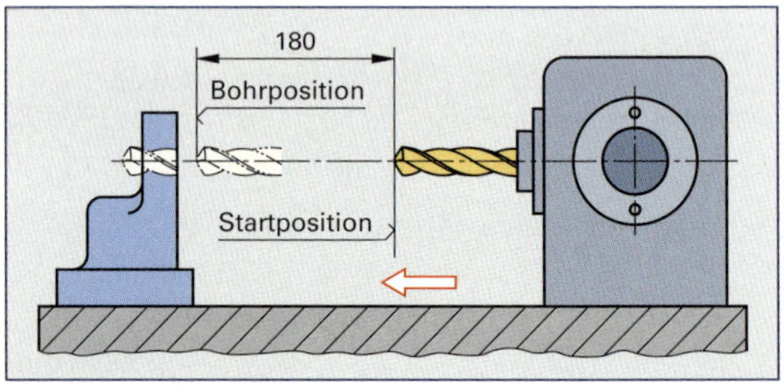

● **Bild 4: Bohreinheit**

2.4.4 Mittlere Geschwindigkeit bei Kurbeltrieben

Der Kurbeltrieb dient z.B. bei Hubsägen, Exzenterpressen, Kolbenpumpen und Kolbenverdichtern zur Umwandlung einer Drehbewegung in eine geradlinige Hubbewegung.

Bezeichnungen:

v_m	mittlere Geschwindigkeit	m/s
s	Hublänge, Kolbenhub	m
n	Drehzahl, Anzahl der Doppelhübe je Minute	1/min
z	Anzahl der Umdrehungen	–

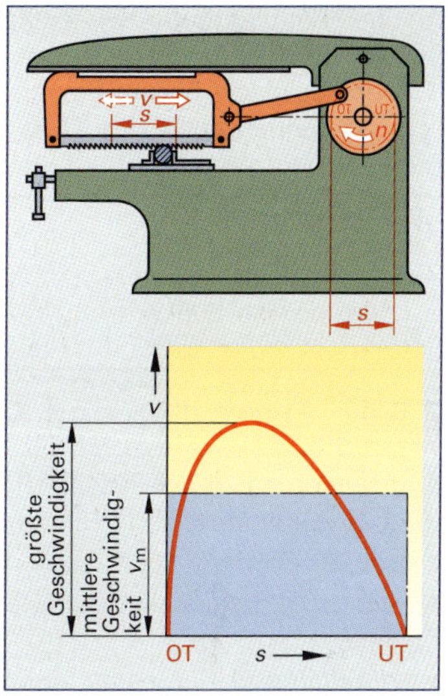

Bild 1

Bei einer Bügelsäge ist an den Enden des Hubes die Geschwindigkeit $v = 0$ (Totpunkte); sie nimmt etwa bis zur Hubmitte zu und dann wieder ab. Meist rechnet man mit der mittleren Geschwindigkeit v_m **(Bild 1)**.

Für die mittlere Geschwindigkeit v_m einer gleichförmigen Bewegung gilt $v = \frac{s}{t}$.

Beim Kurbeltrieb ist der

Weg für 1 Kurbelumdrehung $= 2 \cdot s$ und der

Weg für z Kurbelumdrehungen $= 2 \cdot s \cdot z$.

Somit ist die mittlere Geschwindigkeit beim Kurbeltrieb $v_m = \frac{2 \cdot s \cdot z}{t}$.

Setzt man für die Anzahl der Umdrehungen z in der Zeiteinheit t die Drehzahl n, erhält man für die mittlere Geschwindigkeit beim Kurbeltrieb $v_m = 2 \cdot s \cdot n$.

Mittlere Geschwindigkeit = 2 · Hublänge · Drehzahl

$$v_m = 2 \cdot s \cdot n$$

Beispiel: Ein Kolbenverdichter mit einem Kolbenhub s = 39 mm hat eine Drehzahl n = 4200/min. Wie groß ist die mittlere Kolbengeschwindigkeit in m/s?

Lösung: $v_m = 2 \cdot s \cdot n = 2 \cdot 0{,}039\ \text{m} \cdot 4200\ \frac{1}{\text{min}} = 327{,}6\ \frac{\text{m}}{\text{min}} = \mathbf{5{,}46\ \frac{m}{s}}$

Aufgaben – Mittlere Geschwindigkeit bei Kurbeltrieben

1. Die Exzenterkurbel eines Verdichters ist r = 250 mm lang und läuft mit der Drehzahl n = 400/min **(Bild 2)**.

a) Welchen Hub macht der Kolben?

b) Wie groß ist die mittlere Kolbengeschwindigkeit?

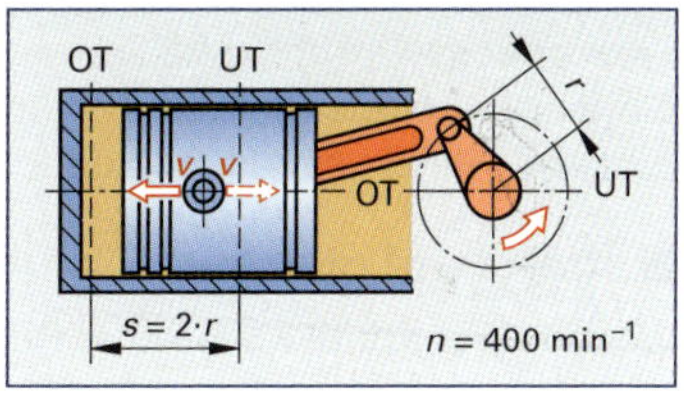

Bild 2

2. An einer Hubsäge **(Bild 3)** mit 120 mm Hub können folgende Doppelhubzahlen je Minute eingestellt werden: n_1 = 40/min; n_2 = 59/min; n_3 = 80/min; n_4 = 115/min. Die mittleren Geschwindigkeiten in m/min sind zu berechnen.

3. An einer Senkrechtstoßmaschine ist die Drehzahl n = 75/min eingestellt. Wie groß ist die mittlere Stößelgeschwindigkeit (Schnittgeschwindigkeit) jeweils für die Hublängen s_1 = 50 mm, s_2 100 mm, s_3 = 150 mm und s_4 = 200 mm?

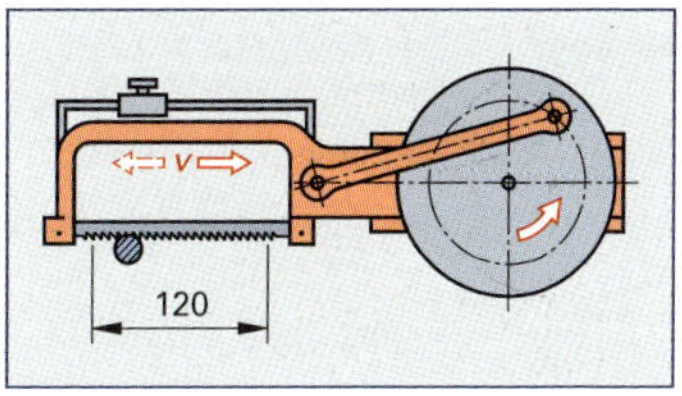

Bild 3

4. ● Eine Hubsäge soll bei einem Hub von 225 mm mit einer mittleren Schnittgeschwindigkeit von 27 m/min arbeiten.

a) Wie viel Doppelhübe je Minute sind erforderlich?

b) Wie groß ist die Umfangsgeschwindigkeit in m/s der Kurbelscheibe mit d = 360 mm?

2.5 Kräfte an Bauelementen

An allen Bauelementen wirken Kräfte. Sie können verschieden groß sein und in verschiedenen Richtungen wirken **(Bild 1)**. Kräfte sind auch die Ursache für die Verformung oder die Bewegungsänderung eines Körpers. So sind z. B. zum Biegen eines Rohres oder zum Spannen einer Feder bestimmte Kräfte erforderlich, sie können auch zum Durchbiegen von Trägern, zum Ausknicken von Stützen oder Abreißen von Seilen führen.

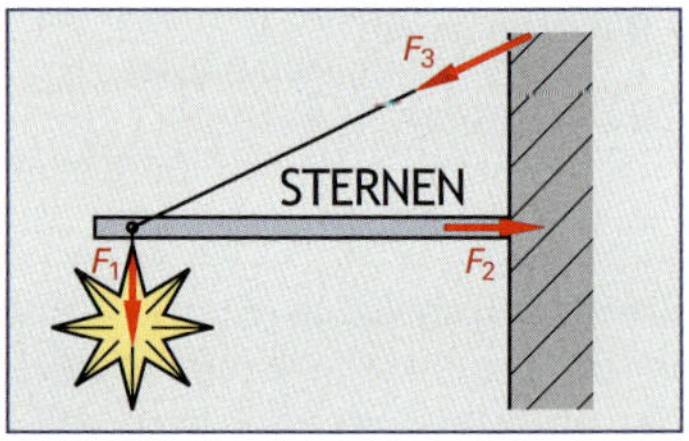

Bild 1

Bezeichnungen:

$F, F_1, F_2, ...$	Kräfte	N	F_G, G	Gewichtskraft	N
F_r	Resultierende, Ersatzkraft	N	M_k	Kräftemaßstab	N/mm
F_N	Normalkraft	N	$l, l_1, l_2, ...$	Pfeillängen	mm

2.5.1 Darstellen von Kräften

Kräfte werden durch Pfeile (Vektoren) zeichnerisch dargestellt **(Bild 2)**. Zur eindeutigen Festlegung einer Kraft gehören:

- *die Größe*, dargestellt durch die Pfeillänge l,
- *die Lage*, dargestellt durch den Angriffspunkt und die Wirkungslinie,
- *die Richtung*, dargestellt durch den Pfeil.

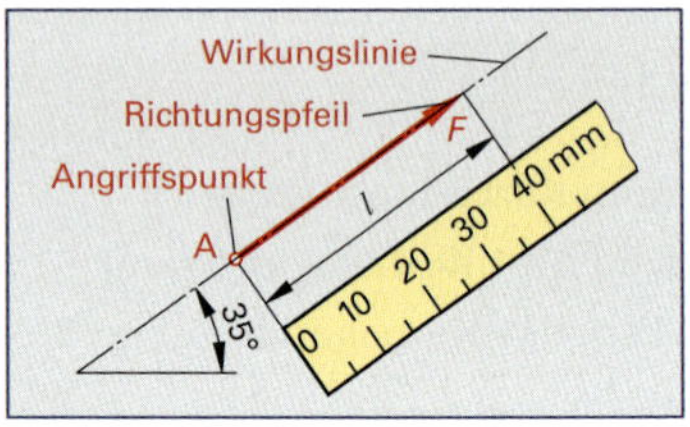

Bild 2

Die zur zeichnerischen Darstellung erforderliche Pfeillänge l wird aus der Kraft F und dem Kräftemaßstab M_k berechnet.

Die Einheit der Kraft ist das Newton (N).

$$\textbf{Pfeillänge} = \frac{\textbf{Kraft}}{\textbf{Kräftemaßstab}}$$

$$l = \frac{F}{M_k}$$

Beispiel: Eine Kraft F = 150 N, die unter einem Winkel α = 25° zur Waagrechten nach links unten wirkt, ist zeichnerisch darzustellen.

Lösung: **Bild 3**; gewählter Kräftemaßstab $M_k = 5\,\frac{\text{N}}{\text{mm}}$

Pfeillänge $l = \frac{F}{M_k} = \frac{150\text{ N}}{5\,\frac{\text{N}}{\text{mm}}} = \mathbf{30\ mm}$

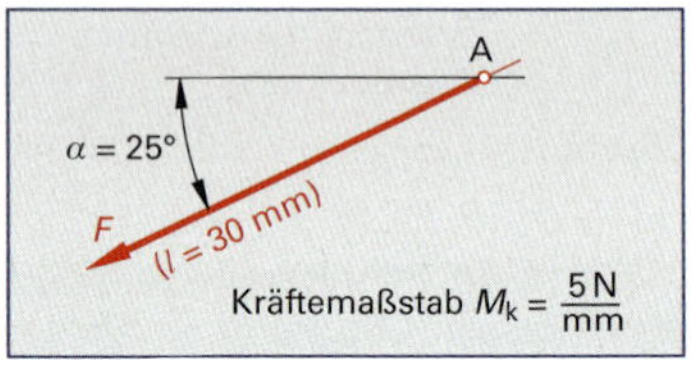

Bild 3

$$1\text{ N} = 1\,\frac{\text{kg}\cdot\text{m}}{\text{s}^2}$$

2.5.2 Zusammensetzen von Kräften

Zwei oder mehrere Kräfte können zu einer Ersatzkraft, der Resultierenden, zusammengefasst werden. Die Resultierende hat die gleiche Wirkung wie die Kräfte, aus denen sie ermittelt wurde.

Kräfte auf gleicher Wirkungslinie

Wirken zwei Kräfte in dieselbe Richtung, so gilt;

Resultierende = Summe der Teilkräfte

$$F_r = F_1 + F_2$$

1. Beispiel: Die Gewichtskräfte G_1 = 10 N und G_2 = 5 N wirken auf einer Wirkungslinie in dieselbe Richtung **(Bild 4)**. Wie groß ist die Resultierende F_r?

Lösung: Der Kraftmesser zeigt die Resultierende F_r = 15 N an.
Demnach gilt: $F_r = F_1 + F_2$ = 10 N + 5 N = **15 N**

Pfeillänge

$l_1 = \frac{F_1}{M_k} = \frac{10\text{ N}}{0{,}5\,\frac{\text{N}}{\text{mm}}} = 20\text{ mm}$; $l_2 = \frac{F_2}{M_k} = \frac{5\text{ N}}{0{,}5\,\frac{\text{N}}{\text{mm}}} = 10\text{ mm}$

Pfeillänge der Resultierenden l_r = 30 mm

$F_r = l_r \cdot M_k = 30\text{ mm} \cdot 0{,}5\,\frac{\text{N}}{\text{mm}} = \mathbf{15\ N}$

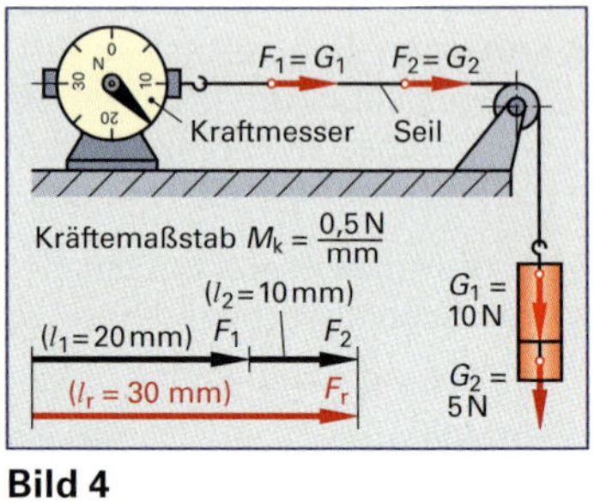

Bild 4

Kräfte auf gleicher Wirkungslinie

Wirken zwei Kräfte gegeneinander, so gilt:

Resultierende = Differenz der Teilkräfte

$$F_r = F_1 - F_2$$

2. Beispiel: Die Gewichtskräfte G_1 = 20 N und G_2 = 5 N wirken auf einer Wirkungslinie gegeneinander **(Bild 1)**. Wie groß ist die Resultierende F_r?

Lösung: Der Kraftmesser zeigt die Resultierende F_r = 15 N an. Demnach gilt: $F_r = F_1 - F_2 = 20\ \text{N} - 5\ \text{N} = \mathbf{15\ N}$

Pfeillänge $l_1 = \frac{F_1}{M_k} = \frac{20\ \text{N}}{0{,}5\ \frac{\text{N}}{\text{mm}}} = 40\ \text{mm}.$

$l_2 = \frac{F_2}{M_k} = \frac{5\ \text{N}}{0{,}5\ \frac{\text{N}}{\text{mm}}} = 10\ \text{mm}.$

Pfeillänge der Resultierenden l_r = 30 mm

$F_r = l_r \cdot M_k = 30\ \text{mm} \cdot 0{,}5\ \frac{\text{N}}{\text{mm}} = \mathbf{15\ N}$

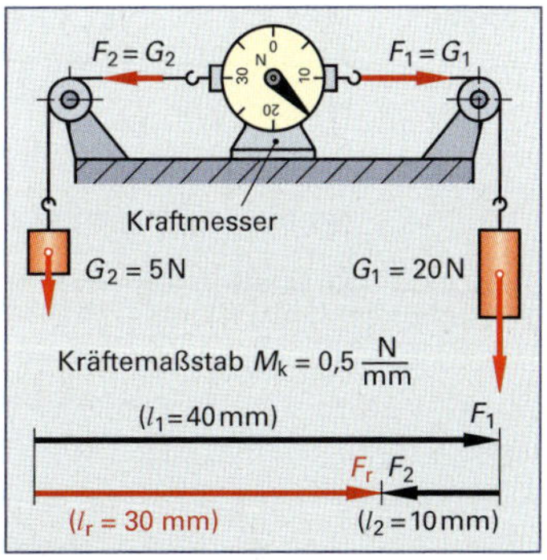

Bild 1

Kräfte auf sich schneidenden Wirkungslinien

Wirken zwei Kräfte auf verschiedenen Wirkungslinien, die sich in einem Punkt schneiden, so gilt:

Resultierende = Diagonale im Kräfteparallelogramm

3. Beispiel: Die Spannseile eines Zeltdaches sind verankert und übertragen die Kräfte F_1 = 40 kN und F_2 = 50 kN **(Bild 2)**.

a) Wie groß ist die Resultierende F_r aus den beiden Seilkräften?

b) In welcher Richtung wird die Verankerung belastet?

Lösung: Pfeillängen der Teilkräfte

$l_1 = \frac{F_1}{M_k} = \frac{40\ \text{kN}}{2\ \frac{\text{kN}}{\text{mm}}} = 20\ \text{mm}.$

$l_2 = \frac{F_2}{M_k} = \frac{50\ \text{kN}}{2\ \frac{\text{kN}}{\text{mm}}} = 25\ \text{mm}.$

a) Pfeillänge der Resultierenden l_r = 29,2 mm

$F_r = l_r \cdot M_k = 29{,}2\ \text{mm} \cdot 2\ \frac{\text{kN}}{\text{mm}} = \mathbf{58{,}4\ kN}$

b) Die Verankerung wird in Richtung der Resultierenden F_r unter dem Winkel α_r = 87,5° belastet.

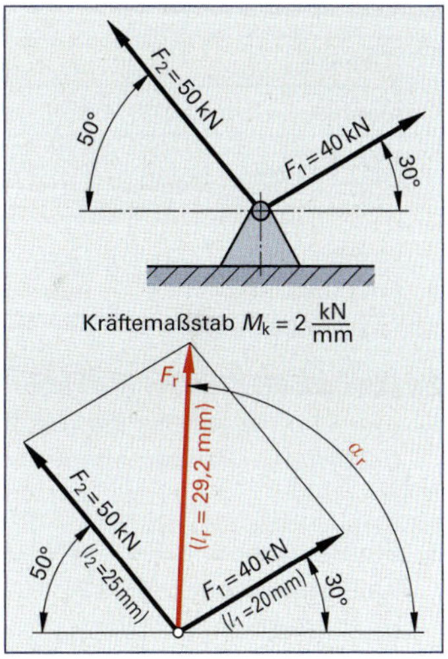

Bild 2

2.5.3 Zerlegen von Kräften

Eine Kraft kann in zwei Teilkräfte zerlegt werden, welche zusammen dieselbe Wirkung haben wie die unzerlegte Kraft.

1. Beispiel: Die Zugkraft F = 420 N wirkt an einem Anhänger unter einem Winkel α = 30° schräg nach oben **(Bild 3)**. Wie groß sind

a) die Zugkraft F_1 in Fahrtrichtung,

b) die Kraft F_2, die den Anhänger anzuheben versucht?

Lösung: Pfeillängen l_1 = 18,2 mm; l_2 = 10,5 mm

Teilkräfte $F_1 = l_1 \cdot M_k = 18{,}2\ \text{mm} \cdot 20\ \frac{\text{N}}{\text{mm}} = \mathbf{364\ N}$

$F_2 = l_2 \cdot M_k = 10{,}5\ \text{mm} \cdot 20\ \frac{\text{N}}{\text{mm}} = \mathbf{210\ N}$

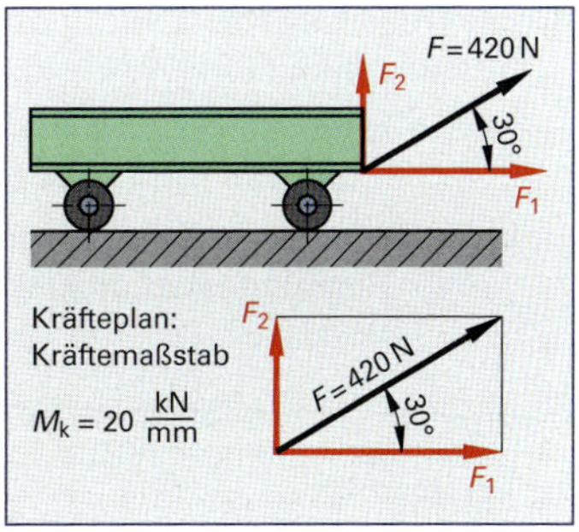

Bild 3

Beim Zerlegen einer Kraft in zwei Teilkräfte verschiedener Richtung gilt:

Teilkräfte ≙ Seiten im Kräfteparallelogramm

2. Beispiel: Die Kraft $F = 1250$ N wird von einem Zug- und einem Druckstab aufgenommen **(Bild 1)**. Wie groß sind die Kräfte im Zug- und Druckstab?

Lösung: Die Lage der gesuchten Kräfte entspricht den im maßstabgetreuen Lageplan dargestellten Stabrichtungen.

$$\text{Pfeillänge } l = \frac{F}{M_k} = \frac{1250\ \text{N}}{100\ \frac{\text{N}}{\text{mm}}} = 12{,}5\ \text{mm.}$$

gemessene Pfeillänge: $l_z = 25{,}2$ mm; $l_d = 21{,}8$ mm

$$\text{Zugkraft} \quad F_z = l_z \cdot M_k = 25{,}2\ \text{mm} \cdot 100\ \frac{\text{N}}{\text{mm}} = \mathbf{2520\ N}$$

$$\text{Druckkraft} \quad F_d = l_d \cdot M_k = 21{,}9\ \text{mm} \cdot 100\ \frac{\text{N}}{\text{mm}} = \mathbf{2190\ N}$$

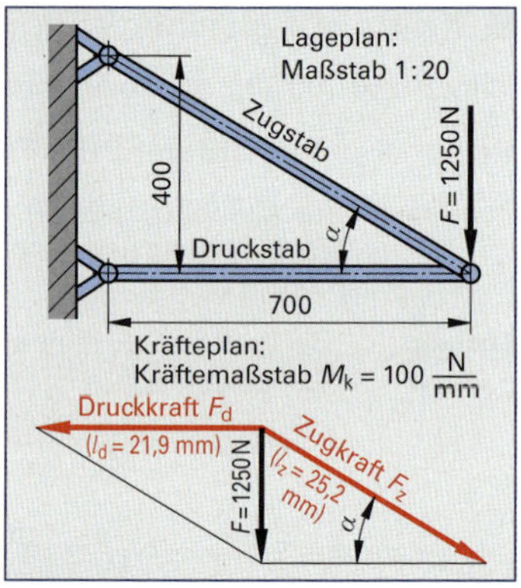

Bild 1

Aufgaben Kräfte

1. Die in der **Tabelle 1** gegebenen Kräfte der Aufgaben **a** bis **d** sind als Pfeile darzustellen.

Tabelle 1	a	b	c	d
Größe	150 N	400 N	180 kN	24 MN
Winkel	30°	waagrecht	45°	senkrecht
Richtung nach	rechts oben	rechts	links unten	unten
Kräftemaßstab M_k	$2\ \frac{\text{N}}{\text{mm}}$	$10\ \frac{\text{N}}{\text{mm}}$	$5\ \frac{\text{kN}}{\text{mm}}$	eigene Wahl

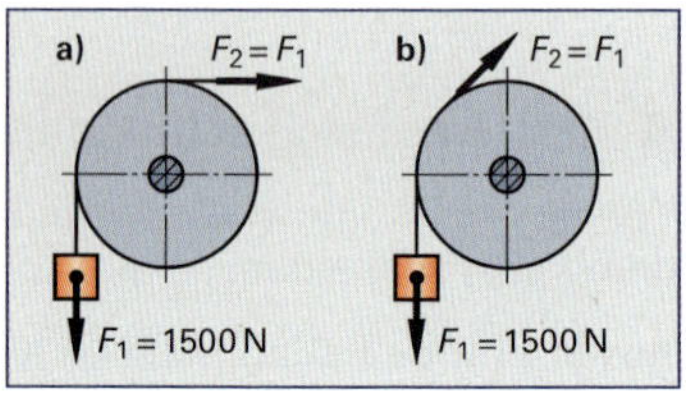

Bild 2

2. Die Last $F_1 = 1500$ N wird über Seilrollen hochgezogen **(Bild 2)**. Für a) und b) ist jeweils die resultierende Belastung F_r der Achse zu bestimmen, Kräftemaßstab $M_k = 50$ N/mm.

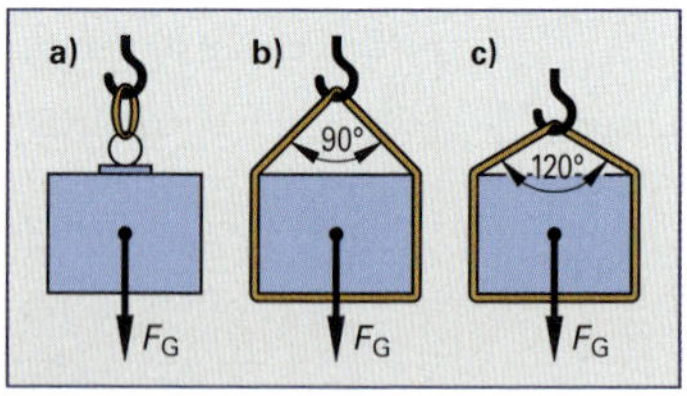

Bild 3

3. Ein Seil kann mit $F = 10$ kN belastet werden. Mit ihm werden Behälter angehoben **(Bild 3)**.

Wie groß ist die jeweils zulässige Gewichtskraft F_G bei den verschiedenen Lastzugwinkeln a), b) und c)? Kräftemaßstab $M_k = 400$ N/mm.

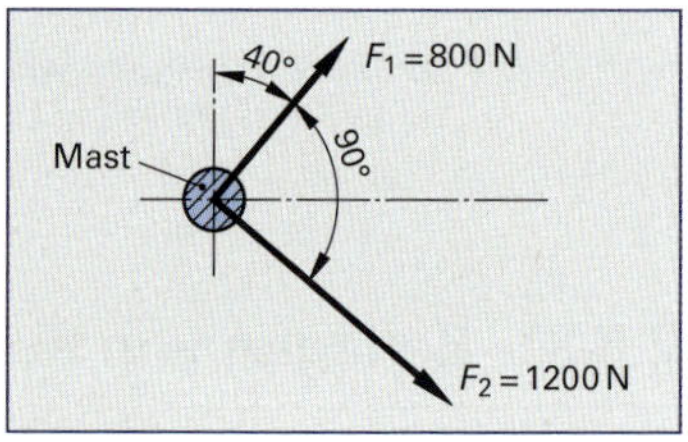

Bild 4

4. Ein Freileitungsmast wird durch zwei waagrechte Drähte mit den Spannkräften $F_1 = 800$ N und $F_2 = 1200$ N belastet **(Bild 4)**.

a) Wie groß ist die Resultierende F_r der beiden Spannkräfte? Kräftemaßstab $M_k = 20$ N/mm.

b) Ein Spannseil soll die Biegung des Mastes verhindern. In welcher Richtung ist es anzubringen?

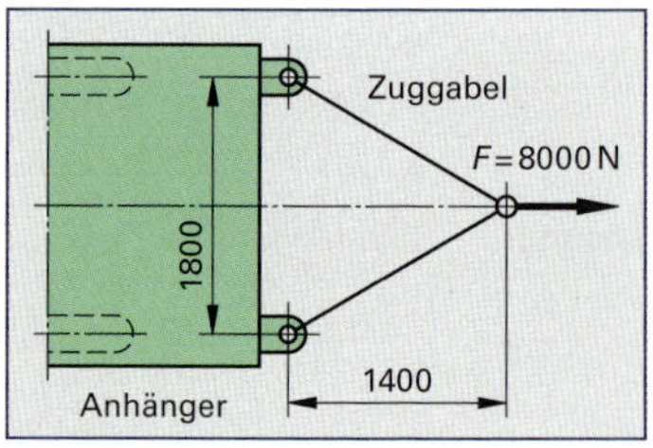

Bild 5

5. Mithilfe des Kräfteparallelogramms sind die Stabkräfte der Zuggabel des Anhängers **(Bild 5)** für die Zugkraft $F = 8000$ N zu ermitteln.

Längenmaßstab 1:50, Kräftemaßstab $M_k = 100$ N/mm.

6. Die Kraft $F = 300$ N greift unter einem Winkel $\alpha = 20°$ am Wagen **(Bild 1)** an. Welche Teilkraft F_1 wirkt in Fahrtrichtung?

7. Ein Tisch wird durch einen Hydraulikzylinder mit einer Kraft $F = 600$ N angehoben **(Bild 2)**. Welche Kräfte F_1 und F_2 wirken in den Gelenkstäben?

8. An einem Knotenblech **(Bild 3)** greifen die Kräfte F_1 und F_2 an.

a) Welche resultierende Gesamtkraft F_r üben die zwei Kräfte auf das Knotenblech aus?

b) Welchen Winkel α bildet die Resultierende mit der Senkrechten?

9. Der Schwenkkran **(Bild 4)** hebt die Last $F = 15$ kN. Wie groß sind die Kräfte in der Laufschiene und im Halteseil?

10. ● Mit dem Keilspanner **(Bild 5)** werden bei der Montage einzelne Baugruppen justiert.

Wie groß sind für die Gewichtskraft $F_G = 25$ kN

a) die Normalkräfte F_{NA} und F_{NB},

b) die Normalkraft F_{NC},

c) die Zugkraft F in der Schraube?

11. ● Welche Kräfte entstehen in den Druckstäben 1 und 2, wenn der Kran **(Bild 6)** eine Last $F = 2$ MN hebt?

12. ● Der Wagenheber **(Bild 7)** wird mit $F = 9,5$ kN belastet.

Wie groß sind in der gezeichneten Stellung

a) die Kräfte in den Streben 1 und 2.,

b) die Zugkraft in der Gewindespindel und die Kräfte in den Streben 3 und 4,

c) die Normalkraft F_N?

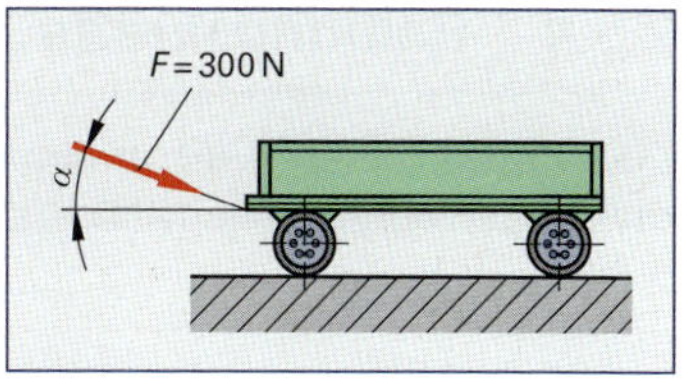

Bild 1

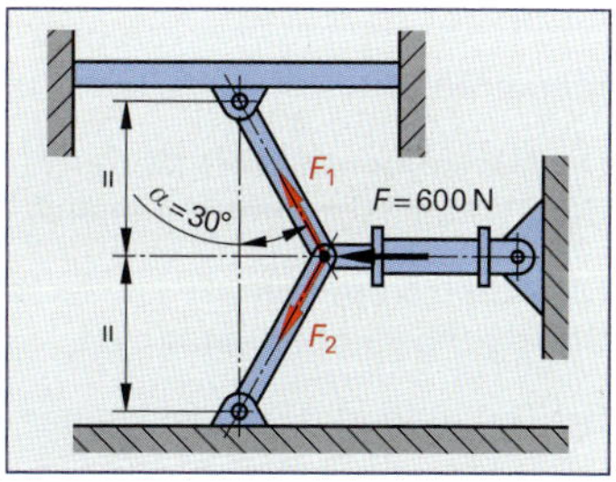

Bild 2

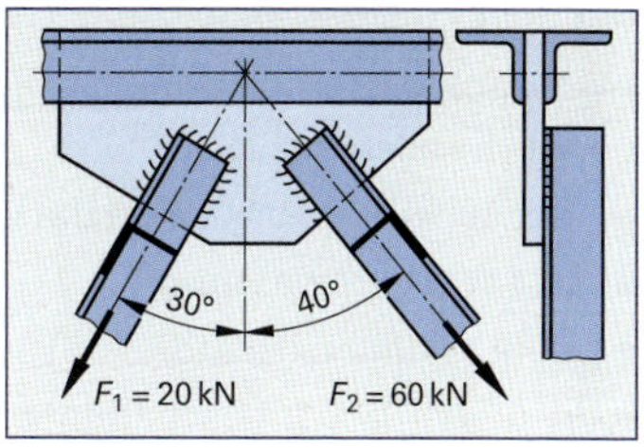

Bild 3

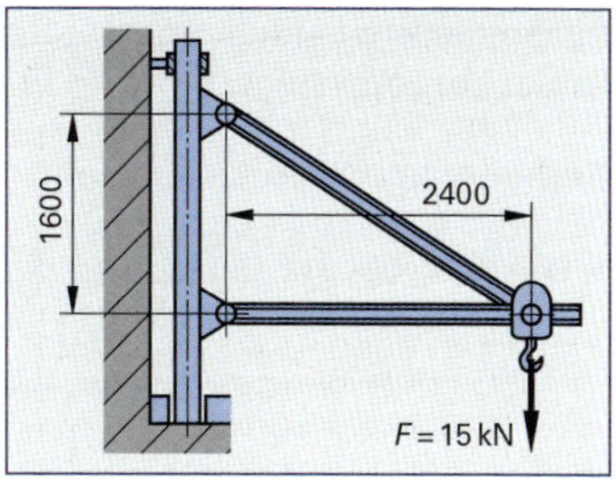

Bild 4

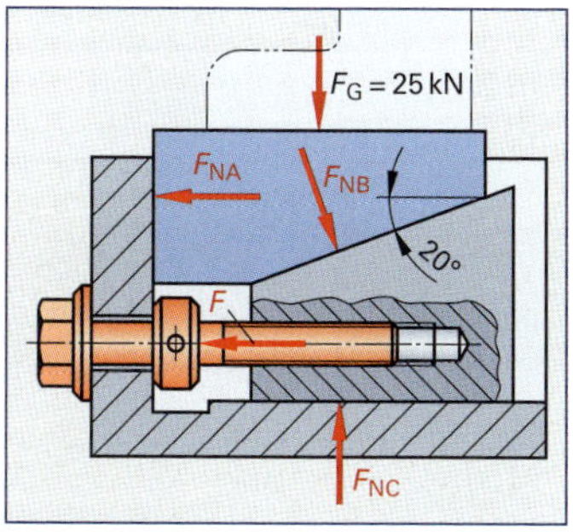

● **Bild 5**

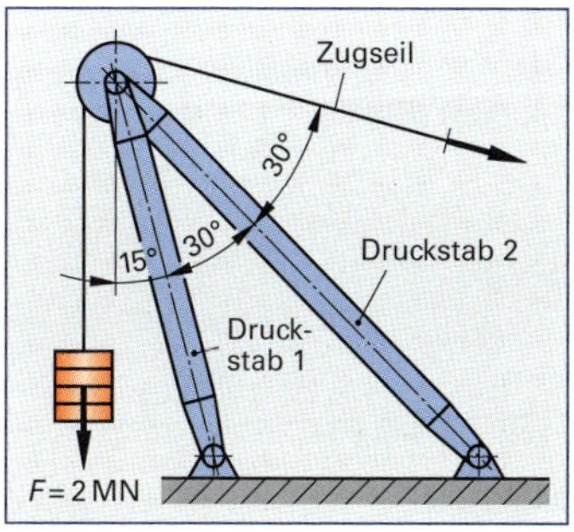

● **Bild 6**

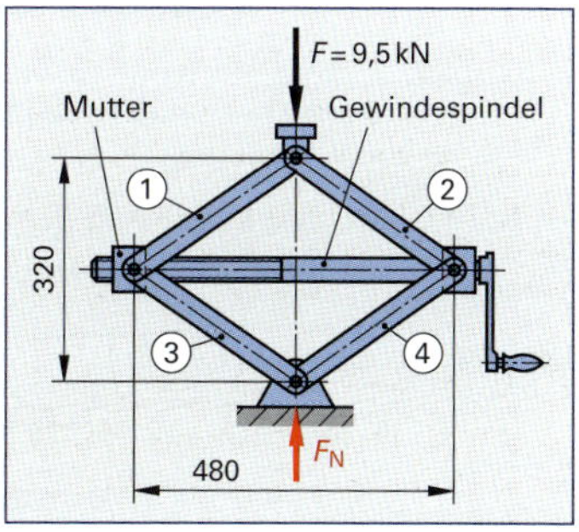

● **Bild 7**

2.5.4 Reibungskräfte

Ein Körper, der auf einer Unterlage gleichförmig bewegt wird, setzt dieser Bewegung einen Widerstand entgegen, den man als Reibungskraft bezeichnet.

Bezeichnungen:

F	Kraft	N	F_N	Gewichtskraft	N
G	Gewichtskraft	N	F_R	Reibungskraft	N
μ[1]	Reibungszahl	–	F_H	Hangabtriebskraft	N

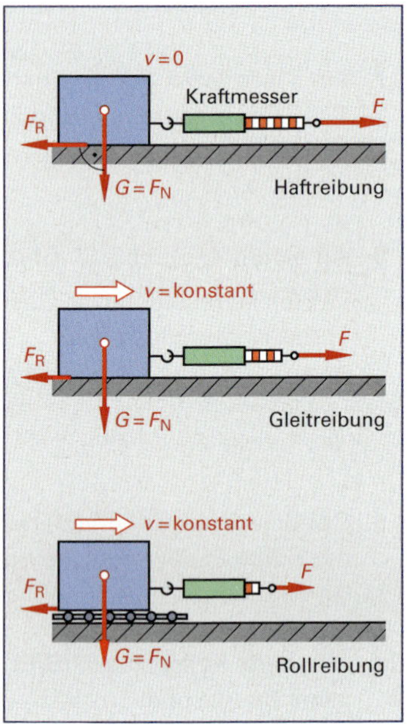

Bild 1

Man unterscheidet Haft-, Gleit- und Rollreibung **(Bild 1)**.

Die **Haftreibungskraft** ist der Widerstand, den ein ruhender Körper dem Verschieben entgegensetzt.

Die **Gleitreibungskraft** ist der Widerstand, der bei gleichförmiger Bewegung zu überwinden ist.

Die Gleitreibungskraft ist kleiner als die Haftreibungskraft.

Die **Rollreibungskraft** ist der Widerstand, den ein Körper dem Abrollen entgegensetzt.

Die Rollreibungskraft ist kleiner als die Gleitreibungskraft.

Die Reibungskraft wirkt gegen die Bewegungsrichtung **(Bild 1)**. Sie hängt vor allem ab von:

- der senkrecht zur Reibfläche wirkenden Normalkraft F_N,
- der Werkstoffpaarung,
- dem Schmierzustand,
- der Oberflächenbeschaffenheit der Reibflächen,
- der Reibungsart (Haft-, Gleit- oder Rollreibung).

Der Einfluss der Werkstoffpaarung, des Schmierzustandes, der Oberflächenbeschaffenheit und der Reibungsart wird durch die Reibungszahl μ berücksichtigt. Sie wird in Versuchen ermittelt.

Reibungskraft = Reibungszahl · Normalkraft

$$F_R = \mu \cdot F_N$$

1. Beispiel: Ein Tor **(Bild 2)** mit der Gewichtskraft G = 3500 N wird über Zahnrad und Zahnstange angetrieben. Wie groß sind

a) die notwendige Kraft zum Anfahren aus der Ruhe bei $\mu = 0{,}15$.

b) die Kraft zum Weiterschieben bei $\mu = 0{,}05$?

Lösung: a) $F_R = \mu \cdot F_N = 0{,}15 \cdot 3500\ \text{N} = \mathbf{525\ N}$

b) $F_R = \mu \cdot F_N = 0{,}05 \cdot 3500\ \text{N} = \mathbf{175\ N}$

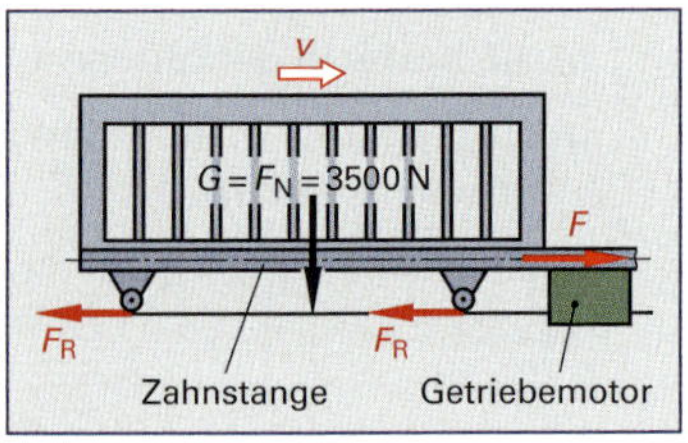

Bild 2

2. Beispiel: Pakete mit einer Gewichtskraft G = 120 N werden auf einem Förderband nach oben transportiert **(Bild 3)**.

Wie groß sind

a) die Normalkraft F_N,

b) die Reibungskraft F_R bei $\mu = 0{,}6$?

Lösung: a) $\cos\alpha = \dfrac{F_N}{G}$

$F_N = G \cdot \cos\alpha = 120\ \text{N} \cdot \cos 25° = \mathbf{108{,}8\ N}$

b) $F_R = \mu \cdot F_N = 0{,}6 \cdot 108{,}8\ \text{N} = \mathbf{65{,}3\ N}$

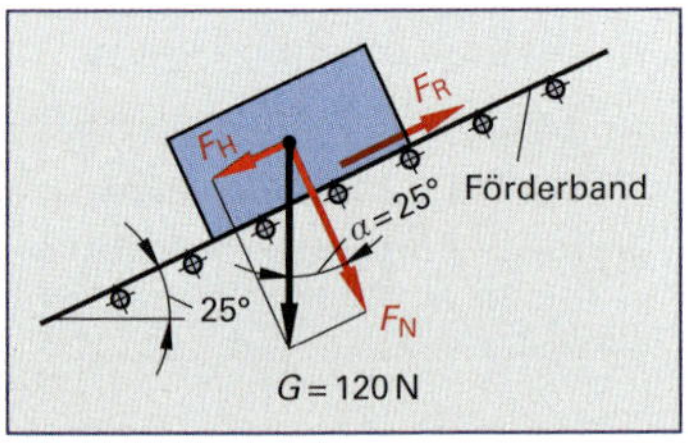

Bild 3

[1] μ, griech. Kleinbuchstabe my

Aufgaben Reibungskräfte

1. Ein Gleitschuh drückt mit $F = 1200$ N senkrecht auf eine Führung. Wie groß sind die Reibungskräfte
   a) bei Haftreibung mit $\mu = 0{,}2$,
   b) bei Gleitreibung mit $\mu = 0{,}06$?

2. Der Maschinentisch einer Werkzeugmaschine bewirkt eine Gewichtskraft $G = 2500$ N. Er ist in Wälzführungen gelagert. Wie groß ist die Verschiebekraft für den Maschinentisch bei einer Reibungszahl $\mu = 0{,}003$?

3. Die Motorwelle eines Antriebsmotors für einen Aufzug wird durch eine Scheibenbremse abgebremst **(Bild 1)**.

   Mit welcher Kraft F_N muss die Bremsscheibe gegen die Reibungsfläche gedrückt werden, wenn bei einer Reibungszahl $\mu = 0{,}25$ eine Reibungskraft $F_R = 8000$ N erzeugt werden soll?

4. Über eine Rutsche aus Stahlblech **(Bild 2)** sollen Werkstücke aus Stahlguss mit $G = 20{,}4$ N mit gleichförmiger Geschwindigkeit nach unten gleiten.
   Gesucht sind
   a) die Normalkraft F_N,
   b) die Hangabtriebskraft F_H,
   c) die Reibungskraft F_R bei $\mu = 0{,}15$.
   d) Könnte die gleiche Rutsche auch für Werkstücke aus Polyamid ($\mu = 0{,}3$) mit der gleichen Gewichtskraft verwendet werden?

5. Zwei Zugstäbe werden durch zwei Schrauben zusammengepresst **(Bild 3)**. Welche Anpresskraft F_N muss bei einer Reibungszahl von $\mu = 0{,}2$ zwischen den Stäben aufgebracht werden, wenn eine Zugkraft $F_R = 3{,}2$ kN nur durch Reibung zwischen den Stäben übertragen werden soll?

6. Die V-Führung **(Bild 4)** wird mit einer Kraft $F = 3{,}5$ kN belastet. Wie groß sind
   a) die Normalkräfte F_{N1} und F_{N2} auf den Gleitflächen,
   b) die notwendige Kraft F_R zum Anfahren aus der Ruhe bei $\mu = 0{,}15$,
   c) die notwendige Kraft F_R zum Weiterschieben bei $\mu = 0{,}1$?

7. Eine Welle wird nach **Bild 5** gelagert. Als Lagerkräfte wurden $F_A = 8$ kN und $F_B = 13$ kN berechnet.
   Gesucht sind
   a) die Reibungskräfte F_{RA} und F_{RB} bei Gleitlagerung mit $\mu = 0{,}12$,
   b) die Reibungskräfte F_{RA} und F_{RB} in den Lagern bei Wälzlagerung bei $\mu = 0{,}003$.

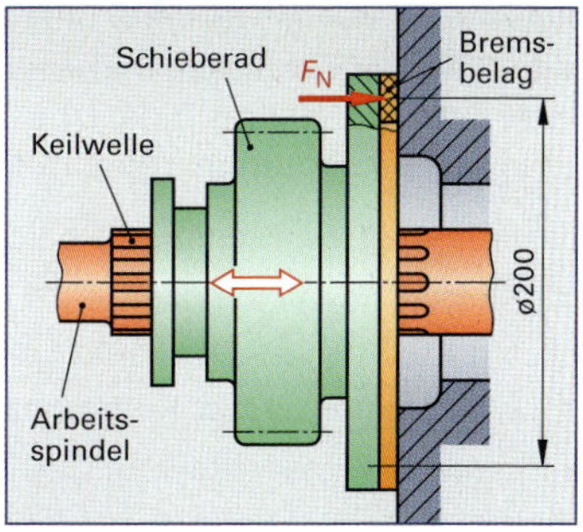

Bild 1

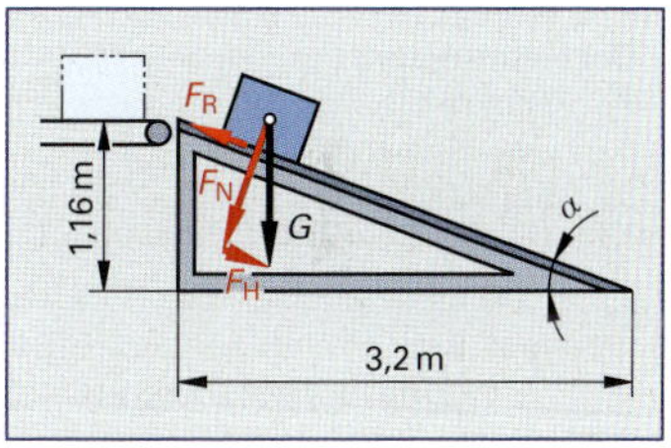

Bild 2

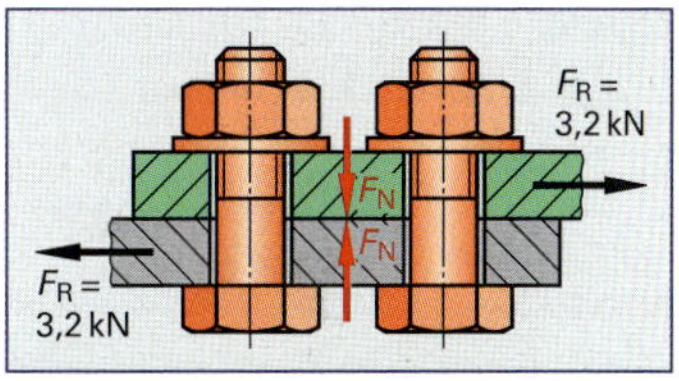

Bild 3

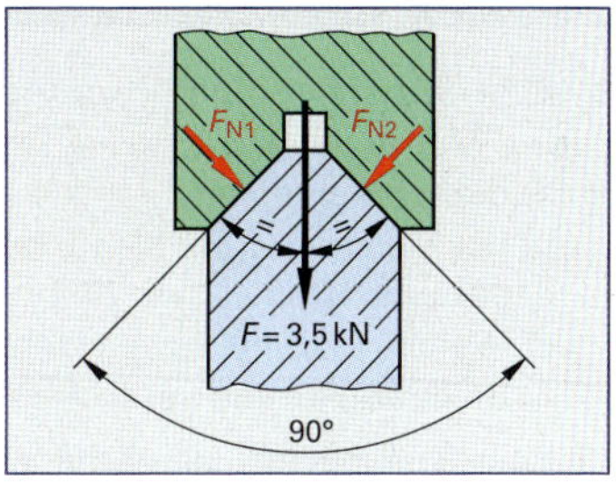

Bild 4

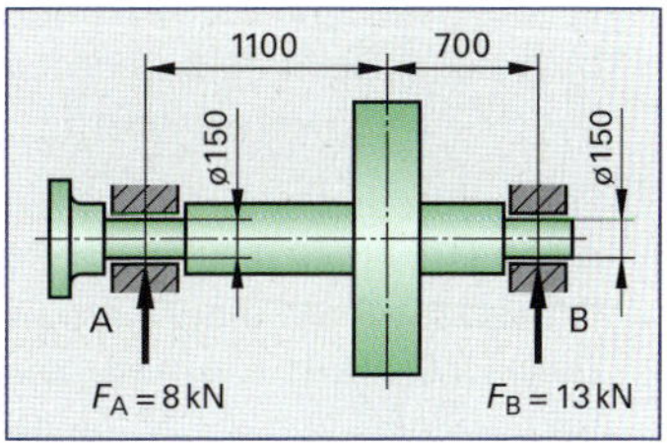

Bild 5

2

2.5.5 Seilkräfte bei Lastaufnahmeeinrichtungen

Hebezeuge dienen zum Be- und Entladen von Transportmitteln und zum Befördern von Lasten über kurze Strecken. Sie werden aufgrund ihrer Bauart und ihres Einsatzes in Krane (Hub- und Fahrbewegung) und Serienhebezeuge (reine Hubbewegung) unterschieden.

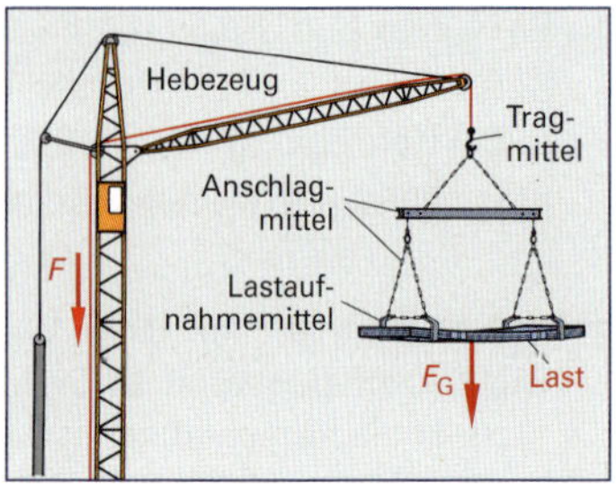

Bild 1

Lastaufnahmeeinrichtungen bestehen in der Regel aus drei Hauptgruppen **(Bild 1)**:

- Tragmittel z. B. Lasthaken, Klemmen und Zangen,
- Anschlagmittel z. B. Ketten, Bänder, Seile und Traversen,
- Lastaufnahmemittel z. B. Greifer, Mulden und Kokillen.

Seilkraft $= \dfrac{\textbf{Gewichtskraft}}{\mathbf{2 \cdot \sin \gamma}}$

$$F_S = \frac{F_G}{2 \cdot \sin \gamma}$$

$$F_S = \frac{F_G}{2 \cdot \cos \alpha/2}$$

$$\gamma = 90° - \alpha/2$$

$$\gamma = 90° - \beta$$

Bezeichnungen:

F_S	Seilkraft	N	β	Neigungswinkel	°
F_G	Gewichtskraft	N	γ	Anschlagwinkel	°
α	Spreizwinkel	°			

1. Beispiel: Eine Stahlplatte von 354 kg soll angehoben werden. Der Neigungswinkel β beträgt 45° **(Bild 2)**. Zu berechnen sind:

a) die Gewichtskraft F_G der Last,

b) die wirkenden Seilkräfte F_S.

Lösung: a) $F_G = m \cdot g = 354 \text{ kg} \cdot 9{,}81 \text{ m/s}^2 = \mathbf{3472{,}74 \text{ N}}$

b) $\gamma = 90° - \beta = 90° - 45° = 45°$

$$F_S = \frac{F_G}{2 \cdot \sin \gamma} = \frac{3472{,}74 \text{ N}}{2 \cdot \sin 45°}$$

$F_S = \mathbf{2455{,}60 \text{ N}}$

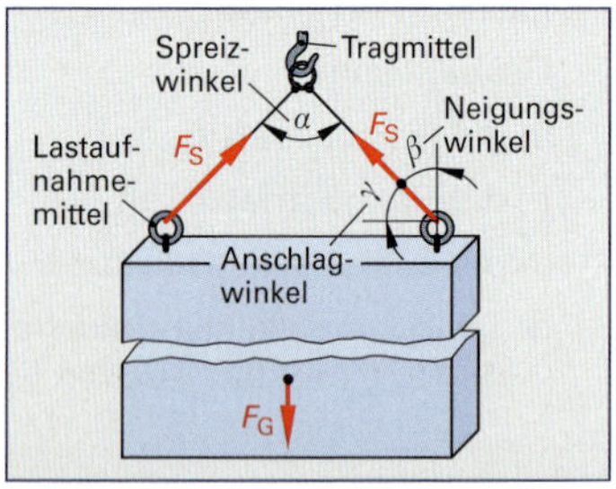

Bild 2

Aufgaben | Seilkräfte bei Lastaufnahmeeinrichtungen

1. Eine Last soll mithilfe von Anschlagmitteln gehoben werden. Die Masse beträgt 1500 kg. Es sind zu ermitteln **(Bild 3)**:
   a) die Gewichtskraft F_G in kN ($g = 9{,}81$ m/s²),
   b) die Seilkräfte F_S in kN für die Spreizwinkel α = 0°, 30°, 45°, 60°, 90° und 120°.
   c) Welche Erkenntnisse ergeben sich aus den Berechnungen der Seilkräfte für die verschiedenen Spreizwinkel?

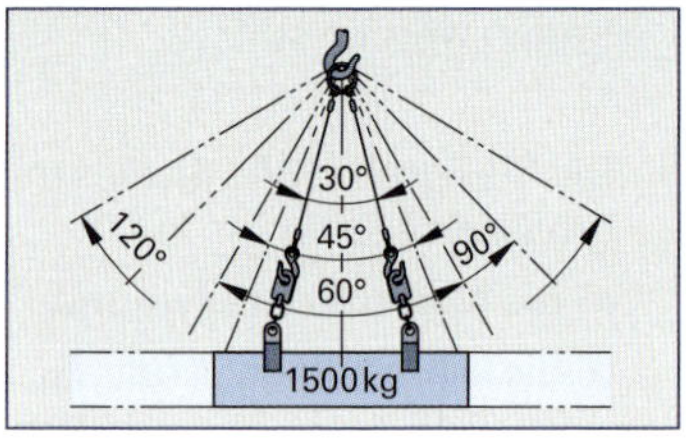

Bild 3

2. Eine Stahlkonstruktion mit einer Gesamtmasse von 1,8 t soll durch zwei Anschlagseile mit Fasereinlage DIN EN 13414-1 nach **Bild 4** angeschlagen werden.
   a) Wie hoch sind die wirkenden Seilkräfte F_S in kN?
   b) Welcher Seilnenndurchmesser d in mm für das Litzenseil (Seilart N) ist zu verwenden?

3. Für das Heben einer Last von m = 1200 kg stehen zwei Arten von Anschlagketten nach DIN EN 818-4 zur Verfügung. Ketten der Güteklasse 8 mit einer Kettennenndicke von d = 6 mm und Güteklasse 10 mit d = 4 mm. Diese sollen zweisträngig mit einem Spreizwinkel von α = 60° angeschlagen werden. Welche Kette erfüllt die Anforderung nach Tabellen?

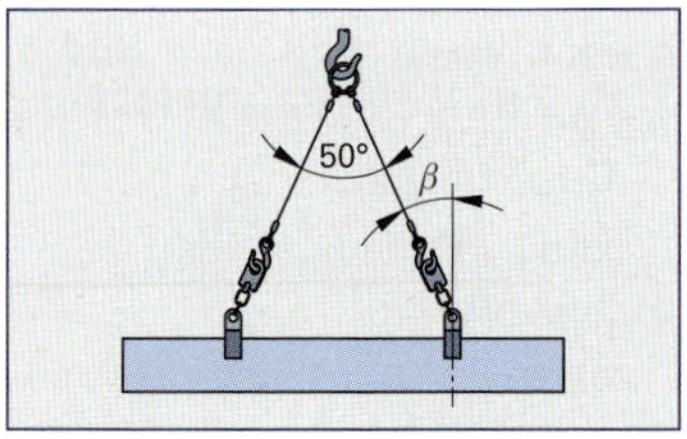

Bild 4

2.6 Einfache Maschinen

Mithilfe einfacher Maschinen versucht man Kraft auf Kosten des Weges oder Weg auf Kosten der Kraft zu sparen.

Bei drehenden Bewegungen wird der **Hebel** eingesetzt, z. B. bei der Winde, der Rolle oder dem Flaschenzug. Bei Bewegungen, bei denen ein Höhenunterschied zu überwinden ist, nützt man die **schiefe Ebene**, z. B. beim Keil und bei der Schraube.

2.6.1 Hebel und Drehmoment

Hebel dienen zur Änderung der Kraftrichtung und zur Kraftübersetzung. Der Hebel ist ein um die Achse drehbares, starres Bauelement. Die Hebelwirkung benützt man bei Brechstangen, Zangen, Scheren, Schraubenschlüssel und Zahnrädern.

Man unterscheidet zwischen einseitigem Hebel, zweiseitigem Hebel und Winkelhebel **(Bild 1)**.

Drehmomente werden erzeugt, indem Kräfte an einem Hebel angreifen.

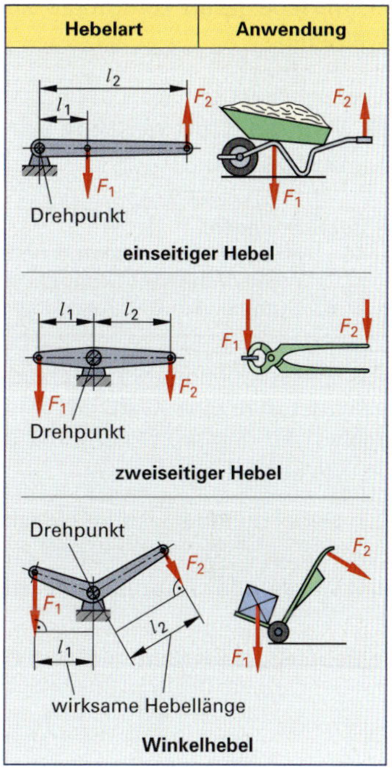

Bild 1

Bezeichnungen:

$F, F_G, F_1, F_2, \ldots$	Kräfte	N
$l, l_1, l_2, \ldots$	wirksame Hebellängen	m
$M, M_1, M_2, \ldots$	Drehmomente[1]	N · m

Drehmoment = Kraft · wirksame Hebellänge

$$M = F \cdot l$$

Die Größe der Drehmomente hängt von der Größe der Kraft und der wirksamen Hebellänge ab.

Das Drehmoment hat die Einheit N · m. Die wirksame Hebellänge ist der senkrechte Abstand vom Drehpunkt des Hebels zur Wirkungslinie der Kraft **(Bild 1)**.

1. Beispiel: Welches Drehmoment verursacht die Gewichtskraft F_G eines Autos auf den Wagenheber **(Bild 2)**?

Lösung: $M = F_G \cdot l = 3000\ \text{N} \cdot 0{,}15\ \text{m} = \mathbf{450\ N} \cdot \text{m}$

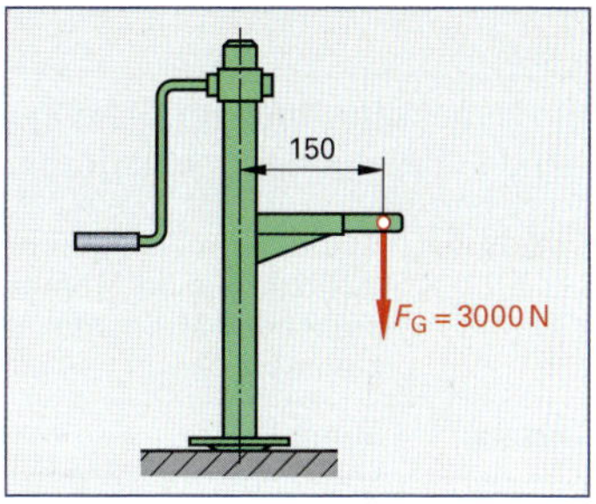

Bild 2

2. Beispiel: Eine Sechskantschraube M22 wird mit einem Schraubenschlüssel **(Bild 3)** angezogen. Die am Schraubenschlüssel wirksame Kraft beträgt 120 N.

a) Wie groß ist das erzeugte Drehmoment?

b) Welches Drehmoment kann maximal erzeugt werden?

Lösung: a) $M = F \cdot l = 120\ \text{N} \cdot 0{,}155\ \text{m} = \mathbf{18{,}6\ N} \cdot \text{m}$

b) Das maximale Drehmoment wird erreicht, wenn die Richtung der Kraft senkrecht zur Linie $\overline{AB}$ wirkt.

$M = F \cdot l = 120\ \text{N} \cdot 0{,}18\ \text{m} = \mathbf{21{,}6\ N} \cdot \text{m}$

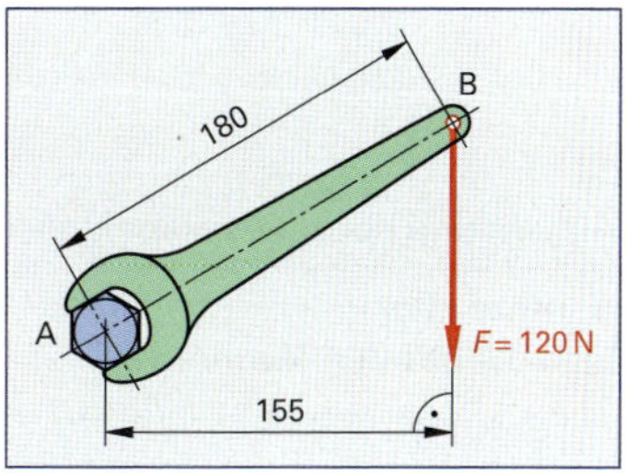

Bild 3

[1] movere (lat.) bewegen

2.6.2 Hebelgesetz

Beim Hebelgesetz kommt die **Goldene Regel der Mechanik** zur Anwendung:

- **Was an Kraft gespart wird, muss an Weg zugesetzt werden.**

Bezeichnungen:		
M_l	linksdrehendes Drehmoment	N · m
M_r	rechtsdrehendes Drehmoment	N · m
Σ[1] M	Summe aller Drehmomente	N · m

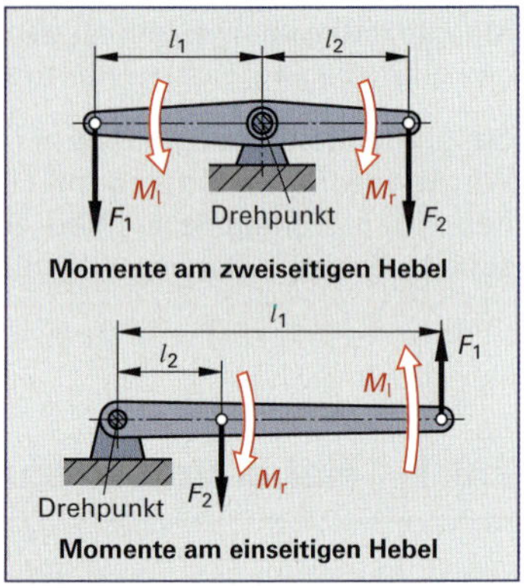

Bild 1

Als „linksdrehendes oder rechtsdrehendes Drehmoment“ **(Bild 1)** bezeichnet man eine Kraft, die versucht, einen Hebel nach „links oder rechts“ zu drehen. Drehmomente werden sehr häufig nur als Momente bezeichnet.

Ein Hebel befindet sich im Gleichgewicht, wenn gilt:

linksdrehendes Moment = rechtsdrehendes Moment

$$M_l = M_r$$

$$F_1 \cdot l_1 = F_2 \cdot l_2$$

1. Beispiel: Die Einfahrt zu einem Firmengelände soll eine Schranke erhalten **(Bild 2)**. Um die Schranke mit der Gewichtskraft F_1 = 400 N leichter öffnen bzw. schließen zu können, wird ein Gegengewicht mit der Kraft F_2 montiert. In welchem Abstand vom Drehpunkt muss es befestigt werden?

Lösung:

$$M_l = M_r$$

$$F_1 \cdot l_1 = F_2 \cdot l_2$$

$$l_2 = \frac{F_1 \cdot l_1}{F_2} = \frac{400\ \text{N} \cdot 1{,}6\ \text{m}}{800\ \text{N}} = \mathbf{0{,}8\ m}$$

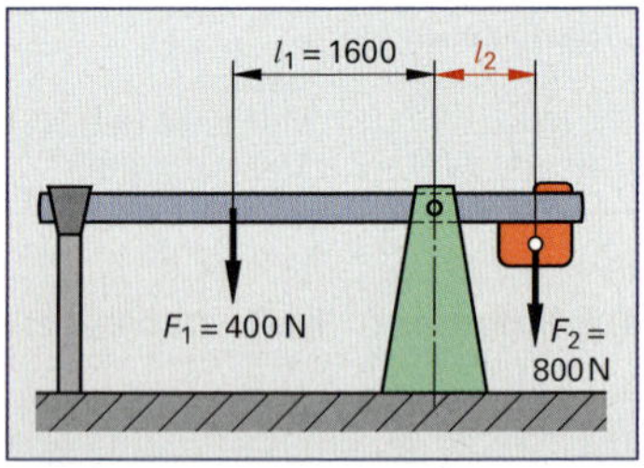

Bild 2

Ein Hebel kann auch im Gleichgewicht sein, wenn mehrere linksdrehende und mehrere rechtsdrehende Momente wirksam sind.

2. Beispiel: An dem zweiseitigen Hebel **(Bild 3)** wirken mehrere links- und rechtsdrehende Momente. Wie groß ist die Summe der linksdrehenden Momente und die Summe der rechtsdrehenden Momente im Gleichgewichtszustand?

Lösung:

Summe der linksdrehenden Momente	Summe der rechtsdrehenden Momente
$F_1 \cdot l_1 + F_2 \cdot l_2$	$F_3 \cdot l_3 + F_4 \cdot l_4$
50 N · 4 m + 30 N · 1 m	40 N · 2 m + 50 N · 3 m
200 N · m + 30 N · m	80 N · m + 150 N · m
230 N · m	= **230 N · m**

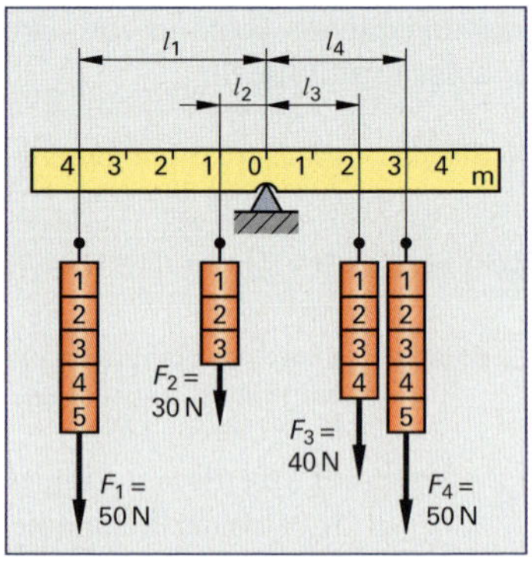

Bild 3

Allgemeine Form des Hebelgesetzes:

Summe aller linksdrehenden Momente = **Summe aller rechtsdrehenden Momente**

$$\Sigma M_l = \Sigma M_r$$

[1] Σ, griech. Großbuchstabe Sigma

Aufgaben | Drehmoment und Hebelgesetz

1. Für die Aufgaben **a** bis **d** der **Tabelle 1** sind die fehlenden Werte zu berechnen.

Tabelle 1	**a**	**b**	**c**	**d**
Kraft *F* in N	1000	?	500	180
Hebelarm *l* in mm	460	250	?	125
Drehmoment *M* in N · m	?	100	125	?

2. Der Kettentrieb **(Bild 1)** überträgt ein Drehmoment $M = 144$ N · m. Wie groß ist die Zugkraft F in der Kette?

3. Welches Drehmoment in N · m entsteht beim Torsieren eines Quadratstahls **(Bild 2)**, wenn eine Handkraft $F = 150$ N wirkt?

4. Mit der Winde **(Bild 3)** wird eine Last $F_2 = 800$ N angehoben. Wie groß sind

a) das Drehmoment M an der Seiltrommel,

b) die Handkraft F_1?

5. Welche Kraft F_1 ist notwendig, um im Zangenmaul **(Bild 4)** die Kraft F_2 zu erzeugen?

6. Eine Blechschere **(Bild 5)** wirkt als zweiseitiger Hebel. Welche Kraft F_2 in kN wirkt an der Schneide der Blechschere, wenn die Handkraft $F_1 = 250$ N beträgt?

7. Welche Kraft F_1 kann mit der Lochstanze **(Bild 6)** auf das Blech übertragen werden, wenn die Handkraft $F_2 = 200$ N ist?

8. Ein Arbeiter transportiert eine Kiste mit einem Sackwagen **(Bild 7)**. Laut Frachtbrief hat sie eine Masse $m = 150$ kg.

a) Welche Kraft F in N muss aufgebracht werden ($g = 10$ m/s^2)?

b) Was muss der Arbeiter machen, damit die Kraft F den Wert 0 N erreicht?

c) Welche Aussage kann für den Fall $F = 0$ N über die Hebellänge l_2 und die Wirkungslinie der Gewichtskraft F_G gemacht werden?

9. Um eine Reparatur an einem Tor mit der Gewichtskraft $F_G = 2000$ N durchzuführen, muss es ausgehängt werden **(Bild 8)**.

a) Welche Kraft F in N muss aufgewendet werden, um es auszuheben?

b) Warum reicht die errechnete Kraft in der Praxis meist nicht aus?

10. Für eine Schaufensterbeschattung soll eine Markise **(Bild 9)** angebracht werden.

a) Welche Kraft F_2 in N muss die Hängestrebe aufnehmen, wenn bei normaler Belastung eine Kraft $F_1 = 150$ N wirkt?

b) Welche Art von Kräften tritt bei windigem Wetter in der Hängestrebe auf?

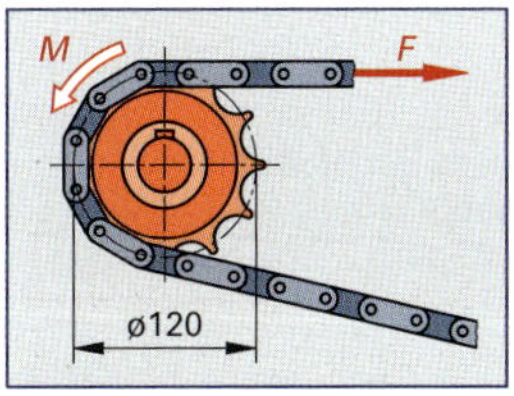

Bild 1

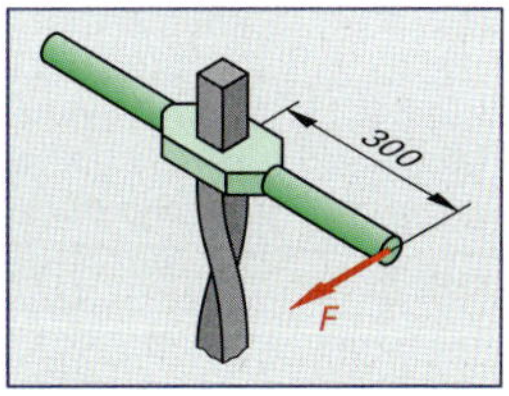

Bild 2

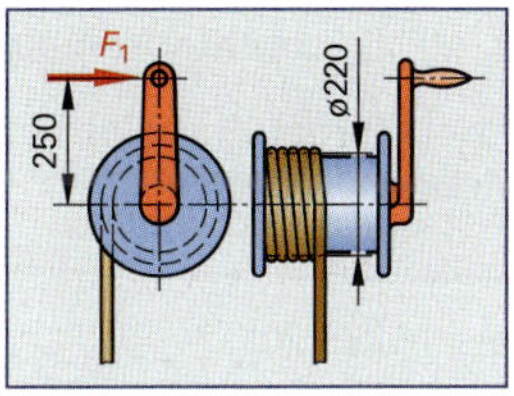

Bild 3

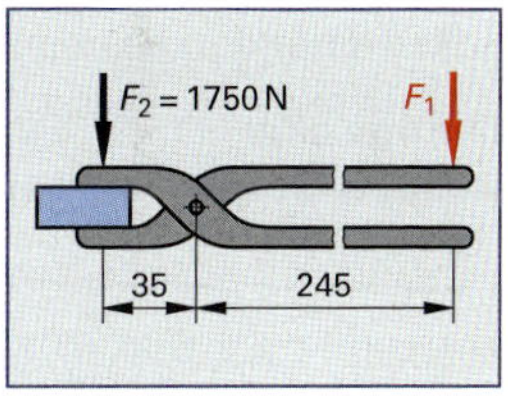

Bild 4

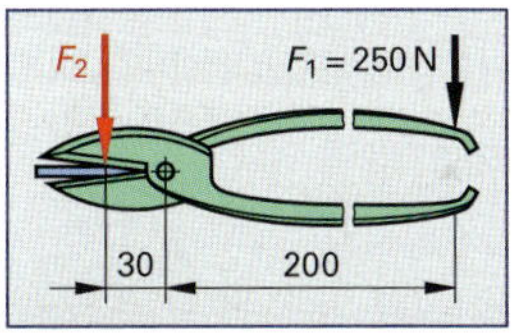

Bild 5

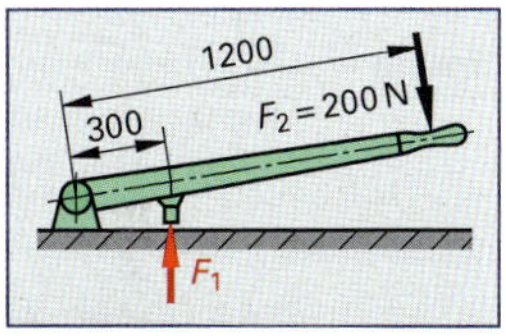

Bild 6

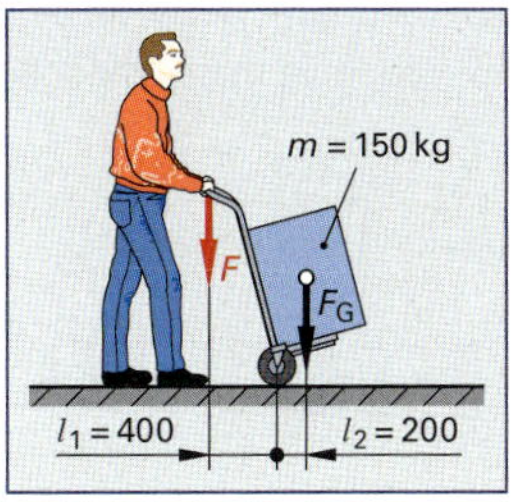

Bild 7

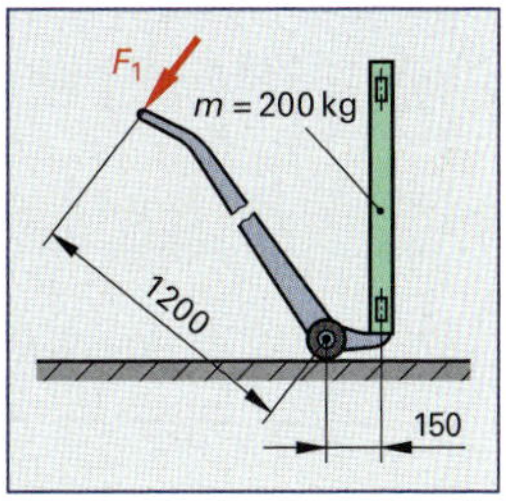

Bild 8

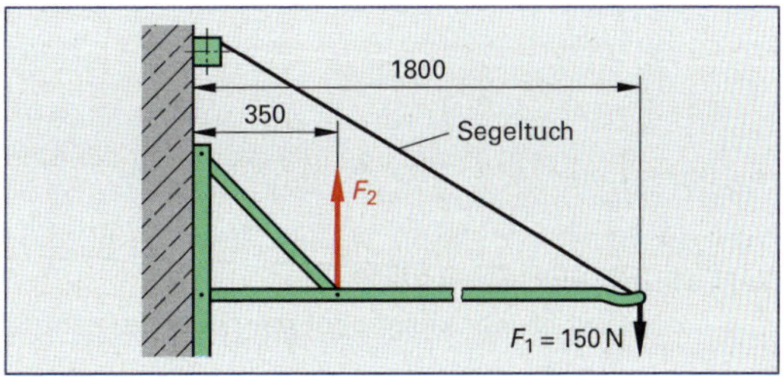

Bild 9

2.6.3 Auflagerkräfte

Wirken Kräfte bzw. Momente auf Bauelemente, wie Achsen oder Träger, so müssen sie durch Gegenkräfte abgestützt werden. Diese Gegenkräfte werden als Auflagerkräfte **(Bild 1)** bezeichnet. Die wirkenden Kräfte und die Auflagerkräfte müssen im Gleichgewicht sein.

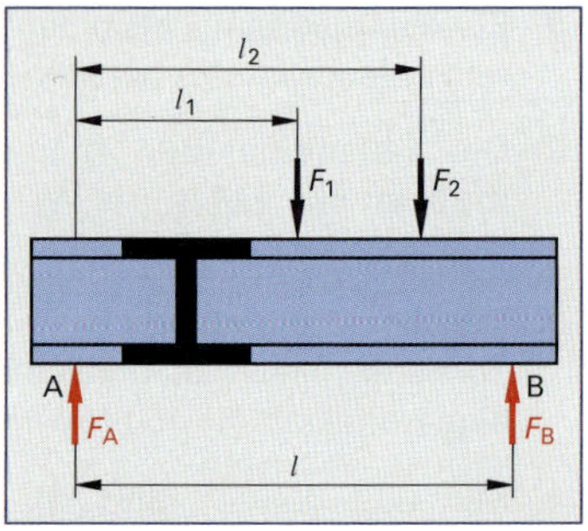

Bild 1

Bezeichnungen:

F_A	Auflagerkraft A	N
F_B	Auflagerkraft B	N
F_G	Gewichtskraft	N
$F_1, F_2, \ldots$	wirksame Kräfte am Bauelement	N
l	Abstand der Lagerstellen	m
$l_1, l_2, \ldots$	wirksame Hebellängen	m

Für den Gleichgewichtszustand gilt:

Summe aller linksdrehenden Momente = **Summe aller rechtsdrehenden Momente**

$$\Sigma M_l = \Sigma M_r$$

Summe aller Auflagerkräfte = **Summe aller am Bauelement einwirkenden Kräfte**

$$F_A + F_B = F_1 + F_2 + \ldots$$

Beispiel: Ein Träger mit der Gewichtskraft $F_G = 3000$ N liegt an zwei Stellen A und B auf **(Bild 2)**. Die Gewichtskraft greift im Schwerpunkt des Trägers an. Er wird mit der Kraft $F_1 = 12000$ N zusätzlich außermittig belastet. Wie groß sind die Auflagerkräfte F_A und F_B?

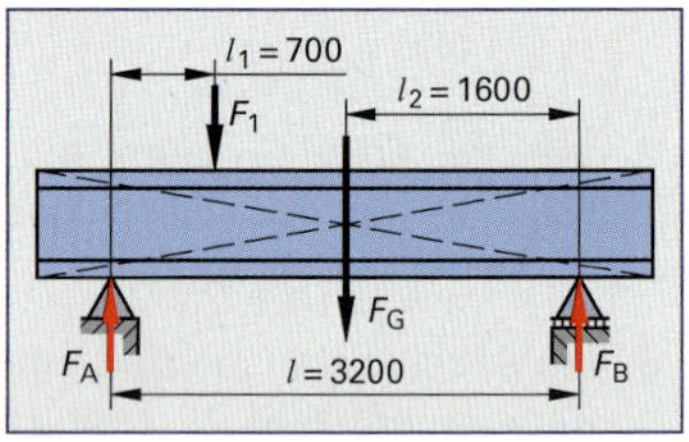

Bild 2

Lösung: Der Träger wird als einseitiger Hebel gezeichnet **(Bild 3)**. Der Drehpunkt des Hebels wird in eines der Auflager gelegt, damit die Auflagerkraft wegfällt.

Die Auflagerkraft F_B erhält man über das Gleichgewicht der Momente. Für den Drehpunkt A gilt:

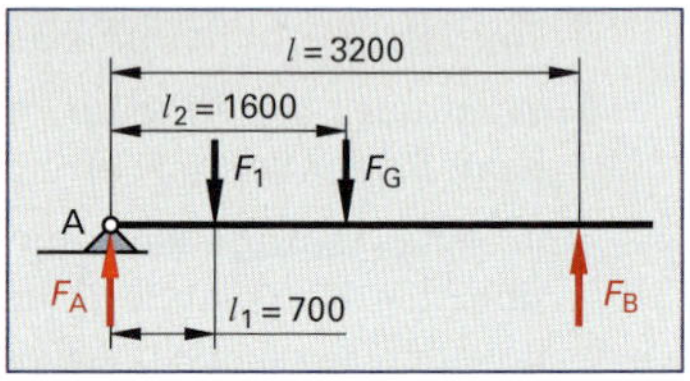

Bild 3

$$\Sigma M_l = \Sigma M_r$$

$$F_B \cdot l = F_1 \cdot l_1 + F_G \cdot l_2$$

$$F_B = \frac{F_1 \cdot l_1 + F_G \cdot l_2}{l}$$

$$F_B = \frac{12000\ \text{N} \cdot 700\ \text{mm} + 3000\ \text{N} \cdot 1600\ \text{mm}}{3200\ \text{mm}} = \mathbf{4125\ N}$$

Zur Bestimmung der Auflagerkraft F_A gibt es zwei Möglichkeiten.

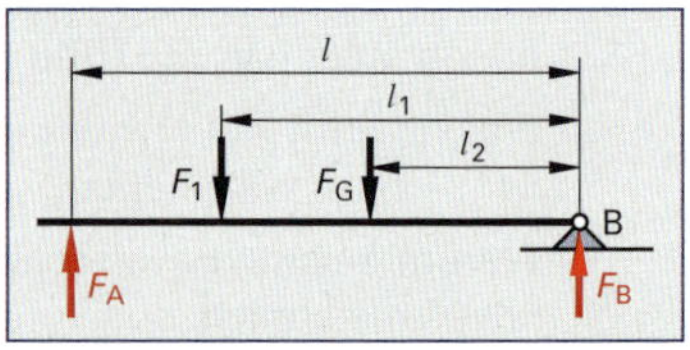

Bild 4

1. Möglichkeit **(Bild 4)**:

Der Drehpunkt wird in den Auflagerpunkt B gelegt und die Berechnung erfolgt über die Gleichung der Momente.

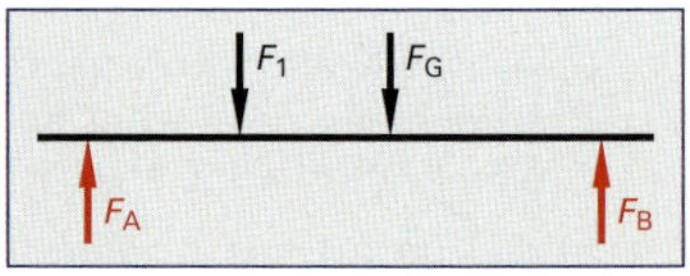

Bild 5

2. Möglichkeit **(Bild 5)**:

Die Lösung erfolgt über das Gleichgewicht der Kräfte.

$$F_A + F_B = F_1 + F_G$$

$$F_A = F_1 + F_G - F_B = 12000\ \text{N} + 3000\ \text{N} - 4125\ \text{N} = \mathbf{10875\ N}$$

Aufgaben | Auflagerkräfte

1. Eine Fachwerkträgerkonstruktion **(Bild 1)** hat eine Gewichtskraft F_G = 8000 N. Am Untergurt der Trägerkonstruktion wirkt zusätzlich eine Kraft F_1 = 2 kN.

   Wie groß sind die Auflagerkräfte F_A und F_B?

2. Ein Tank **(Bild 2)** für leichtes Heizöl hat mit Inhalt eine Gewichtskraft F_G = 32 kN.

   Wie groß sind die Auflagerkräfte F_A und F_B, die durch das Abstützen des Tanks entstehen?

3. Ein Werkstück wird mit Schraube und Spanneisen auf den Maschinentisch gespannt **(Bild 3)**.

   Wie groß ist die Auflagerkraft F_A, mit der das Werkstück auf den Tisch gepresst wird, wenn die Spannkraft der Schraube F_1 = 12 kN beträgt?

4. Mit dem Laufkran **(Bild 4)** wird eine Last F_1 = 12 kN gehoben. Wie groß sind die Auflagerkräfte F_A und F_B für die beiden gezeichneten Stellungen der Laufkatze, wenn die Kranbrücke eine Gewichtskraft F_2 = 60 kN und die Laufkatze eine Gewichtskraft F_3 = 20 kN haben?

5. Ein Fahrzeug zum Transport von Halbzeugen **(Bild 5)** besitzt die Masse m = 12 t (g = 10 m/s^2). Es ist mit einem Träger IPB 550 beladen.

   a) Wie groß sind die Auflagerkräfte F_A und F_B auf die Vorder- und Hinterachse ohne die Ladung?

   b) Wie groß sind die Auflagerkräfte F_A und F_B auf die Vorder- und Hinterachse mit Ladung?

6. ● Auf einen Träger IPB 240 mit der Länge l = 8 m, der als Trägerelement auf eine Mauer gelegt wird **(Bild 6)**, wirkt eine Kraft F_1 = 8,6 kN unter einem Winkel von 60°.

   a) Die senkrecht wirkende Auflagerkraft F_A und die Auflagerkraft F_B ist zu berechnen.

   b) Durch eine zusätzliche Montageeinheit kommt es zu einer weiteren Krafteinleitung F_2 = 1,8 kN auf den Träger.

   Welche Werte in kN errechnen sich nun für F_A und F_B?

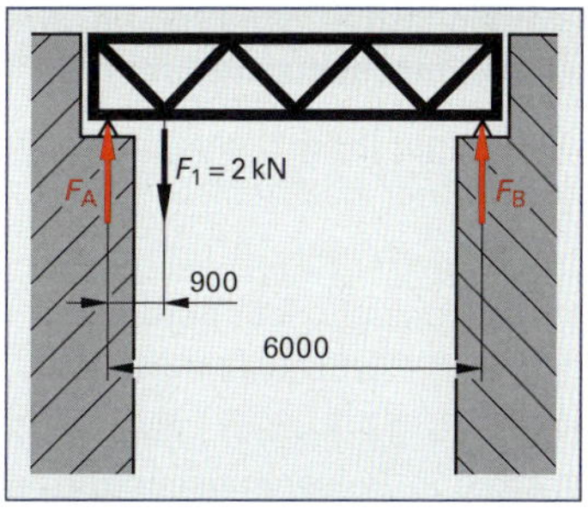

Bild 1

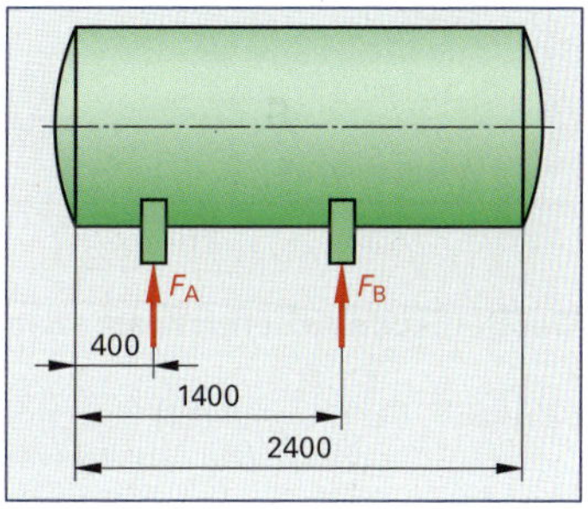

Bild 2

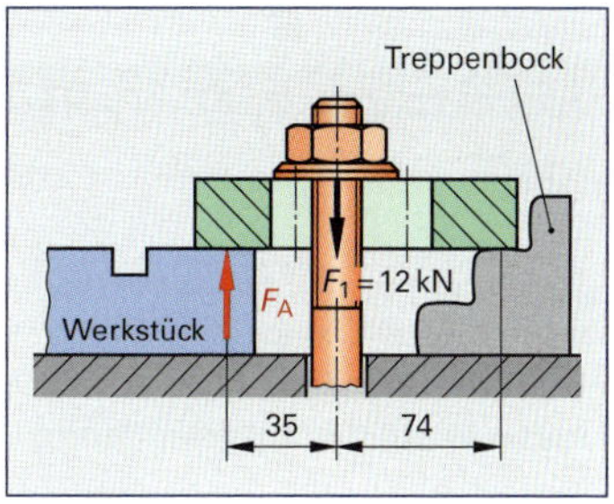

Bild 3

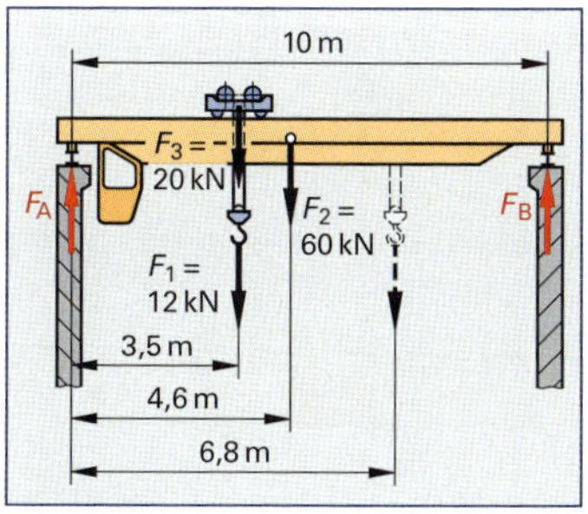

Bild 4

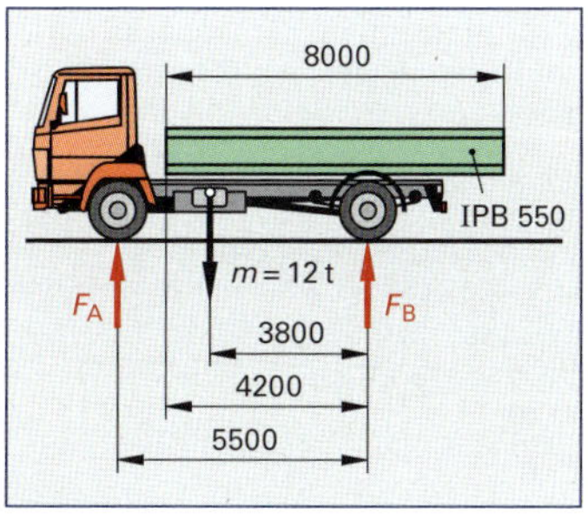

Bild 5

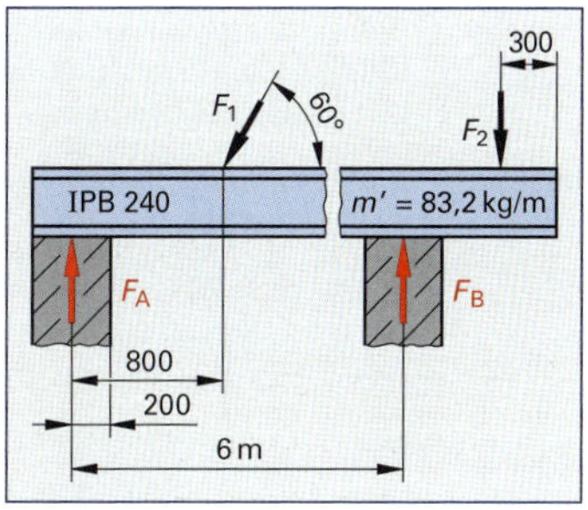

● **Bild 6**

2.6.4 Mechanische Arbeit und Energie

Legt ein Körper unter der Einwirkung einer Kraft einen Weg zurück, so wird **mechanische Arbeit** verrichtet.

Der Bagger **(Bild 1)** verrichtet mechanische Arbeit, wenn er die „Abbruchbirne“ hochzieht.

Die in dieser „Birne“ gespeicherte Arbeit in der Höhe h **(Bild 1)** wird als Lageenergie oder **potenzielle Energie** bezeichnet, die nur von der Höhe uber dem Ausgangsniveau abhängt.

Lässt der Bagger die „Birne“ niedersausen **(Bild 1)**, wird die Lageenergie in Bewegungsenergie, die auch **kinetische Energie** heißt, umgewandelt und die „Birne“ trifft mit einer bestimmten Geschwindigkeit auf der Betondecke auf.

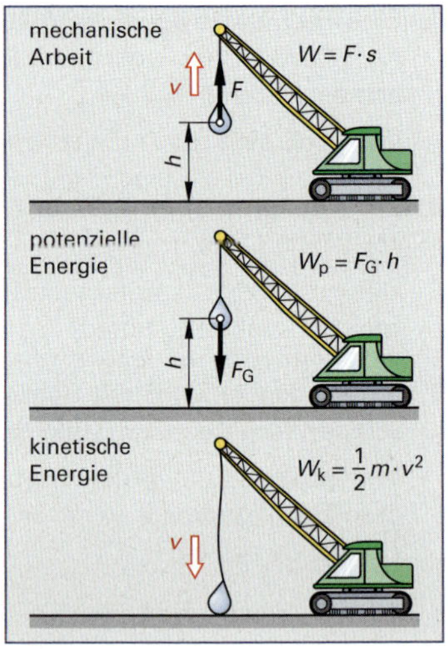

Bild 1

Bezeichnungen:

W	mechanische Arbeit	J	s	Kraftweg	m
W_p	potenzielle Energie	J	h	Höhe	m
W_k	kinetische Energie	J	m	Masse	kg
F	Kraft	N	g	Erdbeschleunigung	m/s²
F_G	Gewichtskraft	N	v	Geschwindigkeit	m/s

Mechanische Arbeit = Kraft · Kraftweg

$$W = F \cdot s$$

$$1\ \frac{\text{kg} \cdot \text{m}}{\text{s}^2} \cdot \text{m} = 1\ \text{N} \cdot \text{m} = 1\ \text{J}^{1)}$$

Beispiel: Ein Kran **(Bild 2)** hebt mit der Kraft $F = 3$ kN eine Kiste 4 Meter hoch. Welche Arbeit verrichtet der Kran?

Lösung: $W = F \cdot s = 3000\ \text{N} \cdot 4\ \text{m} = 12000\ \text{N} \cdot \text{m} = 12000\ \text{J} = \mathbf{12\ kJ}$

Potenzielle Energie = Gewichtskraft · Höhe

$$W_p = F_G \cdot h$$

Beispiel: Welche potenzielle Energie besitzt die Kiste mit der Masse $m = 300$ kg **(Bild 2)** in 4 Meter Höhe?

Lösung: $W_p = F_G \cdot h = m \cdot g \cdot h = 300\ \text{kg} \cdot 10\ \text{m/s}^2 \cdot 4\ \text{m} = \mathbf{12000\ J}$

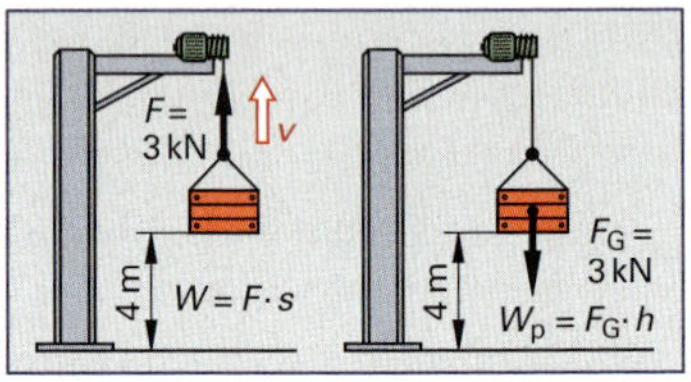

Bild 2

Das Ergebnis zeigt, dass die potenzielle Energie (Lageenergie) gleich der mechanischen Arbeit ist, die aufgewendet wurde, um die Masse m auf die entsprechende Höhe zu bringen.

Kinetische Energie = $\frac{1}{2}$ · Masse · (Geschwindigkeit)²

$$W_k = \frac{1}{2}\ m \cdot v^2$$

Beispiel: Das verwendete Kranseil hält die Zugbelastung nicht aus; es reißt **(Bild 3)**. Die Kiste stürzt aus 4 m Höhe ab. Welche Geschwindigkeit v hat die Kiste beim Auftreffen?

Lösung: Die potenzielle Energie wird in kinetische Energie umgewandelt

$$W_k = W_p$$

$$\frac{1}{2} \cdot m \cdot v^2 = W_p$$

$$v = \sqrt{\frac{2 \cdot W_p}{m}} = \sqrt{\frac{2 \cdot 12000\ \text{J}}{300\ \text{kg}}} = \mathbf{8{,}94\ m/s}$$

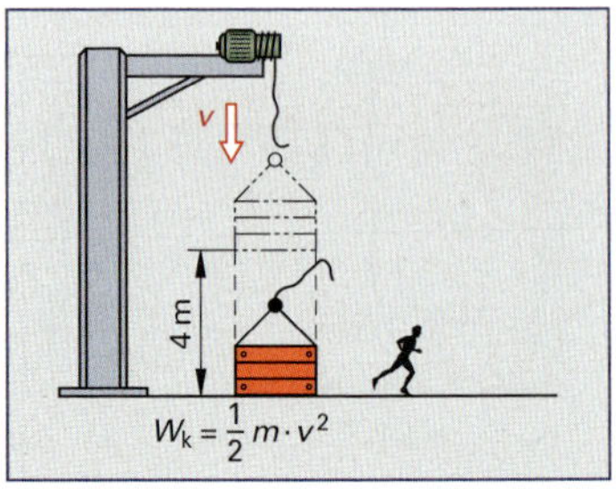

Bild 3

1) Joule (gesprochen „Dschul“), englischer Physiker (1818 bis 1889)

Aufgaben | Mechanische Arbeit und Energie

1. Für die Aufgaben **a** bis **d** der **Tabelle 1** sind die fehlenden Werte zu berechnen.

Tabelle 1

	a	b	c	d
F	800 N	? N	3 kN	2000 N
s	2 m	60 cm	? m	300 mm
W	? N · m	2 kJ	66 J	? J

2. Wie groß ist die mechanische Arbeit beim Verschieben eines Abfallbehälters, wenn eine Kraft von F = 6000 N auf einer Strecke von s = 4,2 m nötig ist?

3. Ein hydraulischer Vorschubzylinder verrichtet eine mechanische Arbeit von 210 N · m. Wie groß ist die Vorschubkraft bei einem Vorschubweg von 325 mm?

4. Mit einem Gabelstapler **(Bild 1)** wird ein Lkw mit 4 Kisten, deren Masse je 300 kg beträgt, beladen.

a) Welche mechanische Arbeit wird vom Gabelstapler verrichtet, wenn zum Anheben der Kisten und Ablegen auf dem Lkw der Kraftweg 2 Meter beträgt?

b) Wie groß ist die potenzielle Energie der Kisten, wenn sich die Ladefläche 1,6 Meter über dem Boden befindet?

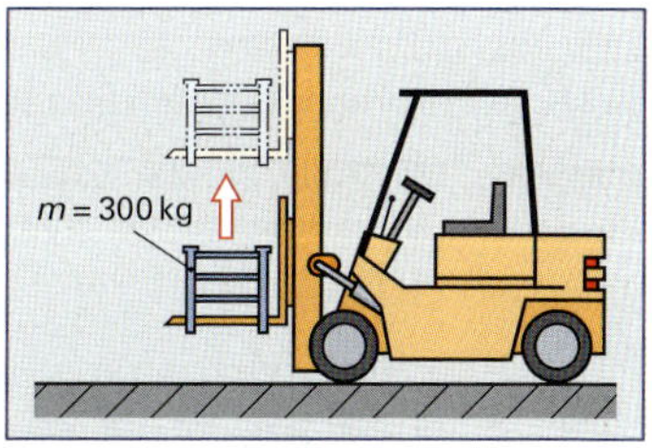

Bild 1

5. Eine Montagebaustelle befindet sich in 6 m Höhe im Dachgeschoss eines Neubaus.

a) Welche Arbeit wird beim Hochtragen eines Werkzeugkastens mit der Masse m = 18 kg verrichtet, wenn durch Anheben und Abstellen zusätzlich ein Kraftweg von 0,8 m hinzukommt?

b) Ein Arbeiter verschiebt den am Fußboden abgestellten Werkzeugkasten mit dem Fuß um 1,2 m. Welche Arbeit verrichtet er, wenn zwischen Boden und Kiste die Reibungszahl μ= 0,6 gilt?

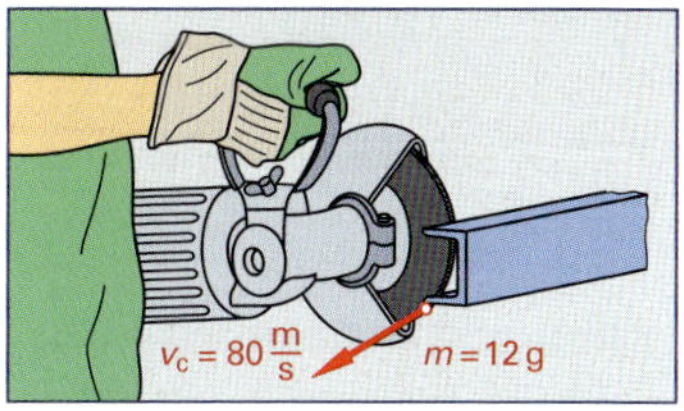

Bild 2

6. Ein Winkelschleifer **(Bild 2)** arbeitet mit einer Schnittgeschwindigkeit v_c = 80 m/s. Vom Umfang der Schleifscheibe löst sich ein Teilchen der Masse m = 1,2 g.

Wie groß ist die kinetische Energie des wegfliegenden Teilchens?

7. Zum Formen eines Nietkopfes wird die kinetische Energie eines Handhammers ausgenutzt. Wie groß ist die kinetische Energie eines Handhammers mit der Masse 1000 g, wenn er mit v = 3 m/s auf den Niet trifft?

8. Durch die Betonpumpe **(Bild 3)** werden 5 m^3 Beton der Dichte ϱ = 2,45 kg/dm^3 auf eine Höhe von 11,5 m gefördert.

a) Wie groß ist die hierfür aufgewendete Arbeit?

b) Beim Schwenken mit dem Pumpenschlauch wird ein Kieselstein mit der Masse m = 12 g von der Decke gestreift. Mit welcher Geschwindigkeit v in m/s trifft er am Boden auf?

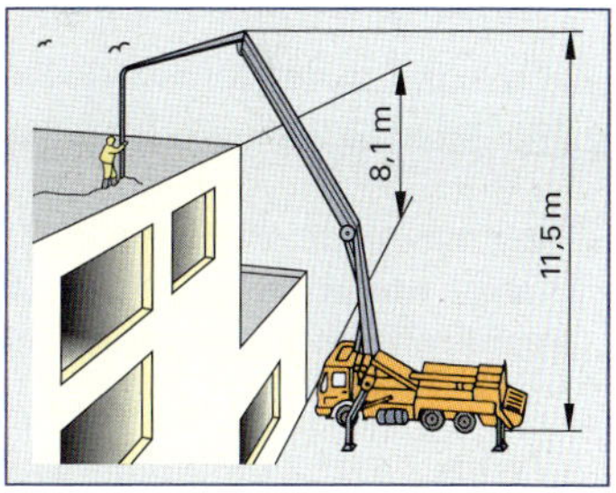

Bild 3

9. ● Der Riemenfallhammer **(Bild 4)** erreicht eine Aufprallgeschwindigkeit von 6 m/s, wobei die gesamte potenzielle Energie in kinetische Energie umgewandelt wird.

a) Wie groß ist die kinetische Energie im Augenblick des Aufpralls, wenn die Masse des Fallbären m = 250 kg beträgt?

b) Auf welche Höhe musste der Fallbär gehoben werden, damit beim Umwandeln der Energien die Geschwindigkeit von 6 m/s erreicht wird?

c) Wie groß war die Verformungskraft, wenn ein Verformungsweg von 5 mm am Schmiedestück erreicht wurde?

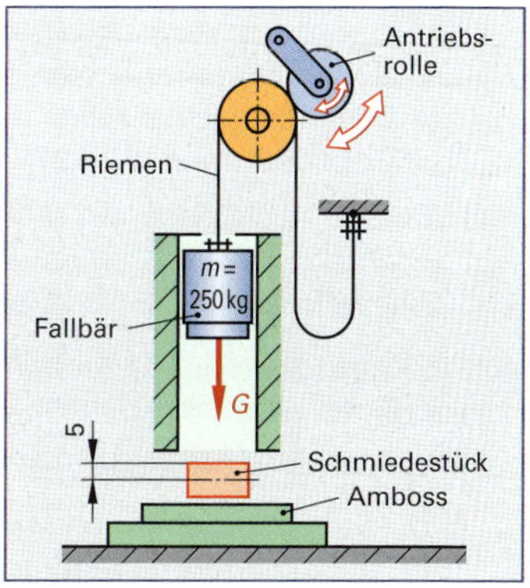

● **Bild 4**

2.6.5 Die schiefe Ebene

Mithilfe der schiefen Ebene lässt sich Kraft auf Kosten des Weges sparen. Jede Verringerung der Kraft hat eine Verlängerung des Weges zur Folge. Dieses Gesetz wird als **„Goldene Regel der Mechanik"** bezeichnet und wird bei der schiefen Ebene angewandt.

Goldene Regel der Mechanik:

Was an Kraft gewonnen wird, geht an Weg verloren.

Bezeichnungen:

W	mechanische Arbeit	J	s	Weg	m
F	Kraft	N	h	Hubweg	m
F_G	Gewichtskraft	N			

Kraft · Kraftweg = Gewichtskraft · Hubweg

$$F \cdot s = F_G \cdot h$$

Beispiel: Ein Ölfass mit der Gewichtskraft F_G = 1000 N soll auf die 1,4 m hohe Verladerampe angehoben werden **(Bild 1)**.

a) Wie groß ist die hierfür notwendige mechanische Arbeit, wenn das Fass über die 2,80 m lange Verladerampe gerollt wird? Die Reibungsverluste bleiben unberücksichtigt.

b) Wie groß ist die mechanische Arbeit, wenn das Fass durch einen Hubstapler senkrecht angehoben wird?

Lösung: a) $W_1 = F \cdot s = 500\ \text{N} \cdot 2{,}8\ \text{m} = \mathbf{1400\ N \cdot m}$

b) $W_2 = F_G \cdot h = 1000\ \text{N} \cdot 1{,}4\ \text{m} = \mathbf{1400\ N \cdot m}$

Der Vergleich der Ergebnisse zeigt, dass die Arbeit in beiden Fällen gleich groß ist.

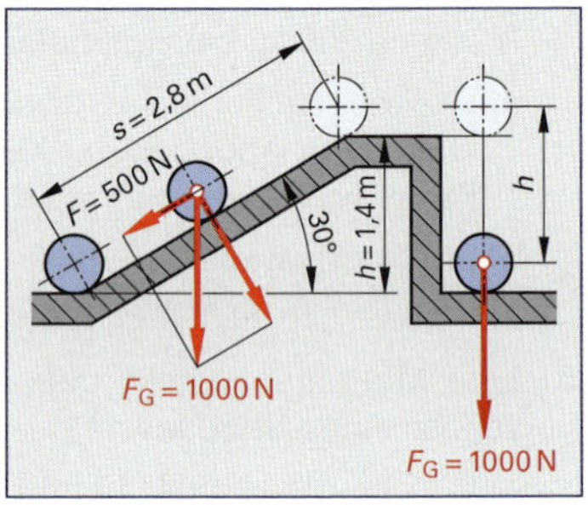

Bild 1

Aufgaben **Die schiefe Ebene**

1. Eine Last mit der Gewichtskraft F_G = 600 N wird mithilfe eines Förderbandes **(Bild 2)** mit einer Länge von s = 7,5 m auf eine Höhe von h = 4 m gebracht. Wie groß muss die Zugkraft F sein?

2. Ein Hubwagen hat mit Ladung eine Gewichtskraft F_G = 2 kN. Er wird von zwei Arbeitern auf einer wendelförmigen Auffahrt zur 2. Etage einer Messehalle in 12 m Höhe gezogen. Welche Weglänge s besitzt die Auffahrt, wenn die Arbeiter zusammen mit einer Kraft von 800 N ziehen?

3. Ein Stahlfass mit einer Masse von 12 kg ist mit 200 l Altöl der Dichte ϱ = 0,92 kg/dm^3 gefüllt. Es soll mit einem Transporter, dessen Ladefläche eine Höhe von 1,6 m hat, zu einer Sammelstelle für Wertstoffe transportiert werden (Reibung wird vernachlässigt).

   a) Welche Länge muss eine schiefe Ebene besitzen, wenn zwei Arbeiter beim Hochrollen des Fasses zusammen eine Kraft von 950 N aufbringen **(Bild 3)**?

   b) Es soll auch noch ein fahrbarer Schweißtrafo mit einer Gewichtskraft F_G = 700 N auf den Transporter geladen werden. Mit welcher Kraft F muss ein Arbeiter den Trafo schieben?

4. Ein Kessel wird auf 4,8 m langen Ladebalken mit 650 N Zugkraft auf die 1,2 m hohe Ladefläche eines Güterwagens **(Bild 4)** gerollt.

   a) Wie groß ist die Gewichtskraft F_G des Kessels?

   b) Die auf die Ladebalken wirkende Kraft F_N und die Gewichtskraft F_G sind rechnerisch mithilfe der Winkelfunktionen und zeichnerisch zu ermitteln.

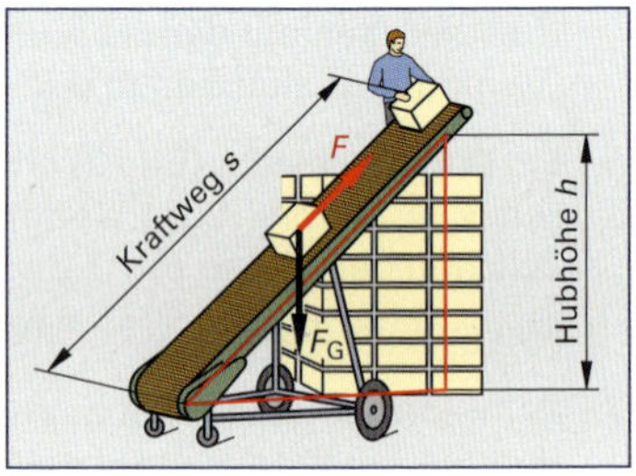

Bild 2

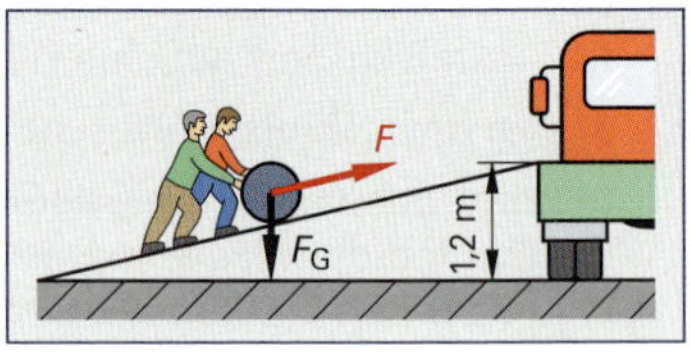

Bild 3

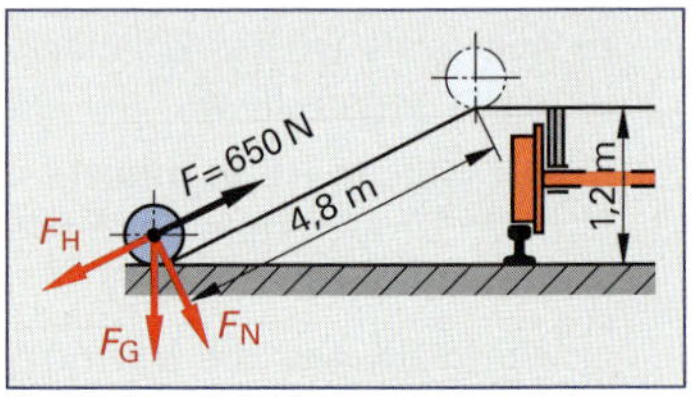

Bild 4

2.6.6 Der Keil als schiefe Ebene

Keile **(Bild 1)** dienen zum Anheben schwerer Lasten, z. B. beim Ausrichten von Maschinen oder zum Befestigen von Maschinenteilen, z. B. Kegelstifte.

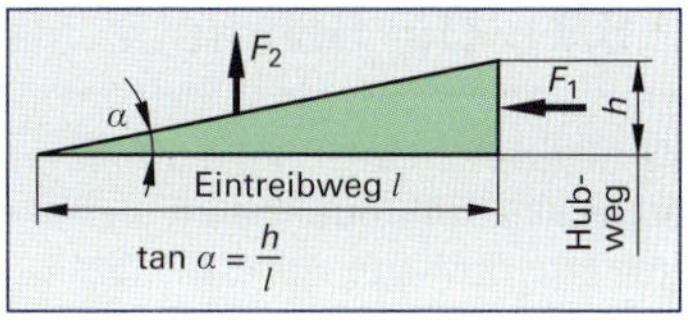

Bild 1

Bezeichnungen:					
F_1	Eintreibkraft	N	l	Eintreibweg	mm
F_2	Hubkraft	N	h	Hubweg	mm
α	Keilwinkel	°	N	Neigung	–

Eintreibkraft · Eintreibweg = Hubkraft · Hubweg

$$F_1 \cdot l = F_2 \cdot h$$

Bei Keilen wird auch sehr häufig die Neigung angegeben.

Neigung = 1 : $\frac{\textbf{Eintreibweg}}{\textbf{Hubweg}}$

$$N = \frac{h}{l} = \tan\alpha$$

Beispiel: Mit einem einseitigen Keil, Neigung 1:6, soll ein Maschinenfuß mit einer Gewichtskraft F_2 = 1800 N um h = 20 mm angehoben werden **(Bild 2)**.

a) Welche Eintreibkraft F_1 ist erforderlich?

b) Wie groß ist der Eintreibweg l?

Lösung: a) $F_1 \cdot l = F_2 \cdot h$ und $\frac{h}{l} = 1:6$

$$F_1 = \frac{F_2 \cdot h}{l} = F_2 \cdot \frac{h}{l} = 1800\ \text{N} \cdot \frac{1}{6} = \mathbf{300\ N}$$

b) $N = \frac{h_1}{l_1} = \frac{h_2}{l_2};\ l_2 = \frac{l_1 \cdot h_2}{h_1} = \frac{6\ \text{mm} \cdot 20\ \text{mm}}{1\ \text{mm}} = 20\ \text{mm} \cdot 6 = \mathbf{120\ mm}$

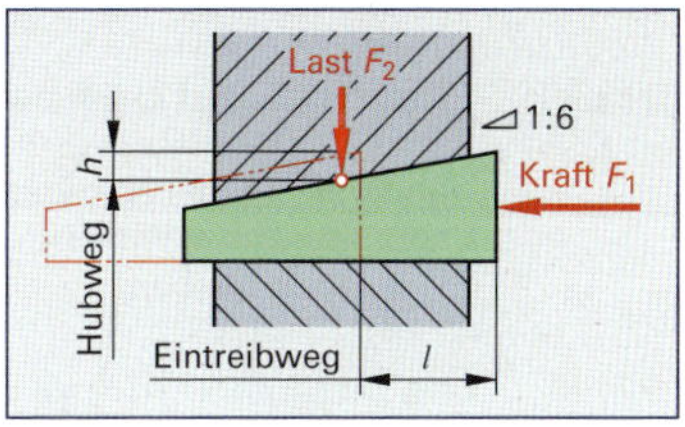

Bild 2

Aufgaben | Der Keil als schiefe Ebene

1. Eine Gesenkbiegepresse soll mit Stellkeilen **(Bild 3)** ausgerichtet werden, dabei trifft auf einen Maschinenfuß eine Gewichtskraft F_2 = 15 kN. Wie groß muss die Eintreibkraft (Stellkraft) F_1 der Schraube bei einem Stellkeil mit der Neigung 1:20 sein?

2. Welche Kraft wirkt auf den Austreiblappen eines Bohrers, wenn auf den Austreibkeil, Neigung 1:20, durch einen Hammerschlag eine Treibkraft von 120 N wirkt?

3. Der Keilstempel des Biegewerkzeugs **(Bild 4)** wirkt mit einer Kraft F_1 = 2400 N auf den Seitenschieber.

   a) Wie groß ist die Kraft F_2 in N?

   b) Welche Neigung hat der Keil?

4. Eine Wellenkupplung **(Bild 5)** wird durch einen einseitigen Querkeil, Neigung 1:40, miteinander verbunden. Der Widerstand F_1 gegen das Eintreiben beträgt 420 N. Wie groß ist die Anpresskraft F_2?

5. ● Eine Maschine mit einer Gewichtskraft F_2 = 40 kN soll einen neuen Stellplatz bekommen. Damit ein Kranseil durchgeschoben werden kann, soll die Maschine durch vier Keile um 30 mm angehoben werden. Welche Neigung müssen die Treibkeile bei einer Treibkraft von 500 N haben?

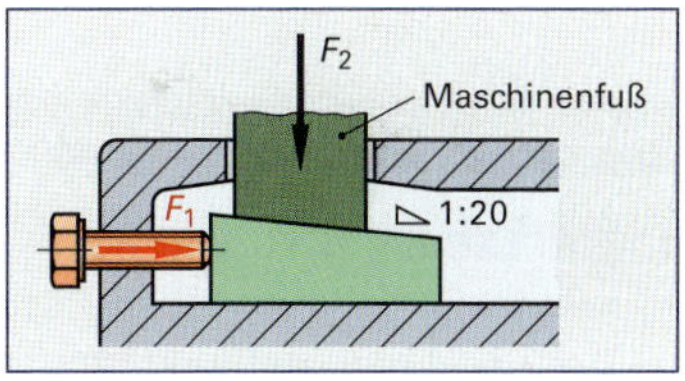

Bild 3

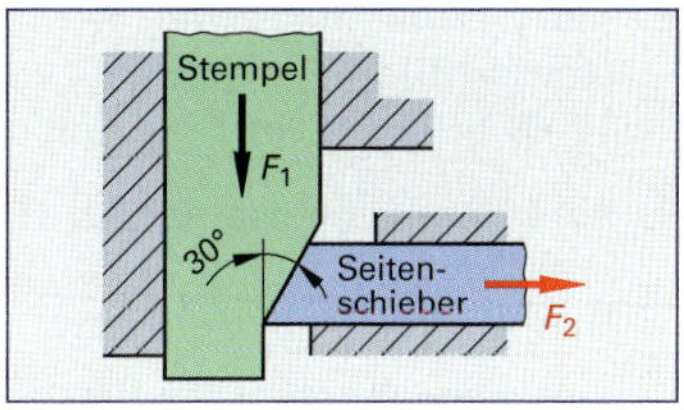

Bild 4

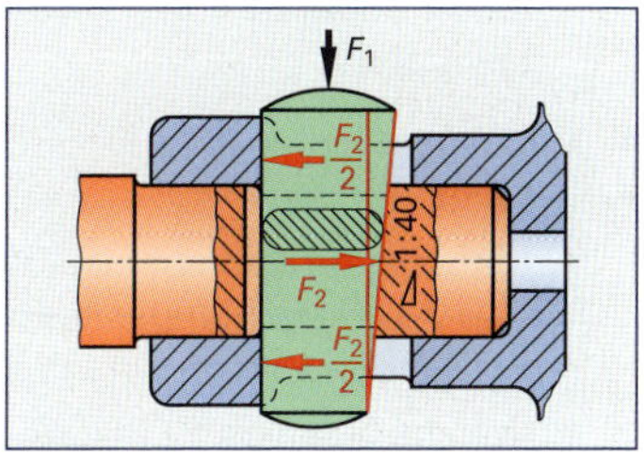

Bild 5

2.6.7 Die Schraube als schiefe Ebene

Wird eine schiefe Ebene um einen Zylinder gewickelt **(Bild 1)**, so entsteht eine Schraubenlinie, dabei entspricht ihre Basis dem Zylinderumfang und ihre Höhe der Steigung P der Schraubenlinie.

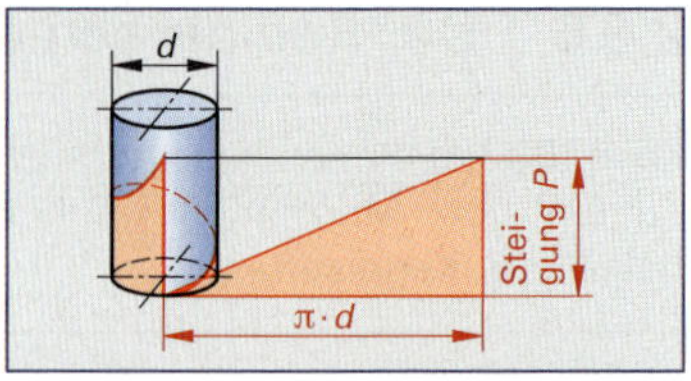

Bild 1

Bezeichnungen:

W_1	Handarbeit	J	s	Handweg	mm
W_2	Spannarbeit	J	d	Durchmesser	mm
F_1	Handkraft	N	P	Gewindesteigung	mm
F_2	Spannkraft	N			

Wird eine Schraube oder Mutter angezogen, so wird die Handarbeit W_1 bei einer Umdrehung des Schraubenschlüssels in Spannarbeit W_2 in der Schraubenachse umgewandelt. Es gilt $W_1 = W_2$.

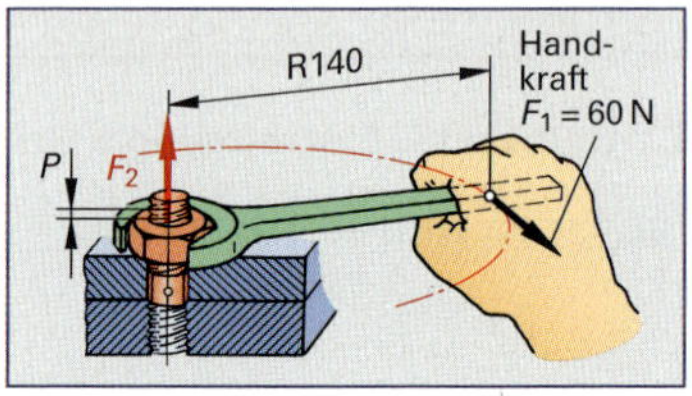

Bild 2

Handarbeit $W_1 = F_1 \cdot s = F_1 \cdot \pi \cdot d$

Spannarbeit $W_2 = F_2 \cdot P$

Handkraft · Handweg = Spannkraft · Gewindesteigung

$$F_1 \cdot s = F_2 \cdot P$$

Beispiel: Eine Mutter **(Bild 2)** mit der Steigung $P = 1{,}75$ mm wird mit einem Schraubenschlüssel von 140 mm wirksamer Hebellänge mit einer Handkraft $F_1 = 60$ N angezogen. Wie groß ist die in Richtung der Schraubenachse wirkende Kraft F_2, wenn Reibungsverluste unberücksichtigt bleiben?

Lösung: $F_2 = \frac{F_1 \cdot \pi \cdot d}{P} = \frac{60 \text{ N} \cdot \pi \cdot 280 \text{ mm}}{1{,}75 \text{ mm}} = \mathbf{30\,159\ N}$

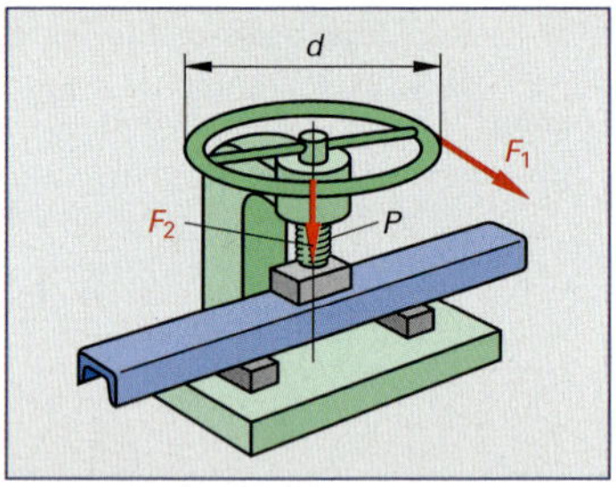

Bild 3

Aufgaben | **Die Schraube als schiefe Ebene**

1. Ein U-Profil soll auf einer Spindelpresse **(Bild 3)** gerichtet werden. Wie groß ist die Kraft F_2, wenn der Raddurchmesser $d = 1{,}5$ m, die Steigung des Trapezgewindes $P = 24$ mm und die Handkraft $F_1 = 150$ N ist?

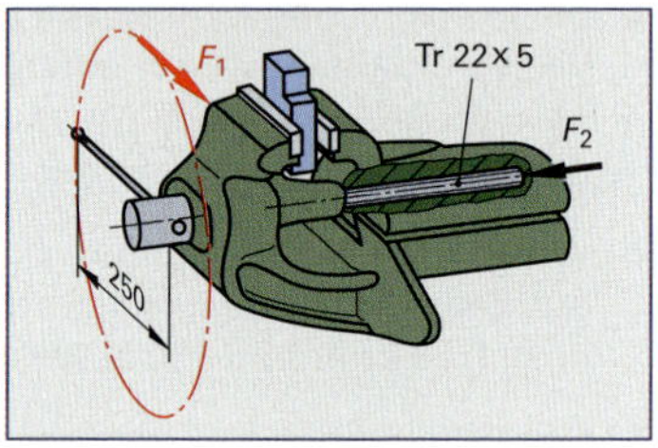

Bild 4

2. Mit welcher Handkraft F_1 muss der Spannhebel des Schraubstocks **(Bild 4)** angezogen werden, damit eine Spannkraft von 12 kN erreicht wird? Die Reibungsverluste betragen 70 %.

3. Eine Spindelpresse hat ein Handrad von 800 mm Durchmesser und eine Spindel mit 16 mm Steigung. Das Handrad wird mit der Handkraft von 96 N gedreht.

   a) Welche theoretische Presskraft wird in der Spindel erreicht?

   b) Mit welcher Kraft muss das Handrad angezogen werden, um eine Presskraft von 15700 N, bei 65 % Reibungsverlusten, zu erzeugen?

4. ● Der Wagenheber **(Bild 5)** wird über eine Kurbel mit $r = 125$ mm betätigt.

   a) Mithilfe von Kräfteparallelogrammen sind für die Gewichtskraft $F_G = 10$ kN die Stangenkräfte F_I und F_{II} sowie die Kraft F_2 in der Schraubenachse zeichnerisch zu ermitteln.

   b) Welche Handkraft F_1 ist an der Kurbel, bei 65 % Reibungsverlusten, aufzubringen?

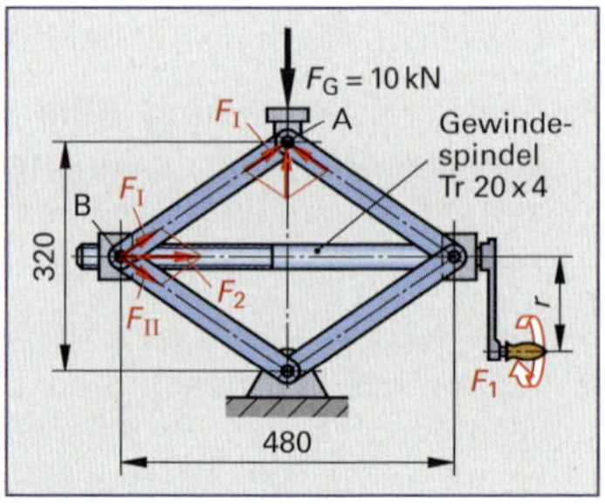

● **Bild 5**

2.6.8 Rollen und Flaschenzüge

Rollen und Flaschenzüge sind Hebezeuge und dienen zum Heben von Lasten. Man unterscheidet zwischen festen Rollen, losen Rollen und Rollenflaschenzügen. Auch bei Flaschenzügen gilt die goldene Regel der Mechanik: Was an Kraft gespart wird, muss an Weg zugesetzt werden.

Bezeichnungen:					
F	Kraft, Handkraft	N	s	Kraftweg	m
F_G	Last, Gewichtskraft	N	h	Lastweg	m
n	Anzahl der tragenden Seile	–			

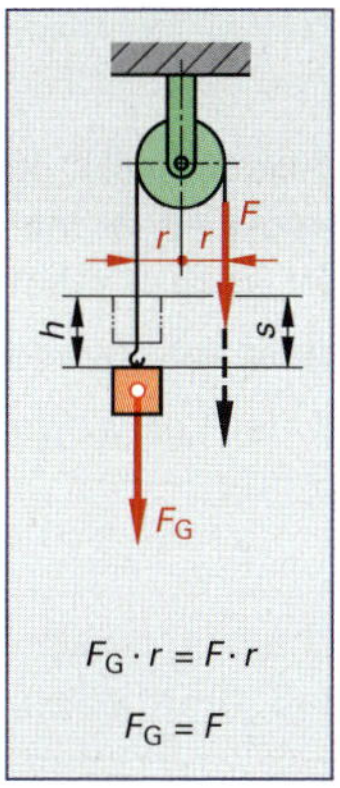

Bild 1

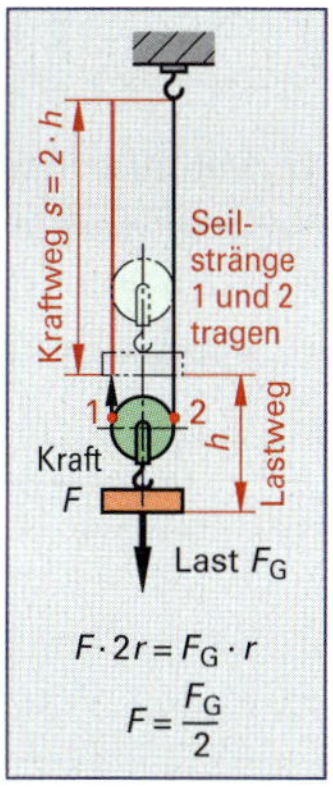

Bild 2

Feste Rolle

Eine feste Rolle **(Bild 1)** kann nur die Richtung der Kraft ändern, Kraft und Weg bleiben gleich.

Kraft = Last und Kraftweg = Lastweg

$$F = F_G \text{ und } s = h$$

Lose Rolle

Bei der losen Rolle **(Bild 2)** verteilt sich die Last auf zwei Seile. Jedes Seil trägt die halbe Last. Die Kraft wird halbiert und der Kraftweg verdoppelt.

$$\textbf{Kraft} = \frac{\textbf{Last}}{\textbf{2}} \text{ und } \textbf{Kraftweg} = \textbf{2} \cdot \textbf{Lastweg}$$

$$F = \frac{F_G}{2} \text{ und } s = 2 \cdot h$$

Rollenflaschenzüge

Rollenflaschenzüge werden zum Heben schwerer Lasten verwendet. Sie bestehen aus festen und losen Rollen. Die Kräfte verteilen sich auf die tragenden Seile **(Bild 3)**. Die Anzahl der tragenden Seile entspricht meist der Anzahl der Rollen.

$$\textbf{Kraft} = \frac{\textbf{Last}}{\textbf{Anzahl der tragenden Seile}}$$

$$F = \frac{F_G}{n}$$

$$\textbf{Kraftweg} = \textbf{Anzahl der tragenden Seile} \cdot \textbf{Lastweg}$$

$$s = n \cdot h$$

Beispiel: Eine Last F_G = 960 N soll durch einen Rollenflaschenzug mit vier tragenden Seilen bzw. zwei festen und zwei losen Rollen **(Bild 3)** auf eine Höhe von 0,9 m gehoben werden.

a) Welche Kraft F ist hierfür notwendig?

b) Wie lang ist der Kraftweg s?

Lösung: a) $F = \frac{F_G}{n} = \frac{960\ \text{N}}{4} = \mathbf{240\ N}$

b) $s = n \cdot h = 4 \cdot 0{,}9\ \text{m} = \mathbf{3{,}6\ m}$

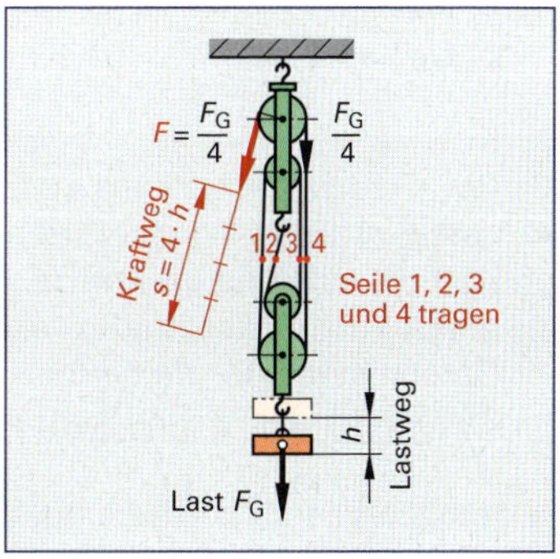

Bild 3

Aufgaben | Rollen und Flaschenzüge

1. Mithilfe der losen Rolle **(Bild 1)**, die eine Gewichtskraft von 40 N hat, ist ein 4750 N schwerer Träger hochzuheben.

a) Welche Kraft ist aufzuwenden?

b) Wie groß ist der Lastweg h bei einem Kraftweg $s = 1{,}75$ m?

2. Ein Rollenflaschenzug besitzt 3 feste und 3 lose Rollen. Wie groß sind bei einem Kraftaufwand $F = 300$ N

a) die anzuhebende Last F_G,

b) der Kraftweg bei einem Lastweg von 11 m?

3. Eine Last von 1780 N soll mithilfe des Flaschenzuges **(Bild 2)** angehoben werden.

a) Welche Zugkraft muss aufgebracht werden, wenn das Gewicht der Unterflasche 120 N beträgt?

b) Wie lang ist der Kraftweg bei einem Hub von 2500 mm?

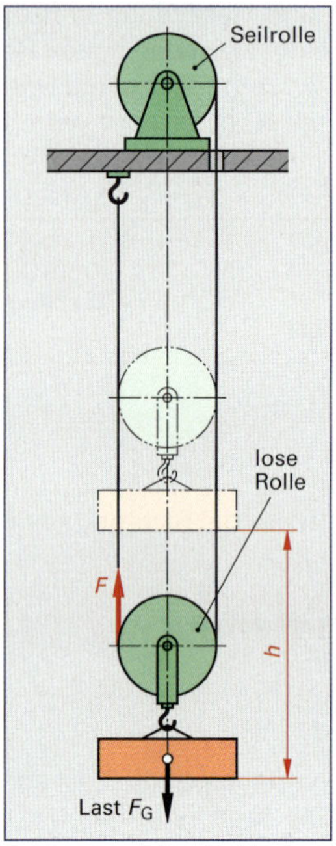

Bild 1

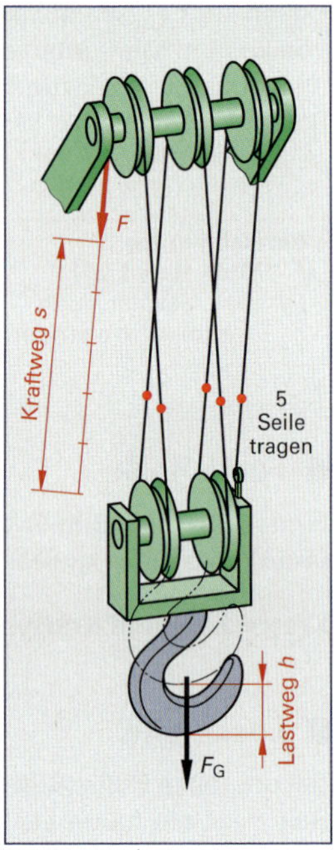

Bild 2

4. Eine Last F_G = 2130 N wird mithilfe des Flaschenzuges **(Bild 3)** auf eine Höhe von 2,45 m angehoben.

a) Wie groß ist die Zugkraft, wenn das Gewicht der Unterflasche 85 N beträgt?

b) Wie lang ist der Kraftweg?

5. Ein 2420 N schwerer Stahlträger ist mit einem Rollenflaschenzug (3 lose und 3 feste Rollen) zu heben. Das Gewicht der Unterflasche beträgt 120 N.

a) Wie groß ist die notwendige Kraft am Zugseil bei 20 % Reibungsverlusten?

b) Wie groß ist der Lastweg h bei einem Kraftweg $s = 6{,}40$ m?

6. ● Der Schraubenflaschenzug **(Bild 4)** trägt eine Last F_G = 12 kN. Wie groß ist die zum Heben der Last F_G notwendige Kraft F, wenn der Durchmesser des Haspelrades d_2 = 165 mm, der Durchmesser der Kettennuss d_1 = 76 mm, die Zähnezahl des Schneckenrades z_2 = 20, die Übersetzung $i = 20:1$ sind und eine einzähnige (eingängige) Schnecke eingebaut ist?

Die Reibungsverluste betragen insgesamt 55 %.

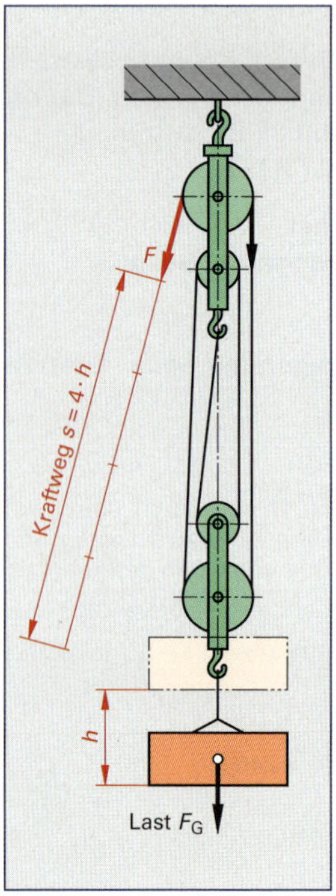

Bild 3

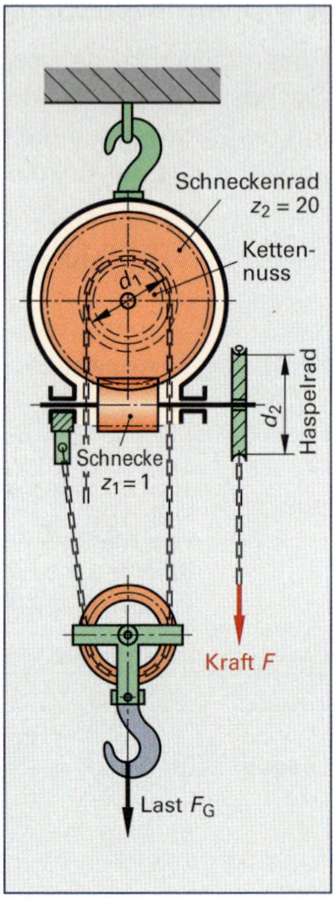

● **Bild 4**

2.6.9 Mechanische Leistung und Wirkungsgrad

Bezeichnungen:

P	Leistung (allgemein)	J	$F, F_G, \ldots$	Kräfte	N
P_1	zugeführte Leistung	J	v	Geschwindigkeit	m/s
P_2	abgegebene Leistung	J	W	Arbeit	J
η	Gesamtwirkungsgrad	–	s	Weg	m
$\eta_1, \eta_2, \ldots$	Einzelwirkungsgrade	–	t	Zeit	s

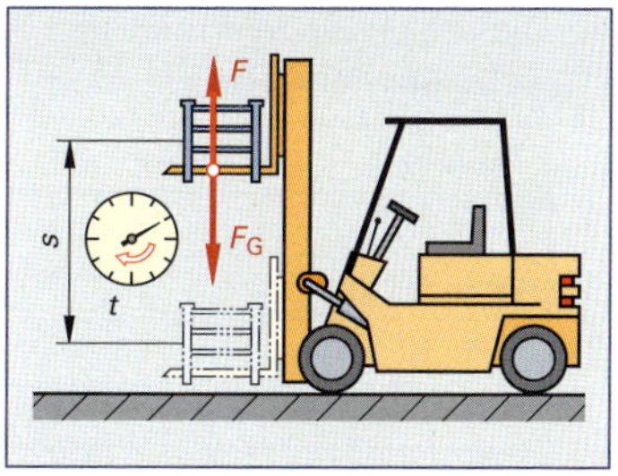

Bild 1

■ Leistung

Unter der Leistung versteht man die Arbeit pro Zeiteinheit **(Bild 1)**.

Leistung = $\frac{\textbf{Arbeit}}{\textbf{Zeit}}$

$$P = \frac{W}{t}$$

Setzt man für $W = F \cdot s$ und für $\frac{s}{t} = v$, erhält man

Leistung = $\frac{\textbf{Kraft} \cdot \textbf{Weg}}{\textbf{Zeit}}$ = Kraft · Geschwindigkeit

$$P = \frac{F \cdot s}{t} = F \cdot v$$

$$1\ \text{W}^{1)} = 1\ \frac{\text{J}}{\text{s}} = 1\ \frac{\text{N} \cdot \text{m}}{\text{s}}$$

Beispiel: Eine Kiste mit der Gewichtskraft $F_G = 500$ N wird 3 m hoch gehoben. Wie groß ist die erforderliche Leistung, wenn ein Gabelstapler (Bild 1) für diese Arbeit 3,5 s braucht?

Lösung: $P = \frac{F \cdot s}{t} = \frac{500\ \text{N} \cdot 3\ \text{m}}{3{,}5\ \text{s}} = 428{,}6\ \frac{\text{N} \cdot \text{m}}{\text{s}} = \mathbf{428{,}6\ W}$

■ Wirkungsgrad und Gesamtwirkungsgrad

Eine Maschine nimmt stets eine höhere Leistung auf, als sie abgibt, da durch Reibung und ungenutzte Wärme Verluste entstehen **(Bild 2)**. Die abgegebene Leistung P_2 ist also stets kleiner als die zugeführte Leistung P_1. Das Verhältnis aus abgegebener Leistung zu zugeführter Leistung bezeichnet man als Wirkungsgrad η[2]).

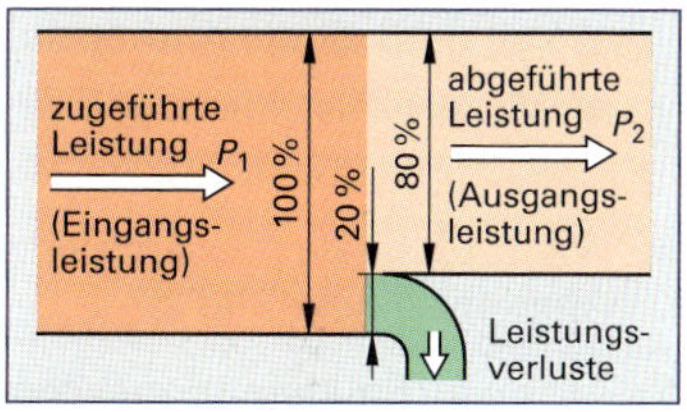

Bild 2

Wirkungsgrad = $\frac{\textbf{abgegebene Leistung}}{\textbf{zugeführte Leistung}}$

$$\eta = \frac{P_2}{P_1}$$

Der Wirkungsgrad ist stets kleiner als 1 bzw. als 100 %.

Gesamtwirkungsgrad = Produkt der Einzelwirkungsgrade

$$\eta = \eta_1 \cdot \eta_2 \cdot \eta_3 \cdot \ldots$$

Beispiel: Ein Elektromotor treibt ein Förderband **(Bild 3)** an

a) Welchen Wirkungsgrad hat der Elektromotor, wenn die aufgenommene Leistung 4,5 kW und die am Wellenstumpf abgegebene Leistung 4,0 kW beträgt?

b) Wie groß ist der Wirkungsgrad des Getriebes, wenn am Getriebeausgang 3,68 kW gemessen werden?

c) Wie groß ist der Gesamtwirkungsgrad?

Lösung:

a) $\eta = \frac{P_2}{P_1} = \frac{P_{M2}}{P_{M1}} = \frac{4{,}0\ \text{kW}}{4{,}5\ \text{kW}} = \mathbf{0{,}89} = \frac{89}{100} \mathrel{\hat=} \mathbf{89\,\%}$

b) $\eta_2 = \frac{P_2}{P_1} = \frac{P_{G2}}{P_{G1}} = \frac{3{,}68\ \text{kW}}{4{,}0\ \text{kW}} = \mathbf{0{,}92} = \frac{92}{100} \mathrel{\hat=} \mathbf{92\,\%}$

c) $\eta = \eta_1 \cdot \eta_2 = 0{,}89 \cdot 0{,}92 = \mathbf{0{,}82} \mathrel{\hat=} \mathbf{82\,\%}$

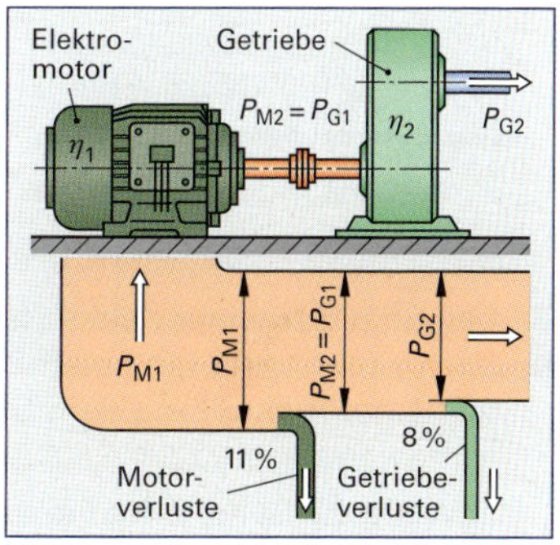

Bild 3

1) Watt, engl. Ingenieur (1736–1819)

2) η, griech. Buchstabe eta

Aufgaben | Mechanische Leistung und Wirkungsgrad

1. Die fehlenden Werte in den Aufgaben **a** bis **e** der **Tabelle 1** sind zu berechnen.

Tabelle 1	a	b	c	d	e
P in W	?	?	2000	3000	40000
W in N · m	?	450	?	9000	?
F in N	250	?	?	?	?
v in m/s	?	2	?	1	8
s in m	2	?	1	?	4
t in s	1	0,5	2	?	?

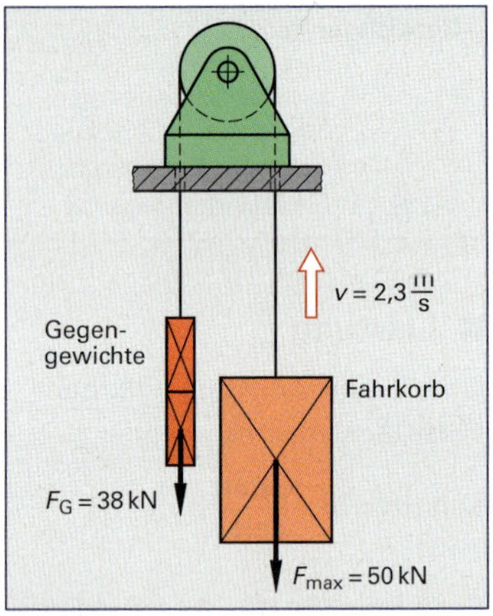

Bild 1

2. Ein Aufzug ist für eine Leistung von 7,5 kW ausgelegt. Wie groß darf die Belastung werden, wenn die Hubgeschwindigkeit 1,5 m/s beträgt und aus Sicherheitsgründen nur 25 % der Hubleistung ausgenutzt werden soll?

3. Ein Elektromotor nimmt eine Leistung von 24,3 kW auf und gibt eine Leistung von 22 kW ab. Wie groß ist der Wirkungsgrad des Elektromotors?

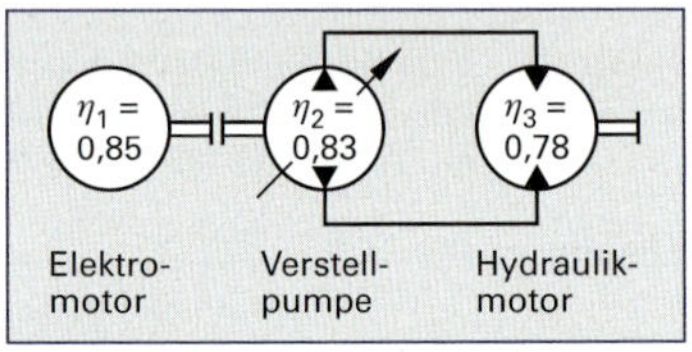

Bild 2

4. Das Seil des Aufzugs **(Bild 1)** ist für eine Höchstlast von 50 kN ausgelegt. Das Gegengewicht hat eine Gewichtskraft von 38 kN, die Hubgeschwindigkeit beträgt 2,3 m/s.

a) Wie groß ist die Antriebsleistung der Seilrolle?

b) Wie groß ist die zugeführte Leistung des Motors, wenn der Wirkungsgrad $\eta = 0{,}88$ ist?

5. Wie groß ist der Gesamtwirkungsgrad der elektrohydraulischen Antriebseinheit **(Bild 2)**?

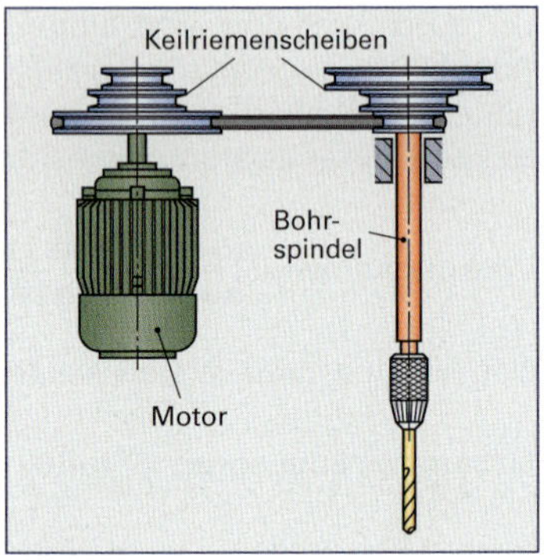

Bild 3

6. An einer Säulenbohrmaschine **(Bild 3)** werden folgende Leistungsdaten ermittelt: dem Motor zugeführte Leistung 2,5 kW; vom Motor an die Keilriemenscheibe abgegebene Leistung 2,1 kW; von der Keilriemenscheibe an die Bohrspindel abgegebene Leistung 1,6 kW; von der Bohrspindel zur Zerspanung abgegebene Leistung 1,4 kW. Wie groß sind

a) der Wirkungsgrad des Elektromotors,

b) der Wirkungsgrad der Keilriemenübertragung,

c) der Wirkungsgrad der Bohrspindel,

d) der Gesamtwirkungsgrad?

7. Beim Strangpressen eines Profils muss der Hydraulikkolben eine Kraft von 120 kN bei einer Geschwindigkeit von 12,5 m/min aufbringen, Zu berechnen sind.

a) die Leistung des Zylinders,

b) die notwendige Leistung der Hydraulikpumpe bei $\eta = 0{,}84$.

8. ● Das Sägeblatt einer Kaltkreissäge **(Bild 4)** läuft mit der Drehzahl $n = 18\ \text{min}^{-1}$ und hat einen Durchmesser $d = 630$ mm. Der Antriebsmotor entnimmt dem Stromnetz 4,3 kW Leistung. Der Gesamtwirkungsgrad der Kaltkreissäge beträgt 65 %.

a) Wie groß ist die Leistung am Sägeblatt?

b) Welche Kraft tritt am Umfang des Sägeblattes auf?

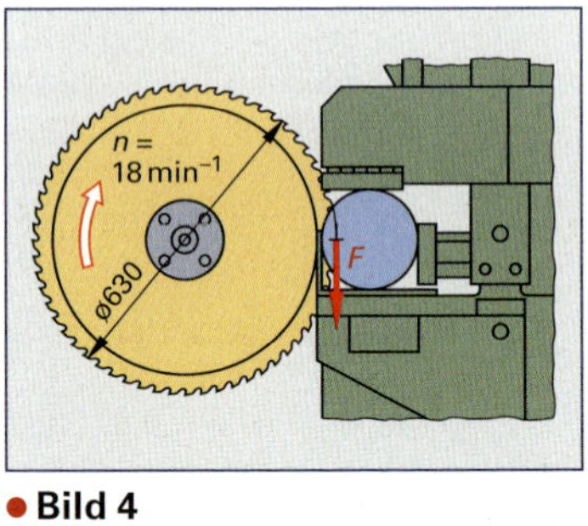

● **Bild 4**

2.7 Elektrotechnik

2.7.1 Ohmsches Gesetz

Das Ohmsche Gesetz drückt den Zusammenhang zwischen Stromstärke, Spannung und Widerstand in einem geschlossenen Stromkreis aus.

Bezeichnungen:

I	Stromstärke, Strom	A (Ampere)[1]
U	Spannung	V (Volt)[2]
R	Widerstand	Ω (Ohm)[3]

Bei einem elektrischen Gerät ist die Stromstärke I in A (Ampere) umso größer, je größer die anliegende Spannung U in V (Volt) und je kleiner der Widerstand R in Ω (Ohm) ist **(Bild 1)**.

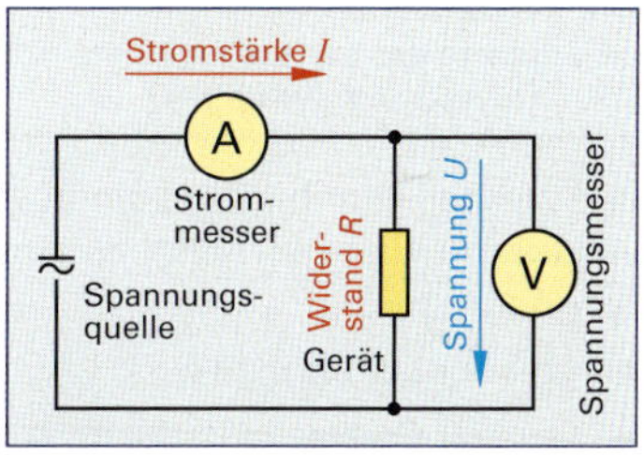

Bild 1

$$\textbf{Stromstärke} = \frac{\textbf{Spannung}}{\textbf{Widerstand}}$$

$$I = \frac{U}{R}$$

$$1\,\text{A} = \frac{1\,\text{V}}{1\,\Omega}$$

$$1\,\text{A} = 1\,\Omega \cdot 1\,\text{A}$$

$$1\,\Omega = \frac{1\,\text{V}}{1\,\text{A}}$$

Beispiel: Welcher Strom fließt durch die Heizwicklung eines elektrischen Lötkolbens, an der eine Spannung $U = 230$ V liegt und die einen Widerstand $R = 25\ \Omega$ hat?

Lösung: $I = \frac{U}{R} = \frac{230\ \text{V}}{25\ \Omega} = \mathbf{9{,}2\ A}$

Aufgaben | Ohmsches Gesetz

1. In einem Leiter mit dem Widerstand $R = 12\ \Omega$ fließt ein Strom von $I = 4{,}2$ A. Wie groß ist die angelegte Spannung U?
2. Der Widerstand der Scheinwerferlampe eines Kraftfahrzeuges beträgt 4 Ω. Die Lampe ist an 12 V Spannung angeschlossen. Welcher Strom fließt durch die Lampe?
3. In einem Stromkreis wird ein Strom von 6,4 A gemessen **(Bild 2)**. Wie groß ist der Widerstand R, der an einer Spannung von 230 V angeschlossen ist?
4. Welcher Strom fließt durch einen Widerstand von 5 kΩ, wenn er an 230 V angeschlossen ist?
5. Beim Prüfen eines unbekannten Widerstandes erhält man das Spannungs-Strom-Schaubild nach **Bild 3**.
   a) Welche zugehörigen Stromstärken können aus dem Schaubild für die Spannungen 20 V, 30 V, 40 V, 70 V und 85 V abgelesen werden?
   b) Wie groß ist der jeweilige Widerstand R?
6. An einen Schiebewiderstand wird eine Spannungsquelle mit $U = 12$ V angelegt. Der Widerstand wird nacheinander auf 20 Ω, 40 Ω, 50 Ω, 60 Ω, 80 Ω, 100 Ω und 120 Ω eingestellt.
   a) Die jeweiligen Stromstärken sind zu berechnen.
   b) Die ermittelten Stromstärken sind in ein rechtwinkliges Koordinatensystem einzutragen. Folgende Maßstäbe sollen verwendet werden: 1 cm ≙ 20 Ω, 1 cm ≙ 0,1 A.

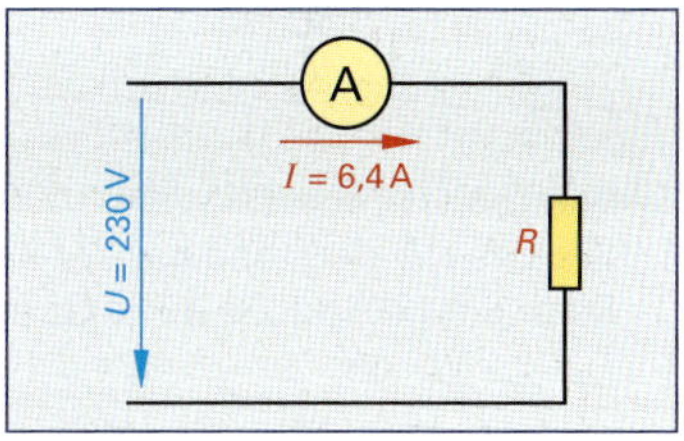

Bild 2

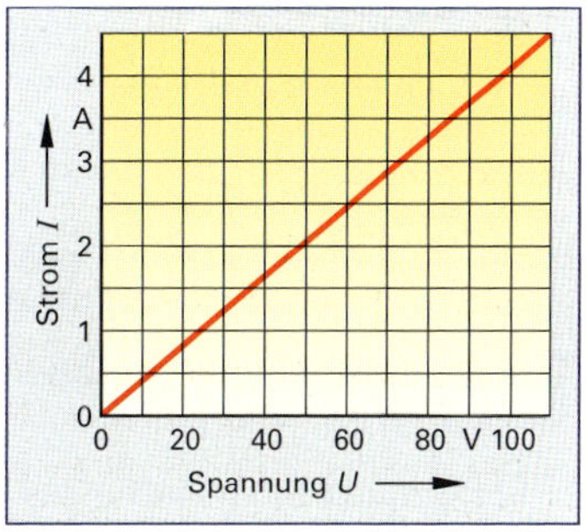

Bild 3

[1] Ampère, französischer Physiker (1775 bis 1836); [2] Volta, italienischer Physiker (1745 bis 1827); [3] Ohm, deutscher Physiker (1787 bis 1854)

2.7.2 Leiterwiderstand

Bezeichnungen:

ϱ[1]	spezifischer Widerstand	$\frac{\Omega \cdot mm^2}{m}$
R	Widerstand	Ω
l	Länge des Leiters	m
A	Querschnitt des Leiters	mm^2

Elektrische Leiter besitzen einen Widerstand und übertragen deshalb elektrische Energie nicht verlustfrei. Der Widerstand des Leiters hängt ab

- von der Leiterlänge l,
- von der Querschnittsfläche A des Leiters,
- vom spezifischen Widerstand ϱ des Leiterwerkstoffs.

Der spezifische Widerstand ϱ **(Tabelle 1)** gibt den Widerstand eines Leiters mit 1 m Länge und 1 mm^2 Querschnitt an **(Bild 1)**.

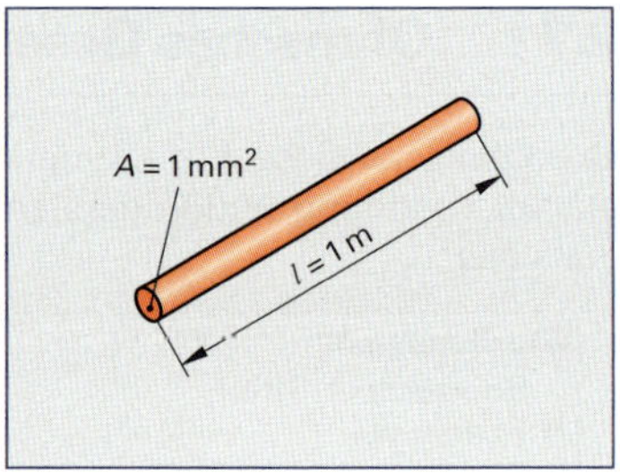

Bild 1

$$\text{Widerstand} = \frac{\text{spezifischer Widerstand} \cdot \text{Länge}}{\text{Querschnittsfläche}}$$

$$R = \frac{\varrho \cdot l}{A}$$

Beispiel: Aus Kupferdraht soll eine Spule mit dem Widerstand $R = 3{,}5\ \Omega$ gewickelt werden. Der Drahtdurchmesser beträgt 1 mm. Welche Länge muss der Kupferdraht haben?

Lösung:

$$A = \frac{\pi \cdot d^2}{4} = \frac{\pi \cdot 1 mm^2}{4} = 0{,}785\ mm^2$$

$$R = \frac{\varrho \cdot l}{A}$$

$$l = \frac{R \cdot A}{\varrho} = \frac{3{,}5\ \Omega \cdot 0{,}785\ mm^2}{0{,}0178\ \frac{\Omega \cdot mm^2}{m}} = 154{,}35\ m \approx \mathbf{154\ m}$$

Tabelle 1:

Spezifischer Widerstand ϱ in $\frac{\Omega \cdot mm^2}{m}$	
Silber	0,015
Kupfer	0,0178
Gold	0,022
Aluminium	0,028
CuNi30Mn	0,40
CuMn12Ni	0,43
CuNi44	0,49
HCrAl20-5	1,37

Aufgaben Leiterwiderstand

1. Welchen Widerstand hat der Kupferdraht einer Kabeltrommel von 50 m Länge und 2,5 mm^2 Querschnittsfläche?
2. Eine Freileitung aus Aluminium ist 25 km lang. Ihr Querschnitt beträgt 95 mm^2. Der Widerstand der Leitung ist zu berechnen.
3. Welchen Querschnitt hat eine 210 m lange Aluminiumleitung, wenn der Widerstand $R = 1{,}46\ \Omega$ beträgt?
4. Der Widerstand in einem Messgerät ist aus dem Widerstandswerkstoff CuMn12Ni gewickelt. Der Drahtdurchmesser ist 0,1 mm. Welche Länge muss der Draht haben, wenn der Widerstand 100 Ω betragen soll?
5. Das Schaubild für einen Heizleiter zeigt den Zusammenhang zwischen der Länge l und dem Widerstand R **(Bild 2)**.

   a) Die jeweiligen Werte des Widerstandes R sind für l = 5 m, 4,5 m, 2,8 m und 1,6 m aus dem Schaubild **(Bild 2)** zu ermitteln.

   b) Die Querschnittsfläche des Heizleiters aus HCrAl20-5 ist zu berechnen.

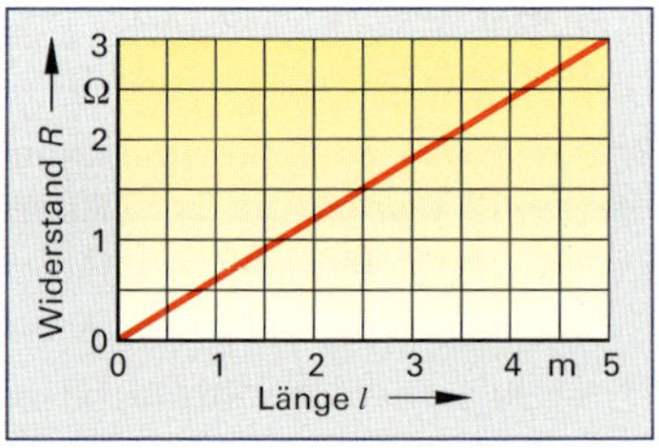

Bild 2

[1] ϱ, griech. Kleinbuchstabe rho

2.7.3 Reihenschaltung von Widerständen

Sind in einem Stromkreis mehrere Einzelwiderstände hintereinander geschaltet, so wird diese Schaltung als Reihenschaltung bezeichnet **(Bild 1)**. Dabei fließt durch jeden Einzelwiderstand derselbe Strom.

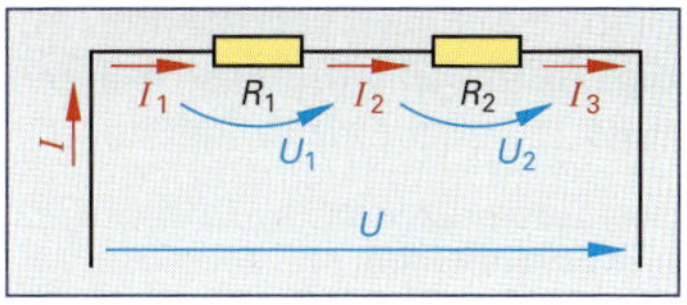

Bild 1

Bezeichnungen:

I	Gesamtstrom	A
I_1, I_2 ...	Teilströme	A
R	Gesamtwiderstand	Ω
$R1, R2, \ldots$	Einzelwiderstände, Teilwiderstände	Ω
U	Gesamtspannung	V
$U_1, U_2, \ldots$	Teilspannungen	V

$$I = I_1 = I_2 = \ldots = I_n$$

Nach dem Ohmschen Gesetz gilt dann:

$$\frac{U}{R} = \frac{U_1}{R_1} = \frac{U_2}{R_2} = \ldots = \frac{U_n}{R_n}$$

Gesamtspannung = Summe der Teilspannungen

$$U = U_1 + U_2 + \ldots + U_n$$

Gesamtwiderstand = Summe der Teilwiderstände

$$R = R_1 + R_2 + \ldots + R_n$$

Beispiel: Die Einzelwiderstände $R_1 = 40\ \Omega$ und $R_2 = 60\ \Omega$ werden in Reihe geschaltet und liegen an einer Gesamtspannung $U = 230$ V **(Bild 2)**.

Gesucht sind

a) der Gesamtwiderstand R,

b) der Gesamtstrom I,

c) die Teilspannungen U_1 und U_2.

Lösung:

a) $R = R_1 + R_2 = 40\ \Omega + 60\ \Omega = \mathbf{100\ \Omega}$

b) $I = \frac{U}{R} = \frac{230\ \text{V}}{100\ \Omega} = \mathbf{2{,}3\ A}$

c) $U_1 = I \cdot R_1 = 2{,}3\ \text{A} \cdot 40\ \Omega = \mathbf{92\ V}$
$U_2 = I \cdot R_2 = 2{,}3\ \text{A} \cdot 60\ \Omega = \mathbf{138\ V}$

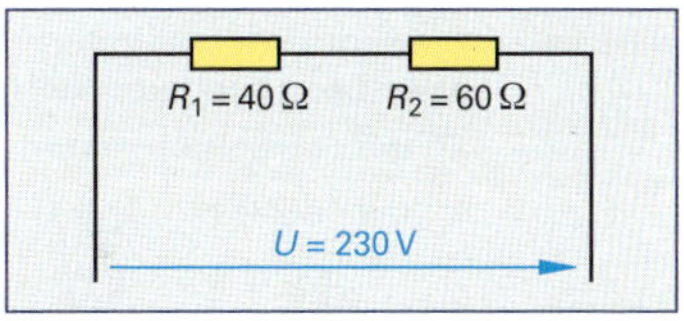

Bild 2

Aufgaben | Reihenschaltung von Widerständen

1. Die Widerstände $R_1 = 100\ \Omega$ und $R_2 = 150\ \Omega$ liegen in Reihe an $U = 230$ V. Wie groß ist der Gesamtstrom I?

2. Der Gesamtwiderstand einer Reihenschaltung soll $R = 1300\ \Omega$ betragen. In der Schaltung sind die Einzelwiderstände $R_1 = 1\ \text{k}\Omega$, $R_2 = 200\ \Omega$ und ein veränderbarer Widerstand R_3 eingebaut. Auf welchen Widerstandswert ist R_3 einzustellen?

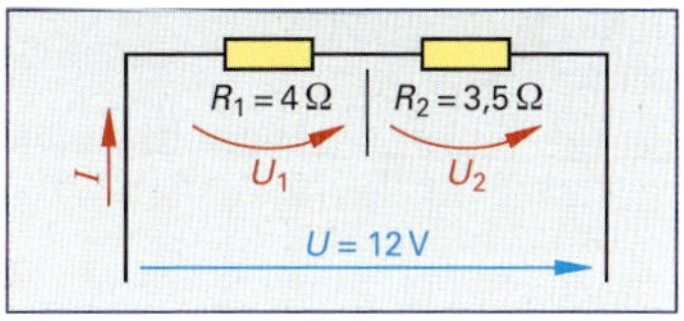

Bild 3

3. Die Widerstände $R_1 = 4\ \Omega$ und $R_2 = 3{,}5\ \Omega$ sind in Reihe geschaltet und liegen an $U = 12$ V **(Bild 3)**.

Wie groß sind

a) der Gesamtstrom,

b) die Teilspannungen?

4. ● Eine Glühlampe mit den Anschlusswerten 12 V und 0,5 A soll durch einen Vorwiderstand an 48 V angeschlossen werden **(Bild 4)**. Wie groß muss der Vorwiderstand sein?

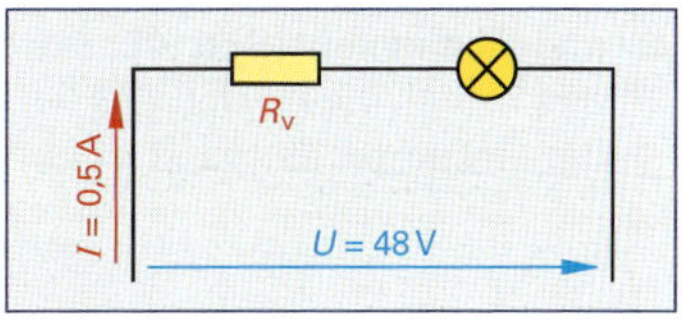

Bild 4

2.7.4 Parallelschaltung von Widerständen

Sind die Einzelwiderstände in einem Stromkreis nebeneinander geschaltet, so wird diese Schaltung als Parallelschaltung bezeichnet **(Bild 1)**. Jeder Einzelwiderstand liegt an der gleichen Spannung.

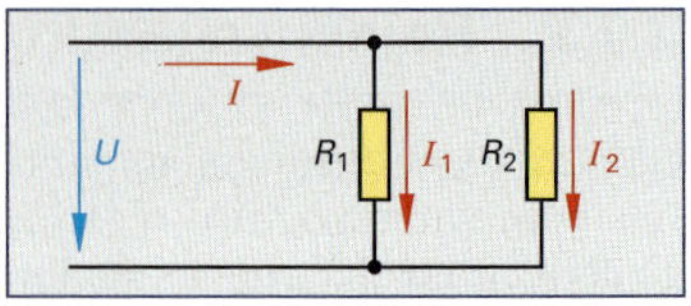

Bild 1

$$U = U_1 = U_2 = \ldots = U_n$$

Bezeichnungen:

I	Gesamtstrom	A	R	Gesamtwiderstand	Ω
$I_1, I_2, \ldots$	Teilströme	A	$R_1, R_2, \ldots$	Einzelwiderstände, Teilwiderstände	Ω
U	Gesamtspannung	V			
$U_1, U_2, \ldots$	Teilspannungen	V			

Nach dem Ohmschen Gesetz gilt dann:

$$\frac{I}{I_1} = \frac{R_1}{R} \qquad \frac{I_1}{I_2} = \frac{R_2}{R_1} = \ldots$$

Gesamtstrom = Summe der Teilströme

$$I = I_1 + I_2 + \ldots + I_n$$

Kehrwert des Gesamtwiderstandes = Summe der Kehrwerte der Teilwiderstände

$$\frac{1}{R} = \frac{1}{R_1} + \frac{1}{R_2} + \ldots + \frac{1}{R_n}$$

Für zwei parallele Widerstände gilt: $\frac{1}{R} = \frac{1}{R_1} + \frac{1}{R_2} = \frac{R_2 + R_1}{R_1 \cdot R_2}$

Der Kehrwert auf beiden Seiten der Gleichung ergibt den Gesamtwiderstand R für zwei parallel geschaltete Widerstände.

$$R = \frac{R_1 \cdot R_2}{R_1 + R_2}$$

Beispiel: Die Einzelwiderstände $R_1 = 4\ \Omega$ und $R_2 = 6\ \Omega$ liegen parallel an einer Spannung von 12 V **(Bild 2)**. Gesucht sind

a) der Gesamtwiderstand R, b) der Gesamtstrom I,

c) die Teilströme I_1 und I_2.

Lösung: a) $R = \frac{R_1 \cdot R_2}{R_1 + R_2} = \frac{4\ \Omega \cdot 6\ \Omega}{4\ \Omega + 6\ \Omega} = \frac{24\ \Omega^2}{10\ \Omega} = \mathbf{2{,}4\ \Omega}$

b) $I = \frac{U}{R} = \frac{12\ \text{V}}{2{,}4\ \Omega} = \mathbf{5\ A}$

c) $I_1 = \frac{U}{R_1} = \frac{12\text{V}}{4\ \Omega} = \mathbf{3\ A}$; $I_2 = \frac{U}{R_2} = \frac{12\ \text{V}}{6\ \Omega} = \mathbf{2\ A}$

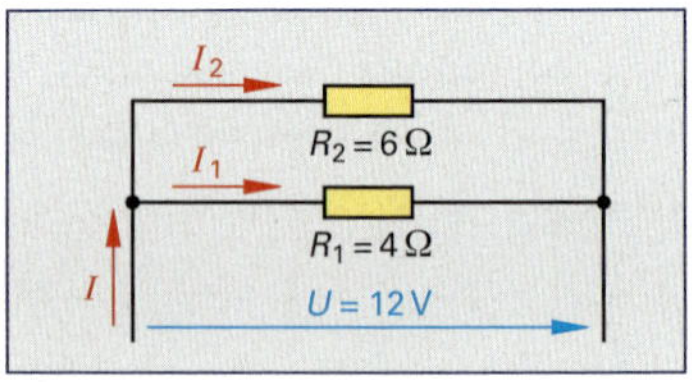

Bild 2

Aufgaben **Parallelschaltung von Widerständen**

1. Zwei gleiche Widerstände mit je 30 Ω sind parallel geschaltet. Wie groß ist der Gesamtwiderstand R?

2. Welcher Widerstand R_2 muss dem Widerstand $R_1 = 7\ \text{k}\Omega$ parallel geschaltet werden, damit die Schaltung den Gesamtwiderstand $R = 5\ \text{k}\Omega$ erhält?

3. Die Parallelschaltung **(Bild 3)** mit drei Widerständen liegt an 100 V und nimmt 2 A auf. Bekannt sind die Widerstände $R_1 = 80\ \Omega$ und $R_2 = 200\ \Omega$. Wie groß sind I_1, I_2, I_3 und R_3?

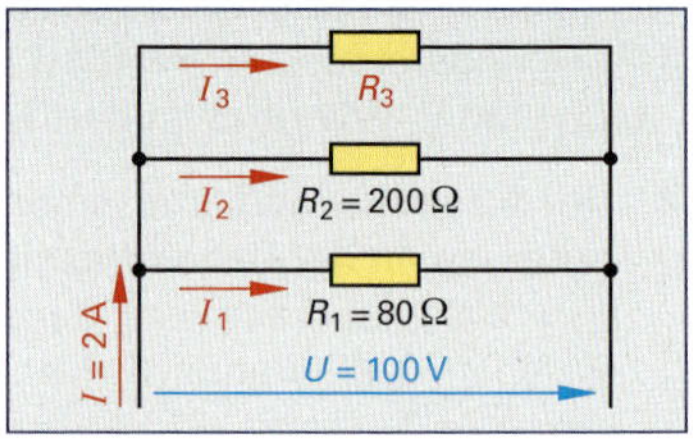

Bild 3

4. ● Vier gleiche Widerstände sind parallel an die Spannung $U = 25$ V angeschlossen **(Bild 4)**. Durch das Abtrennen des Widerstandes R_4 verringert sich der Gesamtstrom um 40 mA. Wie groß ist der Gesamtwiderstand der ursprünglichen Schaltung?

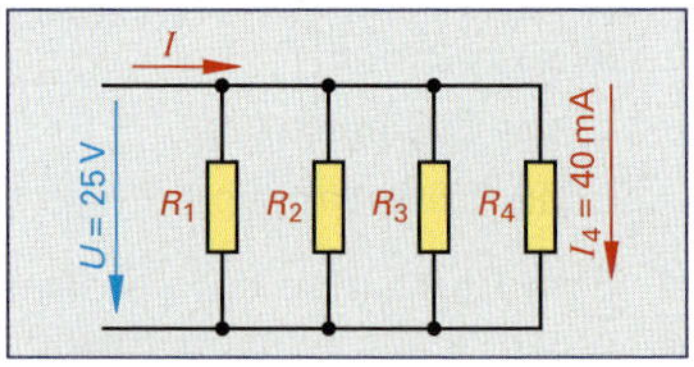

● **Bild 4**

2.7.5 Elektrische Leistung

Das Produkt aus Spannung und Stromstärke wird als elektrische Leistung bezeichnet. Sie ist ein Maß für die Leistungsfähigkeit von elektrischen Geräten und Maschinen. Bei elektrischen Geräten, z.B. Tauchsiedern und Heizöfen, wird die zugeführte elektrische Leistung, bei elektrischen Maschinen, z.B. Motoren, die abgegebene mechanische Leistung auf dem Leistungsschild **(Bild 1)** angegeben.

Bezeichnungen:

P	Leistung	W	P_1	zugeführte Leistung	W
U	Spannung	V	P_2	abgegebene Leistung	W
I	Strom	A	η[1]	Wirkungsgrad	–
R	Widerstand	Ω	$\cos\varphi$[2]	Leistungsfaktor	–

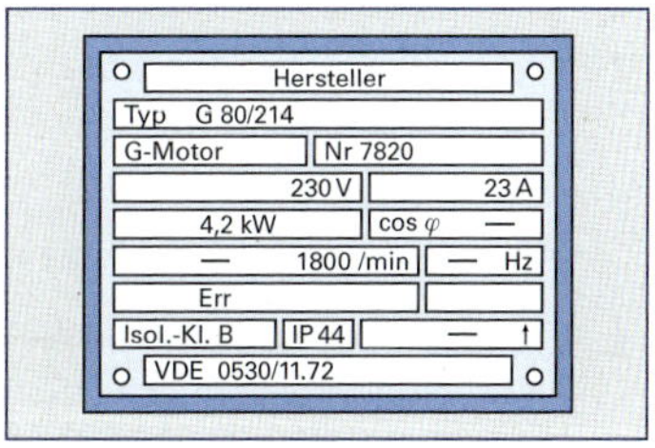

Bild 1

■ Elektrische Leistung bei Gleichstrom und Wechselstrom mit Ohmscher Belastung

Bei Gleichstrom und induktionsfreiem Wechsel- oder Drehstrom ist die elektrische Leistung umso größer, je größer Spannung und Stromstärke sind.

Leistung = Spannung · Stromstärke

$$P = U \cdot I$$

Ersetzt man in der Formel $P = U \cdot I$ die Spannung U durch $I \cdot R$, erhält man:

$$P = I^2 \cdot R$$

Ersetzt man in der Formel $P = I^2 \cdot R$ die Stromstärke I durch $\frac{U}{R}$, erhält man:

$$P = \frac{U^2}{R}$$

$$1\ \text{W} = 1\ \text{V} \cdot 1\ \text{A}$$

$$1\ \text{W} = 1\ \frac{\text{N} \cdot \text{m}}{\text{s}} = 1\ \frac{\text{J}}{\text{s}}$$

Beispiel: Das Leistungsschild eines Gleichstrommotors **(Bild 1)** enthält die Angaben $U = 230$ V und $I = 23$ A. Wie groß ist die zugeführte elektrische Leistung in kW?

Lösung: $P = U \cdot I = 230\ \text{V} \cdot 23\ \text{A} = 5290\ \text{W} \approx \mathbf{5{,}3\ kW}$

■ Elektrische Leistung bei Wechselstrom

Bei Wechselstrom mit induktiver oder kapazitiver Belastung ist die elektrische Leistung kleiner als bei Ohmscher Belastung. Die Leistungsminderung wird durch den Leistungsfaktor $\cos\varphi$ berücksichtigt.

Leistung = Spannung · Stromstärke · Leistungsfaktor

$$P = U \cdot I \cdot \cos\varphi$$

Beispiel: Ein Wechselstrommotor für 230 V hat einen Leistungsfaktor $\cos\varphi = 0{,}85$ und entnimmt dem Netz 7,25 A. Welche Leistung in kW nimmt der Motor auf?

Lösung: $P = U \cdot I \cdot \cos\varphi = 230\ \text{V} \cdot 7{,}25\ \text{A} \cdot 0{,}85 = 1417{,}38\ \text{W} = \mathbf{1{,}42\ kW}$

$$1\ \text{kW} = 1000\ \text{W}$$

$$1\ \text{MW} = 1 \cdot 10^6\ \text{W}$$

■ Elektrische Leistung bei Drehstrom

Bei Drehstrom wird in jedem Leiter eine Wechselstromleistung erzeugt. Diese drei Einzelleistungen werden durch den Verkettungsfaktor $\sqrt{3}$ zusammengefasst.

Leistung = $\sqrt{3}$ · Spannung · Stromstärke · Leistungsfaktor

$$P = \sqrt{3} \cdot U \cdot I \cdot \cos\varphi$$

Beispiel: Ein 3-kW-Drehstrommotor ist an 400 V angeschlossen; der Leistungsfaktor ist $\cos\varphi = 0{,}75$, der Wirkungsgrad $\eta = 0{,}82$. Welchen Strom nimmt der Motor auf?

Lösung: $P_1 = \frac{P_2}{\eta} = \frac{3\ \text{kW}}{0{,}82} = 3{,}66\ \text{kW}$; $I = \frac{P_1}{\sqrt{3} \cdot U \cdot \cos\varphi} = \frac{3660\ \text{W}}{\sqrt{3} \cdot 400\ \text{V} \cdot 0{,}75} = \mathbf{7{,}04\ A}$

[1] η, griech. Kleinbuchstabe eta
[2] φ, griech. Kleinbuchstabe phi

Aufgaben **Elektrische Leistung**

Elektrische Leistung bei Gleichstrom und Wechselstrom mit Ohmscher Belastung

1. Bei einer 6-V-Fahrradbeleuchtung wurde ein Strom von 0,4 A gemessen. Wie groß war die elektrische Leistung?

2. Welchen Widerstand hat der Glühfaden einer 60-W-Lampe für 230 V Netzspannung?

3. Ein Tauchsieder hat 105,8 Ω Widerstand. Welche Leistung entnimmt er einem 230-V-Netz?

4. Ein Leistungsschild eines elektrischen Heizofens ist zum Teil unleserlich geworden. Die Leistung ist mit 1250 W angegeben. Als Widerstand werden 42,8 Ω gemessen. Für welche Spannung ist der Ofen gebaut?

5. Wie groß sind die zugeführte elektrische Leistung und der Wirkungsgrad eines Gleichstrommotors mit dem Leistungsschild **(Bild 1)**?

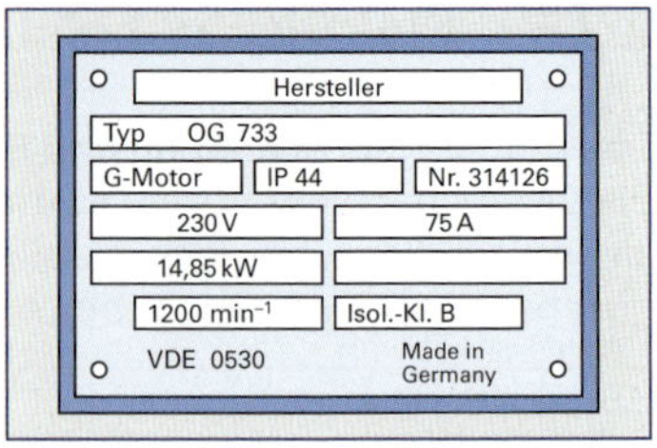

Bild 1

Elektrische Leistung bei Wechselstrom

6. Ein Gerät nimmt bei einem Leistungsfaktor $\cos\varphi = 0{,}7$ eine Leistung von 60 W auf. Wie groß ist die Stromaufnahme bei 230 V?

7. Wie groß ist die dem Netz entnommene Leistung eines Motors mit dem Leistungsschild **(Bild 2)**? Welchen Wirkungsgrad besitzt der Motor?

8. Ein Wechselstrommotor nimmt bei 230 V und 6,8 A eine Leistung von 950 W auf. Welchen Leistungsfaktor hat der Motor?

9. Ein Wechselstrommotor mit dem Leistungsschild **(Bild 3)** hat einen Wirkungsgrad von 90 %. Wie groß sind

a) die zugeführte Leistung,

b) die abgegebene Leistung?

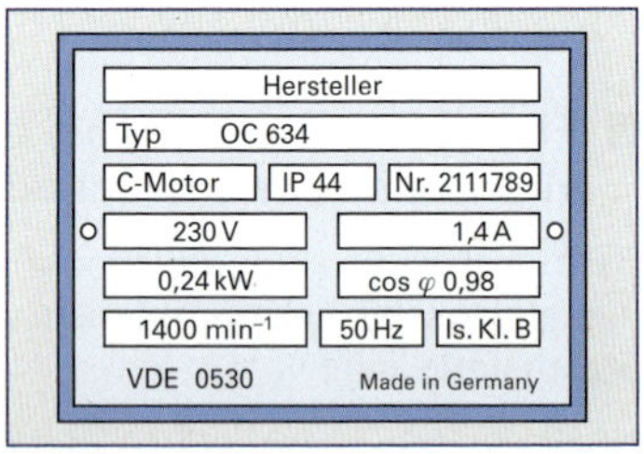

Bild 2

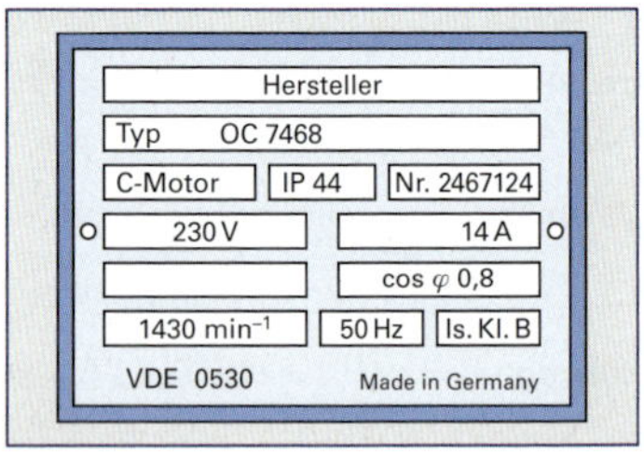

Bild 3

Elektrische Leistung bei Drehstrom

10. Der Drehstrommotor eines Materialaufzuges hat das Leistungsschild **(Bild 4)**. Welche Leistung nimmt der Motor auf?

11. Wie groß ist die dem Netz entnommene Leistung eines Getriebemotors mit dem Leistungsschild **(Bild 5)**? Welchen Wirkungsgrad besitzt der Motor?

12. Der Drehstrommotor eines Schweißaggregates soll bei einer Spannung $U = 400$ V, einem Leistungsfaktor $\cos\varphi = 0{,}8$ und einem Wirkungsgrad $\eta = 0{,}9$ eine Leistung von 18 kW abgeben. Wie groß ist die Stromstärke?

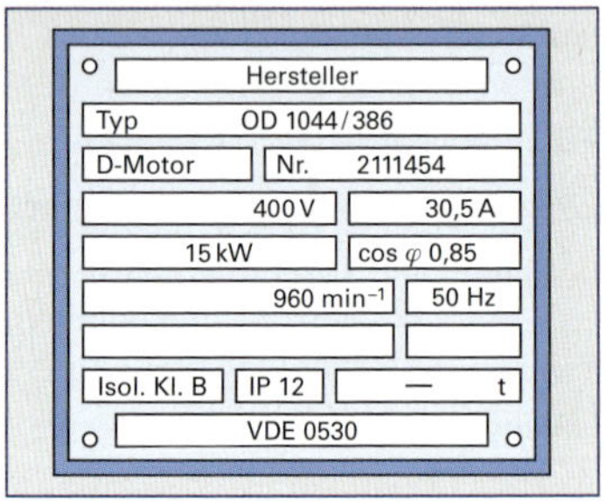

Bild 4

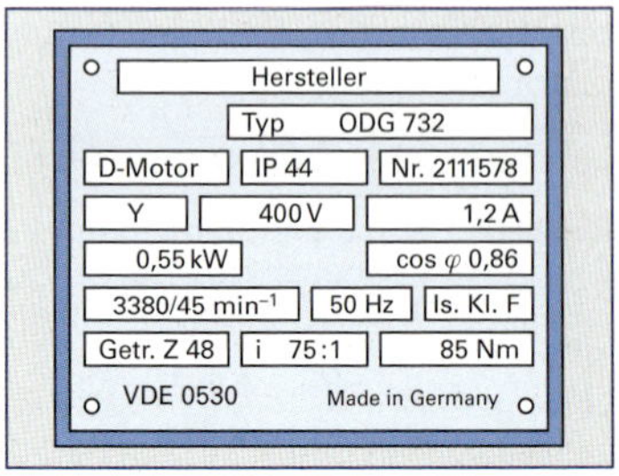

Bild 5

2.7.6 Elektrische Arbeit

Die Energie-Versorgungs-Unternehmen berechnen dem Abnehmer die elektrische Arbeit des angeschlossenen Gerätes.

Bezeichnungen:

P	Leistung	W	t	Zeit	s
W	Arbeit	W · s	K	Kosten	€, EUR

$1\ W \cdot s = 1\ J = 1\ N \cdot m$
$1\ kW \cdot h = 3600\ kJ$
$1\ kW \cdot h = 3{,}6 \cdot 10^6\ J$

Die elektrische Arbeit (Energie) ist abhängig von der zugeführten Leistung des angeschlossenen Gerätes und der Zeit, während der das Gerät in Betrieb ist.

Die elektrische Arbeit W ist umso größer, je größer die Leistungsaufnahme des Gerätes ist und je länger es in Betrieb ist.

Arbeit = Leistung · Zeit

$$W = P \cdot t$$

Beispiel: Ein Heizofen mit der Leistung $P = 1{,}5$ kW ist 4 Stunden lang eingeschaltet. Wie groß ist die elektrische Arbeit des Heizofens?

Lösung: $W = P \cdot t = 1{,}5\ kW \cdot 4\ h = \mathbf{6\ kW \cdot h}$

Aufgaben | Elektrische Arbeit

1. Der Elektromotor für den Antrieb einer Bügelsäge entnimmt dem Netz 3,5 kW. Er ist insgesamt 8,5 h in Betrieb. Wie groß ist die elektrische Arbeit?

2. In welcher Zeit hat eine 60-Watt-Glühlampe, die an ein 230-Volt-Netz angeschlossen ist, 1 kW · h verbraucht?

3. Eine Kellerbeleuchtung mit zwei 40-Watt-Lampen brennt versehentlich während des Urlaubs der Hausbewohner 14 Tage lang ununterbrochen. Wie hoch sind die Kosten, wenn ein Verbrauchspreis von 0,11 €/kW · h zu bezahlen ist?

4. Ein Wechselstrommotor mit dem Leistungsschild **(Bild 1)** läuft täglich 6,5 h. Welche Kosten ergeben sich pro Tag bei einem Verbrauchspreis von 0,11 €/kW · h?

5. Wie hoch sind die Energiekosten für den Drehstrommotor mit dem Leistungsschild **(Bild 2)** einer Maschine je Tag bei einer Laufzeit von 8 h 20 min? Für die elektrische Arbeit ist ein Verbrauchspreis von 0,16 €/kW · h zu bezahlen.

6. ● Ein Kochendwasser-Gerät mit dem Leistungsschild **(Bild 3)** soll Wasser von 14 °C auf 100 °C erwärmen. Die Wärmeverluste betragen 20 %.
   a) Wie viel kW · h werden verbraucht?
   b) In welcher Zeit wird das Wasser auf 100 °C erwärmt?
   c) Wie lang muss der Widerstandsdraht mit dem spezifischen Widerstand $\varrho = 1{,}4\ \Omega \cdot mm^2/m$ gewählt werden, wenn sein Durchmesser 0,8 mm beträgt?

7. ● Ein Elektrizitätswerk bietet zwei Tarife an. Beim Tarif I ist der Verbrauchspreis 0,16 €/kW · h und der feste Leistungspreis 92,00 €/Jahr. Beim Tarif II beträgt der Verbrauchspreis 0,14 €/kW · h bei einem festen Leistungspreis von 150,00 €/Jahr. Bis zu welcher monatlichen kW · h-Entnahme ist Tarif I für den Kunden günstiger?

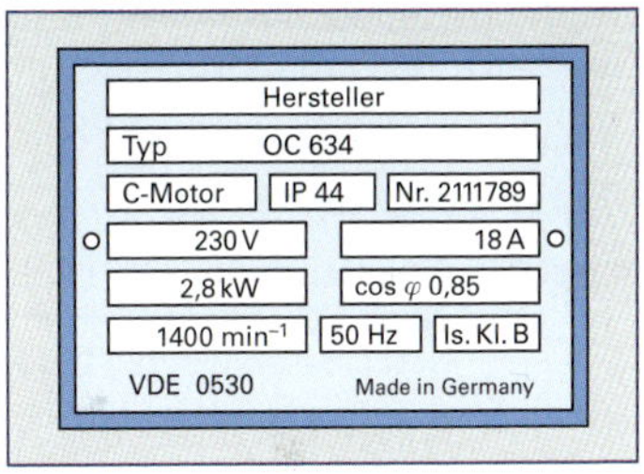

Bild 1

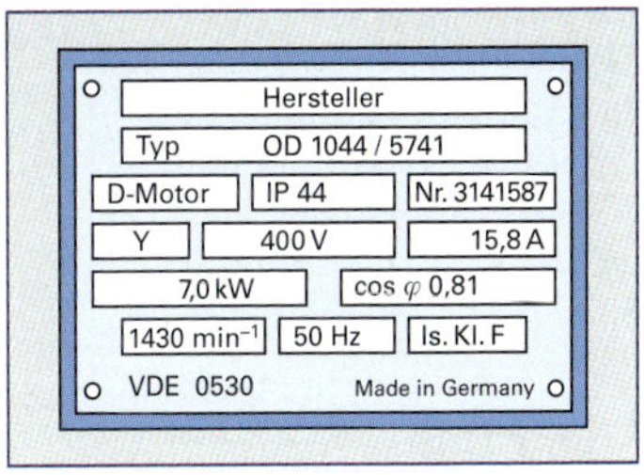

Bild 2

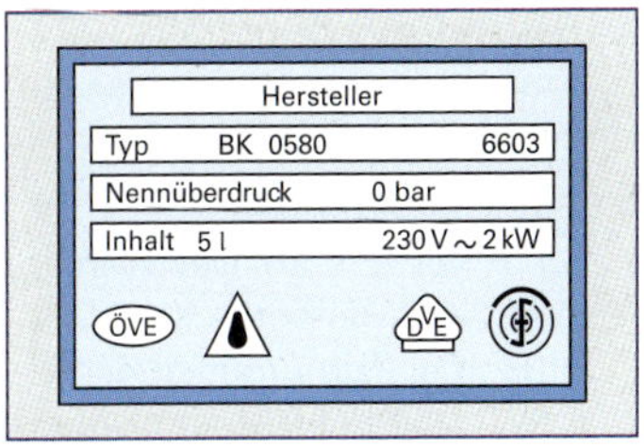

● **Bild 3**

2.7.7 Transformator

Wechselstrom kann mit einem Transformator (Umspanner) von niedriger Spannung auf hohe Spannung und umgekehrt umgeformt werden, Gleichstrom dagegen nicht. Aus diesem Grund wird heute überwiegend Wechselstrom verwendet.

Der Transformator besteht aus einer Primär- und einer Sekundärspule auf einem geschlossenen Eisenkern **(Bild 1)**.

Wird an der Primärspule eine Wechselspannung angelegt, entsteht durch elektromagnetische Induktion in der Sekundärspule eine von den Windungszahlen der Spulen abhängige Wechselspannung.

Bezeichnungen:

U_1	Primärspannung	V	U_2	Sekundärspannung	V
N_1	Windungszahl der Primärspule	–	N_2	Windungszahl der Sekundärspule	–
I_1	Primärstromstärke	A	I_2	Sekundärstromstärke	A
$ü$	Übersetzungsverhältnis	–			

Ohne Berücksichtigung der Leistungsverluste sind die Spannungen U_1 und U_2 den Windungszahlen N_1 und N_2 der Wicklungen proportional. Die Stromstärken I_1 und I_2 verhalten sich umgekehrt wie die Windungszahlen N_1 und N_2 und die Spannungen U_1 und U_2. Für Übersetzungsverhältnis $ü$ gilt:

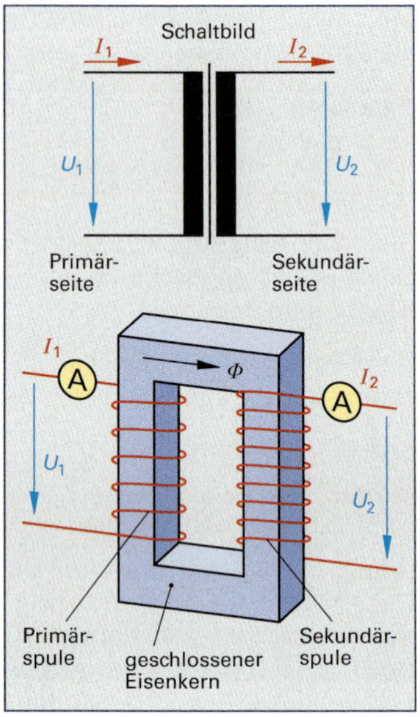

Bild 1

$$ü = \frac{U_1}{U_2} = \frac{N_1}{N_2}$$

$$ü = \frac{U_1}{U_2} = \frac{I_2}{I_1}$$

Übersetzungsverhältnis

Beispiel: Eine Handlampe für $U_2 = 42$ V soll aus Sicherheitsgründen über einen Schutztransformator an die Netzspannung $U_1 = 230$ V angeschlossen werden **(Bild 2)**.

Wie groß ist das Übersetzungsverhältnis $ü$ des Transformators?

Lösung: $ü = \frac{U_1}{U_2} = \frac{230\text{ V}}{42\text{ V}} = 5{,}476 \approx \mathbf{5{,}5}$

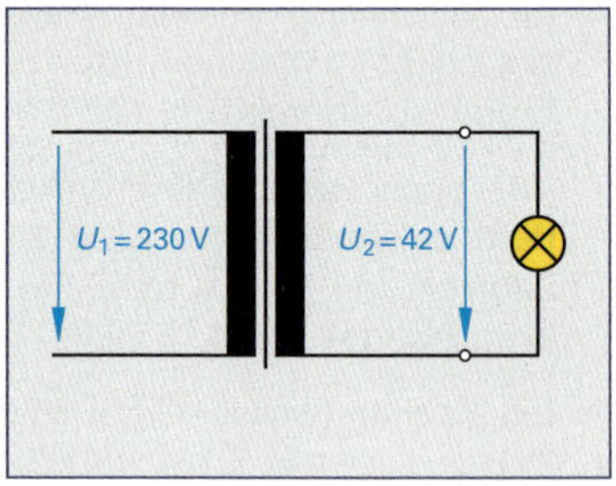

Bild 2

Aufgaben Transformator

1. Ein Schutztransformator mit der Spannungsangabe 230/42 V hat auf der Sekundärseite 913 Windungen. Wie viel Windungen hat die Primärseite?
2. Ein Schweißtransformator ist primärseitig an $U_1 = 400$ V angeschlossen und gibt sekundärseitig eine Leerlaufspannung $U_2 = 8$ V ab. Die Sekundärspule hat 70 Windungen. Wie groß sind das Übersetzungsverhältnis und die Windungszahl der Primärspule?
3. Die Sekundärspule eines Schweißtransformators hat 70 Windungen, die Primärspule 160 Windungen. Die Leerlaufspannung der Sekundärspule beträgt 100,6 V. An welche Spannung darf der Transformator angeschlossen werden und wie groß ist das Übersetzungsverhältnis?
4. Ein Klingeltransformator für 230 V gibt auf der Sekundärseite 2,5 A bei 12 V ab. Der Transformator hat weitere Anschlüsse auf der Sekundärseite für 10 V und 8 V **(Bild 3)**. Zu berechnen sind die Primärstromstärke I_1 sowie die Sekundärstromstärken I_2 und die Übersetzungsverhältnisse für die Anschlüsse 10 V und 8 V.

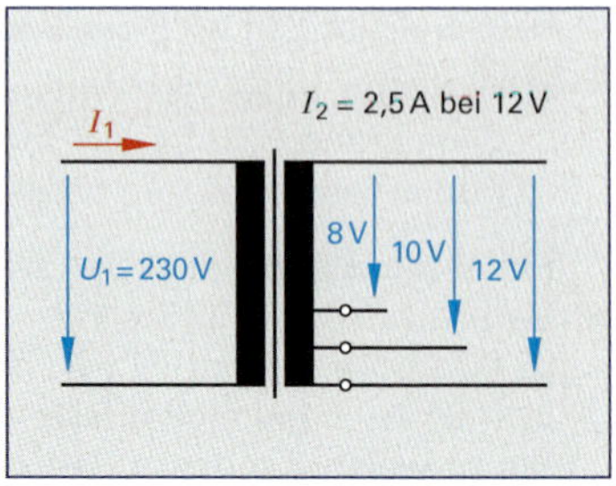

Bild 3

2.8 Hydraulik und Pneumatik

Maschinen und Geräte können mithilfe von Druckflüssigkeiten oder Druckluft angetrieben, gesteuert und geregelt werden. Bei der Hydraulik[1] verwendet man Öle, während bei der Pneumatik[2] als Arbeitsmedium Luft verwendet wird,

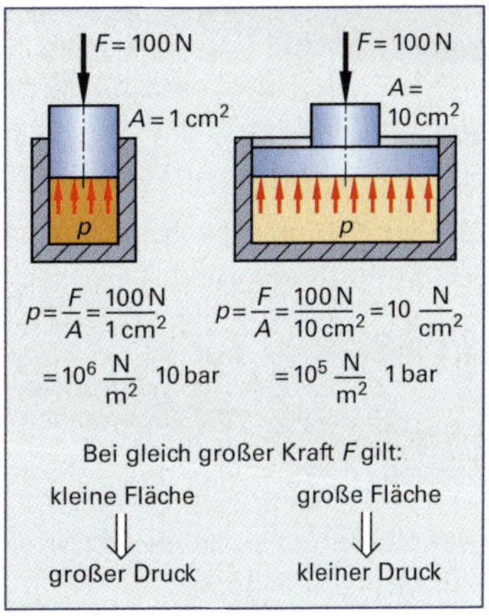

Bild 1

2.8.1 Druck, Druckeinheiten

Bezeichnungen:					
p	Druck (allgemein), Schweredruck	Pa, bar	F	Kraft	N
			A	Fläche	m^2
p_{abs}	absoluter Druck	Pa, bar	ϱ	Dichte	kg/dm^3
p_{amb}	Luftdruck	Pa, bar	h	Höhe	m
p_a	Überdruck	Pa, bar	g	Erdbeschleunigung	m/s^2

Die Indizes haben folgende Bedeutung: abs = absolut; amb = ambiens = umgebend; e = excedens = überschreitend.

Unter Druck versteht man die Kraft je Flächeneinheit **(Bild 1)**,

$$\textbf{Druck} = \frac{\textbf{Kraft}}{\textbf{Fläche}}$$

$$p = \frac{F}{A}$$

Jede Flüssigkeit und jedes Gas erzeugen durch die eigene Masse einen Druck, den **Schweredruck**. Dieser ist abhängig von der Dichte ϱ und der Höhe h der Flüssigkeitssäule oder Gassäule. Für den Schweredruck **(Bild 2)** gilt:

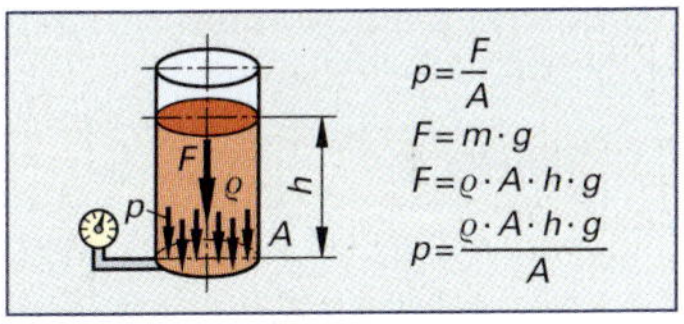

Bild 2

$p = \frac{F}{A}$; mit $F = m \cdot g$ und $m = \varrho \cdot A \cdot h$ folgt: $p = \frac{\varrho \cdot A \cdot h \cdot g}{A}$

Schweredruck = Dichte · Höhe · Erdbeschleunigung

$$p = \varrho \cdot h \cdot g$$

Beispiel: Der Schweredruck ist nur abhängig von der Höhe h der Flüssigkeitssäule und der Dichte ϱ der Flüssigkeit. Welchen Druck erzeugt die Flüssigkeit in den verschiedenen Behältern **(Bild 3)**?

Lösung: $p = \varrho \cdot h \cdot g = 1\ kg/dm^3 \cdot 100\ dm \cdot 10\ N/kg$
$p = 1000\ N/dm^2 = 100000\ N/m^2 = 100000\ Pa = \mathbf{1\ bar}$

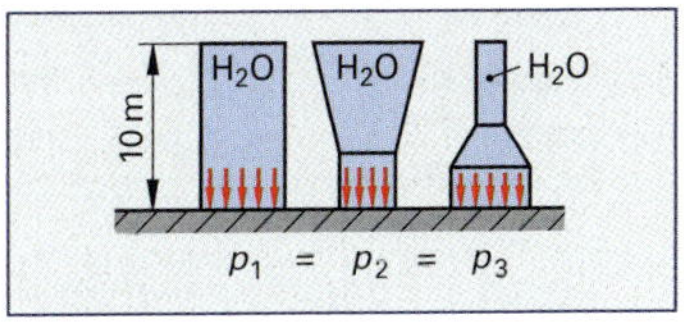

Bild 3

Luftdruck, absoluter Druck, Überdruck

Der Luftdruck (Atmosphärendruck) ist abhängig von der Höhe über der Meeresoberfläche. Der so entstandene Schweredruck schwankt je nach Wetterlage geringfügig. Der Mittelwert wird als Normalluftdruck bezeichnet. Er beträgt $p_{amb} = 1{,}013$ bar = 1013 hPa. Der absolute Druck p_{abs} ist der Druck gegenüber dem Vakuum (luftleeren Raum). Den Druckunterschied zwischen dem absoluten p_{abs} und dem jeweiligen Luftdruck p_{amb} bezeichnet man als Überdruck p_e **(Bild 4)**.

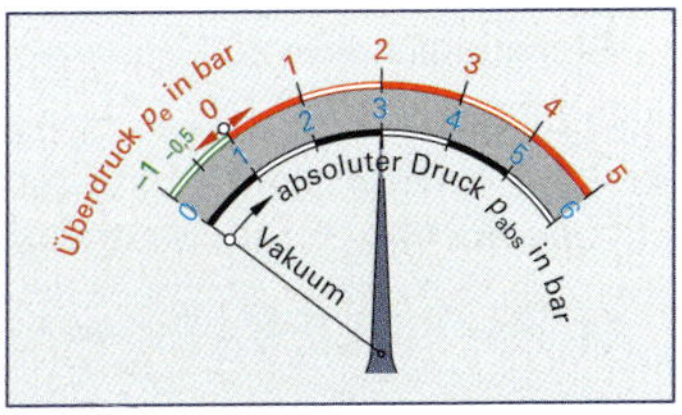

Bild 4

Überdruck = absoluter Druck – Luftdruck

$$p_e = p_{abs} - p_{amb}$$

[1] von hydor (griech.) Wasser [2] von pneuma (griech.) Luft

1. Beispiel: Wie groß ist der Überdruck in einem Reifen, wenn der Luftdruck p_{amb} = 1 bar und der absolute Druck p_{abs} = 3,4 bar betragen?

Lösung: $p_e = p_{abs} - p_{amb}$ = 3,4 bar – 1 bar = **2,4 bar**

2. Beispiel: Der Überdruck in einer Gasflasche beträgt p_e = 150 bar. Wie groß ist der absolute Druck p_{abs} in Pa?

Lösung: $p_{abs} = p_e + p_{amb}$ = 150 bar + 1 bar = 151 bar
151 bar = 151 · 100 000 Pa = **15 100 000 Pa**

Der Überdruck p_e = ist positiv, wenn der absolute Druck größer als der Luftdruck ist **(Bild 1)**.

3. Beispiel: Wie groß ist der Überdruck im Saugrohr eines Ottomotors, wenn der Luftdruck p_{amb} = 1,013 bar und der absolute Druck p_{abs} = 0,8 bar betragen?

Lösung: $p_e = p_{abs} - p_{amb}$ = 0,8 bar – 1,013 bar = – **0,213 bar**

Der Überdruck p_e ist negativ, wenn der absolute Druck kleiner als der Luftdruck ist **(Bild 2)**.

1 Pa[1]	$= 1\,\frac{N}{m^2} = \frac{1}{100\,000}$ bar
1 bar	$= 10\,\frac{N}{cm^2} = 1\,\frac{daN}{cm^2}$ = 100 000 Pa
1 mbar	= 100 Pa = 1 hPa (Hektopascal)

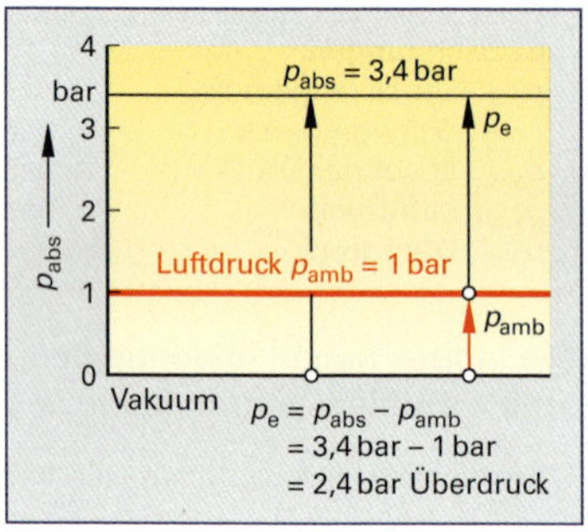

Bild 1

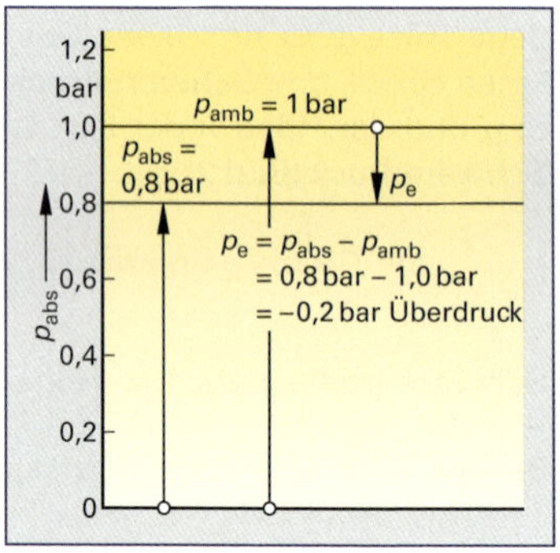

Bild 2

Aufgaben — Druck, Druckeinheiten

Bei den folgenden Aufgaben ist mit p_{amb} = 1 bar zu rechnen.

1. Für die in den Spalten **a, b** und **c** der **Tabelle 1** angegebenen Werte sind die absoluten Drücke bzw. Überdrücke in bar zu bestimmen.

Tabelle 1	a	b	c
p_{abs} in bar p_e in bar	p_e = 1,5 bar p_{abs} = 8,2 bar	p_e = – 0,8 bar p_e = 3 · 10^5 Pa	p_e = 120 N/cm² p_{abs} = 1200 hPa

2. Die fehlenden Werte der **Tabelle 2** sind zu berechnen.

Tabelle 2	a	b	c	d	e
Kraft *F*	120 N	? kN	3 kN	7 N	8 · 10^3 N
Fläche *A*	3 cm²	1000 mm²	? dm²	50 mm²	? m²
Druck *p*	? bar	80 bar	6 bar	25 · 10^4 Pa	40 hPa

3. Welcher Bodendruck in Pa und bar herrscht in dem Ölbehälter **(Bild 3)** ($\varrho_{Öl}$ = 0,9 kg/dm³)?

Welche Kraft wirkt auf den am Boden des Behälters angebrachten Verschluss des Auslassflansches mit *d* = 50 mm?

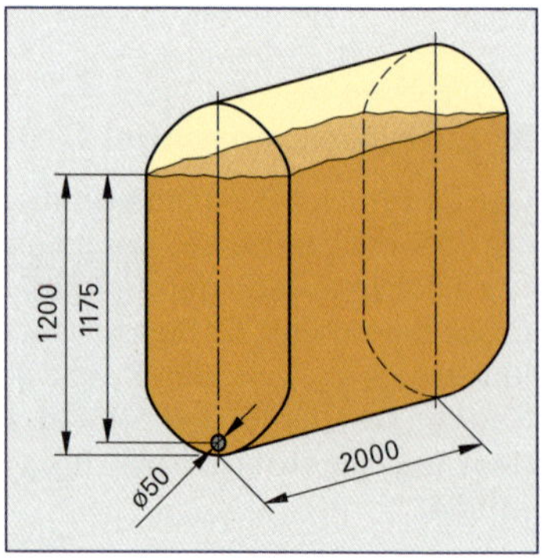

Bild 3

4. Eine Taucherglocke befindet sich 22 Meter unter der Wasseroberfläche auf dem Meeresgrund.

a) Der Druck *p* des Wassers in bar und Pa in dieser Tiefe ist zu berechnen, wenn das Wasser eine Dichte ϱ = 1,13 kg/dm³ hat.

b) In welcher Tiefe würde der gleiche Druck *p* herrschen bei Wasser mit der Dichte ϱ = 1,0 kg/dm³?

[1] Pascal, franz. Physiker (1623–1662)

2.8.2 Druck und Druckausbreitung von Gasen

Bezeichnungen:

p_{abs}	absoluter Druck	Pa, bar
p_{abs1}	absoluter Druck beim Volumen V_1	Pa, bar
p_{abs2}	absoluter Druck beim Volumen V_2	Pa, bar
V, V_1, V_2	Volumen	l

Die im Zylinder **(Bild 1)** eingeschlossene Luftmenge wird durch einen Kolben zusammengepresst. Dabei wird untersucht, wie sich bei verändertem Volumen und gleichbleibender Temperatur der Druck verhält. Die Auswertung von **Tabelle 1** führt zum Gesetz von **Boyle**[1]-**Mariotte**[2]: Das Produkt aus absolutem Druck und Volumen einer eingeschlossenen Gasmenge hat bei gleichbleibender Temperatur stets denselben Wert, ist also konstant.

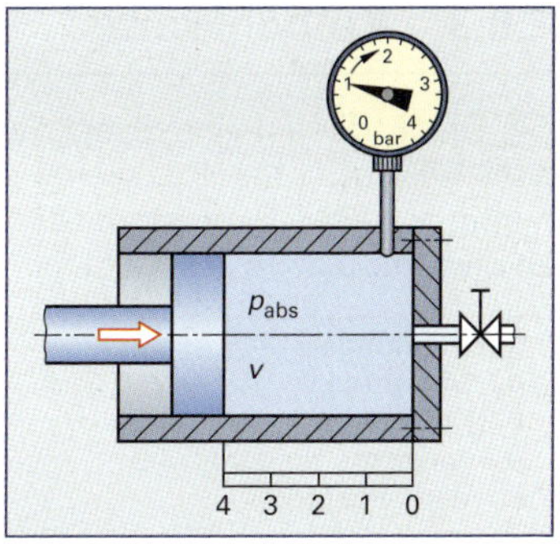

Bild 1

(absoluter) Druck · Volumen = konstant

$$p_{abs1} \cdot V_1 = p_{abs2} \cdot V_1 = \text{konst.}$$

Beispiel: Ein Verdichter hat einen Vorratsbehälter mit einem Volumen $V_1 = 20$ l; der Druck im Behälter beträgt $p_{abs1} = 8$ bar.

a) Welchem Volumen entspricht die komprimierte Luft bei einem Druck von 1 bar?

b) Wie viel Liter Luft kann dem Behälter entnommen werden?

Lösung: a) $p_{abs1} \cdot V_1 = p_{abs2} \cdot V_2$; $V_2 = \dfrac{p_{abs1} \cdot V_1}{p_{abs2}} = \dfrac{8\ \text{bar} \cdot 20\ \text{l}}{1\ \text{bar}} = \mathbf{160\ l}$

b) $V_2 - V_1 = 160\ \text{l} - 20\ \text{l} = \mathbf{140\ l\ Luft}$

Tabelle 1: Druck und Volumen

Druck p_{abs} in bar	0,5	1,0	2,0
Volumen V in cm³	20	10	5
$p \cdot V$ in bar · cm³	10	10	10

Tabelle 2

	a	b	c
p_{abs1}	? bar	6 bar	8 bar
p_{abs2}	6 bar	? hPa	1 bar
V_1	120 l	20 dm³	3 m³
V_2	20 l	120 l	? l

Aufgaben – Druck und Druckausbreitung von Gasen

1. Die fehlenden Werte der Aufgaben **a** bis **c** der **Tabelle 2** sind zu berechnen.

2. Ein Verdichter saugt 1 m³ Luft mit dem Luftdruck $p_{abs} = 1$ bar an und presst ihn in den Vorratsbehälter mit einem Füllvolumen von 150 l Inhalt.

   a) Wie groß ist der Druck im Vorratsbehälter?

   b) Welchen Überdruck p_e zeigt das Manometer an?

3. Welcher Druck stellt sich beim Verdichten der Luft im Zylinderraum eines Kolbenverdichters ein, wenn sich das wirksame Volumen von 1,1 l bei $p_{amb} = 1013$ hPa auf 0,18 l während des Verdichtens verkleinert?

4. Im Hydrospeicher **(Bild 2)** einer Hydraulikanlage nimmt bei einem Öldruck von $p_e = 20$ bar die Stickstofffüllung ein Volumen von 12 l ein. Wie groß ist das Stickstoffvolumen bei einem Öldruck von $p_e = 8$ bar?

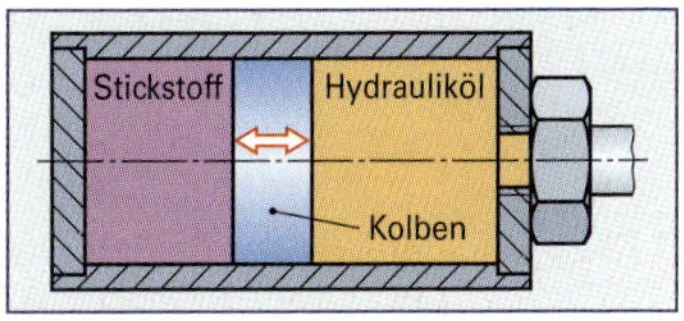

Bild 2

5. Im Druckbehälter eines Verdichters **(Bild 3)** herrscht nach dem automatischen Abschalten ein Druck von 9 bar. Um einwandfreies Arbeiten mit Druckluftwerkzeugen zu gewährleisten, muss sich der Verdichter bei einem Druck von 5 bar wieder einschalten. Welches Luftvolumen in l kann bei $p_{amb} = 1$ bar entnommen werden, bis sich der Verdichter wieder einschaltet?

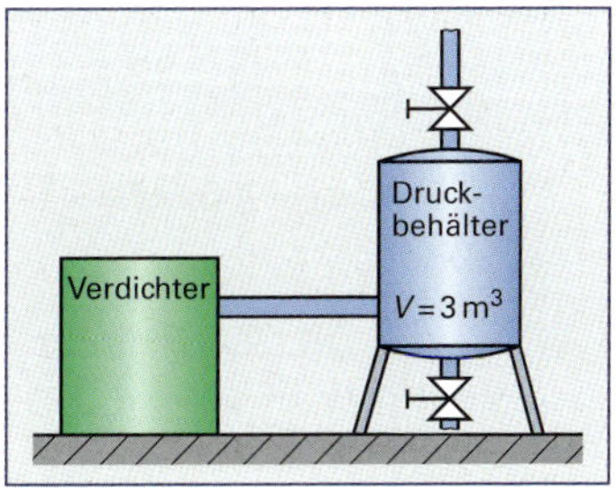

Bild 3

[1] Robert Boyle, engl. Physiker (1627–1691) [2] Edme Mariotte, franz. Physiker (1620–1684)

2

2.8.3 Kolbenkräfte

Der Druck, der auf eine Flüssigkeit oder auf ein Gas durch eine Kolbenkraft ausgeübt wird, breitet sich nach allen Richtungen gleichmäßig aus **(Bild 1)**. Er ist an allen Stellen des Behälters so groß wie an der Druckfläche des Kolbens.

Bezeichnungen:

p_e	Überdruck[1)]	Pa, bar
F	Kolbenkraft	N
A	wirksame Kolbenfläche	mm^2
η	Wirkungsgrad	–

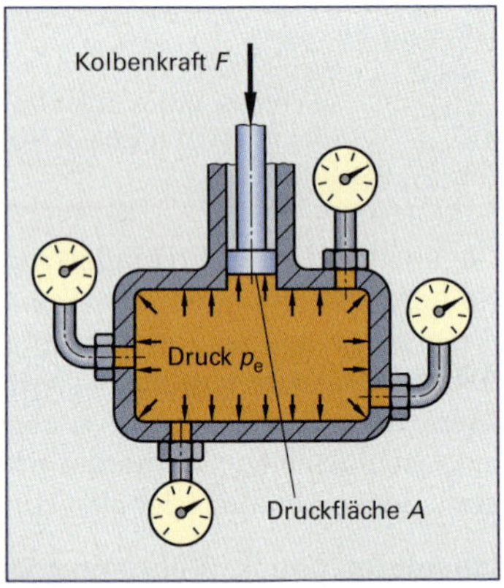

Bild 1

Durch Umstellen der Formel $p_e = \frac{F}{A}$ erhält man die Kolbenkraft $F = p_e \cdot A$

Durch Reibungskräfte zwischen Kolben und Zylinder **(Bild 2)** wird nur ein Teil der theoretisch berechneten Kolbenkraft an der Kolbenstange wirksam. Diese Reibungskräfte werden durch den Wirkungsgrad des Zylinders berücksichtigt.

Wirksame Kolbenkraft = Überdruck · Fläche · Wirkungsgrad

$$F = p_e \cdot A \cdot \eta$$

1. Beispiel: Der Kolben eines Hydrozylinders mit D = 100 mm wird mit dem Druck p_e = 80 bar beaufschlagt **(Bild 2)**. Wie groß ist die wirksame Kolbenkraft F, wenn der Wirkungsgrad η = 0,85 beträgt?

Lösung: $F \cdot p_e \cdot A \cdot \eta = 80\,\frac{\text{daN}}{\text{cm}^2} \cdot \frac{\pi \cdot (10\text{ cm})^2}{4} \cdot 0{,}85 \approx 5340\text{ daN}$

$= \mathbf{53{,}4\ kN}$

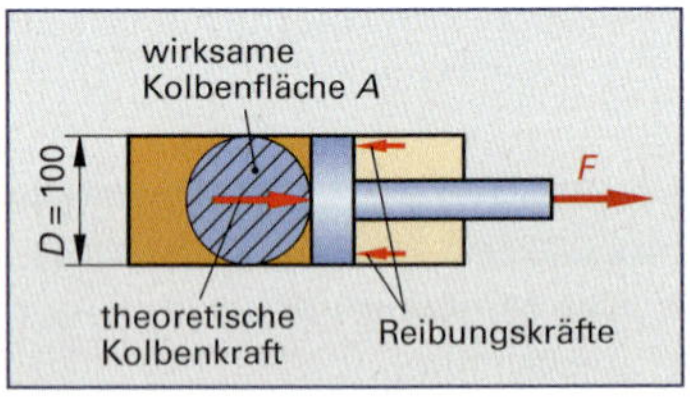

Bild 2

2. Beispiel: Welcher Druck ist notwendig, wenn der Kolben **(Bild 3)** auf der Kolbenstangenseite (d = 40 mm) mit Drucköl beaufschlagt wird und die gleiche wirksame Kolbenkraft wie im ersten Beispiel verlangt wird? Der Wirkungsgrad des Zylinders beträgt 85 %.

Lösung: Die wirksame Kolbenfläche ist eine Kreisringfläche

$$A = \frac{\pi}{4} \cdot (D^2 - d^2) = \frac{\pi}{4} \cdot (10^2\text{ cm}^2 - 4^2\text{ cm}^2) \approx 66\text{ cm}^2$$

$$F = p_e \cdot A \cdot \eta; \quad p_e = \frac{F}{A \cdot \eta} = \frac{5340\text{ daN}}{66\text{ cm}^2 \cdot 0{,}85} \approx \mathbf{95\ bar}$$

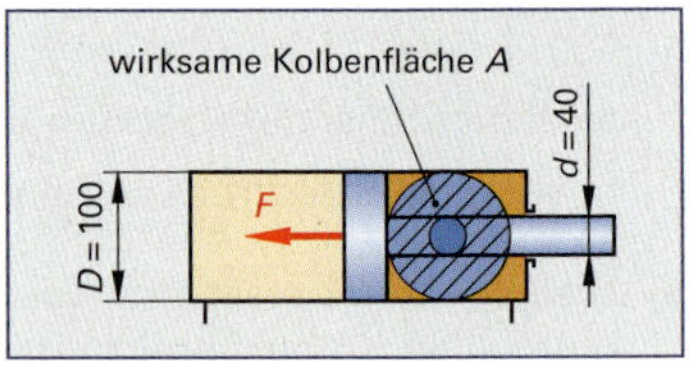

Bild 3

3. Beispiel: Der Zylinder der hydraulischen Spannvorrichtung **(Bild 4)** wird mit 25 bar Druck beaufschlagt. Wie groß muss der Durchmesser des Zylinders sein, wenn eine Spannkraft F_1 = 4000 N verlangt wird? Der Wirkungsgrad beträgt 90 %.

Lösung: $F_1 \cdot l_1 = F_2 \cdot l_2$

$$F_2 = \frac{F_1 \cdot l_1}{l_2} = \frac{4000\text{ N} \cdot 85\text{ mm}}{110\text{ mm}} = 3090{,}91\text{ N}$$

$$F_2 = p_e \cdot A \cdot \eta; \quad A = \frac{F_2}{p_e \cdot \eta} = \frac{3090{,}91\text{ N}}{250\,\frac{\text{N}}{\text{cm}^2} \cdot 0{,}9} = 13{,}73\text{ cm}^2$$

$$A = \frac{\pi \cdot d^2}{4}; \quad d = \sqrt{\frac{4 \cdot A}{\pi}} = \sqrt{\frac{4 \cdot 1373\text{ mm}^2}{\pi}} \approx \mathbf{42\ mm}$$

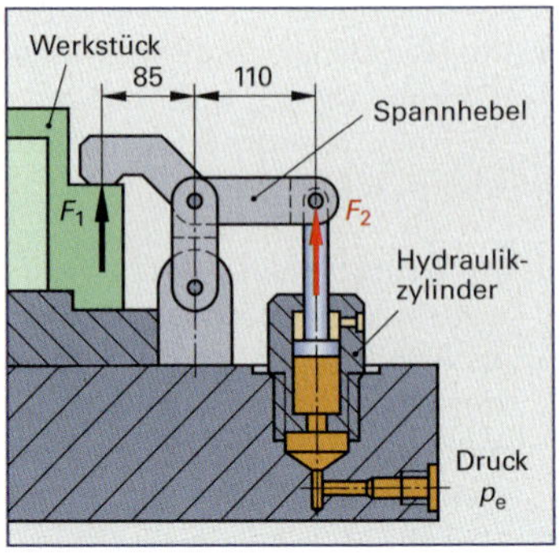

Bild 4

[1)] Der Überdruck wird in der Hydraulik oft mit p bezeichnet.

Aufgaben Kolbenkräfte

1. Wie groß sind die fehlenden Werte für die einfach wirkenden Pneumatikzylinder **a**, **b** und **c** in **Tabelle 1**? Der Wirkungsgrad der Zylinder beträgt jeweils 85 %.

Tabelle 1	a	b	c
F in N	1962	1084	?
D in mm	70	?	40
p_e in bar	?	6,5	8

2. Gegeben ist ein doppelt wirkender Pneumatikzylinder **(Bild 1)**.
   a) Wie groß sind die wirksame Kolbenkraft F_1 und die wirksame Rückzugkraft F_2 bei einem Druck von 550 kPa und η = 87 %?
   b) Damit die Kräfte F_1 und F_2 etwa gleich groß sind, müsste die Kolbenstange beliebig dünn gemacht werden. Warum ist dies nicht möglich?
   c) Wie wird dieses Problem in dem doppelt wirkenden Zylinder **(Bild 2)** gelöst?

3. Kräfte am Kolben bzw. Zylinderdurchmesser werden in der Praxis häufig über ein Druck-Kraft-Diagramm **(Bild 3)** bestimmt. Das eingezeichnete Beispiel zeigt, dass bei einem Zylinder, *d* = 35 mm, bei einem Druck von 6 bar eine Kraft von etwa 490 N übertragen werden kann. In diesem Diagramm ist ein Wirkungsgrad η = 0,85 berücksichtigt.
   a) Durch Rechnung ist zu prüfen, ob das Ergebnis zutrifft.
   b) Die Ergebnisse aus **Tabelle 1** sind im Druck-Kraft-Diagramm zu überprüfen.
   c) Welcher Zylinderdurchmesser muss gewählt werden, wenn bei p_e = 6 bar eine Kraft von 4000 N übertragen werden soll?
   d) Welcher Druck muss am Druckbegrenzungsventil eingestellt werden, wenn maximal eine Kraft von 800 N übertragen werden darf und Zylinder mit *d* = 32 mm oder mit *d* = 50 mm zur Verfügung stehen?

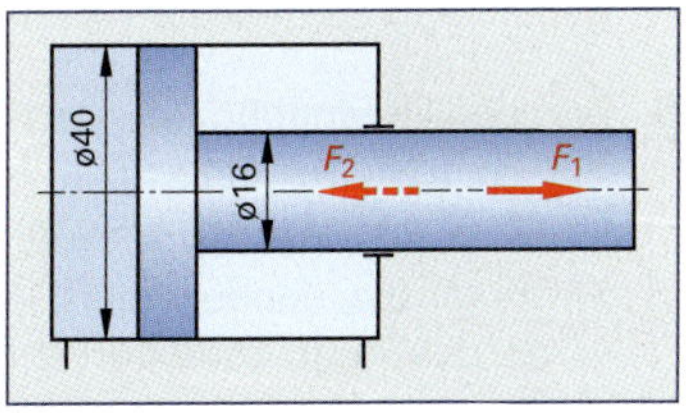

Bild 1

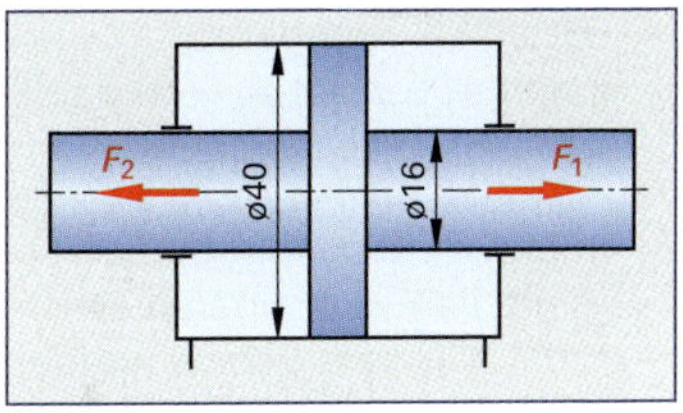

Bild 2

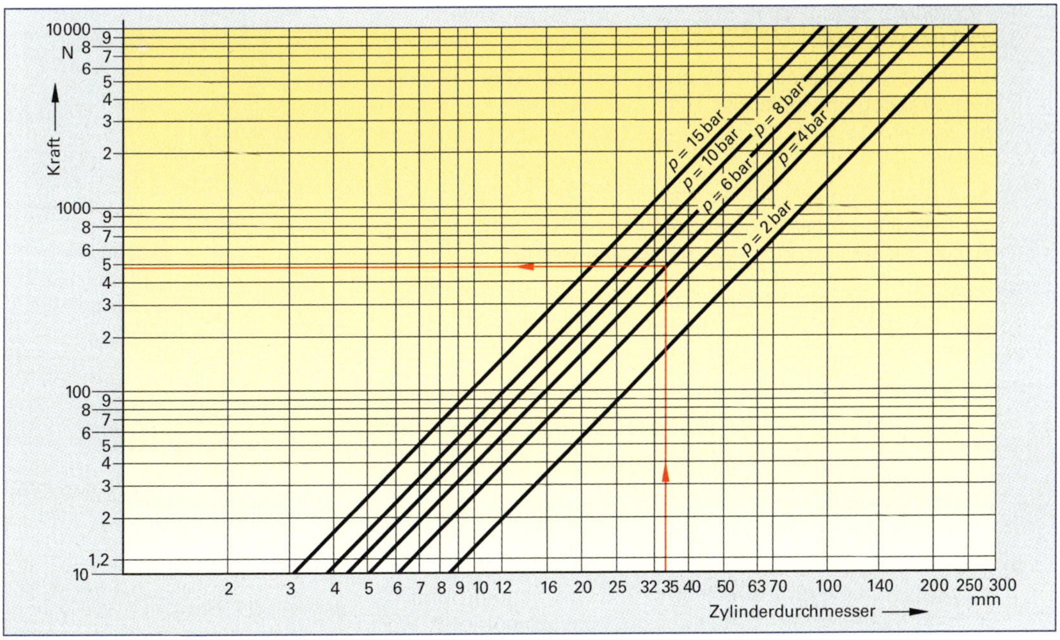

Bild 3

2

4. Um einen gleichmäßigen Vorlauf eines Pneumatikzylinders zu gewährleisten, wird ein Drosselrückschlagventil zur Abluftdrosselung eingebaut **(Bild 1)**. Die wirksame Kolbenkraft bei einem Zylinderdurchmesser von 60 mm und einem Wirkungsgrad von 85 % ist zu berechnen, wenn durch die Abluftdrosselung ein Gegendruck von 0,8 bar entsteht.

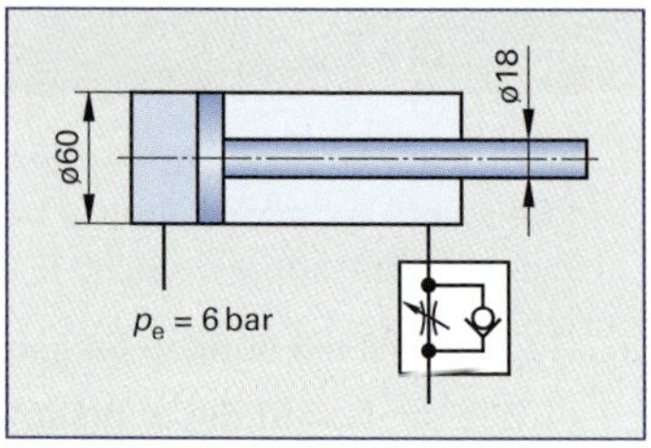

Bild 1

5. Wie groß sind die Kolbenkräfte der Hydraulikzylinder **a** bis **c** in **Tabelle 1** beim Aus- und Einfahren **(Bild 2)**, wenn der Wirkungsgrad 0,9 beträgt.

Welche Aussage kann über die ermittelten Kolbenkräfte der Aufgaben a und b getroffen werden ?

Tabelle 1	**a**	**b**	**c**
p_e in bar	40	40	60
D in mm	50	100	160
d in mm	30	60	120

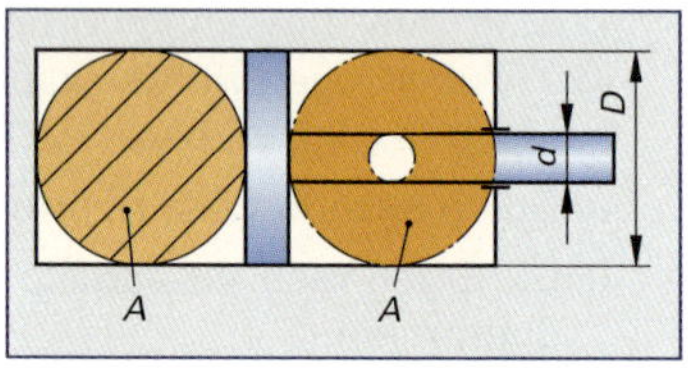

Bild 2

6. Aus den Unterlagen für eine Hebevorrichtung ist ersichtlich, dass der Hubzylinder einen Durchmesser von 250 mm hat und als Druck p_e = 6,5 bar vorgesehen ist.

a) Die Masse, die bei einem Wirkungsgrad von η = 0,85 gehoben werden kann, ist zu berechnen.

b) Welchen Durchmesser müsste ein Hydrozylinder haben, der mit p_e = 42 bar betrieben wird und bei einem Verlust von 10 % die gleiche Masse heben soll?

7. Die hydraulische Spannvorrichtung **(Bild 3)** für eine Kaltkreissäge hat einen Zylinder mit d = 180 mm Durchmesser. Der Druck im Zylinder beträgt p_e = 40 bar. Die Spannkraft F_2 ist bei einem Wirkungsgrad des Zylinders von 85 % zu berechnen.

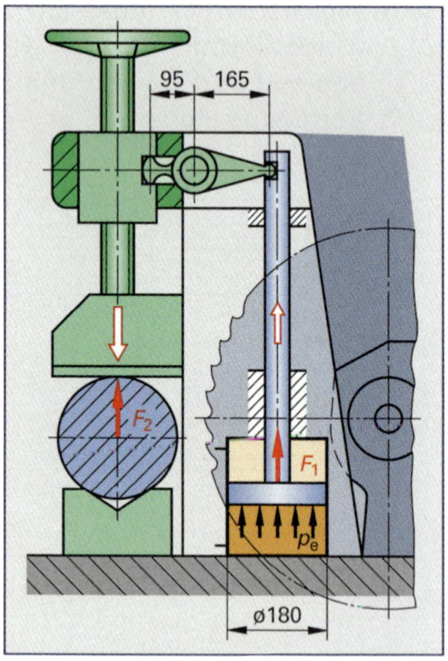

Bild 3

8. In einem Metallbaubetrieb soll zum Heften von Leichtmetallrahmenteilen eine Spannvorrichtung mit einfach wirkenden Pneumatikzylindern gebaut werden **(Bild 4)**. Um das Ausbauchen, Knicken oder Beschädigen von Halbzeugen zu vermeiden, darf die Druckkraft des Kolbens bei einem maximalen Arbeitsdruck von 8,2 bar die Kraft von 700 N nicht überschreiten. Der Wirkungsgrad des Zylinders beträgt 85 % und die Rückholfeder bewirkt eine Gegenkraft von 20 N.

a) Welche Zylinder müssen beschafft werden, wenn aus dem Bestellkatalog ersichtlich ist, dass Zylinder mit einem Durchmesser von 35 mm, 50 mm und 63 mm im Liefersortiment stehen.

b) Die Flächenpressung auf die Metallrahmen ist zu berechnen, wenn an den Kolbenstangen der Zylinder rechteckige Spannbacken mit 100 mm × 60 mm angebracht werden.

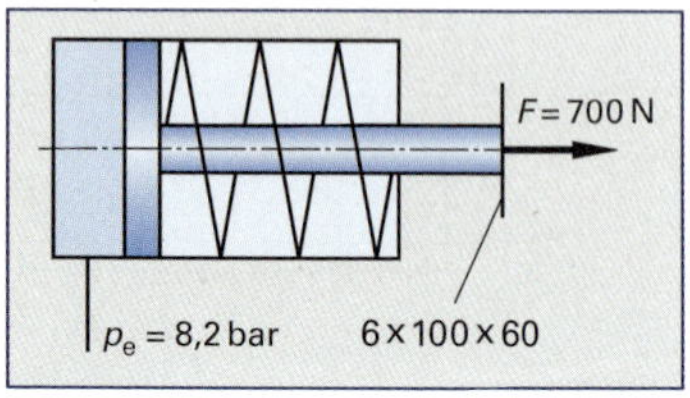

Bild 4

9. Zur Herstellung von Kunststoff- Fensterrahmen soll eine Spannvorrichtung gebaut werden, damit die Schweißstellen erkalten können.

a) Der kleinstmögliche Zylinderdurchmesser für einen Pneumatikzylinder ist zu berechnen, wenn bei einem Druck p_e = 6,5 bar eine Spannkraft von mindestens 400 N erreicht werden soll. Die Reibungsverluste sind mit 15 % anzusetzen. Der Zylinderdurchmesser ist einem Tabellenbuch zu entnehmen.

b) Welches pneumatische Bauteil muss eingesetzt werden, wenn die Schweißnaht zum Abkühlen 3 Minuten benötigt und die Spannvorrichtung nach dieser Zeit automatisch entriegelt werden soll?

2.8.4 Kraftübersetzung

Das Prinzip der Kraftübersetzung kann am Beispiel der hydraulischen Presse verdeutlicht werden. Bei einer hydraulischen Presse **(Bild 1)** wird mit einer kleinen Kraft am Druckkolben eine große Kraft am Arbeitskolben erzeugt. Dieses System wird sowohl in der Hydraulik, z.B. Hebevorrichtungen, als auch in der Pneumatik, z.B. Bremskraftanlage beim Lkw, angewandt.

Bezeichnungen:

F_1	Kraft am Druckkolben	N	F_2	Kraft am Arbeitskolben	N
d_1	Durchmesser des Druckkolbens	mm	d_2	Durchmesser des Arbeitskolbens	mm
A_1	Fläche des Druckkolbens	mm^2	A_2	Fläche des Arbeitskolbens	mm^2
s_1	Weg des Druckkolbens	mm	s_2	Weg des Arbeitskolbens	mm
V_1	vom Druckkolben verdrängtes Volumen beim Weg s_1	mm^3	V_2	vom Arbeitskolben verdrängtes Volumen beim Weg s_2	mm^3
p_e	Überdruck	Pa, bar			

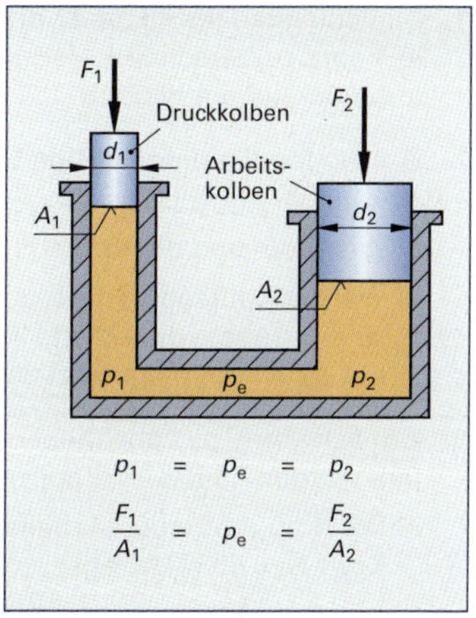

Bild 1

Kolbenkräfte und Kolbenflächen

Da der Öldruck im Druck- und Arbeitszylinder gleich groß ist, gilt ohne Berücksichtigung von Reibungs- und Leckverlusten:

$$p_e = \frac{F_1}{A_1} = \frac{F_2}{A_2}; \quad \text{durch Umformen erhält man } \frac{F_1}{F_2} = \frac{A_1}{A_2}$$

$$\frac{\textbf{Kraft am Druckkolben}}{\textbf{Kraft am Arbeitskolben}} = \frac{\textbf{Fläche des Druckkolbens}}{\textbf{Fläche des Arbeitskolbens}}$$

$$\frac{A_1}{A_2} = \frac{\frac{\pi \cdot d_1^2}{4}}{\frac{\pi \cdot d_2^2}{4}} = \frac{d_1^2}{d_1^2}$$

$$\frac{F_1}{F_2} = \frac{A_1}{A_2}$$

$$\frac{F_1}{F_2} = \frac{d_1^2}{d_2^2}$$

Kolbenwege und Kolbenflächen

Die vom Druckkolben **(Bild 2)** verdrängte Flüssigkeit V_1 wird vom Arbeitszylinder aufgenommen. Also ist das Volumen der aufgenommenen Flüssigkeit V_2 genauso groß ($V_1 = V_2$).

Mit $V_1 = A_1 \cdot s_1$ und $V_2 = A_2 \cdot s_2$ sowie $V_1 = V_2$ ergibt sich

$$A_1 \cdot s_1 = A_2 \cdot s_2; \quad \frac{s_1}{s_2} = \frac{A_2}{A_1}$$

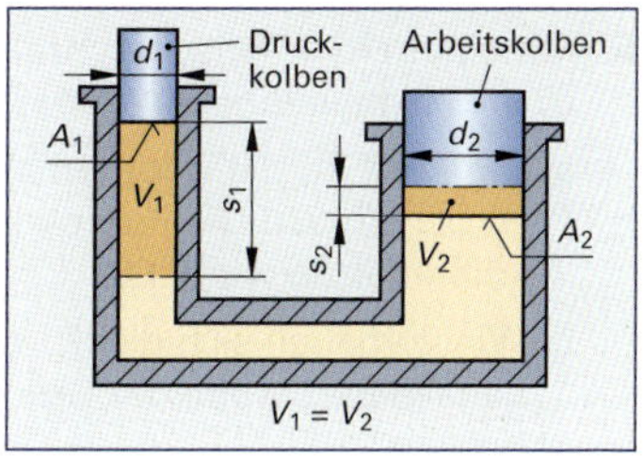

Bild 2

$$\frac{\textbf{Weg des Druckkolbens}}{\textbf{Weg des Arbeitskolbens}} = \frac{\textbf{Fläche des Arbeitskolbens}}{\textbf{Fläche des Druckkolbens}}$$

$$\frac{s_1}{s_2} = \frac{A_2}{A_1}$$

1. Beispiel: Welche Kraft F_2 wird mit der Presse **Bild 3** erzeugt, wenn $d_1 = 20$ mm, $d_2 = 120$ mm und $F_1 = 250$ N sind?

Lösung: $\frac{F_1}{F_1} = \frac{d_1^2}{d_2^2}$; $F_2 = F_1 \cdot \frac{d_1^2}{d_1^2} = 250\ \text{N} \cdot \frac{120^2\ \text{mm}^2}{20^2\ \text{mm}^2} = \mathbf{9000\ N}$

2. Beispiel: Der Weg s_2 ist zu berechnen, wenn $s_1 = 25$ mm, $A_1 = 10\ \text{cm}^2$ und $A_2 = 50\ \text{cm}^2$ sind **(Bild 2)**.

Lösung: $\frac{s_1}{s_2} = \frac{A_2}{A_1}$; $s_2 = \frac{A_1 \cdot s_1}{A_2} = \frac{10\ \text{cm}^2 \cdot 25\ \text{mm}}{50\ \text{cm}^2} = \mathbf{5\ mm}$

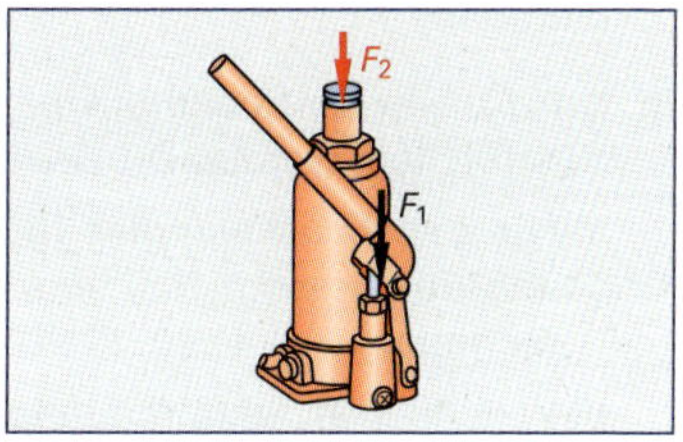

Bild 3

Aufgaben Kraftübersetzung

1. Die fehlenden Werte der hydraulischen Pressen **a** bis **c** der **Tabelle 1** sind zu berechnen. Verluste bei der Kraftübersetzung sollen unberücksichtigt bleiben.

Tabelle 1	**a**	**b**	**c**
p in bar	?	?	30
F_1 in N	160	?	?
F_2 in N	?	1350	?
A_1 in cm²	12,56	?	78,54
A_2 in cm²	?	?	?
d_1 in mm	?	60	?
d_2 in mm	120	90	300
s_1 in mm	60	124	?
s_2 in mm	?	?	30

2. Der Hydraulikzylinder **(Bild 1)** wird an eine Druckölleitung von $p_e = 40$ bar angeschlossen.
   a) Wie groß sind die Kräfte F_1 und F_2?
   b) Welche Kolbendurchmesser wären erforderlich, um F_1 und F_2 zu erzeugen, wenn statt Drucköl als Arbeitsmedium Druckluft mit $p_e = 8$ bar eingesetzt würde?

3. Um schwere Teile anzuheben oder Konstruktionsteile auszurichten, werden häufig Hydraulikheber **(Bild 2)** eingesetzt.
   a) Die Kraft am Heber (Arbeitskolben) ist zu berechnen, wenn die Kraft $F_H = 80$ N beträgt.
   b) Welchen Weg s_1 muss der Pumpkolben zurücklegen, wenn der Arbeitskolben maximal $s_2 = 250$ mm ausfahren kann?
   c) Wie ist es möglich, dass der Druckkolben trotz der Bauweise des Hydraulikhebers den berechneten Weg s_1 zurücklegen kann?

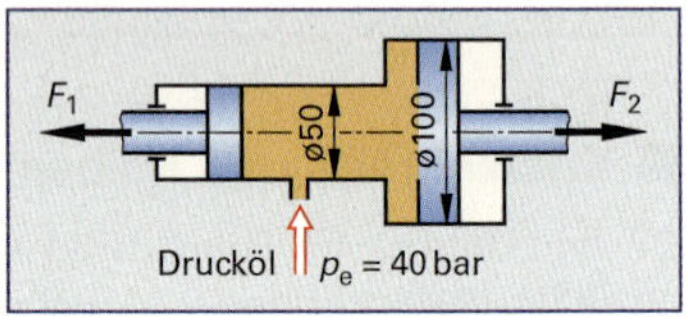

Bild 1

4. Zum Ausrichten eines Profilstabes wird eine Kraft von mindestens 12 kN am Arbeitskolben benötigt. Mit welcher Handkraft F_H muss am Pumphebel gedrückt werden, wenn zum Richten ein Hydraulikheber wie in Bild 2 benützt wird?

5. Eine hydraulische Presse hat einen Pumpkolbendurchmesser von d_1 = 35 mm und einen Arbeitskolbendurchmesser von $d_2 = 220$ mm. Wie groß muss die Kraft am Pumpkolben mindestens sein, damit am Arbeitskolben eine erforderliche Presskraft $F = 22\,000$ N entsteht?

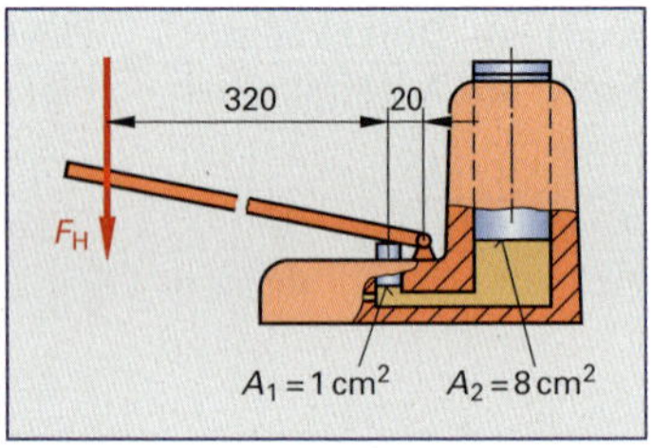

Bild 2

6. Mit einem hydraulischen Kraftübersetzer soll ein Stahlträger mit $m = 1{,}6$ t angehoben werden.
   a) Die Kraft F_1, die erforderlich ist, um die Masse anzuheben, ist zu berechnen. Die Pumpkolbenfläche verhält sich zur Arbeitskolbenfläche wie 1:60.
   b) Wie verhalten sich die Durchmesser von Pumpkolben und Arbeitskolben, wenn der Durchmesser des Pumpkolbens 32 mm beträgt?
   c) Wie verändert sich die Kraft am Pumpkolben, wenn mit einem Wirkungsgrad von $\eta = 0{,}87$ gerechnet werden muss?

7. Für den Kraftübersetzer **(Bild 3)** sind die Kraft F_1 und der Weg s_1 zu berechnen, wenn die Kraft $F_2 = 2400$ N und der Weg $s_2 = 32$ mm betragen.

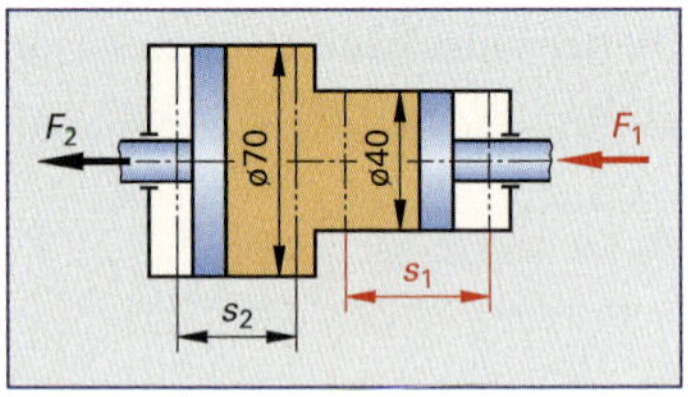

Bild 3

8. Um auch in der Pneumatik bei Drücken von ca. 7 bar hohe Kräfte zu erreichen, werden Druckwandler eingesetzt.
   a) Für den Druckwandler **(Bild 4)** sind die wirksame Kraft F_2 und der Druck p_2 bei einem Arbeitsdruck von 6,3 bar zu berechnen.
   b) Welche Kraft kann mit diesem Druck p_2 in einem Zylinder mit $d = 70$ mm erreicht werden?

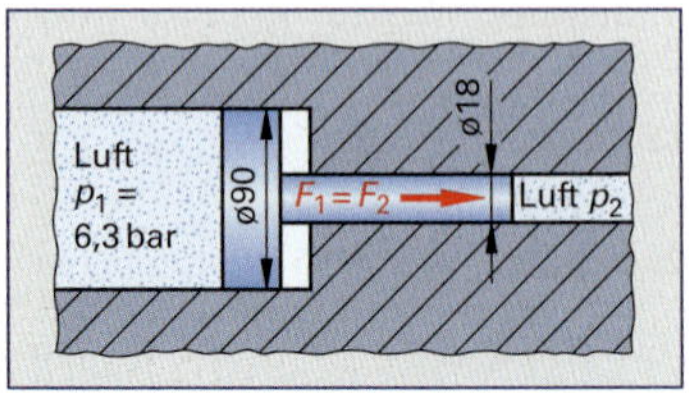

Bild 4

2.8.5 Kolbengeschwindigkeit

In hydraulischen Anlagen bleibt das Volumen des strömenden Öls, der Volumenstrom, konstant. Dies bewirkt bei einer Veränderung des Querschnitts **(Bild 1)** eine Veränderung der Geschwindigkeit.

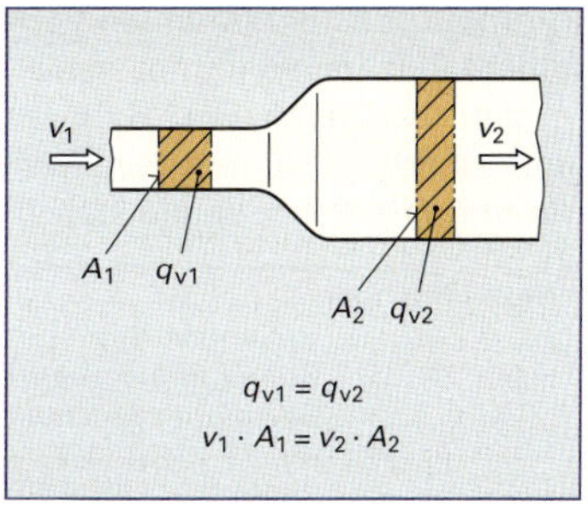

Bild 1

Bezeichnungen:

$q_v, q_{v1}, q_{v2}, \ldots$	Volumenstrom	l/min
$A, A_1, A_2, \ldots$	wirksame Kolbenfläche	dm^2
$v, v_1, v_2, \ldots$	Kolbengeschwindigkeit	m/min

Der Kolben **(Bild 2)** muss dem zugeführten Volumenstrom ausweichen. Dadurch wird eine bestimmte Kolbengeschwindigkeit erreicht, die von der wirksamen Kolbenquerschnittsfläche abhängt.

$$\textbf{Kolbengeschwindigkeit} = \frac{\textbf{Volumenstrom}}{\textbf{wirksame Kolbenfläche}}$$

$$v = \frac{q_v}{A}$$

Beispiel: In den Zylinder **(Bild 2)** wird Öl mit einem Volumenstrom $q_v = 20$ l/min geleitet. Wie groß ist die Kolbengeschwindigkeit?

Lösung: $$v = \frac{q_v}{A} = \frac{20\,\frac{dm^3}{min}}{\frac{\pi}{4}\cdot(1\,dm)^2} = \frac{4\cdot 20\,\frac{dm^3}{min}}{\pi\cdot 1\,dm^2} \approx 25{,}5\,\frac{dm}{min} = \mathbf{2{,}55\,\frac{m}{min}}$$

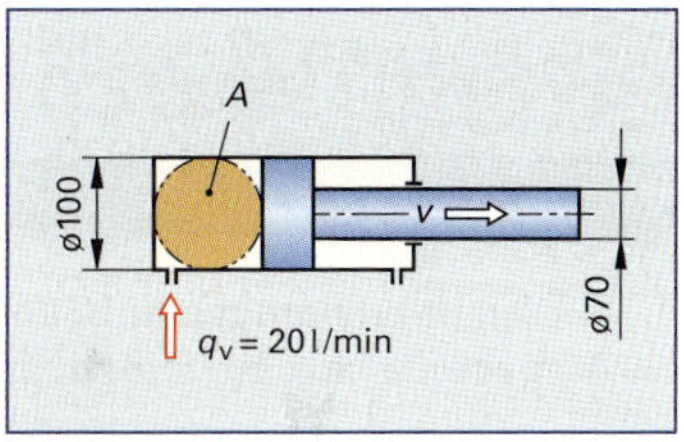

Bild 2

Aufgaben Kolbengeschwindigkeit

1. Wie groß ist die Rücklaufgeschwindigkeit des Kolbens **(Bild 2)**. wenn das Öl mit $q_v = 20$ l/min auf der Kolbenstangenseite eintritt?

2. Für die einfach wirkenden Hydraulikzylinder der Aufgaben **a** bis **c** der **Tabelle 1** sind die fehlenden Werte zu berechnen.

Tabelle 1	**a**	**b**	**c**
v in mm/s	?	140	450
q_v in l/min	40	?	12
Kolben-Ø in mm	50	100	?

3. Die Hersteller von Hydraulikzylindern schreiben vor, dass die Kolbenstangengeschwindigkeit $v = 0{,}5$ m/s nicht überschritten werden darf.
   a) Wie groß ist der maximal zulässige Volumenstrom in dem Zylinder **(Bild 3)**?
   b) Mit welcher maximalen Geschwindigkeit fährt der Zylinder aus?

4. Der Hydraulikzylinder **(Bild 2)** ist über ein Stellglied an eine Pumpe angeschlossen, die Hydrauliköl mit dem Volumenstrom $q_v = 20$ l/min liefert. Beim Vorlauf tritt das Öl an der Kolbenseite, beim Rücklauf an der Kolbenstangenseite ein. Gesucht sind
   a) die Vorlaufgeschwindigkeit des Kolbens,
   b) die Rücklaufgeschwindigkeit des Kolbens,
   c) die Zeit für den Vorlaufweg des Kolbens, wenn er maximal eine Strecke von 190 mm zurücklegt,
   d) die Zeit für den Rücklaufweg des Kolbens.

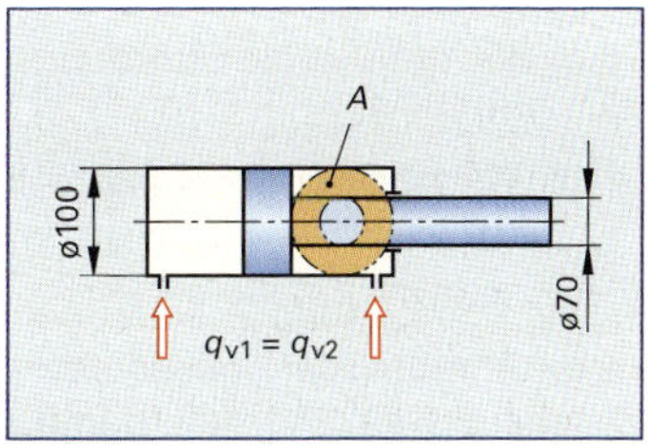

Bild 3

2.8.6 Strömungsgeschwindigkeit

Hydropumpen liefern einen konstanten Volumenstrom. Dieser Volumenstrom muss immer seine Geschwindigkeit ändern, wenn es in den Leitungen der Hydroanlage zu Querschnittsänderungen kommt. Die Strömungsgeschwindigkeit ist um so größer, je größer der Volumenstrom und je kleiner der Rohrleitungsquerschnitt ist.

Bezeichnungen:

$q_V, q_{V1}, q_{V2}, \ldots$	Volumenstrom	l/min
$A, A_1, A_2, \ldots$	Rohrleitungsquerschnitt	dm^2
$v, v_1, v_2, \ldots$	Strömungsgeschwindigkeit	m/min

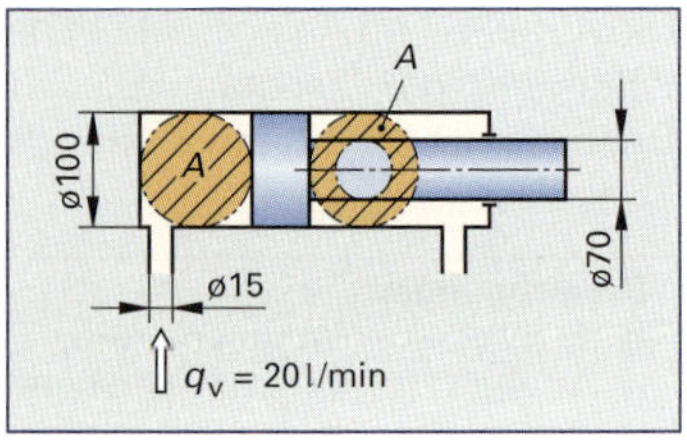

Bild 1

Für die Strömungsgeschwindigkeit in Rohrleitungen gilt:

$$\textbf{Strömungsgeschwindigkeit} = \frac{\textbf{Volumenstrom}}{\textbf{Rohrleitungsquerschnitt}}$$

$$v = \frac{q_V}{A}$$

Beispiel: In den Zylinder **(Bild 1)** wird Öl mit einem Volumenstrom $q_V = 20$ l/min geleitet. Wie groß ist die Strömungsgeschwindigkeit in der Zuleitung?

Lösung: $$v = \frac{q_V}{A} = \frac{20\,\frac{dm^3}{min}}{\frac{\pi}{4}\cdot(0{,}15\ dm)^2} = \frac{4\cdot 20\,\frac{dm^3}{min}}{\pi\cdot 0{,}0225\ dm^2} \approx 1131{,}7\,\frac{dm}{min}$$

$$= \mathbf{113{,}17\,\frac{m}{min}}$$

Tabelle 1	a	b	c
v in m/s	?	3	2,5
q_V in l/min	25	?	23
Nenn-Ø in mm	18	22	?

Aufgaben Strömungsgeschwindigkeit

1. Für die Rohrleitungen der **Tabelle 1** sind die fehlenden Werte der Aufgaben **a** bis **c** zu berechnen.

2. Wie groß ist die Strömungsgeschwindigkeit des Hydrauliköls **(Bild 1)**
   a) im Raum der Kolbenseite,
   b) im Raum der Kolbenstangenseite?

3. Der Kolben des Hydraulikzylinders **(Bild 2)** fährt mit der Geschwindigkeit $v = 3{,}2$ m/min aus. Zu berechnen sind
   a) der Volumenstrom q_V,
   b) die Strömungsgeschwindigkeit des Hydrauliköls auf der Kolbenstangenseite,
   c) die Strömungsgeschwindigkeit des Hydrauliköls in der Rohrleitung zur Kolbenstangenseite.

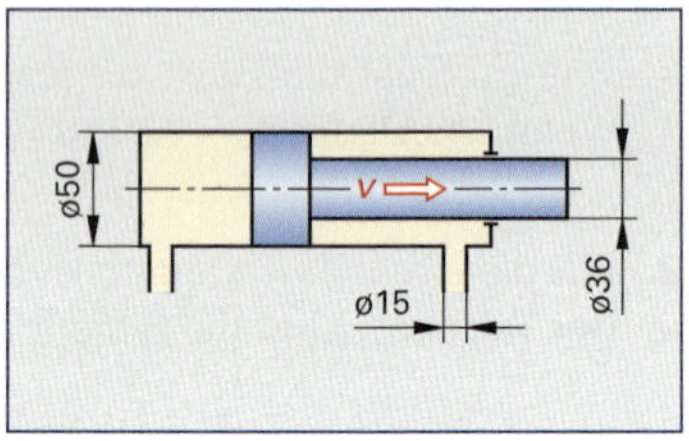

Bild 2

4. In einer hydraulischen Anlage wird an eine Rohrleitung mit DN 32 ein Reduzierstück mit DN 25 eingebaut. Die Pumpe liefert einen Volumenstrom von 40 l/min.
   a) Wie groß ist die Strömungsgeschwindigkeit in der Rohrleitung mit DN 32?
   b) Welche Strömungsgeschwindigkeit stellt sich im Reduzierstück ein?

5. Die Pumpe **(Bild 3)** liefert den Volumenstrom $q_V = 50$ l/min. Wie groß muss der Innendurchmesser d der Rohrleitung mindestens gewählt werden, damit die zulässige Durchflussgeschwindigkeit $v = 3$ m/s nicht überschritten wird?

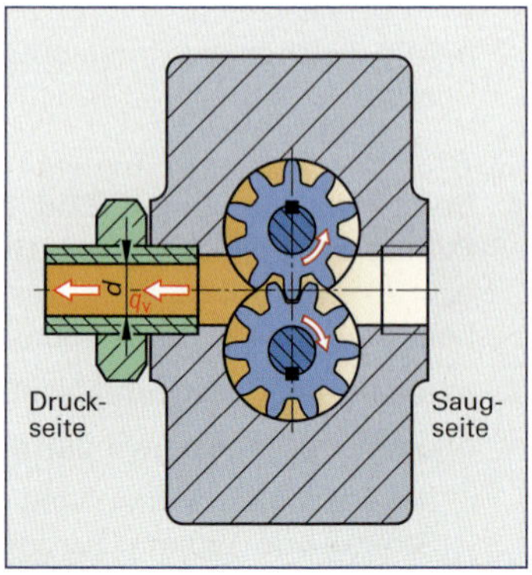

Bild 3

2.8.7 Luftverbrauch pneumatischer Zylinder

Der Luftverbrauch pneumatischer Anlagen hängt von der Anzahl der angeschlossenen Geräte und deren Arbeitsbewegungen ab. Der Luftverbrauch pro cm Kolbenhub kann aus Tabellen entnommen werden **(Tabelle 1)**.

Bezeichnungen:

Q	Luftverbrauch für einfach wirkende Zylinder	l/min	s Kolbenhub	mm
q	spezifischer Luftverbrauch je 1 cm Kolbenhub	l/cm	n Hubzahl	–

Die Werte für q der **Tabelle 1** berechnen sich aus der Kolbenfläche A, dem Kolbenhub s und aus den Druckverhältnissen **(Bild 1)**.

Luftverbrauch = spez. Luftverbrauch · Kolbenhub · Hubzahl

$$Q = q \cdot s \cdot n$$

Tabelle 1: Werte für *q*

Kolben-⌀ in mm	Betriebsdruck p_e in bar		
	4	6	8
	q in l/cm Kolbenhub		
32	0,040	0,056	0,072
40	0,062	0,088	0,113
50	0,098	0,137	0,176
63	0,155	0,218	0,280
80	0,251	0,352	0,452
100	0,392	0,549	0,706

Beispiel: Der einfach wirkende Zylinder **(Bild 1)** mit einem Durchmesser D = 50 mm und einem Hub s = 100 mm wird mit dem Druck p_e = 6 bar 80-mal in der Minute betätigt. Wie viel Liter Luft verbraucht der Zylinder pro Minute?

Lösung: Für einen Kolbendurchmesser D = 50 mm und einen Druck p_e = 6 bar ergibt sich nach Tabelle 1 ein spezifischer Luftverbrauch q = 0,137 l/cm Kolbenhub. Für 10 cm Kolbenhub und 80 Hübe pro Minute gilt für den Luftverbrauch

$Q = q \cdot s \cdot n = 0{,}137\ \text{l/cm} \cdot 10\ \text{cm} \cdot 80\ \text{min}^{-1} = \mathbf{109{,}6\ l/min}$

Bei **doppelt wirkenden Zylindern** ist der Luftverbrauch etwa doppelt so groß wie bei einfach wirkenden Zylindern. Genaue Werte können den Katalogen der Herstellerfirmen oder Tabellenbüchern entnommen werden.

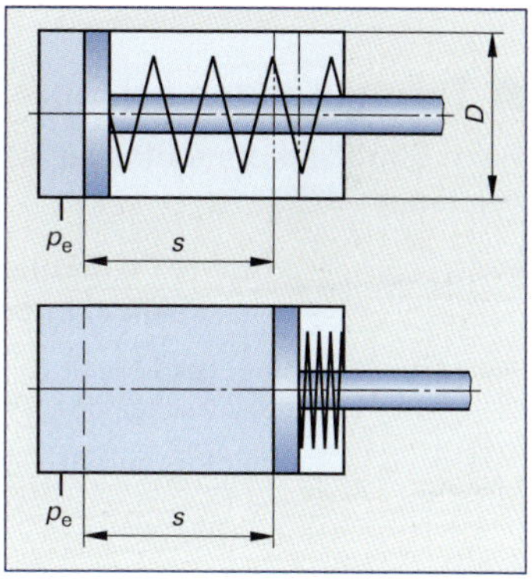

Bild 1

Aufgaben – Luftverbrauch pneumatischer Zylinder

1. Wie groß ist für die einfach wirkenden Zylinder der Aufgaben **a** bis **c** der **Tabelle 2** der Luftverbrauch?

Tabelle 2	a	b	c
Kolben-⌀ in mm	40	63	100
Druck p_e in bar	4	6	8
Hub in mm	40	80	80
Hubzahl in min^{-1}	55	18	22

2. Ein einfach wirkender Zylinder mit D = 50 mm und einem Hub von 80 mm wird mit einem Druck p_e = 6 bar betrieben. Zu berechnen ist der Luftverbrauch pro Hub (p_{amb} = 1 bar)

   a) nach Tabelle 1,

   b) nach dem Gesetz von Boyle-Mariotte.

3. Aus sicherheitstechnischen Gründen kann in einer pneumatischen Steuerung nur ein doppelt wirkender Zylinder **(Bild 2)** eingesetzt werden. Zu berechnen ist der Mehrverbrauch an Luft gegenüber einem einfach wirkenden Zylinder gleicher Bauart bei p_e = 6 bar.

4. Ein einfach wirkender Pneumatikzylinder schiebt aus einem Fallmagazin 52 Teile pro Minute. Der Kolbendurchmesser beträgt 40 mm und der Kolbenhub 125 mm.

   a) Wie groß ist der Luftverbrauch bei p_e = 4 bar bzw. p_e = 6 bar pro Stunde?

   b) Wie viele Zylinder könnten maximal an einen Verdichter mit einem Volumenstrom von 6 m³/min angeschlossen werden?

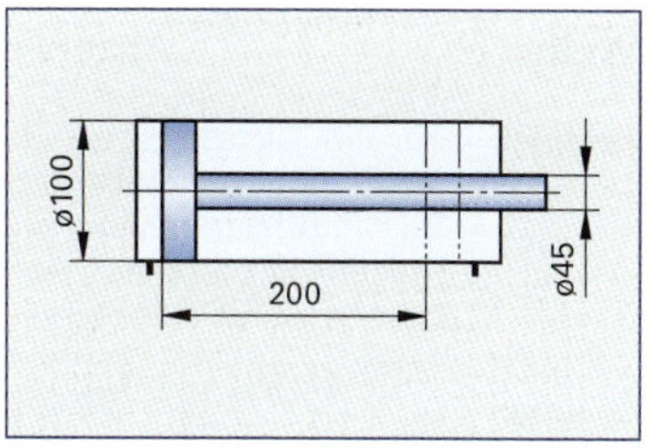

Bild 2

2.9 Metallbaukonstruktionen

2.9.1 Teilungslängen bei Gittern und Bauelementen

Bei der Herstellung von Gittern, Rosten und Geländern ist nicht die Teilung p **(Kapitel 2.1.1 Teilung von Längen, Seite 35)**, sondern aus praktischen Gründen der Fertigung die lichte Weite L entscheidend. Für die Berechnung muss berücksichtigt werden, ob es sich um ein Einzelfeld mit oder ohne Pfosten oder um ein durchlaufendes Geländer handelt **(Bild 1)**.

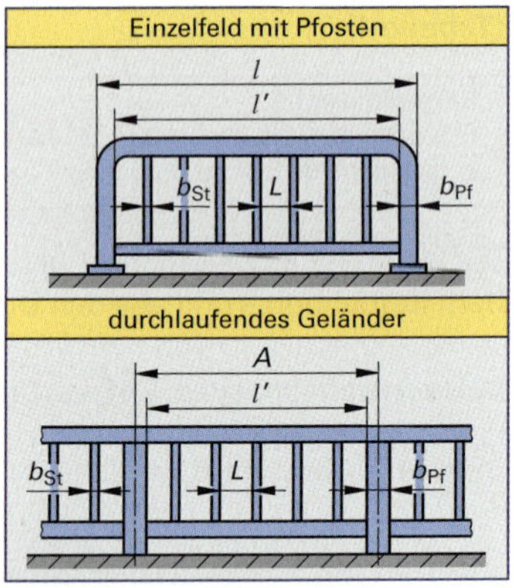

Bild 1

Bezeichnungen:

l	Feldlänge	mm	b_{St}	Stabbreite	mm
l'	innere Feldlänge	mm	b_{Pf}	Pfostenbreite	mm
L	lichte Weite	mm	A	Pfostenabstand	mm
n	Anzahl der Stäbe				

Teilungslängen bei Einzelfeld ohne Pfosten

Beim Einzelfeld ohne Pfosten ist die Feldlänge l gleich der inneren Feldlänge l'.

$$\textbf{Lichte Weite} = \frac{\textbf{innere Feldlänge} - n \cdot \textbf{Stabbreite}}{\textbf{Anzahl der Stäbe} + 1}$$

$$L = \frac{l' - n \cdot b_{St}}{n + 1}$$

Beispiel: Das Gitter **(Bild 2)** soll 20 Füllstäbe erhalten. Wie groß ist die lichte Weite zwischen den Abständen?

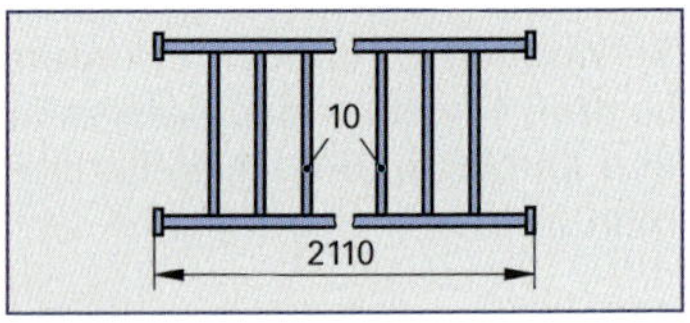

Bild 2

Lösung: $L = \frac{l' - n \cdot b_{St}}{n + 1} = \frac{2110\text{ mm} - 20 \cdot 10\text{ mm}}{20 + 1} = \mathbf{90{,}95\text{ mm} \approx 91\text{ mm}}$

Teilungslängen bei Einzelfeld mit Pfosten

$$\textbf{Lichte Weite} = \frac{\textbf{Feldlänge} - (2 \cdot \textbf{Pfostenbreite} + n \cdot \textbf{Stabbreite})}{\textbf{Anzahl der Stäbe} + 1}$$

$$L = \frac{l - (2 \cdot b_{Pf} + n \cdot b_{St})}{n + 1}$$

Beispiel: Die 10 Stäbe des Einzelfeld-Gitters **(Bild 3)** sollen alle im gleichen Abstand eingeschweißt werden. Auf welche Länge müssen zwei Abstandshalter zum Einschweißen der Profile abgelängt werden?

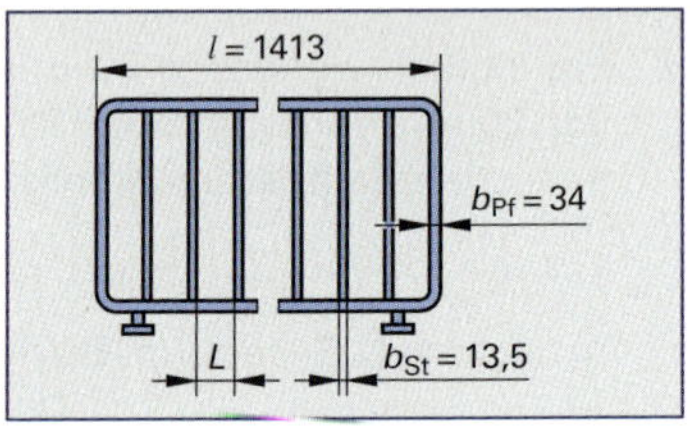

Bild 3

Lösung: $L = \frac{l' - (2 \cdot b_{Pf} + n \cdot b_{St})}{n + 1}$

$= \frac{1413\text{ mm} - (2 \cdot 34\text{ mm} + 10 \cdot 13{,}5\text{ mm})}{10 + 1} = \mathbf{110\text{ mm}}$

Teilungslängen bei durchlaufendem Geländer

$$\textbf{Lichte Weite} = \frac{\textbf{Pfostenabstand} - (\textbf{Pfostenbreite} + n \cdot \textbf{Stabbreite})}{\textbf{Anzahl der Stäbe} + 1}$$

$$L = \frac{A - (b_{Pf} + n \cdot b_{St})}{n + 1}$$

Beispiel: Für ein Terrassengeländer sollen die Füllstäbe im gleichen Abstand eingeschweißt werden **(Bild 4)**. Welche Länge müssen dafür die Abstandshalter zur Fertigung haben, wenn zwischen den Pfosten 12 Stäbe aus Hohlprofil DIN EN 10210 – 40 × 40 × 4 vorgesehen sind?

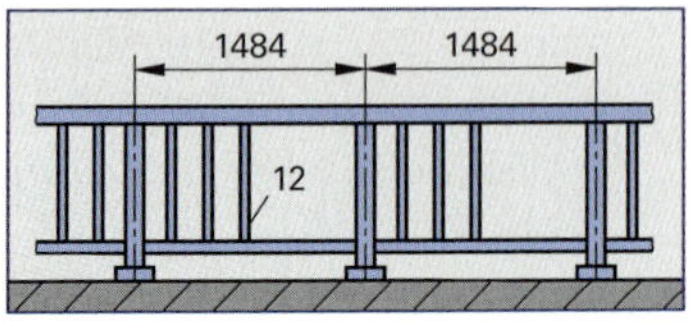

Bild 4

Lösung: $L = \frac{A - (b_{Pf} + n \cdot b_{St})}{n + 1} = \frac{1484\text{ mm} - (40\text{ mm} + 12 \cdot 12\text{ mm})}{12 + 1}$

$= \mathbf{100\text{ mm}}$

Teilungslängen bei Bauelementen zwischen Pfosten

Bei der Fertigung von Metallbaukonstruktionen, z.B. Fassaden, Verblendungen, Raumteilern, muss die Breite *B* des Bauelements, das zwischen die Pfosten mit den entsprechenden Abständen eingebaut wird, errechnet werden **(Bild 1)**. Dabei soll als Pfostenbreite der gesamte Abstand zwischen den Bauelementen verstanden werden.

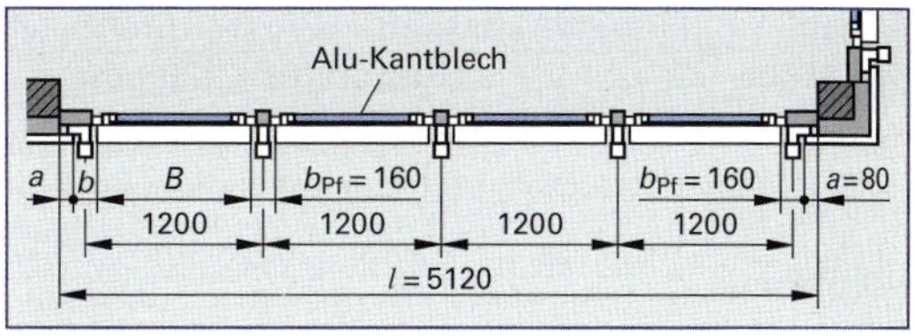

Bild 1

Bezeichnungen:

a	Wandanschluss	mm	b_{Pf}	Pfostenbreite	mm	n_B	Anzahl der Bauelemente
l	Gesamtlänge	mm	B	Bauelementbreite	mm	n	Anzahl der Pfosten, Abstände

Bauelementbreite = $\dfrac{\textbf{Gesamtlänge} - (2 \cdot \textbf{Wandanschluss} + n \cdot \textbf{Pfostenbreite})}{\textbf{Anzahl der Bauelemente}}$

$$B = \frac{l - (2 \cdot a + n \cdot b_{Pf})}{n_B}$$

Beispiel: Für die Fassade **(Bild 1)** sollen für die Brüstungsverkleidung 4 Aluminium-Kantbleche hergestellt werden. Zu berechnen ist die Breite *B* eines Elements.

Lösung: $B = \dfrac{l - (2 \cdot a + n \cdot b_{Pf})}{n_B} = \dfrac{5120\text{ mm} - (2 \cdot 80\text{ mm} + 5 \cdot 160\text{ mm})}{4}$

$= \mathbf{1040\text{ mm}}$

Teilungslängen nach Landesbauordnung

Bei Geländern und Gittern, die den Vorschriften der Landesbauordnungen unterliegen, wird zuerst die Anzahl der Füllstäbe errechnet. Dabei geht man von der vorgeschriebenen maximalen lichten Weite von 12 cm aus. Der sich dabei meist ergebende Bruchwert wird aufgerundet und dann die sich daraus ergebende lichte Weite nach **Kapitel 2.9.1 Teilungslängen bei Gittern und Bauelementen, Seite 110** berechnet.

Teilungslängen bei Einzelfeld ohne Pfosten

Anzahl der Stäbe = $\dfrac{\textbf{innere Feldlänge} - \textbf{120 mm}}{\textbf{Stabbreite} + \textbf{120 mm}}$

$$n = \frac{l' - 120\text{ mm}}{b_{St} + 120\text{ mm}}$$

Beispiel: In eine 750 mm breite Fensterlaibung **(Bild 2)** soll ein Schutzgitter eingesetzt werden. Wie viele Stäbe aus Rd 18 werden benötigt und wie groß ist der Abstand nach Landesbauordnung?

Lösung: $n = \dfrac{l' - 120\text{ mm}}{b_{St} + 120\text{ mm}} = \dfrac{750\text{ mm} - 120\text{ mm}}{12\text{ mm} + 120\text{ mm}} = 4{,}77;\ n = \mathbf{5}$

$L = \dfrac{l' - n \cdot b_{St}}{n + 1} = \dfrac{750\text{ mm} - 5 \cdot 18\text{ mm}}{5 + 1} = \mathbf{110\text{ mm}}$

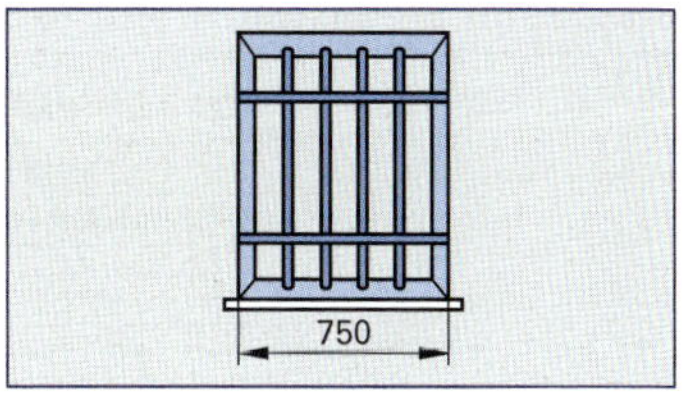

Bild 2

Teilungslängen bei Einzelfeld mit Pfosten

Anzahl der Stäbe = $\dfrac{\textbf{Feldlänge} - (2 \cdot \textbf{Pfostenbreite} + \textbf{120 mm})}{\textbf{Stabbreite} + \textbf{120 mm}}$

$$n = \frac{l - (2 \cdot b_{Pf} + 120\text{ mm})}{b_{St} + 120\text{ mm}}$$

Beispiel: Das Absturzgitter **(Bild 3)** soll gefertigt werden. Wie viele Stäbe aus Hohlprofil DIN EN 10219 – 40 × 20 werden benötigt und wie groß ist die lichte Weite nach Landesbauordnung?

Lösung: $n = \dfrac{l - (2 \cdot b_{Pf} + 120\text{ mm})}{b_{St} + 120\text{ mm}} = \dfrac{1750\text{ mm} - (2 \cdot 30\text{ mm} + 120\text{ mm})}{20\text{ mm} + 120\text{ mm}}$

$= 11{,}2;\ n = \mathbf{12}$

$L = \dfrac{l - (2 \cdot b_{Pf} + n \cdot b_{St})}{n + 1} = \dfrac{1750\text{ mm} - (2 \cdot 30\text{ mm} + 12 \cdot 20\text{ mm})}{12 + 1}$

$= \mathbf{111{,}5\text{ mm}}$

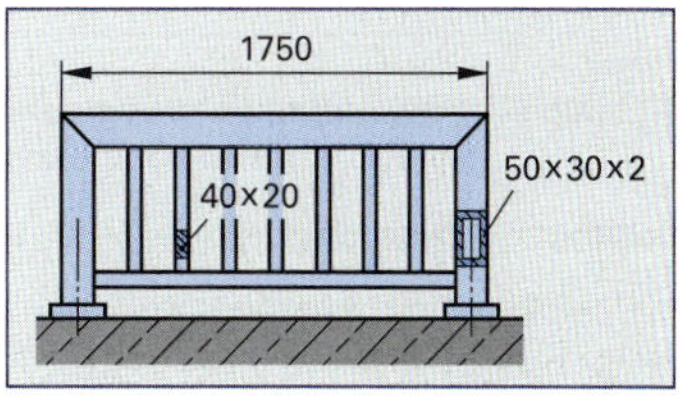

Bild 3

Teilungslängen bei durchlaufendem Geländer

$$\text{Anzahl der Stäbe} = \frac{\text{Pfostenabstand} - (\text{Pfostenbreite} + 120\text{ mm})}{\text{Stabbreite} + 120\text{ mm}}$$

$$n = \frac{A - (b_{Pf} + 120\text{ mm})}{b_{St} + 120\text{ mm}}$$

Beispiel: Für das Balkongeländer **(Bild 1)** sind die Anzahl der Füllstäbe und die lichte Weite nach Landesbauordnung zu bestimmen.

Lösung:

$$n = \frac{A - (b_{Pf} + 120\text{ mm})}{b_{St} + 120\text{ mm}} = \frac{1225\text{ mm} - (60{,}3\text{ mm} + 120\text{ mm})}{30\text{ mm} + 120\text{ mm}}$$

$= 6{,}9;\ n = \mathbf{7}$

$$L = \frac{A - (b_{Pf} + n \cdot b_{St})}{n + 1} = \frac{1225\text{ mm} - (60{,}3\text{ mm} + 7 \cdot 30\text{ mm})}{7 + 1}$$

$= \mathbf{119{,}3\ mm}$

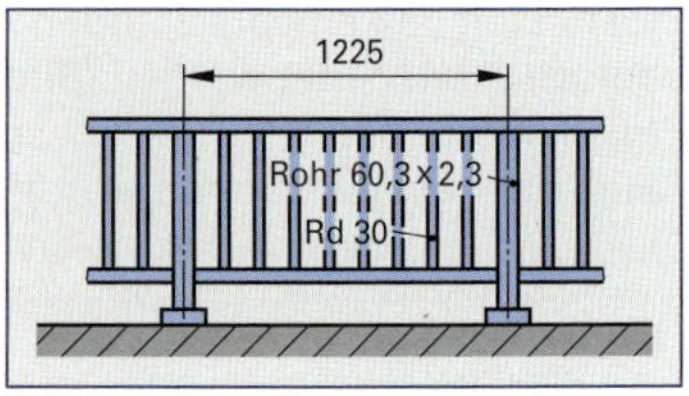

Bild 1

Bestimmung der lichten Weite mithilfe von Diagrammen

Mithilfe von Diagrammen kann die Anzahl der Füllstäbe und die lichte Weite zwischen den Stäben schnell ermittelt werden. Für die in der Praxis häufig verwendeten Füllstab-Breiten sind Diagramme erhältlich. Ausgehend von der inneren Feldlänge l' und der Füllstab-Breite werden die Anzahl der Stäbe n und die lichte Weite L abgelesen.

Diagramm 1: Füllstab-Breite 12 mm

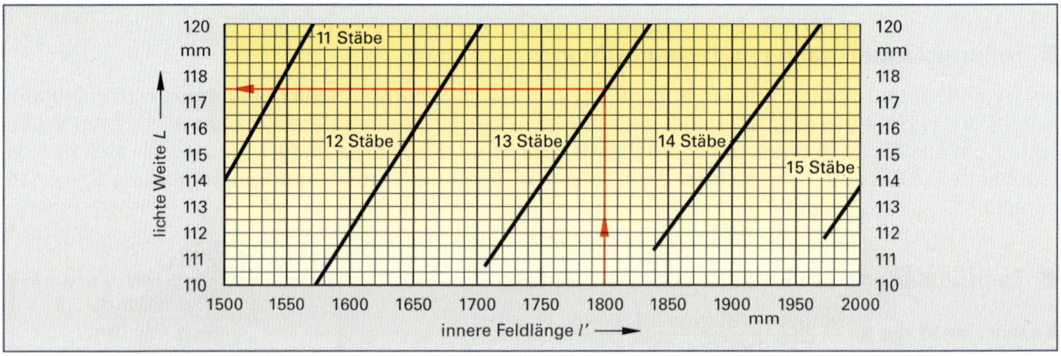

Diagramm 2: Füllstab-Breite 15 mm

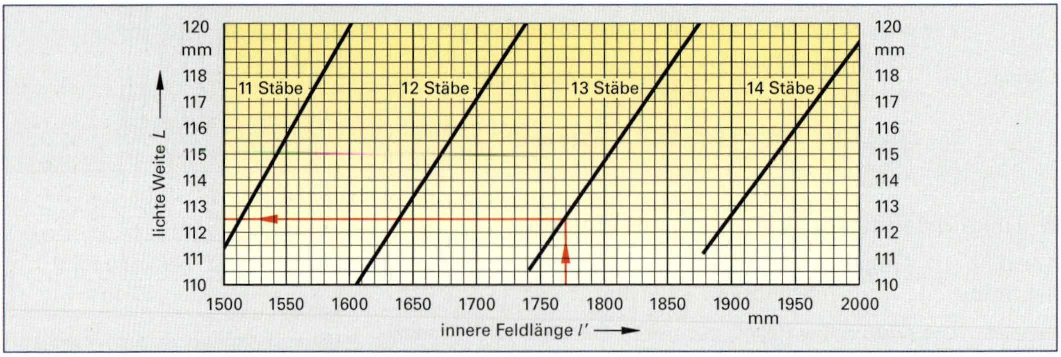

1. Beispiel: Die innere Feldlänge eines Gitters beträgt 1800 mm, die Breite der Füllstäbe soll 12 mm betragen. Wie viele Stäbe werden benötigt und wie groß ist die lichte Weite nach Landesbauordnung?

Lösung: Nach **Diagramm 1:** $\mathbf{n = 13}$ und $\mathbf{L = 117{,}5\ mm}$.

2. Beispiel: Der Abstand zwischen zwei Betonpfosten beträgt 1770 mm. Es wird ein Gitter aus Stabstählen □ 15 mm eingebaut. Wie viele Stäbe sind dazu notwendig und wie groß ist der lichte Abstand?

Lösung: Nach **Diagramm 2:** $\mathbf{n = 13}$ und $\mathbf{L = 112{,}5\ mm}$

Aufgaben | Teilungslängen bei Gittern und Bauelementen

1. Welchen Abstand in mm haben die Füllstäbe des einfachen Begrenzungsgitters **(Bild 1)**?
2. Für den Gitterrost mit 22 Füllstäben **(Bild 2)** ist die lichte Weite von 40 mm vorgesehen. Welchen Durchmesser müssen die Füllstäbe haben?
3. Für einen Raumteiler aus 10 Lochblech-Tafeln sollen die Breiten der Tafeln berechnet werden. Der Raum hat eine Länge von 12 m. Zwischen den einzelnen Tafeln und den Rändern soll ein Spalt von 30 mm frei bleiben. Wie breit müssen die Tafeln sein?
4. Die 37,5 m lange Fassade eines Verwaltungsgebäudes soll mit 25 Paneelen in einer Reihe verkleidet werden. Die Pfostenbreite mit Dehnfuge beträgt 80 mm. Wie breit müssen die Paneele sein, wenn sie am Anfang und am Ende flächenbündig abschließen?
5. Für ein Geländer **(Bild 3)** sollen als Füllelemente Glasscheiben eingesetzt werden. Auf welche Breite müssen die Glasscheiben zugeschnitten werden, wenn der Achsabstand zwischen Anfangs- und Endpfosten 8,0 m beträgt und sechs Scheiben eingesetzt werden sollen?
6. An einem Park sollen die historischen Gitter **(Bild 4)** teilweise erneuert werden. Wie viele Stäbe sind dabei für ein Feld notwendig?
7. Es soll ein Terrassen-Pavillon **(Bild 5)** gefertigt werden. Dabei sollen gleiche Achsabstände der Pfosten der Felder und gleiche Abstände der Stäbe in den Feldern eingehalten werden.
   a) Berechne die Achsabstände der Pfosten.
   b) Wie groß ist der Abstand zwischen den Gitterstäben, wenn je Feld fünf Rundstähle d = 12 mm eingeschweißt werden sollen?
8. Für das Korbgitter **(Bild 6)** sind die Anzahl der Füllstäbe und die lichte Weite nach Landesbauordnung zu berechnen.
9. Bestimme mithilfe des **Diagrammes 1, Seite 112,** die Anzahl der Füllstäbe und die lichte Weite für das Treppengeländer **Bild 7**. Welcher genaue Wert ergibt sich für die lichte Weite durch Berechnung?
10. Für das Treppengeländer **(Bild 8)** sind die Anzahl der Füllstäbe und die Länge der Abstandshalter zum Einschweißen der Stäbe zu bestimmen.
    a) Wie viele Stäbe und welche lichte Weite ergeben sich nach Diagramm?
    b) Wie groß ist die Abweichung zwischen dem Wert nach Diagramm und durch Berechnung für die lichte Weite?

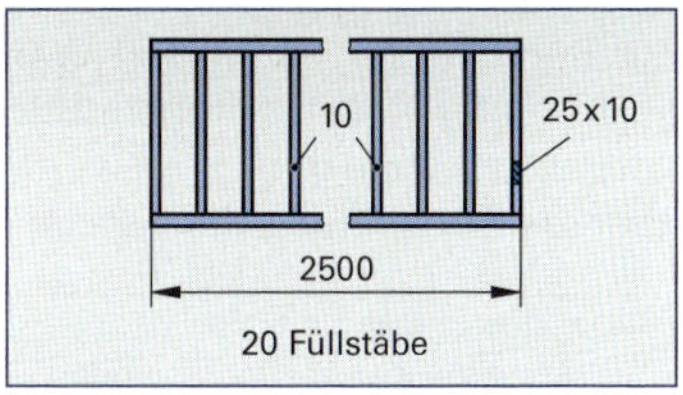

Bild 1

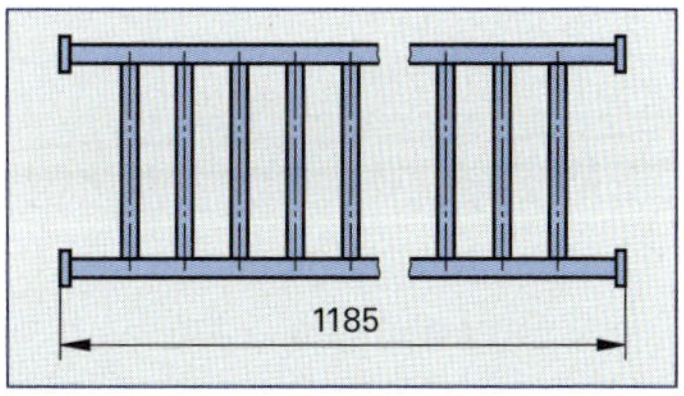

Bild 2

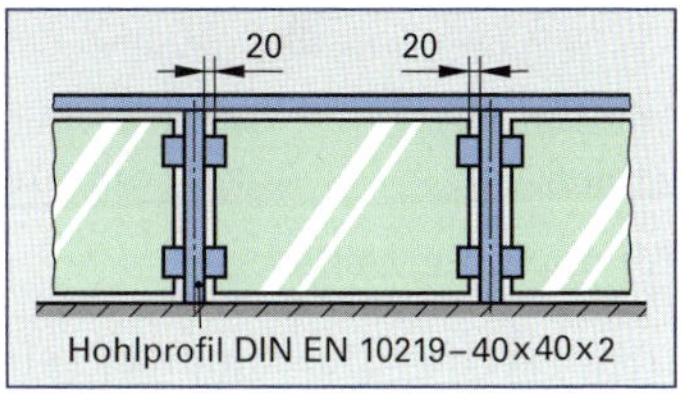

Bild 3

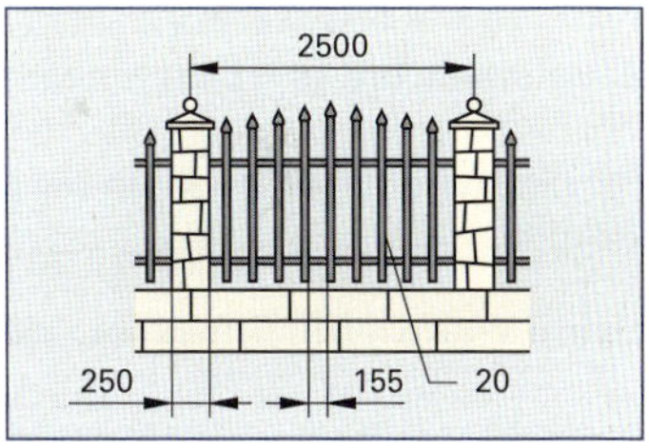

Bild 4

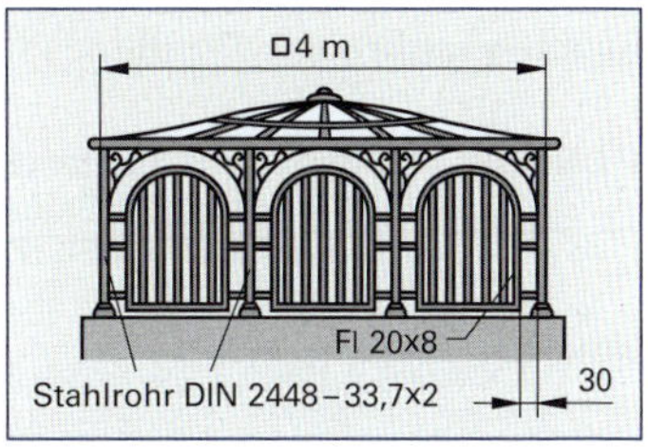

Bild 5

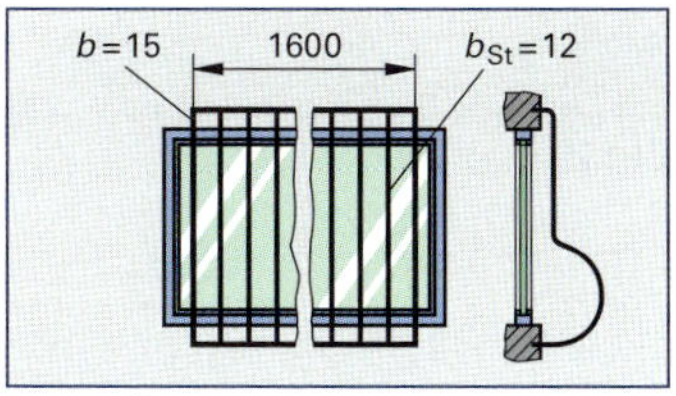

Bild 6

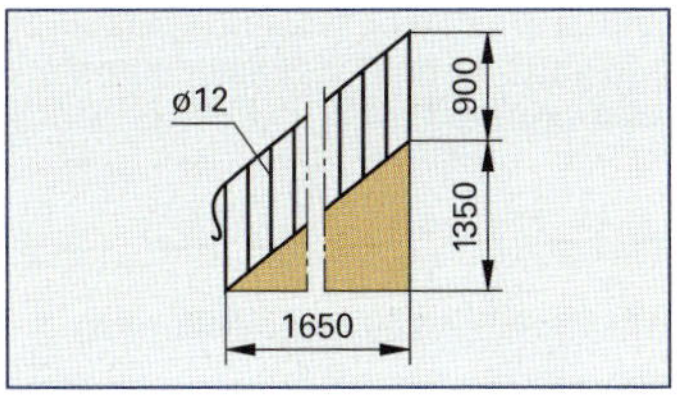

Bild 7

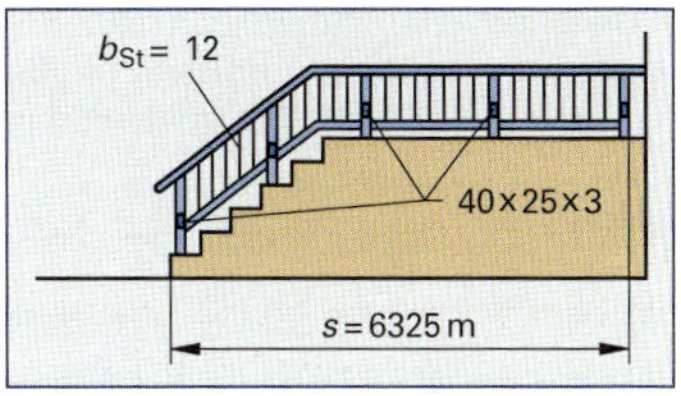

Bild 8

2.9.2 Teilungslängen gekrümmter Strecken

Zur Berechnung der lichten Weite L bzw. der Bauelementbreite B gekrümmter Konstruktionen **(Bild 1)** kann näherungsweise über die gestreckte Länge gerechnet werden. Die genaue Bestimmung erfolgt über die Berechnung der Sehnenlänge l.

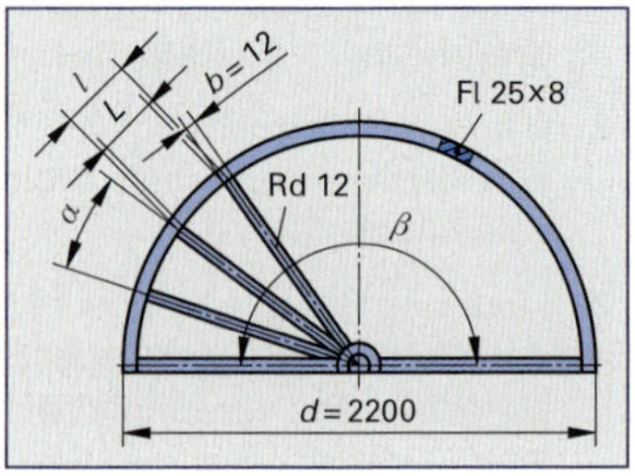

Bild 1

Bezeichnungen:

L	lichte Weite	mm	n	Anzahl der Stäbe, Anzahl der Pfosten	
B	Bauelementbreite	mm	d	Durchmesser	mm
l	Sehnenlänge	mm	β	Gesamtwinkel	°
b	Stabbreite, Pfostenbreite	mm	α	Mittelpunktswinkel	°

Der Mittelpunktswinkel α wird über die Anzahl der Abstände errechnet.

Für Kreisbögen gilt:

Mittelpunktswinkel = Gesamtwinkel / (Anzahl der Stäbe + 1) oder Gesamtwinkel / (Anzahl der Pfosten + 1)

$$\alpha = \frac{\beta}{n+1}$$

Für geschlossene Kreise gilt:

Mittelpunktswinkel = Gesamtwinkel / Anzahl der Stäbe oder Gesamtwinkel / Anzahl der Pfosten

$$\alpha = \frac{\beta}{n}$$

Für die lichte Weite L gilt:

Lichte Weite = Durchmesser · sin $\frac{\alpha}{2}$ – Stabbreite

$$L = d \cdot \sin\frac{\alpha}{2} - b$$

Für die Bauelementbreite B gilt:

Bauelementbreite = Durchmesser · sin $\frac{\alpha}{2}$ – Pfostenbreite

$$B = d \cdot \sin\frac{\alpha}{2} - b$$

Für die lichte Weite am Rand bei gleichbleibendem Mittelpunktswinkel gilt:

Lichte Weite = Durchmesser · sin $\frac{\alpha}{2}$ – Stabbreite / 2

$$L = d \cdot \sin\frac{\alpha}{2} - \frac{b}{2}$$

Für die Bauteilbreite am Maueranschluss bei gleichbleibendem Mittelpunktswinkel gilt:

Bauelementbreite = Durchmesser · sin $\frac{\alpha}{2}$ – Pfostenbreite / 2

$$B = d \cdot \sin\frac{\alpha}{2} - \frac{b}{2}$$

1. Beispiel: Für das Oberlichtgitter **(Bild 1)** sind die Stababstände zu bestimmen. Es sollen 15 Stäbe im gleichen Abstand eingesetzt werden; Anfangs- und Endstab nicht mitgerechnet.

Lösung: $\alpha = \frac{\beta}{n+1} = \frac{180°}{15+1} = 11{,}25°$

$L = d \cdot \sin\frac{\alpha}{2} - b = 2184\ \text{mm} \cdot \sin\frac{11{,}25°}{2} - 12\ \text{mm} = \mathbf{202\ mm}$

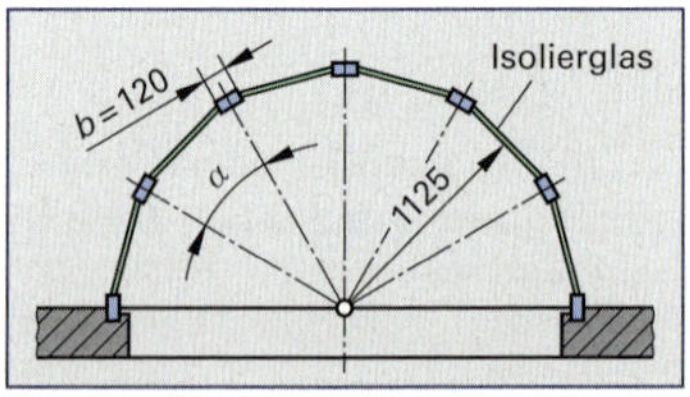

Bild 2

2. Beispiel: Der halbkreisförmige Erker **(Bild 2)** erhält eine Isolierverglasung. Wie breit müssen die Scheiben sein, wenn der Glaseinstand in den Pfosten beidseitig je 20 mm beträgt?

Lösung: $\alpha = \frac{\beta}{n+1} = \frac{180°}{5+1} = 30°$

$B = d \cdot \sin\frac{\alpha}{2} - b = 2250\ \text{mm} \cdot \sin\frac{30°}{2} - 120\ \text{mm} = \mathbf{463\ mm}$

$B_{Gl} = B + 2 \cdot 20\ \text{mm} = 463\ \text{mm} + 2 \cdot 20\ \text{mm} = \mathbf{503\ mm}$

Aufgaben | Teilungslängen gekrümmter Strecken

1. In das Oberlichtgitter **(Bild 1)** sollen 20 Füllstäbe eingeschweißt werden.
   a) Wie groß ist der Abstand des ersten und letzten Stabes vom Kämpfer in mm?
   b) Auf welche Länge L in mm muss ein Abstandhalter zum Einschweißen der restlichen Füllstäbe abgesägt werden?

2. Für den halbkreisförmigen Balkon **(Bild 2)** soll ein Geländer gefertigt werden, Als Füllstäbe wird Rundstahl mit $d = 12$ mm eingesetzt. Die lichte Weite darf nicht größer als 12 cm sein.
   Zu bestimmen sind
   a) die Anzahl der Stäbe n,
   b) die Teilung p.

3. Wie groß ist der Abstand B zwischen den Pfosten des Treppenhausturmes **(Bild 3)**?

4. Ein Brunnenabdeckgitter nach **(Bild 4)** wird mit 48 Füllstäben hergestellt. Zu berechnen sind
   a) die Länge L des Abstandhalters zum Einschweißen der Stäbe in mm,
   b) der Außendurchmesser des Innenrings, wenn der Abstand zwischen den Stäben 10 mm betragen soll.

5. Die Verkleidung eines kreisförmigen Marktbrunnens mit einem Außendurchmesser von $d = 4$ m besteht aus 30 getriebenen, geraden Relief-Segmenten. Die Breite der Schattenfugen zwischen den einzelnen Elementen beträgt 15 mm. Zu berechnen sind
   a) der Mittelpunktswinkel α,
   b) die Segmentbreite B.
   c) Um wie viel Prozent weicht der Umfang des 30-Ecks vom Kreisumfang ab, wenn man die Schattenfugen nicht berücksichtigt?

6. Ein Hotel hat eine halbkreisförmige Terrasse mit einem Durchmesser von 12 m, die direkt an das Gebäude angeschlossen ist. Es ist eine Brüstung aus Füllgittern in Rahmenkonstruktion, die zwischen Stützen auf Hohlprofil DIN EN 10219 – 120 × 120 × 4,5 montiert werden, zu planen. Es werden 11 Stützen auf einem Kreis mit $d = 11{,}74$ m mittig verschraubt.
   a) Es ist die Bausituation im Maßstab 1 : 100 zu zeichnen und die Zeichnung mit den Werten aus den Aufgaben b) und c) zu ergänzen,
   b) Berechne den Mittelpunktswinkel α.
   c) Welche Breite in m muss der Rahmen zwischen den Pfosten und am Gebäudeanschluss haben, wenn zwischen Rahmen und Pfosten bzw. Gebäude jeweils 20 mm Abstand einzuhalten sind?

7. Das Treppenhaus eines mehrgeschossigen Gebäudes soll oben als architektonisches Dektor mit einer fächerartigen Konstruktion ausgestattet werden **(Bild 5)**. Zu bestimmen sind der Mittelpunktswinkel und die Zuschnittlängen der Verbindungsstäbe B_1 bis B_4.

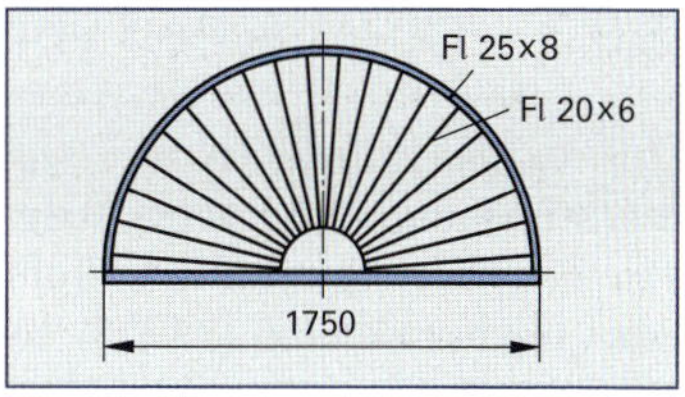

Bild 1

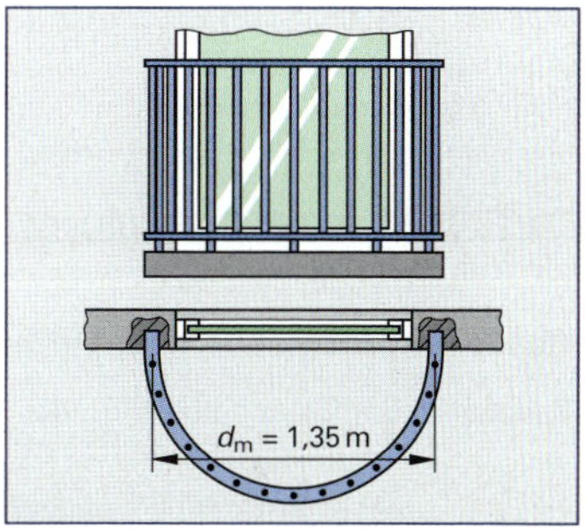

Bild 2

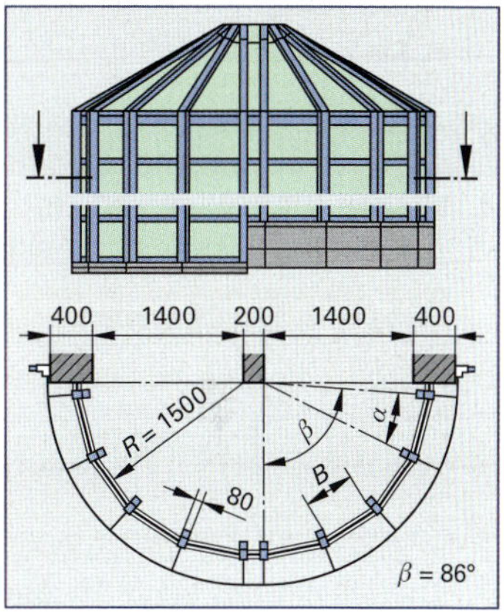

Bild 3

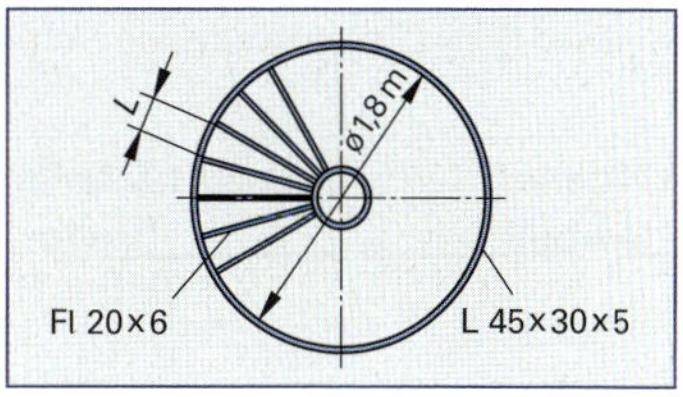

Bild 4

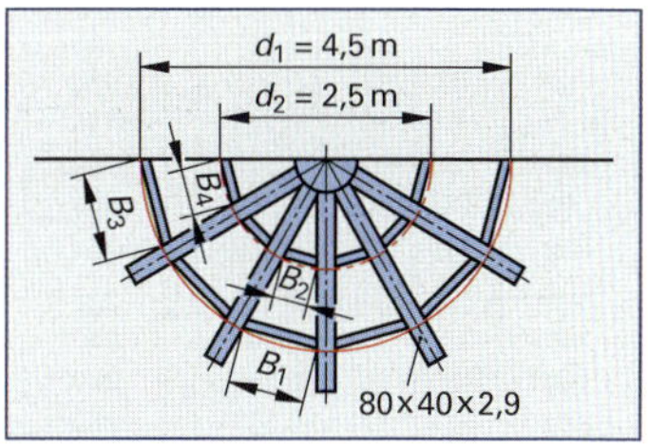

Bild 5

2.9.3 Oberflächen von Profilkonstruktionen

Zur Kostenberechnung des Sandstrahlens und Beschichtens von Konstruktionen **(Bild 1)** im Stahl- und Metallbau muss die Gesamtoberfläche der verarbeiteten Profile ermittelt werden. Dies erfolgt nicht über die Berechnung mit den entsprechenden Flächenformeln, sondern wird mithilfe von Profiltabellen vorgenommen.

Bild 1

Bezeichnungen:

U	längenbezogene Mantelfläche	mm, m
l	Länge	mm, m
A	Gesamtmantelfläche	mm^2, m^2

Die Größen der längenbezogenen Mantelflächen werden Profiltabellen entnommen.

Gesamtmantelfläche = längenbezogene Mantelfläche · Länge

$$A = U \cdot l$$

Beispiel: Ein Träger aus IPE 240 DIN 1025-S235JR mit einer Länge von 5,4 m soll grundiert werden.

Zu bestimmen ist die Gesamtmantelfläche des Trägers.

Lösung: Nach **Tabelle 5**: $U = 0{,}922\ m^2/m$

$A = U \cdot l = 0{,}922\ m^2/m \cdot 5{,}4\ m = \mathbf{4{,}98\ m^2}$

Aufgaben — Oberflächen von Profilkonstruktionen

1. Für die in **Tabelle 2** aufgeführten Stahlprofillängen sind die Gesamtmantelflächen zu berechnen.

Tabelle 2: Profilangaben

Profil	L 60 × 30 × 5	U 80	IPE 180	HE240A	Hohlprofil 80 × 40 × 2,9
Länge	24 m	12 m	34 m	5,4 m	64 m

2. In Stadtluft wird für Bauteile aus Stahl bei einer 50 µm dicken Zinkschicht mit einer 15-jährigen Schutzdauer gerechnet. Um diese Schichtdicke zu erreichen, benötigt man 360 g Zink pro m^2. Wie viel Meter Winkelstahl L 50 × 40 × 5 können theoretisch von 1 kg Zink mit dieser Schichtdicke überzogen werden?

Tabelle 1: Ungleichschenkeliger Winkelstahl

Maße in mm			Mantelfläche U m^2/m
Kurzzeichen L	r_1	r_2	
30 × 20 × 3 / 4	3,5	2	0,097
50 × 20 × 3 / 4	3,5	2	0,117
45 × 30 × 4 / 5	4,5	2	0,146
50 × 30 × 5	4,5	2	0,156
50 × 40 × 5	4	2	0,177
60 × 30 × 5	6	3	0,175
30 × 20 × 5 / 6	6	3	0,195

Tabelle 3: U-Stahl

Kurzzeichen U	Maße in mm für h	b	Mantelfläche U m^2/m
50 × 25	50	25	0,181
50	50	38	0,232
60 × 30	60	30	0,215
65	65	42	0,273
80	80	45	0,312
100	100	50	0,372
120	120	55	0,434
140	140	60	0,489
160	160	65	0,546
180	180	70	0,611
200	200	75	0,661

Tabelle 4: Breiter I-Träger (IPB) HE-A-Reihe

Kurzzeichen HE-A (IPBl)	Maße in mm für h	b	Mantelfläche U m^2/m
100	96	100	0,561
120	114	120	0,667
140	133	140	0,794
160	152	160	0,906
180	171	180	1,02
200	190	200	1,14
220	210	220	1,26
240	230	240	1,37
260	250	280	1,48
280	270	280	1,60
300	290	300	1,72

Tabelle 5: Mittelbreiter I-Träger IPE-Reihe

Kurzzeichen IPE	Maße in mm für h	b	Mantelfläche U m^2/m
IPE100	100	55	0,400
IPE120	120	64	0,475
IPE140	140	73	0,551
IPE160	180	82	0,623
IPE180	180	91	0,698
IPE200	200	100	0,768
IPE220	220	110	0,848
IPE240	240	120	0,922

Tabelle 6: Rechteckige Hohlprofile warmgefertigt

Nennmaße $H \times B$ mm	Wanddicke T mm	Querschnitt F_2 cm^2	Gewicht G kg/m	Mantelfläche U m^2/m
50×30	2,9	4,23	3,32	0,155
60×40	2,9	5,39	4,23	0,195
70×40	2,9	5,97	4,69	0,215
80×40	2,9	6,55	5,14	0,235
90×50	3,2	8,46	6,84	0,275
100×50	3,6	10,2	7,98	0,294
100×60	3,6	10,9	8,55	0,314

2.9.4 Masse von Profilkonstruktionen

Die Abrechnung von Stahlbau- und Metallbauarbeiten erfolgt über das Gewicht. Für den Kostenvoranschlag oder für große Konstruktionen, die nicht gewogen werden können, muss das Gewicht errechnet werden. Die Gesamtmasse wird über die längenbezogene Profilmasse bzw. die flächenbezogene Blechmasse ermittelt.

■ Stahlbauarbeiten

Die längenbezogene bzw. flächenbezogene Masse für genormte Profile und Bleche kann Tabellen entnommen werden. Ausgenommen sind die Formstähle in **Tabelle 1**, für die Handelsgewichte und nicht DIN-Gewichte verrechnet werden Das Handelsgewicht berücksichtigt Walztoleranzen und liegt deshalb etwas über dem DIN-Gewicht.

1. Beispiel: Für den Zweigelenkrahmen (Polygon) nach **Bild 1** wurden 41,6 m Formstahl HE 260 A und 65 m IPF 240 verarbeitet. Zu bestimmen ist die Masse der Profile.

Lösung: Nach **Tabelle 1: Handelsgewichte für Formstahl**
HE 260 A: m'_1; = 70,0 kg/m; IPE 240: m'_2 = 31,5 kg/m

$$m = m'_1 \cdot l_1 + m'_2 \cdot l_2$$
$$= 70{,}0 \text{ kg/m} \cdot 41{,}6 \text{ m} + 31{,}5 \text{ kg/m} \cdot 65 \text{ m}$$
$$= \mathbf{4959{,}5 \text{ kg}}$$

■ Metallbauarbeiten

Für Metallbauarbeiten wird mit einer flächenbezogenen Masse von 8 kg/m² je mm Materialdicke gerechnet. Profile nach dem DIN-Gewicht **(Berechnung der Masse mithilfe von Tabellen, Seite 61)** erhalten einen Zuschlag von 2% für Walzwerktoleranzen. Bei Stahlkonstruktionen, die genietet, geschraubt oder geschweißt sind, werden dem ermittelten Gesamtgewicht für die Verbindungsmittel nochmals 2% zugeschlagen.

2. Beispiel: Für die geschweißte Spielplatzrutsche **(Bild 2)** wurden folgende Profile verarbeitet: 28 m Stahlrohr DIN EN 10210-33,7 × 2,6 für den Rahmen, 3,6 m Stahlrohr DIN EN 10210-21,3 × 2,3 für die Sprossen und 6,6 m² Stahlblech 1,5 mm dick für die Rutsche und die Seitenwände. Für die Abrechnung ist die Gesamtmasse der Rutsche zu berechnen.

Lösung: Nach **Tabelle 2, Seite 61**
DIN EN 10210-33,7 × 2,6: m'_1 = 1,99 kg/m
DIN EN 10210-21,3 × 2,3: m'_2 = 1,08 kg/m

Für Metallbauarbeiten gilt:

Stahlblech $m'_3 = 8{,}00 \dfrac{\text{kg}}{\text{m}^2 \cdot \text{mm}}$

Rahmen: $m_1 = m'_1 \cdot l_1 \cdot 1{,}02 = 1{,}99 \text{ kg/m} \cdot 28 \text{ m} \cdot 1{,}02 = 56{,}83 \text{ kg}$

Sprossen: $m_2 = m'_2 \cdot l_2 \cdot 1{,}08 = 1{,}08 \text{ kg/m} \cdot 3{,}6 \text{ m} \cdot 1{,}02 = 3{,}97 \text{ kg}$

Rutsche: $m_3 = m'_3 \cdot A \cdot t = 8 \dfrac{\text{kg}}{\text{m}^2 \cdot \text{mm}} \cdot 6{,}6 \text{ m}^2 \cdot 1{,}5 \text{ mm} = 79{,}20 \text{ kg}$

$m = (m_1 + m_2 + m_3) \cdot 1{,}02 = 140{,}0 \text{ kg} \cdot 1{,}02 = \mathbf{142{,}8 \text{ kg}}$

Tabelle 1: Handelsgewichte für Formstahl in kg/m

U		IPE	
80	8,9	120	10,7
120	13,7	180	19,3
140	16,4	200	23
180	22,5	220	26,9
200	26	240	31,5
220	30	300	43,3
240	34		
260	39	330	50,4
280	43	360	58,6
300	48	400	68
320	61	450	80
350	62	500	93
380	65	550	109
400	74	600	125
HE-A = IPBI		**HE-B = IPB**	
100	17,1	100	20,9
120	20,4	120	27,4
140	25,3	140	34,5
160	31,2	160	43,7
180	36,4	180	52,6
200	43	200	63
220	52	220	73
240	62	240	85
260	70	260	95
280	78	280	106
300	90	300	120
320	100	320	130
340	108	340	137
360	115	360	146
400	128	400	159
450	143	450	175
500	159	500	192
550	170	550	204
600	182	600	217

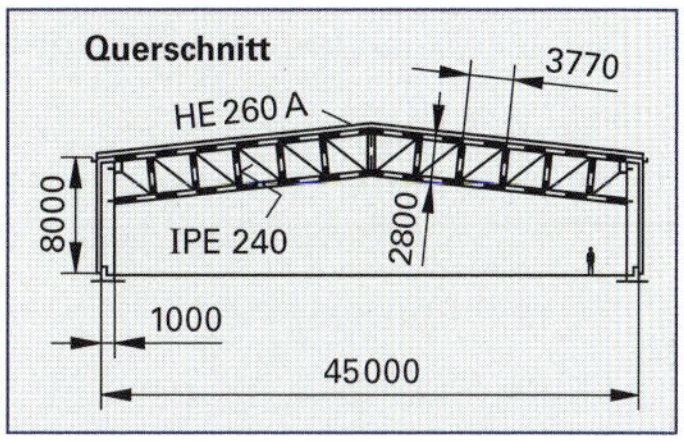

Bild 1: Zweigelenkrahmen

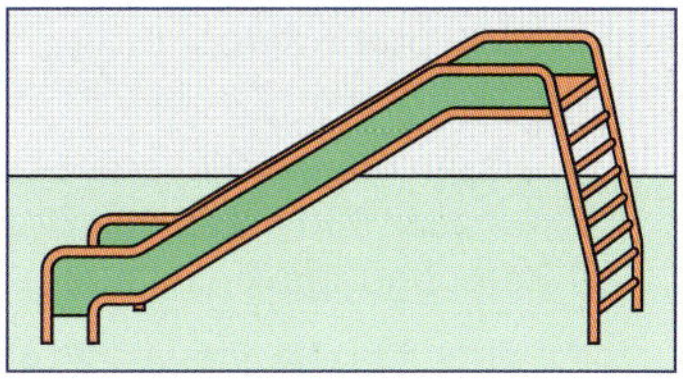
Bild 2

Aufgaben **Masse von Profilkonstruktionen**

Stahlbau

1. Für eine Stahlkonstruktion wurden folgende Profile verarbeitet: 84 m U 180, 12 m IPE 200, 32 m HE 280 B. Zu bestimmen ist die Gesamtmasse der Stahlbauprofile

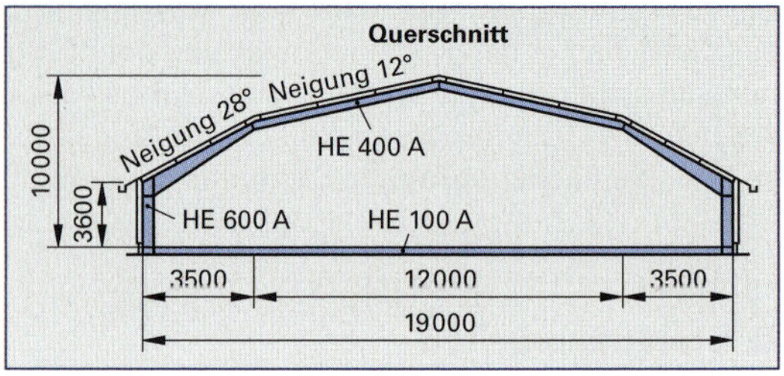

Bild 1: Zweigelenkrahmen

2. Für den Zweigelenkrahmen **(Bild 1)** wurden 7,6 m Formstahl HE 600 A, 18 m HE 400 A und 37,8 m HE 100 A verarbeitet. Zu berechnen ist die Gesamtmasse dieser Formstähle nach dem Handelsgewicht.

3. Zur Herstellung des Hauptbinders und der Stütze **(Bild 2)** werden Stahlprofile und warmgefertigte Stahlrohre verwendet. Zu bestimmen sind für die angegebenen Profile

   a) die Masse, b) die Oberfläche.

Metallbau

4. Zur Herstellung eines Einfahrtstores wurden folgende Stahlprofile verarbeitet.

   8,6 m geschweißtes Stahlrohr DIN EN 10210-33,7 × 2,6,
   8,3 m Flachstahl DIN EN 10058-20 × 8,
   32,5 m Quadratstahl DIN EN 10059-8 × 8,

   Zu bestimmen ist die Gesamtmasse des Tores.

5. Für ein Balkongeländer wurden folgende Profile verschweißt: 8 m Flachstahl DIN EN 10058-40 × 10, 30 m Flachstahl DIN EN 10058-8 × 4 und 4 m Quadratstahl DIN 178-10 × 10. Um die Kosten für ein Angebot erstellen zu können, ist die Gesamtmasse zu berechnen.

6. Zur Herstellung mehrerer Fenstergitter wurden folgende Profilstähle verarbeitet:

   20,8 m Flachstahl DIN EN 10058-20 × 12,
   1,95 m Flachstahl DIN EN 10058-20 × 5,
   26 m Quadratstahl DIN EN 10059-10 × 10.

   Wie groß ist das Abrechnungsgewicht?

7. Für ein doppelwandiges Stahlfalttor wurden für die Rahmen 48 m Hohlprofil DIN EN 10 219-60 × 40 × 2,9, 36 m² Stahlblech $t = 1{,}5$ und 35 m Winkelstahl 20 × 3 zum Aussteifen verarbeitet.

   Zu bestimmen sind;

   a) die rechnerische Gesamtmasse ohne Zuschläge,

   b) das Abrechnungsgewicht mit den Zuschlägen für Walztoleranzen und Verbindungsmitteln.

8. Für eine Stahl-Wangentreppe wurden folgende Halbzeuge verarbeitet

   2 Wangen 4650 × 200 aus Stahlblech $t = 5{,}0$,
   15 Auftritte 900 × 260 aus Stahlblech $t = 3{,}5$ und
   34 Befestigungswinkel aus je L 30 × 4-150.

   Zu berechnen ist die Gesamtmasse nach dem DIN-Gewicht mit Zuschlägen.

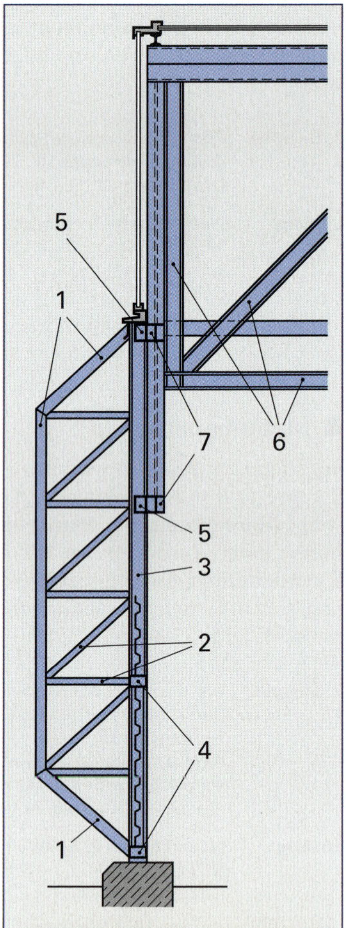

Pos.	Profil	Länge
1	Vierkantrohr 100×60×3,6	10 m
2	Vierkantrohr 50×30×2,9	15 m
3	HE 140 A	24 m
4	Vierkantrohr 80×40×2,9	60 m
5	Vierkantrohr 60×40×2,9	60 m
6	HE 120 A	80 m
7	HE 100 A	65 m

Bild 2

2.9.5 Längenberechnungen bei Metallbaukonstruktionen

■ Zuschnittlängen gerader Profile

Metallbaukonstruktionen werden aus handelsüblichen Stabstählen, Rohren oder Profilen mit 6 m, 8 m oder 12 m Länge hergestellt. Dabei ist es von Interesse, wie viele Teile *n* aus einem Profil abgelängt werden können und welcher Rest anfällt. Ausschlaggebend sind dabei die Teillänge l_s und die Sägeschnittbreite *s* **(Bild 1)**. Die Anzahl der Teile *n* und die Restlänge l_R werden nach den Formeln in **Kapitel 2.1 Längenberechnungen, Seite 35,** errechnet.

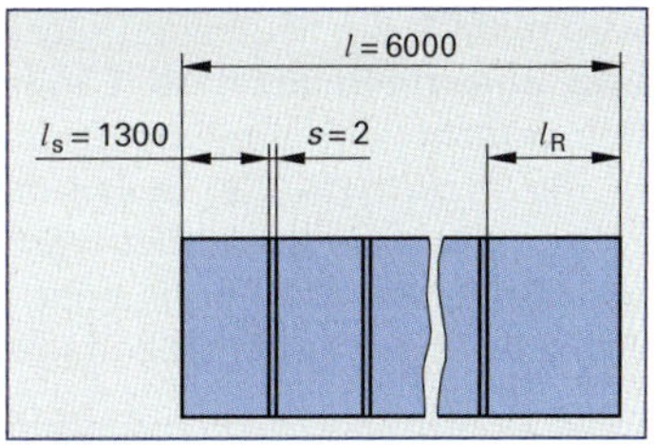

Bild 1

Beispiel: Für ein Gitter werden Rundstäbe mit l = 1300 mm benötigt.

a) Wie viele Stäbe können von einem handelsüblichen Profil mit 6 m Länge abgelängt werden, wenn die Sägeschnittbreite s = 2 mm beträgt?

b) Wie lang ist das Reststück?

Lösung: a) $n = \frac{l}{l_s + s} = \frac{6000 \text{ mm}}{1300 \text{ mm} + 2 \text{ mm}} = 4{,}6$; $n = \mathbf{4}$

b) $l_R = l - (l_s + s) \cdot n = 6000 \text{ mm} - (1300 \text{ mm} + 2 \text{ mm}) \cdot 4$
$= \mathbf{792\ mm}$

Aufgaben | Längenberechnungen bei Metallkonstruktionen

■ Zuschnittlängen gerader Profile

1. Es sollen quadratische Rahmen mit einer äußeren Seitenlänge von 500 mm aus Hohlprofil DIN EN 10219-S355JO – 50 × 50 × 4 gefertigt werden. Wie viele Rahmenstücke können aus einem Profilrohr mit 6 m handelsüblicher Länge abgeschnitten werden, wenn die Sägeschnittbreite 2,5 mm beträgt?

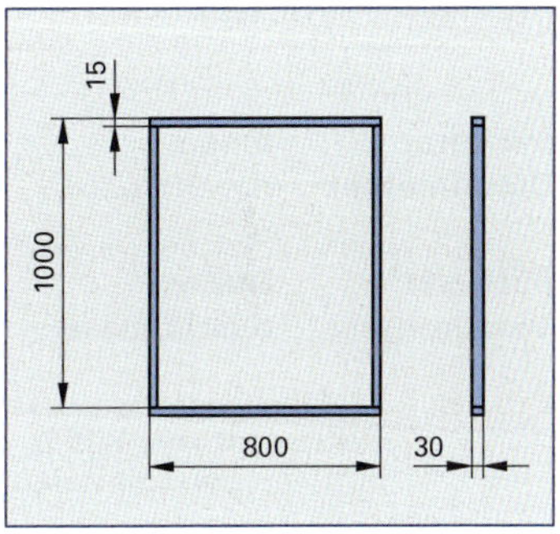

Bild 2

2. Aus Flachstahl 30 × 15 soll ein Gitterrahmen **(Bild 2)** gefertigt werden. Wie lang ist das Reststück von einer ganzen Stange mit 6 m Länge bei einer Schnittfuge von 2,3 mm?

3. Für eine Fassadenbefestigung werden 80 Maueranker aus Fl 25 × 12 mit l = 200 mm benötigt. Die Sägeschnittbreite beträgt 2 mm, die Länge des Profils 12 m. Zu berechnen sind
   a) die Anzahl der notwendigen Profilstangen,
   b) die Längen der Reststücke.

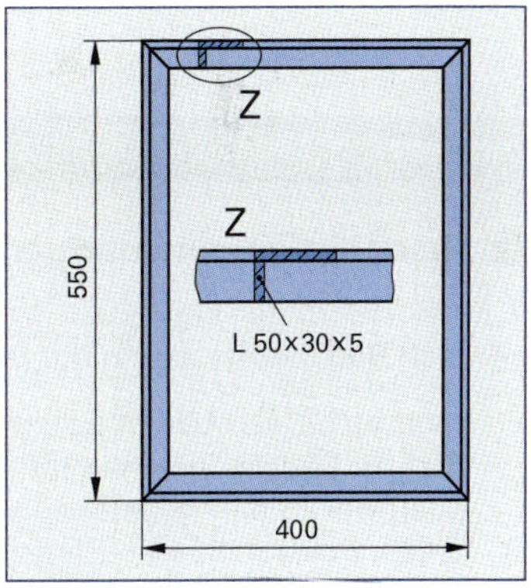

Bild 3

4. Es sollen drei Rahmen nach **Bild 3** hergestellt werden. Zu berechnen sind für eine 2 mm breite Schnittfuge und 6 m Profillänge
   a) die Länge des Reststückes,
   b) der Verschnitt in Prozent, bezogen auf die Ausgangslänge.

5. Das Dreifeld-Geländer **(Bild 4)** wird aus Vierkantrohr 30 × 30 × 2 für Handlauf, Untergurt und Pfosten und aus Flachstahl 12 × 8 für die Füllungen hergestellt, Die Sägeschnittbreite ist 2 mm und die Profillängen betragen 6 m.
   a) Die Pfosten und die Teilstücke für den Untergurt werden jeweils von einem Rohr abgelängt. Wie lang sind die anfallenden Reststücke?
   b) Wie viele Füllstäbe erhält man aus einem Stabstahl mit 6 m?
   c) Wie groß ist der Verlust des Reststückes für die Füllstäbe in Prozent?
   d) Wie viele Stabstähle werden benötigt?

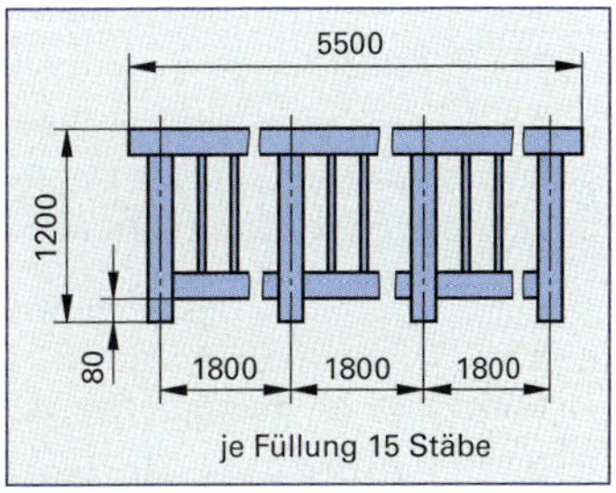

Bild 4

Zuschnittlängen gebogener Profile

Die Zuschnittlänge gebogener Profile und Profilrohre im Metallbau wird mithilfe der neutralen Faser berechnet **(Kapitel 2.1.3 Gestreckte und zusammengesetzte Längen, Seite 38)**. Diese liegt in der Schwerlinie der Halbzeuge. Bei symmetrischen Halbzeugen liegt sie in der Profilmitte, bei unsymmetrischen Formstählen und Profilrohren muss sie berechnet werden Dabei ist darauf zu achten, um welche Achse das Profil oder Rohr gebogen wird **(Bild 1)**. Die Achsabstände werden Tabellen entnommen.

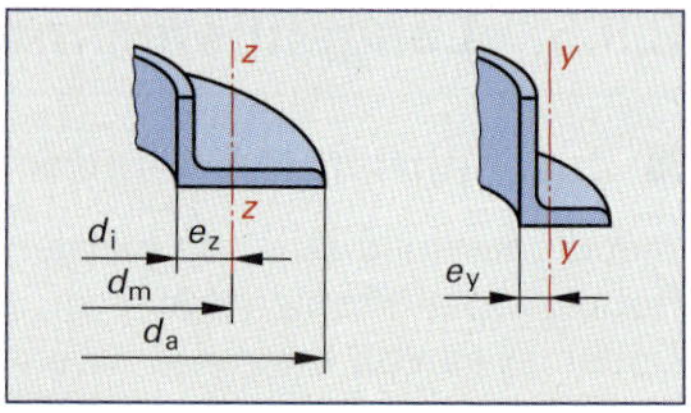

Bild 1

Bezeichnungen:

e_z	Abstand der Biegeachse z	mm	$z-z$	Biegeachse z	
e_y	Abstand der Biegeachse y	mm	$y-y$	Biegeachse y	
d_m	mittlerer Durchmesser	mm	d_i	Innendurchmesser	mm
d_a	Außendurchmesser	mm	a, b	Profilabmessungen	mm

Tabelle 1

Profil	Biegeachse	d_a	d_i	d_m
U 80	$y-y$	1800	?	?
T 60	$z-z$	?	950	?
L 80 × 40 × 6	$y-y$	?	1200	?

Mittlerer Durchmesser = Innendurchmesser + 2 · Abstand der Biegeachse

$$d_m = d_i + 2 \cdot e$$

Mittlerer Durchmesser = Außendurchmesser − 2 · (Profilabmessung − Abstand der Biegeachse)

$$d_m = d_a - 2 \cdot (a - e)$$

Beispiel: Als Brunnenabdeckung ist ein kreisförmiger Rahmen aus Winkelstahl zu fertigen **(Bild 2)**. Zu berechnen sind der mittlere Durchmesser d_m und die Zuschnittlänge l in mm.

Lösung: Nach Tabellen: $e_z = 19{,}9$ mm ≈ 20 mm

$d_m = d_i + 2 \cdot e_z = 1500 \text{ mm} + 2 \cdot 20 \text{ mm} = \mathbf{1540\ mm}$

$l = \pi \cdot d_m = \pi \cdot 1540 \text{ mm} = \mathbf{4838\ mm}$

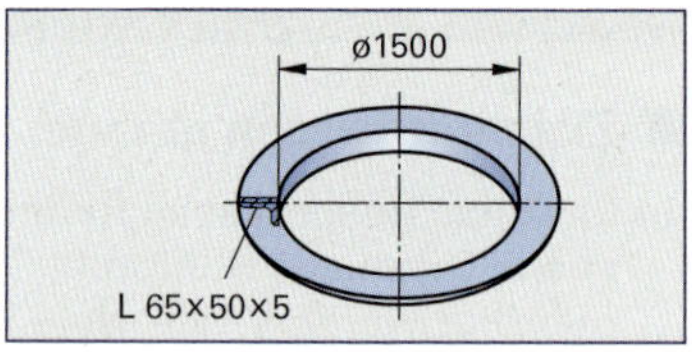

Bild 2

Aufgaben | **Längenberechnungen bei Metallkonstruktionen**

Zuschnittlängen gebogener Profile

1. Wie viel Meter Flachstahl sind zur Fertigung von acht Bügeln nach **Bild 3** nötig, wenn die Schnittbreite 2 mm beträgt?

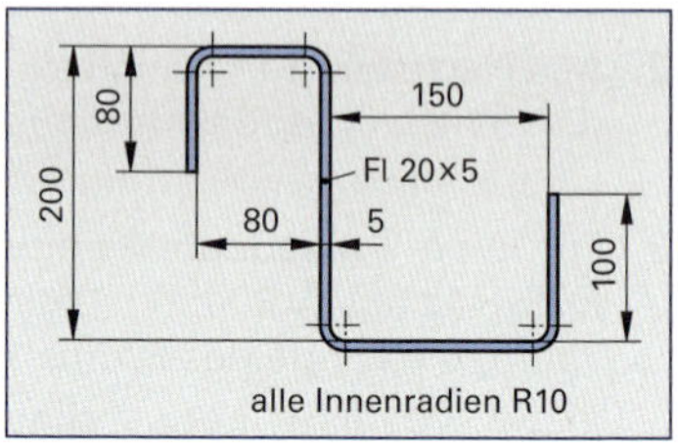

Bild 3

2. Für eine Garderobenanlage sollen Kleiderhaken gebogen werden **(Bild 4)**. Welche Zuschnittlänge l in mm muss der Rundstahl für einen Haken haben und wie viele Haken können aus einem 6 m langen Profil mit 2 mm Sägeschnittbreite hergestellt werden?

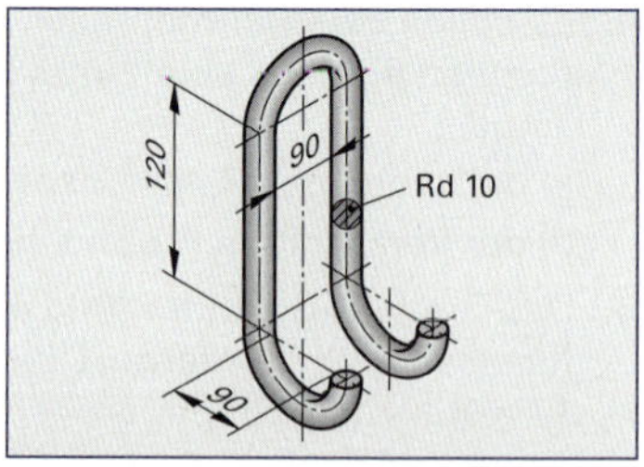

Bild 4

3. Für die **Tabelle 1** sind die fehlenden Werte zu berechnen.

4. Die Laufschiene für ein Rolltor wird als Anschlag einseitig aufgebogen **(Bild 5)**. Zu berechnen ist die Zuschnittlänge für das T- Profil.

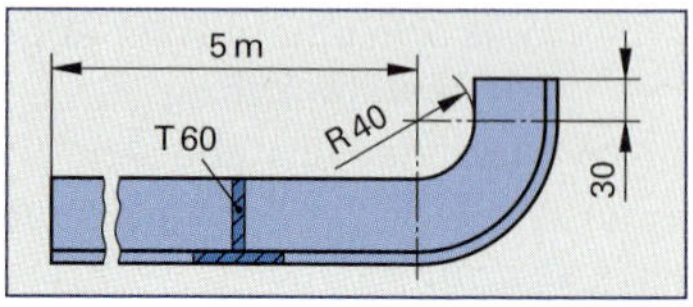

Bild 5

5. An einer 2,5 m breiten Durchfahrt mit halbkreisförmigen Torbogen soll ein Mauer-Kantenschutz aus L 50 × 6 eingesetzt werden. Er wird mit 5 Maueranker aus Fl 20 × 5 mit der Länge von 180 mm befestigt.

   Zu bestimmen sind

   a) die Zuschnittlängen des Winkelstahls in mm,

   b) die Gesamtlänge der Flachstahl-Stücke in mm bei einer Sägeschnittbreite $s = 2$ mm.

2.9.6 Zuschnittlängen von Systemkonstruktionen

Metallbaukonstruktionen wie Fenster, Türen, Fassaden usw., die aus einer Reihe von Grundprofilen durch Kombination, Variation und Ergänzung zusammengesetzt sind, nennt man Systemkonstruktionen. Die Zuschnittlängen der Systemprofile werden aus Schnittbildern **(Bild 1)** errechnet.

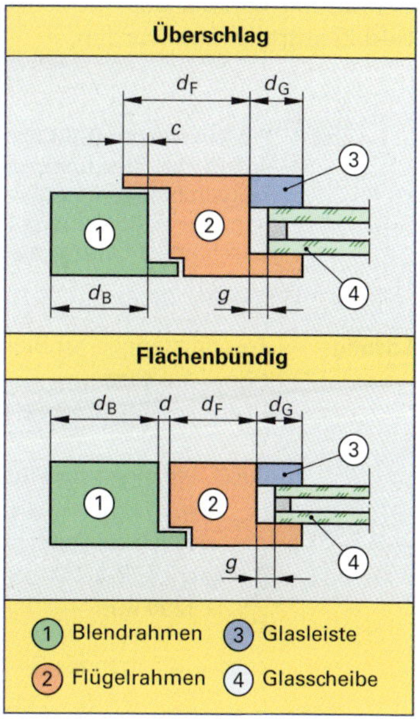

Bild 1

■ Zuschnittlängen für Fenster

Die Profile für den Blendrahmen und Flügelrahmen werden auf Gehrung geschnitten. Die Glasleisten werden stumpf abgelängt. Die waagrechten Glasleisten werden durchgehend, die senkrechten dazwischen eingepasst **(Bild 1, Seite 122)**.

Bezeichnungen:

B	Fensterbreite	mm	L_{Bw}, L_{Bs}	Zuschnittlängen für Blendrahmen	mm
H	Fensterhöhe	mm	L_{Fw}, L_{Fs}	Zuschnittlängen für Flügelrahmen	mm
d_B	Profilmaß Blendrahmen	mm	L_{Gw}, L_{Gs}	Zuschnittlängen für Glasleiste	mm
d_F	Profilmaß Flügelrahmen	mm	g	Falzgrund	mm
d_G	Profilmaß Glasleiste	mm	G_H	Glashöhe	mm
c	Überschlag	mm			
d	Schattenfuge	mm			
G_B	Glasbreite	mm			

Zuschnittlängen für Blendrahmen-Profile

Blendrahmen waagrecht = Breite

$$L_{Bw} = B$$

Blendrahmen senkrecht = Höhe

$$L_{Bs} = H$$

Zuschnittlänge für Flügelrahmen-Profile mit Überschlag

Flügelrahmen waagrecht = Breite – 2 · (Profilmaß-Blendrahmen – Überschlag)

$$L_{Fw} = B - 2 \cdot (d_B - c)$$

Flügelrahmen senkrecht = Höhe – 2 · (Profilmaß-Blendrahmen – Überschlag)

$$L_{Fs} = H - 2 \cdot (d_B - c)$$

Zuschnittlänge für Flügelrahmen-Profile flächenbündig

Flügelrahmen waagrecht = Breite – 2 · (Profilmaß-Blendrahmen + Schattenfuge)

$$L_{Fw} = B - 2 \cdot (d_B + d)$$

Flügelrahmen senkrecht = Höhe – 2 · (Profilmaß-Blendrahmen + Schattenfuge)

$$L_{Fs} = H - 2 \cdot (d_B + d)$$

Zuschnittlängen für Glasleistenprofile

Glasleiste waagrecht = Flügelrahmen waagrecht – 2 · Profilmaß-Flügelrahmen

$$L_{Gw} = L_{Fw} - 2 \cdot d_F$$

Glasleiste senkrecht = Flügelrahmen senkrecht – 2 · (Profilmaß-Flügelrahmen + Profilmaß Glasleiste)

$$L_{Gs} = L_{Fs} - 2 \cdot (d_F + d_G)$$

Zuschnittlängen für Glasgröße

Glasbreite = Flügelrahmen waagrecht – 2 · (Profilmaß-Flügelrahmen + Falzgrund)

$$G_B = L_{Fw} - 2 \cdot (d_F + g)$$

Glashöhe = Flügelrahmen senkrecht – 2 · (Profilmaß-Flügelrahmen + Falzgrund)

$$G_H = L_{Fs} - 2 \cdot (d_F + g)$$

Im Fensterbau sind die Profilkombinationen des Rahmens meist ringsum gleich gestaltet. Deshalb können alle Profilmaße aus einem Schnittbild vertikal oder horizontal durch den Rahmen **(Bild 1** und **Bild 2)** entnommen werden,

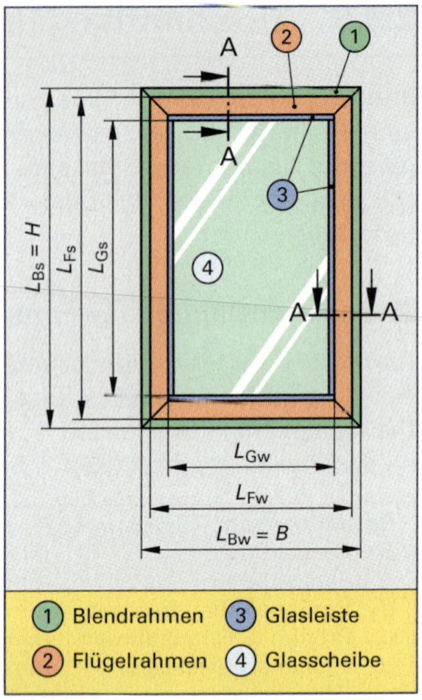

Bild 1

1. Beispiel: Für ein Fenster **(Bild 2)** mit 1180 mm Breite und 1360 mm Höhe sollen die Zuschnittmaße der Profile für den Blendrahmen, Flügelrahmen, die Glasleisten und die Glasgröße errechnet werden. Der Falzgrund *g* beträgt 5 mm. Die Maße sind in eine Zuschnittliste einzutragen.

Lösung: Zuschnittlängen für Blendrahmen-Profile

$L_{Bw} = B = \mathbf{1180\ mm}$

$L_{Bs} = H = \mathbf{1360\ mm}$

Zuschnittlängen für Flügelrahmen-Profile mit Überschlag

$L_{Fw} = B - 2 \cdot (d_B - c) = 1180\ \text{mm} - 2 \cdot (40\ \text{mm} - 5\ \text{mm})$
$= \mathbf{1110\ mm}$

$L_{Fs} = H - 2 \cdot (d_B - c) = 1360\ \text{mm} - 2 \cdot (40\ \text{mm} - 5\ \text{mm})$
$= \mathbf{1290\ mm}$

Zuschnittlängen für Glasleisten-Profile

$L_{Gw} = L_{Fw} - 2 \cdot d_F = 1110\ \text{mm} - 2 \cdot 48\ \text{mm} = \mathbf{1014\ mm}$

$L_{Gs} = L_{Fs} - 2 \cdot (d_F + d_G) = 1290\ \text{mm} - 2 \cdot (48\ \text{mm} + 18\ \text{mm})$
$= \mathbf{1158\ mm}$

Zuschnittlängen für Glasgröße

$G_B = L_{Fw} - 2 \cdot (d_F + g) = 1110\ \text{mm} - 2 \cdot (48\ \text{mm} + 5\ \text{mm})$
$= \mathbf{1004\ mm}$

$G_H = L_{Fs} - 2 \cdot (d_F + g) = 1290\ \text{mm} - 2 \cdot (48\ \text{mm} + 5\ \text{mm})$
$= \mathbf{1184\ mm}$

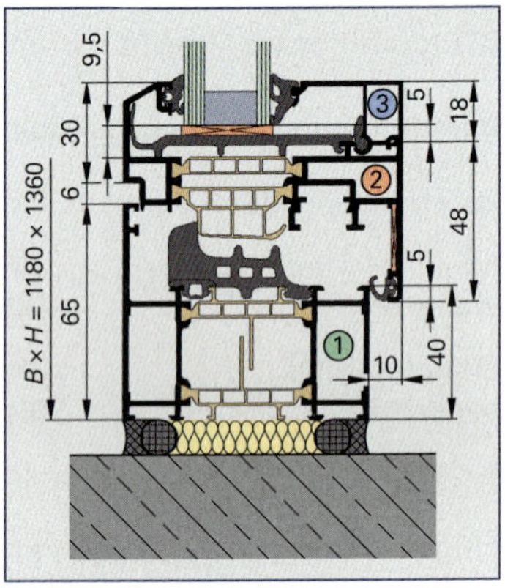

Bild 2: Schnitt A–A [1)]

Zuschnittliste

Profil	Stück				
L_{Bw}	2		1180		
L_{Bs}	2		1360		
L_{Fw}	2		1120		
L_{Fs}	2		1130		
L_{Gw}	2	1020			
L_{Gs}	2	1156			

2. Beispiel: Wie ändern sich die Zuschnittmaße für Blend- und Flügelrahmen des Fensters, wenn die Konstruktion flächenbündig **(Bild 3)** ausgeführt wird?

Lösung: Zuschnittlängen für Blendrahmen-Profile

$L_{Bw} = B = \mathbf{1180\ mm}$

$L_{Bs} = H = \mathbf{1360\ mm}$

Zuschnittlängen für Flügelrahmen-Profile flächenbündig

$L_{Fw} = B - 2 \cdot (d_B + d) = 1180\ \text{mm} - 2 \cdot (50\ \text{mm} - 5\ \text{mm})$
$= \mathbf{1090\ mm}$

$L_{Fs} = H - 2 \cdot (d_B + d) = 1360\ \text{mm} - 2 \cdot (50\ \text{mm} - 5\ \text{mm})$
$= \mathbf{1270\ mm}$

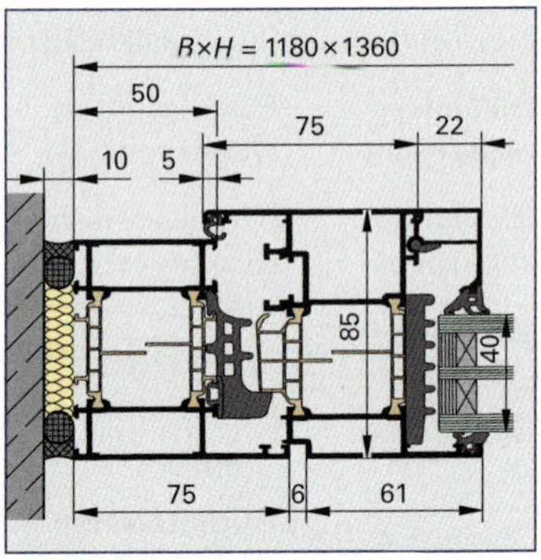

Bild 3: Schnitt A–A [1)]

[1)] © WICONA, Ulm

Zuschnittlängen für Türen

Der Blendrahmen von Türen wird unten mit einem Schwellenprofil verbunden, das zwischen die senkrechten Profile eingepasst wird. Der Flügelrahmen wird bei Türen ohne überstehende Schwelle und damit ohne Anschlag aus Festigkeitsgründen unten mit einem Sockelprofil verbunden. Stimmen die Profilmaße des Sockels und des Flügelrahmens überein, dann wird er auf Gehrung geschnitten. Meist ist das Sockelprofil höher und muss zwischen die senkrechten Flügelprofile eingepasst werden **(Bild 1)**.

Die Berechnung der Zuschnittlängen für die Profile und die Glasscheibengröße erfolgt analog zur Berechnung der **Zuschnittlängen für Fenster, Seite 121**. In dem unten aufgeführten Beispiel sind die Profilmaße den Profil-Darstellungen **(Bild 1, Seite 125)** zu entnehmen und mit den Schnittzeichnungen **(Bild 1, Seite 125)** zu kombinieren.

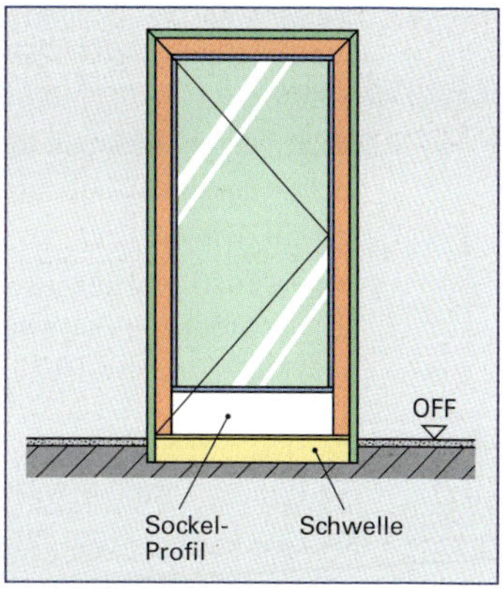

Bild 1

Bezeichnungen:

OFF	Oberkante fertiger Fußboden		f	Anschlag	mm	l	Breite der Glasscheibe	mm
a	Bodeneinstand	mm	L_{Bw}, L_{Bs}	Zuschnittlängen für Blendrahmen	mm	h	Höhe der Glasscheibe	mm
b	Bodenfreiheit	mm	L_{Fw}, L_{Fs}	Zuschnittlängen für Flügelrahmen	mm	e	Profilmaß Glasleiste	mm
c	Zwischenraumbreite	mm	L_{Sch}	Schwellenlänge	mm	G_B	Glasbreite	mm
d_B, d_F, d_S	Profilmaße	mm	L_{Gw}, L_{Gs}	Zuschnittlängen für Glasleiste	mm	G_H	Glashöhe	mm
B	Türbreite	mm				g	Falzgrund	mm
H	Türhöhe	mm						

Zuschnittlängen für Blendrahmen-Profile

Blendrahmen waagrecht = Breite

$$L_{Bw} = B$$

Blendrahmen senkrecht = Höhe + Bodeneinstand

$$L_{Bs} = H + a$$

Zuschnittlänge für Schwellenprofil

Schwellenprofil = Breite – 2 · Profilmaß Blendrahmen

$$L_{Sch} = B - 2 \cdot d_B$$

Zuschnittlängen für Flügelrahmen

Flügelrahmen waagrecht = Breite – 2 · (Profilmaß Blendrahmen – Anschlag + Zwischenraumbreite)

$$L_{Fw} = B - 2 \cdot (d_B - f + c)$$

Flügelrahmen senkrecht = Höhe – Profilmaß Blendrahmen + Anschlag – Zwischenraumbreite – Bodenfreiheit

$$L_{Fs} = H - d_B + f - c - b$$

Zuschnittlängen für Glasleisten

Glasleiste waagrecht = Flügelrahmen waagrecht – 2 · Profilmaß Flügelrahmen

$$L_{Gw} = L_{Fw} - 2 \cdot d_F$$

Glasleiste senkrecht = Flügelrahmen senkrecht – Profilmaß Flügelrahmen – Profilmaß Sockel – 2 · Profilmaß Glasleiste

$$L_{Gs} = L_{Fs} - d_F - d_s - 2 \cdot e$$

Zuschnittlängen für Glasgröße

Glasbreite = Flügelrahmen waagrecht – 2 · (Profilmaß Flügelrahmen + Falzgrund)

$$G_B = L_{Fw} - 2 \cdot (d_F + g)$$

Glashöhe = Flügelrahmen senkrecht – Profilmaß Flügelrahmen – Profilmaß Sockel – 2 · Falzgrund

$$G_H = L_{Fs} - d_F + d_s - 2 \cdot g$$

Beispiel: Es soll eine Tür mit 1250 mm Breite und 2250 mm Höhe aus wärmegedämmten Stahlprofilen angefertigt werden **(Bild 1, Seite 125)**. Der Bodeneinstand ist mit $a = 40$ mm, die Bodenfreiheit mit $b = 8{,}5$ mm und die Zwischenraumbreite mit $c = 12$ mm zu planen. Zu berechnen sind

a) die Zuschnittlängen für die Blendrahmen-Profile,

b) die Zuschnittlänge für das Schwellen-Profil,

c) die Zuschnittlänge für die Flügelrahmen-Profile,

d) die Zuschnittlänge für die Glasleisten-Profile,

e) die Größe der Glasscheibe für $g = 7{,}5$ mm.

Alle Maße sind in eine Zuschnitt-Tabelle einzutragen.

Lösung:

a) $L_{Bw} = B = \mathbf{1250\ mm}$

$L_{Bs} = H + a = 2250\text{ mm} + 40\text{ mm} = \mathbf{2290\ mm}$

b) $L_{Sch} = B - 2 \cdot d_B = 1250\text{ mm} - 2 \cdot 50\text{ mm} = \mathbf{1150\ mm}$

c) $L_{Fw} = B - 2 \cdot (d_B - f + c) = 1250\text{ mm} - 2 \cdot (50\text{ mm} - 22{,}5\text{ mm} + 12\text{ mm}) = \mathbf{1171\ mm}$

$L_{Fs} = H - d_B + f - c - b = 2250\text{ mm} - 50\text{ mm} + 22{,}5\text{ mm} - 12\text{ mm} - 8{,}5\text{ mm} = \mathbf{2202\ mm}$

d) $L_{Gw} = L_{Fw} - 2 \cdot d_F = 1171\text{ mm} - 2 \cdot 72{,}5\text{ mm} = \mathbf{1026\ mm}$

$L_{Gs} = L_{Fs} - d_F - d_s - 2 \cdot e = 2202\text{ mm} - 72{,}5\text{ mm} - 72{,}5\text{ mm} - 2 \cdot 20\text{ mm} = \mathbf{2017\ mm}$

e) $G_B = L_{Fw} - 2 \cdot (d_F + g) - 1171\text{ mm} - 2 \cdot (72{,}5\text{ mm} + 7{,}5\text{ mm}) = \mathbf{1011\ mm}$

$G_H = L_{Fs} - d_F - d_s - 2 \cdot g = 2202\text{ mm} - 72{,}5\text{ mm} - 72{,}5\text{ mm} - 2 \cdot 7{,}5\text{ mm} = \mathbf{2042\ mm}$

Zuschnittliste

Profil	Stück				
L_{Bw}	1		1250		
L_{Bs}	1			2290	
L_{Bs}	1				2290
L_{Sch}	1	1150			
L_{Fw}	2		1171		
L_{Fs}	2		2202		
L_{Gw}	2	1026			
L_{Gs}	2	2017			

Aufgaben Zuschnittlängen von Systemkonstruktionen

1. Das Rohbau-Richtmaß für ein Fenster beträgt $B = 1125$ mm und $H = 1375$ mm. Für Putz, Wärme- und Schallisolierung sind 30 mm vorgesehen. Die Außenmaße des Blendrahmens sind zu berechnen.

2. Für den Dreh-Flügel **(Bild 1)** mit den Außenmaßen $B = 1095$ mm und $H = 1470$ mm sind die Zuschnittlängen zu berechnen für

a) die Einputzzarge (Dichtungsfuge 15 mm),

b) den Blendrahmen,

c) den Flügelrahmen,

d) die Glasleisten.

Alle Werte sind in eine Zuschnittliste einzutragen.

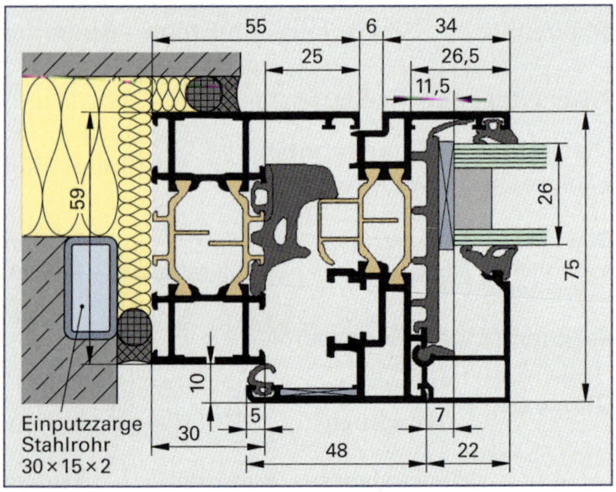

Bild 1 [1)]

1) WICONA

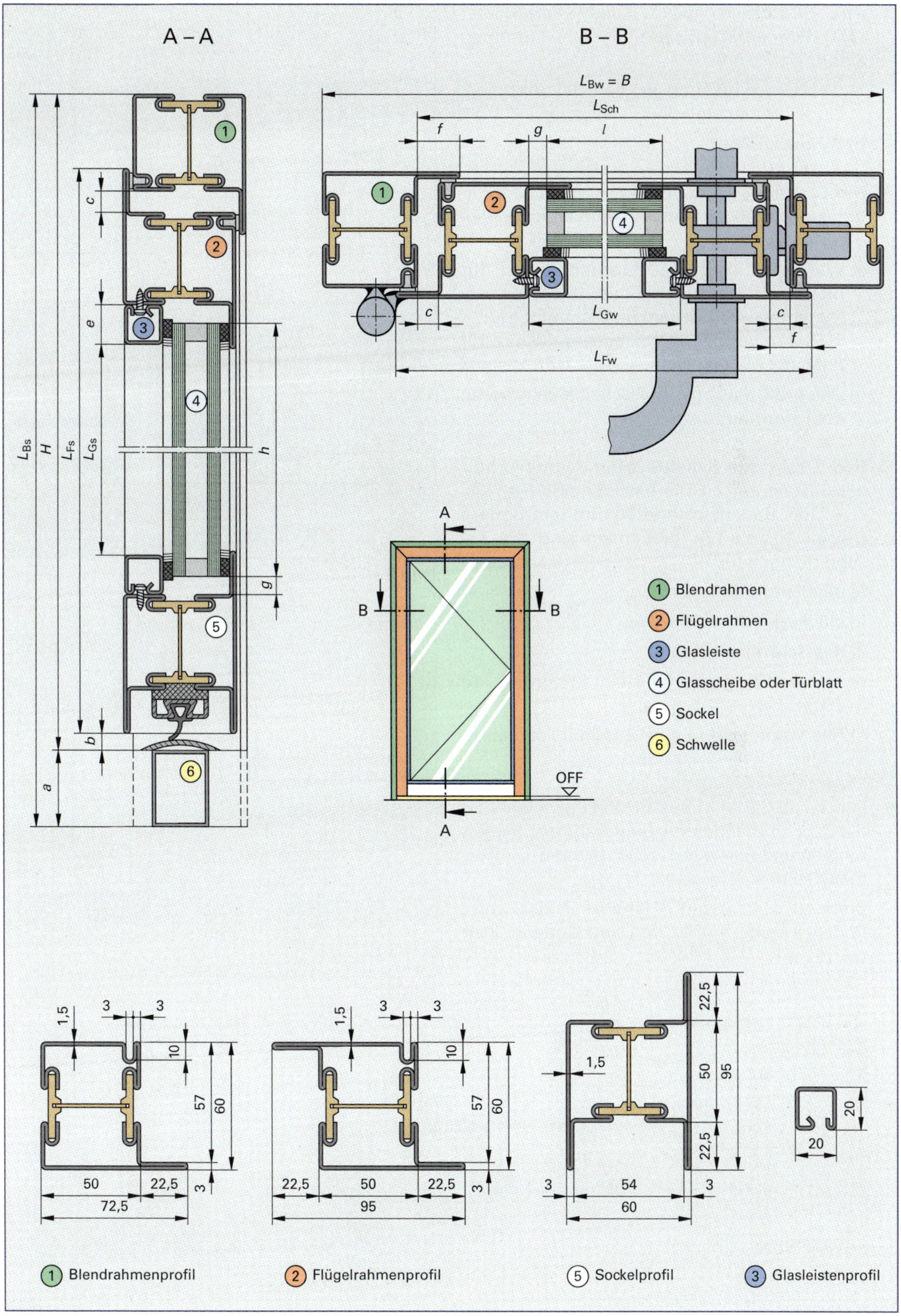
A – A
B – B
$L_{Bw} = B$
L_{Sch}
f
g
l
c
L_{Gw}
L_{Fw}
L_{Bs}
H
L_{Fs}
L_{Gs}
e
h
b
a
A
B
OFF
1 Blendrahmen
2 Flügelrahmen
3 Glasleiste
4 Glasscheibe oder Türblatt
5 Sockel
6 Schwelle
1,5
3
10
57
60
50
22,5
72,5
95
54
20
1 Blendrahmenprofil
2 Flügelrahmenprofil
5 Sockelprofil
3 Glasleistenprofil

Bild 1

3. Aus RP-Rohren sollen Keller-Klappfenster **(Bild 1)** angefertigt werden. Zu bestimmen sind
   a) die Zuschnittlängen für den Blendrahmen, Flügelrahmen und die Glasleisten,
   b) die Glasgröße.

4. Der Dreh-Kipp-Flügel **(Bild 2)** soll flächenbündig aus wärmegedämmten Al-Systemprofilen gefertigt werden.
   a) Wie groß sind die Zuschnittlängen für Blendrahmen, Flügelrahmen und die Glasleisten, wenn das Rohbau-Richtmaß 1125 × 1250 mm beträgt und insgesamt 30 mm für Putz und Maueranschluss vorzusehen sind?
   b) Wie groß muss die Glasscheibe sein, wenn der Falzgrund 7 mm beträgt?

5. **Bild 3** zeigt die Schnitte einer Aluminiumtür aus Systemprofilen. Die Türmaße sind $B = 1200$, $H = 2100$, Bodeneinstand 60 mm und Bodenfreiheit 10 mm. Zu berechnen sind die Zuschnittlängen für
   a) die Blendrahmen-Profile,
   b) die Flügelrahmen-Profile,
   c) das Schwellen-Profil
   d) und die Glasgröße für einen Falzgrund von 7 mm.
   e) Alle Werte sind in eine Zuschnittliste einzutragen.

6. Für die Tür **(Bild 4)** aus RP-Stahlprofilen sind die Zuschnittlängen für Blendrahmen, Flügelrahmen und Glasleisten zu berechnen. Die Türmaße sind:

   Breite B = 1000 mm, Höhe H = 2000 mm, Bodeneinstand a = 40 mm und Bodenfreiheit b = 16 mm.

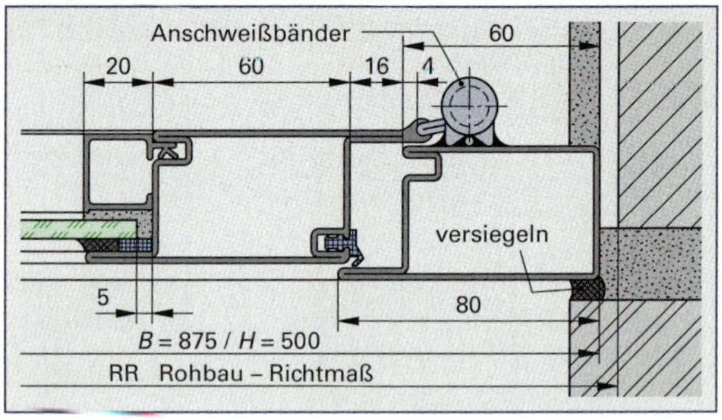

Bild 1

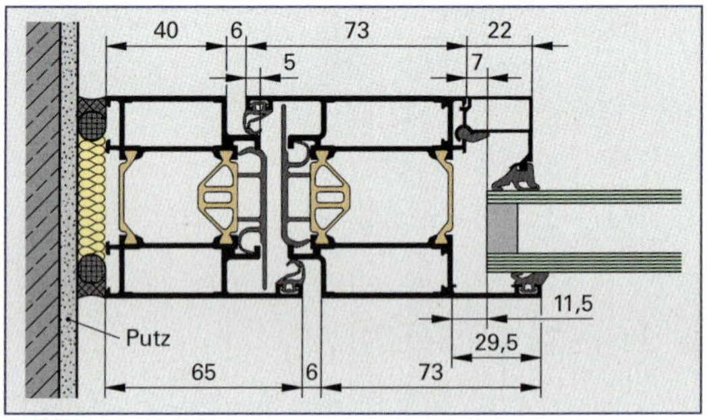

Bild 2 [1]

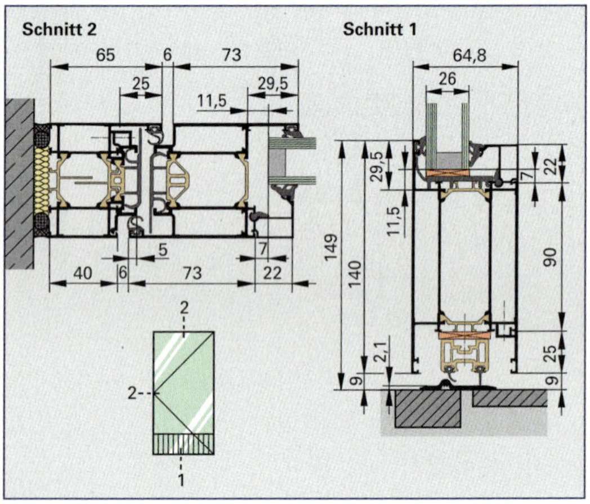

Bild 3 [1]

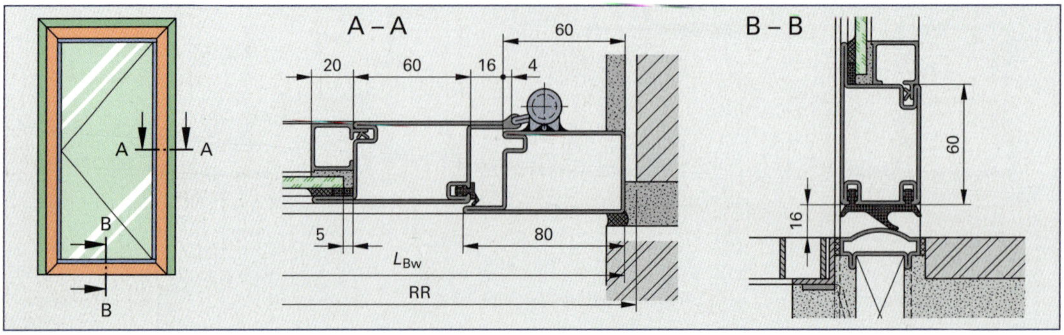

Bild 4

[1] WICONA

2.9.7 Rohmaße von Schmiede- und Pressstücken

Die Zuschnittlängen für Teile, die in Freiform geschmiedet oder im Gesenk verformt werden, kann man über die einzelnen Volumen errechnen.

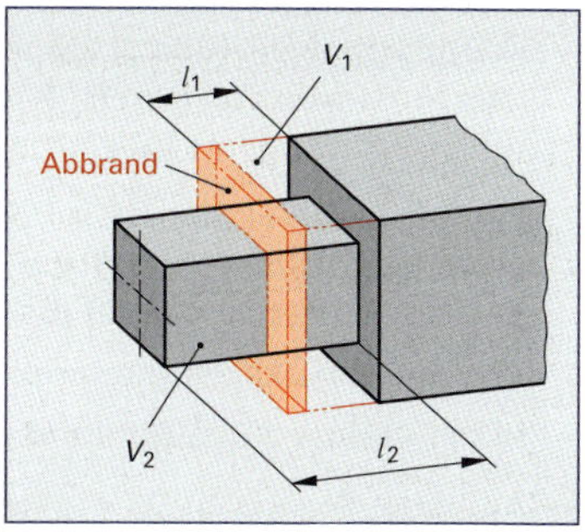

Bild 1

Bezeichnungen:

V_1	Ausgangsvolumen	mm^3	d_1, d_2	Durchmesser	mm
V_2	Endvolumen	mm^3	q	Zuschlagsfaktor für Abbrand und Gratverluste	%
l_1, l_2	Längen	mm			

Beim Umformen ist das Ausgangsvolumen gleich dem Endvolumen, wenn kein Abbrand oder Grat entsteht **(Bild 1)**. Tritt jedoch Abbrand auf oder wird das Werkstück im Gesenk geschmiedet, sodass ein Grat entsteht, muss der Verlust durch einen Zuschlag zum Volumen des Rohteiles berücksichtigt werden.

- Umformen ohne Abbrand

Ausgangsvolumen = Endvolumen

$$V_1 = V_2$$

- Umformen mit Abbrand oder Grat

Ausgangsvolumen = Endvolumen + Zuschlagsfaktor · Endvolumen

$$V_1 = V_2 + q \cdot V_2$$

$$V_1 = V_2 \cdot (1 + q)$$

1. Beispiel: Wie groß muss die Schmiederohlänge l_1 des Absatzes **(Bild 2)** in mm sein,

a) wenn ein 125 mm langer Absatz geschmiedet wird, ohne Berücksichtigung des Abbrands,

b) mit Berücksichtigung eines Abbrands von 5%?

Lösung:

a)
$$V_1 = V_2$$
$$A_1 \cdot l_1 = A_2 \cdot l_2$$
$$l_1 = \frac{A_2 \cdot l_2}{A_1} = \frac{20^2\ mm^2 \cdot 125\ mm}{50^2\ mm^2} = \mathbf{20\ mm}$$

b)
$$V_1 = V_2 \cdot (1 + q)$$
$$A_1 \cdot l_1 = A_2 \cdot l_2 \cdot (1 + q)$$
$$l_1 = \frac{A_2 \cdot l_2 \cdot (1 + q)}{A_1} = \frac{20^2\ mm^2 \cdot 125\ mm \cdot (1 + 0{,}05)}{50^2\ mm^2}$$
$$= \mathbf{21\ mm}$$

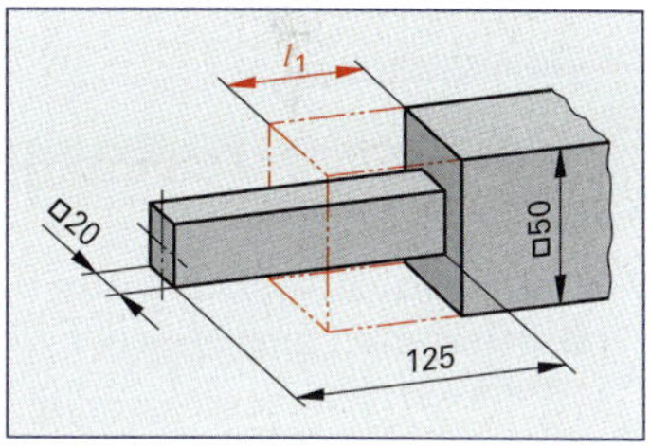

Bild 2

Für zylindrische Körper **(Bild 3)** ergibt sich durch Kürzen die vereinfachte Form:

Ausgangsdurchmesser im Quadrat · Ausgangslänge = Enddurchmesser im Quadrat · Endlänge

$$d_1^2 \cdot l_1 = d_2^2 \cdot l_2$$

2. Beispiel: An dem Rundstab **(Bild 3)** soll ein Zapfen abgesetzt werden. Zu berechnen ist die Schmiederohlänge l_1 in mm ohne Abbrand.

Lösung:
$$d_1^2 \cdot l_1 = d_2^2 \cdot l_2$$
$$l_1 = \frac{d_2^2 \cdot l_2}{d_1^2} = \frac{20^2\ mm^2 \cdot 40\ mm}{30^2\ mm^2} = \mathbf{17{,}8\ mm}$$

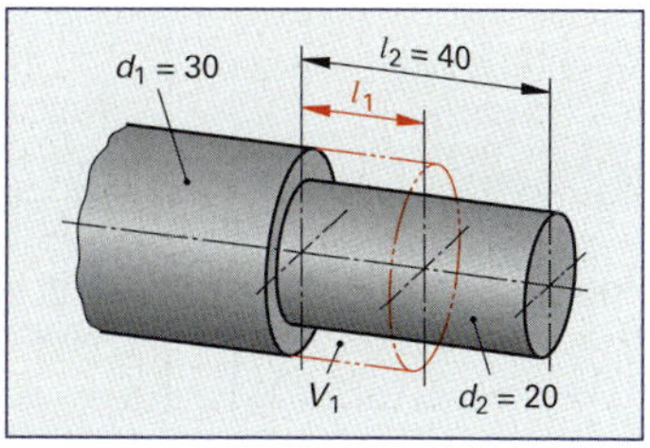

Bild 3

Aufgaben | Rohmaße von Schmiede- und Pressstücken

1. An einen quadratischen Stab 50 × 50 mm wird ein 125 mm langer Keil geschmiedet **(Bild 1)**. Dabei muss mit einem Abbrand von 5% gerechnet werden. In welchem Abstand l in mm muss die Markierungskerbe angebracht werden?

2. Ein Flachstab Fl 30 × 12 wird für den Rahmenanschluss abgesetzt **(Bild 2)**. Im Abstand von 15 mm wird die Markierungskerbe gesetzt. Zu berechnen ist die Länge des Absatzes in mm
   a) ohne Berücksichtigung des Abbrandes,
   b) mit Verlust durch Abbrand und Kehle von 8%.

3. An einen Flachstahl 50 × 30 mm soll ein Zapfen mit d = 25 mm abgesetzt werden **(Bild 3)**. Wie lang ist die Schmiederohlänge l_1 in mm bei 5% Abbrand?

4. Für den geschmiedeten runden Absatz **(Bild 4)** ist die erreichbare Zapfenlänge zu errechnen. Verluste werden nicht berücksichtigt.

5. An einen Rundstahl d = 10 mm soll eine kegelige Spitze mit 250 mm Länge geschmiedet werden **(Bild 5)**.
   a) In welchem Abstand l_1 in mm muss die Markierungskerbe bei einem 8%igen Abbrand für mehrmaliges Erwärmen gesetzt werden?
   b) Wie lang wird die Spitze, wenn der Abbrand nicht berücksichtigt wird?

6. Beim Gesenkschmieden eines Zahnradrohlings aus 16 MnCr5 muss für den Grat ein Zuschlag von 8% des Werkstückvolumens vorgesehen werden **(Bild 6)**. Zu berechnen sind
   a) das Volumen des Schmiedestücks mit Grat,
   b) die Länge des Rundstahls, wenn der Ausgangsdurchmesser 130 mm beträgt.

7. An einen Vierkantstahl aus S235JR soll ein runder Absatz zum Durchstecken geschmiedet werden **(Bild 7)**. Zu berechnen ist die Länge l in mm.

8. ● Für einen Gitterzaun sollen Stäbe Quadrat 20 × 20 mit Pyramidenstumpf-Spitzen geschmiedet werden **(Bild 8)**. In welchem Abstand l in mm muss die Markierungskerbe bei einem Abbrand von 5% gesetzt werden?

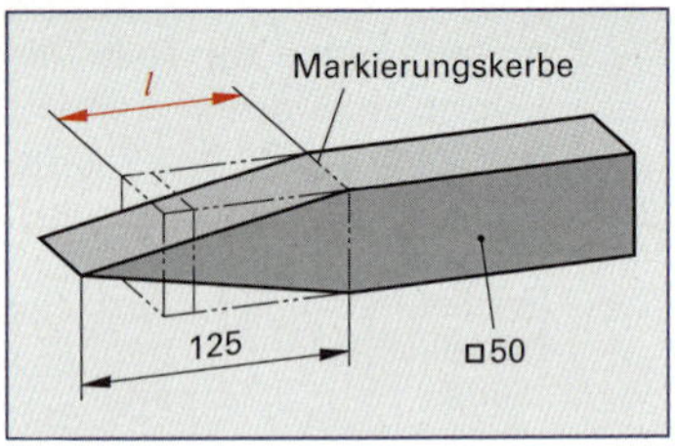

Bild 1

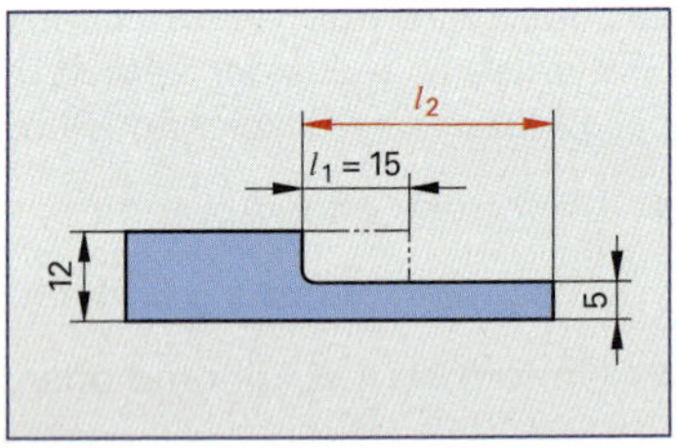

Bild 2

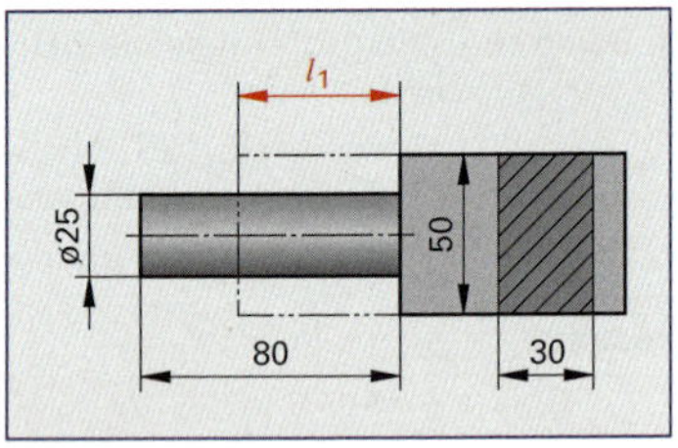

Bild 3

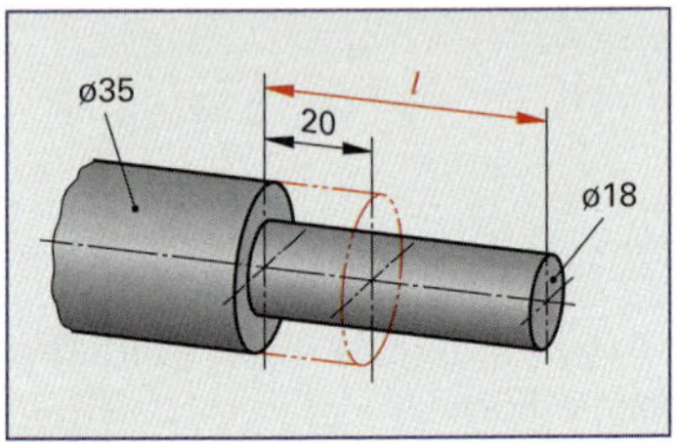

Bild 4

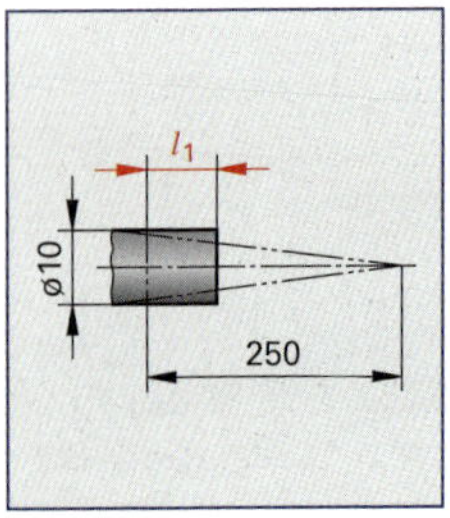

Bild 5

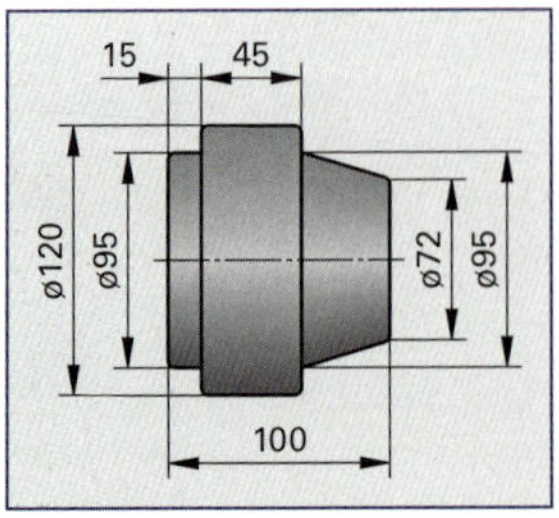

Bild 6

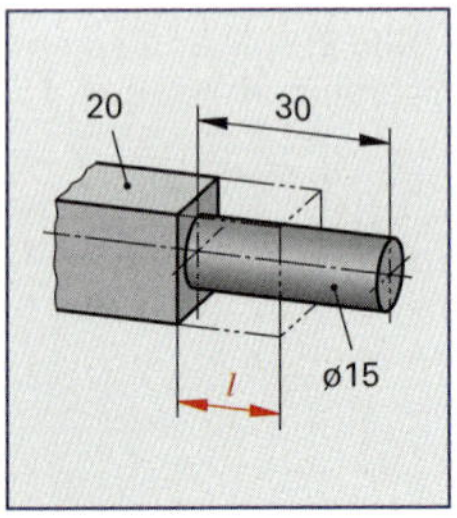

Bild 7

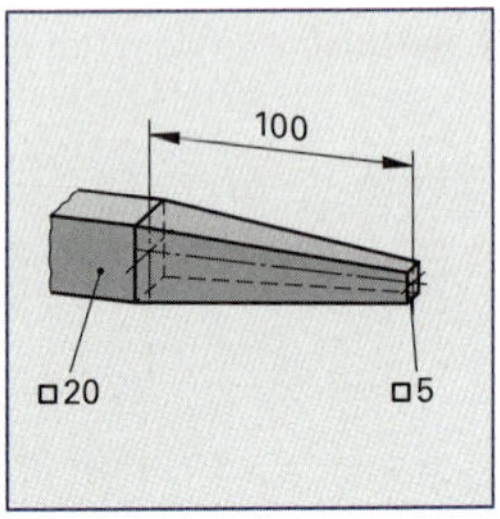

● **Bild 8**

2.9.8 Treppenberechnung

Bei der Planung von Treppen ist in erster Linie die Sicherheit und bequeme Begehbarkeit der Treppe zu berücksichtigen. Dies wird durch den Steigungswinkel, die Treppenlaufbreite, die Treppensteigung und die Auftrittsbreite bestimmt. Die **Tabelle 1** enthält maßliche Anforderungen für verschiedene Gebäudearten.

Bezeichnungen:

a	Auftrittsbreite	cm
s	Treppensteigung	cm
h	Treppenhöhe	cm
α	Steigungswinkel	cm
b	nutzbare Laufbreite	cm
l	Treppenlauflänge	cm
n_s	Anzahl der Steigungen	
n_a	Anzahl der Auftritte	

Tabelle 1: Maßliche Anforderungen im Treppenbau

Gebäudeart	Treppenart	Nutzbare Treppenlaufbreite b in cm	Treppensteigung s in cm	Auftrittsbreite a in cm
Wohngebäude mit nicht mehr als zwei Wohnungen	Treppen zu Aufenthaltsräumen	≥ 80	17 ± 3	$28 \pm {}^{9}_{5}$
	Kellertreppen und Bodentreppen	≥ 80	≤ 21	≤ 21
Sonstige Gebäude	Baurechtlich notwendige Treppen	≥ 100	$17 \pm {}^{2}_{3}$	$28 \pm {}^{9}_{2}$

Das Steigungsverhältnis bestimmt den Steigungswinkel. Für die Treppensteigung $s = 17$ cm und Auftrittsbreite $a = 29$ cm ergibt sich der ideale Steigungswinkel für Wohnhaustreppen von $\alpha = 30°$.

Schrittmaßregel: **2 · Treppen Steigung + Auftrittsbreite = 63^{+2}_{-4} cm**

$$2 \cdot s + a = 630^{+20}_{-40} \text{ mm}$$

Vereinfachte Form: **2 · Treppen Steigung + Auftrittsbreite = 63 cm**

$$2 \cdot s + a = 630 \text{ mm}$$

Anzahl der Steigungen = Treppenhöhe / Treppensteigung

$$n_s = \frac{h}{s}$$

Anzahl der Auftritte = Anzahl der Steigungen – 1

$$n_a = n_s - 1$$

Die Lauflinie liegt bei geradläufigen und gewendelten Treppen in der Mitte der nutzbaren Laufbreite. Ihre Länge ergibt sich aus der Summe der Auftritte.

Treppenlauflänge = (Anzahl der Steigungen – 1) · Auftrittsbreite

$$l = (n_s - 1) \cdot a$$

Treppenlauflänge = Anzahl der Auftritte · Auftrittsbreite

$$l = n_a \cdot a$$

Je nach Gebäude- und Treppenart wählt man ein Steigungsmaß und bestimmt die Anzahl der Steigungen. Diese muss ganzzahlig sein. Daraus errechnet sich dann die genaue Treppensteigung und mithilfe der Schrittmaßregel die Auftrittsbreite.

Beispiel: Für ein Wohnhaus soll eine Treppe gefertigt werden **(Bild 1)**. Zu bestimmen sind die Anzahl der Steigungen, die genaue Treppensteigung, die Auftrittsbreite und die Treppenlauflänge.

Lösung: Nach **Tabelle 1**: $s = 17$ cm

$$n_s = \frac{h}{s} = \frac{275 \text{ cm}}{17 \text{ cm}} = 16{,}17;\ n_s = \mathbf{16}$$

$$n_s = \frac{h}{n_s} = \frac{275 \text{ cm}}{16} = \mathbf{17{,}19\ cm};\quad 2 \cdot s + a = 63 \text{ cm}$$

$$a = 63 \text{ cm} - 2 \cdot s = 63 \text{ cm} - 2 \cdot 17{,}19 \text{ cm} = \mathbf{28{,}62\ cm}$$

$$l = (n_s - 1) \cdot a = (16 - 1) \cdot 28{,}62 \text{ cm} = \mathbf{429{,}3\ cm}$$

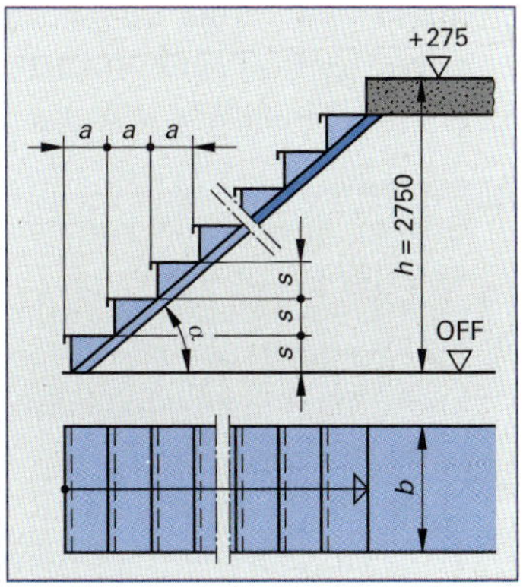

Bild 1

Aufgaben Treppenberechnung

1. Für ein Einfamilienhaus mit einer Geschosshöhe von 275 cm soll eine geradläufige Stahltreppe gefertigt werden. Die Treppe soll n_a = 15 Auftritte erhalten Zu berechnen sind
   a) die Treppensteigung *s* in cm,
   b) die Auftrittsbreite *a* in cm,
   c) die Treppenlauflänge *l* in cm.
   d) Es ist zu überprüfen, ob die errechneten Maße den baurechtlichen Bestimmungen der **Tabelle 1, Seite 129,** entsprechen.

2. Für einen Hauseingang ist eine Treppe zu berechnen. Wie groß sind unter den gegebenen Bedingungen **(Bild 1)** die Treppensteigung *s*, die Auftrittsbreite *a* und die Treppenlauflänge *l* in cm?

3. Für die Raumbedingungen **Bild 2** soll eine Treppe mit einer Treppensteigung *s* = 185 mm gefertigt werden. Wie groß muss die Auftrittsbreite *a* in mm sein? Die gute Begehbarkeit ist mithilfe der Schrittmaßregel zu überprüfen.

4. Zwei Stockwerke eines Mietshauses sollen mit einer Stahltreppe verbunden werden **(Bild 3)**.
   a) Wie viele Trittstufen hat die Treppe, wenn die Treppensteigung *s* = 183 mm betragen soll?
   b) Wie groß ist bei dieser Treppe die Auftrittsbreite *a* in mm?
   c) Welche Treppenlauflänge *l* ergibt sich für diese Treppe?

5. Es ist eine Kellertreppe aus Stahl für die gegebenen Baumaße **(Bild 4)** zu fertigen.
   a) Wie viele Tritte erhält die Treppe, wenn *s* = 180 mm ist?
   b) Wie lang ist der Treppenlauf für *a* = 260 mm?
   c) Welchen Steigungswinkel hat die Treppe?

6. Mit einer Stahltreppe sollen die beiden Stockwerke **(Bild 5)** in einem Wohnhaus verbunden werden. Für eine gut begehbare Treppe sind zu bestimmen
   a) die Anzahl der Steigungen, b) die Treppensteigung in cm,
   c) die Auftrittsbreite in cm, d) die Treppenlauflänge in cm.

7. Für eine Stahltreppe in einem Wohngebäude ist eine Treppenlauflänge von 3,8 m vorgesehen. Die Geschosshöhe beträgt 2,75 m.
   a) Wie groß ist die Treppensteigung *s* in cm?
   b) Wie groß ist die Auftrittsbreite *a* in cm bei 13 Trittstufen?
   c) Welchen Steigungswinkel hat die Treppe?

8. Für einen Keller mit einer Geschosshöhe von 250 cm soll eine Stahltreppe gefertigt werden. Das Maß für die Treppenlauflänge darf 300 cm nicht überschreiten. Zu berechnen sind nach den maßlichen Anforderungen im Treppenbau **(Tabelle 1, Seite 129)** für eine gut begehbare Treppe
   a) die Treppensteigung in cm,
   b) die Auftrittsbreite in cm,
   c) die Anzahl der Trittstufen,
   d) die tatsächliche Treppenlauflänge in cm,
   e) der Steigungswinkel.

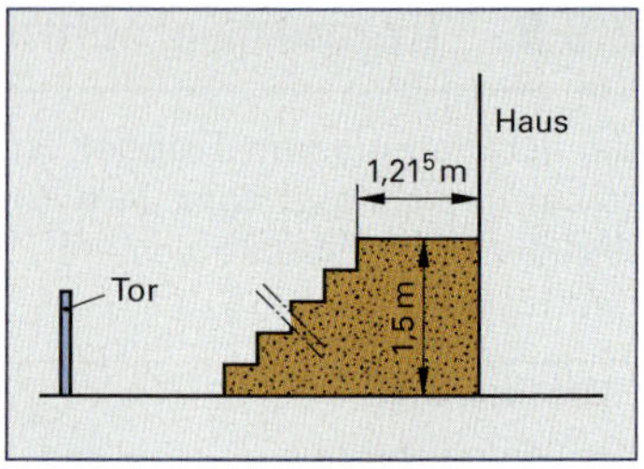

Bild 1

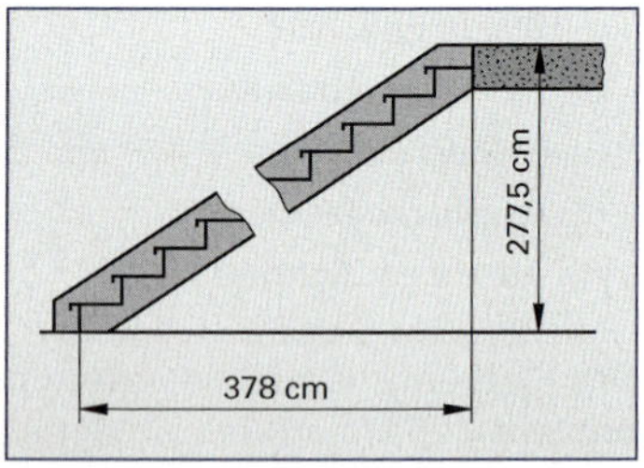

Bild 2

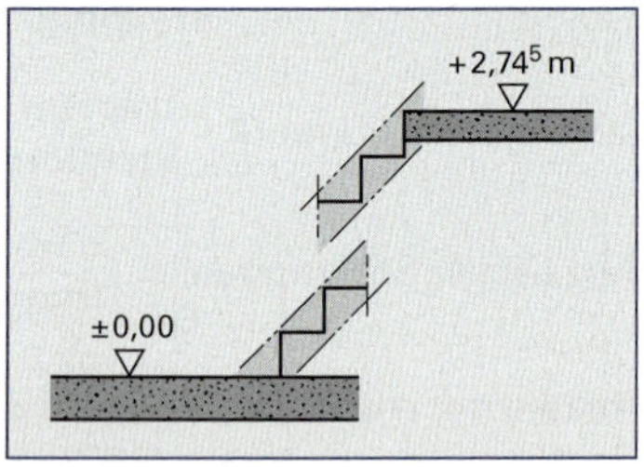

Bild 3

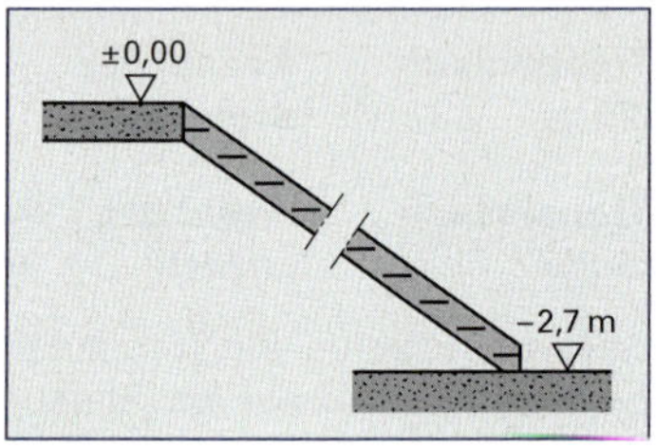

Bild 4

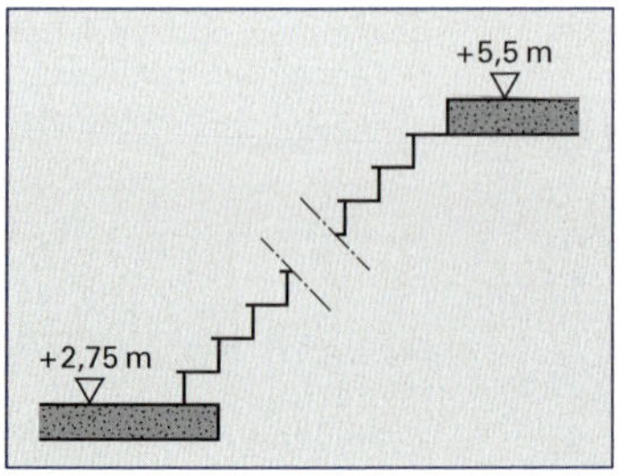

Bild 5

2.10 Blechkonstruktionen, Apparatebau

2.10.1 Gekantete Bauteile

Beim Kanten von Blechen muss für den Zuschnitt die gestreckte Länge ermittelt werden. Sie entspricht nicht der Länge der neutralen Faser, da diese sich besonders bei kleinem Biegeradius und dünnen Blechen zur Innenseite der Biegekante verschiebt.

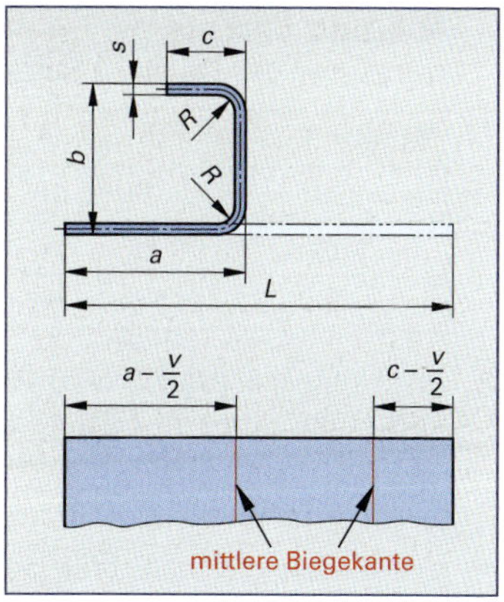

Bild 1

Bezeichnungen:

L, B	Gestreckte Länge, Streifenbreite	mm	a, b, c, ...	Schenkellängen, außen	mm
R	Biegeradius	mm	v, v_1, v_2	Ausgleichswerte	mm
s, t	Blechdicke	mm	β	Öffnungswinkel	°

Ausgleichswerte für Öffnungswinkel $\beta = 90°$ **(Bild 1)** können berechnet oder Tabellen entnommen werden.

Für Öffnungswinkel $\beta = 0°$ bis $\beta = 165°$ gilt:

Gestreckte Länge = Summe der Schenkellängen − Summe der Ausgleichswerte

$$L = a + b + \ldots - v_1 - v_2 - \ldots$$

Für Öffnungswinkel $\beta > 165°$ bis $\beta = 180°$ gilt:

Gestreckte Länge = Summe der Außenlängen

$$L = a + b + c + \ldots$$

Für Öffnungswinkel $\beta = 90°$ **(Bild 1)** und kleinen Biegeradius gilt:

Ausgleichswert ≈ 0,43 · Biegeradius + 1,48 · Blechdicke

$$v \approx 0{,}43 \cdot R + (1{,}48 \cdot s)$$

Beispiel: Für das Aussteifungsprofil **(Bild 2)** sind die Streifenbreite L und die Lage der Biegekanten zu bestimmen.

Lösung: $L = a + b + c - v_1 - v_2$

$v_1 = v_2 = 0{,}43 \cdot R + (1{,}48 \cdot s) = 0{,}43 \cdot 10\ \text{mm} + 1{,}48 \cdot 4\ \text{mm} = 10{,}22\ \text{mm}$

$L = 50\ \text{mm} + 150\ \text{mm} + 60\ \text{mm} - 2 \cdot 10{,}22\ \text{mm} = \mathbf{239{,}56\ mm}$

Lage der mittleren Biegekanten jeweils vom Rand her:

$a - v/2 = 50\ \text{mm} - 5{,}11\ \text{mm} = \mathbf{44{,}89\ mm}$

$b - v/2 = 60\ \text{mm} - 5{,}11\ \text{mm} = \mathbf{54{,}89\ mm}$

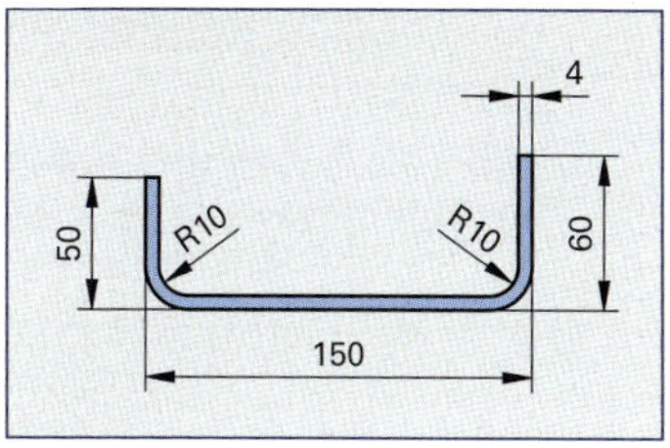

Bild 2

Tabelle 1: Ausgleichswert *v* in mm für 90°-Öffnungswinkel nach DIN 6935 (1983-02)

Dicke s in mm		1	1,5	2	2,5	3	3,5	4	4,5	5	6	8	10
Biegeradius R in mm	1	1,9	–	–	–	–	–	–	–	–	–	–	–
	1,6	2,1	2,9	–	–	–	–	–	–	–	–	–	–
	2,5	2,4	3,2	4,0	4,8	–	–	–	–	–	–	–	–
	4	3,0	3,7	4,5	5,2	6,0	6,9	–	–	–	–	–	–
	6	3,8	4,5	5,2	5,9	6,7	7,5	8,3	9,0	9,9	–	–	–
	10	5,5	6,1	6,7	7,4	8,1	8,9	9,6	10,4	11,2	12,7	–	–
	16	8,1	8,7	9,3	9,9	10,5	11,2	11,9	12,6	13,3	14,8	17,8	21,0
	20	9,8	10,4	11,0	11,6	12,2	12,8	13,4	14,1	14,9	16,3	19,3	22,3

Aufgaben Gekantete Bauteile

1. Für U-förmige Kaltprofile **(Bild 1)** sind die fehlenden Werte der Aufgaben **a)** bis **c)** der **Tabelle 1** zu berechnen. Die Ausgleichswerte sind der **Tabelle 1 Seite 131** zu entnehmen.

Tabelle 1	*h*	*b*	*s*	*R*	*v*	*L*	*b-v/2*
a)	20	20	1,5	6	?	?	?
b)	30	30	2	2,5	?	?	?
c)	100	50	5	6	?	?	?

2. Das Hohlprofil **(Bild 2)** wird an einer Gesenkbiegepresse gekantet und dann unter Pulver verschweißt. Es werden Tafeln 1 m × 2 m verwendet.

a) Wie groß ist die Streifenbreite *B* in mm?

b) Wie viele gleiche Profile lassen sich aus einer Tafel herstellen?

3. Eine Beschickungsanlage erhält ein rechteckiges Rohr mit schrägem Anschnitt **(Bild 3)**. Der Ausgleichswert ist mit der Näherungsformel zu berechnen.

Die Maße a, b und c sind zu berechnen.

4. Aus 4 mm dickem Breitband DC01 der Größe 2 m × 4,5 m werden Streifen geschnitten und auf einer Gesenkbiegepresse zu Kaltprofilen für Lkw-Aufbauten gekantet **(Bild 4)**. Wie viele Tafeln sind für 50 Profile notwendig? (Ausgleichswert nach Näherungsformel)

5. Für das Rippenprofil **(Bild 5)** sind die Streifenbreiten zu bestimmen.

6. Für die Randverstärkung des Containers **(Bild 6)** werden 14 m Versteifungsrippen benötigt. Als Vormaterial dienen Tafeln mit 4,5 m × 2,5 m.

a) Wie viele Rippen zu 4,5 m Länge erhält man aus einer Tafel? Der Ausgleichswert ist mithilfe der Näherungsformel zu bestimmen.

b) Wie viele Tafeln sind notwendig, wenn pro Monat 120 Container gefertigt werden?

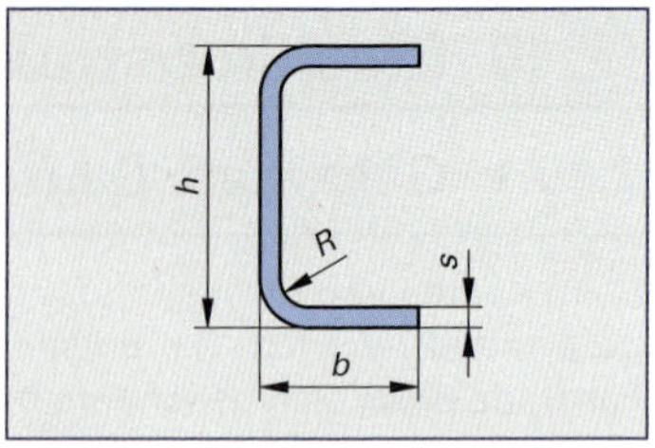

Bild 1

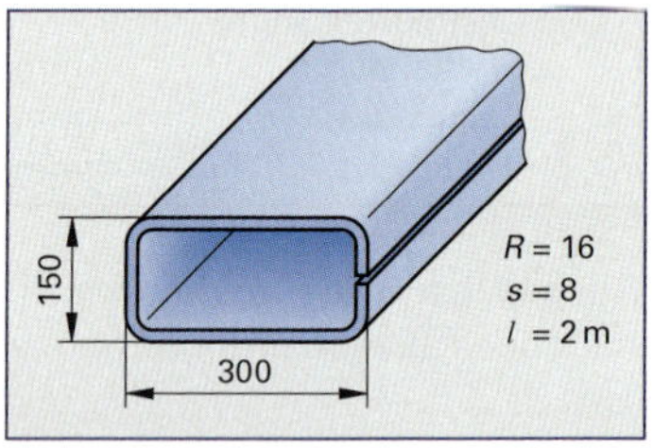

Bild 2

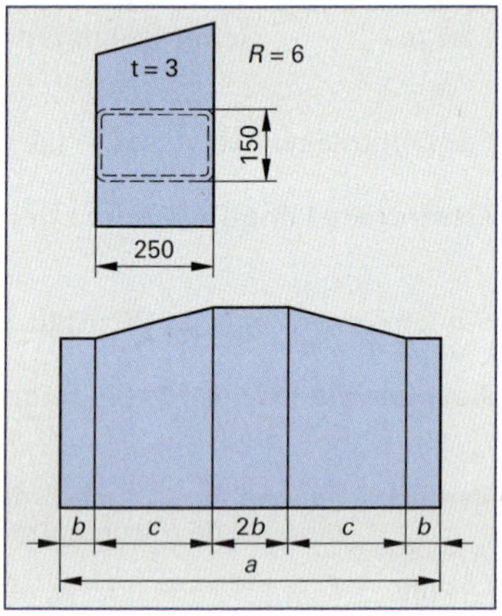

Bild 3

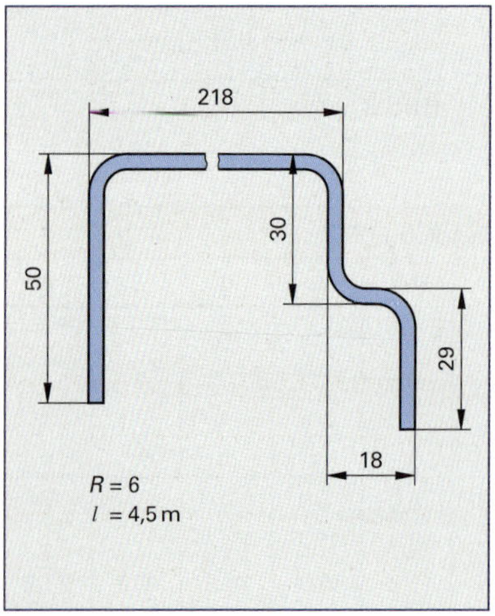

Bild 4

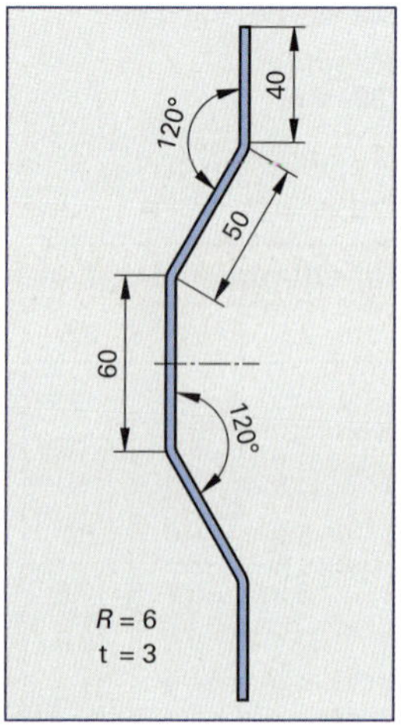

Bild 5

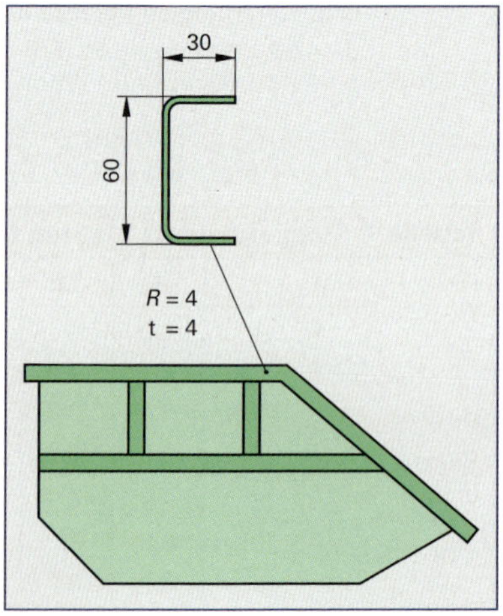

Bild 6

2.10.2 Zugaben

Für Drahteinlagen und Falznähte an Blechformteilen müssen beim Aufreißen der Abwicklung Zugaben zu den Fertigmaßen berücksichtigt werden.

Bezeichnungen:

z, z_1, z_2	Zugaben	mm	l_1, l_2	Längen	mm
d, d_1, d_2	Drahtdurchmesser	mm	L_s	Zuschnittlänge	mm
B	Falzbreite	mm	L	gestreckte Länge	mm
s, t	Blechdicke	mm			

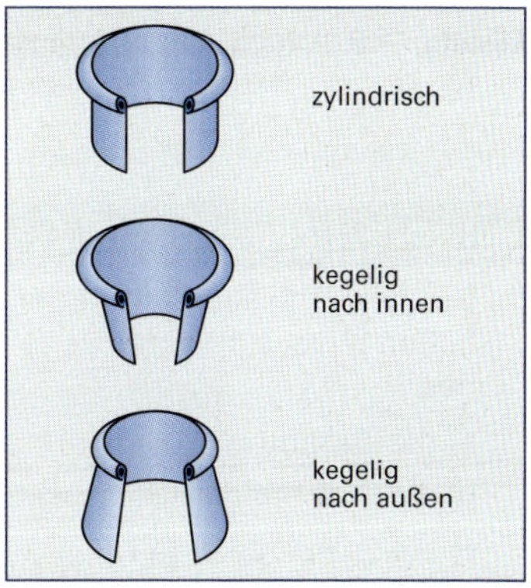

Bild 1

Drahteinlagen

Die Zugabe beim Blechzuschnitt für das Einrollen des Drahtes hängt vom Drahtdurchmesser und der Zargenform **(Bild 1)** ab. Die Drahtlänge wird mit Formeln für die gestreckte Länge berechnet.

Näherungsformeln

Zylindrische Zarge:

Zugabe = 2,5 · Drahtdurchmesser

$$z = 2{,}5 \cdot d$$

Kegelige Zarge: kegelig nach innen:

Zugabe = 3 · Drahtdurchmesser

$$z = 3 \cdot d$$

Kegelige Zarge: kegelig nach außen:

Zugabe = 2 · Drahtdurchmesser

$$z = 2 \cdot d$$

Beispiel: Der Rand eines kegeligen Trichters **(Bild 2)** wird beidseitig mit einem Draht $d = 3$ mm versteift.

Zu berechnen sind

a) die Zugaben z_1 und z_2,

b) die gestreckte Länge L.

Lösung: a) $z_1 = 3 \cdot d = 3 \cdot 3$ mm = **9 mm**; $z_2 = 2 \cdot d = 2 \cdot 3$ mm = **6 mm**

b) $L = l_1 + z_1 + z_2 = 180$ mm + 9 mm + 6 mm = **195 mm**

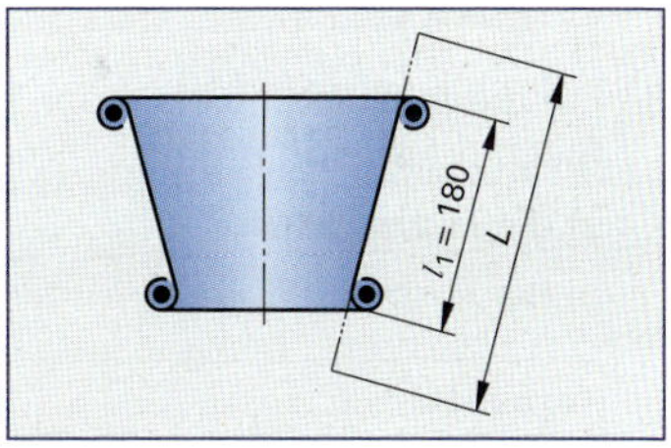

Bild 2

Falze

Falze verbinden Bleche zu Formteilen. Die Breite von Längsfalzen richtet sich nach Blechdicke und Größe des Werkstücks. Bodenfalze sind ca. 5 mm breit. Die Zugabe ist von der Art des Falzes abhängig **(Bild 3)**. Ein einfacher Falz ist dreilagig, ein doppelter fünflagig.

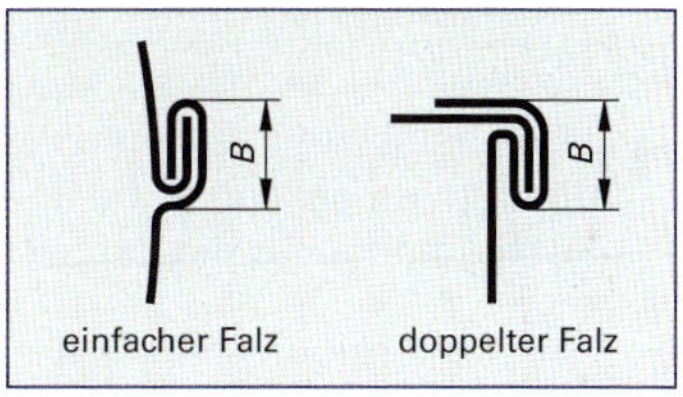

Bild 3

Falzbreite ≈ 10 · Blechdicke

$$B \approx 10 \cdot s$$

Einfacher Falz:

Zuschnittlänge ≈ gestreckte Länge + 3 · Falzbreite

$$L_s \approx L + 3 \cdot B$$

Doppelter Falz:

Zuschnittlänge ≈ gestreckte Länge + 5 · Falzbreite

$$L_s \approx L + 5 \cdot B$$

Beispiel: Das Abzugrohr **(Bild 1)** aus 0,8 mm dickem Stahlblech mit 120 mm Durchmesser wird mit einem einfachen Zargenfalz gefügt. Wie groß ist die Zuschnittlänge der Abwicklung?

Lösung: $B \approx 10 \cdot s = 10 \cdot 0{,}8\ \text{mm} = \mathbf{8\ mm}$

$L_s \approx L + 3 \cdot B = \pi \cdot d + 3 \cdot B = \pi \cdot 120\ \text{mm} + 3 \cdot 8\ \text{mm} = \mathbf{401\ mm}$

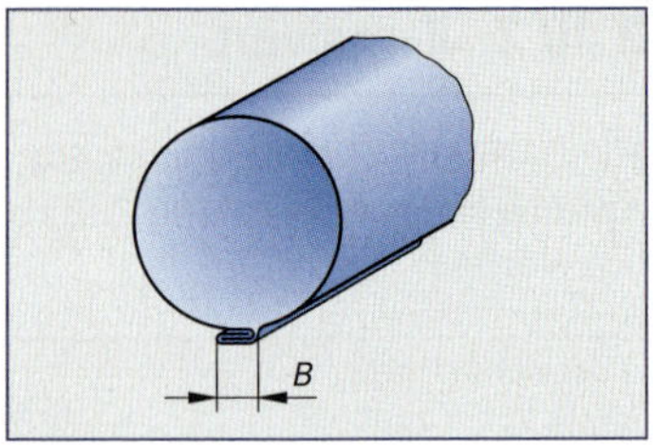

Bild 1

Aufgaben | Zugaben

1. Die zylindrischen Zargen der Aufgaben **a** bis **d** der **Tabelle 1** erhalten jeweils an einer Seite Drahteinlagen. Es sind zu berechnen

a) die Zugabe z,

b) die Drahtlänge *l*,

c) die Zuschnittlänge L_s.

Tabelle 1	a	b	c	d
Drahtdurchmesser *d* in mm	4	2,5	3	3,5
Mantelhöhen *l* in mm	840	340	125	285
Blechdicke *s* in mm	0,8	0,65	1	0,9
Zargendurchmesser in mm	100	160	80	150

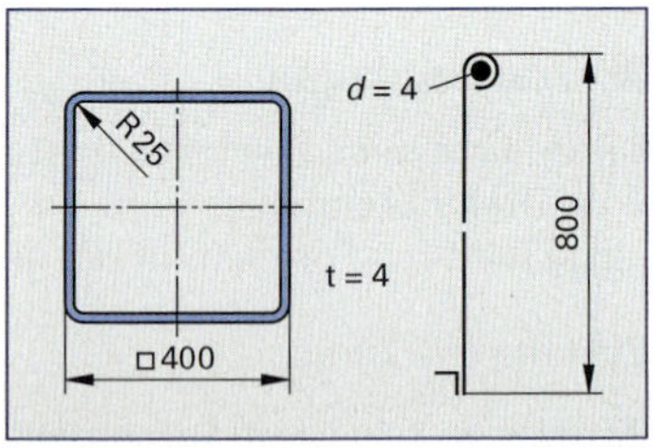

Bild 2

2. Die Drahteinlage einer Behälterzarge **Bild 2** dient als Kantenschutz und zur Versteifung. Zu berechnen sind

a) die Zuschnittmaße für die Zarge,

b) die Länge des Drahtes.

3. Für die Aufgaben **b** bis **e** der **Tabelle 2** sind für die angegebenen Blechdicken und Rohrdurchmesser zu berechnen

a) die Falzbreite *B*,

b) die Zuschnittlänge L_s für einfachen und doppelten Falz.

Tabelle 2	a	b	c	d	e
Blechdicke in mm	0,40	0,60	0,65	0,80	1,0
Rohrdurchmesser in mm	100	120	140	160	180

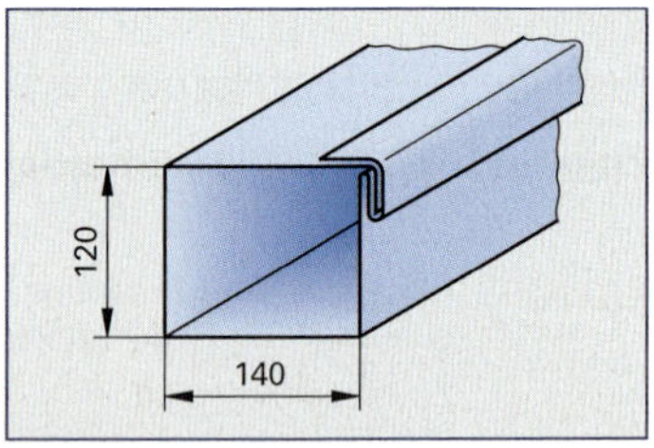

Bild 3

4. Das Aufsteckrohr aus Feinblech DC04 mit der Dicke *t* = 0,8 mm **(Bild 3)** wird gekantet und an einer Ecke gefalzt. Wie groß ist die Zuschnittlänge für die Zarge?

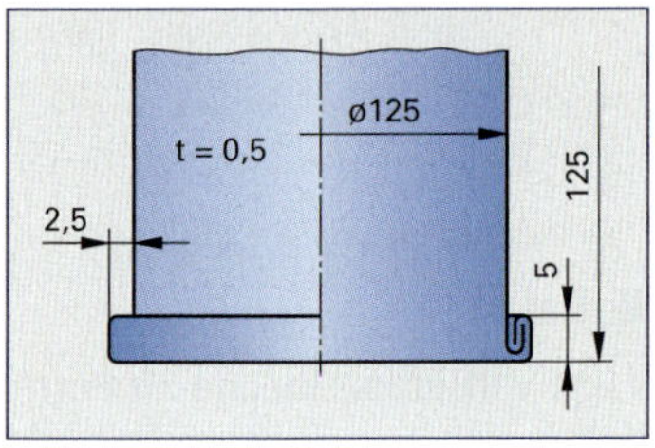

Bild 4

5. Eine rechteckige Tafel aus 0,8 mm dickem verzinktem Stahlblech hat die Maße 464 mm × 887,5 mm. Sie wird zu einem Rohr mit 880 mm Länge gerundet. Zur Versteifung eines Endes ist ein 3 mm dicker Draht vorgesehen. Zu berechnen sind der Innendurchmesser des Rohres und die Drahtlänge.

6. Der Mantel **(Bild 4)** wird durch einen einfachen Falz mit der Bodenronde zu einem Gefäß verbunden. Wie groß sind die Zuschnittmaße für den Mantel und die Bodenronde?

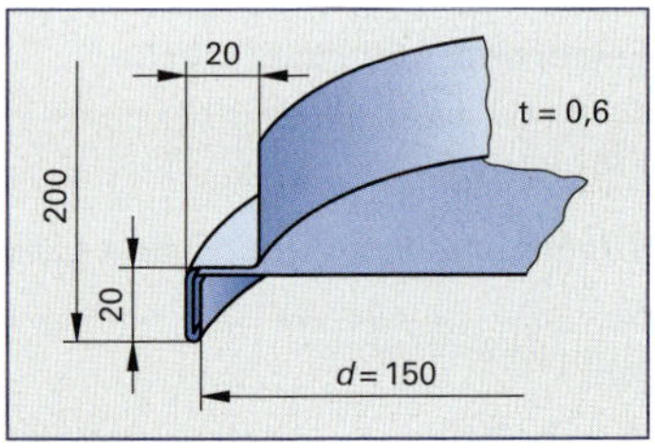

Bild 5

7. Ein einfacher Stehfalz verbindet Boden und Mantel einer Isolierkappe **(Bild 5)**. Wie groß sind die Zuschnittmaße für die Zarge und die Bodenronde?

2.10.3 Abwicklungen

Größere Blechformkörper **(Bild 1)** können nicht mehr mit genügender Genauigkeit auf Blechtafeln abgewickelt und angerissen werden. Man berechnet die Maße ihrer Konturen, überträgt sie auf die Blechtafel oder gibt sie eine CNC-Schneidanlage ein.

Bezeichnungen:

l_1, l_2	Mantelhöhe	mm	β	halber Kegelwinkel	°
d, D	Durchmesser	mm	L	Tafellänge	mm
h_1, h_2	Kegelhöhe	mm	B	Tafelbreite	mm
φ	halber Spitzenwinkel der Abwicklung	°	D	Behälterdurchmesser, Zargendurchmesser	mm

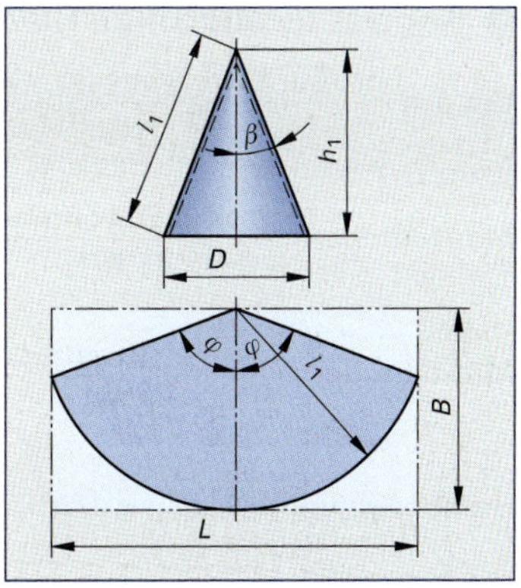

Bild 1

Kegelige Blechformkörper (Bild 125/1)

Mantelhöhe $= \sqrt{\text{Kegelhöhe}^2 + \left(\frac{\text{Kegeldurchmesser}}{2}\right)^2}$

$$l_1 = \sqrt{h_1^2 + \left(\frac{D}{2}\right)^2}$$

Mantelhöhe $= \frac{\text{Kegeldurchmesser}}{2 \cdot \sin \beta}$

$$l_1 = \frac{D}{2 \cdot \sin \beta}$$

tan $\beta = \frac{\text{Kegeldurchmesser}}{2 \cdot \text{Kegelhöhe}}$

$$\tan \beta = \frac{D}{2 \cdot h_1}$$

Halber Spitzenwinkel φ **der Abwicklung = 180° · sin** β

$$\varphi = 180° \cdot \sin \beta$$

Berechnung der Tafelgrößen

Für $\beta < 30°$ bzw. $\varphi < 90°$ gilt:

Tafellänge = 2 · Mantelhöhe · sin φ

$$L = 2 \cdot l_1 \cdot \sin \varphi$$

Tafelbreite = Mantelhöhe

$$B = l_1$$

Für $\beta \geq 30°$ bzw. $\varphi \geq 90°$ gilt:

Tafellänge = 2 · Mantelhöhe

$$L = 2 \cdot l_1$$

Tafelbreite = Mantelhöhe · (1 – cos φ**)**

$$B = l_1 \cdot (1 - \cos \varphi)$$

Beispiel: Für die Fertigung der kegeligen Haube **(Bild 2)** sind die notwendigen Maße zu berechnen.

Lösung: $l_1 = \sqrt{h^2 + \left(\frac{D}{2}\right)^2} = \sqrt{600^2\,\text{mm}^2 + \left(\frac{500\,\text{mm}}{2}\right)^2} = \mathbf{650\,mm}$

$\tan \beta = \frac{D}{2 \cdot h_1} = \frac{500\,\text{mm}}{2 \cdot 600\,\text{mm}} = 0{,}4166 \mathrel{\hat=} \beta = \mathbf{22{,}6°}$

$\varphi = 180° \cdot \sin \beta = 180° \cdot \sin 22{,}6° = \mathbf{69{,}2°}$

Für $\beta < 30°$ gilt:

$L = 2 \cdot l_1 \cdot \sin \varphi = 2 \cdot 650\,\text{mm} \cdot \sin 69{,}2° = \mathbf{1215\,mm}$

$B = l_1 = \mathbf{650\,mm}$

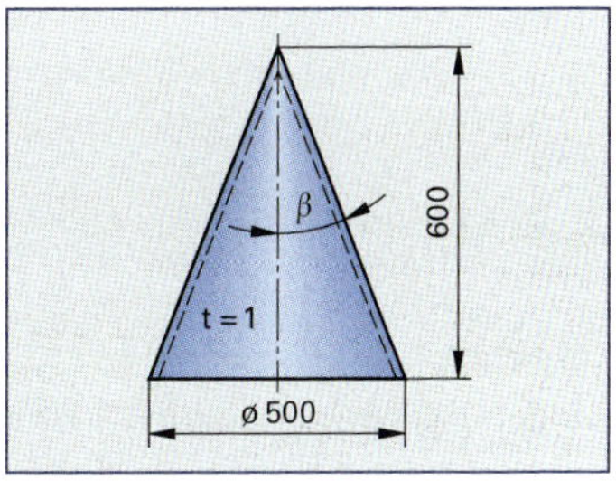

Bild 2

Kegelstumpfförmige Blechformkörper (Bild 1)

$\tan\beta = \dfrac{\text{großer Durchmesser} - \text{kleiner Durchmesser}}{2 \cdot \text{Kegelstumpfhöhe}}$

$$\tan\beta = \frac{D - d}{2 \cdot h_2}$$

$\text{Mantelhöhe} = \dfrac{\text{großer Durchmesser}}{2 \cdot \sin\beta}$

$$l_1 = \frac{D}{2 \cdot \sin\beta}$$

$\text{Mantelhöhe} = \dfrac{\text{kleiner Durchmesser}}{2 \cdot \sin\beta}$

$$l_2 = \frac{d}{2 \cdot \sin\beta}$$

Halber Spitzenwinkel $\varphi = 180° \cdot \sin\beta$

$$\varphi = 180° \cdot \sin\beta$$

Berechnung der Tafelgrößen

Für $\beta < 30°$ bzw. $\varphi < 90°$ gilt:

Tafellänge = 2 · Mantelhöhe · sin φ

$$L = 2 \cdot l_1 \cdot \sin\varphi$$

Tafelbreite = Mantelhöhe – Mantelhöhe der Spitze · cos φ

$$B = l_1 - l_2 \cdot \cos\varphi$$

Für $\beta \geq 30°$ bzw. $\varphi \geq 90°$ gilt:

Tafellänge = 2 · Mantelhöhe

$$L = 2 \cdot l_1$$

Tafelbreite = Mantelhöhe · (1 – cos φ)

$$B = l_1 \cdot (1 - \cos\varphi)$$

Beispiel: Ein Trichter **(Bild 2)** aus Weißblech ist mit den Maßen $D = 450$ mm, $d = 100$ mm und $h_2 = 250$ mm zu fertigen. Die zur Herstellung notwendigen Maße sind zu berechnen.

Lösung:

$$\tan\beta = \frac{D - d}{2 \cdot h_2} = \frac{450\text{ mm} - 100\text{ mm}}{2 \cdot 50\text{ mm}} = 0{,}7 \mathrel{\hat=} \beta = \mathbf{35°}$$

$$l_1 = \frac{D}{2 \cdot \sin\beta} = \frac{450\text{ mm}}{2 \cdot \sin 35°} = \mathbf{392\text{ mm}}$$

$$l_2 = \frac{d}{2 \cdot \sin\beta} = \frac{100\text{ mm}}{2 \cdot \sin 35°} = \mathbf{87\text{ mm}}$$

$$\varphi = 180° \cdot \sin\beta = 180° \cdot \sin 35° = 180° \cdot 0{,}573 = \mathbf{103°}$$

Für $\varphi > 90°$ gilt;

$$L = 2 \cdot l_1 = 2 \cdot 392\text{ mm} = \mathbf{784\text{ mm}}$$

$$B = l_1 \cdot (1 - \cos\varphi)$$
$$= 392\text{ mm} \cdot (1 - \cos 103°)$$
$$= 392\text{ mm} \cdot [1 - (-0{,}225)] = \mathbf{480\text{ mm}}$$

Hinweis: cos 103° ist negativ.

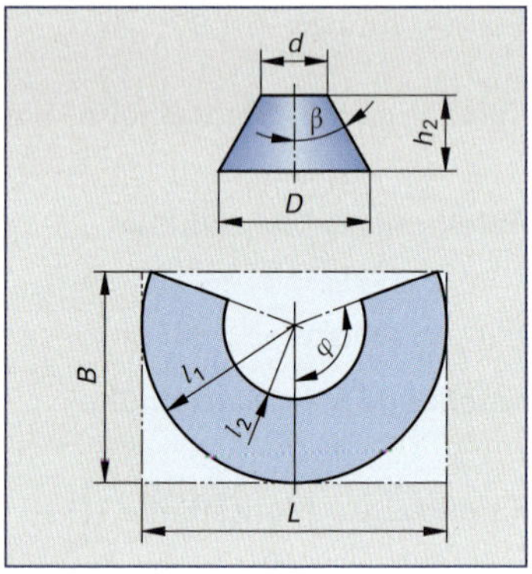

Bild 1

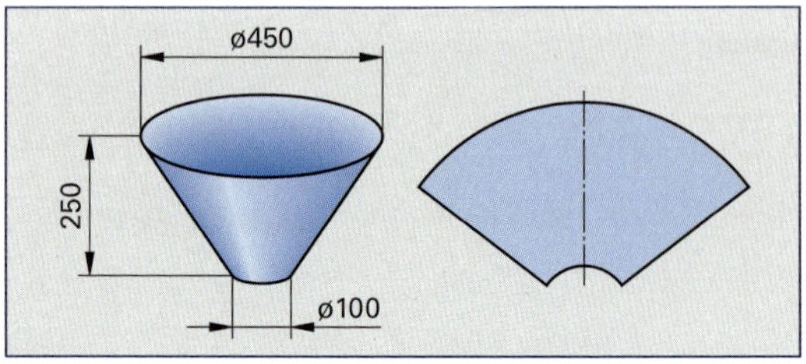

Bild 2

Schräg geschnittene zylindrische Blechformkörper

Schräg geschnittene Rohre und Zylinder werden an Lüftungsanlagen und Etagenbögen benötigt. Für kleine Abmessungen schneidet man Rohre schräg, verdreht sie gegeneinander und verschweißt sie. An Großrohren und Lüftungskanälen berechnet man Koordinatenpunkte und rundet dann den Zuschnitt zum Mantel **(Bild 1)**. Die Lage der Naht muss beachtet werden.

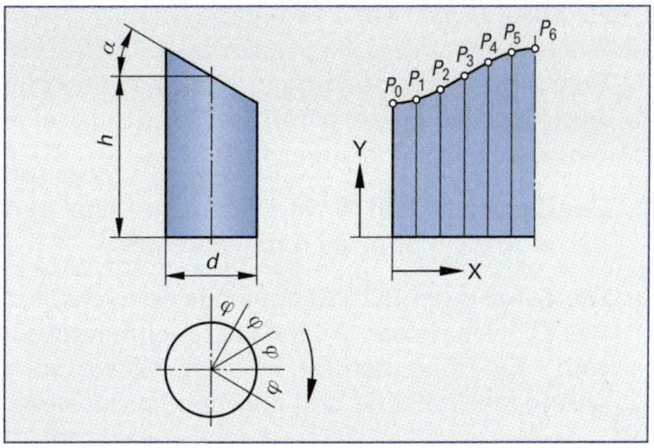

Bild 1

Bezeichnungen:

α	Schnittwinkel am Rohr	°	y_n	y-Koordinaten	mm	d	Rohrdurchmesser	mm
φ	Schrittwinkel	°	P_n	Koordinatenpunkte	mm	h	Rohrlänge	mm
x_n	x-Koordinaten	mm	$0 \ldots n$	Anzahl der Teilungen				

Der Schrittwinkel φ wird über die Anzahl der Teilungen berechnet. Üblich sind je nach Genauigkeit 12, 16 oder 24 Teilungen. Die Koordinaten x und y der Punkte P_0 bis P_n werden nach der Berechnung tabellarisch zusammengestellt **(Tabelle 1)**.

Schrittwinkel = $\frac{\textbf{360°}}{\textbf{Anzahl der Teilungen}}$

$$\varphi = \frac{360°}{n}$$

***x*-Koordinate = Umfang · Anzahl Teilungen · $\frac{\textbf{Schrittwinkel}}{\textbf{360°}}$**

$$x_n = \pi \cdot d \cdot n \cdot \frac{\varphi}{360°}$$

***y*-Koordinate = Rohrlänge − $\frac{\textbf{Rohr-Ø}}{\textbf{2}}$ · tan α · cos (*n* · φ)**

$$y_n = h - \frac{d}{2} \cdot \tan\alpha \cdot \cos(n \cdot \varphi)$$

Beispiel: Ein Lüftungsrohr aus 1 mm dickem Feinblech hat folgende Maße: $d = 100$ mm, $h = 200$ mm, $\alpha = 30°$. Zu berechnen sind die Koordinaten für die Konturpunkte der Abwicklung bei 12er-Teilung.

Tabelle 1: Teilung *n* = 12

P_n	0	1	…	11	12
φ	0°	30°	…	330°	360°
x_n	x_0	x_1	…	x_{11}	x_{12}
y_n	y_0	y_1	…	y_{11}	y_{12}

Lösung: $\varphi = \frac{360°}{n} = \frac{360°}{12} = \mathbf{30°}$

$$x_n = \frac{\pi \cdot d \cdot n \cdot \varphi}{360°}$$

$$x_0 = \frac{\pi \cdot 100\text{ mm} \cdot 0 \cdot 30°}{360°} = \mathbf{0\ mm}$$

x_1 bis x_{11} siehe **Tabelle 2**

$$x_{12} = \frac{\pi \cdot 100\text{ mm} \cdot 12 \cdot 30°}{360°} = \mathbf{314\ mm}$$

$$y_n = h - \frac{d}{2} \cdot \tan\alpha \cdot \cos(n \cdot \varphi)$$

$$y_0 = 200\text{ mm} - \frac{100\text{ mm}}{2} \cdot \tan 30° \cdot \cos(0 \cdot 30°) = \mathbf{171\ mm}$$

y_1 bis y_{11} siehe **Tabelle 2**

$$y_{12} = 200\text{ mm} - \frac{100\text{ mm}}{2} \cdot \tan 30° \cdot \cos(12 \cdot 30°) = \mathbf{171\ mm}$$

Tabelle 2: Koordinaten der Konturpunkte

P_n	**0**	**1**	**2**	**3**	**4**	**5**	**6**	**7**	**8**	**9**	**10**	**11**	**12**
φ	0°	30°	60°	90°	120°	150°	180°	210°	240°	270°	300°	330°	360°
x_n	**0**	**26**	**52**	**79**	**105**	**131**	**157**	**183**	**209**	**236**	**262**	**288**	**314**
y_n	**171**	**175**	**186**	**200**	**214**	**225**	**229**	**225**	**214**	**200**	**186**	**175**	**171**

Aufgaben | Abwicklungen

1. Eine trichterförmige Auffangschale hat die Höhe 600 mm und den Durchmesser 750 mm. Welche Maße muss eine Rechtecktafel für den Zuschnitt mindestens haben?

2. Der Zuschnitt **(Bild 1)** wird zu einem Kegel gerundet. Zu berechnen sind die Maße des fertigen Kegels.

3. Die Zarge einer Schutzkappe aus Schwarzblech hat die Form eines Kegelstumpfes. Die beiden Durchmesser sind 120 mm und 40 mm, die Höhe beträgt 50 mm. Wie groß muss eine rechteckige Blechtafel für den Zuschnitt mindestens sein?

4. Für die beiden Teile des Fülltrichters **(Bild 2)** aus Aluminiumblech sind die für den Zuschnitt benötigten Maße zu berechnen.

5. Der Anriss der Abwicklung **(Bild 3)** soll überprüft werden.
   Wie groß sind
   a) der Winkel β,
   b) der große Kegeldurchmesser D,
   c) der kleine Kegeldurchmesser d?

6. Zwischen zwei Rohren DN 150 und DN 65 soll ein 60 mm hohes kegeliges Übergangsstück aus 2 mm Kesselblech eingeschweißt werden. Welche Maße hat die Abwicklung?

7. Die Abwicklungen der Etagenbogenteile **(Bild 4)** werden zusammen auf einer Tafel angerissen, gerundet und dann getrennt.
   Wie groß sind
   a) die Abmessungen der Blechtafel,
   b) der Winkel α für die Trennschnitte für einen 30°-Bogen?

8. Ein dreiteiliger Segmentbogen lässt sich sehr wirtschaftlich fertigen, wenn die Abwicklungen der Einzelsegmente versetzt auf eine Tafel aufgerissen werden **(Bild 5)**.
   a) Wie groß sind die Maße L und B der Blechtafel?
   b) Welche Koordinaten haben die Punkte P_0 bis P_{24} im Schnitt I?

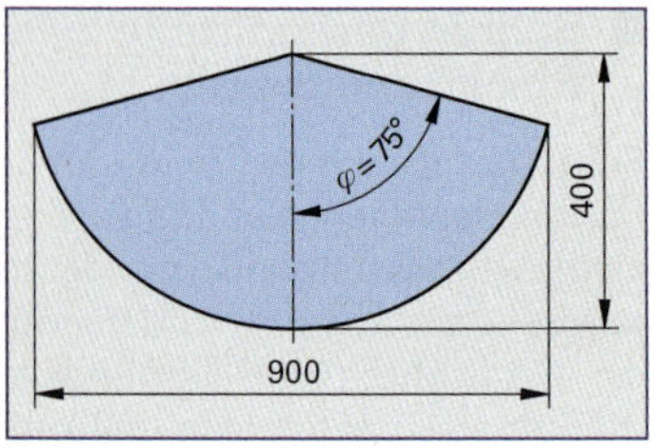

Bild 1

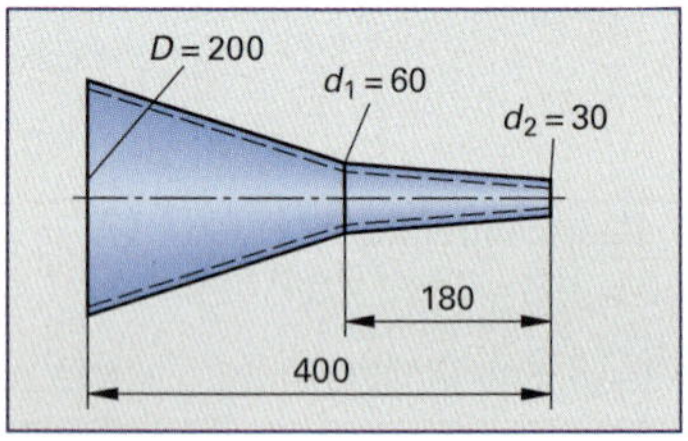

Bild 2

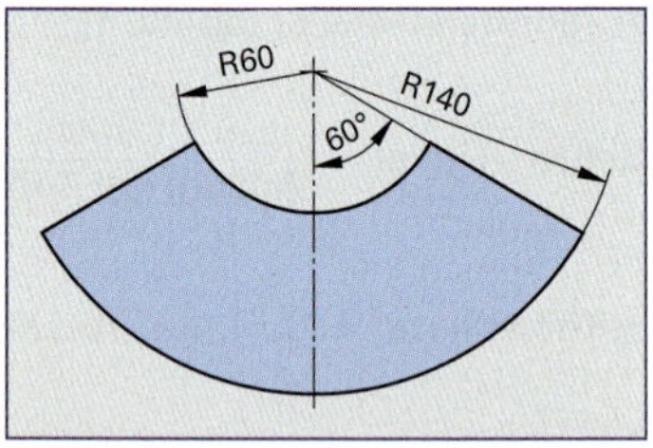

Bild 3

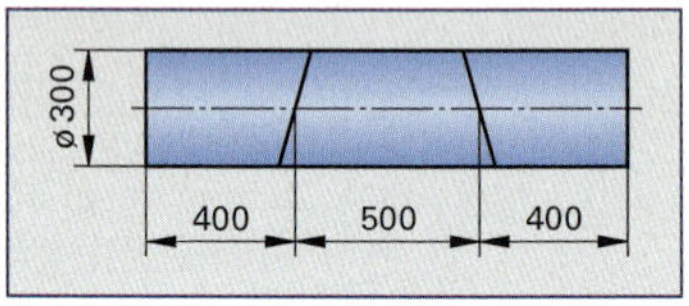

Bild 4

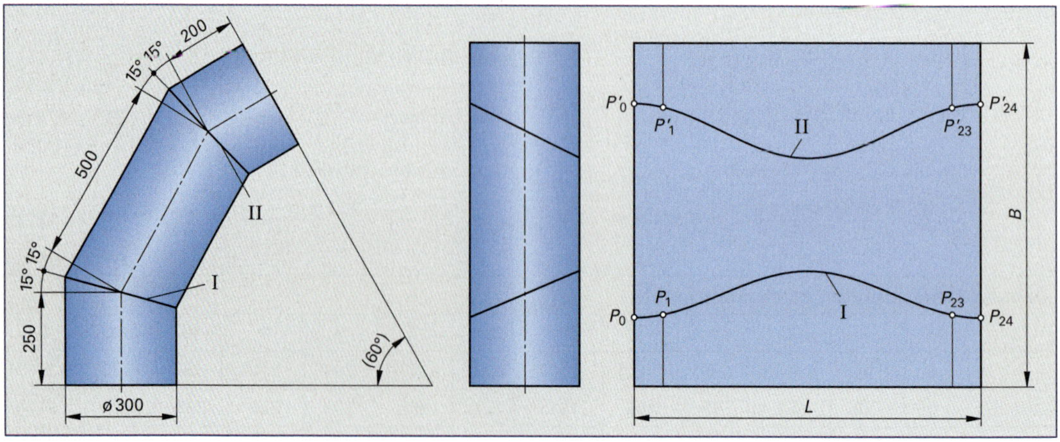

Bild 5

2.11 Maschinentechnik

2.11.1 Zahnradmaße

Bezeichnungen:

p	Teilung	mm	a	Achsabstand	mm
z	Zähnezahl	–	m	Modul	mm
d	Teilkreisdurchmesser	mm			
d_1	Teilkreisdurchmesser	} des treibenden			mm
z_1	Zähnezahl	Rades –			
d_2	Teilkreisdurchmesser	} des getriebenen			mm
z_2	Zähnezahl	Rades –			

Bei Stirnrädern mit Geradverzahnung **(Bild 1)** versteht man unter Teilung den Abstand von Zahnmitte zu Zahnmitte, gemessen als Bogenmaß auf dem Teilkreis. Die Anzahl der Teilungen entspricht der Anzahl der Zähne. Daraus ergibt sich der Teilkreisumfang zu

$$U = p \cdot z = \pi \cdot d$$

Daraus erhält man $d = \dfrac{p \cdot z}{\pi}$

Um für die Teilkreisdurchmesser und damit für die Achsabstände zweier Zahnräder endliche Dezimalbrüche zu erhalten, setzt man als Teilung p ein Vielfaches von π ein. Dieser Faktor wird als Modul m bezeichnet Die Größen der Moduln sind genormt.

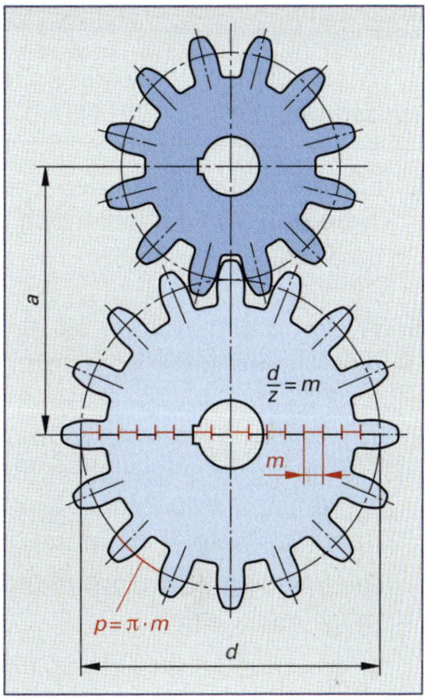

Bild 1

Teilung = π · Modul

$$p = \pi \cdot m$$

Somit gilt: $d = \dfrac{\pi \cdot m \cdot z}{\pi} = m \cdot z$

Teilkreisdurchmesser = Modul · Zähnezahl

$$d = m \cdot z$$

Beispiel: Wie groß sind die Teilung und der Teilkreisdurchmesser eines Zahnrades mit $z = 30$ und $m = 2$ mm?

Lösung: $p = \pi \cdot m = \pi \cdot 2\ \text{mm} = \mathbf{6{,}283\ mm}$

$d = m \cdot z = 2\ \text{mm} \cdot 30 = \mathbf{60\ mm}$

2.11.2 Achsabstand bei Zahnrädern

Bei zwei zusammenarbeitenden Zahnrädern berühren sich die Teilkreise. Beide Zahnräder müssen denselben Modul haben.

Der Achsabstand a bei einer Außenverzahnung **(Bild 2)** ist gleich der Summe der Teilkreishalbmesser.

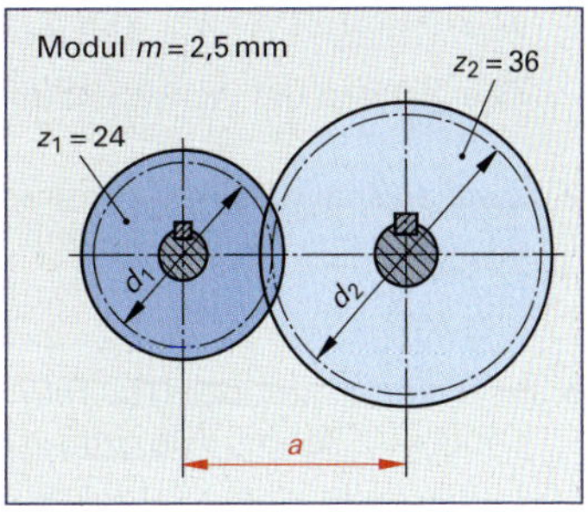

Bild 2

Da $d_1 = m \cdot z_1$ und $d_2 = m \cdot z_2$ sind,

gilt auch $a = \dfrac{m \cdot z_1 + m \cdot z_2}{2} = \dfrac{m \cdot (z_1 + z_2)}{2}$

Achsabstand bei Außenverzahnung

$$a = \frac{d_1 + d_2}{2} = \frac{m \cdot (z_1 + z_2)}{2}$$

Beispiel: Zwei Zahnräder mit $z_1 = 24$ Zähnen und $z_2 = 36$ Zähnen arbeiten zusammen **(Bild 2)**. Wie groß ist der Abstand a, wenn ihr Modul $m = 2{,}5$ mm ist?

Lösung: $a = \dfrac{m \cdot (z_1 + z_2)}{2} = \dfrac{2{,}5\ \text{mm} \cdot (24 + 36)}{2} = \mathbf{75\ mm}$

Aufgaben Zahnradmaße

1. Ein außenverzahntes Zahnrad soll $z = 40$ Zähne mit dem Modul $m = 3$ mm erhalten.

   Wie groß sind die Teilung p und der Teilkreisdurchmesser d des Zahnrades?

2. Für die außenverzahnten Zahnräder mit Geradverzahnung der **Tabelle 1** sind die fehlenden Werte der Aufgaben **a** bis **d** zu berechnen.

Tabelle 1	a	b	c	d
m in mm	6	?	?	4
z	90	?	28	?
d in mm	?	381	70	96
p in mm	?	9,4	?	?

3. Wie groß ist die Zähnezahl eines außenverzahnten Zahnrades mit $m = 3{,}5$ mm und $d = 168$ mm?

4. Ein Werkstattkran wird über einen Zahnradtrieb durch einen Elektromotor angetrieben **(Bild 1)**. Das Zahnrad auf der Motorwelle hat $z_1 = 15$ Zähne. Das Zahnrad auf der Welle des Schienenrades hat $z_2 = 36$ Zähne.

   Die beiden geradverzahnten Stirnräder haben einen Modul von $m = 4$ mm.

   a) Wie groß ist die Teilung der beiden Zahnräder?

   b) Wie groß sind die Teilkreisdurchmesser d_1 und d_2 der Zahnräder?

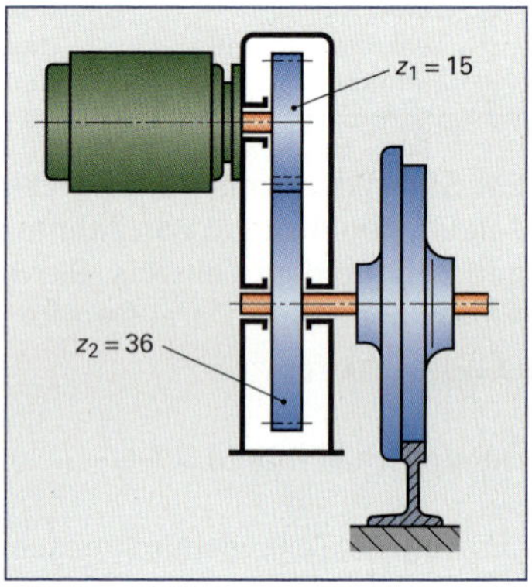

Bild 1

Aufgaben Achsabstand bei Zahnrädern

1. Die Räder eines Getriebes haben die Teilkreisdurchmesser $d_1 = 110$ mm und $d_2 = 135$ mm.

   Wie groß ist der Achsabstand in mm?

2. Zwei außenverzahnte Zahnräder mit Modul $m = 4$ mm haben die Zähnezahlen $z_1 = 32$ und $z_2 = 80$. Der Achsabstand ist zu berechnen.

3. Von zwei Zahnrädern mit $m = 1{,}25$ mm hat das eine 48 Zähne, das andere 72 Zähne. Wie groß ist der Achsabstand?

4. Für den Antrieb mit Zwischenrad **(Bild 2)** sind für einen Modul $m = 5{,}5$ mm zu berechnen

   a) die Teilung p,

   b) die Teilkreisdurchmesser d_1 und d_2,

   c) die Zähnezahl z des Zwischenrades,

   d) die Achsabstände a_1 und a_2.

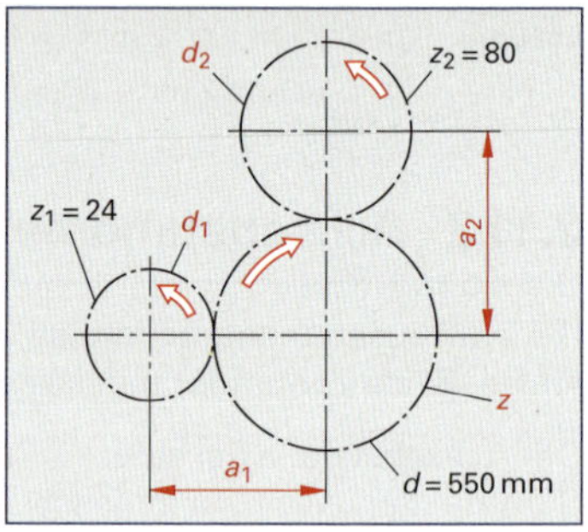

Bild 2

5. Drei Stirnräder mit den Zähnezahlen $z_1 = 64$, $z = 24$, $z_2 = 40$ und dem Modul $m = 2$ mm sollen miteinander kämmen **(Bild 3)**. Für die Räderplatte sind die Achsabstände a_1 und a_2 zu berechnen.

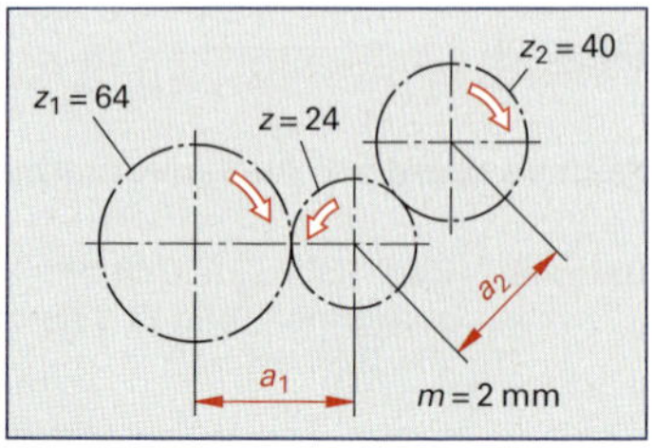

Bild 3

2.11.3 Einfache Übersetzungen

Drehzahlen und Drehmomente werden durch Riemen oder Zahnräder übersetzt. Dabei unterscheidet man einfache und mehrfache Übersetzungen.

Bei einfachen Übersetzungen sind nur zwei Riemenscheiben oder zwei Zahnräder beteiligt, die die Eingangsdrehzahl und das Eingangsdrehmoment einmal ändern.

Bei Getrieben erhalten die Formelzeichen für die treibenden Elemente ungerade Indizes, z. B. n_1, d_1, z_1. Die Formelzeichen der getriebenen Elemente erhalten gerade Indizes, z. B. n_2, d_2, z_2.

Bezeichnungen:

i	Übersetzungsverhältnis	–	m	Modul	mm
Treibende Scheiben/Zahnräder:			Getriebene Scheiben/Zahnräder:		
v_1	Umfangsgeschwindigkeit	m/min	v_2	Umfangsgeschwindigkeit	m/min
d_1, d_3, d_5	Durchmesser	mm	d_2, d_4, d_6	Durchmesser	mm
n_1, n_3, n_5	Drehzahlen	1/min	n_2, n_4, n_6	Drehzahlen	1/min
z_1, z_3, z_5	Zähnezahlen	–	z_2, z_4, z_6	Zähnezahlen	–

Flachriementrieb

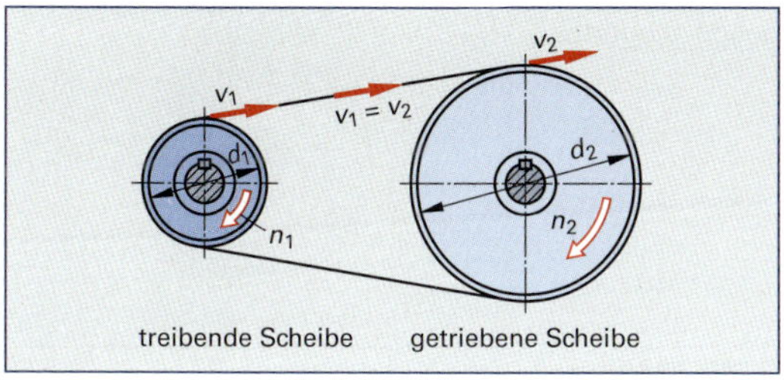

Bild 1

$$v_1 = v_2$$
$$n_1 \cdot \pi \cdot d_1 = n_2 \cdot \pi \cdot d_2$$
$$n_1 \cdot d_1 = n_2 \cdot d_2$$

Die Drehzahlen der Riemenscheiben verhalten sich umgekehrt wie ihre Durchmesser.

$$\frac{n_1}{n_2} = \frac{d_2}{d_1}$$

Die kleinere Scheibe hat stets die größere Drehzahl.

Zahnradtrieb

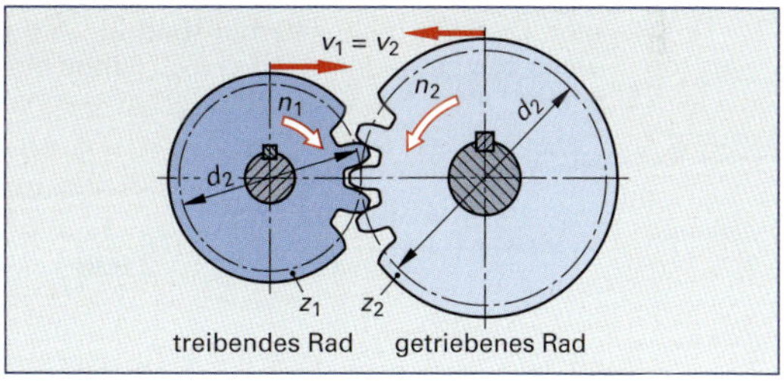

Bild 2

$$v_1 = v_2$$
$$n_1 \cdot \pi \cdot d_1 = n_2 \cdot \pi \cdot d_2$$
$$n_1 \cdot m \cdot z_1 = n_2 \cdot m \cdot z_2$$
$$n_1 \cdot z_1 = n_2 \cdot z_2$$

Die Drehzahlen der Zahnräder verhalten sich umgekehrt wie ihre Zähnezahlen.

$$\frac{n_1}{n_2} = \frac{z_2}{z_1}$$

Das kleinere Zahnrad hat stets die größere Drehzahl.

Das Verhältnis der Drehzahlen n_1/n_2 in Richtung des Kraftflusses bezeichnet man als Übersetzungsverhältnis i. Das Übersetzungsverhältnis kann beim Riementrieb auch aus den Durchmessern der Scheiben, beim Zahnradtrieb auch aus den Teilkreisdurchmessern oder den Zähnezahlen der Zahnräder berechnet werden.

Übersetzungsverhältnis

$$i = \frac{n_1}{n_2} = \frac{d_2}{d_1} = \frac{z_2}{z_1}$$

Das Übersetzungsverhältnis wird meist als Dezimalbruch angegeben.

Beispiel: $i = \frac{12}{3} = 4:1 = 4$; $i = \frac{4}{15} = 0{,}266 : 1 = 0{,}266$

Übersetzungsverhältnis		
$i < 1$	$i > 1$	$i = 1$
Übersetzung ins Schnelle	Übersetzung ins Langsame	keine Drehzahländerung

1. Beispiel: Bei einem Flachriementrieb **(Bild 1)** beträgt die Drehzahl der treibenden Scheibe n_1 = 360/min. Die getriebene Scheibe mit d_2 = 100 mm hat eine Drehzahl n_2 = 1800/min.

a) Wie groß ist der Durchmesser d_1 der treibenden Scheibe?

b) Wie groß ist das Übersetzungsverhältnis i?

Lösung: a) $n_1 \cdot d_1 = n_2 \cdot d_2$

$$d_1 = \frac{n_2 \cdot d_2}{n_1} = \frac{1800\,\frac{1}{\text{min}} \cdot 100\text{ mm}}{360\,\frac{1}{\text{min}}} = \mathbf{500\text{ mm}}$$

b) $$i = \frac{n_1}{n_2} = \frac{360\,\frac{1}{\text{min}}}{1800\,\frac{1}{\text{min}}} = \mathbf{0{,}2}$$ ($i < 1$: Übersetzung ins Schnelle)

oder

$$i = \frac{d_2}{d_1} = \frac{100\text{ mm}}{500\text{ mm}} = \mathbf{0{,}2}$$

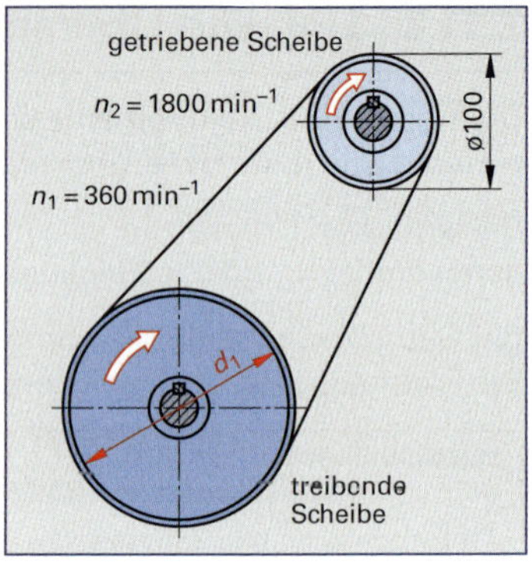

Bild 1

2. Beispiel: Von zwei Zahnrädern hat das treibende Rad z_1 = 32 Zähne und eine Drehzahl n_1 = 440/min **(Bild 2)**. Wie groß sind n_2 und i, wenn das getriebene Rad z_2 = 80 Zähne hat?

Lösung: $n_1 \cdot z_1 = n_2 \cdot z_2$

$$n_2 = \frac{z_1 \cdot n_1}{z_2} = \frac{32 \cdot 440\,\frac{1}{\text{min}}}{80} = \mathbf{176\,\frac{1}{min}}$$

$$i = \frac{n_1}{n_2} = \frac{400\,\frac{1}{\text{min}}}{176\,\frac{1}{\text{min}}} = \mathbf{2{,}5}$$ ($i > 1$: Übersetzung ins Langsame)

oder

$$i = \frac{z_2}{z_1} = \frac{80}{32} = \mathbf{2{,}5}$$

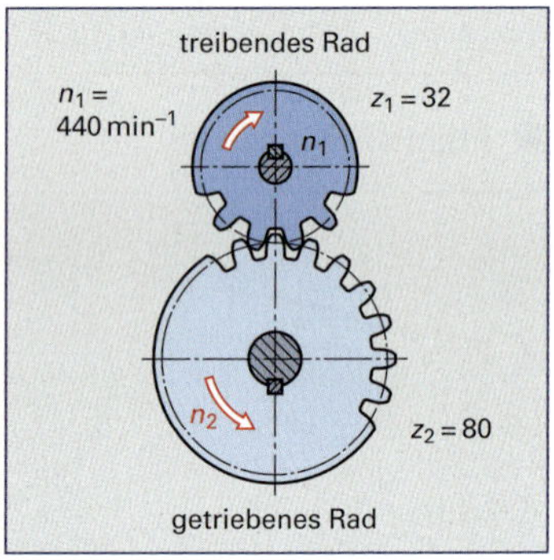

Bild 2

3. Beispiel: Ein Aufzug wird von einem Elektromotor mit n_1 = 720/min angetrieben **(Bild 3)**. Das Zahnrad an der Motorwelle hat z_1 = 20 Zähne.

Wie groß sind z_2 und n_2, wenn i = 4,5 sein soll?

Lösung: $i = \frac{z_2}{z_1}$

$z_2 = i \cdot z_1 = 4{,}5 \cdot 20 = $ **90 Zähne**

$$n_2 = \frac{z_1 \cdot n_1}{z_2} = \frac{20 \cdot 720\,\frac{1}{\text{min}}}{90} = \mathbf{160}\,\frac{1}{\text{min}}$$

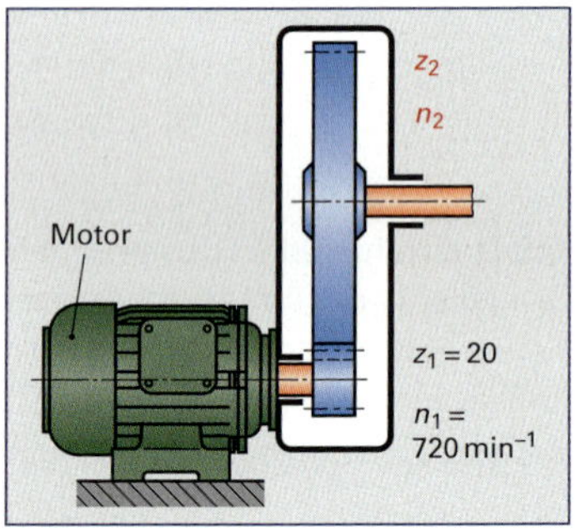

Bild 3

Zahnradtrieb mit Zwischenrad

Jeder Zahn des treibenden Rades treibt jeweils nur einen Zahn des Zwischenrades und dieser wiederum einen Zahn des getriebenen Rades weiter **(Bild 4)**.

- **Zwischenräder ändern nur die Drehrichtung, jedoch nicht das Übersetzungsverhältnis.**

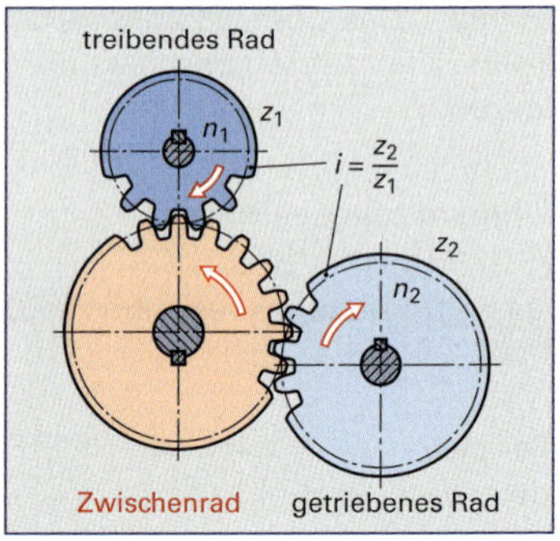

Bild 4

Schneckentrieb

Bezeichnungen:

z_1	Zähnezahl (Gangzahl) der Schnecke	–
z_2	Zähnezahl des Schneckenrades	–
n_1	Drehzahl der Schnecke	1/min
n_2	Drehzahl des Schneckenrades	1/min

Dreht sich eine eingängige (einzähnige) Schnecke einmal, so bewegt sich das dazugehörige Schneckenrad um einen Zahn weiter **(Bild 1)**. Die Gangzahl der Schnecke entspricht also der Zähnezahl z_1 des treibenden Rades beim Zahnradtrieb.

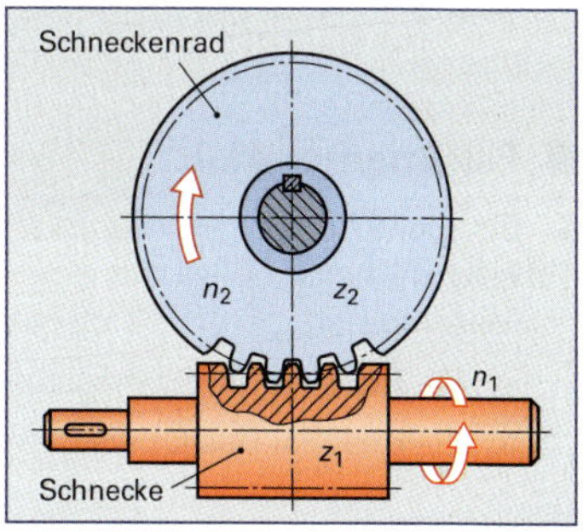

Bild 1

Es gilt: $n_1 \cdot z_1 = n_2 \cdot z_2$

Übersetzungsverhältnis

$$i = \frac{n_1}{n_2} = \frac{z_2}{z_1}$$

Beispiel: Der Schneckentrieb der Markise **(Bild 2)** besteht aus einer dreigängigen Schnecke und einem Schneckenrad mit $z_2 = 18$ Zähnen. Wie groß ist das Übersetzungsverhältnis i?

Lösung: $i = \frac{z_2}{z_1} = \frac{18}{3} = \frac{6}{1} = \mathbf{6}$

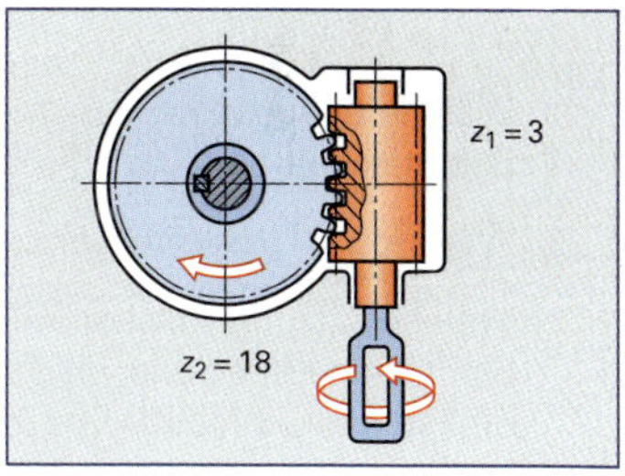

Bild 2

Zahnstangentrieb

Beim Zahnstangentrieb wird die Drehbewegung eines Zahnrades oder Zahnradsegmentes in eine geradlinige Bewegung der Zahnstange umgeformt oder umgekehrt.

Bezeichnungen:

m	Modul	mm	z	Zähnezahl des Zahnrades	–
p	Teilung	mm	d	Teilkreisdurchmesser des Zahnrades	mm
s	Weg der Zahnstange	mm	v_1	Vorschubgeschwindigkeit	m/min
α	Drehwinkel des Zahnrades	°			
n	Drehzahl des Zahnrades	1/min			

Die Teilung $p = \pi \cdot m$ des Zahnrades und der Zahnstange ist gleich **(Bild 3)**. Bei einem Drehwinkel $\alpha = 360°$, also einer vollen Umdrehung des Zahnrades, wird die Zahnstange um den Weg $s = z \cdot p$ verschoben. Dieser Weg entspricht dem Umfangsweg $s = \pi \cdot d$ auf dem Teilkreisdurchmesser des Zahnrades.

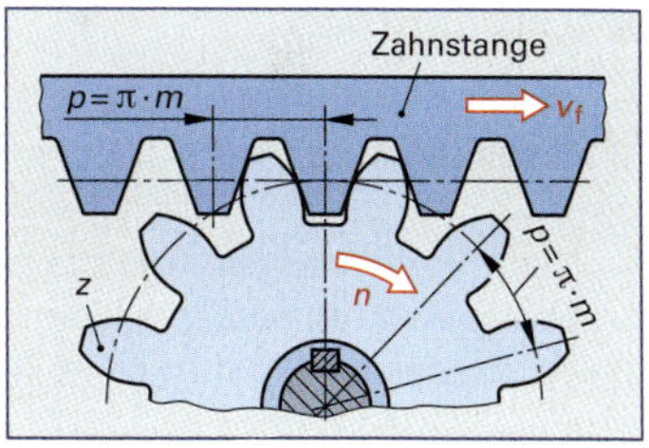

Bild 3

Für beliebige Drehwinkel α des Zahnrades gilt $s = z \cdot \pi \cdot m \cdot \frac{\alpha}{360°}$

Zahnstangenweg = Zähnezahl · Teilung · $\frac{\textbf{Drehwinkel}}{\textbf{360°}}$

$$s = z \cdot p \cdot \frac{\alpha}{360°}$$

Beispiel: Ein Schiebetor wird durch einen Zahnstangentrieb bewegt **(Bild 4)**. Das Zahnrad hat $z = 15$ Zähne und den Modul $m = 5$ mm. Welchen Weg s legt das Tor bei einer vollen Umdrehung des Zahnrades zurück?

Lösung: $s = z \cdot p \cdot \frac{\alpha}{360°} = z \cdot \pi \cdot m \cdot \frac{\alpha}{360°} = 15 \cdot \pi \cdot 5 \text{ min} \cdot \frac{360°}{360°}$
$= \mathbf{235{,}6\ mm}$

Bild 4

Aufgaben Einfache Übersetzungen

Flachriementrieb

1. Ein Elektromotor mit der Drehzahl n_1 = 1425/min treibt über eine Flachriemenscheibe mit einem Durchmesser von 180 mm eine Maschine an, deren Riemenscheibe 450 mm Durchmesser hat.
   a) Wie groß ist die Drehzahl der getriebenen Scheibe?
   b) Wie groß ist das Übersetzungsverhältnis?

2. In den Aufgaben **a** bis **c** der **Tabelle 1** sind die fehlenden Werte zu berechnen.

Tabelle 1	a	b	c
d_1 in mm	180	63	250
n_1 in min^{-1}	800	1800	?
d_2 in mm	315	?	50
n_2 in min^{-1}	?	224	1400
i	?	?	?

3. ● Eine Schleifscheibe mit einem Durchmesser von 400 mm soll eine Umfangsgeschwindigkeit von 35 m/s erhalten. Die Antriebswelle wird mit einem Flachriemen angetrieben. Die Riemenscheibe des Antriebsmotors hat 71 mm Durchmesser und eine Drehzahl n_1 = 2800/min.
   a) Welchen Durchmesser muss die Riemenscheibe auf der Schleifscheibenwelle erhalten?
   b) Wie groß ist das Übersetzungsverhältnis?
   c) Welchen Durchmesser muss die Riemenscheibe auf der Schleifscheibenwelle erhalten, wenn die Umfangsgeschwindigkeit der Schleifscheibe 25 m/s nicht überschreiten soll?

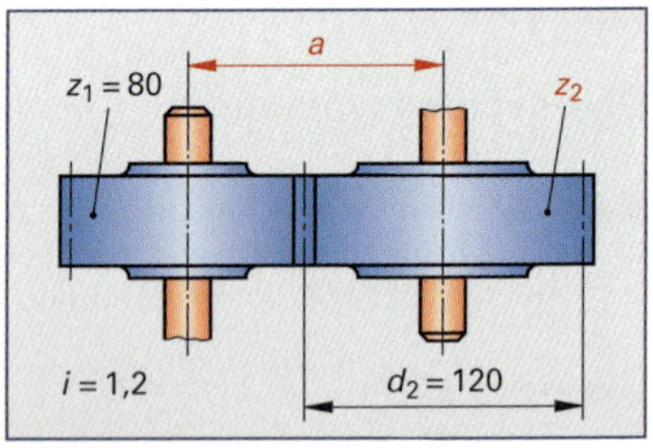

Bild 1

Zahnradtrieb

4. In den Aufgaben **a** bis **c** der **Tabelle 2** sind die fehlenden Werte zu berechnen.

Tabelle 2	a	b	c
z_1	18	?	24
n_1 in min^{-1}	150	120	120
z	45	24	?
n_2 in min^{-1}	?	300	?
i	?	?	0,25

5. Das Übersetzungsverhältnis zweier Zahnräder ist i = 1,2. Das treibende Rad hat 80 Zähne; der Teilkreisdurchmesser des getriebenen Rades ist 120 mm **(Bild 1)**.
   Gesucht sind
   a) die Zähnezahl des getriebenen Rades,
   b) der Achsabstand der beiden Räder.

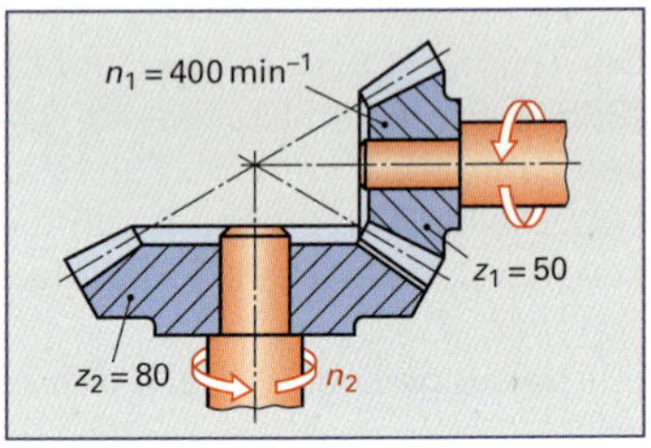

Bild 2

6. Das treibende Zahnrad eines Kegelradgetriebes hat eine Drehzahl von 400/min und 50 Zähne. Das getriebene Zahnrad hat 80 Zähne **(Bild 2)**.
   a) Wie groß ist das Übersetzungsverhältnis?
   b) Welche Drehzahl hat das getriebene Rad?

7. Das Antriebsritzel des Winkelschleifers **(Bild 3)** hat z_1 = 15 Zähne und eine Drehzahl n_1 = 6500 min^{-1}. Das getriebene Kegelrad hat z_2 = 59 Zähne.
   Wie groß sind
   a) das Übersetzungsverhältnis des Kegelradgetriebes,
   b) die Schnittgeschwindigkeit v_c in m/s der Schleifscheibe mit d = 230 mm?

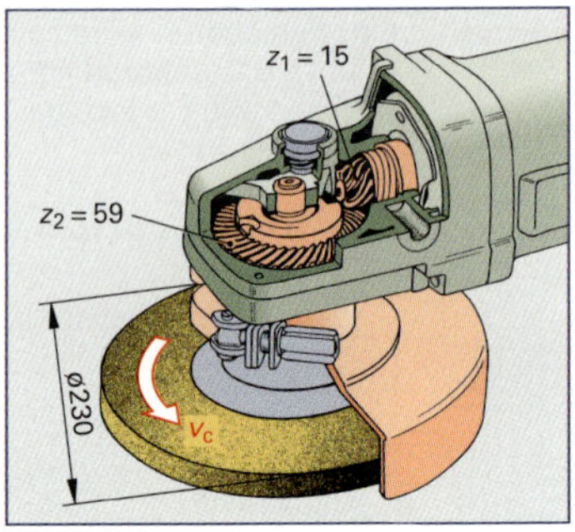

Bild 3

Schneckentrieb

8. Wie groß sind in den Aufgaben **a** bis **c** der **Tabelle 1** die fehlenden Werte?

Tabelle 1	a	b	c
z_1	1	2	?
n_1 in min^{-1}	1500	?	480
z_2	78	48	45
n_2 in min^{-1}	?	56	32
i	?	?	?

9. Ein Schneckengetriebe hat ein Übersetzungsverhältnis i = 6,5. Wie groß ist die Zähnezahl des Schneckenrades, wenn die Schnecke zweigängig ist?

10. Das Schneckenrad auf der Welle eines Rolltores hat 15 Zähne. Die Drehzahl der eingängigen Schnecke beträgt 900/min. Gesucht sind

a) die Drehzahl des Schneckenrades,

b) das Übersetzungsverhältnis.

11. Der Flanschmotor an einem Schneckenradgetriebe hat eine Drehzahl von n_1 = 1440 min^{-1}. Die Schnecke ist eingängig und hat einen Teilkreisdurchmesser d_1 = 47 mm. Das Schneckenrad hat z_2 = 32 Zähne und den Modul m = 6 mm **(Bild 1)**.

Wie groß sind

a) das Übersetzungsverhältnis,

b) die Drehzahl des Schneckenrades,

c) der Teilkreisdurchmesser des Schneckenrades,

d) der Achsabstand?

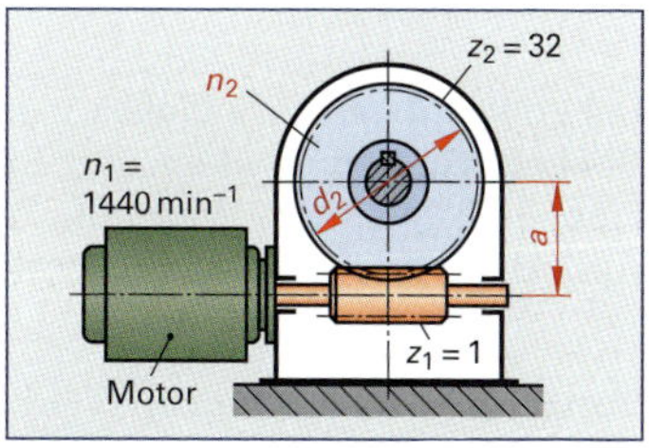

Bild 1

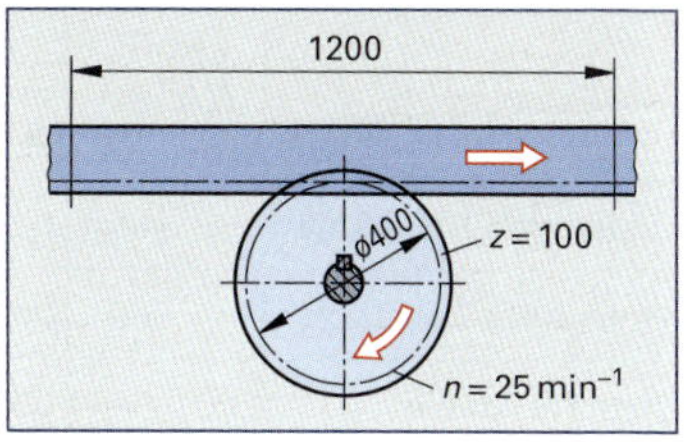

Bild 2

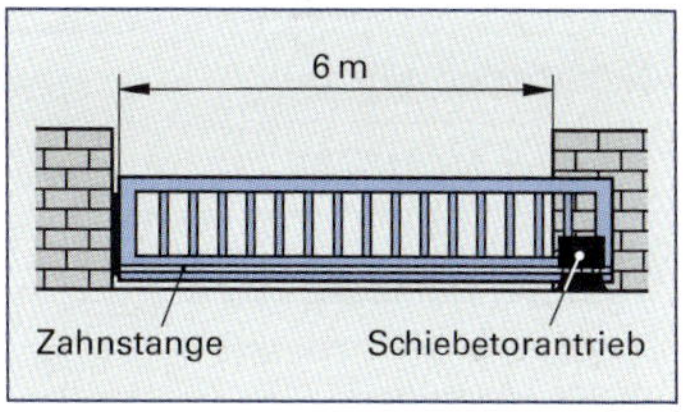

Bild 3

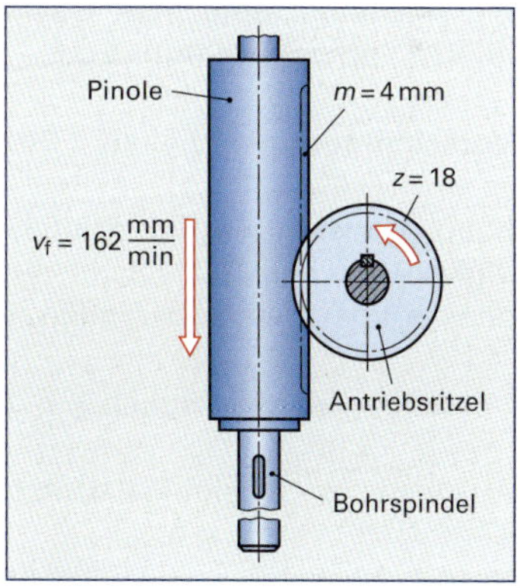

● **Bild 4**

Zahnstangentrieb

12. Das Zahnrad eines Zahnstangentriebes hat 16 Zähne und eine Teilung $p = 2 \cdot \pi$ mm. Wie groß ist der Zahnstangenweg, wenn das Zahnrad um 180° gedreht wird?

13. Die Zahnstange **(Bild 2)** soll um 1200 mm verschoben werden. Das Antriebsrad hat einen Teilkreisdurchmesser d = 400 mm und 100 Zähne. Wie groß ist der Drehwinkel α des Zahnrades für den Verschiebeweg?

14. Mit einem Schiebetorantrieb aus Zahnrad und Zahnstange **(Bild 3)** soll das Tor einer 6 m breiten Hofeinfahrt angetrieben werden. Das Zahnrad hat 36 Zähne und den Modul m = 6 mm.

a) Wie groß ist die Teilung der Zahnstange?

b) Wie lange dauert es, bis die Hofeinfahrt vollkommen frei ist, wenn das Tor mit einer Geschwindigkeit v = 8 m/min bewegt wird?

15. ● Die Pinole der Bohrspindel **(Bild 4)** soll eine Vorschubgeschwindigkeit v_1 = 162 mm/min erhalten. Das Antriebsritzel hat 18 Zähne und einen Modul m = 4 mm.

Wie groß sind

a) der Teilkreisdurchmesser des Antriebsritzels,

b) der Vorschubweg in 0,6 min,

c) der Drehwinkel des Ritzels für den errechneten Vorschubweg?

2.11.4 Vorschubgeschwindigkeit

Bezeichnungen:

v	Umfangsgeschwindigkeit	mm/min	p	Teilung	mm
v_f	Vorschubgeschwindigkeit	mm/min	d	Teilkreisdurchmesser	mm
v_c	Schnittgeschwindigkeit	mm/min	f	Vorschub je Umdrehung	mm
z	Zähnezahl	–	n	Drehzahl (Umdrehungsfrequenz)	1/min
			P	Steigung	mm
			m	Modul	mm

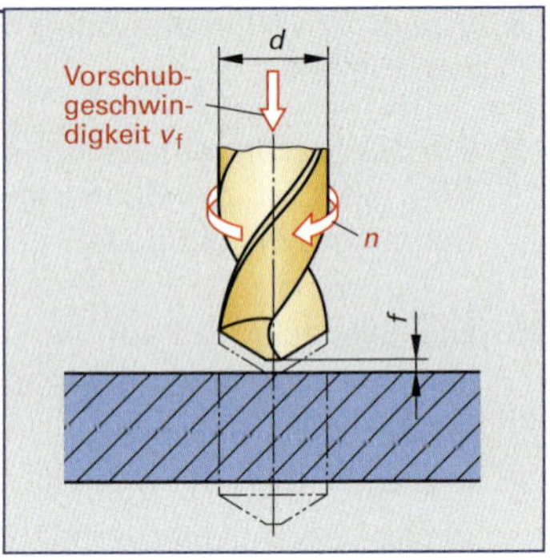

Bild 1

Die Vorschubgeschwindigkeit v_1 in mm/min ergibt sich beim **Bohren, Senken, Reiben, Drehen** und **Sägen** aus dem Vorschub f in mm **(Tabelle 1)**, den das Werkzeug oder das Werkstück je Umdrehung zurücklegt, und aus der eingestellten Drehzahl n in 1/min **(Bild 1)**.

Vorschubgeschwindigkeit = Drehzahl · Vorschub

$$v_f = n \cdot f$$

Tabelle 1: Vorschub *f* zum Bohren verschiedener Werkstoffe

Werkstoff	Zugfestigkeit R_m N/mm²	Vorschub *f* in mm je Umdrehung bei Bohrerdurchmesser *d* in mm							
		2,5	4	6	10	16	25	40	63
unlegierte Baustähle	< 500	0,05	0,10	0,12	0,20	0,25	0,40	0,50	0,80
unlegierte Baustähle	> 500	0,03	0,06	0,08	0,12	0,16	0,25	0,30	0,50
legierte Stähle	<800... 1000	0,02	0,04	0,05	0,08	0,10	0,16	0,20	0,30
Gusseisen	> 250	0,05	0,08	0,10	0,16	0,20	0,30	0,40	0,60
CuZn-Legier., spröde	–	0,05	0,12	0,20	0,28	0,38	0,50	0,60	0,80
CuZn-Legier., zäh	–	0,06	0,08	0,16	0,22	0,30	0,40	0,50	0,70
Al-Legier. bis 11 % Si	–	0,08	0,12	0,20	0,28	0,38	0,50	0,60	0,80
Thermoplaste	–	0,08	0,12	0,20	0,28	0,38	0,50	0,60	0,80
Duroplaste mit anorg. Füllstoffen	–	0,03	0,05	0,09	0,11	0,15	0,20	0,25	0,36

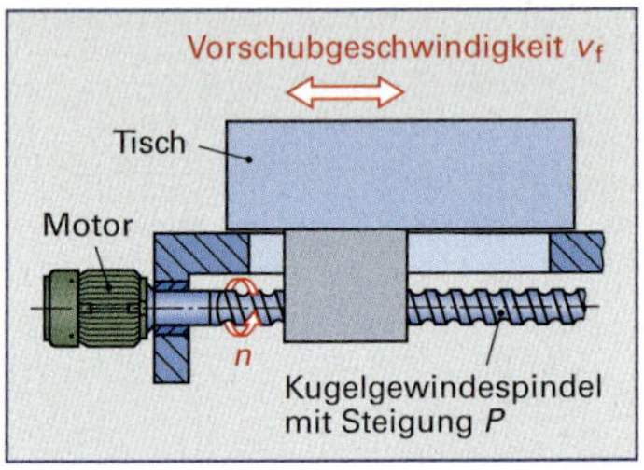

Bild 2

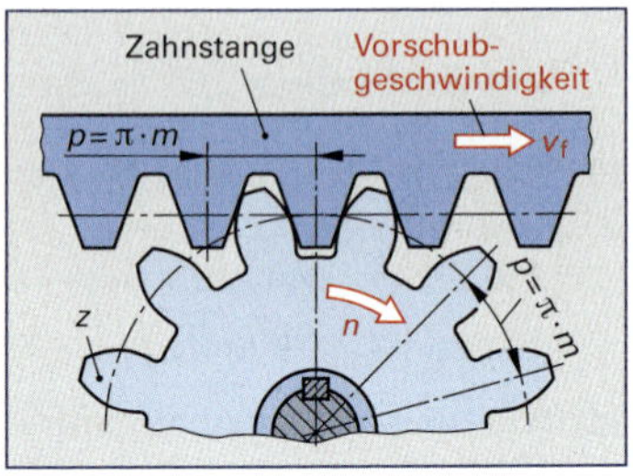

Bild 3

Bei **Antrieben über eine Gewindespindel (Bild 2)** mit der Steigung P und der Drehzahl n gilt:

Vorschubgeschwindigkeit = Drehzahl · Steigung

$$v_f = n \cdot P$$

Beim **Zahnstangentrieb (Bild 3)** entspricht die Umfangsgeschwindigkeit v auf dem Teilkreisdurchmesser d des antreibenden Zahnrades der Vorschubgeschwindigkeit v_f der Zahnstange, deshalb gilt:

Vorschubgeschwindigkeit = π · Teilkreisdurchmesser · Drehzahl

$$v_f = \pi \cdot d \cdot n$$

Aus $v_f = \pi \cdot d \cdot n$ folgt $v_f = \pi \cdot m \cdot z \cdot n = p \cdot z \cdot n$

Vorschubgeschwindigkeit = Teilung · Zähnezahl · Drehzahl

$$v_f = p \cdot z \cdot n$$

Beispiel: In die Flansche **(Bild 1)** aus S355JO sollen Bohrungen mit einer Schnittgeschwindigkeit v_c = 25 m/min gebohrt werden. Der Vorschub f ist der **Tabelle 1, Seite 146** zu entnehmen. Die Drehzahl n und die Vorschubgeschwindigkeit v_f sind zu berechnen.

Lösung: **Nach Tabelle 1 Seite 146:** $f = 0{,}25$ mm

$v_c = \pi \cdot d \cdot n$

$$n = \frac{v_c}{\pi \cdot d} = \frac{25\,\frac{\text{m}}{\text{min}}}{\pi \cdot 0{,}016} = 497/\text{min} \approx \mathbf{500/min}$$

$$v_f = n \cdot f = 500\,\frac{1}{\text{min}} \cdot 0{,}25\text{ mm} = \mathbf{125\,\frac{mm}{min}}$$

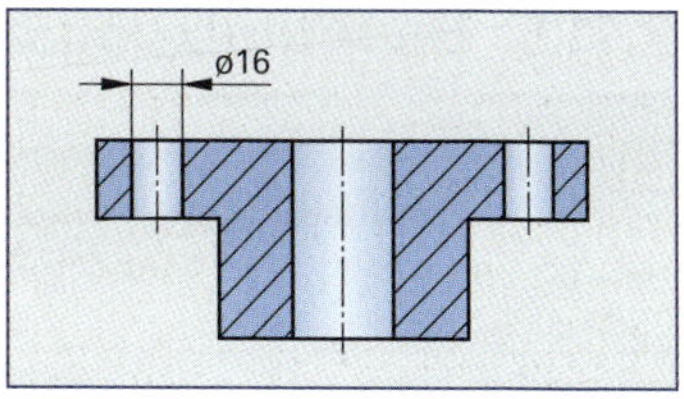

Bild 1

Aufgaben Vorschubgeschwindigkeit

1. An einer Bohrmaschine wurden folgende Werte eingestellt: Drehzahl n = 710/min, Vorschub f = 0,12 mm. Wie groß ist die Vorschubgeschwindigkeit v_f?

2. Welche Vorschübe sind nach **Tabelle 1, Seite 146,** zum Bohren der Durchmesser d = 4, 10, 25 mm folgender Werkstoffe zu wählen
   a) Baustahl S235JR,
   b) Al-Legierungen,
   c) Duroplaste mit anorganischen Füllstoffen?

3. An einer Kreissäge sind der Vorschub f = 0,8 mm und die Drehzahl $n = 16\ \text{min}^{-1}$ eingestellt. Das Sägeblatt hat einen Durchmesser d = 400 mm.
   Wie groß sind
   a) die Schnittgeschwindigkeit,
   b) die Vorschubgeschwindigkeit?

4. Ein Hubtisch **(Bild 2)** wird durch eine Kugelgewindespindel bewegt. Die Gewindespindel hat eine Steigung P = 8 mm und eine Drehzahl $n = 70\ \text{min}^{-1}$. Mit welcher Geschwindigkeit bewegt sich der Tisch und welche Zeit ist für einen Hubweg von 0,45 m nötig?

5. Eine Rauchgasklappe ist 45 mm geöffnet. Sie wird durch eine Gewindespindel angetrieben und soll in t = 30 s geschlossen werden.
   Welche Steigung P muss die Gewindespindel haben, wenn sie mit einer Drehzahl $n = 72\ \text{min}^{-1}$ durch einen Elektromotor angetrieben wird?

6. Die Pinole der Bohrspindel **(Bild 3)** soll eine Vorschubgeschwindigkeit v_f = 162 mm/min erhalten. Das Antriebsritzel hat einen Teilkreisdurchmesser d = 72 mm und 18 Zähne bei einem Modul m = 4 mm.
   Wie groß sind
   a) die Drehzahl des Antriebsritzels,
   b) der Vorschubweg in 0,6 min?

7. Ein Zahnrad mit 48 Zähnen und dem Modul m = 4 mm treibt mit der Drehzahl n = 15/min die Zahnstange eines Schiebetores an **(Bild 4)**.
   Wie groß ist die Fahrgeschwindigkeit des Tores?

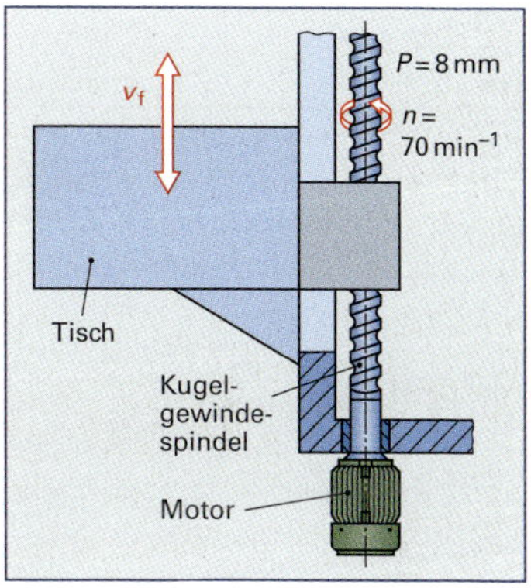

Bild 2

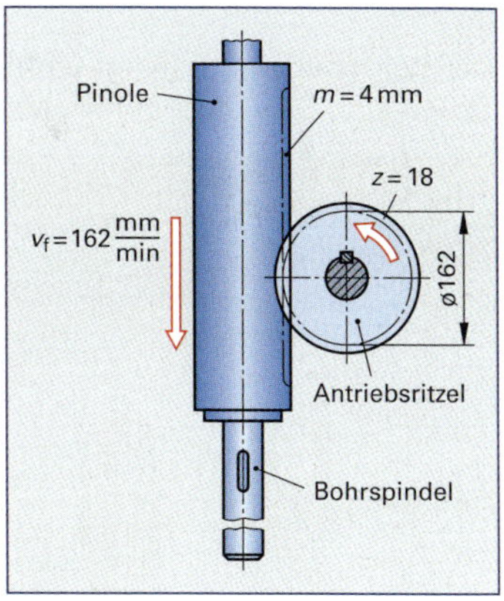

Bild 3

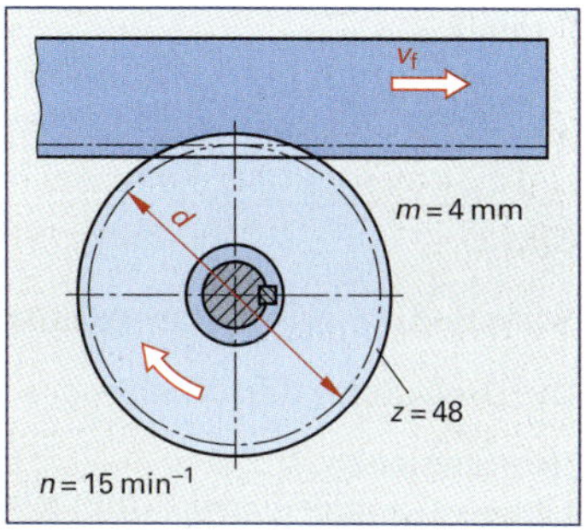

Bild 4

2.11.5 Hauptnutzungszeit beim Bohren, Senken, Reiben

Während der Hauptnutzungszeit werden Werkstücke planmäßig verändert. Erfolgt die Veränderung durch Spanen mit selbsttätigem Vorschub, so ist die Hauptnutzungszeit von der Einstellung der Maschine abhängig und damit vom Menschen nicht beeinflussbar.

Bezeichnungen:

t_h	Hauptnutzungszeit	min	L	Vorschubweg	mm
d	Werkzeugdurchmesser	mm	f	Vorschub je Umdrehung	mm
l	Arbeitstiefe	mm	n	Drehzahl	1/min
l_a	Anlauf	mm	i	Anzahl	–
l_u	Überlauf	mm	v_c	Schnittgeschwindigkeit	m/min
l_s	Anschnitt	mm	v_f	Vorschubgeschwindigkeit	m/min

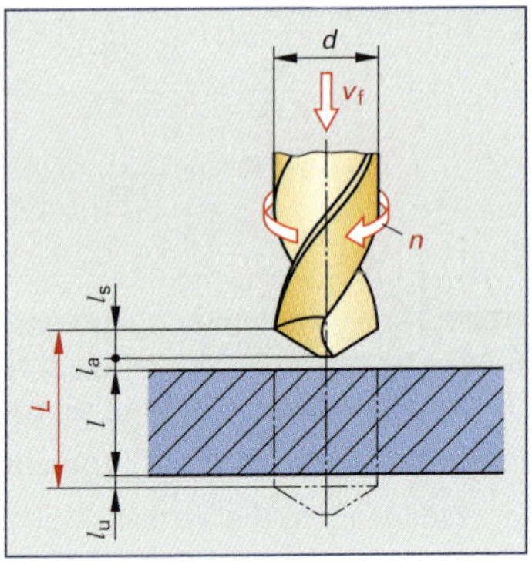

Bild 1

Sind beim Bohren, Senken oder Reiben die Drehzahl n und der Vorschub f konstant, so erfolgt die Berechnung der Hauptnutzungszeit t_h nach den Gesetzen der gleichförmigen Bewegung **(Bild 1)**.

$$\text{Zeit} = \frac{\text{Weg}}{\text{Geschwindigkeit}} = \frac{\text{Vorschubweg}}{\text{Vorschubgeschwindigkeit}}; \; t = \frac{L}{v_f}$$

Setzt man für die Vorschubgeschwindigkeit $v_f = n \cdot f$ und werden i Bohrungen hergestellt, so gilt:

$$\textbf{Hauptnutzungszeit} = \frac{\textbf{Vorschubweg} \cdot \textbf{Anzahl}}{\textbf{Drehzahl} \cdot \textbf{Vorschub}}$$

$$t_h = \frac{L \cdot i}{n \cdot f}$$

Der **Vorschubweg *L*** hängt vom Fertigungsverfahren ab. Beim Bohren und Reiben ist zwischen Durchgangs- und Grundlochbohrungen zu unterscheiden **(Bild 2)**.

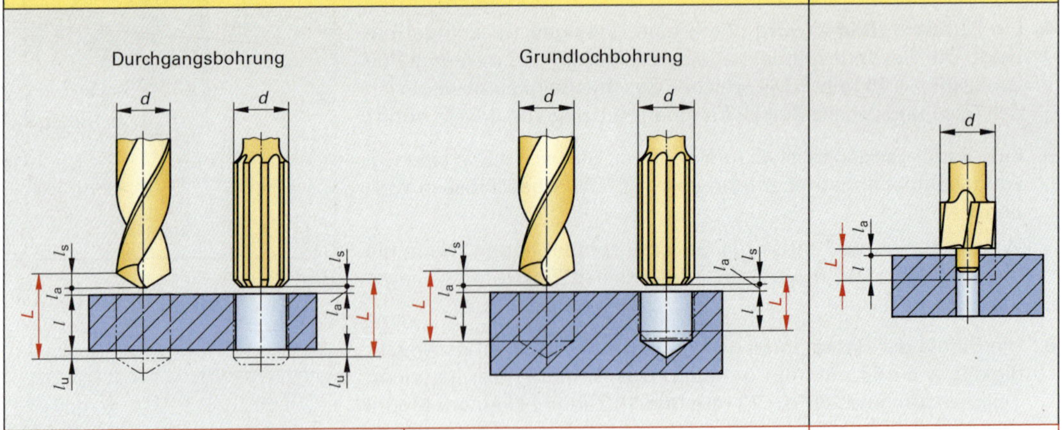

Bild 2

Beim **Bohren** wird der **Anschnitt l_s** durch den Bohrertyp bestimmt **(Bild 1, Seite 149)**.

Die **Drehzahl *n*** des Werkzeuges wird nach der Formel $n = \frac{v_c}{\pi \cdot d}$ berechnet. Bei Maschinen mit Stufenrädergetrieben ist die einstellbare Drehzahl in die Rechnung einzusetzen. Diese Drehzahl kann aus Schaubildern ermittelt werden **(Bild 2, Seite 149)**. Bei Ergebnissen, die zwischen zwei vorhandenen Drehzahlen liegen, ist die nächstkleinere Drehzahl zu wählen.

1. Beispiel: In ein 45 mm dickes Werkstück aus S355JO sind 18 Durchgangsbohrungen mit dem Durchmesser d = 20 mm, der Schnittgeschwindigkeit v_c = 25 m/min und dem Vorschub f = 0,12 mm zu bohren. Wie groß sind

a) der Vorschubweg L, wenn der Anlauf l_a = 1 mm, der Überlauf l_u = 2 mm sind,

b) die Drehzahl n nach **Bild 2**,

c) die Hauptnutzungszeit t_h?

Lösung: a) $L + l + l_s + l_a + l_u$; $l_s = 0{,}3 \cdot d$

L = 45 mm + 0,3 · 20 mm + 1 mm + 2 mm = **54 mm**

b) Nach **Bild 2**: n = **355/min**

c) $$t_h = \frac{L \cdot i}{n \cdot f} = \frac{54\ \text{mm} \cdot 18}{355\ \frac{1}{\text{min}} \cdot 0{,}12\ \text{mm}}$$

= **22,82 min**

2. Beispiel: In einer Aluminiumplatte sind 12 Grundlochbohrungen mit l = 28 mm Tiefe auf das Passmaß 12H7 zu reiben. Für die Schnittgeschwindigkeit v_c = 15 m/min und den Vorschub f = 0,25 mm sind zu ermitteln

a) der Vorschubweg L bei l_a = 0,8 mm und l_s = 4 mm,

b) die Drehzahl n bei stufenloser Einstellung,

c) die Hauptnutzungszeit t_h.

Lösung: a) $L = l + l_a + l_s$

= 28 mm + 0,8 mm + 4 mm = **32,8 min**

b) $$n = \frac{v_c}{\pi \cdot d} = \frac{15\ \frac{\text{m}}{\text{min}}}{\pi \cdot 0{,}012\ \text{m}} = \mathbf{398/min}$$

c) $$t_h = \frac{L \cdot i}{n \cdot f} = \frac{32{,}8\ \text{mm} \cdot 12}{398\ \frac{1}{\text{min}} \cdot 0{,}25\ \text{mm}}$$

= **3,95 min**

3. Beispiel: Für die Senkungen des Lagerdeckels **(Bild 3)** sind zu berechnen

a) der Vorschubweg L bei l_a = 0,5 mm,

b) die Drehzahl nach **Bild 2** für v_c = 12 m/min,

c) die Hauptnutzungszeit t_h bei f = 0,1 mm

Lösung: a) $L = l + l_a$ = 11 mm + 0,5 mm = **11,5 mm**

b) Nach **Bild 2**: n = **180/min**

c) $$t_h = \frac{L \cdot i}{n \cdot f} = \frac{11{,}5\ \text{mm} \cdot 4}{180\ \frac{1}{\text{min}} \cdot 0{,}1\ \text{mm}}$$

= **2,56 min**

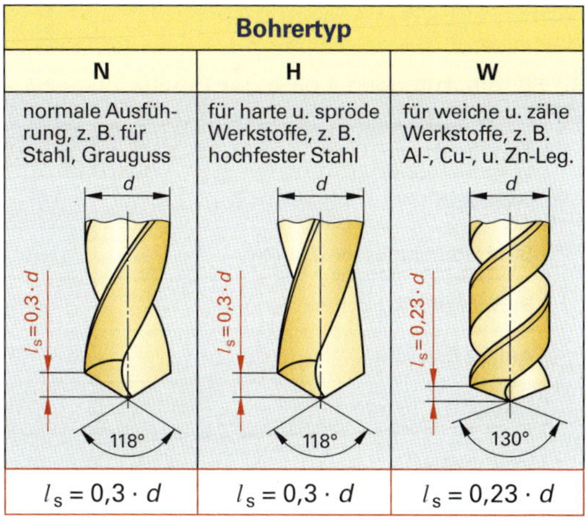

Bild 1

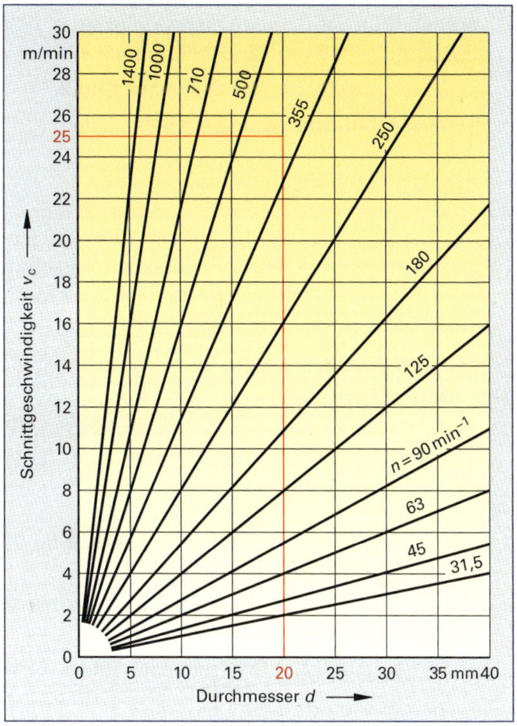

Bild 2

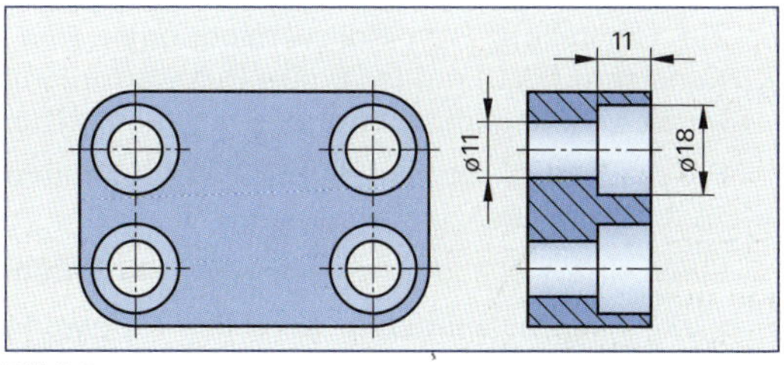

Bild 3

Aufgaben | Hauptnutzungszeit beim Bohren, Senken, Reiben

1. Für die Aufgaben **a** bis **e** der **Tabelle 1** ist jeweils der Vorschubweg L zu berechnen.

Tabelle 1	**a**	**b**	**c**	**d**	**e**
Werkstoff	Stahl	Gusseisen	Leichtmetall		Kunststoff
Bohrerdurchmesser *d* in mm	10	12	4	16	20
Bohrungstiefe *l* in mm	16	12	10	20	28
Anlauf l_a in mm	1,0	1,5	0,8	1,0	0,6
Überlauf l_u in mm	1,0	2,0	1,0	–	–
Bohrungsart	Durchgangsbohrung			Grundlochbohrung	

2. In ein Getriebegehäuse aus EN-GJL-150 sind 24 Grundlochbohrungen mit 24 mm Durchmesser und 50 mm Bohrungstiefe zu bohren. Für die Schnittgeschwindigkeit v_c = 30 m/min und den Vorschub f = 0,7 mm sind zu ermitteln

a) die einzustellende Drehzahl nach **Bild 2**,

b) die Hauptnutzungszeit bei einem Anlauf l_a = 1,2 mm.

3. In 60 Flanschringe aus S235JR werden je 8 Bohrungen mit 25 mm Durchmesser nach **Bild 1** gebohrt. Wie groß sind für eine Schnittgeschwindigkeit v_c = 28 m/min, einen Vorschub f = 0,12 mm, den Anlauf l_a = 0,5 mm und den Überlauf l_u = 1 mm

a) die Drehzahl bei stufenloser Einstellung,

b) die Hauptnutzungszeit, wenn jeder Ring einzeln gebohrt wird **(Bild 1a)**,

c) die Hauptnutzungszeit, wenn jeweils drei Ringe aufeinandergelegt gebohrt werden **(Bild 1b)**?

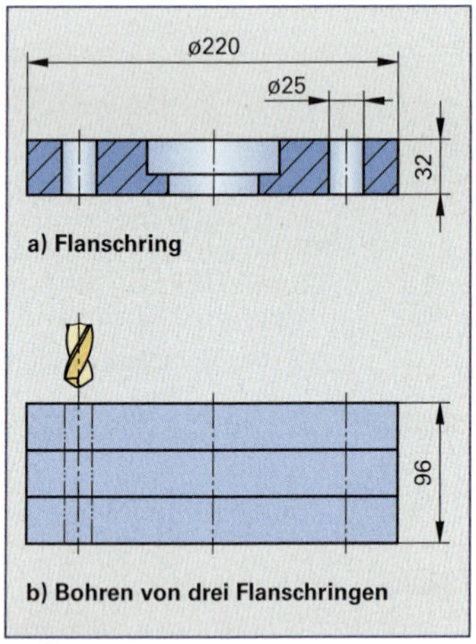

Bild 1

4. Die Bohrungen von 200 Kettenrädern **(Bild 2)** werden auf das Passmaß 25H7 gerieben.

Für die Schnittgeschwindigkeit v_c = 8 m/min und den Vorschub f = 0,35 mm sind zu ermitteln

a) die einzustellende Drehzahl nach **Bild 2, S. 149**,

b) die Hauptnutzungszeit t_h bei l_a = 1 mm, l_u = 1,5 mm und l_s = 4 mm.

5. Zur Herstellung von Rohrverbindungen sind 80 Flansche aus Kunststoff (PVC) mit je 20 mm Dicke erforderlich. Jeder Flansch erhält 4 Durchgangsbohrungen mit 18 mm Durchmesser.

Für die Schnittgeschwindigkeit v_c = 16 m/min und den Vorschub f = 0,08 mm sind zu bestimmen

a) die einzustellende Drehzahl nach **Bild 2, Seite 149**

b) die Hauptnutzungszeit, wenn jeweils zwei Flansche aufeinanderliegend gebohrt werden und l_a = l_u = 1 mm ist.

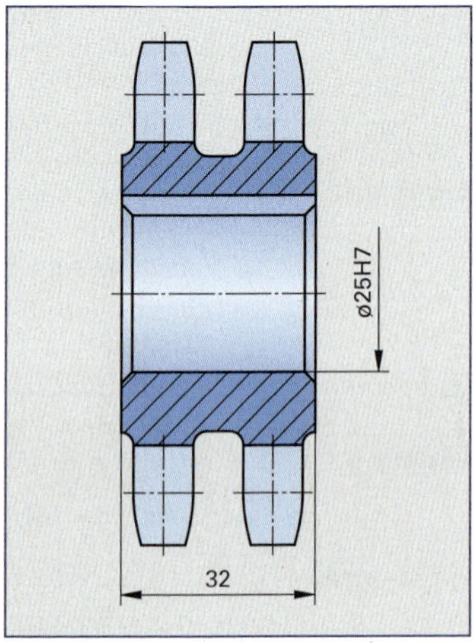

Bild 2

2.12 Schmelzschweißen

2.12.1 Nahtquerschnitt und Elektrodenverbrauch beim Lichtbogenschmelzschweißen

Bezeichnungen:

A	Nahtquerschnitt	mm^2	l_E	nutzbare Elektrodenlänge	mm
α	Öffnungswinkel	°	V_S	Volumen der Schweißnaht	mm^3
a	Schweißnahtdicke	mm	V_E	nutzbares Volumen einer Elektrode	mm^3
s	Nahtspaltbreite	mm	Z	Elektrodenbedarf	–
L	Schweißnahtlänge	m			
l	Elektrodenlänge	mm			

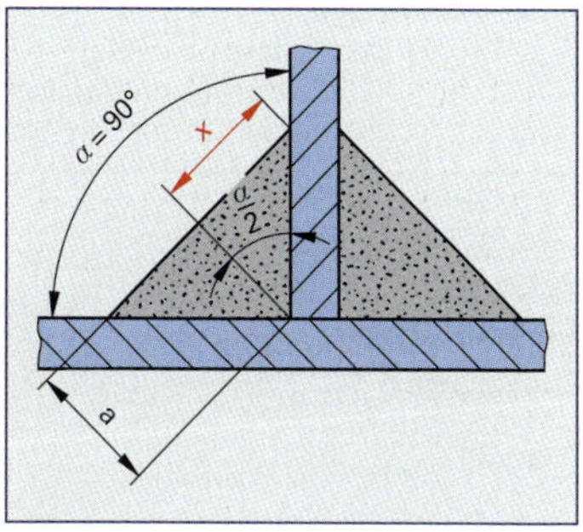

Bild 1

Elektrodenbedarf aus Volumenberechnung

Die Anzahl der verbrauchten Elektroden wird durch Vergleich des Nahtvolumens mit dem nutzbaren Volumen einer Elektrode ermittelt. Beim Verschweißen der Elektroden entsteht durch das Einspannen immer ein Stummelverlust. Zur Bestimmung der nutzbaren Elektrodenlänge gilt:

Nutzbare Elektrodenlänge = Elektrodenlänge – 30 mm

$$l_E = l - 30\text{ mm}$$

Anzahl der verbrauchten Elektroden = Volumen der Schweißnaht / nutzbares Volumen einer Elektrode

$$Z = \frac{V_S}{V_E}$$

1. Beispiel: Zwei Bleche **(Bild 1)** werden beidseitig mit einer 625 mm langen Kehlnaht verschweißt. Die Nahtdicke beträgt $a = 8$ mm, die Elektrodenabmessung 5,0 × 450 mm. Wie groß sind

a) der Nahtquerschnitt A,

b) das Volumen der Schweißnaht V_S,

c) das nutzbare Volumen einer Elektrode V_E,

d) der Elektrodenbedarf Z?

Lösung:

a) $\tan\frac{\alpha}{2} = \frac{x}{a};\quad x = a \cdot \tan\frac{\alpha}{2}$

$$A = \frac{2 \cdot x \cdot a}{2} = a^2 \cdot \tan\frac{\alpha}{2}$$

$$A = (8\text{ mm})^2 \cdot \tan 45° = \mathbf{64\ mm^2}$$

b) $V_S = 2 \cdot A \cdot L = 2 \cdot 64\text{ mm}^2 \cdot 625\text{ mm} = \mathbf{80\,000\ mm^3}$

c) $l_E = l - 30\text{ mm} = 450\text{ mm} - 30\text{ mm} = 420\text{ mm}$

$$V_E = \frac{\pi \cdot d^2}{4} \cdot l_E = \frac{\pi \cdot (5{,}0\text{ mm})^2}{4} \cdot 420\text{ mm} = \mathbf{8247\ mm^3}$$

d) $Z = \frac{V_S}{V_E} = \frac{80\,000\text{ mm}^3}{8247\text{ mm}^3} = 9{,}7 \mathrel{\hat=} \mathbf{10\ Elektroden}$

2. Beispiel: Der Nahtquerschnitt der 780 mm langen V- Naht und der Elektrodenbedarf im **Bild 2** sind für eine Blechdicke $a = 10$ mm, eine Nahtspaltbreite $s = 2$ mm und einen Öffnungswinkel $\alpha = 60°$ zu berechnen. Die Elektroden haben die Abmessungen 4,0 × 450 mm.

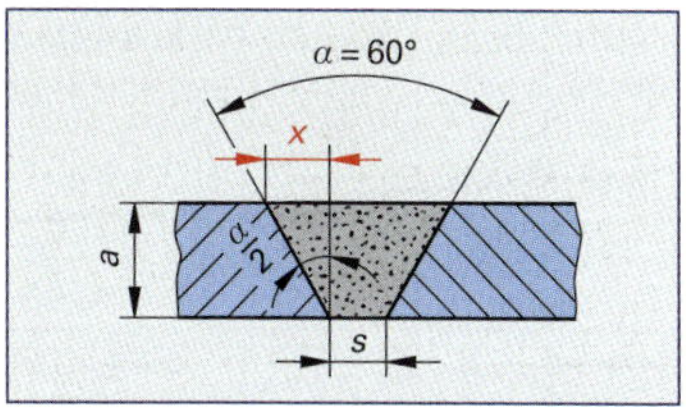

Bild 2

Lösung:

$\tan\frac{\alpha}{2} = \frac{x}{a};\quad x = a \cdot \tan\frac{\alpha}{2}$

$$A = \frac{2 \cdot x \cdot a}{2} + a \cdot s = a^2 \cdot \tan\frac{\alpha}{2} + a \cdot s = (10\text{ mm})^2 \cdot \tan 30° + 2\text{ mm} \cdot 10\text{ mm} = \mathbf{77{,}7\ mm^2}$$

$V_S = A \cdot L = 77{,}1\text{ mm}^2 \cdot 780\text{ mm} = 60\,606\text{ mm}^3;\quad l_E = l - 30\text{ mm} = 450\text{ mm} - 30\text{ mm} = 420\text{ mm}$

$$V_E = \frac{\pi \cdot d^2}{4} \cdot l_E = \frac{\pi \cdot (4{,}0\text{ mm})^2}{4} \cdot 420\text{ mm} = 5278\text{ mm}^3$$

$$Z = \frac{V_S}{V_E} = \frac{60\,606\text{ mm}^3}{5\,278\text{ mm}^3} = 11{,}48 \mathrel{\hat=} \mathbf{12\ Elektroden}$$

Elektrodenbedarf nach Tabellen

In der Praxis werden die Werte für Elektrodenabmessungen, spezifischen Elektrodenbedarf, Nahtmasse und Elektrodenverbrauch Tabellen entnommen.

Bezeichnungen:

Z, Z_W, Z_F, Z_D	Elektrodenbedarf	–	K_W	Faktor für den Öffnungswinkel	–
K_E	Faktor für die Ausbringung	–	z_s	Spezifischer Elektrodenbedarf	Stück pro m
K_L	Faktor für die Elektrodenlänge	–	L	Schweißnahtlänge	m

Anzahl der verbrauchten Elektroden = **Schweißnahtlänge** · **Spezifischer Elektrodenbedarf**

$$Z = L \cdot z_s$$

In **Tabelle 1** sind Richtwerte für Lichtbogenhandschweißen von S355JO für verschiedene Naht- und Blechdicken für Kehl- und V-Naht enthalten. Die Werte gelten nur für 100% Ausbringung, Länge der Elektrode 450 mm und Öffnungswinkel 90° für Kehlnähte bzw. 60° für V-Nähte.

Tabelle 1: Richtwerte für das Lichtbogenhandschweißen

Nahtplanung für Kehlnähte (Bild 1)

Nahtdicke a mm	Spalt s mm	Anzahl und Art der Lagen[1)]	Elektrodenabmessungen $d \times l$ mm	spez. Elektrodenbedarf z_s Stück/m	Nahtmasse je Lagenart m_s g/m	Nahtmasse gesamt m g/m
3	–	1	3,2 × 450	3,2	80	80
4	–	1	4 × 450	3,6	140	140
5	–	3	3,2 × 450	8,6	215	215
6	–	3	4 × 450	8	310	310
8	–	1 W 2 D	4 × 450 5 × 450	3 7	120 430	550
10	–	1 W 4 D	4 × 450 5 × 450	3 12,3	120 745	865
12	–	1 W 4 D	4 × 450 5 × 450	3 18,5	120 1125	1245

1) W Wurzellage; D Decklage

Nahtplanung für V-Nähte (Bild 2)

Nahtdicke a mm	Spalt s mm	Anzahl und Art der Lagen[1)]	Elektrodenabmessungen $d \times l$ mm	spez. Elektrodenbedarf z_s Stück/m	Nahtmasse je Lagenart m_s g/m	Nahtmasse gesamt m g/m
4	1	1 W 1 D	3,2 × 450 4 × 450	3 2	75 80	155
5	1,5	1 W 1 D	3,2 × 450 4 × 450	4 2,9	100 110	210
6	2	1 W 2 D	3,2 × 450 4 × 450	4 4,7	100 185	285
8	2	1 W 1 F 1 D	3,2 × 450 4 × 450 5 × 450	4 3,7 3,5	100 145 215	460
10	2	1 W 1 F 1 D	3,2 × 450 4 × 450 5 × 450	4 4 6,2	100 195 380	675

1) W Wurzellage; F Fülllage; D Decklage

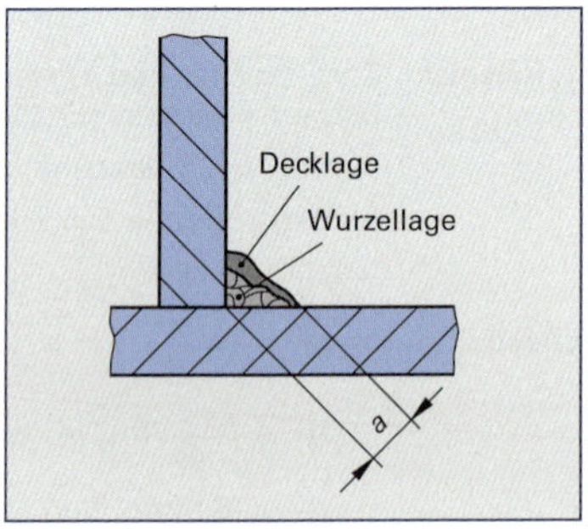

Bild 1: Kehlnaht

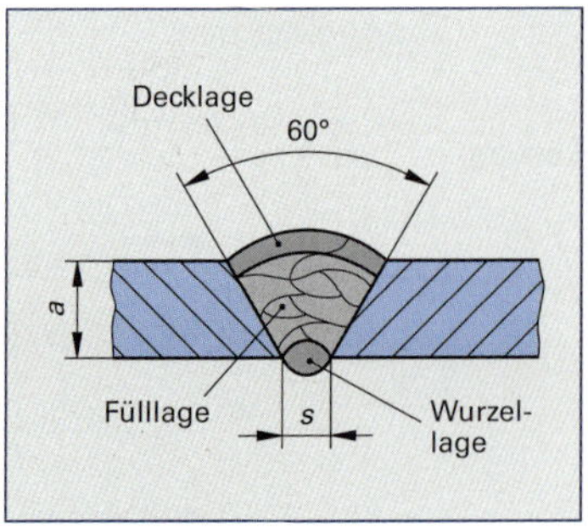

Bild 2: V-Naht

Beispiel: Ein Blech der Dicke $a = 10$ mm ist mit einer 780 mm langen V-Naht mit einem Öffnungswinkel $\alpha = 60°$ und einer Spaltbreite $s = 2$ mm einseitig in waagrechter Schweißposition zu schweißen. Mithilfe der **Tabelle 1, Seite 152,** ist die Anzahl der verbrauchten Elektroden zu berechnen.

Lösung: Nach **Tabelle 1, Seite 152** Nahtplanung und Zahl der Elektroden:

1 Wurzellage: $Z = L \cdot z_s$ $\quad Z_W = \frac{0{,}78\ \text{m} \cdot 4\ \text{Elektr.}}{\text{m}} = 3{,}12 \approx$ **4 Elektroden 3,2 × 450 mm**

1 Fülllage: $Z = L \cdot z_s$ $\quad Z_F = \frac{0{,}78\ \text{m} \cdot 4\ \text{Elektr.}}{\text{m}} = 3{,}12 \approx$ **4 Elektroden 4 × 450 mm**

1 Decklage: $Z = L \cdot z_s$ $\quad Z_D = \frac{0{,}78\ \text{m} \cdot 6{,}2\ \text{Elektr.}}{\text{m}} = 4{,}83 \approx$ **5 Elektroden 5 × 450 mm**

Für Nähte anderer Ausbringung, Elektrodenlänge und Öffnungswinkel ist der Elektrodenbedarf mit entsprechenden Faktoren zu ermitteln.

Anzahl der verbrauchten Elektroden = Faktor Ausbringung · Faktor Elektrodenlänge · Faktor Öffnungswinkel · spez. Elektrodenbedarf · Schweißnahtlänge

$$Z = K_E \cdot K_L \cdot K_W \cdot z_s \cdot L$$

Tabelle 1: Faktoren

Ausbringung

Faktor	Ausbringung in %			
	100	120	140	160
K_E	1	0,8	0,7	0,65

Elektrodenlänge

Faktor	Nennlänge *l* in mm			
	300	350	400	450
K_L	1,6	1,3	1,1	1

Öffnungswinkel

Faktor	Öffnungswinkel a				
	V-Nähe			Kehlnähte	
	50°	60°	70°	60°	90°
K_W	0,9	1	1,2	0,6	1

1. Beispiel: Zwei Bleche werden beidseitig durch eine 6,5 m lange Kehlnaht verschweißt **(Bild 1)**. Die Schweißnahtdicke beträgt $a = 8$ mm.

a) Die Nahtplanung nach **Tabelle 1, Seite 152,** ist zu erstellen.

b) Mithilfe der **Tabelle 1** ist der Elektrodenbedarf bei 120% Ausbringung zu berechnen.

Lösung: a) Nach **Tabelle 1** benötigt man eine Wurzellage mit Elektroden 4 × 450 mm und zwei Decklagen mit Elektroden 5 × 450 mm.

b) Elektrodenbedarf:
Nach **Tabelle 1**: $K_E = 0{,}8$; $K_L = 1$; $K_W = 1$

Wurzellage: $z_s = 3$ Stück/m mit 4 × 450 mm

Decklage: $z_s = 7$ Stück/m mit 5 × 450 mm

Anzahl der verbrauchten Elektroden:

$Z = K_E \cdot K_L \cdot K_W \cdot z_s \cdot L$

1 Wurzellage: $Z = 0{,}8 \cdot 1 \cdot 1 \cdot 3\ \text{Stück/m} \cdot 6{,}5\ \text{m} \cdot 2$
$= 31{,}2$ Stück ≈ **32 Stück**

2 Decklagen: $Z = 0{,}8 \cdot 1 \cdot 1 \cdot 7\ \text{Stück/m} \cdot 6{,}5\ \text{m} \cdot 2$
$= 72{,}8$ Stück ⇒ **73 Stück**

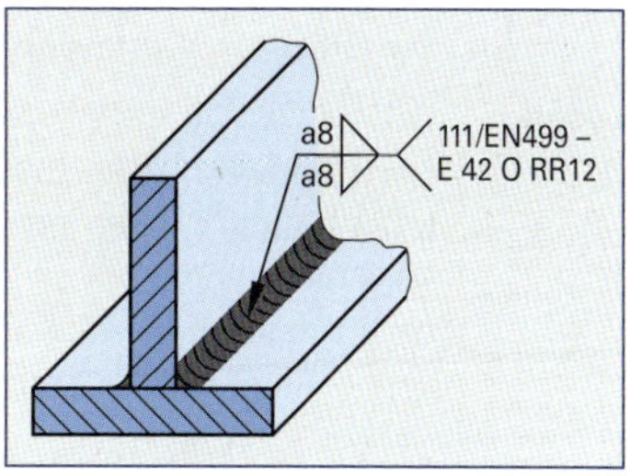

Bild 1: Beidseitige Kehlnaht

2. Beispiel: Eine 3500 mm lange V-Naht **(Bild 2)** mit einem Öffnungswinkel $\alpha = 70°$ und einer Spaltbreite $s = 2$ mm ist in waagrechter Schweißposition zu schweißen. Die Nahtdicke beträgt 10 mm und die Ausbringung 120%.

Gesucht sind

a) die Nahtplanung nach **Tabelle 1, Seite 152**

b) der Elektrodenbedarf.

Lösung: a) Nach **Tabelle 1, Seite 152,** benötigt man eine Wurzellage mit Elektrodendurchmesser 3,2 mm, eine Fülllage mit Elektrodendurchmesser 4 mm und eine Decklage mit Elektrodendurchmesser 5 mm, mit jeweils 450 mm Länge.

b) Nach **Tabelle 1**: $K_E = 0{,}8$; $K_L = 1$; $K_W = 1{,}2$

Spez. Elektrodenbedarf nach **Tabelle 1, Seite 152**
Wurzellage: $z_s = 4$ Stück/m mit 3,2 × 450 mm
Fülllage: $z_s = 4$ Stück/m mit 4 × 450 mm
Decklage: $z_s = 6{,}2$ Stück/m mit 5 × 450 mm

Anzahl der verbrauchten Elektroden:
$Z = K_E \cdot K_L \cdot K_W \cdot z_s \cdot L$

Wurzellage: $Z = 0{,}8 \cdot 1 \cdot 1{,}2 \cdot 4\ \text{Stück/m} \cdot 3{,}5\ \text{m} \approx$ **14 Stück**
Fülllage: $Z = 0{,}8 \cdot 1 \cdot 1{,}2 \cdot 4\ \text{Stück/m} \cdot 3{,}5\ \text{m} \approx$ **14 Stück**
Decklage: $Z = 0{,}8 \cdot 1 \cdot 1{,}2 \cdot 6{,}2\ \text{Stück/m} \cdot 3{,}5\ \text{m} \approx$ **21 Stück**

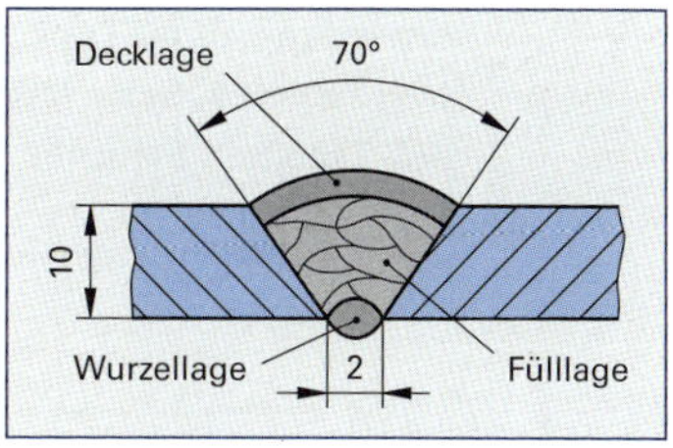

Bild 2: V-Naht

2.12.2 Schweißzeitberechnungen beim Lichtbogenhandschweißen

Für die Wurzel-, Füll- und Decklagen werden in der Regel verschiedene Elektrodendurchmesser verwendet. Die Schweißzeit ist deshalb für jede Lagenart gesondert zu ermitteln.

Die Schweißzeit hängt ab von der Nahtlänge, den Faktoren für Öffnungswinkel und Schweißposition, der Nahtmasse je Lagenart und der Abschmelzleistung.

Bezeichnungen:

t_h	Schweißzeit	min
m_s	Nahtmasse je Lagenart	g/m
p	Abschmelzleistung	g/min
L	Nahtlänge	m
α	Öffnungswinkel	°
K_W	Faktor für den Öffnungswinkel	–
K_p	Faktor für die Schweißposition	–
d	Elektrodendurchmesser	mm

Tabelle 1: Faktor für die Schweißposition

Faktor	V-Nähte Schweißposition				
	w PA	f PG	ü PE	s PF	q PC
K_p	1	1,1	1,9	1,5	1,2
Faktor	**Kehlnähte Schweißposition**				
	w PA	f PG	ü PE	s PF	h PB
K_p	1	1,2	1,7	1,4	1

Schweißzeit = Faktor Öffnungswinkel · Faktor Schweißposition · Nahtmasse pro Abschmelzleistung · Nahtlänge

$$t_h = K_W \cdot K_p \cdot \frac{m_s}{p} \cdot L$$

Beispiel: Es ist die Schweißzeit für das Beispiel auf Seite 153 für $\alpha = 90°$, Schweißposition h (PB); Elektrodentyp E 42 0 RR 12 zu berechnen. Die fehlenden Werte sind Tabellen zu entnehmen.

Lösung: Schweißzeit für die Wurzellage:

Nach **Tabelle 1, Seite 153**: $K_W = 1$; nach **Tabelle 1**: $K_p = 1$

Nach **Tabelle 1, Seite 152**: $m_s = 120$ g/m; Elektrodendurchmesser $d = 4$ mm

nach **Tabelle 2**: $p = 29$ g/min

$$t_h = K_W \cdot K_p \cdot \frac{m_s}{p} \cdot \mathrm{L} = 1 \cdot 1 \cdot \frac{120\,\frac{\mathrm{g}}{\mathrm{m}}}{29\,\frac{\mathrm{g}}{\mathrm{min}}} \cdot 6{,}5\ \mathrm{m} \cdot 2 = \mathbf{53{,}8\ min}$$

Schweißzeit für die Decklage:

Nach **Tabelle 1, Seite 153**: $K_W = 1$; nach **Tabelle 1**: $K_p = 1$

nach **Tabelle 1, Seite 152**: $m_s = 430$ g/m; Elektrodendurchmesser $d = 5$ mm

nach **Tabelle 2**: $p = 38$ g/min

$$t_h = K_W \cdot K_p \cdot \frac{m_s}{p} \cdot \mathrm{L} = 1 \cdot 1 \cdot \frac{450\,\frac{\mathrm{g}}{\mathrm{m}}}{38\,\frac{\mathrm{g}}{\mathrm{min}}} \cdot 6{,}5\ \mathrm{m} \cdot 2 = \mathbf{147{,}1\ min}$$

Tabelle 2: Abschmelzleistung p von Stabelektroden in g/min

Elektrodentyp	Elektrodendurchmesser d in mm		
	3,2	4,0	5,0
E 42 0 RC 11	20	25	32
E 42 0 RR 12	21	29	38
E 38 2 RA 12	27	39	44
E 38 2 RB 12	19	26	36
E 42 0 RR 6	22	29	38
E 42 6 B 42 H10	23	32	43
E 42 4 B 32 H10	23	32	43
E 38 0 RR 73	32	46	72

Aufgaben — Nahtquerschnitt, Elektrodenbedarf und Schweißzeitberechnung beim Lichtbogenhandschweißen

1. Das Volumen der I-Naht im **Bild 1** ist für eine Nahtlänge von 970 mm zu berechnen.

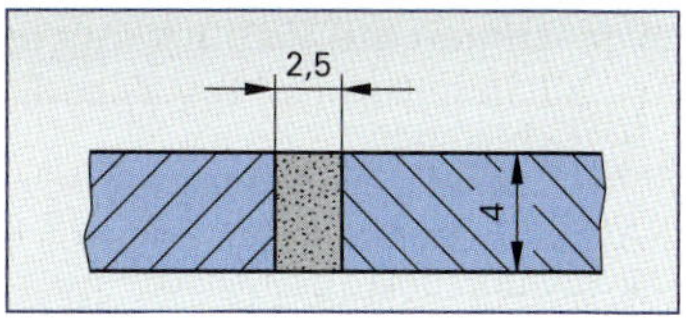

Bild 1

2. Zur Fertigung einer Kehlnaht mit der Nahtdicke a = 12 mm und der Länge L = 9,7 m sind zu ermitteln

a) die Faktoren K_E bei 160 % Ausbringung, K_L und K_W bei einem Öffnungswinkel von 90°,

b) die Nahtplanung und der Elektrodenbedarf nach **Tabelle 1, Seite 152**.

c) Wie lange dauert die gesamte Schweißarbeit, wenn in Schweißposition *ü* (PE) mit Elektrodentyp E 38 2 RAl2 gearbeitet wird?

3. Die Abdeckplatte der Säule **(Bild 2)** wird durch eine Kehlnaht verbunden.

a) Wie groß sind die Länge der Schweißnaht, der Nahtquerschnitt und das Volumen der Schweißnaht?

b) Die Naht ist nach **Tabelle 1, Seite 152,** zu planen.

c) Der Elektrodenbedarf ist bei 140 % Ausbringung zu berechnen.

d) Wie lange dauert die gesamte Schweißarbeit, wenn in Schweißposition *ü* (PE) mit Elektrodentyp E 382 RB 12 geschweißt wird?

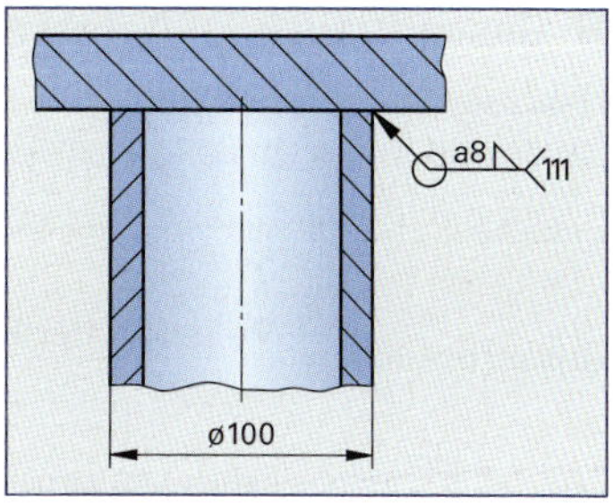

Bild 2

4. In ein Brückengeländer von 16 m Länge werden Füllstäbe Hohlprofil 60 × 40 × 4 geschweißt **(Bild 3)**.

Wie groß sind

a) die Anzahl der Stäbe hei einem Randabstand von je 150 mm und einem lichten Stababstand von 140 mm,

b) die gesamte Schweißnahtlänge,

c) die gesamte Schweißnahtmasse nach **Tabelle 1, Seite 152**,

d) der Elektrodenbedarf bei 120 % Ausbringung,

e) die Hauptnutzungszeit bei Verwendung des Elektrodentyps E 42 0 RR 12 in Schweißposition *h* (PB)?

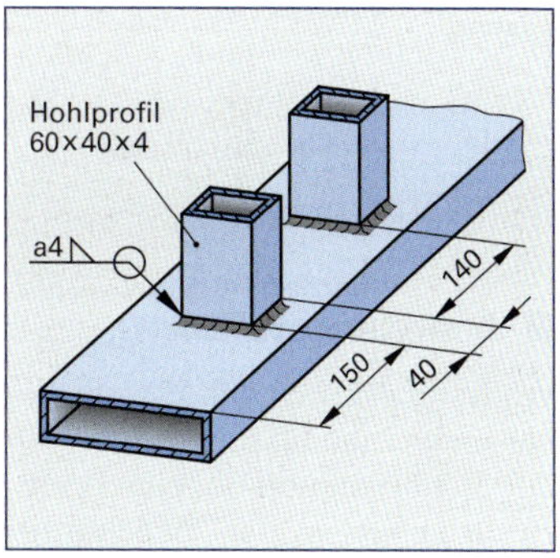

Bild 3

5. Für eine Blechdicke a = 10 mm ist eine 12 m lange V-Naht mit einem Öffnungswinkel α = 60° und einer Spaltbreite s = 2 mm einseitig, in horizontaler Schweißposition *q* (PC) zu schweißen.

Zu berechnen sind

a) der Nahtquerschnitt,

b) das Volumen der Schweißnaht ohne Zuschläge.

c) Es ist die Nahtplanung zu erstellen und die Berechnung des Elektrodenbedarfs durchzuführen.

d) Die Hauptnutzungszeit für den Elektrodentyp E 420 RR 12 ist bei 140 % Ausbringung zu berechnen.

6. ● Der Nahtquerschnitt der Doppel V-Naht (X-Naht) **(Bild 4)** ist zu berechnen. Die Nahtplanung ist zu erstellen und der Elektrodenbedarf und die Schweißzeit für 1 m Schweißnaht bei Verwendung des Elektrodentyps E 382 RB 12 bei 120 % Ausbringung und Schweißposition *w* (PA) sind zu berechnen.

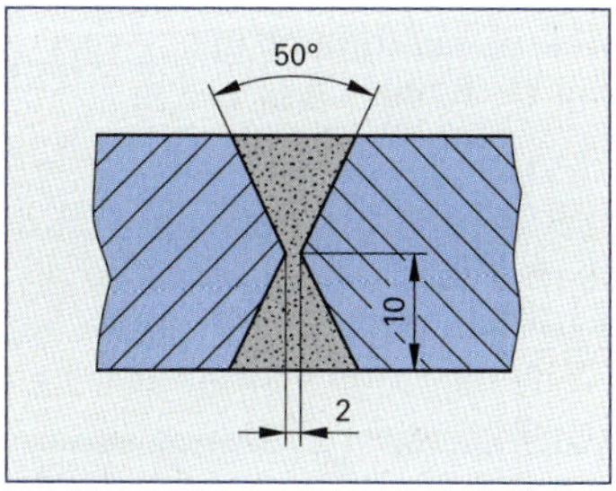

Bild 4

2.12.3 Verbrauch technischer Gase

Beim Schweißen entspannen sich die aus der Gasflasche ausströmenden Gase. Als Gasverbrauch bezeichnet man das Volumen der ausgetretenen Gasmenge bei einem Luftdruck p_{amb} = 1 bar.

Bezeichnungen:

V	Volumen der Gasflasche	l	p_1	Flaschendruck vor dem Schweißen	bar
ΔV	Gasverbrauch, Acetylenverbrauch	l	p_2	Flaschendruck nach dem Schweißen	bar
m	verbrauchte Gasmasse	kg	p_{amb}	Luftdruck	bar
m_1	Gasmasse vor dem Schweißen	kg	t_1	Flaschentemperatur vor dem Schweißen	°C
m_2	Gasmasse nach dem Schweißen	kg	t_2	Flaschentemperatur nach dem Schweißen	°C
K	Umrechnungszahl	l/kg			

Gasverbrauch (außer Acetylen)

Nach dem Gesetz von Boyle-Mariotte gilt: Für eine bestimmte Gasmenge ist das Produkt aus absolutem Druck und Volumen bei gleichbleibender Temperatur konstant.

Entsprechend gilt: $\Delta V \cdot p_{amb} = V \cdot (p_1 - p_2)$

Gasverbrauch = Volumen der Flasche · Druckunterschied / Luftdruck

$$\Delta V = \frac{V \cdot (p_1 - p_2)}{p_{amb}}$$

Beispiel: Das Inhaltsmanometer einer Argonflasche mit einem Volumen V = 50 l zeigt bei Beginn einer Schweißarbeit p_1 = 125 bar, nach dem Schweißen p_2 = 45 bar an. Welche Gasmenge ΔV wurde entnommen? Der Luftdruck p_{amb} wird mit 1 bar angenommen.

Lösung:

$$\Delta V = \frac{V \cdot (p_1 - p_2)}{p_{amb}}$$

$$= \frac{50\,\text{l} \cdot (125\,\text{bar} - 45\,\text{bar})}{1\,\text{bar}} = \mathbf{4000\,l}$$

Acetylenverbrauch

Während sich Sauerstoff und Wasserstoff unmittelbar verdichten lassen, muss Acetylen aus Gründen der Sicherheit und um eine hohe Speicherkapazität zu erreichen, in den Flaschen in einem Lösungsmittel unter Druck gelöst werden. Bei der Berechnung des Acetylenverbrauchs ist außerdem der Einfluss der Temperatur auf den Druck in der Flasche zu berücksichtigen **(Bild 1)**.

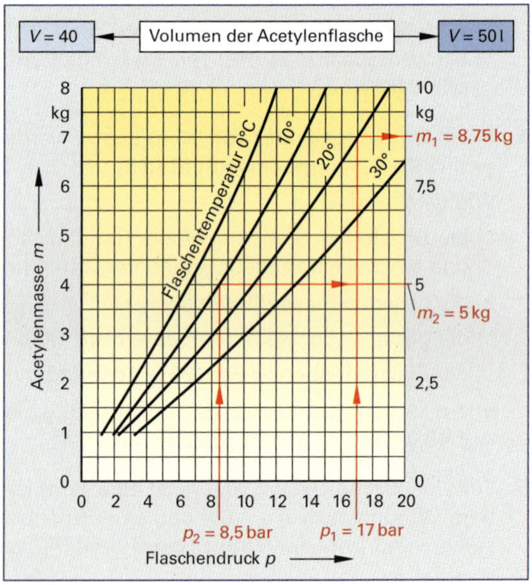

Bild 1

Acetylenverbrauch in l bei 15 °C und 1 bar = Umrechnungszahl · Gasmasse

$$\Delta V = K \cdot m$$

Die verbrauchte Gasmasse ist die Differenz aus der Gasmasse vor dem Schweißen m_1 und der Gasmasse nach dem Schweißen m_2. Die Werte für m_1 und m_2 können abhängig von den Flaschendrücken p_1 und p_2 und den Temperaturen dem **Bild 1** entnommen werden.

Verbrauchte Gasmasse = Gasmasse vor dem Schweißen − Gasmasse nach dem Schweißen

$$m = m_1 - m_2$$

Die Gasmasse m in kg kann mit der **Umrechnungszahl K** in den Gasverbrauch in l umgerechnet werden.

Umrechnungszahl

$$K = 910\ \frac{\text{l}}{\text{kg}}$$

Beispiel: Vor dem Schweißen zeigt das Inhaltsmanometer einer Acetylenflasche mit einem Volumen V = 50 l einen Druck p_1 = 17 bar an, nach dem Schweißen p_2 = 8,5 bar. Die Flaschentemperatur t_1 vor dem Schweißen betrug 20 °C, die Flaschentemperatur t_2 nach dem Schweißen 10 °C.

Zu ermitteln sind

a) die Gasmasse m_1 vor dem Schweißen,

b) die Gasmasse m_2 nach dem Schweißen,

c) die verbrauchte Gasmasse m,

d) der Gasverbrauch ΔV.

Lösung: nach **Bild 1, Seite 156**: a) $m_1 = \mathbf{8{,}75\ kg}$ b) $m_2 = \mathbf{5\ kg}$ c) $m = m_1 - m_2 = 8{,}75\ \text{kg} - 5\ \text{kg} = \mathbf{3{,}75\ kg}$

d) $\Delta V = K \cdot m = 910 \frac{\text{l}}{\text{kg}} \cdot 3{,}75\ \text{kg} = \mathbf{3412{,}5\ l}$

Aufgaben | Verbrauch technischer Gase

Sauerstoff und Schutzgase

1. In einer Sauerstoffflasche mit V = 40 l fiel bei einer Schweißarbeit der Druck um 45 bar.

a) Wie groß war der Sauerstoffverbrauch in l?

b) Welche Sauerstoffmenge befindet sich nach der Arbeit noch in der Flasche, wenn das Manometer bei Arbeitsbeginn p_1 = 150 bar anzeigte?

2. Bei der Kontrolle einer angelieferten Argonflasche mit V = 50 l zeigt sich, dass der Druck nicht 200 bar, sondern 125 bar beträgt. Wie viel l Argon fehlen?

3. Das Inhaltsmanometer einer Sauerstoffflasche (V = 40 l) zeigt 85 bar an. Wie viele Rohre der Abmessung DN 150 können verschweißt werden, wenn pro m Schweißnaht im Durchschnitt 165 l Sauerstoff verbraucht werden?

4. Zum Schweißen eines Behälters wurde der restliche Inhalt einer Sauerstoffflasche mit V = 40 l verwendet und eine neue Flasche bis auf 60 bar geleert. Insgesamt wurden 5720 l verbraucht.

a) Wie viel l Sauerstoff befanden sich in der ersten Flasche?

b) Welcher Druck war in der ersten Flasche vorhanden?

5. Ein Schweißbrenner der Größe 3 verbraucht stündlich 300 l Gasgemisch bei einem Verhältnis Sauerstoff zu Acetylen gleich 1:1. Welchen Druck zeigt das Inhaltsmanometer der Sauerstoffflasche nach 35 Minuten Arbeitszeit an, wenn der Druck in der Flasche mit V = 40 l bei Arbeitsbeginn p_1 = 10,2 bar betrug?

Acetylenverbrauch

6. Der Manometerstand vor einer Schweißarbeit war p_1 = 19 bar, nach Abschluss der Arbeit wurde ein Druck p_2 = 9 bar abgelesen. Welche Acetylenmenge wurde der Normalflasche mit V = 40 l entnommen, wenn die Temperatur der Flasche während der Schweißarbeit von 20 °C auf 10 °C sank?

7. Zum Schweißen eines 6 mm dicken Knotenbleches wurden Sauerstoff und Acetylen im Mischungsverhältnis 1:1 verbraucht. Der Manometerstand der Sauerstoffflasche mit V = 50 l betrug vor der Arbeit p_1 = 125 bar, nach Beendigung des Schweißens p_2 = 93 bar.

Wie viel l Acetylen wurden verbraucht?

8. Beim Schweißen von Gusseisen wird mit Acetylenüberschuss, Acetylen zu Sauerstoff gleich 1,8:1, gearbeitet. Der Verbrauch beträgt 39 l Gasgemisch pro Minute.

Wie viel l Acetylen werden in 1 h 35 min verbraucht?

2.12.4 Schweißzeitberechnungen und Gasverbrauch beim Schmelzschweißen

Die Zeit, die für Schweißarbeiten beim Gasschmelzschweißen benötigt wird, ist hauptsächlich abhängig von der Nahtform und der Nahtdicke **(Tabelle 1)**.

Bezeichnungen:

a	Nahtdicke	mm	t	Schweißzeit	min	ΔV	Gasverbrauch	l
s	Spalt	mm	t_1	Schweißzeit pro m	min			
L	Schweißnahtlänge	m	V_s	spez. Gasverbrauch	l/min			

Schweißzeit = Schweißnahtlänge · Schweißzeit pro m $t = L \cdot t_1$

Gasverbrauch = Schweißzeit · spez. Gasverbrauch $\Delta V = t \cdot V_s$

Tabelle 1: Richtwerte für das Gasschmelzschweißen (unlegierter Baustahl)

Nahtplanung			Einstellwerte		Verbrauchswerte V_s		Leistungswerte	
Nahtform	Naht-dicke a mm	Spalt s mm	Brenner-größe	Stab-Ø mm	Sauerstoff l/h	Acetylen l/h	Abschmelz-leistung kg/h	Schweiß-zeit t_1 min/m
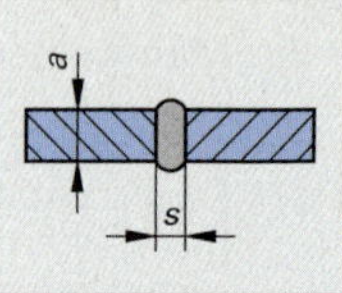	0,8	0	0.5 … 1	1,5	90	80	0,17	8,5
	1	0	0,5 … 1	2	100	90	0,19	7,6
	1,5	1,5	1 … 2	2	150	135	0,25	10
	2	2	1 … 2	2	165	150	0,25	11,5
	3	2,5	2 … 4	2,5	260	235	0,36	12,3
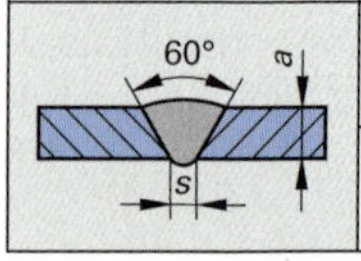	4	2 … 4	2 … 4	3	320	300	0,33	15
	6	2 … 4	4 … 6	4	520	490	0,68	22
	8	2 … 4	6 … 9	5	840	800	0,95	28
	10	2 … 4	9 … 14	6	1300	1250	1,2	35

Beispiel: Für die I-Naht **(Bild 1)** mit einer Nahtlänge von 970 mm sind die Schweißzeit und der Gasverbrauch zu bestimmen

Lösung: Nach **Tabelle 1** beträgt die Schweißzeit pro Meter 12,3 min, der spez. Gasverbrauch von O_2 260 l/h und von C_2H_2 235 l/h

$t = L \cdot t_1 = 0{,}97\ \text{m} \cdot 12{,}3\ \text{min/m} = \mathbf{12\ min} \mathrel{\hat=} \mathbf{0{,}2\ h}$

$\Delta V_{O_2} = t \cdot V_s = 0{,}2\ \text{h} \cdot 260\ \text{l/h} = \mathbf{52\ l}$

$\Delta V_{C_2H_2} = t \cdot V_s = 0{,}2\ \text{h} \cdot 235\ \text{l/h} = \mathbf{47\ l}$

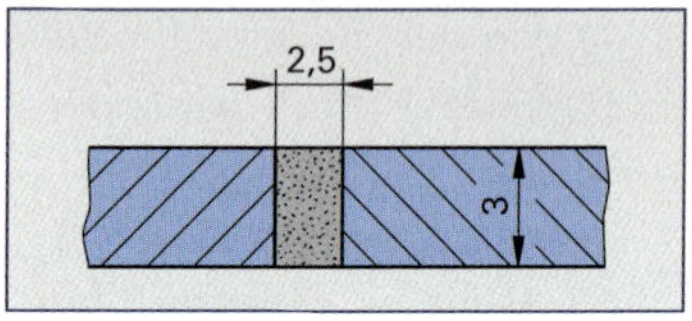

Bild 1: I-Naht

Aufgaben — Schweißzeitberechnungen und Gasverbrauch beim Schmelzschweißen

1. Drei Rohre DN 150 mit einer Wanddicke von 4 mm sollen zu einem Rohr zusammengeschweißt werden. Die Schweißzeit und der Sauerstoffverbrauch sind nach **Tabelle 1** zu berechnen.
2. Das Abdeckblech **(Bild 2)** soll durch eine umlaufende V-Naht mit einer Nahtdicke $a = 4$ mm aufgeschweißt werden.

   Wie groß sind

   a) die Schweißnahtlänge,

   b) die Schweißzeit?

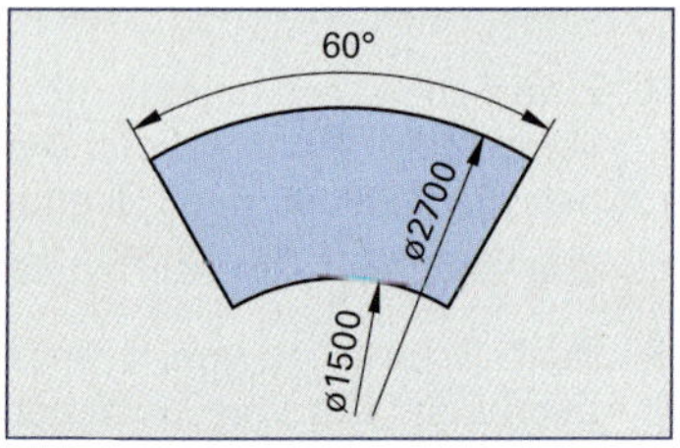

Bild 2: Abdeckblech

3. In einer Sauerstoffflasche (V = 50 l) sank der Druck von 150 bar auf 2,5 bar. Geschweißt wurde eine 2 mm dicke I-Naht.

a) Wie lange dauerte der Schweißvorgang?

b) Welche Nahtlänge konnte nach **Tabelle 1, Seite 158,** geschweißt werden?

4. Bei einer Schweißarbeit an 2 mm dicken Blechen werden Schweißnähte mit einer Länge von 108 m erstellt.

a) Welche Zeit wird für diese Schweißarbeit benötigt?

b) Wie viel l Sauerstoff und Acetylen werden dabei nach **Tabelle 1, Seite 158,** verbraucht?

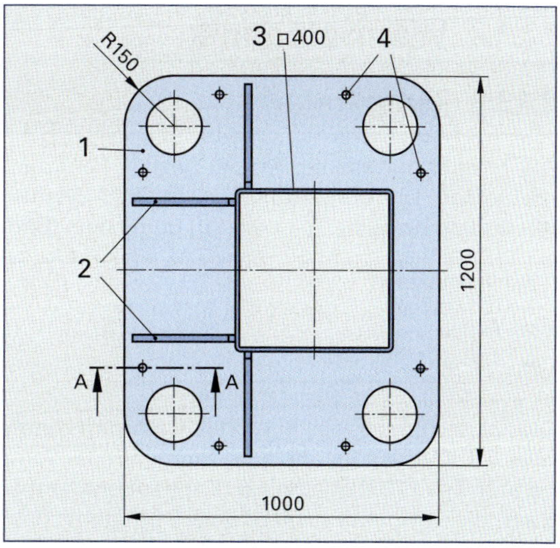

Bild 1: Stahlkonstruktion

5. Die Fußplatte Pos. 1 **(Bild 1)** aus unlegiertem Stahl wird aus einer 6 mm dicken Blechtafel mit einem 2-kW-Laser ausgeschnitten. Wie groß sind

a) die gesamte Schneidkantenlänge,

b) die Schweißzeit bei einer Schneidgeschwindigkeit von 2,3 m/min?

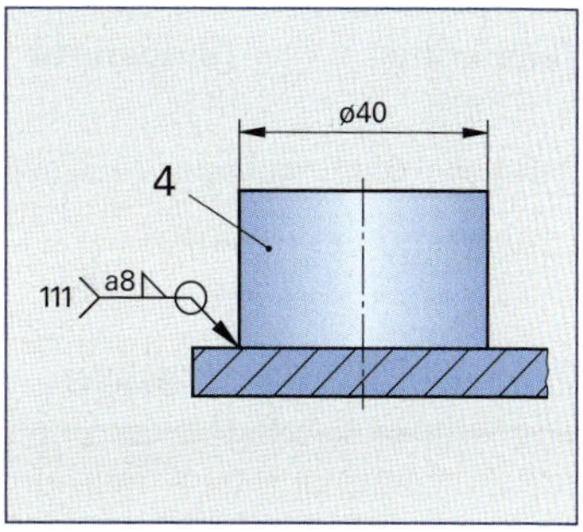

Bild 2: Auflagepunkte; Schnitt A – A

6. Die Fußplatte Pos. 1 erhält acht Auflagepunkte Pos. 4 **(Bild 2)** mit 40 mm Durchmesser. Diese werden mit einer 8 mm dicken Kehlnaht verschweißt.

a) Zu berechnen sind die gesamte Schweißnahtlänge für die acht Auflagepunkte, der Nahtquerschnitt und das Volumen der Schweißnaht.

b) Die Naht ist nach **Tabelle 1, Seite 152,** zu planen.

c) Der Elektrodenbedarf ist bei 140 % Ausbringung zu berechnen.

d) Wie lange dauert die gesamte Schweißarbeit, wenn in Schweißposition *h* (PB) mit Elektrodentyp E 382 RA 12 geschweißt wird?

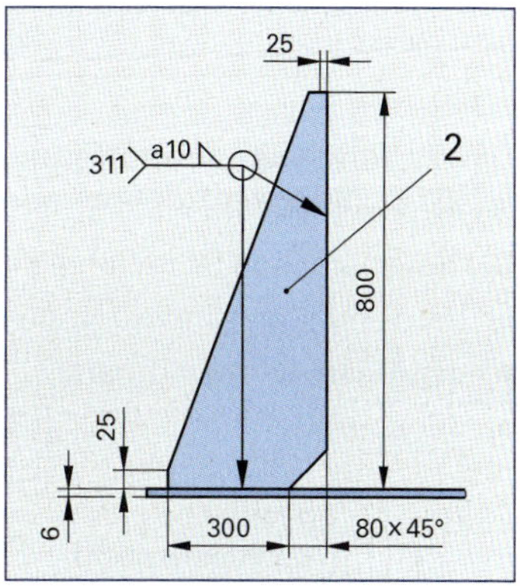

Bild 3: Versteifungsblech

7. Die Stahlkonstruktion **(Bild 3)** erhält vier Versteifungsbleche Pos. 2 mit Kehlnähten *a* = 10 mm zur Stabilisierung.

a) Die Länge der Schweißnaht für eine Versteifungsrippe ist zu bestimmen.

b) Es sind die Einstellwerte nach **Tabelle 1, Seite 158,** zu bestimmen.

c) Die Schweißnahtlänge für alle Versteifungsbleche getrennt nach Horizontal- und Vertikalnähten ist zu berechnen.

d) Wie groß ist die Masse des benötigten Schweißzusatzes und wie viele Liter Acetylen werden nach Tabellen beim Schweißen verbraucht?

2.13 Wärmetechnik

2.13.1 Temperatur

Die Temperatur, die ein Körper besitzt, kennzeichnet seinen Wärmezustand. Die Temperatur wird in Grad Celsius[1] oder in Kelvin[2]) (thermodynamische Temperatur) gemessen **(Bild 1)**.

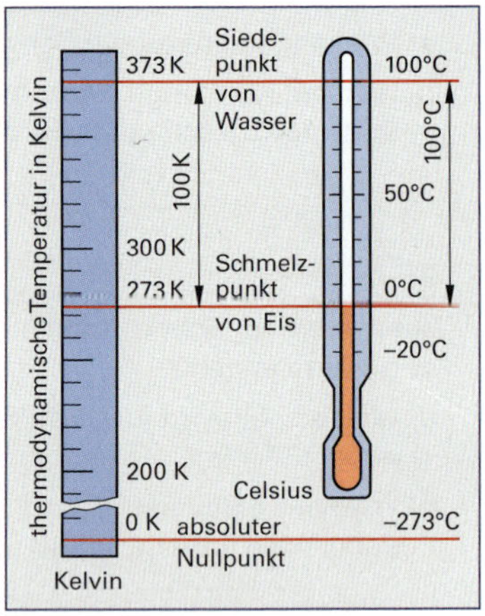

Bild 1: Temperaturskalen

Bezeichnungen:

T	Temperatur	K (Kelvin)
Θ	Temperatur	°C (Grad Celsius)
T_0	Bezugstemperatur	

Die tiefste Temperatur, die erreicht werden könnte, beträgt –273 °C oder 0 K. Dies ist der absolute Nullpunkt der Temperatur. Die Temperatur T_0 = 273 K oder Θ = 0 °C entspricht dem Schmelzpunkt des Eises, die Temperatur 100 °C dem Siedepunkt des Wassers bei Normalluftdruck.

Der Temperaturunterschied 1 K ist gleich dem Temperaturunterschied 1 °C.

Temperatur in Grad Celsius = Temperatur in K – Bezugstemperatur

$$\Theta = T - T_0$$

Temperatur in Kelvin = Temperatur in °C + Bezugstemperatur

$$T = \Theta + T_0$$

Beispiel: Die Temperatur 20 °C soll in Kelvin angegeben werden.

Lösung: $T = \Theta + T_0 = (20° + 273)\ \text{K} = \mathbf{293\ K}$

2.13.2 Wärmemenge

Die Wärmemenge ist eine Energieform wie z. B. die mechanische oder die elektrische Arbeit **(Bild 2)**. Ihre Einheiten sind das Joule[3] (J) oder das Kilojoule (kJ).

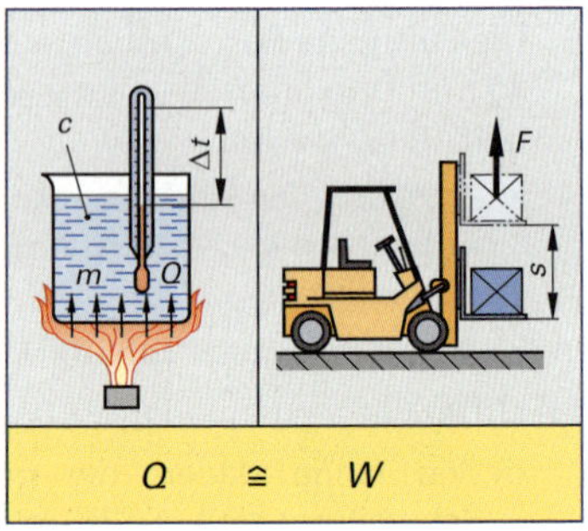

Bild 2: Wärmemenge und mechanische Arbeit

Wärmemenge beim Erwärmen und Abkühlen

Bezeichnungen:

Q	Wärmemenge	J, kJ	Θ_1	Anfangstemperatur	°C, K
c	spezifische Wärmekapazität	kJ/kg	Θ_2	Endtemperatur	°C, K
m	Masse	kg	$\Delta\Theta$	Temperaturänderung	°C, K

Um die Temperatur eines Körpers zu ändern, ist ihm eine bestimmte Wärmemenge zuzuführen oder zu entziehen.

1 J	= 1 W · s	= 1 N · m
1 W · h	= 3600 W · s	= 3600 J
1 kW · h	= 3,6 · 10^6 J	

Die Wärmemenge ist abhängig von

- der Temperaturänderung $\Delta\Theta$,
- der Masse m des Körpers,
- der spezifischen Wärmekapazität c.

Wärmemenge = spezifische Wärmekapazität · Masse · Temperaturänderung

$$Q = c \cdot m \cdot \Delta\Theta$$

[1] Celsius, schwedischer Astronom (1701–1744) [2] Kelvin, englischer Physiker (1824–1907) [3] Joule, englischer Physiker (1818–1889)

Die spezifische Wärmekapazität c eines Stoffes ist die Wärmemenge Q in kJ, die notwendig ist, um 1 kg eines Stoffes um 1 K zu erwärmen **(Tabelle 1)**.

Beispiel: Ein Werkstück aus Stahl mit der Masse $m = 15$ kg ist zum Härten von 20 °C auf 900 °C zu erwärmen. Welche Wärmemenge Q ist erforderlich, wenn die spezifische Wärmekapazität von Stahl $c = 49$ kJ/kg · K ist?

Lösung: $\Delta\Theta = \Theta_2 - \Theta_1 = 900\text{ °C} - 20\text{ °C} = 880\text{ °C} = 880\text{ K}$

$$Q = c \cdot m \cdot \Delta\Theta = 0{,}49 \frac{\text{kJ}}{\text{kg}} \cdot \text{K} \cdot 15\text{ kg} \cdot 880\text{ K} = \mathbf{6466\text{ kJ}}$$

Tabelle 1

Werkstoff	c in $\frac{\text{kJ}}{\text{kg} \cdot \text{K}}$
Stahl	0,49
Aluminium	0,90
Kupfer	0,39
Wasser	4,18
Luft	1,00

Aufgaben — Temperatur, Wärmemenge

1. Folgende Temperaturen sind umzurechnen:
   a) 35 °C; 250 °C; – 20 °C; 15 °C; – 8 °C in K,
   b) 508 K; 318K; 173 K; 35 K; 18K in °C.

2. Die **Tabelle 2** gibt verschiedene Temperaturzustände an. Zu bestimmen sind die jeweiligen Temperaturdifferenzen.

3. Wie groß ist der Temperaturunterschied zwischen innen und außen bei dem Fenster **(Bild 1)**?

4. Welche Wärmemenge ist notwendig, um 60 l Wasser mit der spezifischen Wärmekapazität nach **Tabelle 1** von 12 °C auf 95 °C zu erwärmen?

5. Ein Saal mit einem Volumen von 1000 m^3 soll von 5 °C auf 20 °C aufgeheizt werden. Welche Wärmemenge ist bei einer Dichte der Luft von $\varrho = 1{,}29$ kg/m^3 und der spezifischen Wärmekapazität nach **Tabelle 1** dazu theoretisch notwendig?

6. Aus den in **Tabelle 3** aufgeführten Metallen sollen Werkstücke geschmiedet werden. Welche Wärmemenge ist zum Erreichen der jeweiligen Schmiedetemperatur notwendig, wenn als Ausgangstemperatur jeweils 20 °C angenommen wird? Wärmekapazitäten nach **Tabelle 1**.

7. Aus Werkzeugstahl C80W1 mit der Masse $m = 1{,}8$ kg soll ein Gesenk hergestellt werden **(Bild 2)**. Welche Wärmemenge ist notwendig, um die Härtetemperatur von 800 °C zu erreichen, wenn die Ausgangstemperatur 22 °C und die spezifische Wärmekapazität $c = 0{,}51$ kJ/kg · K ist?

8. Ein Zimmer mit einem Volumen von 60 m^3 wird durch Öffnen des Fensters gelüftet. Im Winter fällt dabei die Temperatur um 10 °C. Welche Wärmemenge ist nötig, um den Temperaturabfall auszugleichen? Die Dichte der Luft beträgt $\varrho = 1{,}29$ kg/m^3. Die spezifische Wärmekapazität ist aus **Tabelle 1** zu wählen.

9. • In einem Behälter befinden sich 800 l Öl mit der Temperatur $\Theta = 24$ °C. In dem Öl werden Stahlteile mit der Gesamtmasse $m = 18$ kg und der Glühtemperatur von 800 °C abgeschreckt. Auf welche Temperatur Θ_2 erwärmt sich das Öl, wenn die spezifische Wärmekapazität von Öl $c = 1{,}8$ kJ/kg · K und die Dichte $\varrho = 0{,}91$ kg/dm^3 ist? Die Wärmeabstrahlung bleibt unberücksichtigt.

Tabelle 2

Ausgangstemperatur	Endtemperatur
19 °C	65 °C
–20 °C	34 °C
800 °C	18 °C
75 °C	–20 °C
273 K	333 K
293 K	253 K

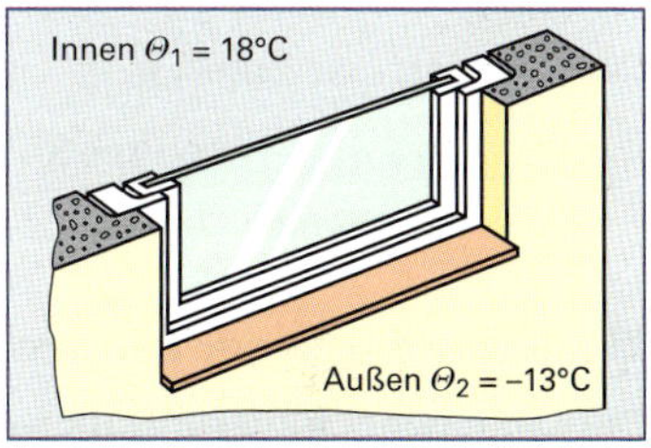

Bild 1

Tabelle 3

	Baustahl	Aluminium	Kupfer
Masse der Werkstücke in kg	75	75	75
Ausgangstemperatur in °C	20	20	20
Schmiedetemperatur in °C	1350	500	800

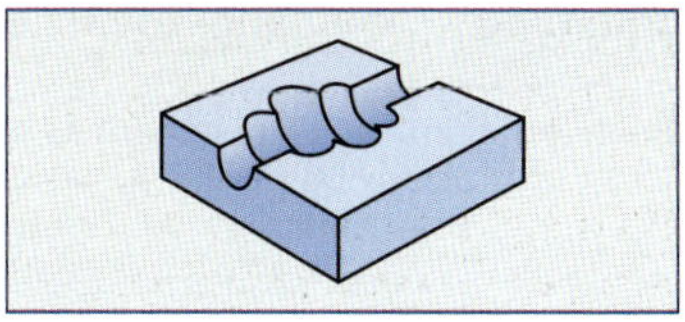

Bild 2

2.13.3 Längen- und Volumenänderung

Bezeichnungen:

l_1	Anfangslänge	mm,m	V_1	Anfangsvolumen	l, m³
l_2	Endlange	mm,m	V_2	Endvolumen	l, m³
Δl	Längenänderung	mm,m	ΔV	Volumenänderung	l, m³
Θ_1	Anfangstemperatur	°C, K	α_l	Längenausdehnungs-koeffizient	1/K
Θ_2	Endtemperatur	°C, K	α_V	Volumenänderung	1/K
$\Delta\Theta$	Temperaturdifferenz	°C, K			
$\Delta l'$	Längenänderung pro Meter	mm, m			

Tabelle 1

Werkstoff	α_l in $\frac{1}{K}$
Stahl	0,000012
Gusseisen	0,000010
Aluminium	0,000024
CuZn-Leg.	0,000018
Polystyrol	0,00007
Beton	0,000012

■ Längenänderung

Längenänderung = Längenausdehnungskoeffizient · Anfangslänge · Temperaturdifferenz

$$\Delta l = \alpha_l \cdot l_1 \cdot \Delta\Theta$$

Der **Längenausdehnungskoeffizient** α_l eines Stoffes gibt die auf die Anfangslänge bezogene Längenänderung pro 1 K Temperaturänderung an **(Tabelle 1)**.

Beispiel: Das Rohr einer Dampfleitung **(Bild 1)** aus Stahl hat bei einer Temperatur Θ_1 = 15 °C eine Länge l_1 = 30 m. Um wie viel mm wird das Rohr länger, wenn es durch Dampf auf Θ_2 = 215 °C erwärmt wird? α_l für Stahl siehe **Tabelle 1**.

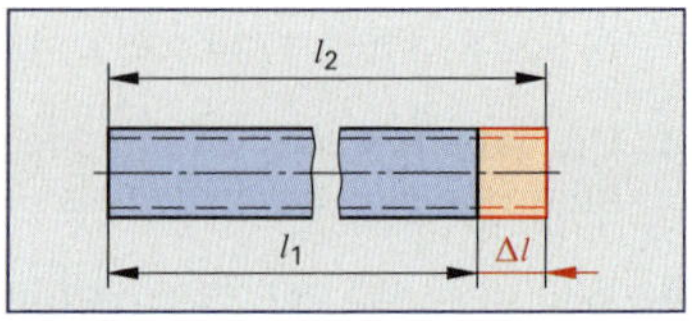

Bild 1

Lösung: Nach **Tabelle 1**: $\alpha l = 0{,}000012\ \frac{1}{K}$

$\Delta\Theta = \Theta_2 - \Theta_1 = 215\ °C - 15\ °C = 200\ °C = 200\ K$

$\Delta l = \alpha_l \cdot l_1 \cdot \Delta\Theta = 0{,}000012 \frac{1}{K} \cdot 30\ m \cdot 200\ K = 0{,}072\ m$

$= \mathbf{72\ mm}$

■ Bestimmung der Längenänderung mit Diagrammen

Die Längenänderung kann auch mit dem Diagramm **Bild 2** ermittelt werden

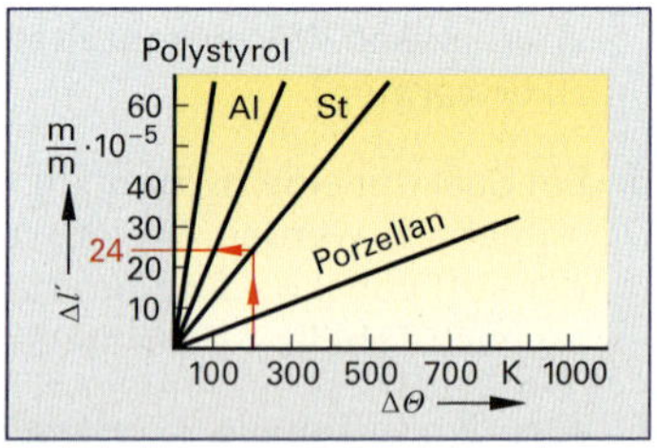

Bild 2

Nach Diagramm gilt für $\Delta\Theta$ = 20K:

$\Delta l' = 24 \cdot 10^{-5}\ \frac{m}{m}$; $\Delta l = 24 \cdot 10^{-5}\ \frac{m}{m} \cdot 10 \cdot 30\ m = 0{,}072\ m = \mathbf{72\ mm}$

■ Volumenänderung

Bei Volumenänderungen **(Bild 3)** entspricht dem Längenausdehnungskoeffizienten α_l der **Volumenausdehnungskoeffizient α_V Tabelle 1**. Er ist bei festen Stoffen ungefähr dreimal so groß wie der Längenausdehnungskoeffizient des Stoffes.

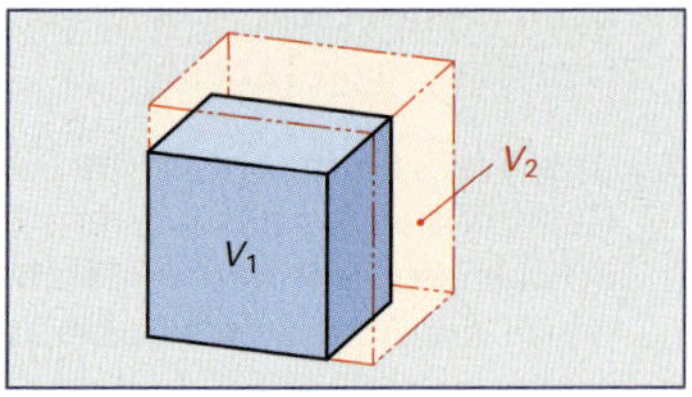

Bild 3

Volumenausdehnungskoeffizient ≈ 3 · Längenausdehnungskoeffizient

$$\alpha_V \approx 3 \cdot \alpha_l$$

Volumenänderung = Volumenausdehnungskoeffizient · Anfangsvolumen · Temperaturdifferenz

$$\Delta V = \alpha_V \cdot V_1 \cdot \Delta\Theta$$

Beispiel: Um wie viel Liter dehnen sich 100 Liter Benzin bei einer Temperaturerhöhung $\Delta\Theta$ = 50 K aus, wenn der Volumenausdehnungskoeffizient α_V = 0,001/K ist?

Lösung: $\Delta V = \alpha_V \cdot V_1 \cdot \Delta\Theta = 0{,}001 \frac{1}{K} \cdot 100\ l \cdot 50\ K = \mathbf{5\ l}$

Aufgaben | Längen- und Volumenänderung

1. Eine Stahlschiene hat bei 20 °C eine Länge von 20 m. Welche Längenänderungen in mm ergeben sich bei einem Ausdehnungskoeffizienten α_l = 0,000012 K^{-1} im Sommer bei 38 °C, im Winter bei –15 °C?

2. Ein Kolbenbolzen aus Stahl hat bei 20 °C einen Durchmesser d = 18,004 mm. Der Längenausdehnungskoeffizient beträgt α_l = 0,000012 K^{-1}. Welchen Durchmesser hat der Bolzen bei einer Abkühlung auf –20 °C?

3. Das Stahlgeländer einer Sonnenterrasse **(Bild 1)** ist Temperaturen zwischen –10 °C und +60 °C ausgesetzt. Wie viel mm sind für Dehnfugen bei einem Ausdehnungskoeffizienten nach **Tabelle 1, Seite 162,** mindestens vorzusehen?

4. Das Brückengeländer aus Aluminium **(Bild 2)** kühlt im Winter auf –25 °C ab und erwärmt sich im Sommer auf 55 °C. Der Ausdehnungskoeffizient für Aluminium ist α_l = 0,000024K^{-1}. Wie groß ist die Dehnung Δl in mm zwischen Sommer und Winter?

5. Für den Aluminiumhandlauf, Ausdehnungskoeffizient nach **Tabelle 1, Seite 162**, eines Brückengeländers sind 20 mm Dehnfugen vorgesehen. Die Gesamtlänge des Geländers beträgt 16 m. Welche maximale Temperaturschwankung darf auftreten?

6. Für die Toranlage **(Bild 3)** aus geschweißten Stahlprofilrohren ist der Mindestabstand a in mm zu bestimmen. Es wird mit einer Temperaturschwankung von 80 °C gerechnet. Der Mindestabstand ergibt sich aus der Längenänderung plus 5 mm. Ausdehnungskoeffizient nach **Tabelle 1, Seite 162**.

7. Wie viel mm Dehnfugen sind zum Ausgleich der Wärmedehnung für die Konstruktion **(Bild 4)** bei Temperaturschwankungen von 60 °C zu berücksichtigen? Die Konstruktionsprofile sind aus Aluminium. Ausdehnungskoeffizient α_l nach **Tabelle 1, Seite 162**.

8. Die Fassade eines Verwaltungsgebäudes mit einer Länge l = 120 m wird aus Aluminiumkassetten hergestellt. Welche Länge Δl in mm muss für Dehnungsfugen vorgesehen werden, wenn die Temperatur von –25 °C bis 80 °C schwankt? Ausdehnungskoeffizient aus **Tabelle 1, Seite 162**.

9. Der Absaugkanal einer Großküche aus Stahlblech erwärmt sich durchschnittlich um 30 °C. Welche Längenänderung muss berücksichtigt werden, wenn der Kanal 16 m lang ist? Der Ausdehnungskoeffizient ist der **Tabelle 1, Seite 162,** zu entnehmen. Welcher Wert ergibt sich aus dem Diagramm **(Bild 2, Seite 162)**?

10. Welches Volumen nehmen 1,5 m^3 Wasser von 18 °C nach Erwärmen auf 90 °C ein? Volumenausdehnungskoeffizient nach **Tabelle 1**.

11. Ein Fass hat ein Volumen von 200 l. Es ist mit 198 l Maschinenöl gefüllt. Um wie viel °C darf die Temperatur theoretisch steigen, bis das Fass vollständig gefüllt ist, wenn die Ausdehnung des Fasses unberücksichtigt bleibt? Volumenausdehnungskoeffizient nach **Tabelle 1**.

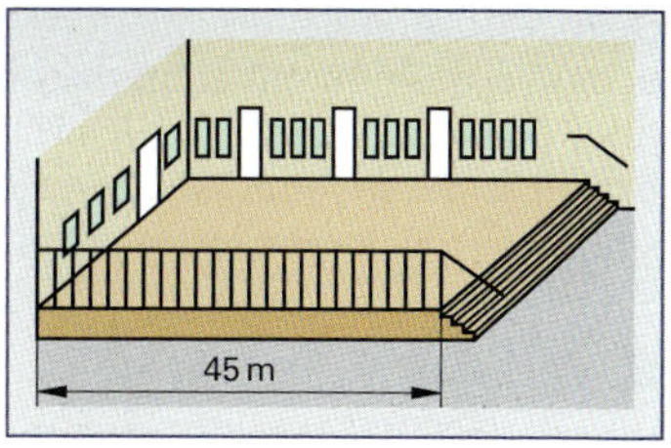

Bild 1

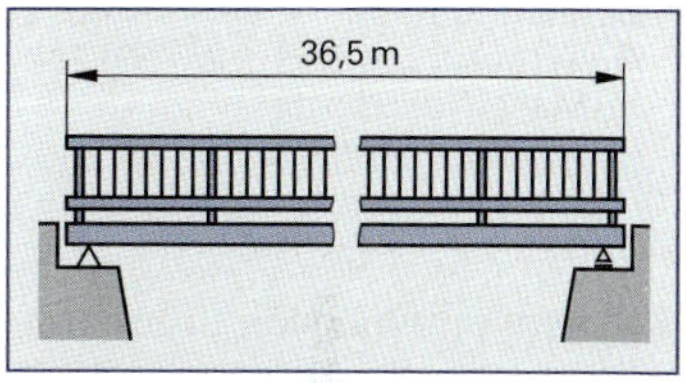

Bild 2

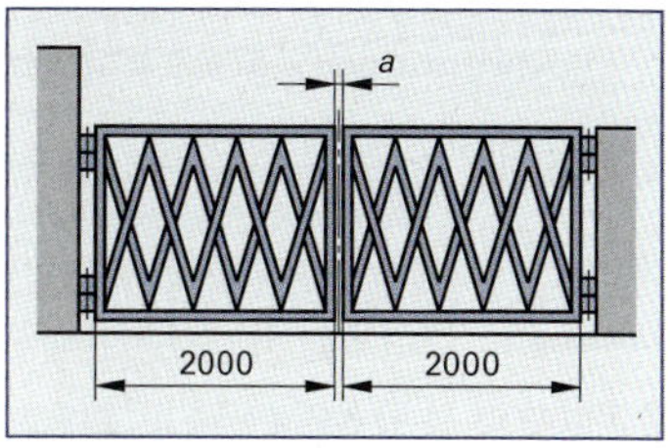

Bild 3

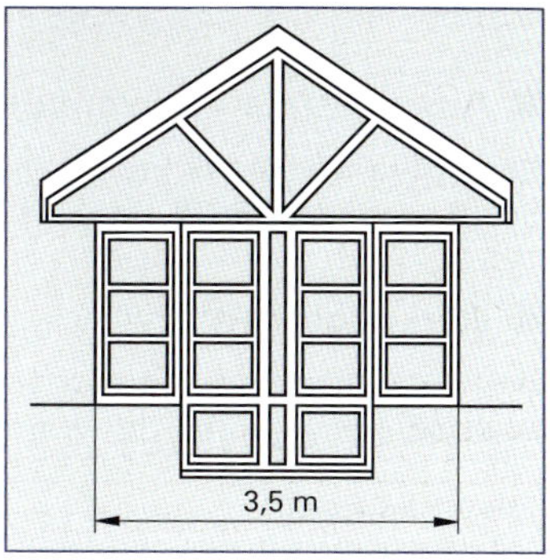

Bild 4

Tabelle 1

Stoff	Volumenausdehnungskoeffizient α_V in 1/K
Benzin	0,00166
Maschinenöl	0,00093
Wasser	0,00018

2.13.4 Kohle- und Gasverbrauch beim Schmieden

Beim Verbrennen verschiedener Brennstoffe werden unterschiedliche Wärmemengen Q_1 und Q_2 freigesetzt **(Bild 1)**. Wird 1 kg fester oder flüssiger oder 1 m^3 gasförmiger Brennstoff vollständig verbrannt, entsteht eine bestimmte Wärmemenge. Diese wird als der spezifische Heizwert *H* des jeweiligen Brennstoffes bezeichnet.

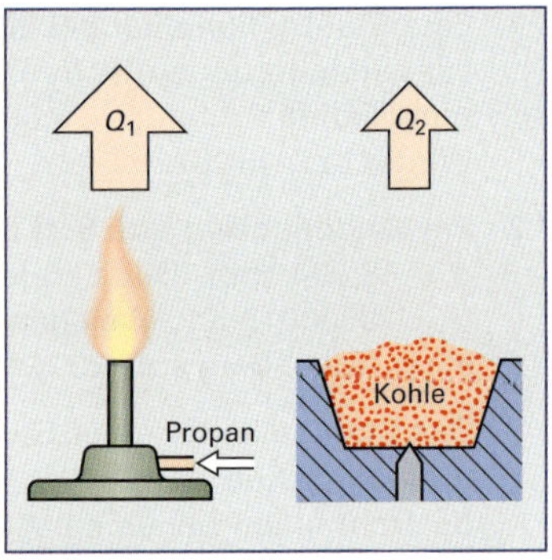

Bild 1

Verbrennungswärme

Die erzeugbare Wärmemenge ist vom spezifischen Heizwert und der Masse des Brennstoffes abhängig.

Bezeichnungen:
- Q Verbrennungswärme MJ
- m Masse fester oder flüssiger Brennstoffe kg
- H_u spezifischer Heizwert MJ/kg, MJ/m^3
- V Volumen von Brenngasen m^3

- Feste und flüssige Brennstoffe

  Verbrennungswärme = spezifischer Heizwert · Masse

$$Q = H_u \cdot m$$

- Brenngase

  Verbrennungswärme = spezifischer Heizwert · Volumen

$$Q = H_u \cdot V$$

1. Beispiel: Beim Schmieden werden in einer Esse 15 kg Steinkohle vollstandig verbrannt. Welche Verbrennungswärme Q wurde dabei freigesetzt? Spezifischer Heizwert nach **Tabelle 1**.

Lösung: $Q = H_u \cdot m = 34\ \text{MJ/kg} \cdot 15\ \text{kg} = \mathbf{510\ MJ}$

2. Beispiel: Es werden 0,8 m^3 Erdgas mit einem spezifischen Heizwert von 36 MJ/m^3 vollständig verbrannt. Welche Verbrennungswärme Q in MJ entsteht dabei?

Lösung: $Q = H_u \cdot V = 36\ \text{MJ/m}^3 \cdot 0{,}8\ \text{m}^3 = \mathbf{28{,}8\ MJ}$

Tabelle 1: Heizwert fester Brennstoffe

Brennstoff	Heizwert in MJ/kg
Holz	16
Koks	30
Steinkohle	34

Ausgenutzte Verbrennungswärme beim Schmieden

Der größte Teil der Verbrennungswärme entweicht aus dem offenen Schmiedefeuer **(Bild 2)**. Das Werkstück nimmt nur ca. 5 % auf.

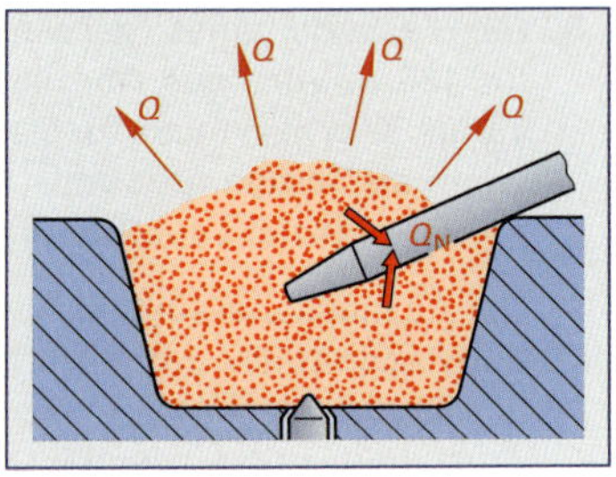

Bild 2

Wirkungsgrad

Das Verhältnis von ausgenutzter zu erzeugter Verbrennungswärme ist der Wirkungsgrad η der Wärmequelle.

Bezeichnungen:
- Q erzeugte Verbrennungswärme MJ
- Q_N ausgenutzte Verbrennungswärme MJ
- η Wirkungsgrad

$$\textbf{Wirkungsgrad} = \frac{\textbf{ausgenutzte Verbrennungswärme}}{\textbf{erzeugte Verbrennungswärme}}$$

$$\eta = \frac{Q_N}{Q}$$

Beispiel: Der Wirkungsgrad η eines offenen Schmiedefeuers ist 5%. Welche Verbrennungswärme Q_N wurde zum Erwärmen der Schmiedestücke genutzt, wenn beim Heizen mit Steinkohle 165 MJ erzeugt wurden?

Lösung: $\eta = \frac{Q_N}{Q}$; $Q_N = \eta \cdot Q = 0{,}05 \cdot 165\ \text{MJ} = \mathbf{8{,}25\ MJ}$

Aufgaben | Kohle- und Gasverbrauch beim Schmieden

1. Für die Brennstoffe der **Tabelle 1** ist die Verbrennungswärme bei vollständiger Verbrennung zu berechnen.

2. Wie viel Wärme wird bei der vollständigen Verbrennung von 40 kg Steinkohle mit einem spezifischen Heizwert H_u = 30 MJ/kg frei?

3. In einer Schmiede werden pro Tag durchschnittlich 150 kg Steinkohle verbraucht; Heizwert siehe **Tabelle 1, Seite 164**. Das Kohlefeuer soll durch einen Gasofen ersetzt werden. Mit welchem durchschnittlichen Gasverbrauch ist bei Verwendung von Erdgas mit einem Heizwert nach **Tabelle 1** zu rechnen?

4. In einem gasbeheizten Ofen werden 8 m^3 Erdgas mit einem Heizwert H_u = 34 MJ/m^3 vollständig verbrannt. Wie groß ist die nutzbare Verbrennungswärme bei einem Wirkungsgrad η des Ofens nach **Tabelle 2**?

5. Ein Quadratstahl mit der Masse m = 3,5 kg soll durch Schmieden umgeformt werden. Dazu muss er von 20 °C auf 1350 °C erwärmt werden. Wie viel kg Steinkohle mit einem Heizwert H_u = 34 MJ/kg sind bei einem Wirkungsgrad des Schmiedefeuers nach **Tabelle 2** notwendig?

   Wärmekapazität für Stahl nach **Tabelle 1, Seite 161**.

6. Ein Stahlblock mit der Masse m = 12 t wird auf Schmiedetemperatur erwärmt. Dazu ist eine Wärmemenge von 28300 MJ notwendig,

   a) Wie viel m^3 Erdgas erbringen die erforderliche Wärmemenge; Heizwert aus **Tabelle 1**?

   b) Welche elektrische Arbeit müsste ein Induktionsofen zum Aufheizen des Blocks erbringen, wenn zum Erwärmen von 1 t Stahl auf Schmiedetemperatur 230 kW · h benötigt werden?

7. In einem Herdwagenofen soll ein Stahlrohblock mit der Masse m = 35 t zum Schmieden auf 1200 °C erwärmt werden. Die Raumtemperatur beträgt 30 °C.

   a) Die dafür notwendige Wärmemenge ist zu bestimmen. Die spezifische Wärmekapazität von Stahl ist c = 0,49 kJ/kg · K.

   b) Erdgas mit 90% CH_4 hat einen spezifischen Heizwert H_u = 33,5 MJ/m^3. Wie viel m^3 Gas sind notwendig, wenn der Herdwagenofen einen Wirkungsgrad η = 25% hat?

8. ● In einem Betrieb werden beim Schmieden täglich 100 kg Koks, Heizwert nach **Tabelle 1, Seite 164**, verbraucht. Das Schmiedefeuer soll durch einen gasbefeuerten Flammofen ersetzt werden; Heizwert des Erdgases nach **Tabelle 1**. Mit wie viel m^3 Gasverbrauch ist zu rechnen, bei Wirkungsgraden für Schmiedefeuer und gasbeheiztem Schmiedeofen nach **Tabelle 2**?

Tabelle 1

Brennstoff	Masse m in kg	Heizwert H_u in MJ/kg
Benzin	15	43
Diesel	20	42
Heizöl	25	41
Spiritus	20	27
Benzol	25	40
	Volumen V in m^3	**Heizwert H_u in MJ/m^3**
Erdgas	5	36
Acetylen	0,05	57
Propan	0,015	93
Butan	2,5	123
Gichtgas	3	3,5

Tabelle 2: Wirkungsgrade verschiedener Erwärmungseinrichtungen

Wärmequelle	Wirkungsgrad
Schmiedefeuer	0,06
Gasbeheizter Schmiedeofen	0,10
Brennstoffbeheizter Industrieofen	0,20
Induktionsofen	0,55

2.13.5 Wärmedurchgang an Bauelementen

Zwischen Räumen mit unterschiedlichen Temperaturen tritt stets ein Wärmestrom auf. Die Richtung des Wärmestromes ist immer von der höheren zur niedrigeren Temperatur orientiert **(Bild 1)**.

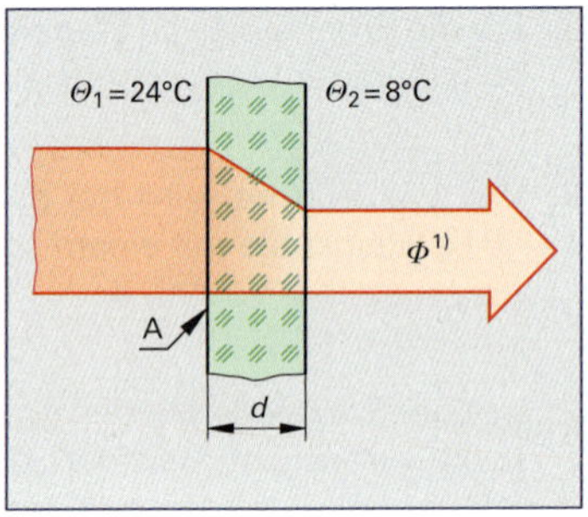

Bild 1

Bezeichnungen:

Φ[1)]	Wärmestrom	W	U, U_W, U_g	Wärmedurchgangskoeffizient	$\frac{W}{m^2 \cdot K}$
A	Fläche	m^2			
d	Bauelementdicke	mm, m	$\Delta\Theta$[2)]	Temperaturdifferenz	K

Der Wärmestrom ist die Menge an Energie, die beim Ausgleich des Temperaturunterschiedes auf der Seite der niedrigeren Temperatur austritt. Bei Gebäuden ist dies beispielsweise der Heizungsverlust ins Freie. Der Wärmedurchgangskoeffizient U gibt an, wie viel Watt Energie durch ein Bauelement mit einer Fläche von 1 m² bei einem Temperaturunterschied von 1 K hindurchgehen.

Wärmestrom = Wärmedurchgangskoeffizient · Fläche · Temperaturdifferenz

$$\Phi = U \cdot A \cdot \Delta\Theta$$

Beispiel: Eine Außenwand aus Leichthochlochziegel ist 30 cm dick und hat einem Wärmedurchgangskoeffizienten nach **Tabelle 1**. Die Wandfläche ist 5 m × 2,4 m. Wie groß ist der Wärmedurchgang in einer Winternacht, wenn die Raumtemperatur 21 °C und die Außentemperatur –18 °C beträgt?

Lösung:

$\Delta\Theta = \Theta_1 - \Theta_2 = 21\ °C - (-18\ °C) = 39\ °C = 39\ K$

$A = l \cdot b = 5\ m \cdot 2{,}4\ m = 12\ m^2$

$\Phi = U \cdot A \cdot \Delta\Theta = 1{,}39\ \frac{W}{m^2 \cdot K} \cdot 12\ m^2 \cdot 39\ K = \mathbf{650{,}5\ W}$

Tabelle 1: Wärmedurchgangskoeffizienten

Bauelement	U in $\frac{W}{m^2 \cdot K}$
Außenwände	1,39
Wohnungstrennwände in zentralbeheizten Gebäuden	3,03
Wohnungstrenndecken allgemein	1,64
Treppenraumwände	1,96

Aufgaben – Wärmedurchgang an Bauelementen

1. Ein Schaufenster hat eine Glasfläche von 3,83 m². Der Wärmedurchgangskoeffizient des Glases ist 1,95 $\frac{W}{m^2 \cdot K}$. Wie groß ist der Wärmestrom, wenn die Temperaturdifferenz $\Delta\Theta = 42$ K ist?

2. Der Wärmestrom durch das Fenster **(Bild 2)**, das nach Energieeinsparverordnung einen U_w-Wert von 1,4 $\frac{W}{m^2 \cdot K}$ hat, ist zu berechnen. Die Innentemperatur beträgt 21 °C und die Außentemperatur –10 °C.

3. Das Fenster **(Bild 3)** hat ein Wärmeschutzglas. Die Innentemperatur beträgt $\Theta = 22$ °C, die Außentemperatur $\Theta = -14$ °C, der Wärmedurchgangskoeffizient ist $U_w = 1{,}9\ \frac{W}{m^2 \cdot K}$. Wie groß ist trotzdem der Wärmeverlust Φ in W?

4. Eine Zimmerwand mit einer Länge $l = 4{,}5$ m und einer Höhe $h = 2{,}5$ m hat den U-Wert $U = 3{,}03\ \frac{W}{m^2 \cdot K}$.
   a) Wie groß ist der Wärmestrom durch die Wand, wenn in dem einen Zimmer $\Theta_1 = 21$ °C und im anderen $\Theta_2 = 16$ °C herrschen?
   b) Welche theoretischen Kosten entstehen an einem Tag, bei gleichbleibendem Wärmestrom, wenn die Kilowattstunde der Elektroheizung mit 0,39 €/kWh berechnet wird?

Bild 2

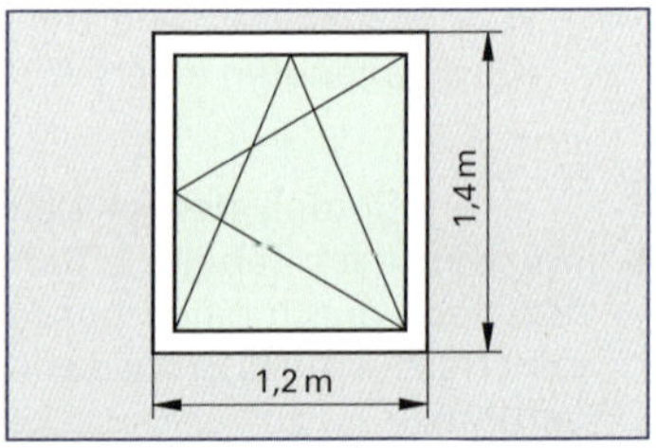

Bild 3

[1)] Φ, griech. Großbuchstabe Phi [2)] Θ, griech. Großbuchstabe Theta

Tabelle 1: Wärmedurchgangskoeffizient U_w für Fenster einschließlich Rahmen in W/m² · K

Verglasung	U_g-Wert des Glases in W/m² · K	U_f-Wert des Rahmens bei 20 % Flächenanteil in W/m² · K und typische Arten von Abstandhaltern								
		1,0	1,4	1,8	2,2	2,6	3,0	3,4	3,8	7,0
Einscheiben-verglasung	5,8	4,8	4,9	5,0	5,1	5,2	5,2	5,3	5,4	6,0
	3,3	3,0	3,1	3,2	3,3	3,4	3,5	3,5	3,6	4,1
	3,2	2,9	3,0	3,1	3,2	3,3	3,4	3,5	3,5	4,0
	3,1	2,8	2,9	3,0	3,1	3,2	3,3	3,4	3,5	3,9
	3,0	2,8	2,8	2,9	3,1	3,1	3,2	3,3	3,4	3,9
	2,9	2,7	2,8	2,8	3,0	3,1	3,1	3,2	3,3	3,8
	2,8	2,6	2,7	2,8	2,9	3,0	3,1	3,1	3,2	3,7
	2,7	2,5	2,6	2,7	2,8	2,9	3,0	3,1	3,1	3,6
	2,6	2,4	2,5	2,6	2,7	2,6	2,9	3,0	3,1	3,5
	2,5	2,4	2,4	2,5	2,7	2,5	2,8	2,9	3,0	3,5
	2,4	2,3	2,4	2,4	2,6	2,4	2,7	2,8	2,9	3,4
Zweischeiben- oder Dreischeiben-Isolierverglasung	2,3	2,2	2,3	2,4	2,5	2,4	2,7	2,7	2,8	3,3
	2,2	2,1	2,2	2,3	2,4	2,3	2,6	2,7	2,7	3,2
	2,1	2,0	2,1	2,2	2,3	2,2	2,5	2,6	2,7	3,1
	2,0	2,0	2,1	2,2	2,3	2,4	2,5	2,6	2,7	3,1
	1,9	1,9	2,0	2,1	2,3	2,3	2,4	2,5	2,6	3,1
	1,8	1,9	1,9	2,0	2,2	2,3	2,3	2,4	2,5	3,0
	1,7	1,8	1,9	1,9	2,1	2,2	2,3	2,3	2,4	2,9
	1,6	1,7	1,8	1,9	2,0	2,1	2,2	2,3	2,3	2,8
	1,5	1,6	1,7	1,8	1,9	2,0	2,1	2,2	2,3	2,7
	1,4	1,5	1,6	1,7	1,9	1,9	2,0	2,1	2,2	2,7
	1,3	1,5	1,5	1,6	1,8	1,9	1,9	2,0	2,1	2,6
	1,2	1,4	1,5	1,5	1,7	1,8	1,9	1,9	2,0	2,5
	1,1	1,3	1,4	1,5	1,6	1,7	1,8	1,9	1,9	2,4
	1,0	1,2	1,3	1,4	1,5	1,6	1,7	1,8	1,9	2,3

5. Eine Werkshalle hat eine Außenwand von 45 m × 12 m. Der Wärmedurchgangskoeffizient der Paneelkonstruktion hat einen Durchschnittswert U = 0,53 W/m² · K. Wie groß ist der Wärmestrom bei den Temperaturen: innen 19 °C, außen 12 °C?

6. Ein Fenster wird aus Systemprofilen mit einem U_f-Wert = 1,8 W/m² · K hergestellt. Der U_g-Wert des Zweischeiben-Isolierglases beträgt 3,3 W/m² · K. Welchen Wärmedurchgangskoeffizienten U_w erreicht das Fenster nach **Tabelle 1**?

7. Die Fenster für ein Wohnhaus sollen mindestens den U_w-Wert von 3,1 W/m² · K erreichen. Die Gesamtfläche aller Fenster einschließlich der Rahmen beträgt A = 20 m².

a) Welcher Wärmestrom ergibt sich aus den Rechenwerten Außentemperatur im Winter Θ_1 = –10 °C und Raumtemperatur Θ_2 = 20 °C?

b) Welchen U_f-Wert nach **Tabelle 1** muss das günstigste und das ungünstigste Zweischeiben-Isolierglas aufweisen, um den U_w-Wert zu erreichen?

8. Für ein Fenster wird ein U_w-Wert von 2,6 W/m² · K gefordert. Mit welcher Verglasung nach **Tabelle 1** ist dies zu erreichen, wenn der U_f-Wert 3,0 W/m² · K beträgt?

2.13.6 Wärmedämmung

Wärmedurchlasswiderstand einschichtiger Bauelemente

Die Wärmedämmung erfolgt durch einen inneren Widerstand, den ein Baustoff dem Wärmestrom entgegensetzt **(Bild 1)**. Dieser Widerstand wird als Wärmedurchlasswiderstand bezeichnet.

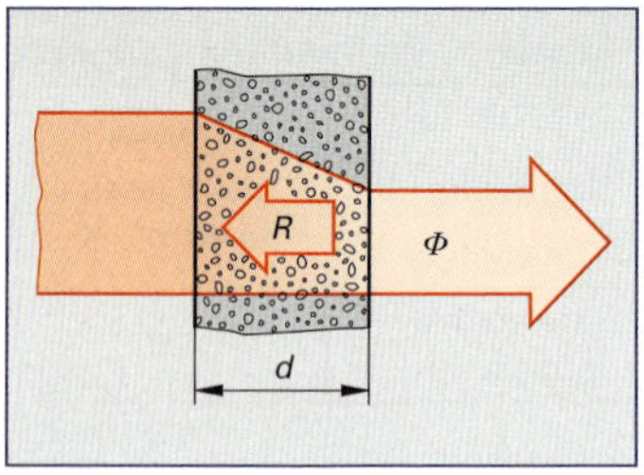

Bild 1

Bezeichnungen:

R	Wärmedurchlass-widerstand	$\frac{m^2 \cdot K}{W}$	$\lambda, \lambda_1, \lambda_2, \ldots$	Wärmeleit-fähigkeit	$\frac{W}{m \cdot K}$
$d, d_1, d_2, \ldots$	Wand-, Bauelementdicke	m			

$$\textbf{Wärmedurchlasswiderstand} = \frac{\textbf{Bauelementdicke}}{\textbf{Wärmeleitfähigkeit}}$$

$$R = \frac{d}{\lambda}$$

Beispiel: Die Wärmeleitfähigkeit von Beton beträgt $\lambda = 2{,}1$ W/m · K. Wie groß ist der Wärmedurchlasswiderstand einer 12 cm dicken Betonwand?

Lösung: $R = \frac{d}{\lambda} = \frac{0{,}12\ \text{m}}{2{,}1\ \text{W/m} \cdot \text{K}} = \mathbf{0{,}057\ \frac{m^2 \cdot K}{W}}$

Wärmedurchlasswiderstand mehrschichtiger Bauelemente

Bei mehrschichtigen Bauelementen, z. B. Fassaden, ergibt sich der gesamte Wärmedurchlasswiderstand aus der Summe der einzelnen Widerstände **(Bild 2)**.

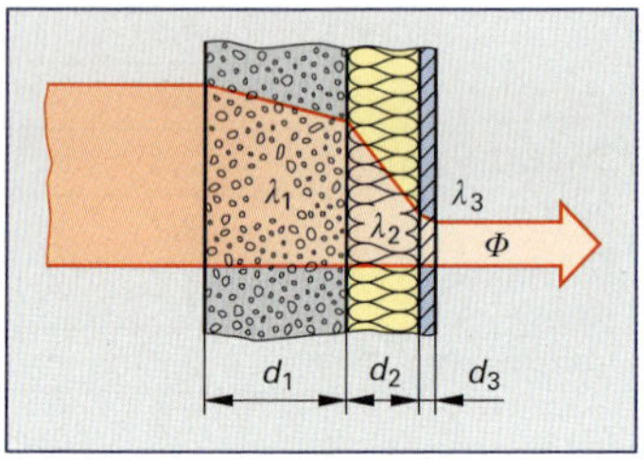

Bild 2

$$\textbf{Wärmedurchlasswiderstand} = \textbf{Summe der einzelnen Wärmedurchlasswiderstände}$$

$$R = \frac{d_1}{\lambda_1} + \frac{d_2}{\lambda_2} + \frac{d_3}{\lambda_3} + \ldots$$

Beispiel: Die im Beispiel oben berechnete Betonwand wird mit einer Warmfassade verkleidet **(Bild 2)**. Sie besteht aus 5 cm dicken Steinwolleplatten und einer 2 mm dicken Aluminiumblech-Verkleidung mit Wärmeleitfähigkeit nach **Tabelle 1**. Wie groß ist der Gesamt-Wärmedurchlasswiderstand?

Lösung: $R = \frac{d_1}{\lambda_1} + \frac{d_2}{\lambda_2} + \frac{d_3}{\lambda_3} = 0{,}057\ \frac{m^2 \cdot K}{W} + \frac{0{,}05\ \text{m}}{0{,}045\ \text{W/m} \cdot \text{K}} + \frac{0{,}002}{200\ \text{W/m} \cdot \text{K}} = \mathbf{1{,}168\ \frac{m^2 \cdot K}{W}}$

Wärmedurchgangswiderstand

Die auf ein Bauelement treffende Wärmemenge wird nicht sofort vollständig aufgenommen. Ebenso wird die an der Außenseite ankommende Wärmemenge nicht sofort an die Luft abgegeben. Es findet ein verzögerter Wärmeübergang statt **(Bild 3)**. Der Kehrwert des Wärmedurchgangswiderstandes ist der Wärmedurchgangskoeffizient.

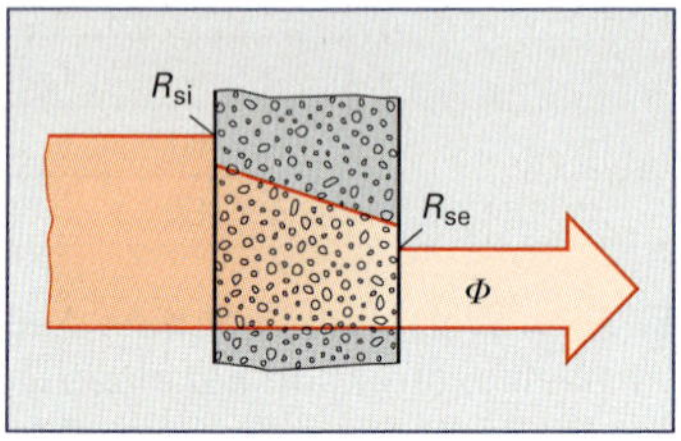

Bild 3

Bezeichnungen:

R_T	Wärmedurchgangswiderstand	$\frac{m^2 \cdot K}{W}$
R_{si}	innerer Wärmeübergangswiderstand	$\frac{m^2 \cdot K}{W}$
R_{se}	äußerer Wärmeübergangswiderstand	$\frac{m^2 \cdot K}{W}$
R	Wärmedurchlasswiderstand	$\frac{m^2 \cdot K}{W}$
U, U_w, U_f, U_g	Wärmedurchgangskoeffizient	$\frac{W}{m^2 \cdot K}$

Tabelle 1: Rechenwerte für Wärmeleitfähigkeit λ in W/m · K

Baustoff	Rechenwert
Stahl	50
Aluminium	200
Steinwolle	0,045
Polyurethan-Schaum – leicht	0,024
Glaswolle	0,05

Wärmedurchgangswiderstand = **innerer Wärmeübergangswiderstand** + **Gesamt-Wärmedurchlasswiderstand** + **äußerer Wärmeübergangswiderstand**

$$R_T = R_{si} + R + R_{se}$$

Der Kehrwert des Wärmedurchgangswiderstands ist der Wärmedurchgangskoeffizient; U-Wert.

Wärmedurchgangskoeffizient = $\dfrac{\mathbf{1}}{\textbf{Wärmedurchgangswiderstand}}$

$$U = \frac{1}{R_T}$$

Vereinfacht wird mit den Wärmeübergangswiderständen $R_{si} = 0{,}13\ \mathrm{m^2 \cdot K/W}$ und $R_{se} = 0{,}04\ \mathrm{m^2 \cdot K/W}$ gerechnet!

Beispiel: Wie groß sind für die im **2. Beispiel Seite 168** berechnete Warmfassade der Wärmedurchgangswiderstand R_T und der Wärmedurchgangskoeffizient U?

Lösung:

$$R_T = R_{si} + R + R_{se} = 0{,}13\ \frac{\mathrm{m^2 \cdot K}}{\mathrm{W}} + 1{,}307\ \frac{\mathrm{m^2 \cdot K}}{\mathrm{W}} + 0{,}04\ \frac{\mathrm{m^2 \cdot K}}{\mathrm{W}}$$

$$= \mathbf{1{,}477}\ \frac{\mathbf{m^2 \cdot K}}{\mathbf{W}}$$

$$U = \frac{1}{R_T} = \frac{1}{1{,}477\ \frac{\mathrm{m^2 \cdot K}}{\mathrm{W}}} = \mathbf{0{,}68}\ \frac{\mathbf{W}}{\mathbf{m^2 \cdot K}}$$

Tabelle 1

Baustoff	Wärmeleitfähigkeit λ in $\frac{\mathrm{W}}{\mathrm{m \cdot K}}$	Bauelementdicke d in mm
Vollziegel	0,5	240
Leichtbauplatten	0,035	20
Gummi	0,2	5
Steinwolle	0,045	130

Für rechnerische Werte der Wärmedurchgangskoeffizienten U_w bei Fenstern gilt:

Bezeichnungen:

U_f[1], U_g[2], U_w[3]	Wärmedurchgangskoeffizienten	$\mathrm{W/m^2 \cdot K}$
A_f, A_g, A_w	Flächenanteile	$\mathrm{m^2}$
l_g	Umfangslänge des Glasrahmens	m
Ψ_g[4]	Längenbezogener Wärmedurchgangskoeffizient	$\mathrm{W/m \cdot K}$

$$U_w = \frac{A_f \cdot U_f + A_g \cdot U_g + l_g \cdot \Psi}{A_w}$$

Aufgaben Wärmedämmung

1. Für die in der **Tabelle 1** aufgeführten Baustoffe sind zu berechnen der Wärmedurchlasswiderstand R, der Wärmedurchgangswiderstand R_T und der Wärmedurchgangskoeffizient U.

2. Es sollen Al-Fassaden-Paneele aus 2 mm dicken Al-Halbschalen hergestellt werden. Als Füllung wird Steinwolle (Wärmeleitfähigkeit nach **Tabelle 1**) verwendet. Die Gesamtdicke soll 40 mm betragen. Wie groß ist der Wärmedurchgangswiderstand bei Wärmeleitfähigkeiten nach **Tabelle 1, Seite 168**?

3. Eine doppelwandige Stahltür **(Bild 1)** ist mit mineralischem Faserdämmstoff $\lambda = 0{,}045\ \mathrm{W/m \cdot K}$ gefüllt. Die Wärmebrücke am Randverbund bleibt unberücksichtigt. Zu bestimmen sind
   a) der Gesamtwärmedurchlasswiderstand,
   b) der Wärmedurchgangswiderstand,
   c) der Wärmedurchgangskoeffizient,
   d) der Wärmestrom bei einer Temperaturdifferenz von 30 °C.

4. Für ein wärmegedämmtes Zweischeibenisolierglas **(Bild 2)**, sind an der Stelle „A – A" der Wärmedurchgangswiderstand und der Wärmedurchgangskoeffizient zu berechnen.

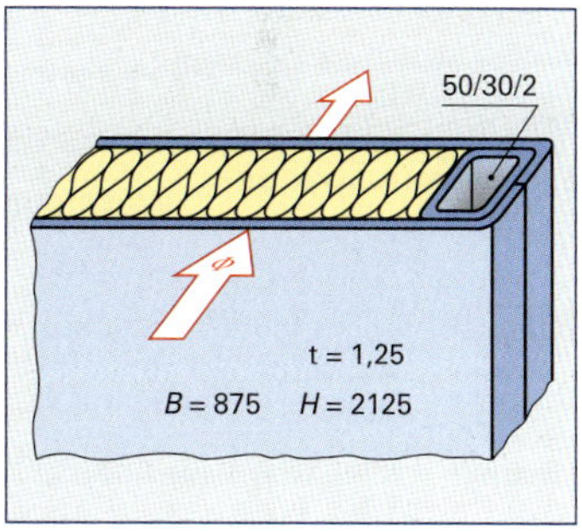

Bild 1

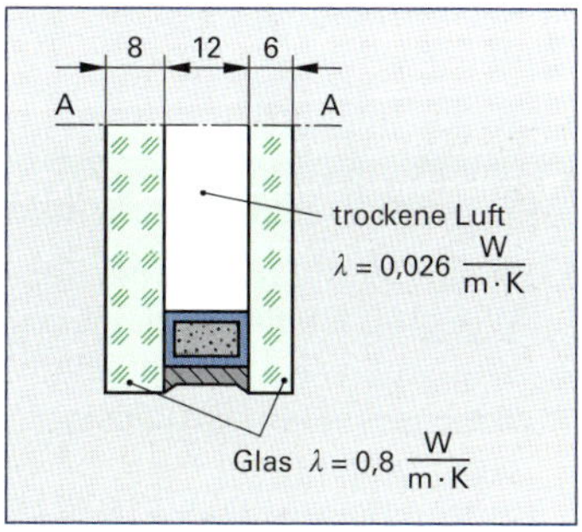

Bild 2

[1] frame engl. für Rahmen [2] glass engl. für Glas [3] window engl. für Fenster
[4] ψ, griech. Buchstabe psi

2.13.7 Vermeidung von Tauwasserbildung auf Oberflächen

Die Aufnahmefähigkeit der Luft für Wasserdampf ist begrenzt und von der Temperatur abhängig. Die größtmögliche Wasserdampfmenge, die bei einer bestimmten Lufttemperatur aufgenommen werden kann, wird als Sättigungsmenge oder maximale Luftfeuchte v_{sat} (g/m³) bezeichnet.

Die absolute Luftfeuchte v (g/m³) ist die vorhandene Wasserdampfmenge. Das Verhältnis der absoluten Feuchte zur maximalen Feuchte ist die relative Luftfeuchte φ (%). Wird feuchte Luft in einem geschlossenen Gefäß abgekühlt, sinkt die maximale Luftfeuchte und der Wasserdampf kondensiert an den Wänden (Tauwasserbildung) **(Bild 1)**.

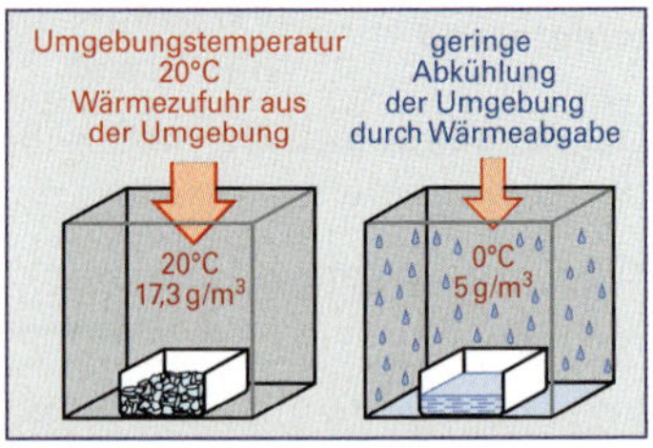

Bild 1

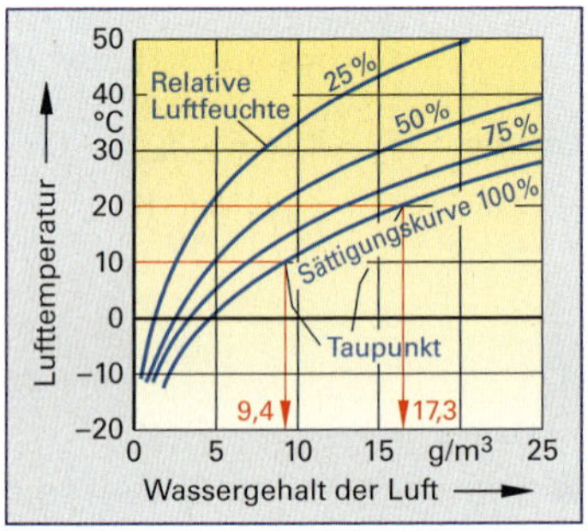

Bild 2

Bezeichnungen:

φ	relative Luftfeuchte	%
v_{sat}	Sättigungsmenge	g/m³
v	absolute Luftfeuchte	g/m³
Θ_i	Raumlufttemperatur	°C
Θ_e	Außenlufttemperatur	°C
Θ_{si}	Taupunkttemperatur	°C
U_{max}	maximal zulässiger Wärmedurchgangskoeffizient	W/m² · K
R_{si}	Wärmeübergangswiderstand Innenwand	W/m² · K

$$\textbf{Relative Luftfeuchte} = \frac{\textbf{absolute Luftfeuchte}}{\textbf{Sättigungsmenge}} \cdot \textbf{100\%}$$

$$\varphi = \frac{v}{v_{sat}} \cdot 100\,\%$$

$$U_{max} = \frac{\Theta_i - \Theta_{si}}{R_{si} \cdot (\Theta_i - \Theta_e)}$$

$$\textbf{Maximal zulässiger Wärmedurchgangskoeffizient} = \frac{\textbf{Raumlufttemperatur – Taupunkttemperatur}}{\textbf{Wärmeübergangswiderstand Innenwand} \cdot \textbf{(Raumlufttemp. – Außenlufttemp.)}}$$

Beispiel: Bei welcher Temperatur der inneren Fensteroberfläche taut der Wasserdampf der Luft aus **Bild 3**, wenn die Raumlufttemperatur Θ_i = 20 °C und die relative Luftfeuchte φ = 50 % betragen?

Lösung: Nach **Diagramm Bild 2** Θ_{si} = 9,3 °C

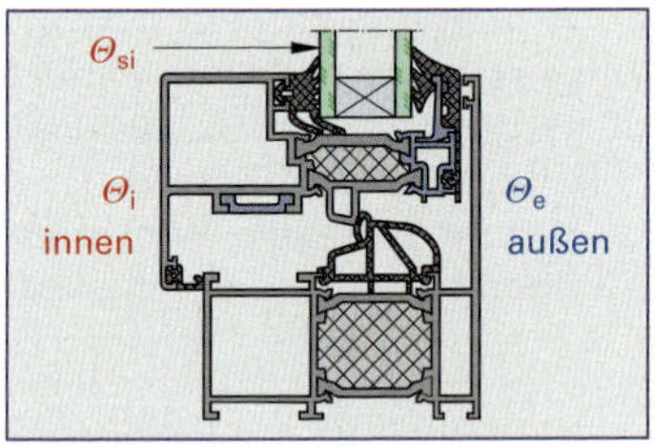

Bild 3

Aufgaben **Vermeidung von Tauwasserbildung auf Oberflächen**

1. In einem m³ Luft mit der Temperatur Θ_i = 10 °C befinden sich m = 5 g Wasser. Wie groß ist die relative Luftfeuchte φ in %?
2. Wie groß wäre mit der absoluten Luftfeuchte v = 9 g/m³ die relative Luftfeuchte φ in % bei 25 °C?
3. Welcher maximal zulässiger Wärmedurchgangskoeffizient U_{max} ergibt sich bei einem Wärmeübergangswiderstand R_{si} = 7,7 W/(m² · K), bei einer Raumlufttemperatur Θ_i = 20 °C und einer Außenlufttemperatur Θ_e = –15 °C? Die relative Luftfeuchte beträgt φ = 50 % und die Taupunkttemperatur Θ_{si} = 9,3 °C.

2.13.8 Wasserdampfdiffusion (Feuchteschutztechnische Berechnungen)

Die Wasserdampfdiffusion ist die Eigenbewegung des Dampfes durch Bau- und Dämmstoffe. Die Treibkraft ist der unterschiedliche Wasserdampfdruck auf beiden Seiten des Bauteils. Hierbei kann es zur Tauwasserbildung innerhalb des Bauteilquerschnitts kommen. Der Wasserdampfdruck ist von der Temperatur und der relativen Luftfeuchtigkeit im Bauteil abhängig **(Bild 1)**.

Diese Vorgänge treten besonders im Anschlussbereich von Fenster- und Fassadenkonstruktionen auf.

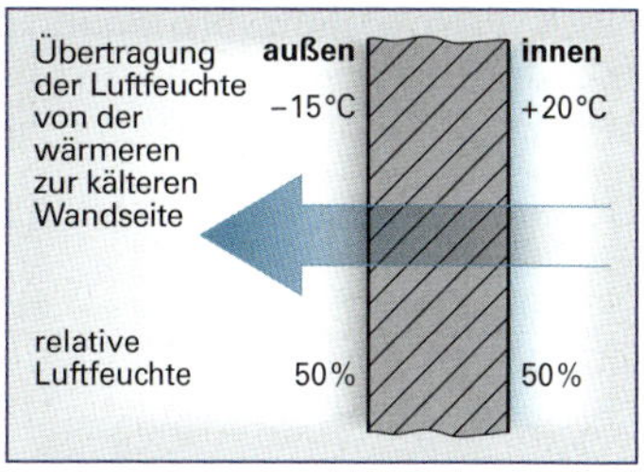

Bild 1

Bezeichnungen:

φ	relative Luftfeuchte	%	p	Teildruck	Pa
μ	Wasserdampf-Diffusionswiderstandszahl	–	p_{sw}	Sättigungsdruck am Ort des Tauwasserausfalls	Pa
p_s	Sättigungsdruck	Pa	d	Schichtdicke	m
d_d	wasserdampfdiffusionsäquivalente Luftschichtdicke	m	n	Ansicht der Einzelschichten	–

Einschichtige Wand

Wasserdampfdiffusionsäquivalente Luftschichtdicke = Wasserdampf-Diffusionswiderstandszahl · Schichtdicke

$$d_d = \mu \cdot d$$

Mehrschichtige Wand

Summe der einzelnen Wandschichtdicken

$$d_d = \mu_1 \cdot d_1 + \mu_2 \cdot d_2 + \ldots + \mu_n \cdot d_n$$

Relative Luftfeuchte

Relative Luftfeuchte = $\frac{\text{Teildruck} \cdot 100\,\%}{\text{Sättigungsdruck}}$

$$\varphi = \frac{p \cdot 100\,\%}{p_s}$$

Der d_d-Wert eines Bauteils beschreibt, wie dick eine Luftschicht sein müsste, damit sie den gleichen Diffusionswiderstand wie das Bauteil hat. Der d_d-Wert ist abhängig von der Art des Werkstoffes und seiner Dicke d.

- **diffusionsoffene Schicht**
  Bauteilschicht mit $d_d \leq 0{,}5$ m
- **diffusionshemmende Schicht**
  Bauteilschicht mit $0{,}5 \text{ m} < d_d < 1{,}5$ km
- **diffusionsdichte Schicht**
  Bauteilschicht mit $d_d \geq 1{,}5$ km

Tabelle 1: Wasserdampfdiffusions-Widerstandszahlen (μ-Werte) ausgewählte Stoffe

Stoff	Wasserdampfdiffusionswiderstandszahl μ
Luft	1
Faserdämmstoff	1
Kork	5
Vollziegel-Mauerwerk	5 bis 10
Holz	40
Beton	70 bis 150
PVC-Folie	20000 bis 50000
Metall	– (dicht, Dampfsperre)

Beispiel: Wie groß ist die wasserdampfdiffusionsäquivalente Luftschichtdicke einer Aluminium-Fassadenverkleidung mit Hinterlüftung?

Lösung: Nach **Tabelle 1** $\mu = \infty$
Die Aluminiumbauteilschicht ist diffusionshemmend.

Aufgaben | Wasserdampfdiffusion

1. Es sind für die folgenden Stoffe und Schichtdicken die wasserdampfdiffusionsäquivalenten Luftschichtdicken zu berechnen:
   a) Kork mit $d_d = 5$ mm;
   b) Vollziegel mit $d_d = 12{,}5$ mm bei einer Wasserdampf-Diffusionswiderstandszahl von $\mu = 8$ und
   c) Gipskartonplatten mit $d_d = 30$ mm.

2.13.9 Nachweisverfahren des Wärmedurchganges

Nach Wärmeschutzverordnung wird über ein Energiebilanzverfahren der Jahres-Heizwärmebedarf ermittelt. Für Wohngebäude mit maximal zwei Geschossen und bis zu drei Wohneinheiten kann ein vereinfachtes Nachweisverfahren durchgeführt werden.

Dabei gelten die maximalen *U*-Werte nach **Tabelle 1**. Für Fenster und Fensterwände gilt:

$$U_{m,\,eq,\,W} \leq U_{max,\,W}$$

Bezeichnungen:

$U_{m,eq}$	mittlerer äquivalenter *U*-Wert	$\frac{W}{m^2 \cdot K}$
U_{eq}	äquivalenter *U*-Wert	$\frac{W}{m^2 \cdot K}$
U	*U*-Wert	$\frac{W}{m^2 \cdot K}$
g	Energiedurchlassgrad	$\frac{W}{m^2 \cdot K}$
A	Fläche	m^2
S	Strahlungsgewinn-Faktor	

Index

W	Fenster	N	Nord
D	Tür	S	Süd
AW	Wand	O, W	Ost, West

Tabelle 1: Maximaler *U*-Wert

Bauelement	U_{max} in $W/m^2 \cdot K$
Außenwände	0,40
Außen liegende Fenster, Fensterwände, Dachfenster	0,70
Decken unter nicht ausgebauten Dachräumen und Decken, die gegen die Außenluft abgrenzen	0,22
Kellerdecken, Wände und Decken gegen unbeheizte Räume und Wände gegen das Erdreich angrenzend	0,35

Mittlerer äquivalenter *U*-Wert = $\frac{\text{Summe der Flächen} \cdot \text{äquivalenter } U\text{-Wert}}{\text{Gesamtfläche}}$

$$U_{m,\,eq,\,W} = \frac{\Sigma\,(A \cdot U_{eq,\,W})}{A_{ges}}$$

Äquivalenter *U*-Wert = *U*-Wert − Energiedurchlassgrad · Strahlungsgewinnfaktor

$$U_{eq,\,W} = U_W - g \cdot S_W$$

Tabelle 2: Energiedurchlassgrad für Fenster g_W

Verglasungsart	g_W in $W/m^2 \cdot K$
Einfachverglasung	0,87
Doppelverglasung	0,75

Tabelle 3: Strahlungsgewinnfaktor S_W für Fenster

Himmelsrichtung	S_W
Süd	2,40
Nord	0,95
Ost, West	1,65

Beispiel: Ein Zweifamilienhaus hat folgende Fensterflächen: Südseite 20 m², Nordseite 10 m², Ost- und Westseite jeweils 7 m². Die Fenster erhalten Doppelverglasung, der U_W-Wert darf nach Ausschreibung 2,0 W/m² · K nicht überschreiten. Es ist das vereinfachte Nachweisverfahren nach Wärmeschutzverordnung durchzuführen.

Lösung: *g* nach **Tabelle 2**, S_F nach **Tabelle 3**, nach **Tabelle 1** $U_{max} = 0{,}7\ W/m^2 \cdot K$

	A	U_W	g_W	S_W	$U_{eq,W} = U_W - g \cdot S_W$	$A \cdot U_{eq,W}$
Süd	20	2,0	0,75	2,4	0,2	4,0
Nord	10	2,0	0,75	0,95	1,29	12,9
Ost	7	2,0	0,75	1,65	0,76	5,34
West	7	2,0	0,75	1,65	0,76	5,34
$A_{ges} = 44$			$U_{m,eq,W} = \Sigma\,(A \cdot U_{eq,W})/A_{ges} = 0{,}63\ W/m^2 \cdot K$			

Nachweis: **$U_{m,\,eq,\,W} = 0{,}63\ W/m^2 \cdot K \leq U_{max} = 0{,}7\ W/m^2 \cdot K$; Bedingung erfüllt.**

Aufgaben | Wärmedämmung

1. Ein Fenster mit Doppelverglasung und einer Gesamtfläche von 1,44 m² ist nach Süden ausgerichtet. Der U_W-Wert wird mit 2,5 W/m² · K angegeben. Für das Fenster ist das vereinfachte Nachweisverfahren der Wärmeschutzverordnung durchzuführen. Erfüllt ein Fenster dieser Qualität die Anforderung nach Wärmeschutzverordnung, wenn es auf der Ost- oder Westseite eingebaut wird?

2. Für die Terrassenseite nach Süden eines Einfamilienhauses soll eine Fenstertür und Fensterwand mit Doppelverglasung gefertigt werden. Die Gesamtfläche beträgt 25 m². Welchen U_g-Wert nach **Tabelle 1, Seite 167,** muss das Glas besitzen, wenn der U_f-Wert gleich 3,4 W/m² · K beträgt?

2.14 Statische Berechnungen im Stahl- und Metallbau

Die für den Stahlbau gültigen Berechnungsverfahren sind in den EUROCODES beschrieben und für Deutschland als DIN-Normen festgelegt. Die wichtigsten dieser Normen sind folgende:

DIN EN 1990 – Grundlagen der Tragwerksplanung (EUROCODE 0)

DIN EN 1991 – Einwirkungen auf Tragwerke (EUROCODE 1)

DIN EN 1993 – Entwurf, Berechnung und Bemessung von Stahltragwerken (EUROCODE 3)

Begriffe:

- **Tragwerk:** miteinander verbundene tragende und aussteifende Bauteile
- **Verbindung:** Befestigung der Bauteile miteinander (Schraub-, Schweißverbindung)
- **Einwirkungen:** von außen her auf das Tragwerk wirkende Kräfte (Belastungen)
- **Auswirkungen der Einwirkungen:** Kräfte, Momente[1] und Spannungen, die im Tragwerk durch die Einwirkungen hervorgerufen werden.

In den EUROCODES ist für Stahlbauten wie in **Bild 1** dargestellt folgende Forderung formuliert:

„Für ein Tragwerk, seine Teile und Verbindungen sind die Tragsicherheit, (...) nachzuweisen."

Für den **„Grenzzustand der Tragfähigkeit"** sind dabei folgende Nachweise zu führen:

a) Nachweis der Beanspruchbarkeit der Querschnitte

b) Stabilitätsnachweis des Tragwerks und seiner Bauteile

c) Nachweis der Anschlüsse und Verbindungen

Für a) und c) sind die Nachweise als **„Querschnittsnachweise"** zu führen. Das bedeutet, dass die höchstbelasteten Querschnitte der Tragwerksteile und ihrer Verbindungen zu prüfen sind.

Für b) sind wesentliche Tragwerkselemente auf Knickung zu prüfen.

Um die Nachweise führen zu können, müssen zunächst die im Tragwerk wirkenden Kräfte ermittelt werden.

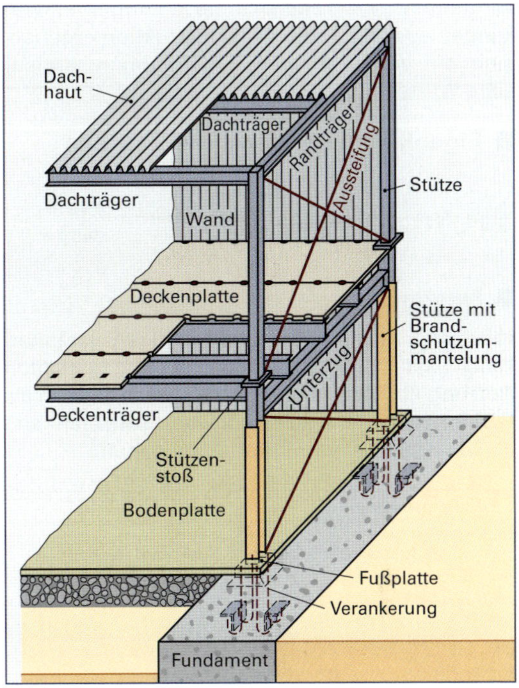

Bild 1: Tragwerk einer Stahlhalle

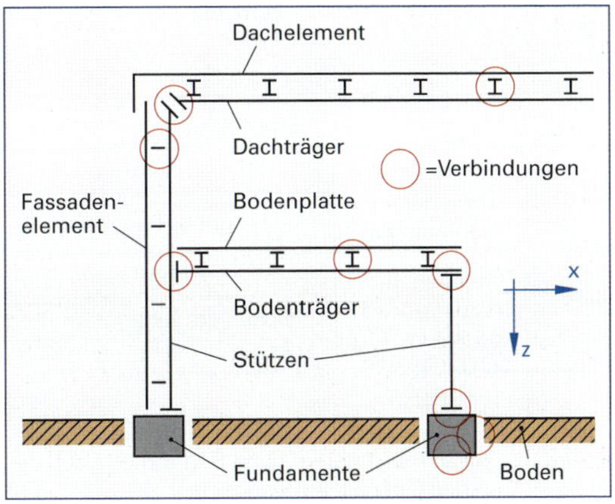

Bild 2: Bezeichnungen am Tragwerk

[1] Momente sowie im Bauteil herrschende Spannungen werden im Weiteren nicht betrachtet.

2.14.1 Einwirkungen auf Tragwerke

Einflüsse, die von der Umgebung her kommen, werden „Einwirkungen" genannt. Sie erzeugen Kräfte im Tragwerk. Dabei gibt es Einwirkungen, die während der Lebensdauer des Bauwerks annähernd konstant sind wie das Eigengewicht des Tragwerks. Diese werden „ständige Einwirkungen" genannt. Im zeitlichen Verlauf nicht konstante Einwirkungen heißen „veränderliche Einwirkungen". Während sich die ständigen Einwirkungen aus den Daten der Konstruktion ergeben, sind die veränderlichen Einwirkungen statistische Werte.

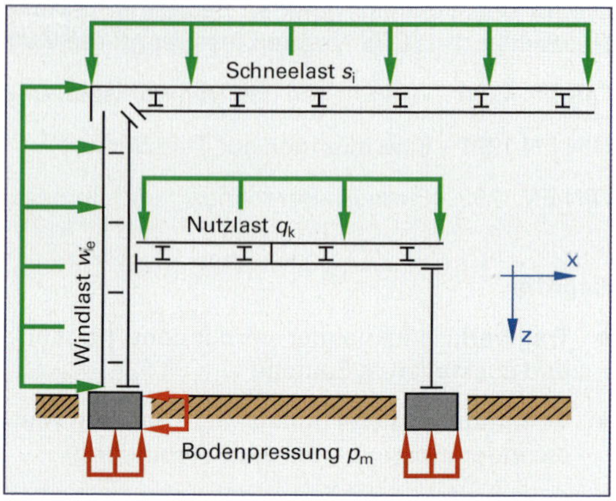

Bild 1: Veränderliche Lasten am Tragwerk

Eigenlasten stabförmiger Bauteile

Eigenlast = längenbezogene Masse · Fallbeschleunigung · Profillänge

$$F_{G,k} = m' \cdot g \cdot l$$

Nutzlasten

Nutzlasten zählen zu den unabhängigen, veränderlichen Lasten. Ihre Größe hängt von der geplanten Nutzung des Tragwerks ab. Nutzlasten können als Flächen- oder als Streckenlasten auftreten und wirken entweder vertikal oder horizontal.

Bezeichnungen:
q_k Nutzlast als Flächenlast kN/m²
$\overline{q}_k$ Nutzlast als Streckenlast kN/m

Index:
k charakteristischer Wert der Last

Die anzusetzenden Nutzlasten können direkt aus Tabellen entnommen werden.

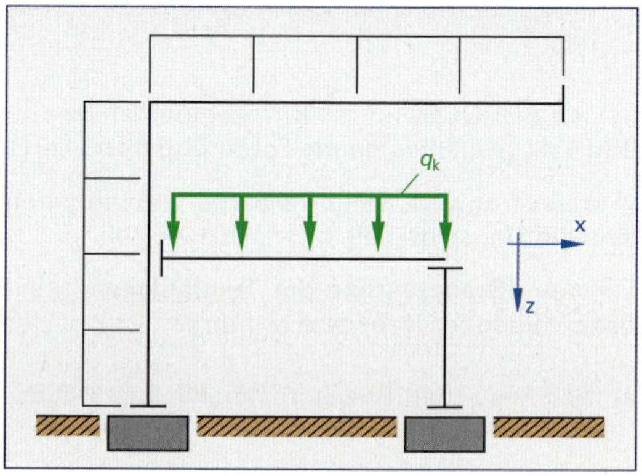

Bild 2: Nutzlast am Geschossboden

Tabelle 1: Nutzlast als Flächenlast (vertikal wirkend) und als Streckenlast (horizontal wirkend)

Kategorie	Nutzung		vertikale Nutzlast auf Bodenflächen q_k in kN/m²	horizontale Nutzlast auf Absturzsicherungen $\overline{q}_k$ in kN/m
A	Wohnflächen		2,0	0,5
B	Büroflächen		3,0	0,5
C	Flächen mit Personenansammlungen	bestuhlt	4,0	0,5
		ohne Hindernisse	5,0	3,0
T	Treppen und Treppenpodeste	Wohnflächen	3,0	0,5
		Flächen der Kategorien B und C	5,0	1,0
Z	Zugänge und Balkone		4,0	1,0

Beispiel: Die in **Bild 1** dargestellte Bodenplatte soll die Büros eines Betriebs tragen. Welchen Wert hat die anzusetzende Nutzlast als Flächenlast q_k?

Lösung: Nach **Tabelle 1**: Kategorie B, vertikale Last q_k = **3,0 kN/m²**

Windlasten

Windlasten zählen zu den unabhängigen, veränderlichen Lasten. Ihre Größe hängt vom Standort des Tragwerks sowie von der Bauwerksgeometrie ab. Windlasten wirken als Flächenlasten immer senkrecht zur betrachteten Fläche. Sie können als Druck- oder als Soglast wirken.

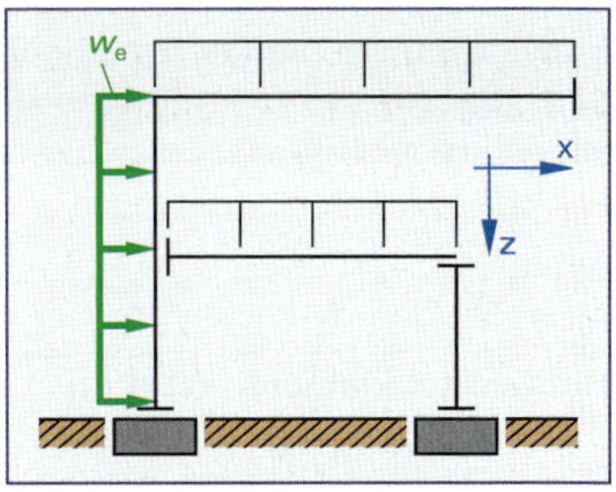

Bild 1: Windlast auf die Bauwerkswand

Bezeichnungen:

w_e	Windlast	kN/m^2
$q_p(z_e)$	Geschwindigkeitsdruck	kN/m^2
c_{pe}	aerodynamischer Beiwert	–
z_e	Bezugshöhe des Gebäudes, entspricht der Bauwerkshöhe h	m
b	Bauwerksbreite senkrecht zur Windrichtung	m
d	Bauwerkstiefe in Windrichtung	m
h	Bauwerkshöhe	m
e	Hilfswert (Zur Einteilung der Bauwerksbereiche)	m

Die Windlast auf eine Außenfläche eines Bauwerks lässt sich mit folgender Formel ermitteln:

Windlast auf Fläche = **Geschwindigkeitsdruck** · **aerodynamischer Beiwert**

$$w_e = q_p(z_e) \cdot c_{pe}$$

Ist das Bauwerk nicht höher als 25 m, so können die Geschwindigkeitsdrücke folgender Tabelle entnommen werden:

Tabelle 1: Windgeschwindigkeitsdrücke q_p (z_e) in kN/m^2

Windlastzone (Bild 3)		$h \leq 10$ m	10 m $< h \leq$ 18 m	18 m $< h \leq$ 25 m
1	Binnenland	0,5	0,65	0,75
2	Binnenland	0,65	0,80	0,90
	Ostsee, Küste und Inseln	0,85	1,00	1,10
3	Binnenland	0,80	0,95	1,10
	Ostseeküste und -inseln	1,05	1,20	1,30
4	Binnenland	0,95	1,15	1,30
	Ostseeküste und -inseln, Nordseeküste	1,25	1,40	1,55
	Nordseeinseln	1,40	–	–

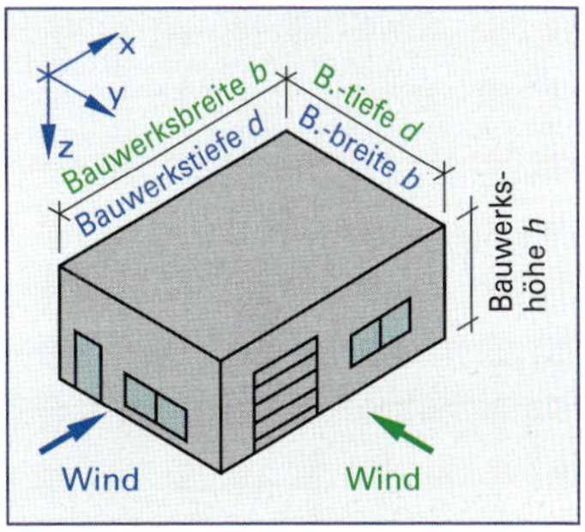

Bild 2: Bauwerksmaße

Beispiel: Für ein Gebäude in Brandenburg ist der anzusetzende Geschwindigkeitsdruck zu ermitteln. Die Gebäudehöhe beträgt 12,5 m.

Lösung: Nach **Bild 3**: Brandenburg = Windzone 2
nach Tabelle 1: 10 m < h = 12,5 m ≤ 18 m
für Windzone 2 (Binnenland) und h < 18 m gilt:
$\mathbf{q_p = 0{,}80\ kN/m^2}$

Bild 3: Windlastzonen

Die aerodynamischen Beiwerte c_{pe} hängen von der betrachteten Wand gemäß **Bild 1** ab. Um die Einwirkung auf die Wand zu bestimmen, wird diese in Bauwerksdruckbereiche unterteilt. Dazu ist zunächst der Hilfswert *e* zu bestimmen.

Tabelle 1: Aerodynamische Beiwerte c_{pe} für vertikale Wandflächen

Bereich	A	B	C	D	E
c_{pe}	–1,2	–0,8	–0,5	+0,8	–0,5

Hilfswert = kleinerer Wert aus {Bauwerksbreite; 2 · Bauwerkshöhe}

$$e = \min \begin{cases} b \\ 2 \cdot h \end{cases}$$

Die aerodynamischen Beiwerte können aus **Tabelle 1** entnommen werden.

ANMERKUNG: Negative c_{pe}-Werte bedeuten, dass Windsog vorliegt, positive Werte bedeuten Winddruck.

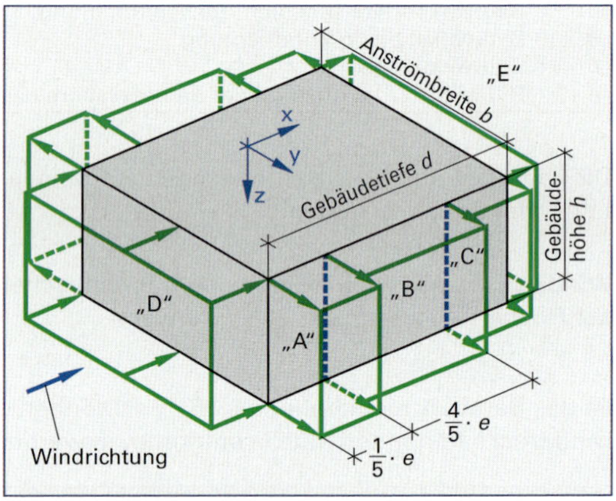

Bild 1: Vertikale Wandflächen

Beispiel: Die in **Bild 1** dargestellte Halle hat eine Breite von 20 m, ist 45 m lang und 11 m hoch. Welche Länge hat Bauwerksdruckbereich A und welcher aerodynamische Beiwert c_{pe} ist für diesen Bauwerksdruckbereich zu verwenden?

Lösung:

$$e = \min \begin{cases} b \\ 2 \cdot h \end{cases} = \min \begin{cases} 20\ \text{m} \\ 2 \cdot 11\ \text{m} \end{cases}$$

$$= \min \begin{cases} 20\ \text{m} \\ 22\ \text{m} \end{cases} = 20\ \text{m}$$

$$l_A = \frac{1}{5} \cdot e = \frac{1}{5} \cdot 20\ \text{m} = 4\ \text{m}$$

Nach **Tabelle 1** im Bereich A: $\mathbf{c_{pe} = -1{,}2}$

Schneelasten

Schneelasten zählen zu den unabhängigen, veränderlichen Lasten. Ihre Größe hängt ab vom Standort des Tragwerks, seiner Standorthöhe über dem Meeresspiegel und davon, ob der Schnee ein Dach oder ein anderes Bauteil belastet. Schneelasten treten als Flächenlasten auf und wirken immer vertikal **(Bild 2)**.

Bezeichnungen:

s_i	Schneelast auf dem Dach	kN/m²
s_k	Schneelast am Boden	kN/m²
s_{kmin}	Mindestwert der Schneelast am Boden	kN/m²
A_H	Standorthöhe über dem Meeresspiegel	m
μ_1	Formbeiwert	---
α	Neigungswinkel des Daches	°

Bild 2: Karte der Schneelastzonen

Der charakteristische Wert der Schneelast auf dem Boden wird in Abhängigkeit von der Schneezone des Standorts wie folgt ermittelt:

Zone Schneelast auf dem Boden s_k[1)]

S1 $$\text{Schneelast am Boden} = 0{,}19 + 0{,}91 \cdot \left(\frac{\text{Standorthöhe} + 140}{760}\right)^2 \geq 0{,}65$$

$$s_k = 0{,}19 + 0{,}91 \cdot \left(\frac{A_H + 140}{760}\right)^2 \geq 0{,}65$$

S2 $$\text{Schneelast am Boden} = 0{,}25 + 1{,}91 \cdot \left(\frac{\text{Standorthöhe} + 140}{760}\right)^2 \geq 0{,}85$$

$$s_k = 0{,}25 + 1{,}91 \cdot \left(\frac{A_H + 140}{760}\right)^2 \geq 0{,}85$$

S3 $$\text{Schneelast am Boden} = 0{,}31 + 2{,}91 \cdot \left(\frac{\text{Standorthöhe} + 140}{760}\right)^2 \geq 1{,}10$$

$$s_k = 0{,}31 + 2{,}91 \cdot \left(\frac{A_H + 140}{760}\right)^2 \geq 1{,}10$$

Der Wert der Schneelast auf einem Dach ist geringer als der auf dem Boden. Dies wird durch den (Dach-)Formbeiwert μ_1 berücksichtigt **(Tabelle 1)**.

Mit dem Formbeiwert μ_1 ergibt sich die Schneelast auf dem Dach:

$$\text{Schneelast auf dem Dach} = \text{Formbeiwert} \cdot \text{Schneelast auf dem Boden}$$

$$s_i = \mu_1 \cdot s_k$$

Beispiel: Für ein Vordach im Raum München ist die mögliche Schneelast zu berechnen. Die Dachneigung beträgt 25°, Höhe ü.d.M. 518 m. Welcher Wert ist für die Bemessung als Schneelast auf dem Dach zu verwenden?

Lösung: Nach **Bild 2, Seite 176** ist München in Schneezone 1a.

$$s_k = 0{,}19 + 0{,}91 \cdot \left(\frac{A_H + 140}{760}\right)^2 = 0{,}19 + 0{,}91 \cdot \left(\frac{518 + 140}{760}\right)^2$$

$$= \mathbf{0{,}87} \, \frac{\mathbf{kN}}{\mathbf{m^2}} > \mathbf{0{,}65} \, \frac{\mathbf{kN}}{\mathbf{m^2}}$$

Für Schneezone 1a ist der Wert mit dem Faktor 1,25 zu multiplizieren.

$$s_k = 1{,}25 \cdot s_k = 1{,}25 \cdot 0{,}87 \, \frac{kN}{m^2} = \mathbf{1{,}09} \, \frac{\mathbf{kN}}{\mathbf{m^2}}$$

Nach **Tabelle 1**: $\mu_1 = 0{,}8$

$$s_i = \mu_1 \cdot s_k = 0{,}8 \cdot 1{,}09 \, \frac{kN}{m^2} = \mathbf{0{,}87} \, \frac{\mathbf{kN}}{\mathbf{m^2}}$$

Tabelle 1: Formbeiwerte μ_1

Dachneigung	μ_1
$0° \leq \alpha \leq 30°$	0,8
$30° < \alpha < 60°$	$0{,}8 \cdot \frac{(60° - \alpha)}{30°}$
$60° < \alpha$	0,0

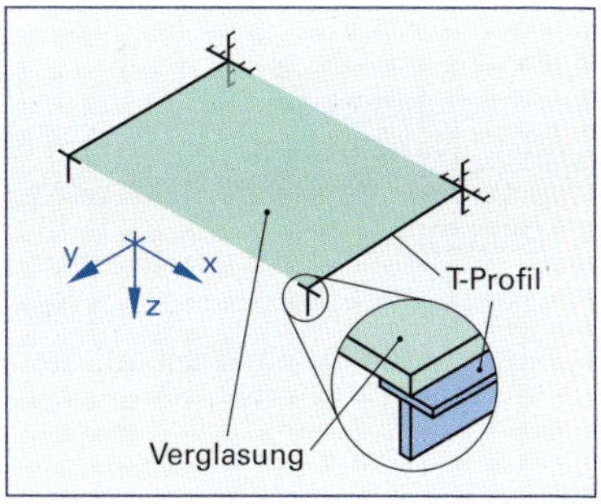

Bild 1: Vordach

Aufgaben Einwirkungen

1. Das Tragwerk eines Vordachs **(Bild 1)** besteht aus zwei fest in der Wand eingespannten Trägern aus T-Profil DIN EN 10055 – T40 – 1250 mm aus S235.

   Wie hoch ist die charakteristische Eigenlast ($g = 10 \frac{m}{s^2}$) des Tragwerks?

2. Die Überdachung der Zufahrt zu einem Parkhaus besteht aus mehreren identischen Rahmen **Bild 2**. Ein Rahmen besteht aus

   2 Stützen: Hohlprofil DIN EN 10210-2 – 60 x 60 x 4 – 2250 mm (S235)

   1 Querträger: I-Profil DIN 1025 - I120 – 3750 mm (S235).

   Es ist der charakteristische Wert der Eigenlast ($g = 10 \frac{m}{s^2}$) eines Rahmens zu ermitteln!

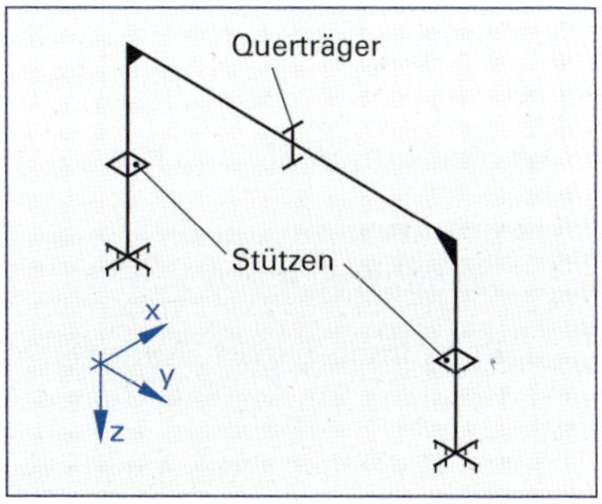

Bild 2: Rahmen

[1)] Die Werte für die Zonen 1a und 2a ergeben sich aus Werten der Zonen 1 bzw. 2 durch Multiplikation mit 1,25.

3. Das Tragwerk eines Unterstandes **(Bild 1)** besteht aus 5 Stützen aus Hohlprofil DIN EN 10210-2 – 50 x 50 x 3 (S275), sowie einem Rahmen aus Hohlprofilen DIN EN 10210-2 – 90 x 50 x 4 (S275).

Welchen charakteristischen Wert hat die Eigenlast $(g = 10 \frac{m}{s^2})$ des Tragwerks?

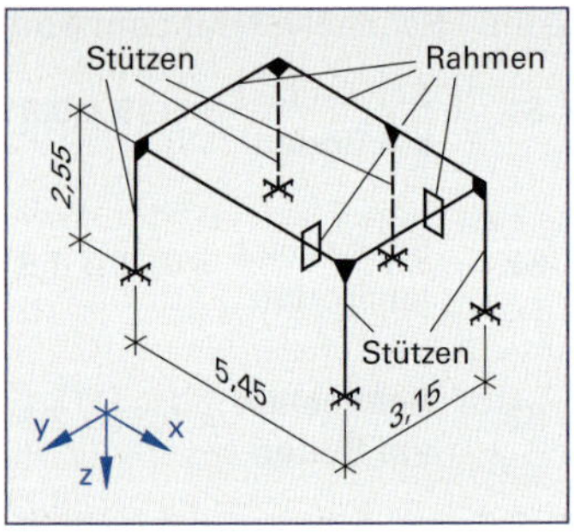

Bild 1: Tragwerk Unterstand

4. Es soll ein Balkon an ein Bürogebäude angebaut werden. Welche Nutzlasten sind für die Bodenplatte des Balkons sowie für den Handlauf des Geländers anzusetzen?

5. Für dasselbe Bürogebäude soll eine Außentreppe geplant werden. Wie hoch sind die Nutzlasten für die Treppe und das Geländer?

6. An einer Halle am Standort Chemnitz (Sachsen, A_H = 315 m) befinden sich drei Tore mit einer Fläche von jeweils $A = 20\ m^2$ **(Bild 2)**. Das erste Tor befindet sich an der vom Wind angeströmten Seite der Halle, das zweite im Gebäudebereich „B" und das dritte an der dem Wind abgewandten Hallenseite.

a) Welche charakeristischen Werte der Windlast sind je m^2 der Torflächen anzusetzen?

b) Welcher Wert ist für die charakteristische Schneelast am Dach anzusetzen?

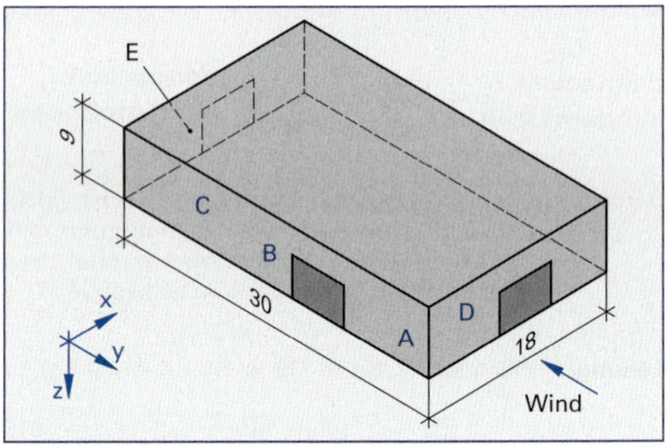

Bild 2: Halle bei Chemnitz

7. Am Standort Dornumersiel (nördlich von Aurich, Nordseeküste, A_H = 3 m) **(Bild 3)** befindet sich eine identische Halle wie die in Aufgabe 6 **(Bild 2)**.

Wie hoch sind dafür die charakteristischen Flächenlasten durch Wind auf die Tore und durch Schnee auf das Dach?

Bild 3: Dornumersiel

8. Das Tragwerk aus **Bild 1** trägt eine vollflächige Verkleidung aus Wand- und Dachelementen. Es befindet sich am Standort Garmisch-Partenkirchen auf einer Höhe A_H = 763 m. Der Wind strömt in negativer x-Richtung.

a) Bestimmen Sie den Hilfswert „e".

b) Ermitteln Sie die Breite der Gebäudebereiche „A", „B" und „C" sowie die Flächeninhalte der Wandbereiche „A", „B", „C", „D" und „E".

c) Berechnen Sie die Breite der Wandbereiche „A", „B" und „C" sowie die Flächeninhalte aller Wandbereiche für den Fall, dass der Wind in positive y-Richtung weht.

d) Bestimmen Sie die auf die Wandbereiche anzusetzenden Flächenlasten durch Wind in negativer x-Richtung.

e) Bestimmen Sie die auf die Dachfläche anzusetzende Flächenlast durch Schnee.

2.14.2 Bemessungswerte der Querschnittsbeanspruchungen

Umrechnung der Lasten in Beanspruchungen

Verbindungen übertragen Lasten von einem Bauteil zum nächsten (Lastweiterleitung). Bei der Überdachung in **Bild 1** bestehen Verbindungen zwischen Platte und Trägern, Trägern und Stützen, Stützen und Fundamenten, Fundamenten und Baugrund.

Wie groß die dort übertragenen Kräfte sind, hängt davon ab, welcher Teil der belasteten Fläche sich auf die jeweilige Verbindung auswirkt (Lasteinzugsbereich).

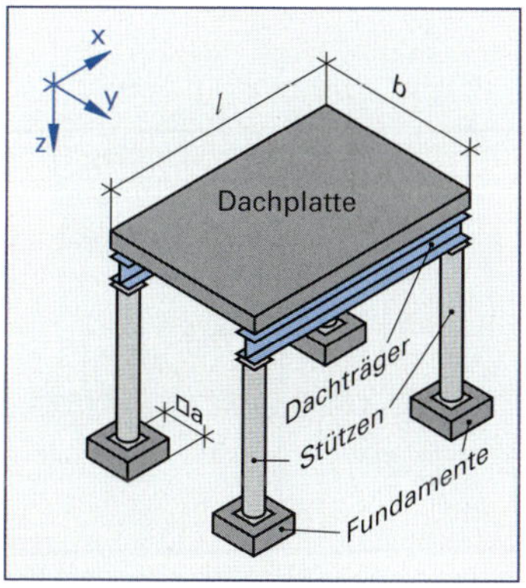

Bild 1: Überdachung

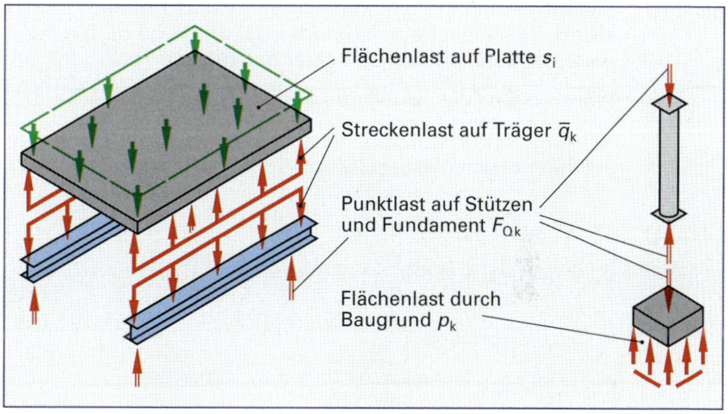

Bild 2: Lastweiterleitung in der Überdachung

Bezeichnungen:			**Indizes:**	
q	Last als Flächenlast	kN/m²	k	charakteristischer Wert der Last
$\bar{q}$	Last als Streckenlast	kN/m	Leb	Werte des Lasteinzugsbereichs
p	Last als Flächenpressung	kN/m²		
F_{Qk}	Punktlast	kN		
A	Fläche	m²		
l	Länge	m		
b	Breite	m		

Bild 3: Überdachung Carport

Die veränderlichen Einwirkungen (Nutzlast q_k, Windlast w_e und Schneelast s_i) werden als q_k zusammengefasst.

Die flächig belastete Dachplatte leitet ihre Last als Streckenlast auf die Dachträger weiter. Dabei wirkt sich die halbe Plattenbreite auf einen Träger aus.

Streckenlast = Flächenlast · Breite des Lasteinzugsbereichs

$$\bar{q}_k = q_k \cdot b_{Leb}$$

$$b_{Leb} = \frac{1}{2} \cdot b$$

Der linienförmig belastete Träger leitet die Last als Punktlast auf die Stützen weiter. Hier wirkt sich die halbe Trägerlänge auf die jeweilige Stütze aus.

Punktlast = Streckenlast · Länge des Lasteinzugsbereichs

$$F_{Qk} = \bar{q}_k \cdot l_{Leb}$$

$$l_{Leb} = \frac{1}{2} \cdot l$$

Die punktförmig belastete Stütze leitet die Last als Punktlast an das Fundament weiter. Hier wird die gesamte in der Stütze wirkende Kraft auf das Fundament übertragen.

Das punktförmig belastete Fundament leitet seine Beanspruchung als Flächenlast an den Baugrund weiter (Flächenpressung p).

Flächenpressung = $\frac{\textbf{Punklast}}{\textbf{Flächengröße}}$

$$p_k = \frac{F_{Qk}}{A}$$

Wäre die Platte direkt auf den Stützen gelagert, so würde sie ihre Last als Punktlast auf die Stützen weiterleiten. Der Lasteinzugsbereich der einzelnen Stütze würde dann die halbe Plattenbreite und die halbe Plattenlänge umfassen.

Punktlast = **Flächenlast** · **Breite des Lasteinzugsbereichs** · **Länge des Lasteinzugsbereichs**

$$F_{Qk} = q_k \cdot b_{Leb} \cdot l_{Leb}$$

Punktlast = **Flächenlast** · **Fläche des Lasteinzugsbereichs**

$$F_{Qk} = q_k \cdot A_{Leb}$$

Beispiel: Die Einwirkung auf die Dachplatte aus **Bild 1** beträgt s_i = 0,88 kN/m². Ihre Abmaße betragen b = 3,0 m, l = 5,5 m. Die Fundamente sind quadratisch mit einer Seitenlänge von a = 0,75 m.

Wie groß sind die Lasten an allen Verbindungsstellen?

Wie groß ist die Punktlast in den Stützen, wenn die Platte direkt auf den Stützen gelagert wäre?

Lösung: Streckenlast auf den Träger:

$$\bar{q}_k = q_k \cdot b_{Leb} = 0{,}88\,\frac{kN}{m^2} \cdot 3{,}0\,m = \mathbf{2{,}64\,\frac{kN}{m}}$$

Punktlast auf die Stütze:

$$F_{Qk} = \bar{q}_k \cdot l_{Leb} = 2{,}64\,\frac{kN}{m} \cdot \frac{1}{2} \cdot 5{,}5\,m = \mathbf{7{,}26\,kN}$$

Flächenlast auf den Baugrund:

$$p_k = \frac{F_{Qk}}{A} = \frac{F_{Qk}}{a \cdot a} = \frac{7{,}26\,kN}{0{,}75\,m \cdot 0{,}75\,m} = \mathbf{12{,}907\,\frac{kN}{m^2}}$$

Punktlast auf den Stützen bei direkter Lagerung der Platte auf den Stützen:

$$F_{Qk} = q_k \cdot b_{Leb} \cdot l_{Leb} = 0{,}88\,\frac{kN}{m^2} \cdot \frac{1}{2} \cdot 3{,}0\,m \cdot \frac{1}{2} \cdot 5{,}5\,m = \mathbf{3{,}63\,kN}$$

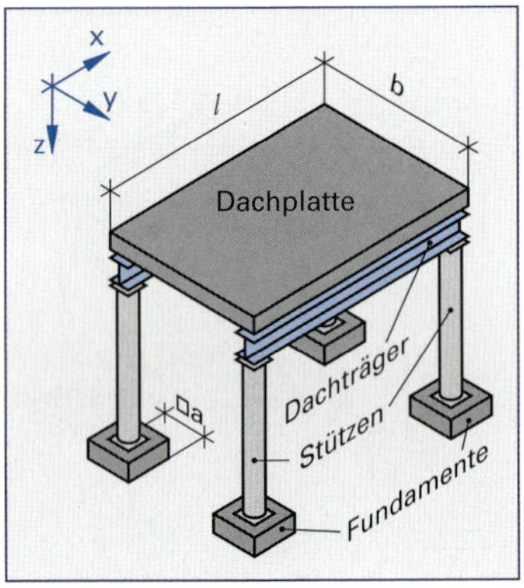

Bild 1: Überdachung

Kräfte im Inneren des Bauteils

Die durch die Verbindungen übertragenen Kräfte werden im Bauteil weitergeleitet und wirken dort als *„innere"* Kräfte. Legt man ein Koordinatensystem so ins Bauteil, dass die x-Achse auf der Bauteillängsachse liegt, so befinden sich die y- und z-Achse im Querschnitt des Bauteils.

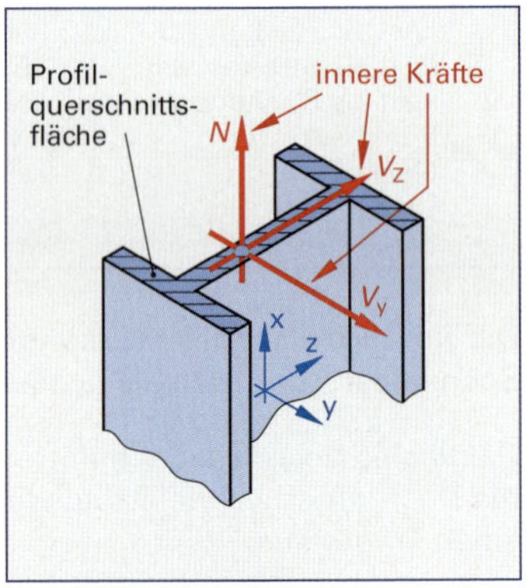

Bild 2: Innere Kräfte im Profilquerschnitt

Bezeichnungen:			**Indizes:**	
N, F	Normalkraft, Kraft	kN	e	Wert des Außendrucks
V_y, V_z	Querkräfte	kN	k	charakteristischer Wert der Last
g_k	Eigenlast	kN/m²	y, z	Wirkrichtungen
w_e	Windlast	kN/m²	Leb	Werte des Lasteinzugsbereichs
$\bar{q}_k$	Nutzlast (Streckenlast)	kN/m		
l_{Leb}	Länge des Lasteinzugsbereichs	m		
b_{Leb}	Breite des Lasteinzugsbereichs	m		
h	Höhe	m		

Wirkt eine Kraft in x-Richtung (also „normal" zur Querschnittsfläche), so wird sie „Normalkraft" genannt und mit ***N*** gekennzeichnet. Wirkt die Kraft jedoch in y- oder z-Richtung (also *„quer"* zur Bauteillängsachse), so wird sie „Querkraft" genannt und mit ***V*** bezeichnet.

Bild 3: Geländer

Nach **Bild 2/180** ergibt sich für die inneren Kräfte N, V_y und V_z:

Normalkraft = Kraft in x-Richtung

$$N = F_x$$

Querkraft = Kraft in y-Richtung; Kraft in z-Richtung

$$V_y = F_y; \; V_z = F_z$$

Beispiel: Auf das in **Bild 1** und **Bild 3, Seite 180,** dargestellte Balkongeländer eines Wohnhauses wirken die Eigenlast $\overline{g}_k$ = 1,05 kN/m, die Windlast w_e = 0,65 kN/m² und die horizontale Nutzlast $\overline{q}_k$ = 0,5 kN/m. Weitere Werte sind: l_{Leb} = 1,25 m, h_{Leb} = 0,75 m.

Wie groß sind die Lasten, die der dargestellte Geländerpfosten zu übertragen hat und um welche Art von inneren Kräften handelt es sich?

Lösung: Die Eigenlast des Geländers wirkt als Streckenlast in Richtung der Pfostenlängsachse. Sie erzeugt folgende Normalkraft:

$$N = l_{Leb} \cdot g_k = 1{,}25\ \text{m} \cdot 1{,}05 \frac{\text{kN}}{\text{m}} = \mathbf{1{,}31\ kN}$$

Die horizontale Nutzlast wirkt ebenfalls als Streckenlast, jedoch quer zur Pfostenlängsachse. Sie erzeugt die Querkraft:

$$V_y = l_{Leb} \cdot q_k = 1{,}25\ \text{m} \cdot 0{,}5 \frac{\text{kN}}{\text{m}} = \mathbf{0{,}62\ kN}$$

Die Windlast wirkt als Flächenlast ebenfalls quer zur Pfostenlängsachse. Sie erzeugt folgende Querkraft:

$$V_y = l_{Leb} \cdot h_{Leb} \cdot w_e = 1{,}25\ \text{m} \cdot 0{,}75\ \text{m} \cdot 0{,}65 \frac{\text{kN}}{\text{m}^2} = \mathbf{0{,}61\ kN}$$

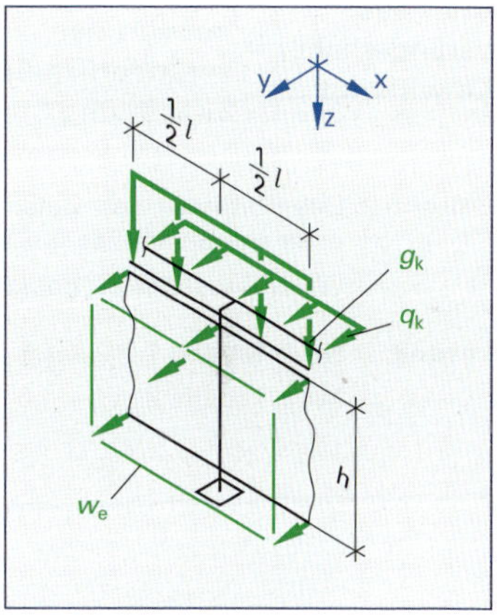

Bild 1: Geländer mit Einwirkungen

Bemessungswert der einzelnen Beanspruchungen

Für den Querschnittsnachweis sind nun die Bemessungswerte der Kräfte aus deren charakteristischen Werten zu ermitteln. Hierbei wird nach der Dauer der Einwirkung unterschieden zwischen

- Beanspruchungen, die ihren Wert im zeitlichen Verlauf nicht ändern (ständige Einwirkungen ***G***) und solchen,
- die ihren Wert im zeitlichen Verlauf ändern (veränderliche Einwirkungen ***Q***)

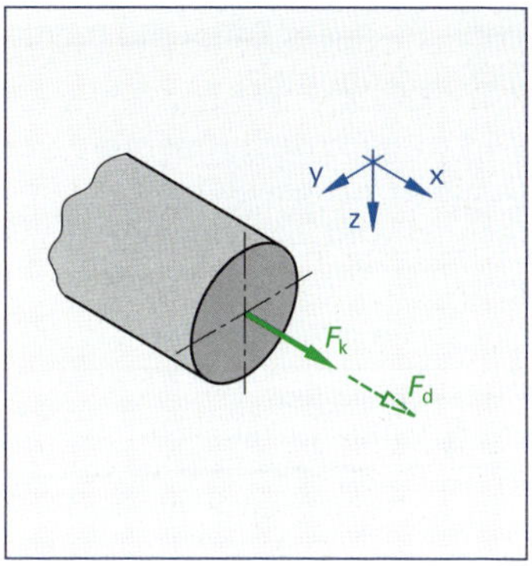

Bild 2: Bemessungswert der Einwirkung

Bezeichnungen:			**Indizes:**	
F	Kraft, allgemein	kN	k	charakteristischer Wert
N	Normalkraft	–	d	Bemessungswert
V	Querkraft	–	G	ständige Einwirkung
γ	Teilsicherheitsbeiwert		Q	veränderliche Einwirkung
ψ_0	Kombinationsbeiwert[1]		0	Kombinationsbeiwert für allgemeine Bemessungssituation

Bemessungswert der Kraft aus einer ständigen Einwirkung

Kraft aus ständiger Einwirkung = Teilsicherheitsbeiwert der ständ. Einwirkung · charakteristische Kraft aus ständiger Einwirkung

$$F_{Gd} = \gamma_G \cdot F_{Gk}$$

[1] ψ, griechischer Buchstabe Psi

Beispiel 1: Das Rundrohr eines Geländerpfostens wird durch eine charakteristische Normalkraft F_{Gk} = 1,2 kN belastet.

Wie groß ist der Bemessungswert F_{Gd} für diese Belastung?

Lösung: Nach **Tabelle 1:** $\gamma_G = 1{,}35$

$F_{Gd} = \gamma_G \cdot F_{Gk} = 1{,}35 \cdot 1{,}2\ \text{kN} = \mathbf{1{,}62\ kN}$

Tabelle 1: Teilsicherheitsbeiwert γ

Ständige Einwirkung	$\gamma_G = 1{,}35$
Veränderliche Einwirkung	$\gamma_Q = 1{,}5$

Bemessungswert der Kraft aus einer veränderlichen Einwirkung

Kraft aus veränderlicher Einwirkung = Teilsicherheitsbeiwert der veränderlichen Einwirkung · Kombinationsbeiwert der veränderlichen Einwirkung · charakteristische Kraft aus veränderlicher Einwirkung

$$F_{Qd} = \gamma_Q \cdot \psi_0 \cdot F_{Qk}$$

Beispiel 2: Das Rundrohr des Geländerpfostens wird durch Windsog mit einer charakteristischen Querkraft von 0,85 kN belastet.

Wie groß ist der Bemessungswert V_{Qd} für diese Belastung?

Lösung: Nach **Tabelle 1:** $\gamma_G = 1{,}5$

Nach **Tabelle 2:** $\psi_0 = 1{,}0$

$V_{Qd} = \gamma_Q \cdot \psi_0 \cdot F_{Qk} = 1{,}5 \cdot 1{,}0 \cdot 0{,}85\ \text{kN} = \mathbf{1{,}27\ kN}$

Tabelle 2: Kombinationsbeiwerte ψ_0 für veränderliche Einwirkungen

einzelne Last oder „Leitlast" (siehe unten)	$\psi_0 = 1{,}0$
Nutzlasten	$\psi_0 = 0{,}7$
Windlasten	$\psi_0 = 0{,}6$
Schneelasten	$\psi_0 = 0{,}5$

Bemessungswert der Beanspruchung bei Vorliegen mehrerer Lasten

Bevor der Querschnittsnachweis geführt werden kann, müssen die gesamten im Querschnitt wirkenden Bemessungslasten ermittelt werden. Dies gilt sowohl für Normal- als auch für Querkräfte.

Liegen gleichzeitig mehrere Belastungen vor, dann sind verschiedene **Lastfallkombinationen** zu bilden.

Wirkt zu einem Zeitpunkt mehr als eine ständige Last (F_{Gd}), so werden deren Bemessungswerte einfach aufsummiert.

Wirken gleichzeitig mehrere veränderliche Lasten (F_{Qd}), so werden auch deren Werte aufsummiert. Dabei ist zu beachten, dass nur eine Last (die sog. **Leitlast**) mit dem Kombinationsbeiwert $\psi_0 = 1{,}0$ berechnet wird. Es sind weitere „Lastfälle" zu bilden, bei denen jeweils andere veränderliche Lasten als *„Leitlast"* festgelegt werden.

Bezeichnungen:

F, N, V	Kraft, allgemein	kN
γ	Teilsicherheitsbeiwert	–
ψ_0	Kombinationsbeiwert	–

Indizes:

0	Kombinationsbeiwert für allgemeine Bemessungssituation
d	Bemessungswert
k	charakteristischer Wert
E	Wert der kombinierten Beanspruchungen
G	ständige Lasten
Q	veränderliche Lasten

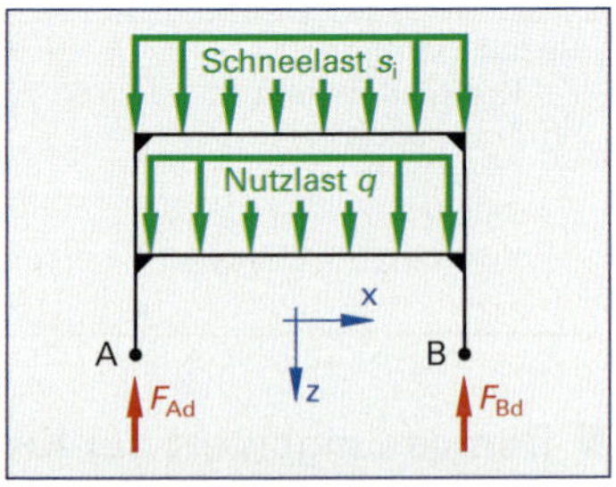

Bild 1: Bemessungswert bei mehreren veränderlichen Lasten

Die gesamte im Querschnitt wirkende Belastung ergibt sich dann als Summe aller ständigen und veränderlichen Lasten.

Gesamte Beanspruchung = $\sum$ Bemessungswerte aller ständigen Lasten + $\sum$ Bemessungswerte aller veränderlichen Lasten

$$F_{Ed} = \sum F_{Gd} + \sum F_{Qd}$$

Summe der Bemessungswerte aller ständigen Lasten = **Bemessungswert der ersten ständigen Last** + **Bemessungswert der zweiten ständigen Last** + ...

$$\sum F_{Gd} = F_{Gd1} + F_{Gd2} + \ldots$$

Summe der Bemessungswerte aller veränderlichen Lasten = **Bemessungswert der ersten veränderlichen Last** + **Bemessungswert der zweiten veränderlichen Last** + ...

$$\sum F_{Qd} = F_{Qd1} + F_{Qd2} + \ldots$$

Beispiel 1: Auf die Stütze einer Überdachung in **Bild 1** wirken die Eigenlast des Dachelements F_{Gk} = 4,25 kN sowie die veränderliche Schneelast F_{Si} = 3,63 kN.

Wie hoch ist der Bemessungswert der Belastung des Querschnitts?

Lösung: Es wirkt nur eine ständige Last (F_{Gk}) und nur eine veränderliche Last (F_{Si}). Beide sind in negativer x-Achse ausgerichtet und somit Normalkräfte im Stützenquerschnitt.

Nach **Tabelle 1, Seite 182:** $\gamma_G = 1{,}35$; $\gamma_Q = 1{,}5$

Nach **Tabelle 2, Seite 182:** $\psi_0 = 1{,}0$

$N_{Ed} = \gamma_G \cdot F_{Gk} + \gamma_Q \cdot \psi_0 \cdot F_{Qk} = 1{,}35 \cdot 4{,}25\ \text{kN} + 1{,}5 \cdot 1{,}0 \cdot 3{,}63\ \text{kN} = \mathbf{11{,}2\ kN}$

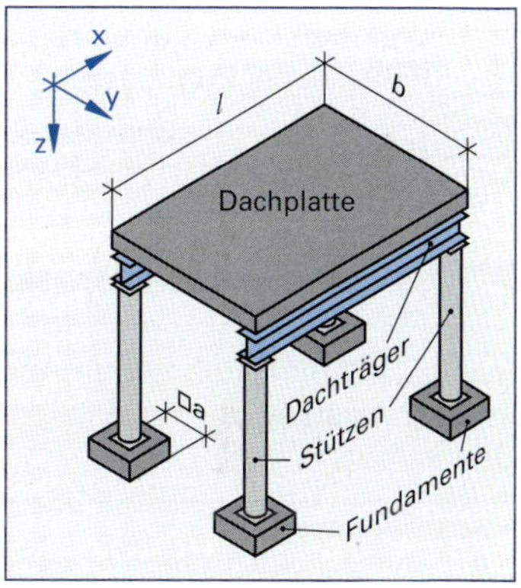

Bild 1: Überdachung

Beispiel 2: Für den Pfosten des Geländers aus **Bild 2, Seite 183, und Beispiellösung Seite 181** ist die maximale Bemessungs-Querkraft zu bestimmen.

Lösung: Es wirken zwei veränderliche Lasten. Diese wirken jeweils in Richtung der positiven y-Achse und erzeugen dadurch Querkräfte im Pfostenquerschnitt.

Nach **Tabelle 1, Seite 182:** $\gamma_Q = 1{,}5$

Lastfall 1: Windsog als „Leitlast"

Nach **Tabelle 2, Seite 182:** $\psi_0 = 1{,}0$ für Wind; $\psi_0 = 0{,}7$ für Nutzlast

$V_{Ed} = \Sigma\gamma_Q \cdot \psi_0 \cdot F_{Qk} = 1{,}5 \cdot 1{,}0 \cdot 0{,}61\ \text{kN} + 1{,}5 \cdot 0{,}7 \cdot 0{,}62\ \text{kN}$
$= \mathbf{1{,}57\ kN}$

Lastfall 2: Horizontale Nutzlast als „Leitlast"

Nach **Tabelle 2, Seite 182:** $\psi_0 = 1{,}0$ für Nutzlast
$\psi_0 = 0{,}6$ für Windlast

$V_{Ed} = \Sigma\gamma_Q \cdot \psi_0 \cdot F_{Qk} = 1{,}5 \cdot 1{,}0 \cdot 0{,}62\ \text{kN} + 1{,}5 \cdot 0{,}6 \cdot 0{,}61\ \text{kN}$
$= \mathbf{1{,}48\ kN}$

Für die Bemessung relevant ist der Lastfall, der die höheren Belastungen erzeugt (1,57 kN).

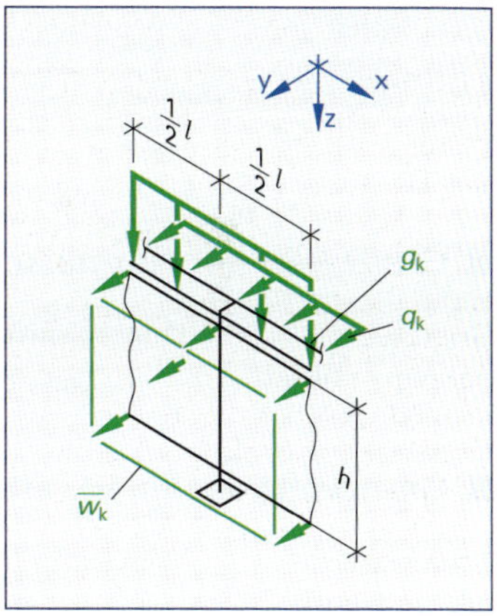

Bild 2: Geländer

Aufgaben Bemessungswerte

1. Wie groß ist die Kraft durch die Windlast auf die Tore der Halle in Dornumersiel aus **Aufgabe 7, Seite 178,** und wie groß ist die Kraft, die durch den Schnee auf das Dach lastet? Ermitteln Sie jeweils sowohl die charakteristischen als auch die Bemessungswerte!

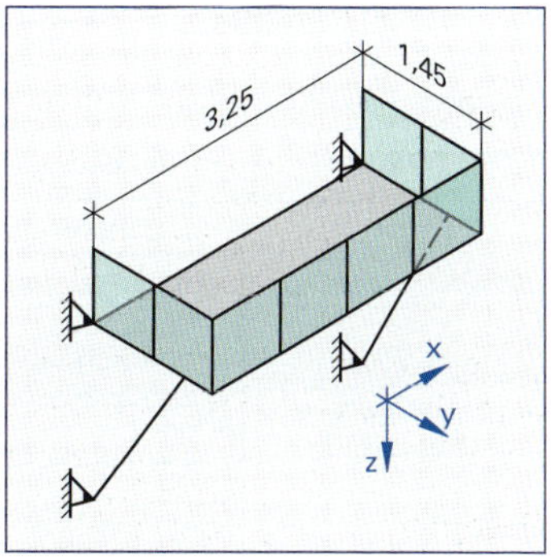

Bild 3: Balkon

2. Der Balkon des Bürogebäudes aus **Aufgabe 4, Seite 178,** hat die in **Bild 3, Seite 183,** dargestellten Maße.

Wie groß sind die charakteristischen Werte der Eigenlast (Bodenplatte: $g_k = 0{,}5$ kN/m²), der vertikalen Nutzlast und der horizontalen Nutzlast auf das Geländer in y-Richtung?

3. Das dargestellte Tragwerk **(Bild 1)** besteht aus 3 Rahmen und trägt ein Dach mit $g_k = 1{,}25$ kN/m², weiterhin ist eine Schneelast s_i von 0,95 kN/m² anzunehmen.

a) Welcher Rahmen ist der am höchsten belastete?

b) Welchen Wert haben die charakteristischen Lasten auf den Rahmen als Punktlasten?

c) Wie groß ist die Bemessungs-Normalkraft in einer Stütze dieses Rahmens?

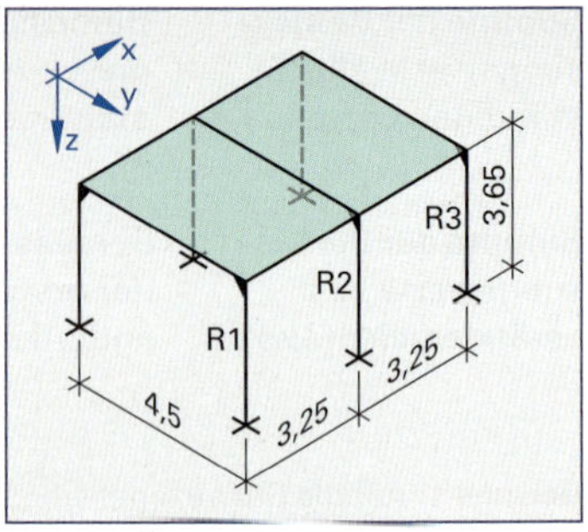

Bild 1: Überdachung

2.14.3 Beanspruchbarkeit von Querschnitten

Beanspruchbarkeiten geben Auskunft darüber, welche Kräfte, Momente und Spannungen ein Bauteil im Grenzzustand der Tragfähigkeit ertragen kann. Sie hängen ab vom Material des Bauteils und dessen Querschnitt.

Bezeichnungen:			**Indizes:**	
A	Querschnittsfläche	cm²	Rd	Wert für Widerstandsgrößen
N	Normalkraft	kN	M0	Beanspruchbarkeit von Querschnitten
V	Querkraft	kN	v	wirksame Schubfläche
f_y	Streckgrenze	kN/cm²	w	Maße des Profilstegs
h	Höhe	cm		
t	Tiefe	cm		
γ	Teilsicherheitsbeiwert	–		

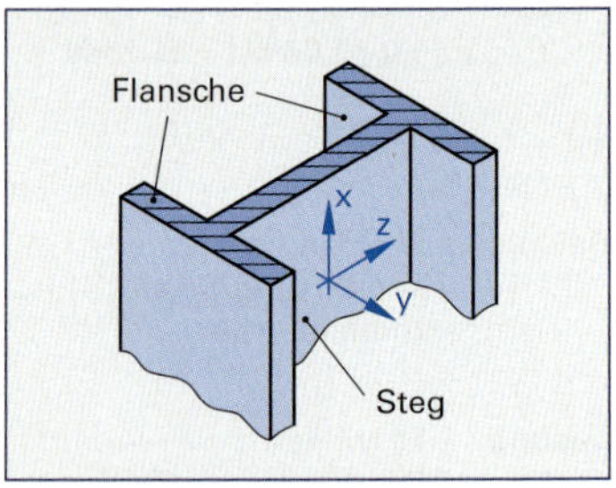

Bild 2: Bezeichnungen am I-Profil

Grenzwert der Normalkraft

$$\text{Grenzwert der Normalkraft} = \frac{\text{Querschnittsfläche} \cdot \text{Streckgrenze}}{\text{Teilsicherheitsbeiwert}}$$

$$N_{Rd} = \frac{A \cdot f_y}{\gamma_{M0}}$$

Grenzwert der Querkraft

$$\text{Grenzwert der Querkraft} = \frac{\text{Wirksame Querschnittsfläche} \cdot \text{Streckgrenze}}{\sqrt{3} \cdot \text{Teilsicherheitsbeiwert}}$$

$$V_{Rd} = \frac{A_v \cdot f_y}{\sqrt{3} \cdot \gamma_{M0}}$$

Die wirksamen Schubflächen für Querkraftbeanspruchungen ergeben sich aus **Tabelle 1.**

Tabelle 1: Wirksame Schubflächen A_v für Querkraftbelastung

Profil	Belastungsrichtung	Schubfläche
I, H	parallel zum Steg	$h_w \cdot t_w$
	parallel zu den Flanschen	$A - h_w \cdot t_w$
(Quadrat-) Rechteck-hohlprofile	parallel zur Profilhöhe	$\frac{A \cdot h}{b + h}$
	parallel zur Profilbreite	$\frac{A \cdot b}{b + h}$
Rundrohre	beliebig	$\frac{2 \cdot A}{\pi}$

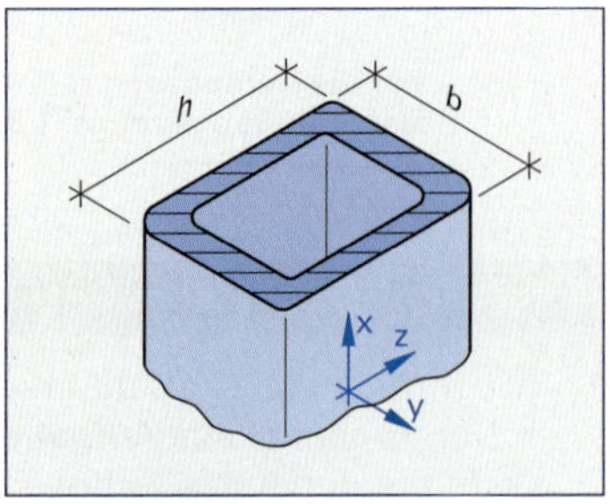

Bild 3: Maße am Rechteckhohlprofil

Beispiel 1: Für ein Quadratrohr DIN EN ISO 10210 – 30 x 2,5 aus S235 ist der Grenzwert der Normalkraft zu ermitteln!

Lösung: Nach **Tabellen:** $A = 2{,}68\ \text{cm}^2$
Nach **Tabellen:** $f_y = 23{,}5\ \text{kN/cm}^2$

$$N_{Rd} = \frac{A \cdot f_y}{\gamma_{M0}} = \frac{2{,}68\ \text{cm}^2 \cdot 23{,}5\ \frac{\text{kN}}{\text{cm}^2}}{1} = \mathbf{62{,}98\ kN}$$

Beispiel 2: Für das gleiche Quadratrohr ist nun der Grenzwert der Querkraft zu bestimmen!

Lösung: Nach **Tabelle 1, S. 184:** $A_v = \frac{A \cdot h}{b + h} = \frac{2{,}68\ \text{cm}^2 \cdot 3\ \text{cm}}{3\ \text{cm} + 3\ \text{cm}} = 1{,}34\ \text{cm}^2$

$$V_{Rd} = \frac{A_v \cdot f_y}{\sqrt{3} \cdot \gamma_{M0}} = \frac{1{,}34\ \text{cm}^2 \cdot 23{,}5\ \frac{\text{kN}}{\text{cm}^2}}{\sqrt{3} \cdot 1{,}0} = \mathbf{18{,}2\ kN}$$

Tabelle 1: Teilsicherheitsbeiwert γ_{M0}

Beanspruchbarkeit von Querschnitten	$\gamma_{M0} = 1{,}0$

Tabelle 2: Charakteristische Festigkeiten von Walzstahl in kN/cm^2

Stahlsorte	f_y	f_u
S235	23,5	36,0
S275	27,5	43,0
S355	35,5	49,0

Aufgaben **Beanspruchbarkeit**

1. Gegeben sind folgende Querschnitte aus S235:
   Rundstab 16 DIN EN 10060;
   Vierkantstab 22 DIN EN 10059
   Flachstahl 40 x 12 – DIN EN 10058
   Berechnen Sie für diese Querschnitte den Grenzwert der Normalkraft!

2. Für die Profile
   I-Profil DIN 1025 – S235 – I 100
   HFCHS DIN EN 10210 – S 275 – 76,1 x 4,0 und
   Hohlprofil DIN EN 10210-2 – S 355 – 60 x 60 x 3,0
   sind sowohl der Grenzwert der Normalkraft als auch der Grenzwert der Querkraft zu ermitteln.

2.14.4 Tragsicherheitsnachweis

Mit dem Tragsicherheitsnachweis wird bewiesen, dass ein gegebener Querschnitt die anzusetzenden Beanspruchungen erträgt. Weiterhin ermöglicht er es, bei gegebenen Beanspruchungen den notwendigen Querschnitt eines geeigneten Profils zu ermitteln.

Grundsätzlich kann der Tragsicherheitsnachweis als Kraft- oder als Spannungsnachweis geführt werden. Da der Spannungsnachweis für Querkräfte komplex ist, beschränken wir uns auf den Nachweis mit Normalkräften.

Bezeichnungen:

f_y	Streckgrenze des Materials	kN/cm^2
F, N, V	Kräfte	kN
γ	Teilsicherheitsbeiwert	–

Indizes:

Ed	Bemessungswert für Belastungsgrößen
Rd	Bemessungswert für Beanspruchbarkeiten
G	ständige Last
Q	veränderliche Last
y, z	Wirkrichtung der Kraft
erf	erforderliche Größe

Das Kriterium für die Tragsicherheit besagt, dass die Belastungen nicht größer sein dürfen als die Beanspruchbarkeiten.

$$\frac{\textbf{Bemessungswert der Beanspruchungen}}{\textbf{Bemessungswert der Beanspruchbarkeit}} = \leq \mathbf{1}$$

$$\frac{F_{Ed}}{F_{Rd}} \leq 1$$

Ist diese Gleichung erfüllt, dann ist Tragsicherheit gegeben.

$$F_{Ed} \leq F_{Rd}$$

Für Normalkräfte N gilt dabei:

$$\frac{\textbf{Bemessungswert der Beanspruchung aus den Normalkräften}}{\textbf{Bemessungswert der Beanspruchbarkeit durch Normalkräfte}} = \leq \mathbf{1}$$

$$\frac{N_{Ed}}{N_{Rd}} \leq 1$$

$$N_{Ed} \leq N_{Rd}$$

Durch Einsetzen der entsprechenden Formeln und Umstellen der Gleichung, ergibt sich folgende Darstellung:

$$\sum \gamma_G \cdot N_G + \sum \gamma_Q \cdot N_Q \leq \frac{A \cdot f_y}{\gamma_{M0}}$$

Für die Querkräfte V gilt entsprechendes:

$$\frac{\textbf{Bemessungswert der Beanspruchung aus den Querkräften}}{\textbf{Bemessungswert der Beanspruchbarkeit durch Querkräfte}} \leq \mathbf{1}$$

$$\frac{V_{Ed}}{V_{Rd}} \leq 1$$

$$V_{Ed} \leq V_{Rd}$$

Die mit eingesetzten Formeln umgestellte Gleichung lautet:

$$\sum \gamma_g \cdot V_G + \sum \gamma_Q \cdot V_Q \leq \frac{A_v \cdot f_y}{\sqrt{3} \cdot \gamma_{M0}}$$

Beispiel 1: Ein Profil IPE 120 aus S235 wird mit den Normalkräften N_{Gk} = 125 kN und N_{Qk} = 70 kN belastet. Führen Sie den Tragfähigkeitsnachweis!

Lösung: Nach **Tabellen:** $A = 13{,}2\ \text{cm}^2$

Nach **Tabelle 1, Seite 182**: $\gamma_G = 1{,}35$; $\gamma_Q = 1{,}5$

$$N_{Ed} = \gamma_G \cdot N_{Gk} + \gamma_Q \cdot N_{Qk} = 1{,}35 \cdot 125\ \text{kN} + 1{,}5 \cdot 70\ \text{kN} = 273{,}75\ \text{kN}$$

$$N_{Rd} = \frac{A \cdot f_y}{\gamma_{M0}} = \frac{13{,}2\ \text{cm}^2 \cdot 23{,}5\ \frac{\text{kN}}{\text{cm}^2}}{1{,}0} = 310{,}2\ \text{kN}$$

$$\frac{N_{Ed}}{N_{Rd}} = \frac{273{,}75\ \text{kN}}{310{,}2\ \text{kN}} = \mathbf{0{,}88 \leq 1}$$

⇒ **Tragfähigkeit ist gegeben**

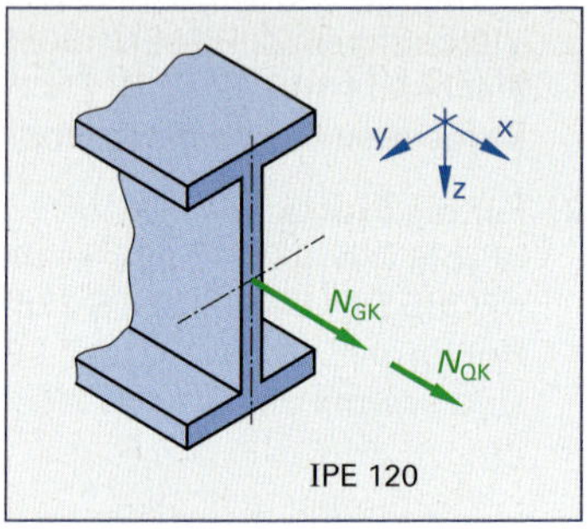

Bild 1: Profil mit Lasten

Die erforderlichen Profil-Querschnittsflächen erhält man durch Umstellen der obigen Gleichungen nach A oder A_v.

Erforderliche Querschnittsfläche bei Normalkraftbeanspruchung:

$$A_{erf} = \frac{(\Sigma \gamma_G \cdot N_G + \Sigma \gamma_Q \cdot N_Q) \cdot \gamma_{M0}}{f_y}$$

Erforderliche Schub-Querschnittfläche bei Querkraftbeanspruchung:

$$A_{v,erf} = \frac{(\Sigma \gamma_G \cdot V_G + \Sigma \gamma_Q \cdot V_Q) \cdot \sqrt{3} \cdot \gamma_{M0}}{f_y}$$

Beispiel 2: Eine Stütze aus S275 wird mit N_{Gd} = 200 kN und N_{Qk} = 100 kN belastet. Welche Größe eines Rechteckrohrs nach DIN EN 10210-2 ist zu wählen?

Lösung: Nach **Tabelle 1, Seite 182 und Seite 185**: $\gamma_Q = 1{,}5$; $\gamma_{M0} = 1{,}0$

$$N_{Ed} = N_{Gd} + g_Q \cdot N_{Qk} = 200\ \text{kN} + 1{,}5 \cdot 100\ \text{kN} = \mathbf{350\ kN}$$

$$N_{Ed} = \frac{A \cdot f_y}{\gamma_{M0}}$$

$$\Rightarrow A = \frac{N_{Ed} \cdot \gamma_{M0}}{f_y} = \frac{350\ \text{kN} \cdot 1{,}0}{27{,}5\ \text{kN/cm}^2} = \mathbf{12{,}7\ cm^2}$$

Geeignete Profile:
Nach **Tabellen:** Hohlprofil DIN EN 10 210-2 – 90 x 50 x 5,0 (A = 12,73 cm²) oder
Hohlprofil DIN EN 10 210-2 – 100 x 50 x 5,0 (A = 13,7 cm²)

Beispiel 3: Eine Belastung von $V_{Qk} = 27$ kN ist auf ein Rundrohr DIN EN 10210–2 aus S235 anzusetzen. Welches Profil ist zu wählen?

Lösung: Nach **Tabelle 1, Seite 182,** und **Tabelle 1, Seite 185:** $\gamma_Q = 1{,}5$; $\gamma_{M0} = 1{,}0$

$$V_{Ed} = \gamma_Q \cdot V_{Qk} = 1{,}5 \cdot 27\text{ kN} = 40{,}5\text{ kN}$$

$$A_v = \frac{V_{Ed} \cdot \sqrt{3} \cdot \gamma_{M0}}{f_y} = \frac{40{,}5\text{ kN} \cdot \sqrt{3} \cdot 1{,}0}{23{,}5\text{ kN/cm}^2} = \mathbf{2{,}99\ cm^2}$$

$$A = \frac{A_v \cdot \pi}{2} = \frac{2{,}99\text{ cm}^2 \cdot \pi}{2} = \mathbf{4{,}70\ cm^2}$$

Geeignete Profile:
Nach **Tabellen:** HFCHS DIN EN 10210 – 48,3 x 4,0 (A = 5,57 cm²) oder CFCHS DIN EN 10210 – 60,3 x 3,0 (A = 5,4 cm²)

Aufgaben Tragsicherheitsnachweis

1. Ein Zugstab aus Rundstab 18 DIN EN 10060 – S235 dient der Abspannung einer Hallenkonstruktion **(Bild 1)** gegen Winddruck. Die aufzunehmende Zugkraft F_{Qk} beträgt 15,5 kN.
   a) Der Bemessungswert der Belastung ist zu berechnen.
   b) Der Grenzwert der Normalkraft ist zu berechnen.
   c) Es ist der Tragsicherheitsnachweis zu führen!

2. Ein Flachstahl DIN EN 10058 – S235 – 40 x 12 wird durch eine ständige Last $F_{Gk} = 8$ kN und eine veränderliche Last $F_{Qk} = 12$ kN auf Zug beansprucht.
   a) Der Bemessungswert für diese Einwirkung ist zu berechnen.
   b) Der Grenzwert der Normalkraft ist zu berechnen.
   c) Der Tragsicherheitsnachweis ist zu führen.

3. Die Kette aus **Bild 2** ist für Traglasten von maximal 2 t zugelassen. Sie besteht aus S235. Für die maximal belastete Kette ist der Tragfähigkeitsnachweis zu führen.

4. Eine Stütze (DIN 1025 – S235 – HE 200 B) nach **Bild 3** wird durch eine ständige Last $F_{Gk} = 450$ kN sowie eine veränderliche Kraft $F_{Qk} = 720$ kN belastet.
   In einem Flansch dieser Stütze befinden sich zwei Bohrungen mit einem Durchmesser von je d = 33 mm.
   a) Es ist der Bemessungswert der Belastung zu berechnen.
   b) Es ist der Grenzwert der Normalkraft zu berechnen.
   c) Es ist der Tragsicherheitsnachweis zu führen!

5. Welches Profil (DIN 1025 – S235 – HE 200 B) ist für die Stütze aus Aufgabe 4 zu wählen, wenn die ständige Last $F_{Gk} = 520$ kN und die veränderliche Last $F_{Qk} = 780$ kN betragen?

6. Der Rahmen einer Balkonplatte wird am Anschluss zu den Stützen mit der ständigen Kraft $V_{Gk} = 1{,}5$ kN sowie der veränderlichen Kraft $V_{Qk} = 5{,}5$ kN belastet.
   Welches Profil ist zu wählen, wenn rechteckige Hohlprofile (DIN EN 10219-2 aus S235) verwendet werden sollen?
   Es ist der Tragfähigkeitsnachweis für das gewählte Profil zu führen!

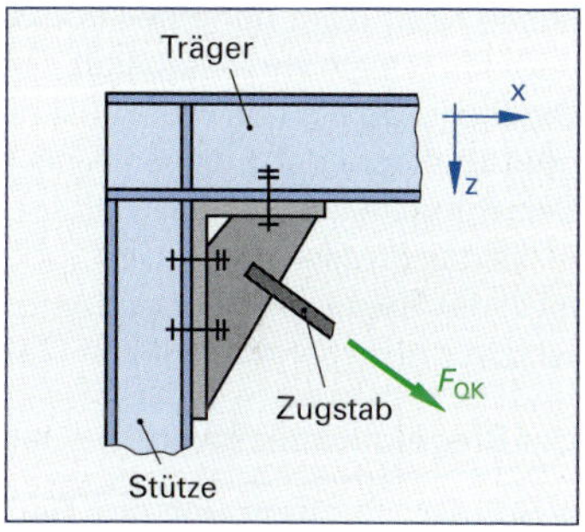

Bild 1: Abspannung

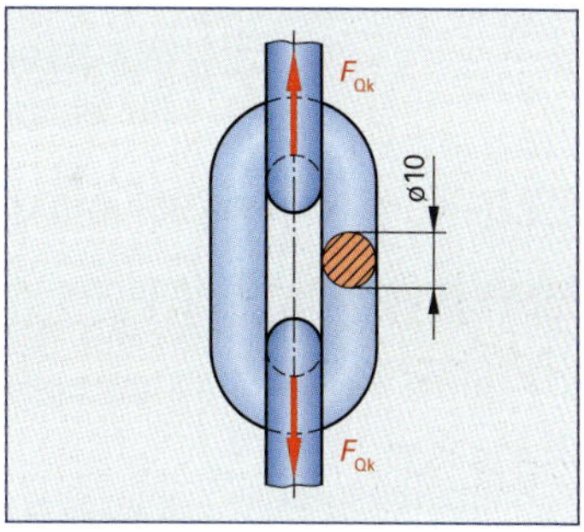

Bild 2: Kette

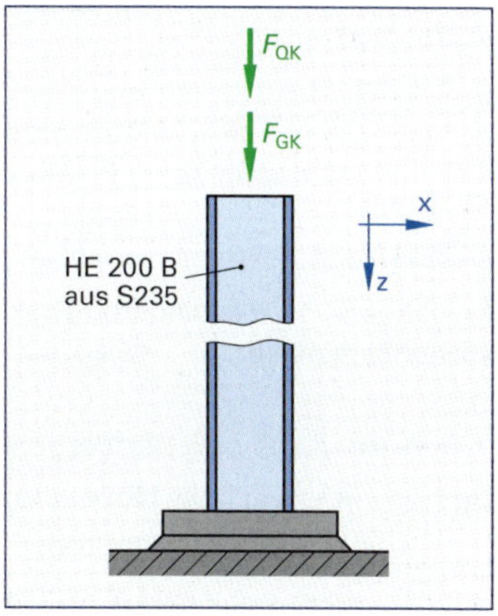

Bild 3: Stütze

2

2.14.5 Knickfestigkeit

Bezeichnungen:

N_{Ed}	Bemessungswert der Normalkraft	kN	l	Systemlänge	m
$N_{b,Rd}$	Knickbeanspruchbarkeit	kN	L_{cr}	Knicklänge	m
A	Querschnittsfläche	cm²	γ_{M1}	Teilsicherheitsbeiwert für Stabilitätsversagen	–
λ_1	Materialbeiwert	–	β	Knicklängenbeiwert	–
$\bar{\lambda}$	bezogener Schlankheitsgrad	–	i_{min}	kleinster Trägheitsradius	cm
f_y	Streckgrenze	$\frac{kN}{cm^2}$	χ[1]	Abminderungsfaktor	–

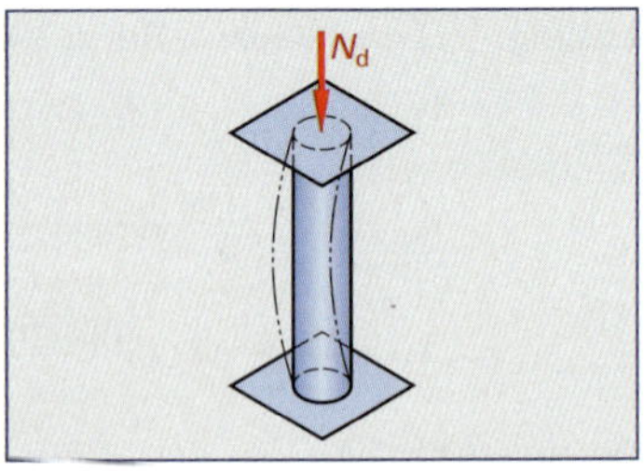

Bild 1

Bei langen schlanken Bauteilen und bei Stützen im Stahlhochbau kann Knickung auftreten. Dabei verursacht die in der Profillängsachse wirkende Kraft nicht nur eine Druckspannung im Profilquerschnitt, sondern führt auch zur Instabilität: Das Profil weicht zur Seite aus **(Bild 1)**. Die Stelle, an der das Profil ausknickt, ist abhängig vom Schlankheitsgrad und von der Einspannung bzw. Lagerung und wird durch die Belastungsfälle I bis IV nach Euler berücksichtigt **(Bild 2)**. Die Richtung, in die das Profil ausknickt, ist abhängig von der Querschnittsform und ist in der Regel senkrecht zur y- bzw. z-Achse. Diese Gesetzmäßigkeit wird in Knickspannungslinien **(Tabelle 3, Seite 189)** festgehalten.

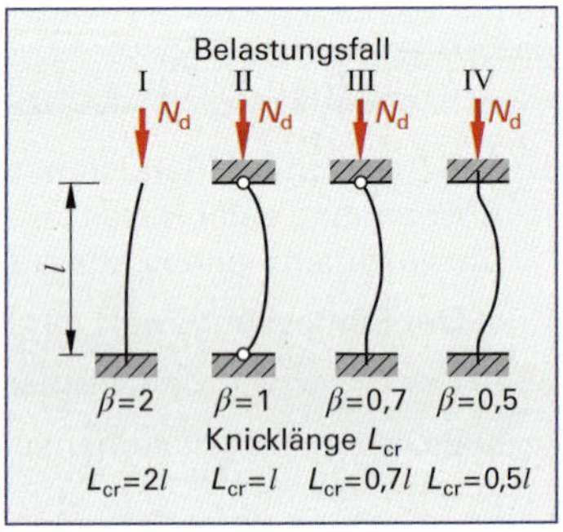

Bild 2

Der **Biegeknicknachweis** gliedert sich in folgende Schritte:

1. Schritt: Bestimmung des Bemessungswerts der Normalkraft

Bemessungswert Normalkraft = Teilsicherheitsbeiwert für ständige Lasten · charakt. Wert der ständigen Kraft + Teilsicherheitsbeiwert für veränd. Lasten · charakt. Wert der veränderl. Kraft

$$N_{Ed} = \gamma_G \cdot F_G + \gamma_Q \cdot F_Q$$

2. Schritt: Ermittlung der Knicklänge

Knicklänge = Knicklängenbeiwert · Stablänge

$$L_{cr} = \beta \cdot l$$

3. Schritt: Berechnung des bezogenen Schlankheitsgrades

Bezogener Schlankheitsgrad = $\frac{\text{Knicklänge}}{\text{kleinster Trägheitsradius · Materialbeiwert}}$

$$\bar{\lambda} = \frac{L_{cr}}{i_{min} \cdot \lambda_1}$$

4. Schritt: Zuordnung des Querschnitts zu einer Knickspannungslinie nach **Tabelle 3, Seite 189**

Tabelle 1
Bezugsschlankheitsgrad λ_a

Material	λ_a
S235JR	93,9
S275J0	86,8
S355J0	75,9

5. Schritt: Bestimmen des Abminderungsfaktors in Abhängigkeit vom bezogenen Schlankheitsgrad und der Knickspannungslinie nach **Tabelle 2, Seite 189**

6. Schritt: Knickbeanspruchbarkeit

Knickbeanspruchbarkeit = $\frac{\text{Abminderungsfaktor · Querschnittfläche · Streckgrenze}}{\text{Teilsicherheitsbeiwert für Widerstand}}$

$$N_{b,Rd} = \frac{\chi \cdot A \cdot f_y}{\gamma_{M1}}$$

7. Schritt: Nachweis der Biegeknicksicherheit

$\frac{\text{Bemessungswert der Normalkraft}}{\text{Knickbeanspruchbarkeit}} \leq 1$

$$\frac{N_{Ed}}{N_{b,Rd}} \leq 1 \qquad N_{Ed} \leq N_{b,Rd}$$

[1] χ, griech. Buchstabe chi

Beispiel: Eine Stahlstütze aus S235JR ist am Fuß eingespannt **(Bild 1)**. Sie besteht aus einem Profil HE 160 B und hat eine Systemlänge von $l = 4{,}2$ m. Die ständigen Einwirkungen betragen $F_G = 320$ kN und die veränderlichen Einwirkungen $F_Q = 170$ kN.

Für die Stütze ist der Biegeknicknachweis zu führen.

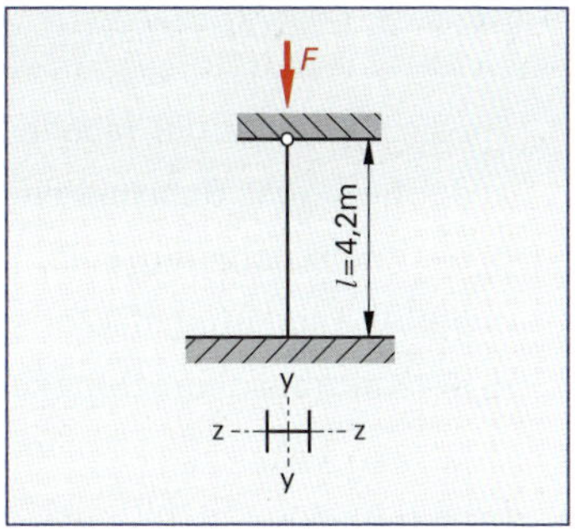

Bild 1

Lösung: 1. Schritt: Bemessungswert der Beanspruchungen:

nach **Tabelle:** $\gamma_G = 1{,}35$; $\gamma_Q = 1{,}50$
nach **Tabelle:** $\psi_0 = 1{,}0$

$$N_{Ed} = \gamma_G \cdot F_G + \gamma_Q \cdot F_Q$$
$$= 1{,}35 \cdot 320\ \text{kN} + 1{,}5 \cdot 170\ \text{kN} = \mathbf{687\ kN}$$

2. Schritt: Knicklänge

nach **Bild 2, Seite 188:** $\beta = 0{,}7$

$\lambda_{cr} = \beta \cdot l = 07, \cdot 4{,}2\ \text{m} = \mathbf{2{,}94\ m}$

3. Schritt: bezogener Schlankheitsgrad

nach **Tabelle 1, Seite 188:** $\lambda_a = 93{,}9$
nach **Tabelle:** $i_{min} = i_z = 4{,}05$ cm

$$\bar{\lambda} = \frac{\lambda_{cr}}{i_z \cdot \lambda_1} = \frac{294\ \text{cm}}{4{,}05\ \text{cm} \cdot 93{,}9} = \mathbf{0{,}773}$$

4. Schritt: Zuordnung einer Knickspannungslinie zum Querschnitt

nach **Tabelle 2:** $h = 160$; $b = 160$ mm; $t_f = 13$ mm

$$\left.\begin{array}{l} \frac{h}{b} = \frac{160\ \text{mm}}{160\ \text{mm}} = 1 < 1{,}2 \\ t_f = 13\ \text{mm} < 100\ \text{mm} \end{array}\right\}\ \text{Knicklinie } \mathbf{c}$$

5. Schritt: Abminderungsfaktor

nach **Tabelle:** $\kappa = \mathbf{0{,}662}$

6. Schritt: Berechnung der Beanspruchbarkeit

nach **Tabellen:** $A = 54{,}3\ \text{cm}^2$
nach **Tabelle:** $\gamma_{M1} = 1{,}1$

$$N_{bRd} = \frac{0{,}662 \cdot 54{,}3\ \text{cm}^2 \cdot 23{,}5\ \frac{\text{kN}}{\text{cm}^2}}{1{,}1} = \mathbf{768\ kN}$$

7. Schritt: Nachweis der Knicksicherheit

$$\frac{N_{Ed}}{N_{bRd}} = \frac{687\ \text{kN}}{768\ \text{kN}} = \mathbf{0{,}89 < 1}$$

Die Stütze ist knicksicher.

Tabelle 1: Teilsicherheitsbeiwert γ_{M1}	
Beanspruchbarkeit bei Stabilitätsversagen	$\gamma_{M1} = 1{,}1$

Tabelle 2

$\bar{\lambda}$	Abminderungsfaktor χ für Knickspannungslinie		
	a	**b**	**c**
0,2	1,000	1,000	1,000
0,3	0,978	0,964	0,949
0,4	0,953	0,926	0,897
0,5	0,924	0,884	0,843
0,6	0,890	0,837	0,785
0,7	0,848	0,784	0,725
0,8	0,796	0,724	0,662
0,9	0,734	0,661	0,600
1,0	0,666	0,597	0,540
1,1	0,596	0,535	0,484
1,2	0,530	0,478	0,434
1,3	0,470	0,427	0,389
1,4	0,418	0,382	0,349
1,5	0,372	0,342	0,315
1,6	0,333	0,308	0,284
1,7	0,299	0,278	0,258
1,8	0,270	0,252	0,235
1,9	0,245	0,229	0,214
2,0	0,223	0,209	0,196
2,1	0,204	0,192	0,180
2,2	0,187	0,176	0,166
2,3	0,172	0,163	0,154
2,4	0,159	0,151	0,142
2,5	0,147	0,140	0,132
2,6	0,136	0,130	0,123
2,7	0,127	0,121	0,115
2,8	0,118	0,113	0,108
2,9	0,111	0,106	0,101
3,0	0,104	0,099	0,095

Tabelle 3: Zuordnung der Querschnitte zu den Knickspannungslinien

Querschnitte	Ausweichen ⊾ zur Achse	Knickspannungslinie
Hohlprofile 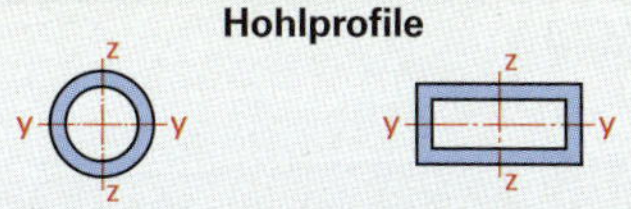	y – y z – z	a
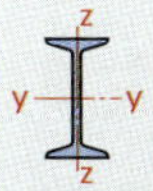 **Gewalzte I-Träger** ***h*/*b* > 1,2; *t* ≤ 40 mm** ***h*/*b* ≤ 1,2; *t* ≤ 100 mm**	y – y z – z y – y z – z	a b b c
Halbzeuge 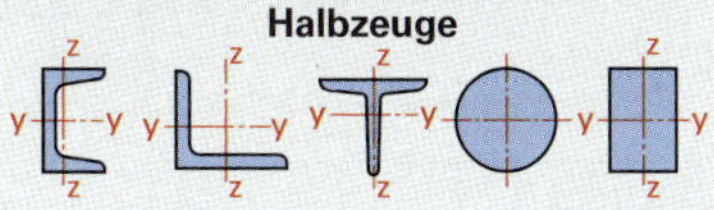	y – y z – z	c

Aufgaben | Knickfestigkeit

1. Für die Halbzeuge der **Tabelle 1** sind für den Belastungsfall II

a) der bezogene Schlankheitsgrad $\overline{\lambda}$,

b) die Knickspannungslinie,

c) der Abminderungsfaktor χ zu bestimmen und

d) die Knickbeanspruchbarkeit zu berechnen.

Tabelle 1: Halbzeuge mit l = 3000

Werkstoff S235JR	i_{min}
Rohr 76,1 × 2,6	2,60 cm
I-Träger 180	1,71 cm
U 80	1,33 cm
L 80 × 8	2,42 cm

2. Für 4,0 m lange Stahlträger aus S235JR ist für den Belastungsfall I der bezogene Schlankheitsgrad $\overline{\lambda}$ zu berechnen.

a) I 160 und I 320,

b) IPE 120 und IPE 240,

c) HE 100 B und HE 300 B.

3. Die Profile IPE 200 und IPB 200 werden aus Stahl S235 oder S355 hergestellt. Es sind hierfür die folgenden Angaben zu ermitteln: die Knickspannungslinien, die bezogenen Schlankheitsgrade, die Abminderungsfaktoren und die Knickbeanspruchbarkeiten.

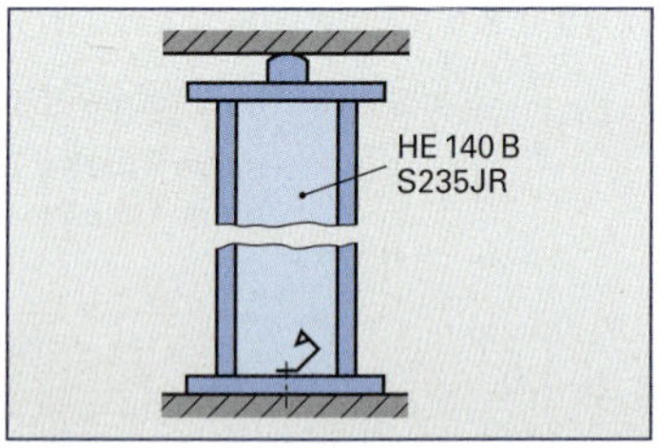

Bild 1

4. Ein 4 m langer I-Träger HE 140 B aus S235JR, i_{min} = 3,58 cm **(Bild 1)** soll als Stütze eine ständige Gebäudelast F_k = 140 kN tragen.

Für den Belastungsfall II ist der Biegeknicknachweis zu führen.

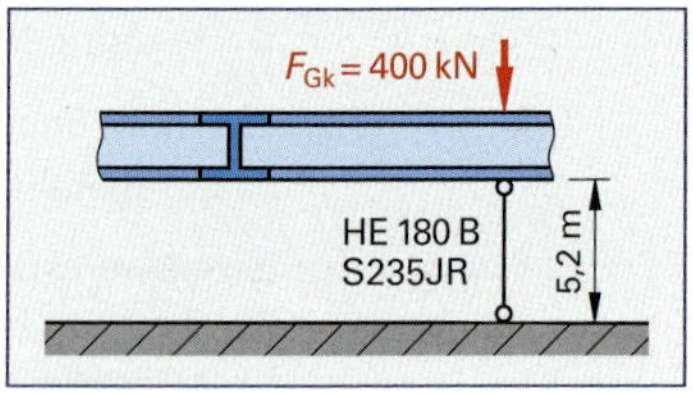

Bild 2

5. Als Gebäudestütze wurde ein I-Träger HE 180 B **(Bild 2)** mit i_{min} = 4,57 cm gewählt. Für die Stütze ist der Nachweis der Biegeknicksicherheit für den Belastungsfall II zu führen.

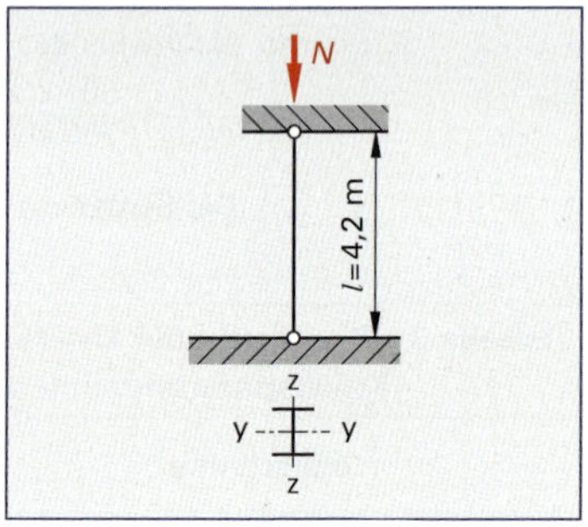

Bild 3

6. Eine Stahlstütze aus S355JO kann am Fuß und am Kopf als gelenkig gelagert angesehen werden **(Bild 3)**. Sie besteht aus einem Profil HE 360 B mit einer charakteristischen Kraft und hat eine Systemlänge von 4,20 m. Es ist mit einer ständig einwirkenden Kraft von 900 kN und mit einer veränderlich einwirkenden Kraft von 900 kN zu rechnen.

Für die Stütze ist die Biegeknicksicherheit nachzuweisen.

7. Ein quadratisches Hohlprofil aus S235JR mit 4 m Länge soll als Stütze eine Last aufnehmen. deren Bemessungswert 80 kN beträgt. Für den Belastungsfall II ist ein geeignetes quadratisches Hohlprofil so zu wählen, dass es biegeknicksicher ist.

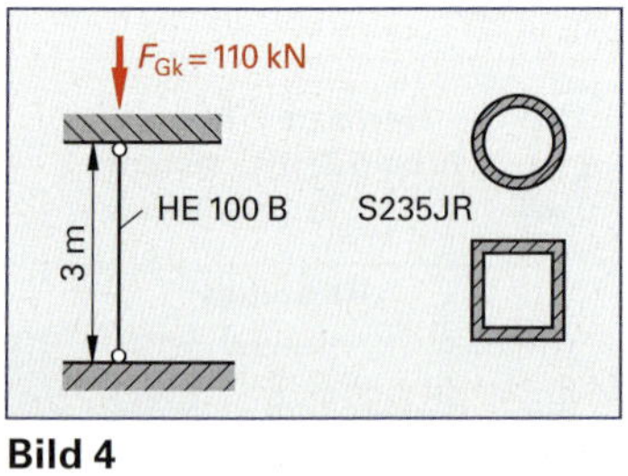

Bild 4

8. ● Die Stütze **(Bild 4)** soll durch ein Rohr gleicher Tragfähigkeit ersetzt werden. Es stehen Rundrohre, Quadratrohre und Rechteckrohre zur Auswahl. Welche Abmessungen sind jeweils zu wählen, wenn die Sicherheit gegen Biegeknicken erfüllt sein soll?

2.14.6 Nachweis von Schweißverbindungen

Schweißnähte verbinden Bauteile stoffschlüssig miteinander und übertragen Kräfte. Die gebräuchlichsten Nahtformen sind die Kehl- und die I-(„Stumpf-“)Naht. Ihre Tragfähigkeit wird nachgewiesen, indem die Beanspruchung der Naht mit ihrer Beanspruchbarkeit verglichen wird.

Bezeichnungen:

$F_{w,Ed}$	bezogener Bemessungswert der Belastung	kN/cm
$F_{w,Rd}$	bezogener Bemessungswert der Beanspruchbarkeit	kN
N_{Ed}	Bemessungswert der wirkenden Normalkraft	kN
$V_{\parallel,Ed}$	Bemessungswert der wirkenden Querkraft parallel zur Nahtlängsrichtung	kN
$V_{\perp,Ed}$	Bemessungswert der wirkenden Querkraft senkrecht zur Nahtlängsrichtung	kN/cm
l_{eff}	effektive Nahtlänge	cm
a	Schweißnahtdichte	mm
β	Korrelationsbeiwert	–
γ	Teilsicherheitsbeiwert	–

Indizes

eff	effektiver Wert
w	welding (englisch für Schweißen)
Ed	Bemessungswert für Belastungen
Rd	Bemessungswert für Beanspruchbarkeiten
M2	Wert bei Bruchversagen durch Zugkräfte
∥	parallel
⊥	senkrecht

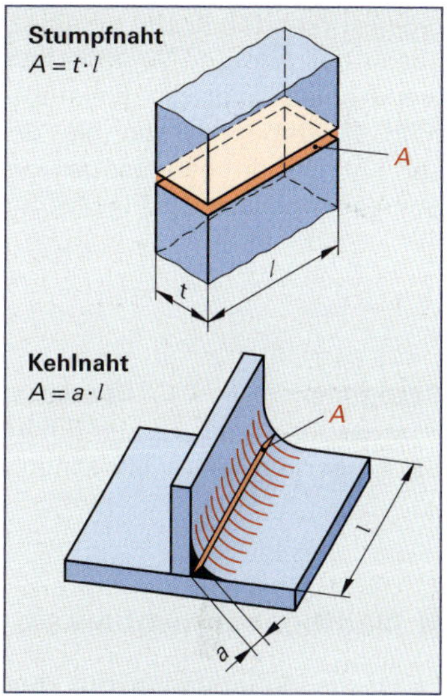

Bild 1: Schweißnahtabmessung

■ Tragsicherheitsnachweis

$$\frac{\textbf{Bemessungswert der Beanspruchung}}{\textbf{Bemessungswert der Beanspruchbarkeit}} \leq \mathbf{1}$$

$$\frac{F_{w,Ed}}{F_{w,Rd}} \leq 1$$

Gemäß EUROCODE kann der Bemessungswert der Beanspruchung mit dem „vereinfachten“ oder dem „richtungsbezogenen“ Verfahren ermittelt werden. Wir beschränken uns auf das vereinfachte Verfahren unter Vernachlässigung eventuell vorhandener Biegemomente.

$$F_{w,Ed} \leq F_{w,Rd}$$

■ Maße der Schweißnähte

Grundsätzlich haben Schweißnähte folgenden Bedingungen zu genügen:

Maß der Schweißnahtdicke *a*

$$3\text{ mm} \leq a \leq 16\text{ mm}$$

Maß der Schweißnahtlänge *l*

$$30\text{ mm} \leq 6 \cdot a \leq l \leq 150 \cdot a$$

Bei den Nähten ist die effektive Nahtlänge relevant. Diese ergibt sich in Abhängigkeit der Nahtausführung folgendermaßen:

Eine vollständig ausgeführte Naht (ohne Endkrater) hat die Länge:
Effektive Nahtlänge = gesamte Nahtlänge

Nahtlänge ohne Endkrater

$$l_{eff} = l$$

Die normal ausgeführte Naht (mit Endkratern) hat die Länge:
Effektive Nahtlänge = gesamte Nahtlänge – 2 · Nahtdicke

Nahtlänge mit Endkrater

$$l_{eff} = l - 2 \cdot a$$

Nahtbelastung

Die Schweißnaht wird durch über die in den anschließenden Bauteilen wirkenden Kräfte belastet. So werden z. B. die Einwirkungen aus den Eigen- und Verkehrslasten aus dem Obergurt eines Fachwerkträgers über die Füllstäbe in den Untergurt weitergeleitet (Bild 1). Dabei werden die Schweißnähte entsprechend beansprucht. Der auf eine Länge von 1 cm der Schweißnaht bezogene Bemessungswert der Einwirkungen errechnet sich wie folgt:

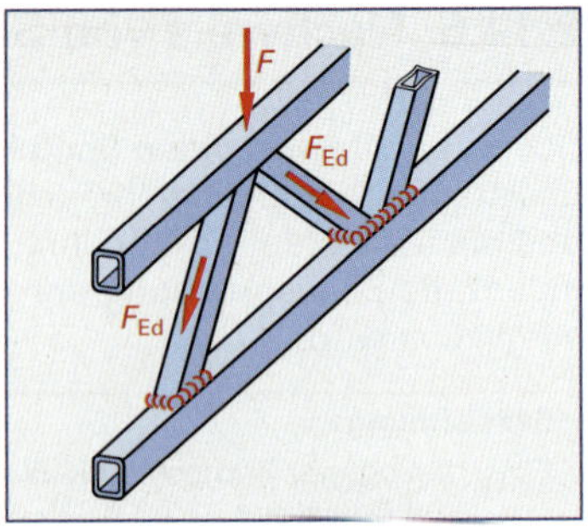

Bild 1: Fachwerkträger

Bezogener Bemessungswert der Einwirkungen = $\dfrac{\textbf{Bemessungswert der Einwirkungen}}{\textbf{effektive Nahtlänge}}$

$$F_{w,Ed} = \frac{F_{Ed}}{l_{eff}}$$

Nahtbeanspruchbarkeit

Es ist die Widerstandskraft der Schweißnaht zu ermitteln. Diese wird ebenfalls auf eine Nahtlänge von 1 cm bezogen.

Bezogener Bemessungswert der Nahtwiderstandskraft = $\dfrac{\textbf{Schweißnahtdicke} \cdot \dfrac{\textbf{1 cm}}{\textbf{10 mm}} \cdot \textbf{Zugfestigkeit}}{\sqrt{3} \cdot \textbf{Korrelationsbeiwert} \cdot \textbf{Teilsicherheitsbeiwert}}$

$$F_{w,Rd} = \frac{a \cdot \frac{1\ \text{cm}}{10\ \text{mm}} \cdot f_u}{\sqrt{3} \cdot \beta_w \cdot \gamma_{M2}}$$

Tabelle 1: Zugfestigkeit f_u und Korrelationsbeiwert β_w

Stahl	Zugfestigkeit f_u	Beiwert β_w
S235	36 kN/cm²	0,8
S275	43 kN/cm²	0,85
S355	49 kN/cm²	0,9

Tabelle 2: Teilsicherheitsbeiwert γ_{M2}

Beanspruchbarkeit von Querschnitten bei Bruchversagen durch Zugbeanspruchung	$\gamma_{M2} = 1{,}25$

Beispiel: Das mit einem Zugstab verbundene Knotenblech **(Bild 2)** wird an eine Tragplatte geschweißt. Ausgeführt wird eine Kehlnaht mit $a = 5$ mm in normaler Ausführung mit einer effektiven Nahtlänge von 160 mm. Beansprucht wird die Verbindung durch die charakteristische Kraft $F_{Qk} = 110$ kN. Gesucht sind:

a) Entspricht die Naht den maßlichen Anforderungen?

b) Wie groß ist der Bemessungswert der Einwirkungen?

c) Wie groß ist der Bemessungswert der Nahtwiderstandskraft in kN/cm?

d) Es ist der Tragfähigkeitsnachweis zu führen!

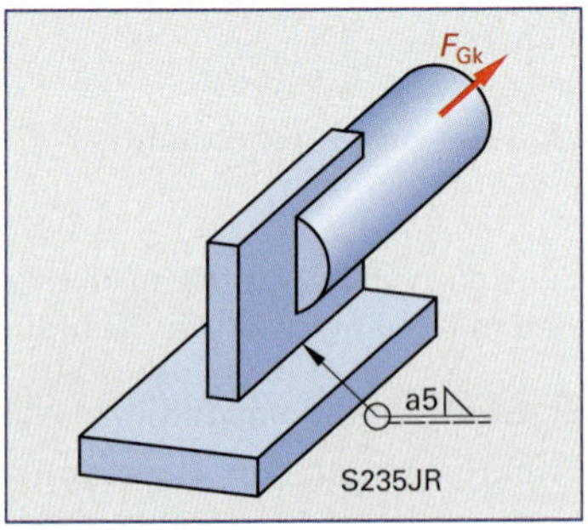

Bild 2: Nahtbelastung

Lösung: a) $l_{min} = 30$ mm oder $l_{min} = 6 \cdot a = 6 \cdot 5$ mm $=$ **30 mm**

$l_{max} = 150 \cdot a = 150 \cdot 5$ mm $=$ **750 mm**

30 mm < 160 mm = l < 750 mm → **die maßlichen Anforderungen sind erfüllt.**

b) $F_{Ed} = \gamma_G \cdot F_{Gk} = 1{,}35 \cdot 110 \text{ kN} = \mathbf{148{,}5\ kN}$

$$F_{w,Ed} = \frac{F_{Ed}}{l_{eff}} = \frac{148{,}5 \text{ kN}}{16 \text{ cm}} = \mathbf{9{,}28\ kN}$$

c) $$F_{w,Rd} = \frac{a \cdot 10 \text{ mm} \cdot f_u \frac{1 \text{ cm}}{}}{\sqrt{3} \cdot \beta_w \cdot \gamma_{M2}} = \frac{5 \text{ mm} \cdot \frac{1 \text{ cm}}{10 \text{ mm}} \cdot 36{,}0 \frac{\text{kN}}{\text{cm}}}{\sqrt{3} \cdot 0{,}8 \cdot 1{,}25} = \mathbf{10{,}4 \frac{kN}{cm}}$$

d) $$\frac{F_{w,Ed}}{F_{w,Rd}} = \frac{9{,}28 \frac{\text{kN}}{\text{cm}}}{10{,}4 \frac{\text{kN}}{\text{cm}}} = \mathbf{0{,}89 < 1{,}0}$$

oder $F_{w,Ed} \leq F_{w,Rd}$; $9{,}28 \frac{\text{kN}}{\text{cm}} \leq 10{,}4 \frac{\text{kN}}{\text{cm}}$

Tragsicherheit ist gegeben.

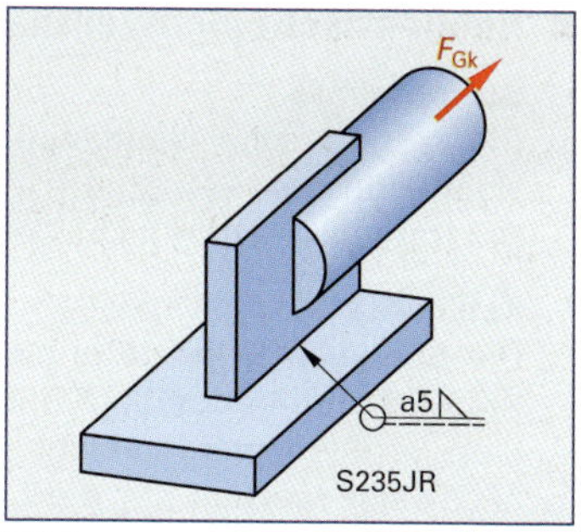

Bild 1

2

Aufgaben | Nachweis von Schweißverbindungen

1. Ein Zuganker aus S235JR **(Bild 2)** wird mit einer Kehlnaht $a = 5$ mm und einer tragenden Schweißnahtlänge $l = 80$ mm angeschweißt. Es ist mit einer charakteristischen Kraft von $F_{Gk} = 40$ kN zu rechnen. Zu berechnen sind

a) der Bemessungswert der Kraft,

b) Der Tragsicherheitsnachweis der Schweißnaht ist durchzuführen.

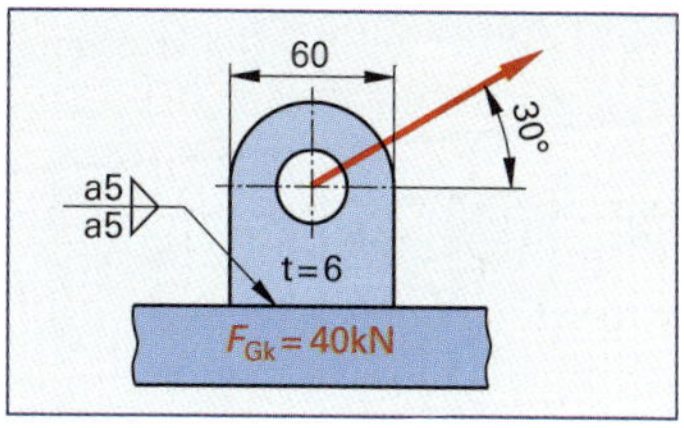

Bild 2

2. An einen Behälter (**Bild 3)** sollen zwei Laschen aus S235JR beidseitig mit Kehlnähten angeschweißt werden.

a) Welche tragende Schweißnahtlänge ist erforderlich? Es ist das Ergebnis auf 0,5 cm aufzurunden.

b) Der Tragsicherheitsnachweis für die Schweißnähte ist durchzuführen

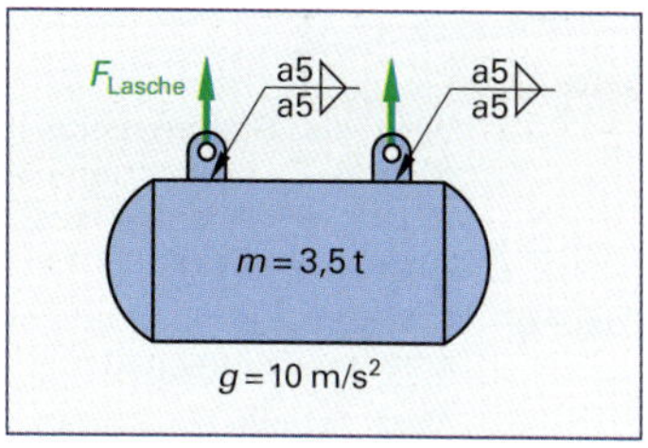

Bild 3

3. Für die tragende Schweißnahtlänge l gilt: 30 mm $\leq l \leq 150 \cdot a$. Welche kleinste bzw. größte Kraft kann mit einer Kehlnaht $a = 5$ mm übertragen werden, wenn der Werkstoff aus

a) S235JR oder

b) S355J0 ist?

4. Der Zugstab eines Fachwerkbinders wird an ein Knotenblech angeschweißt **(Bild 4)**.

a) Die tragende Schweißnahtlänge ist zu berechnen.

b) Der Spannungsnachweis der Schweißnaht ist durchzuführen.

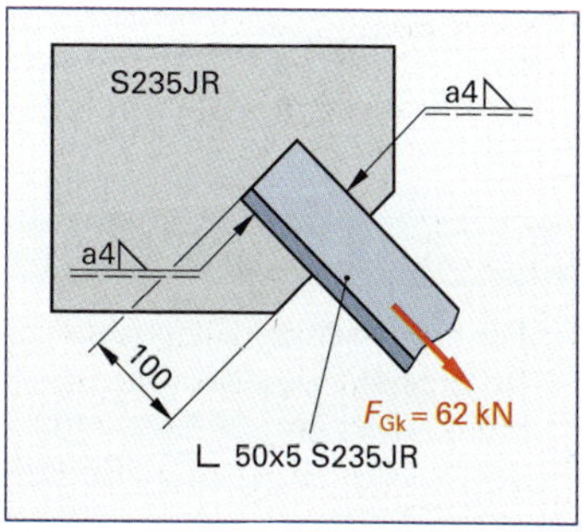

Bild 4

Rechnerische Schweißnahtlängen

- **Stumpfnähte**
  Die rechnerische Nahtlänge *l* entspricht der geometrischen Nahtlänge.
  Die Nahtdicke *a* darf nicht kleiner sein als die Werkstückdicke.

- **Kehlnähte**
  Die Schweißnahtlänge entspricht der Länge der Wurzellinie. Krater, Nahtanfänge und -enden, die nicht die erwartete Nahtdicke erfüllen, werden nicht zur Länge gezählt. Für Festigkeitsnachweise werden nur die Längen berücksichtigt, welche bei Direktanschluss die Länge $l \geq 6 \cdot a \geq 30$ **mm** aufweisen. Für die unmittelbaren Laschen- und Stabanschlüsse **(Bild 1)** gilt für jede einzelne Flankenkehlnaht $l \geq 150 \cdot a$.

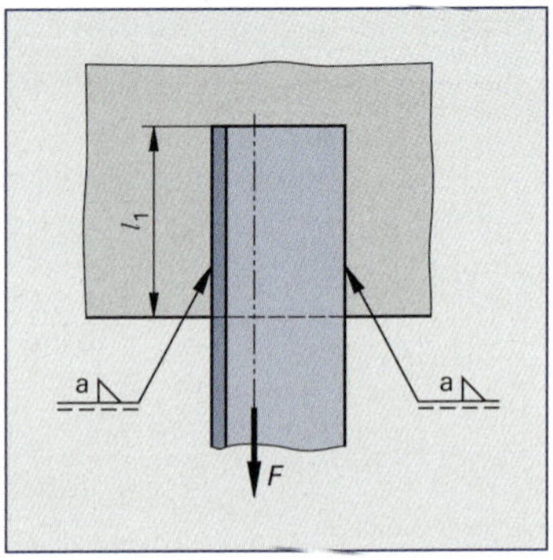

Bild 1

Bezeichnungen:

$\sum l$	Summe der Schweißnahtlängen	mm	b	Schenkelbreite	mm
l_1, l_2	Einzelnahtlängen	mm	a	Nahtdicke	mm

Flankenkehlnähte	Stirn- und Flankenkehlnähte	ringsumlaufende Kehlnaht, Schwereachse näher zur längeren Nahtseite	ringsumlaufende Kehlnaht, Schwereachse näher zur kürzeren Nahtseite	Kehlnaht oder HV-Naht bei geschlitztem Winkelprofil
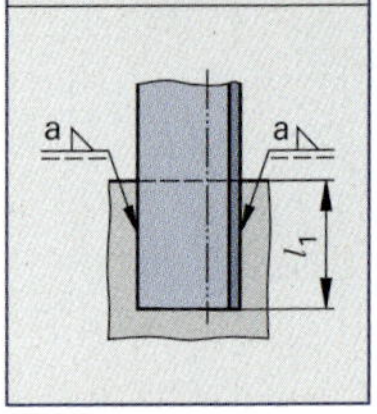	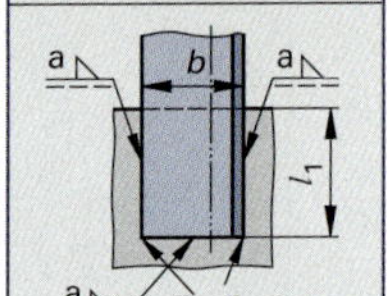 Endkrater unzulässig	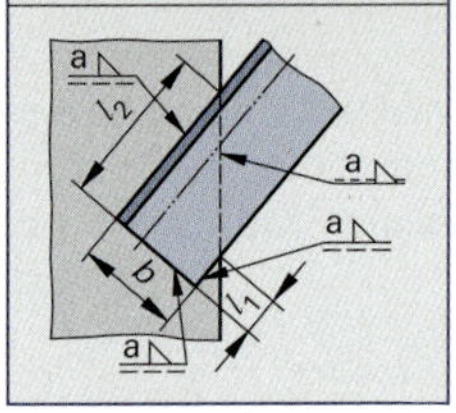	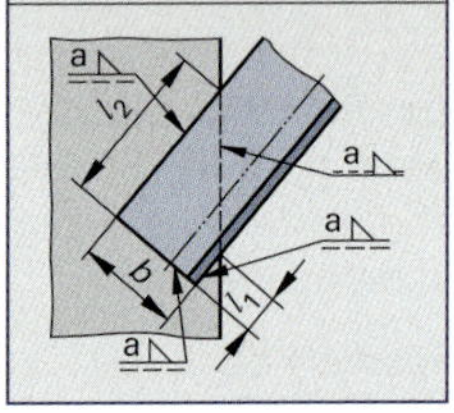	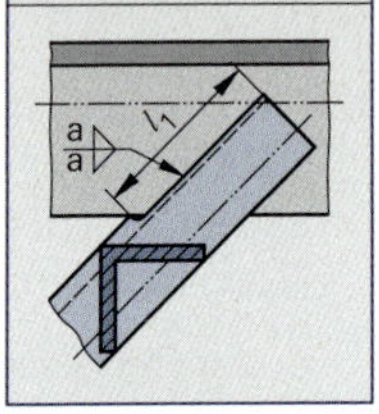
$\sum l = 2 \cdot l_1$	$\sum l = b + 2 \cdot l_1$	$\sum l = l_1 + l_2 + 2 \cdot b$	$\sum l = 2 \cdot l_1 + 2 \cdot b$	$\sum l = 2 \cdot l_1$

Beispiel: Ein gleichschenkliger Winkelstahl L DIN EN 10056-1 – 80 × 80 × 8 wird als Stabanschluss an ein Knotenblech angeschweißt **(Bild 2)**. Zu berechnen ist die rechnerische Schweißnahtlänge *l* in mm des Anschlusses. Die Länge l_2 beträgt 160 mm und der Anschlusswinkel $\alpha = 45°$.

Lösung: Ringsumlaufende Kehlnaht mit der Schwereachse, die näher zur kürzeren Nahtseite liegt.

Nach **Tabelle** b = 80 mm

$\sum l = 2 \cdot l_1 + 2 \cdot b$; $l_1 = l_2 - y$

$$\tan 45° = \frac{b}{y};\ y = \frac{80\ \text{mm}}{\tan 45°} = \frac{80\ \text{mm}}{1} = 80\ \text{mm}$$

$l_1 = 160\ \text{mm} - 80\ \text{mm} = 80\ \text{mm}$

$\sum l = 2 \cdot 80\ \text{mm} + 2 \cdot 80\ \text{mm} =$ **320 mm**

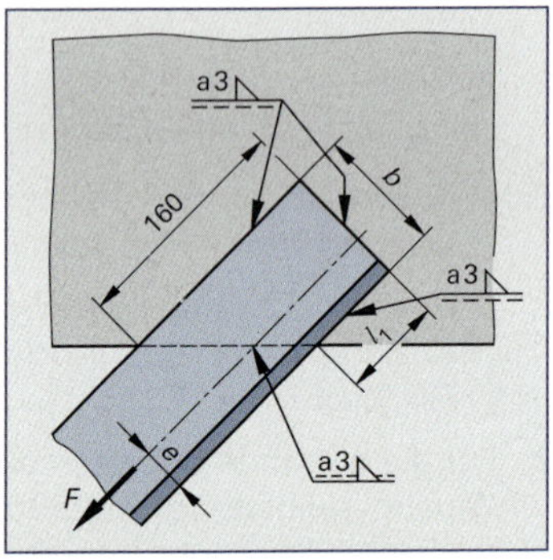

Bild 2

Aufgaben Rechnerische Schweißnahtlängen

1. Für eine Fachwerkstrebe soll die rechnerische Schweißnahtlänge *l* berechnet werden. Die Strebe ist ein gleichschenkliger Winkelstahl L DIN EN 10056-1 – 100 × 100 × 8 und wird in einem Winkel von $\alpha = 40°$ angeschweißt **(Bild 3)**.

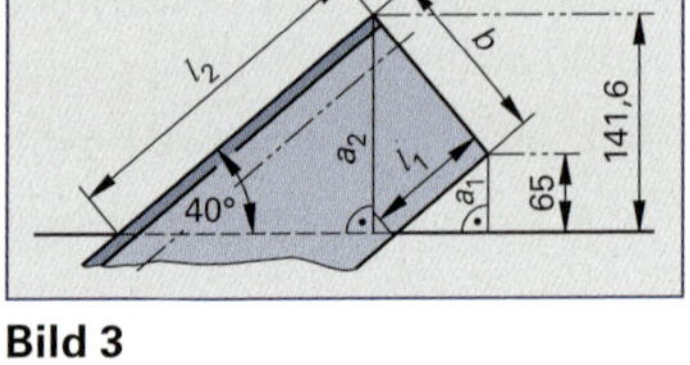

Bild 3

2.14.7 Nachweis von Schraubenverbindungen

Schrauben haben die Aufgabe, Bauteile durch Formschluss oder durch Reibschluss miteinander zu verbinden. Dabei werden über den Spannungsquerschnitt der Schraube sowohl Zug- als auch Scherkräfte übertragen **(Bild 1)**.

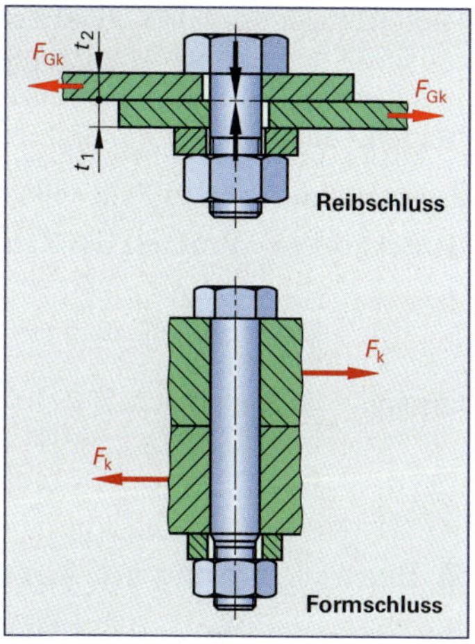

Bild 1

Bezeichnungen:

F	Kraft, allgemein	kN
F_t	Zugkraft	kN
F_v	Abscherkraft	kN
F_b	Lochlaibungskraft	kN
n	Anzahl an Schrauben	–
m	Anzahl der Scherfugen je Schraube	–
t_{min}	kleinste Materialdicke	cm
γ_G, γ_Q	Teilsicherheitsbeiwerte für die Einwirkungen	–
Ψ_0	Kombinationsbeiwert für die veränderlichen Einwirkungen	–

Indizes:

Ed	Bemessungswert der Kraft aus allen Einwirkungen
Rd	Bemessungswert der Bauteilwiderstandskraft
ges	Gesamtwert der Widerstandskraft über alle Schrauben/Scherfugen/Materialdicken
G,Q	ständige/veränderliche Einwirkung

Beanspruchung auf Zug

Werden Schrauben auf Zug beansprucht, muss die angreifende Zugkraft kleiner als die Grenzzugkraft **(Tabelle 1)** der Schraube sein.

Bemessungswert der Zugkraft ≤ Grenzzugkraft

$$F_{t,Ed} \leq F_{t,Rd}$$

Beispiel: Eine Sechskantschraube DIN EN 24014 M24 × 80 – 5,6 hat eine einwirkende Zugkraft von F_{Gk} = 78 kN aufzunehmen **(Bild 2)**.
Der Tragsicherheitsnachweis ist zu führen.

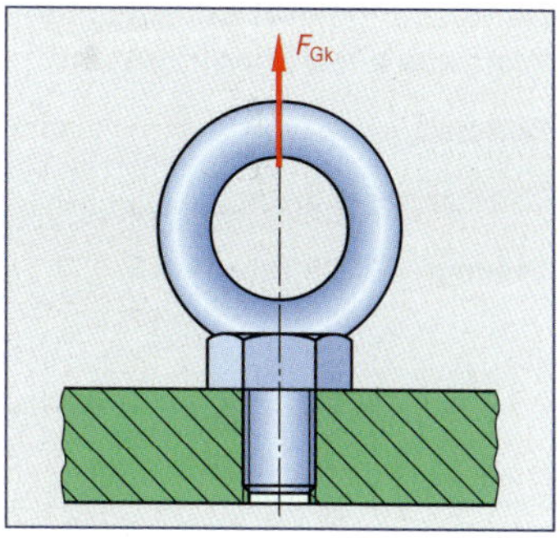

Bild 2

Lösung: Nach **Tabelle 1, Seite 182:** γ_G = 1,35; nach **Tabelle 2, Seite 182:** ψ = 1,0

Bemessungswert der Kraft:

$F_{t,Rd} = \gamma_G \cdot \psi \cdot F = 1{,}35 \cdot 1{,}0 \cdot 78$ kN = **105,3 kN**

Grenzzugkraft **(Tabelle 1)**:

$F_{t,Rd}$ = **127,1 kN**

Tragsicherheitsnachweis:

$F_{t,Ed} \leq F_{t,Rd}$; $F_{t,Ed}$ = **105,3 kN** ≤ $F_{t,Rd}$ = **127,1 kN**

Tragsicherheit erfüllt.

Tabelle 1: Grenzzugkräfte $F_{t,Rd}$ in kN je Schraube

Festigkeitsklasse	Schraubengröße				
	M 12	M 16	M 20	M 24	M 36
4.6	24,3	45,2	70,6	101,7	235,3
5.6	30,3	56,5	88,2	127,1	294,1
8.8	48,6	90,4	141,1	203,3	470,6
10.9	60,7	113,0	176,4	254,2	588,2

Festigkeitsklasse

Die Zugfestigkeit und die Streckgrenze von Schrauben werden als Festigkeitsklasse durch **zwei Zahlen X.Y** angegeben **(Bild 1)**. Dabei muss die erste Zahl mit 100 multipliziert werden, um die Zugfestigkeit zu erhalten, die Streckgrenze erhält man, wenn das Produkt der beiden Zahlen mit 10 multipliziert wird

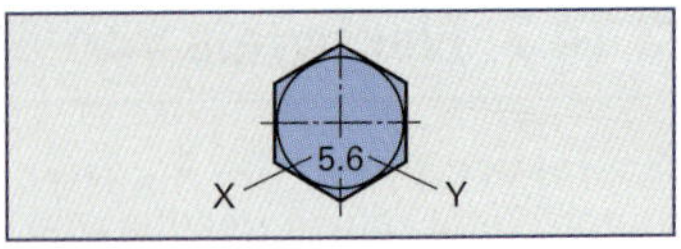

Bild 1

Zugfestigkeit = Erste Zahl · 100

$f_{ub} = X \cdot 100$

Streckgrenze = Produkt der Zahlen X · Y · 10

$f_{yb} = X \cdot Y \cdot 10$

Beispiel: Gesucht ist die Zugfestigkeit f_{ub} und die Streckgrenze f_{yb} einer Schraube der Festigkeitsklasse 5.6 **(Bild 1)**.

Lösung: Zugfestigkeit $f_{ub} = 5 \cdot 100 = \mathbf{500 \frac{N}{mm^2}}$

Streckgrenze $f_{yb} = 5 \cdot 6 \cdot 10 = \mathbf{300 \frac{N}{mm^2}}$

Beanspruchung auf Abscherung

Bei Passschrauben und Bolzen werden häufig die Querschnittsflächen auf Abscherung beansprucht **(Bild 2)**. Dabei wird zwischen einschnittigen (m = 1) und mehrschnittigen Verbindungen unterschieden. Für den Bemessungswert der gesamten Abscher-Widerstandskraft gilt:

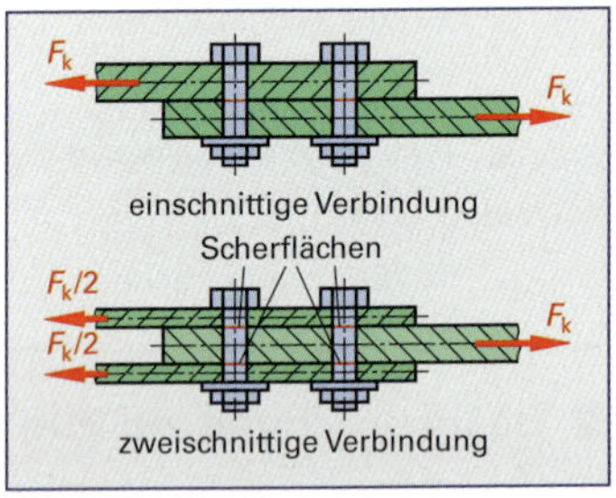

Bild 2

Bemessungswert der gesamten Abscher-Widerstandskraft = Anzahl der Schrauben · Anzahl der Scherfugen je Schraube · Bemessungswert der Abscher-Widerstandskraft je Scherfuge

$F_{v,Rd,ges} = n \cdot m \cdot F_{v,Rd}$

Für die Tragsicherheit auf Abscherung gilt:

Bemessungswert der Abscherkraft aus allen Einwirkungen ≤ Bemessungswert der gesamten Abscher-Widerstandskraft

$F_{v,Ed} \leq F_{v,Rd,ges}$

Beispiel: Eine Lasche ist mit einer Passschraube M 20–8.8 an einem Träger befestigt **(Bild 3)**. Die ständig einwirkende Kraft beträgt 78 kN. Die Schraubenverbindung ist auf Abscherung zu überprüfen

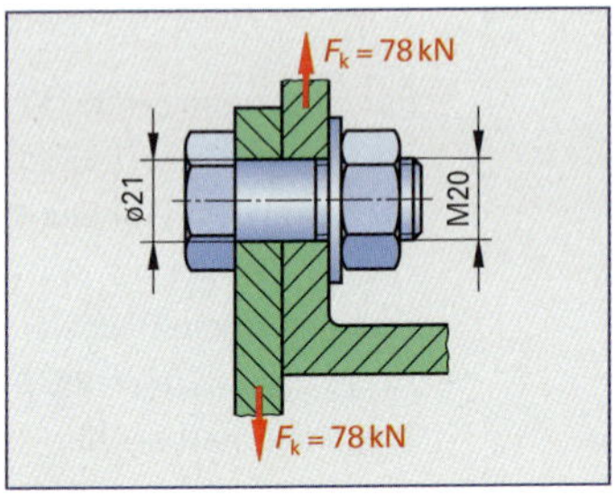

Bild 3

Lösung: Nach **Tabelle 1, S. 182:** $\gamma_G = 1{,}35$; nach **Tabelle 2, S. 182:** $\psi = 1{,}0$

Bemessungswert der Abscherkraft aus den Einwirkungen:

$F_{v,Ed} = \gamma_G \cdot F = 1{,}35 \cdot 10 \cdot 78\ \text{kN} = \mathbf{105{,}3\ kN}$

Bemessungswert der gesamten Abscher-Widerstandskraft:

Nach **Tabelle 1:** $F_{v,Rd} = 132{,}9$ kN

$F_{v,Rd,ges} = n \cdot m \cdot F_{v,Rd} = 1 \cdot 1 \cdot 132{,}9\ \text{kN} = \mathbf{132{,}9\ kN}$

Tragsicherheitsnachweis auf Abscherung:

$F_{v,Ed} \leq F_{v,Rd}$; $F_{v,Ed} = \mathbf{105{,}3\ kN} \leq F_{v,Rd,ges} = \mathbf{132{,}9\ kN}$

Tragsicherheit erfüllt.

Tabelle 1: Bemessungswert der Abscher-Widerstandskraft $F_{v,Rd}$ in kN je Scherfuge

Lage der Scherfuge	SFK	Schraubengröße				
		M 12	M 16	M 20	M 24	M 36
im Schaft	5.6	27,1	48,2	75,4	108,5	244,3
	8.8	43,4	77,2	120,6	173,6	390,9
	10.9	54,2	96,5	150,7	217,0	488,6
im Gewinde	5.6	20,2	37,7	58,8	84,7	196,1
	8.8	32,4	60,3	94,1	135,6	313,7
	10.9	33,7	62,8	98,0	141,2	326,8
im Schaft (Passschraube)	5.6	31,9	54,5	83,0	117,8	258,0
	8.8	51,1	87,2	132,9	188,5	412,8
	10.9	63,8	109,0	166,1	235,7	516,0

Beanspruchung auf Lochleibung

Werden Schrauben auf Abscherung beansprucht, so wirkt in den Lochwandungen der Bohrlöcher, die die Schrauben aufnehmen, eine Lochleibungskraft **(Bild 1)**. Diese Lochleibungskraft erzeugt eine Lochleibungsspannung, die umso größer ist, je dünner das Fügeteil ist. Deshalb ist bei mehrschnittigen Verbindungen der Nachweis der Tragsicherheit für alle Fügeteile zu führen. Dabei darf die angreifende Kraft nicht größer als der Bemessungswert der gesamten Lochleibungs-Widerstandskraft $F_{b,Rd,ges}$ sein. Er berechnet sich aus der Anzahl n der Schrauben oder Niete, der Dicke des kleinsten Fügeteils t_{min} und dem Bemessungswert der Lochleibungs-Widerstandskraft $F_{b,Rd}$ in kN/cm für gebräuchliche Loch- und Randabstände **(Tabelle 1)**.

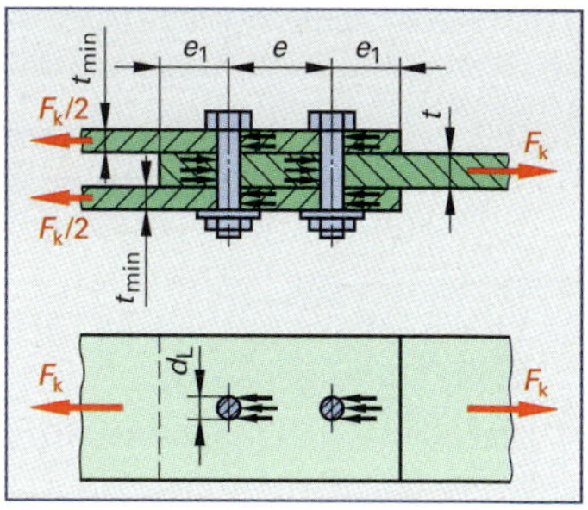

Bild 1

Bemessungswert der gesamten Lochleibungs-Widerstandskraft = **Anzahl der Schrauben** · **Kleinste Materialdicke in Belastungsrichtung** · **Bemessungswert der Lochleibungs-Widerstandskraft**

$$F_{b,Rd,ges} = n \cdot t_{min} \cdot F_{b,Rs}$$

Für den Tragfähigkeitsnachweis gilt:

Bemessungswert der Lochleibungskraft aus allen Einwirkungen ≤ **Bemessungswert der gesamten Lochleibungs-Widerstandskraft**

$$F_{v,Ed} \leq F_{b,Rd,ges}$$

Dieser Nachweis gilt auch für andere Verbindungsmittel wie z.B. Niete oder Bolzen,

1. Beispiel: Für eine Schraubenverbindung SLP **(Bild 2)**, mit der zwei Flachstähle Fl 80 × 16 DIN 1014 aus S235JR gefügt werden, ist der Tragfähigkeitsnachweis auf Lochleibung zu führen.

Lösung: Nach **Tabelle 1, S. 182:** $\gamma_G = 1{,}35$; nach **Tabelle 2, S. 182:** $\psi = 1{,}0$

$F_{b,Ed} = \gamma_G \cdot F_{Qk} = 1{,}35 \cdot 50\text{ kN} = \mathbf{67{,}5\text{ kN}}$

Nach **Tabelle 1:** $F_{b,Rd} = 65{,}4$ kN/cm

$F_{b,Rd,ges} = n \cdot t_{min} \cdot F_{b,Rd} = 1 \cdot 1{,}6\text{ cm} \cdot 65{,}4\text{ kN} = \mathbf{104{,}6\text{ kN}}$

$F_{v,Ed} \leq F_{b,Rd,ges}$; **67,5 kN ≤ 104,6 kN; Tragsicherheit erfüllt.**

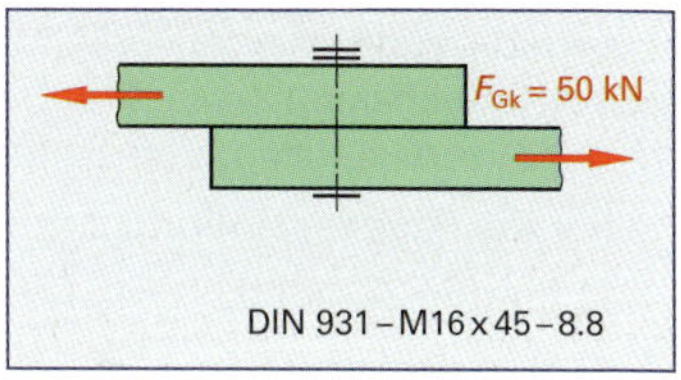

Bild 2

2. Beispiel: Ein U-Profil U-180 aus S235JR wird mit 4 Passschrauben M 20 × 60 – 8.8 an ein Knotenblech $t = 20$ aus S235JR angeschraubt **(Bild 3)**.

Die Verbindung ist auf Lochleibung zu überprüfen

Lösung: Nach **Tabelle 1, S. 182:** $\gamma_G = 1{,}35$; nach **Tabelle 2, S. 182:** $\psi = 1{,}0$

$F_{b,Ed} = \gamma_G \cdot F_{Qk} = 1{,}35 \cdot 180\text{ kN} = \mathbf{243\text{ kN}}$

Nach **Tabelle 1**: $F_{b,Rd} = 82{,}2$ kN/cm

$F_{b,Rd,ges} = n \cdot t_{min} \cdot F_{b,Rd} = 4 \cdot 0{,}8\text{ cm} \cdot 82{,}2\text{ kN/cm} = \mathbf{263\text{ kN}}$

$F_{v,Ed} \leq F_{b,Rd,ges}$; **243 kN ≤ 263 kN; Tragsicherheit erfüllt.**

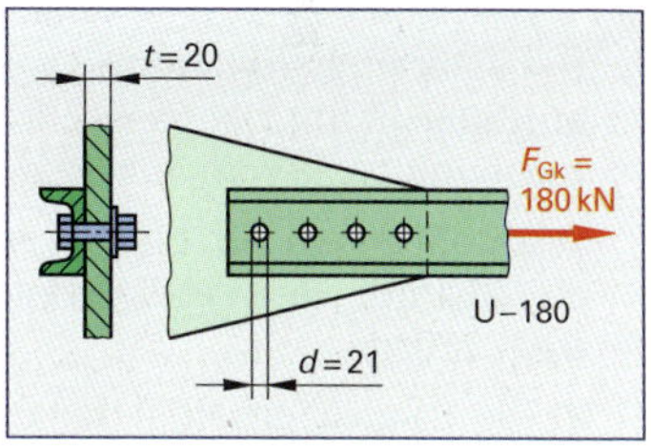

Bild 3

Tabelle 1: Bemessungswert der Lochleibungs-Widerstandskraft $F_{b,Rd}$ in kN je Schraube und 1 cm Bauelementdicke. Die angegebenen Werte gelten bei Einhaltung der vorgeschriebenen Bohrungs- und Randabstände und minimal zulässigen Bohrungsabständen in Lastrichtung

Material der Anschlussbauteile	Verbindungsart	Schraubengröße				
		M 12	M 16	M 20	M 24	M 36
S 235	SL	44,86	56,53	73,09	89,72	134,60
	SLP	48,60	65,40	82,20	99,00	137,40
S 275	SL	53,56	67,50	87,27	107,13	160,71
	SLP	58,03	78,09	98,15	118,21	164,06
S 355	SL	61,05	76,94	99,46	122,11	183,19
	SLP	66,14	89,01	111,87	134,74	187,00

SL: Scher-Lochleibungsverbindung mit normalen Schrauben,
SLP: Scher-Lochleibungsverbindung mit Passschrauben

Aufgaben | Nachweis von Schraubverbindungen

1. Für Schrauben mit den Festigkeitsklassen 4.6, 5.6, 8.8 und 10.9 sind die Zugfestigkeit des Schraubenwerkstoffes $f_{u,b}$ und die Streckgrenze des Schraubenwerkstoffes $f_{y,b}$ zu bestimmen.

2. Eine Sechskantschraube DIN EN 24017 M 20 × 60 – 8.8 wird mit einer ständigen Zugkraft F_k = 98 kN belastet.

Der Sicherheitsnachweis für die Schraube ist durchzuführen.

3. Eine Zugstange, auf die eine ständige charakteristische Kraft von 80 kN wirkt, wird mit einer Schraube M 24 – 5.6 an einem Knotenblech befestigt. Die einschnittige Verbindung, die auf SLP beansprucht wird, ist auf Abscherung zu überprüfen.

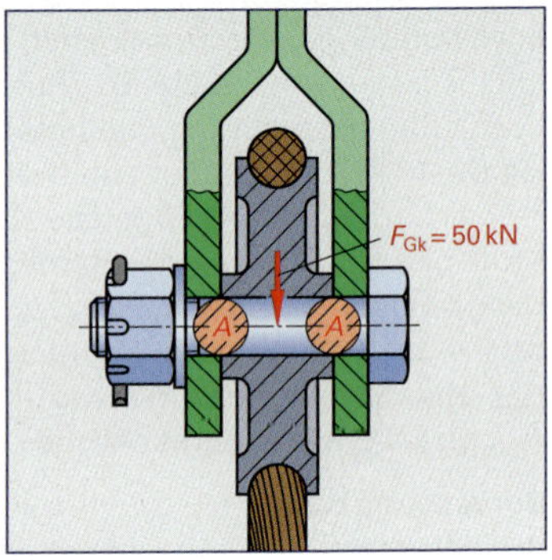

Bild 1

4. Als Tragbolzen der Seilrolle **(Bild 1)** dient eine normale Sechskantschraube mit Schaft DIN EN 24014 M 16 × 110 – 5.6.

Die Fügeverbindung ist auf Abscherung zu untersuchen.

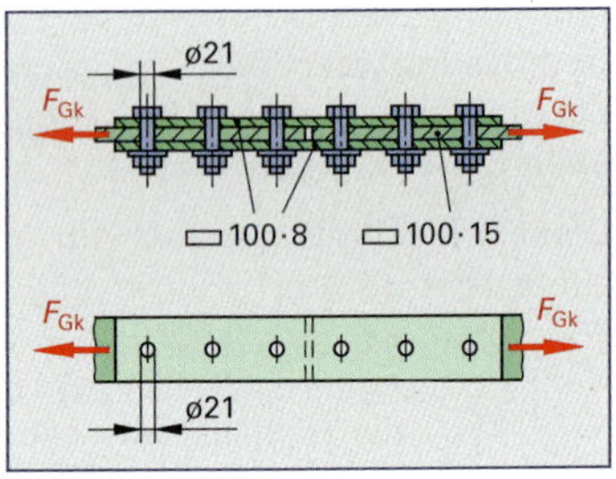

Bild 2

5. Der Zugstab einer Stahlkonstruktion aus S235JR besteht aus einem Flachstahl Fl 100 × 15 DIN 1017 und wird mit zwei Laschen Flachstahl Fl 100 × 8 DIN 1017 gestoßen **(Bild 2)**. Die aufzunehmende ständig wirkende Zugkraft beträgt 180 kN. Sie wird von 3 Sechskantpassschrauben M 20 – 5.6, die in Bohrungen mit d = 21 mm stecken, übertragen.

Für die Fügeverbindung sind der Tragsicherheitsnachweis

a) für den Zugstab,

b) auf Lochleibung,

c) auf Abscherung zu führen.

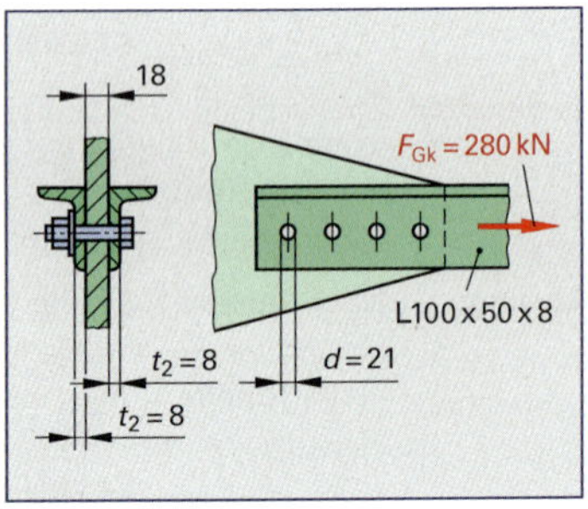

Bild 3

6. Bei einer Fügeverbindung werden Winkelprofile L 100 × 50 × 8 aus S235JR mit vier Passschrauben M 20 – 8.8 an einem Knotenblech mit t = 18 mm aus S235JR befestigt **(Bild 3)**.

Die Bohrungen für die Schrauben haben einen Durchmesser d = 21 mm. Die ständig wirkende Zugkraft in den Profilen beträgt 280 kN.

a) Die Tragsicherheit in den Profilen ist zu untersuchen.

b) Die Verbindung ist auf Lochleibung zu überprüfen.

c) Die Scherfestigkeit der Schrauben ist zu untersuchen.

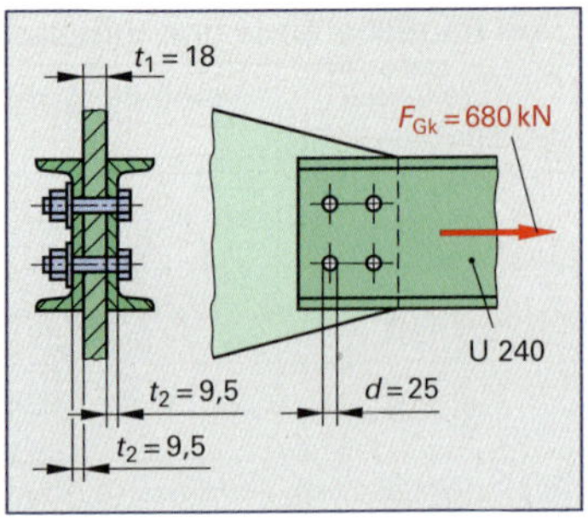

Bild 4

7. In einer Stahlbaukonstruktion werden zwei Profile U-240 aus S355J0 mit 4 Sechskantpassschrauben DIN EN 24014 – M 24 × 80 – 8.8 an einem Knotenblech mit t = 18 mm aus S355J0 gefügt **(Bild 4)**. Die Bohrungen für die Schrauben haben einen Durchmesser d = 25 mm. Es ist mit einer ständig wirkenden Zugkraft von F = 680 kN zu rechnen,

a) Die Profile sind auf Tragsicherheit zu überprüfen.

b) Die Beanspruchung auf Lochleibung ist beim schwächsten Bauteil zu untersuchen.

c) Die Tragsicherheit auf Abscherung in den Schrauben ist zu untersuchen.

2.15 Festigkeitsberechnungen im Maschinen- und Anlagenbau

Wirken auf Bauelemente in Maschinen und Anlagen Kräfte ein, so setzt der Werkstoff diesen Beanspruchungen von außen einen inneren Widerstand entgegen; es entstehen Spannungen im Werkstoff. Als Spannung bezeichnet man die Kraft je Flächeneinheit der Querschnittsfläche A **(Bild 1)**.

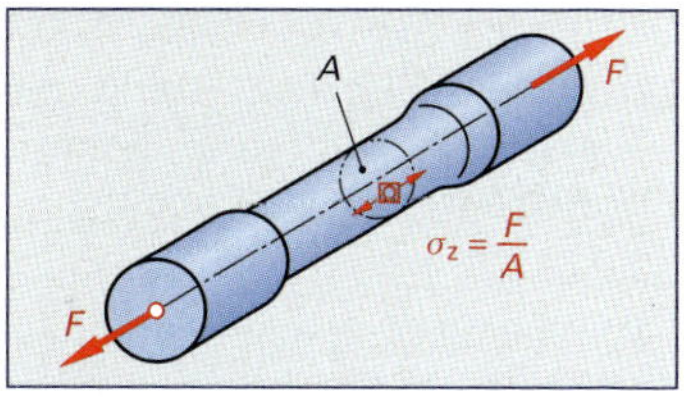

Bild 1

Je nach Lage eines Bauelements und der Richtung der angreifenden Kräfte unterscheidet man Beanspruchungen auf Zug, Druck, Biegung, Schub, Flächenpressung und Torsion **(Bild 2)**. Jede einzelne Beanspruchungsart verursacht in den Bauelementen die entsprechende Spannung.

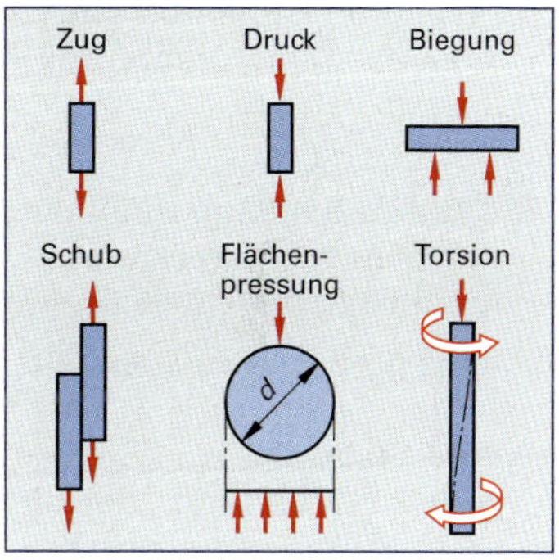

Bild 2

2.15.1 Beanspruchung auf Zug

Die Beanspruchung auf Zug verursacht in den Bauelementen eine Zugspannung.

Bezeichnungen:

F	Zugkraft	N	R_e	Streckgrenze	N/mm²
A	Querschnittsfläche	mm²	R_m	Zugfestigkeit	N/mm²
σ_z	Zugspannung	N/mm²	ν[1]	Sicherheitszahl	–
$\sigma_{z\,zul}$	zulässige Zugspannung	N/mm²			

$$\textbf{Zugspannung} = \frac{\textbf{Zugkraft}}{\textbf{Querschnittsfläche}}$$

$$\sigma_z = \frac{F}{A}$$

Beispiel: Ein Zugstab mit einer Querschnittsfläche $A = 379\ \text{mm}^2$ wird mit einer Zugkraft $F = 30320$ N belastet.

Wie groß ist die auftretende Zugspannung σ_z?

Lösung: $\sigma_z = \frac{F}{A} = \frac{30320\ \text{N}}{379\ \text{mm}^2} = \mathbf{80}\ \frac{\mathbf{N}}{\mathbf{mm^2}}$

Bauelemente müssen so bemessen sein, dass angreifende Kräfte keine bleibenden Verformungen hervorrufen. Damit darf die Streckgrenze nicht überschritten werden. Die zulässige Spannung ergibt sich dann aus der um die Sicherheitszahl ν verringerte Streckgrenze.

Bei Zugbeanspruchung verwendet man als Werkstoffkennwerte

- die Streckgrenze R_e bei Sicherheit gegen Fließen,
- die Zugfestigkeit R_m bei Sicherheit gegen Bruch.

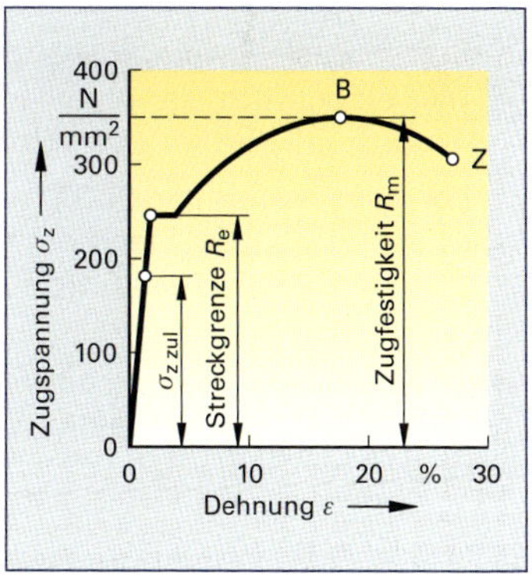

Bild 3

Die Werkstoffkennwerte werden in Spannungs-Dehnungsdiagrammen **(Bild 3)** ermittelt oder können Tabellen entnommen werden.

$$\textbf{Zulässige Zugspannung} = \frac{\textbf{Streckgrenze}}{\textbf{Sicherheitszahl}}$$

$$\sigma_{zzul} = \frac{R_e}{\nu}$$

Beispiel: Wie groß ist für einen Zugstab aus S235J R mit $R_e = 235\ \text{N/mm}^2$ und $\nu = 2{,}5$ die zulässige Zugspannung σ_{zzul}?

Lösung: $\sigma_{zzul} = \frac{R_e}{\nu} = \frac{235\ /\text{mm}^2}{2{,}5} = \mathbf{94}\ \frac{\mathbf{N}}{\mathbf{mm^2}}$

[1] ν, griech. Kleinbuchstabe ny

Aufgaben | Beanspruchung auf Zug

1. Wie groß ist die Zugspannung in einem Zugstab mit $d = 10$ mm, wenn eine Kraft $F = 2{,}5$ kN wirkt?

2. Welche Zugkraft F wirkt in einer Strebe mit der Querschnittsfläche $A = 180\ \text{mm}^2$, wenn die Zugspannung $\sigma_z = 168\ \text{N/mm}^2$ beträgt?

3. Welche Querschnittsfläche hat eine Zugstange, wenn bei einer Kraft von 12,8 kN eine Spannung von 160 N/mm^2 wirkt?

4. Wie groß ist die zulässige Zugspannung $\sigma_{z\,zul}$ für einen Stahl mit der Streckgrenze 360 N/mm^2, wenn die Sicherheitszahl $\nu = 1{,}5$ beträgt?

5. Das Verbindungsstück einer Mastverspannung besteht aus Stahl mit der Streckgrenze $R_e = 240\ \text{N/mm}^2$. Die zulässige Zugspannung beträgt 85 N/mm^2.

Wie groß ist die Sicherheit?

6. Die Stabstähle und Rohre **(Bild 1)** werden mit einer Zugkraft von 50 kN belastet. Die auftretende Zugspannung in den Halbzeugen ist zu berechnen.

7. Ein Ausgleichsgewicht mit $F = 1{,}2$ kN hängt an einer Stange aus S235JR. Als Sicherheitszahl ist $\nu = 3$ festgelegt **(Bild 2)**.

a) Wie groß ist die zulässige Spannung in der Stange?

b) Wie groß sind Querschnittsfläche und Durchmesser der Stange?

8. Für einen Kran, der eine Last von 10 kN heben kann, soll eine Rundstahlkette ausgewählt werden **(Bild 3)**.

Wie groß muss der Durchmesser des Rundstahls für die Kette mindestens sein, wenn die zulässige Spannung 64 N/mm^2 beträgt? Beide Querschnitte eines Kettengliedes tragen gleich.

9. Welche Zugkraft kann ein Formstahl des Profils DIN 1024-T 50 aus S235JRG1 mit einer Streckgrenze von 235 N/mm^2 bei 2,4-facher Sicherheit aufnehmen?

10. Ein Sechskantstahl wird mit 38 kN auf Zug belastet, die Zugspannung soll 76 N/mm^2 nicht überschreiten.

Welche genormte Schlüsselweite muss das Halbzeug mindestens haben?

11. Das Drahtseil **Bild 4** besteht aus 6 Litzen mit je 19 Drähten von 0,4 mm Durchmesser.

a) Welche Zugspannung tritt bei einer Belastung von 3000 N auf?

b) Welche Sicherheit gegen Bruch ist vorhanden, wenn die Bruchlast 22 kN beträgt?

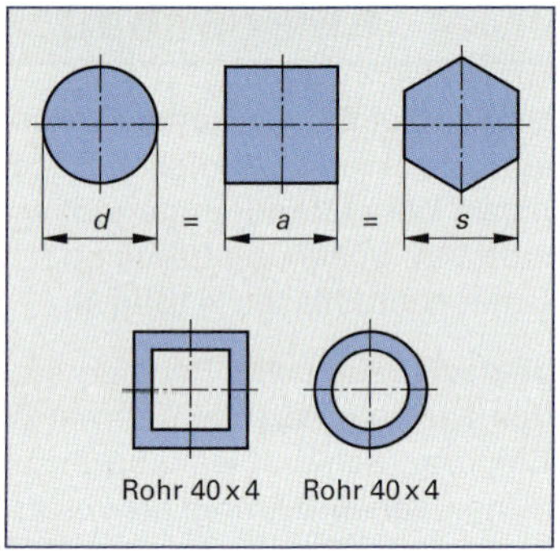

Bild 1

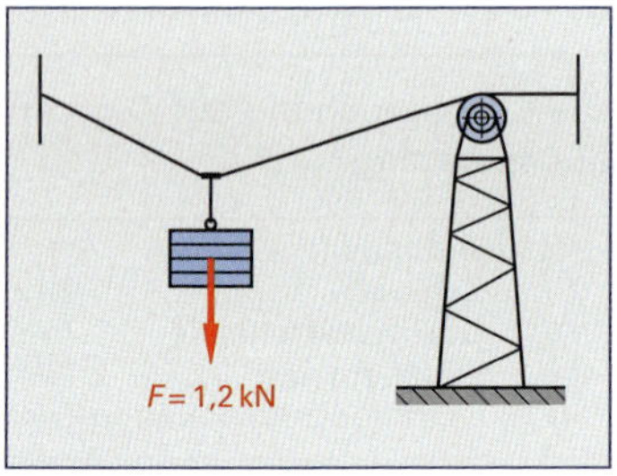

Bild 2

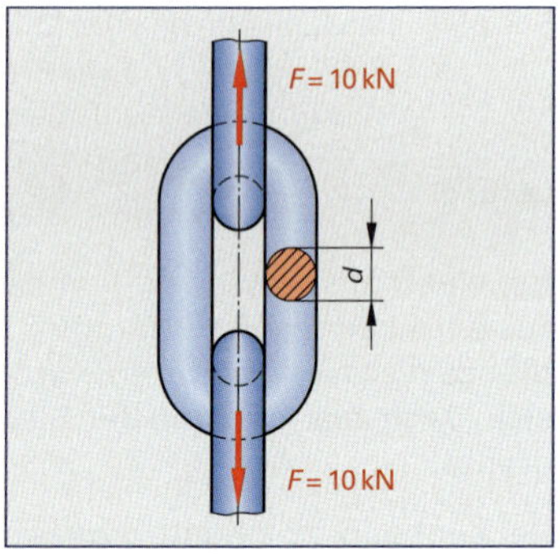

Bild 3

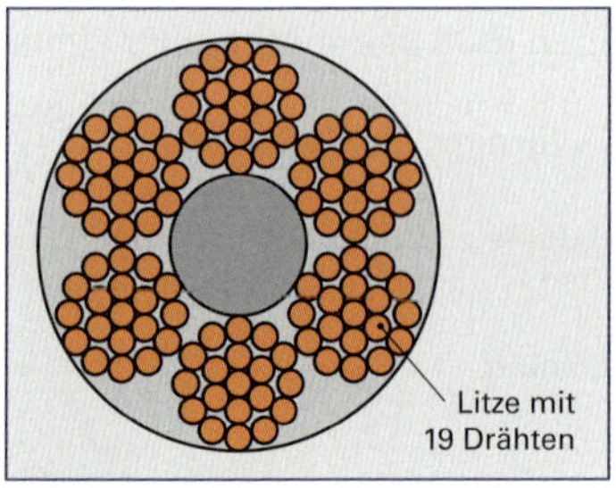

Bild 4

2.15.2 Beanspruchung auf Druck

Die Berechnung der Druckspannung **(Bild 1)** und der zulässigen Druckspannung in Bauelementen erfolgt sinngemäß wie bei der Beanspruchung auf Zug. Sie wird jedoch nur an kurzen, kräftigen Bauteilen durchgeführt, da an langen, schlanken Bauelementen Knickung auftreten kann, ehe die zulässige Druckspannung erreicht wird.

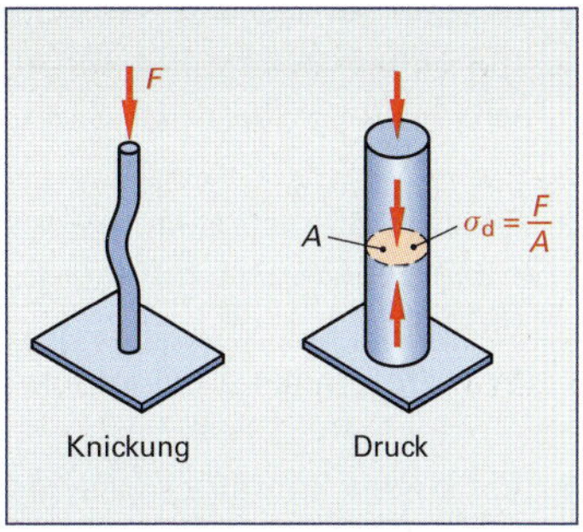

Bild 1

Bezeichnungen:

F	Druckkraft	N	σ_d	Druckspannung	N/mm²
A	Querschnittsfläche	mm²	$\sigma_{d\,zul}$	zulässige Druckspannung	N/mm²
R_e	Streckgrenze	N/mm²	σ_{dB}	Druckfestigkeit	N/mm²
ν	Sicherheitszahl	–	σ_{dF}	Quetschgrenze	N/mm²

Bei der Beanspruchung eines Werkstückes auf Druck berechnet man die Druckspannung σ_d und die zulässige Druckspannung $\sigma_{d\,zul}$ sinngemäß wie bei einer Beanspruchung auf Zug **(Bild 1)**.

Druckspannung = $\frac{\textbf{Druckkraft}}{\textbf{Querschnittsfläche}}$

$$\sigma_d = \frac{F}{A}$$

Zulässige Druckspannung = $\frac{\textbf{Druckfestigkeit}}{\textbf{Sicherheitszahl}}$

$$\sigma_{d\,zul} = \frac{\sigma_{dB}}{\nu}$$

1. Beispiel: Eine Säule aus Gusseisen (**Bild 2**) mit dem Querschnitt $A = 138\ \text{cm}^2$ wird mit der Druckkraft $F = 3{,}5\ \text{MN}$ belastet. Wie groß ist die Druckspannung σ_d?

Lösung: $\sigma_d = \frac{F}{A} = \frac{3500000\ \text{N}}{13800\ \text{mm}^2} = \mathbf{254\ \frac{N}{mm^2}}$

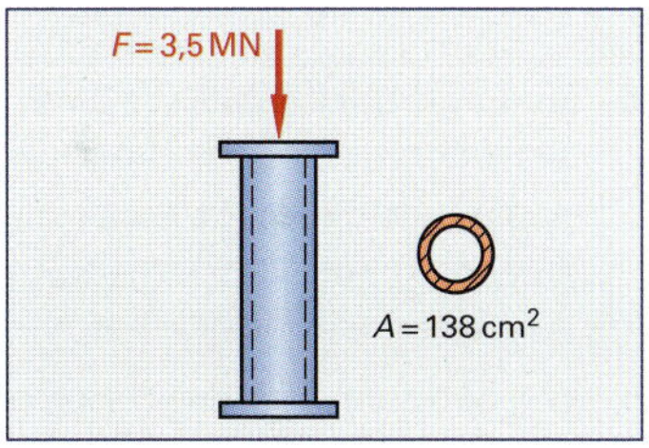

Bild 2

2. Beispiel: Bei einer Gusslegierung wird in einem Versuch die Druckfestigkeit α_{dB} 252 N/mm² ermittelt. Wie groß darf die zulässige Druckspannung sein, wenn eine Sicherheit $\nu = 1{,}5$ vorgesehen ist?

Lösung: $\sigma_{d\,zul} = \frac{\sigma_{dB}}{\nu} = \frac{252\ \frac{\text{N}}{\text{mm}^2}}{1{,}5} = 168\ \frac{\text{N}}{\text{mm}^2}$

Bei zähen Metallen, z. B. Stahl, wird die zulässige Druckspannung $\sigma_{d\,zul}$ aus der Quetschgrenze σ_{dF} berechnet. Diese gibt die Grenze der elastischen Verformung bei Druckbeanspruchung an. Ist die Quetschgrenze nicht bekannt, rechnet man mit der Streckgrenze R_e **(Bild 3)**.

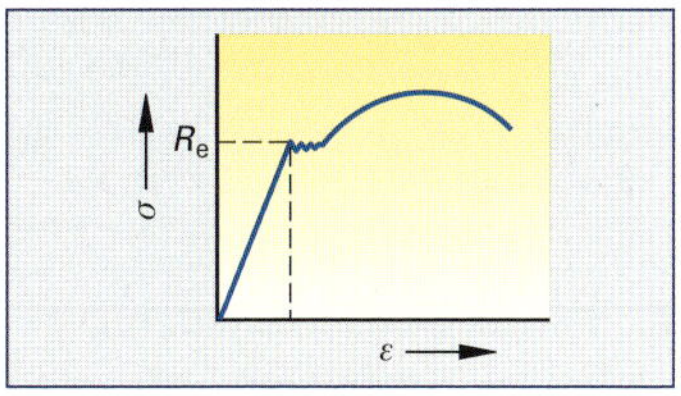

Bild 3

Zulässige Druckspannung = $\frac{\textbf{Quetschgrenze}}{\textbf{Sicherheitszahl}}$ = $\frac{\textbf{Streckgrenze}}{\textbf{Sicherheitszahl}}$

$$\sigma_{d\,zul} = \frac{\sigma_{dB}}{\nu} = \frac{R_e}{\nu}$$

Beispiel: Wie groß ist die zulässige Druckspannung $\sigma_{d\,zul}$ für GS235JR mit der Quetschgrenze $\sigma_{dF} = 240\ \text{N/mm}^2$ bei 1,5-facher Sicherheit?

Lösung: $\sigma_{d\,zul} = \frac{\sigma_{dF}}{\nu} = \frac{240\ \frac{\text{N}}{\text{mm}^2}}{1{,}5} = 160\ \frac{\text{N}}{\text{mm}^2}$

Aufgaben Beanspruchung auf Druck

1. In einer Anlage wird eine Strebe aus L EN 10056-1-40 × 20 × 4 mit einer Kraft F = 10,5 kN auf Druck beansprucht.

Wie groß ist die Druckspannung σ_d in der Strebe?

2. Die Dämpfungsscheibe eines Behälterauflagers darf höchstens mit einer Druckspannung σ_d = 25 N/mm² beansprucht werden **(Bild 1)**.

Wie groß muss die Querschnittsfläche mindestens sein?

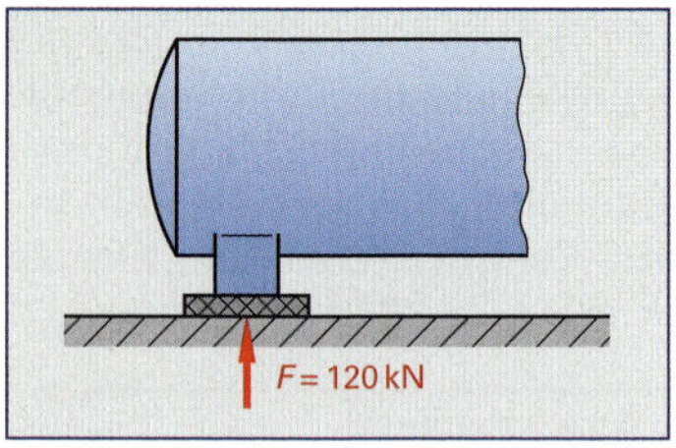

Bild 1

3. Ein kurzes Rohrstück DIN 2440 DN 100 dient als Abstützung. Es wird mit F = 125 kN auf Druck beansprucht. Die Quetschgrenze beträgt 280 N/mm² **(Bild 2)**.

a) Welche Druckspannung herrscht in der Rohrwandung?

b) Wie groß ist die Sicherheitszahl gegen plastische Verformung?

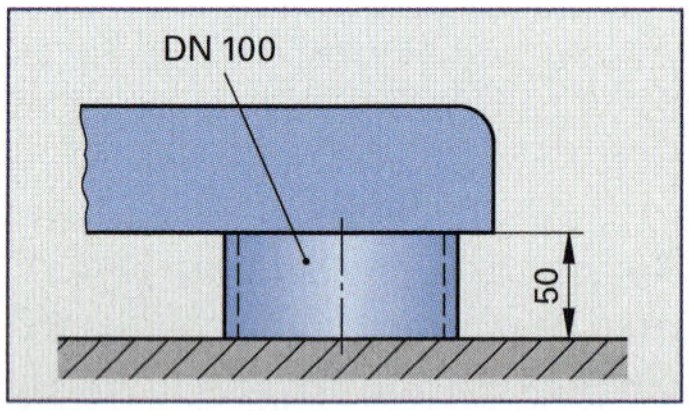

Bild 2

4. Eine Spindelpresse erzeugt die Presskraft von 50 kN. Die Spindel hat ein Trapezgewinde TR 36 × 6. Die Quetschgrenze des Spindelwerkstoffs ist σ_{dF} = 295 N/mm², die Sicherheitszahl ν = 2,5.

a) Wie groß ist die zulässige Druckspannung in der Spindel?

b) Welche Druckspannung wirkt im Querschnitt der Gewindespindel bei maximaler Presskraft?

5. Ein Lagerbock **Bild 3** wird mit der Kraft F = 70500 N belastet. Die Stellschraube hat die Festigkeitsklasse 8.8.

Welchen Nenndurchmesser muss die Schraube bei einer geforderten Sicherheit ν = 6,5 haben?

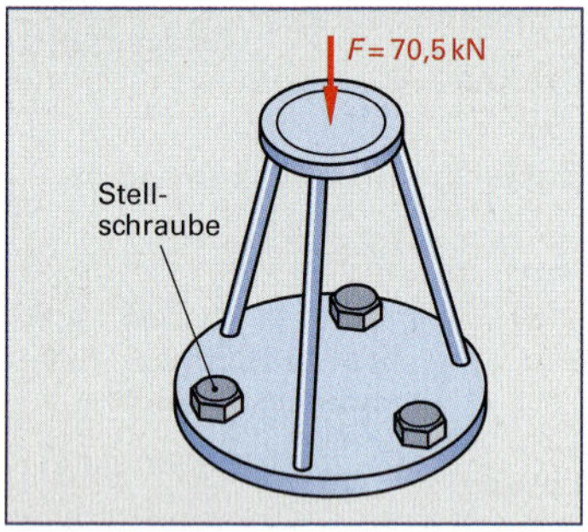

Bild 3

6. Werden zwei Bauteile durch eine Schraube verbunden, so ist die Druckkraft in den Bauteilen ebenso groß wie die Zugkraft in der Schraube **(Bild 4)**.

a) Wie groß ist die Druckspannung in den Bauteilen, wenn in der Schraubenachse eine Kraft F = 45 kN wirkt?

b) Bei welcher Kraft würde die Schraube plastisch verformt werden?

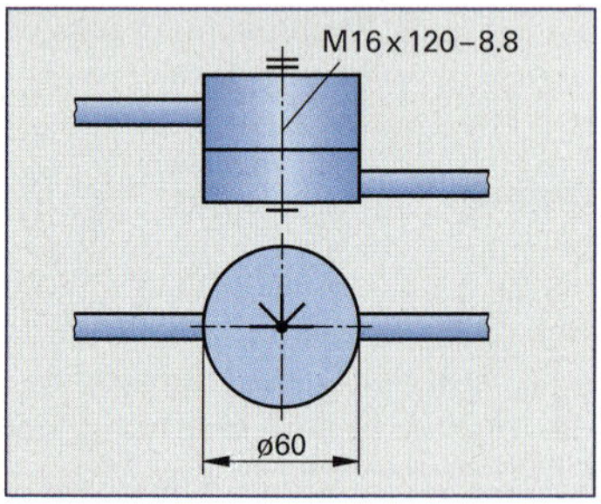

Bild 4

7. Ein Behälterboden ist mit 16 Schrauben DIN 931 M 12 × 60-6.8 befestigt **(Bild 5)**. Die Dichtung hat die Quetschgrenze von 80 N/mm², die Sicherheitszahl gegen Herausquetschen soll ν = 3 betragen.

Welche Kraft darf in einer Schraube höchstens wirken?

8. Eine Presse mit einer Gewichtskraft F_G = 30 kN wird zur Dämpfung auf vier Gummipuffer gelagert. Sie haben einen Durchmesser von 250 mm und eine Höhe von 150 mm.

a) Welche Druckspannung wirkt in jedem Gummipuffer?

b) Wie groß ist die Sicherheit gegen plastische Verformung, wenn die zulässige Druckspannung σ_d = 5 N/mm² beträgt?

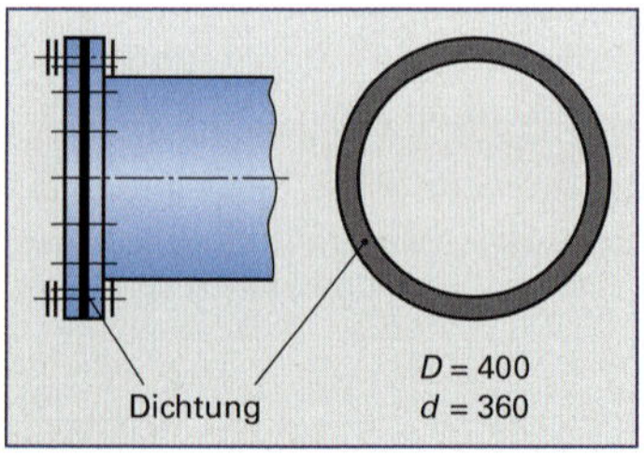

Bild 5

2.15.3 Beanspruchung auf Flächenpressung

Sind die Berührflächen zweier Bauelemente auf Druck beansprucht, so bezeichnet man die dort auftretende Druckspannung als Flächenpressung **(Bild 1)**.

Ist die Berührfläche nicht senkrecht zur Kraftrichtung oder ist sie gekrümmt, wird in die Rechnung die in Kraftrichtung projizierte Fläche eingesetzt **(Bild 2)**. Bei Bolzen, Nieten und Schrauben bezeichnet man die Flächenpressung auch als Lochleibungsdruck.

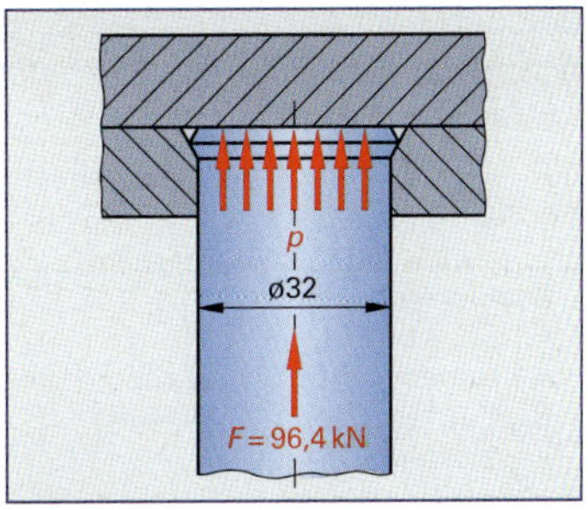

Bild 1

Bezeichnungen:

F	Kraft	N
A	Berührungsfläche, senkrecht projizierte Fläche	mm^2
p	Flächenpressung	N/mm^2

$$\textbf{Flächenpressung} = \frac{\textbf{Kraft}}{\textbf{Berührungsfläche}}$$

$$p = \frac{F}{A}$$

1. Beispiel: Zum Ausschneiden eines Werkstückes mit dem Durchmesser $d = 32$ mm benötigt man eine Schneidkraft $F = 96400$ N **(Bild 1)**. Wie groß ist die Flächenpressung p am Kopf des Stempels?

Lösung: $$p = \frac{F}{A} = \frac{96400\ \text{N}}{\frac{\pi}{4} \cdot (32\ \text{mm}^2)} = \frac{96400\ \text{N}}{804\ \text{mm}^2} = \mathbf{120\ \frac{N}{mm^2}}$$

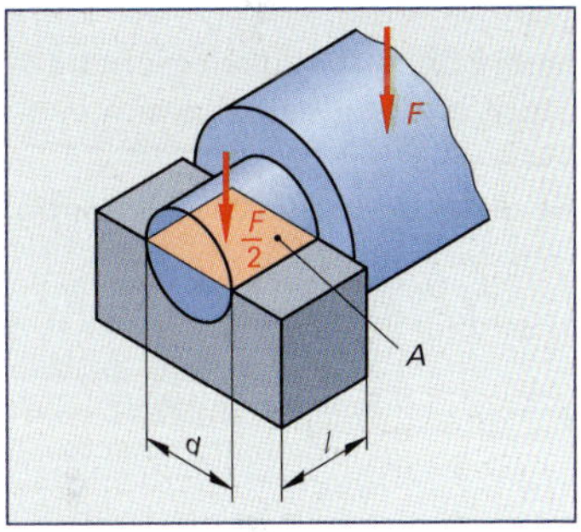

Bild 2

2. Beispiel: Die Kraft $F = 90$ kN **(Bild 2)** verteilt sich zu gleichen Teilen auf die beiden Lager mit $l = 16$ mm und $d = 40$ mm.

Wie groß ist die Flächenpressung in einer Lagerschale?

Lösung: Projizierte Fläche:

$A = l \cdot d = 16\ \text{mm} \cdot 40\ \text{mm} = 640\ \text{mm}^2$

$$p = \frac{F}{A} = \frac{45000\ \text{N}}{640\ \text{mm}^2} = \mathbf{70\ \frac{N}{mm^2}}$$

Aufgaben **Beanspruchung auf Flächenpressung**

1. Ein rechteckiger Schneidstempel 32 × 20 wird mit einer Kraft $F = 80$ kN belastet. Wie groß ist die Flächenpressung p am Kopf des Stempels?

2. Die Flächenpressung am Kopf eines Schneidstempels von 5 mm Durchmesser darf 200 N/mm^2 nicht überschreiten. Wie groß darf die Schneidkraft höchstens werden?

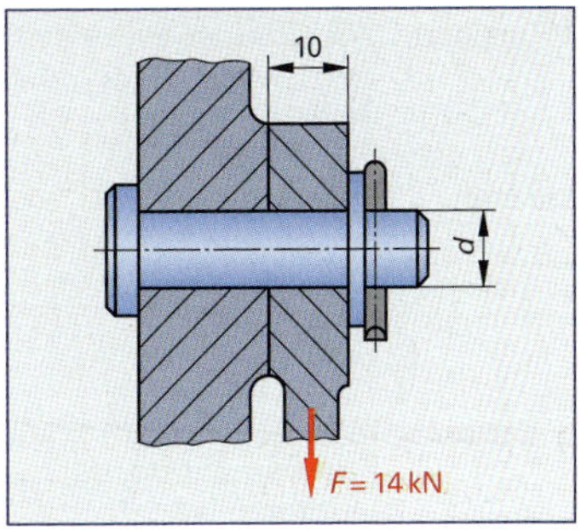

Bild 3

3. An einer 10 mm dicken Lasche aus Stahl **(Bild 3)** hängt eine Last von 14 kN. Welchen Durchmesser muss der Bolzen mindestens haben, wenn die Flächenpressung in der Lasche 105 N/mm^2 nicht überschreiten darf?

4. Die Passfeder **(Bild 4)** soll das Drehmoment $M = 200$ Nm übertragen. Wie groß ist die Flächenpressung zwischen Passfeder und Nabe?

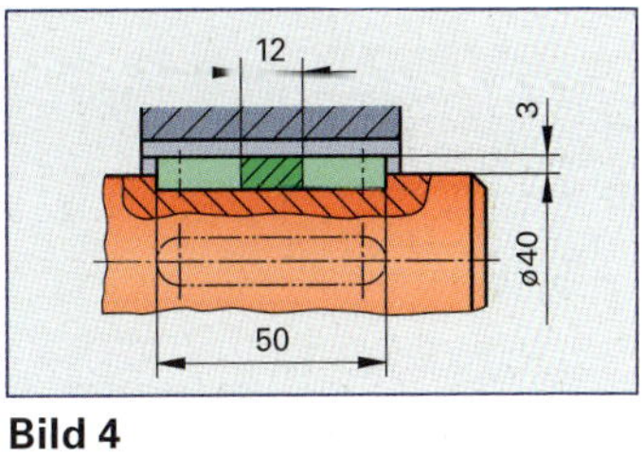

Bild 4

2.15.4 Beanspruchung auf Schub (Scherung)

Bei der Beanspruchung einer Bolzen- oder Nietverbindung tritt nicht nur Flächenpressung an den Bohrungsleibungen auf. Die Kräfte versuchen auch, das Maschinenelement an den Berührstellen der Bauteile abzuscheren, d.h., quer zur Faserrichtung zu trennen **(Bild 1)**.

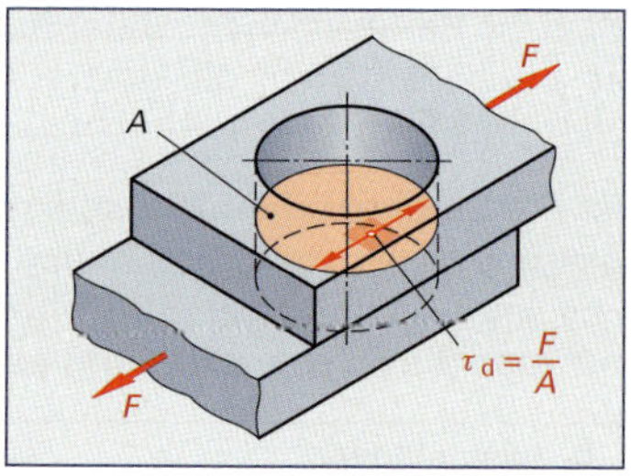

Bild 1

Bezeichnungen:

F	Scherkraft	N	τ_a[1]	Scherspannung	N/mm²
A	Scherfläche	mm²	τ_{aB}	Scherfestigkeit	N/mm²
R_m	Zugfestigkeit	N/mm²	$\tau_{a\,zul}$	zulässige Scherspannung	N/mm²
ν	Sicherheitszahl	–			

Scherspannung = $\frac{\textbf{Scherkraft}}{\textbf{Scherfläche}}$

$$\tau_a = \frac{F}{A}$$

Zulässige Scherspannung = $\frac{\textbf{Scherfestigkeit}}{\textbf{Sicherheitszahl}}$

$$\tau_{a\,zul} = \frac{\tau_{aB}}{\nu}$$

Ist die Scherfestigkeit nicht bekannt, kann bei zähen Metallen, z.B. Stahl, näherungsweise eingesetzt werden:

Scherfestigkeit ≈ 0,8 · Zugfestigkeit

$$\tau_{aB} \approx 0{,}8 \cdot R_m$$

1. Beispiel: Eine Lasche ist mit einer Passschraube M 20 an einem Träger befestigt **(Bild 2)**. Wie groß ist die Scherspannung τ_a im Schraubenschaft, wenn eine Scherkraft $F = 25$ kN auftritt und die Reibung zwischen Lasche und Träger nicht berücksichtigt wird?

Lösung:
$$\tau_a = \frac{F}{A} = \frac{25000\ \text{N}}{\frac{\pi}{4} \cdot (21\ \text{mm})^2} = \mathbf{72\ \frac{N}{mm^2}}$$

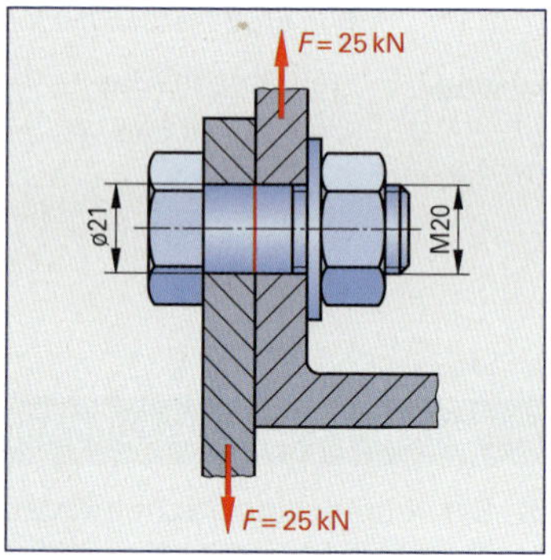

Bild 2

2. Beispiel: Wie groß ist die zulässige Scherspannung $\tau_{a\,zul}$ für Niete aus Stahl, wenn die Zugfestigkeit $R_m = 340$ N/mm² beträgt und die Sicherheitszahl $\nu = 1{,}5$ sein soll?

Lösung:
$$\tau_{aB} \approx 0{,}8 \cdot R_m = 0{,}8 \cdot 340\ \frac{\text{N}}{\text{mm}^2} = 272\ \frac{\text{N}}{\text{mm}^2}$$

$$\tau_{a\,zul} = \frac{\tau_{aB}}{\nu} = \frac{272\ \frac{\text{N}}{\text{mm}^2}}{1{,}5} = 181\ \frac{\text{N}}{\text{mm}^2}$$

3. Beispiel: Mit welcher Kraft F kann der Gelenkbolzen **Bild 3** aus Stahl beansprucht werden, wenn die Zugfestigkeit R_m 360 N/mm² beträgt und 1,5-fache Sicherheit verlangt wird?

Lösung: Die Verbindung ist **zweischnittig**, d.h., die angreifende Kraft F verteilt sich auf zwei Querschnitte.

$$\tau_{a\,zul} = \frac{\tau_{aB}}{\nu} = \frac{0{,}8 \cdot R_m}{\nu} = \frac{0{,}8 \cdot 360\ \frac{\text{N}}{\text{mm}^2}}{1{,}5} = 192\ \frac{\text{N}}{\text{mm}^2}$$

$$F = 2 \cdot A \cdot \tau_{a\,zul} = \frac{2 \cdot \pi \cdot (16\ \text{mm})^2 \cdot 192\ \frac{\text{N}}{\text{mm}^2}}{4} = \mathbf{77207{,}8\ N}$$

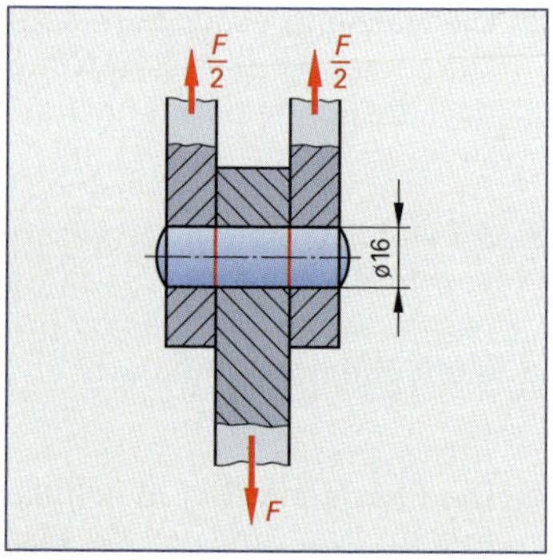

Bild 3

[1] τ, griech. Kleinbuchstabe tau

Aufgaben | Beanspruchung auf Schub (Scherung)

1. Der Tragbolzen der Seilrolle **(Bild 1)** hat einen Durchmesser $d = 20$ mm. Wie groß ist die Scherspannung τ_a, wenn eine Belastung von $F = 25$ kN auftritt?

2. Im Scherversuch wird eine Probe aus Baustahl bei 18,8 kN abgeschert **(Bild 2)**.
   Wie groß ist die Scherfestigkeit?

3. Die Laschenkette **(Bild 3)** wird mit 60 kN belastet. Wie groß muss der Durchmesser d der Gelenkbolzen sein, wenn die zulässige Scherspannung 48 N/mm^2 beträgt?

4. Ein Abscherstift mit $d = 6$ mm aus S235JR soll eine Hebelschere vor Überlastung schützen. Bei welcher Kraft wird der Stift getrennt, wenn der Kraftangriff einschnittig ist und $R = 370$ N/mm^2 beträgt?

5. Um ein Getriebe vor Überlastung zu schützen, soll die Wellen-Nabenverbindung **(Bild 4)** bei einem maximalen Drehmoment von 200 N · m abgeschert werden. Als Sicherungselement wird ein Zylinderstift mit einer Zugfestigkeit von 470 bis 610 N/mm^2 verwendet.
   Welcher Stiftdurchmesser muss gewählt werden?

6. Zwei Stäbe aus Flachstahl sind durch 3 Niete aus S235JRG1 mit der Zugfestigkeit $R_m = 340$ N/mm^2 verbunden **(Bild 5)**. Es wirkt eine Zugkraft $F = 115$ kN. Die Sicherheit soll 1,7-fach sein. Wie groß muss der Nietdurchmesser sein, wenn angenommen wird, dass alle Niete gleichmäßig auf Scherung beansprucht werden und die Reibung zwischen den Stäben nicht berücksichtigt wird?

7. Eine Passschraube DIN 7968-M 20 × 80-8.8 wird mit 130 kN auf Scherung beansprucht.
   Wie groß ist die Sicherheit?

8. ● Die Passfeder an der Seilrolle einer Aufzuganlage wird mit einer Umfangskraft von $F = 6$ kN beansprucht **(Bild 6)**. Die zulässige Scherspannung beträgt $\tau_{a\,zul} = 80$ N/mm^2.
   Wie groß ist die Sicherheit gegen Scherung der Passfeder?

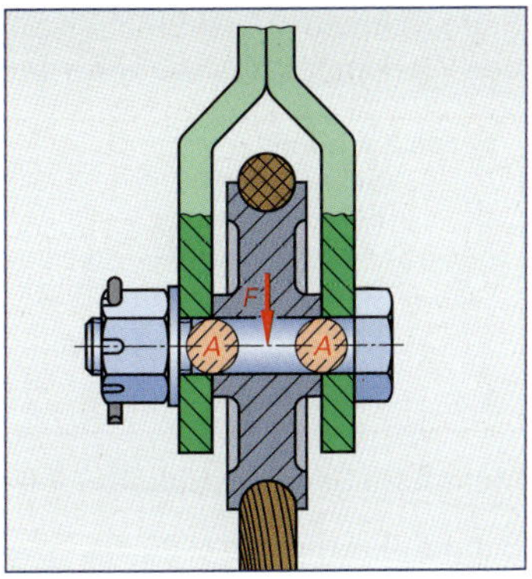

Bild 1

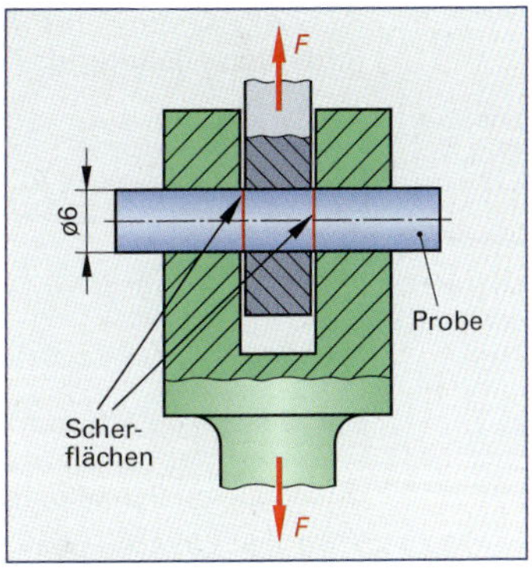

Bild 2

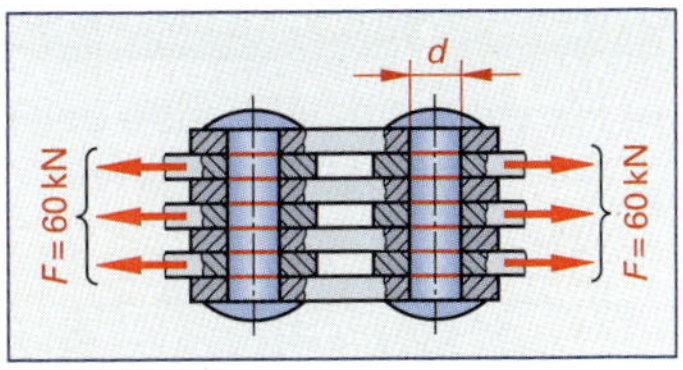

Bild 3

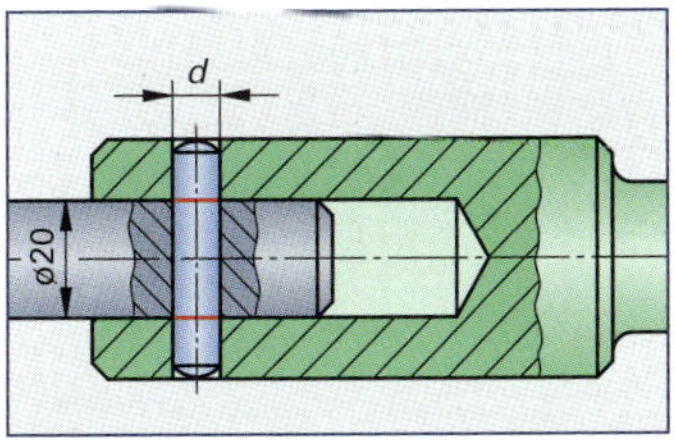

Bild 4

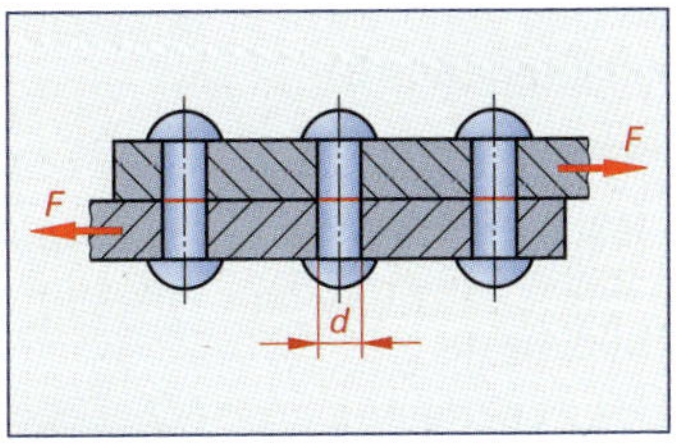

Bild 5

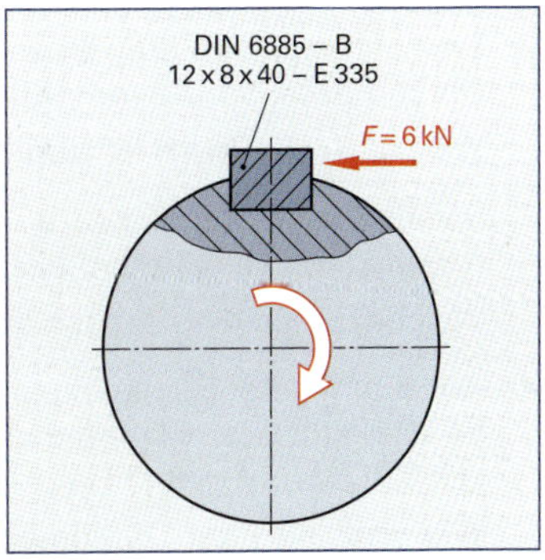

Bild 6

2

2.15.5 Schneiden von Werkstoffen

Beim Schneiden von Blechen und Profilen muss die Scherfestigkeit des Werkstoffs überwunden werden.

Bezeichnungen:

F	Schneidkraft	N
A	Schnittfläche	mm^2
$R_{m\,max}$	maximale Zugfestigkeit	N/mm^2
$\tau_{aB\,max}$	maximale Scherfestigkeit	N/mm^2
s	Blechdicke	mm
l_s	Schnittlänge	mm
α	Schnittwinkel	°

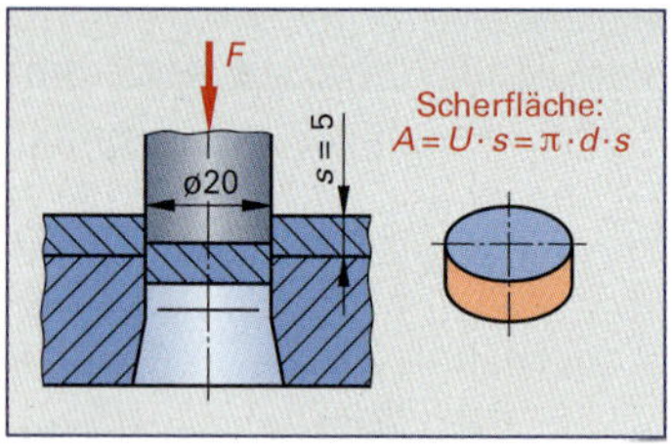

Bild 1

Maximale Scherfestigkeit ≈ 0,8 · maximale Zugfestigkeit

$$\tau_{aB\,max} \approx 0{,}8 \cdot R_{m\,max}$$

Schneidkraft = Scherfläche · maximale Scherfestigkeit

$$F = A \cdot \tau_{aB\,max}$$

Parallelschnitt

$$F = l_s \cdot s \cdot \tau_{aB\,max}$$

Schrägschnitt

$$F = \frac{\tau_{aB\,max} \cdot s^2}{2 \cdot \tan \alpha}$$

Beispiel: Eine Scheibe mit einem Durchmesser d = 20 mm wird aus Stahlblech S275JR mit einer Dicke s = 5 mm ausgeschnitten **(Bild 1)**. Die Zugfestigkeit von S275JR liegt zwischen R_m = 410 N/mm² und R_m = 560 N/mm². Wie groß ist die erforderliche Scherkraft F?

Lösung: $A = U \cdot s = \pi \cdot d \cdot s = \pi \cdot 20\ mm \cdot 5\ mm = 314\ mm^2$

Die größte Festigkeit $R_{m\,max}$ = 560 N/mm² ist in die Rechnung einzusetzen.

$$\tau_{aB\,max} = 0{,}8 \cdot R_{m\,max} = 0{,}8 \cdot 560 \frac{N}{mm^2} = 448 \frac{N}{mm^2}$$

$$F = A \cdot \tau_{aB\,max} = 314\ mm^2 \cdot 448 \frac{N}{mm^2} = 168806\ N \approx \mathbf{169\ kN}$$

Die tatsachlich erforderliche Scherkraft lässt sich durch konstruktive Maßnahmen wie ziehenden Schnitt oder Schrägschleifen von Schneidstempeln vermindern.

Wird der Werkzeugverschleiß berücksichtigt, dann muss die maximale Scherfestigkeit mit dem Faktor 1,2 (Erfahrungswert) multipliziert werden.

Aufgaben Schneiden von Werkstoffen

1. Für die Aufgaben **a** bis **e** der **Tabelle 1** sind aus Profiltabellen die Schnittflächen zu ermitteln.

Tabelle 1	a	b	c	d	e
Profil	Fl 22 × 5	Rd 16	L 40 × 4	HE 100 B	T 35 × 35 × 4,5
Schnittfläche in mm	?	?	?	?	?

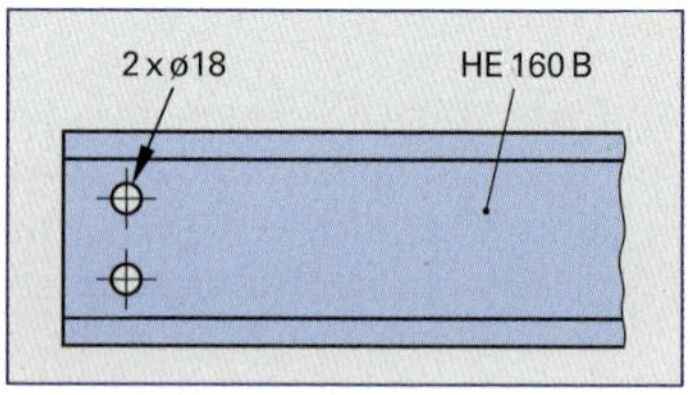

Bild 2

2. Die Lochungen im Steg eines HE 160 B aus S235JR haben einen Durchmesser von 18 mm **(Bild 2)**.

Welche Kraft F in kN ist zum Lochen am Stempel notwendig?

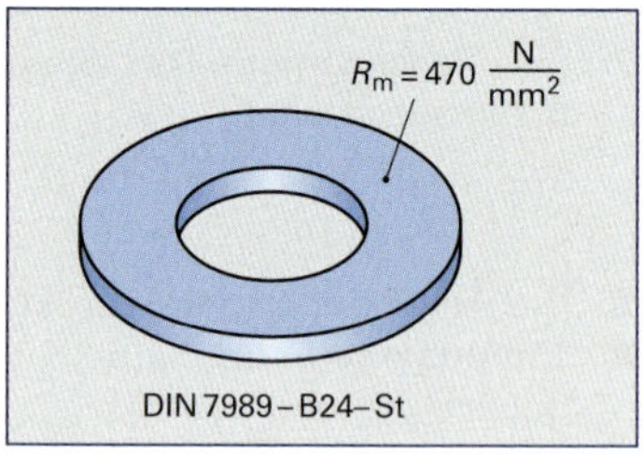

Bild 3

3. Scheiben für Stahlkonstruktionen DIN 7989 werden in einem Arbeitsgang gelocht und ausgeschnitten **(Bild 3)**.

Welche Schneidkraft muss die Presse aufbringen?

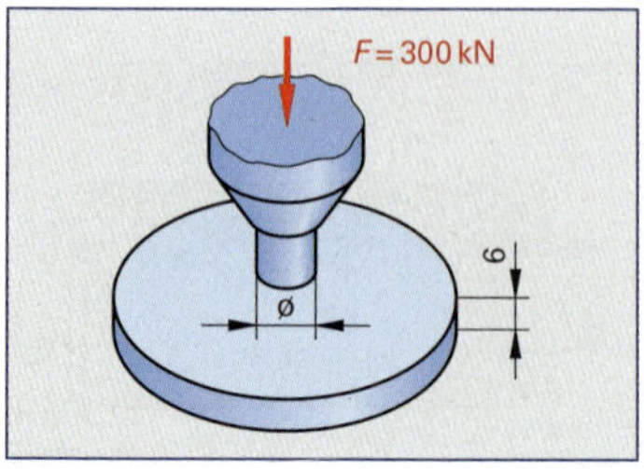

Bild 4

4. Auf einer hydraulischen Presse mit 300 kN Presskraft sollen runde Werkstücke aus 6 mm dickem Blech E360 mit der Zugfestigkeit 830 N/mm² gelocht werden **(Bild 4)**.

Wie groß darf der Durchmesser des Lochstempels höchstens sein?

5. Wasserablaufschlitze in Aluminiumsystemprofilen **(Bild 1)** stellt man mit einfachen Handhebelstanzen her.

a) Wie groß ist die Scherfläche A in mm^2?

b) Welche Kraft F in kN ist am Stempel notwendig?

6. Ein Schließblech aus S235JR **(Bild 2)** wird im ersten Arbeitsgang gelocht und dann ausgeschnitten.

a) Wie groß sind für jeden Arbeitsgang die Scherflächen?

b) Welche Schneidkraft muss die Presse mindestens aufbringen?

7. Für die Herstellung eines Gitterrahmens müssen L-Profile 50 × 5 DIN 1022 aus S235JR vor dem Biegen ausgeklinkt werden **(Bild 3)**.

a) Wie groß ist die Scherfläche?

b) Welche Kraft muss die Profilstanze aufbringen?

8. Beim Nibbeln von Blechformteilen schneidet der Stempel bei jedem Hub einen sichelförmigen Span und trennt so den Werkstoff **(Bild 4)**.

a) Wie groß ist die Scherfläche?

b) Welche Kraft ist zum Nibbeln eines Formteils aus DC 04 notwendig?

9. Für die Aufgaben a bis d der **Tabelle 1** sind aus Profiltabellen die Schnittflächen zu ermitteln und die maximalen Schnittkräfte zu berechnen.

10. ● Wie groß sind die Schneidkräfte für das Vorlochen und Ausschneiden

a) der Sicherungsscheibe **(Bild 5)** aus S235JR mit einer Zugfestigkeit $R_{m\,max} = 470\ N/mm^2$,

b) des Rohrhalters **(Bild 6)** aus CuZn40 mit einer Zugfestigkeit $R_{m\,max} = 450\ N/mm^2$?

Tabelle 1	a	b	c	d
Profil	Fl 50 × 5	L 20 × 3	TPS 30 × 30 × 4	LS 30 × 30 × 3
Schnittfläche in mm	?	?	?	?
Werkstoff	S235JR	S355JR	EN AW – 5005A	EN AW – 6060
Schnittkraft in kN	?	?	?	?

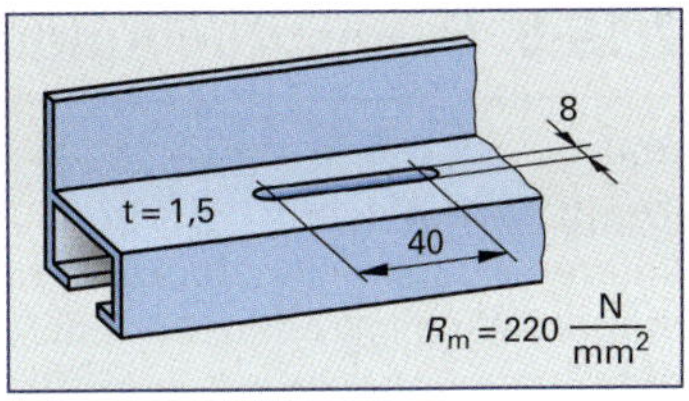

Bild 1

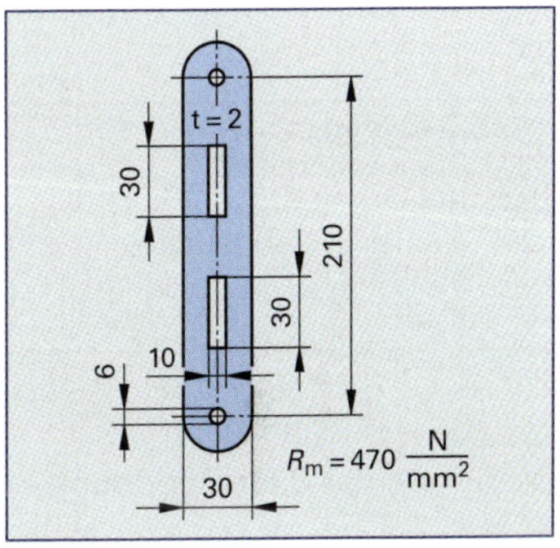

Bild 2

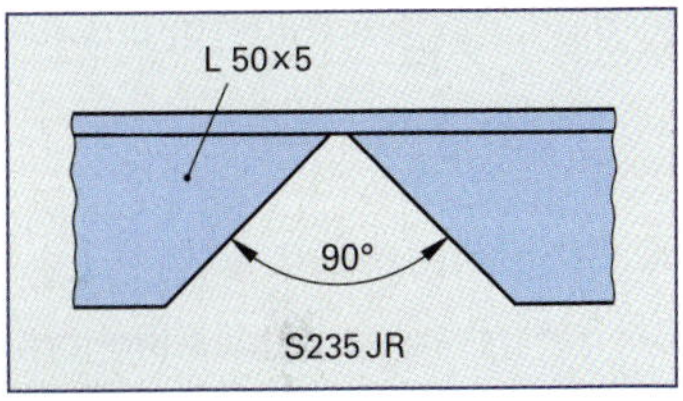

Bild 3

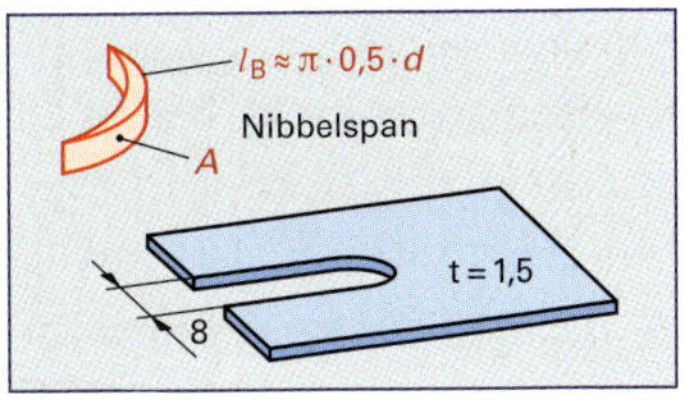

Bild 4

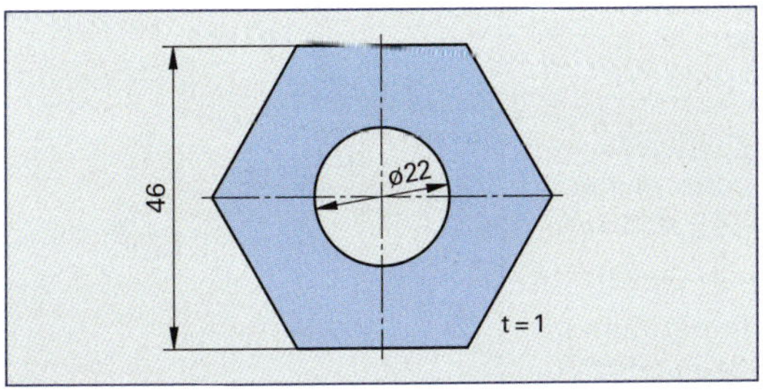

Bild 5

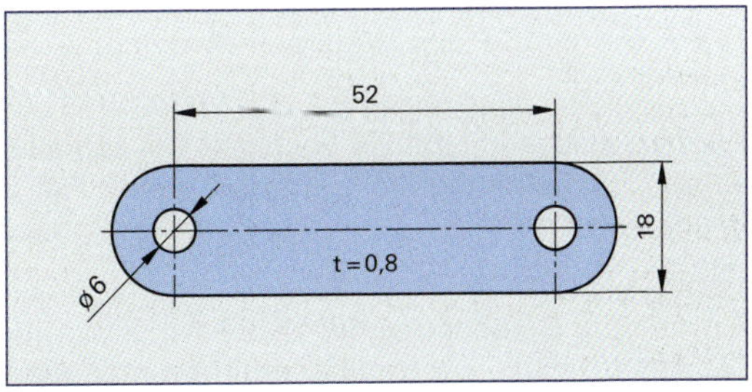

Bild 6

2.15.6 Beanspruchung auf Biegung

Wird ein Bauteil auf Biegung beansprucht und dabei elastisch verformt, so entstehen im oberen Querschnitt Zugspannungen, im unteren Querschnitt Druckspannungen, während die neutrale Faser theoretisch nicht beansprucht wird **(Bild 1)**. Die größten auftretenden Spannungen werden als Biegespannungen am Bauteil ermittelt.

Im Stahlbau bezeichnet man alle waagrechten, auf Biegung beanspruchten Bauteile als Träger, im Metallbau als Riegel oder Kämpfer.

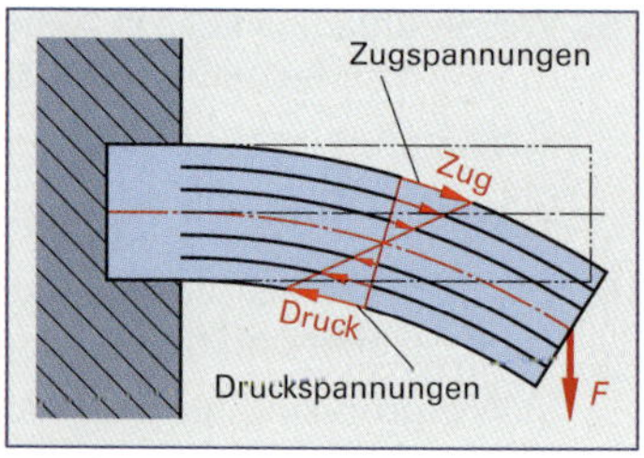

Bild 1

Bezeichnungen:

σ_b	Biegespannung	N/mm²	l	wirksame Hebellänge der Kraft F	m
M_b	Biegemoment	N · m	m'	längenbezogene Masse	kg/m
W	axiales Widerstandsmoment	cm³	b	Breite des Trägers	cm
F	Kraft	N	h	Höhe des Trägers	cm

Die Größe der Biegespannung hängt ab von:

- Biegemoment M_b,
- axialem Widerstandsmoment W,
- der Art der Einspannung des Trägers,
- der Lage des Trägerquerschnitts zur Biegeachse.

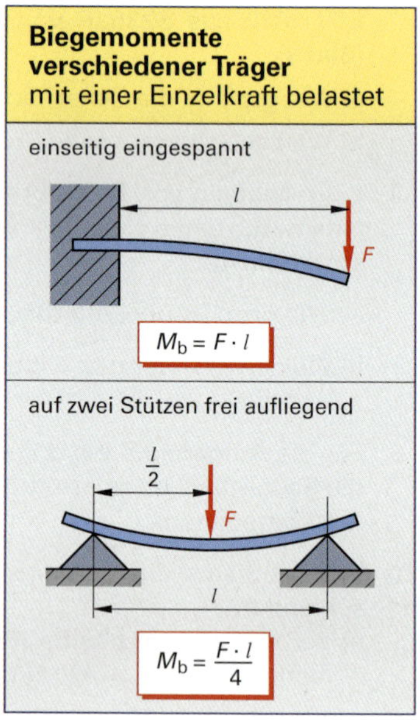

Bild 2

■ Biegemoment M_b

Bei der Berechnung des Biegemoments M_b werden die Größe der Kraft, die wirksame Hebellänge und die Art der Einspannung berücksichtigt. Für die beiden häufigsten Belastungsfälle sind die Formeln zur Berechnung der Biegemomente in **Bild 2** angegeben. Formeln für weitere Belastungsfälle können Tabellenbüchern entnommen werden.

Das Biegemoment M_b hat die Einheiten N · m, N · cm, N · mm.

■ Axiales Widerstandsmoment W

Das axiale Widerstandsmoment W erfasst nicht nur die Abmessungen des Trägerquerschnitts, sondern auch seine Form und Lage zur Biegeachse. Diese liegt senkrecht zur Kraftrichtung. Sie wird mit $x - \cdot - x$ gekennzeichnet und ist bei Beanspruchung die neutrale Faser. Die Größe des Widerstandsmoments ist vom Werkstoff unabhängig.

Wird ein Flachstahl **(Bild 3)** hochkant wie im **Fall I** beansprucht, so ist die Durchbiegung nicht so groß wie in **Fall II**, wenn er flach beansprucht wird, d.h., das Widerstandsmoment ist in Fall 1 größer.

Formeln zur Berechnung der Widerstandsmomente findet man in Tabellenbüchern. Für Profile entnimmt man die Werte aus Profiltabellen.

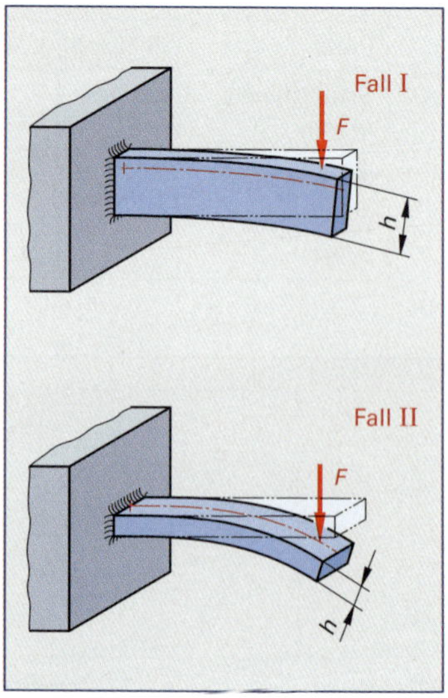

Bild 3

Beispiel: Ein Quadratstahl mit 45 mm Kantenlänge und ein Profil IPE 160 werden als Träger auf Biegung beansprucht **(Bild 1)**.

a) Wie groß sind die Querschnittsflächen, die längenbezogenen Massen und die Widerstandsmomente für die Biegeachse $x - \cdot - x$?

b) Welche Erkenntnis für die Profilverwendung im Stahlhochbau folgt aus den Ergebnissen?

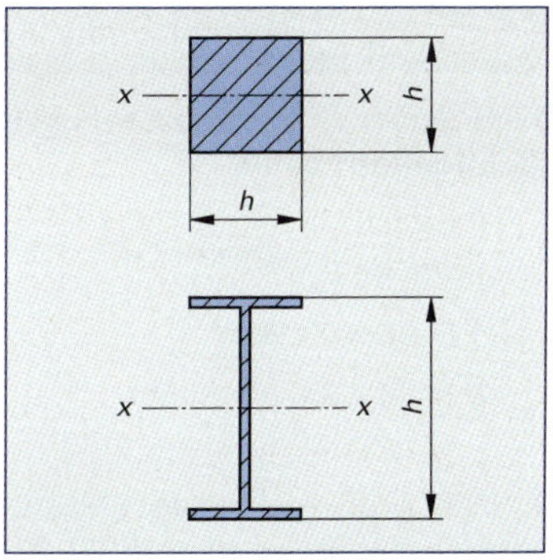

Bild 1

Lösung: a) Quadratstahl:

$A = h^2 = (4{,}5\ \text{cm})^2 = \mathbf{20{,}25\ cm^2}$

aus Tabellen: $m' = \mathbf{15{,}9\ \frac{kg}{m}}$

$W = \frac{h^3}{6} = \frac{(4{,}5\ \text{cm})^3}{6} = \mathbf{15{,}2\ cm^3}$

IPE 160:

$A = \mathbf{20{,}1\ cm^2}$

aus Tabellen: $m' = \mathbf{15{,}8\ \frac{kg}{m}}$

$W = \mathbf{109\ cm^3}$

b) Bei annähernd gleichen Querschnittsflächen A und längenbezogenen Massen m' hat das IPE-Profil das 7-fache Widerstandsmoment. Es kann bei gleicher Einspannsituation die 7-fache Last gegenüber dem Quadratstahl aufnehmen **(Bild 2)**.

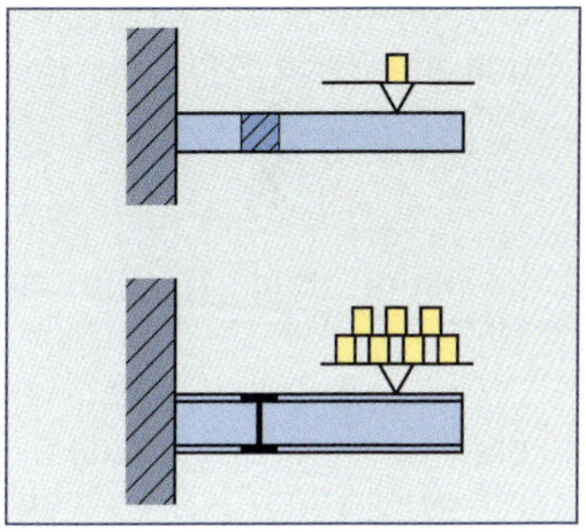
Bild 2

■ Biegespannung σ_b

Aus Kraft, Angriffspunkt und axialem Widerstandsmoment lässt sich die Biegespannung in einem Bauteil berechnen.

$$\textbf{Biegespannung} = \frac{\textbf{Biegemoment}}{\textbf{axiales Widerstandsmoment}}$$

$$\sigma_b = \frac{M_b}{W}$$

1. Beispiel: Wie groß ist die Biegespannung σ_b in einem einseitig eingespannten Flachstahl 20 × 5, der im Abstand $l = 200$ mm mit der Kraft $F = 26$ N belastet ist **(Bild 3)**?

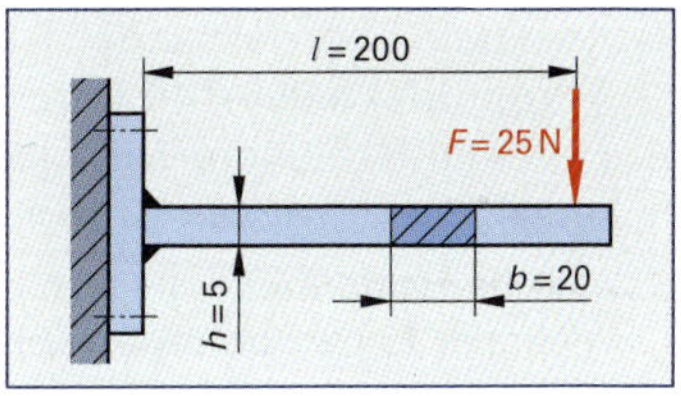

Bild 3

Lösung:

$M_b = F \cdot l = 25\ \text{N} \cdot 20\ \text{cm} = 500\ \text{N} \cdot \text{cm}$

$W = \frac{b \cdot h^2}{6} = \frac{2\ \text{cm} \cdot (0.5\ \text{cm})^2}{6} = 0{,}0833\ \text{cm}^3$

$\sigma_b = \frac{M_b}{W} = \frac{500\ \text{N} \cdot \text{cm}}{0{,}0833\ \text{cm}^3} = 6002\ \frac{\text{N}}{\text{cm}^2} \approx \mathbf{60\ \frac{N}{mm^2}}$

2. Beispiel: Wie groß ist die Biegespannung e, Im Flachstahl aus dem 1. Beispiel, wenn er hochkant eingespannt ist und mit der gleichen Kraft belastet wird **(Bild 4)**?

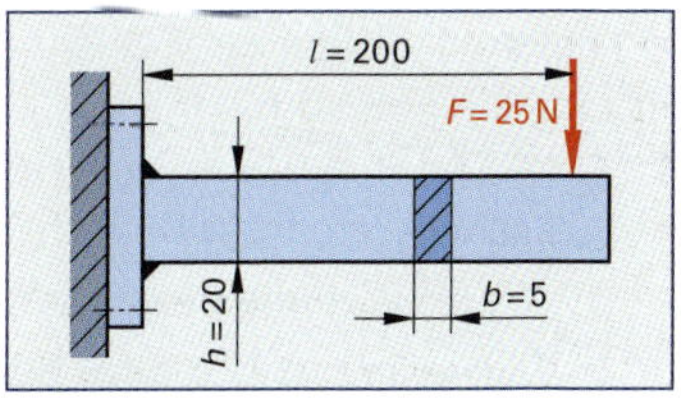

Bild 4

Lösung; Das Biegemoment M_b ist gleich groß wie im 1. Beispiel.

$W = \frac{b \cdot h^2}{6} = \frac{0{,}5\ \text{cm} \cdot (2\ \text{cm})^2}{6} = 0{,}33\ \text{cm}^3$

$\sigma_b = \frac{M_b}{W} = \frac{500\ \text{N} \cdot \text{cm}}{0.33\ \text{cm}^3} = 1500\ \frac{\text{N}}{\text{cm}^2} \approx \mathbf{15\ \frac{N}{mm^2}}$

Aufgaben | Beanspruchung auf Biegung

1. Gesucht sind die axialen Widerstandsmomente W in cm^3 für folgende Profile:

a) Rd 55
b) Vkt 50
c) Fl 90 × 25, flach
d) Fl 90 × 25, hochkant
e) I 180, Gebrauchslage
f) HE 120 B, Gebrauchslage
g) HE 120 B, liegend
h) T 100

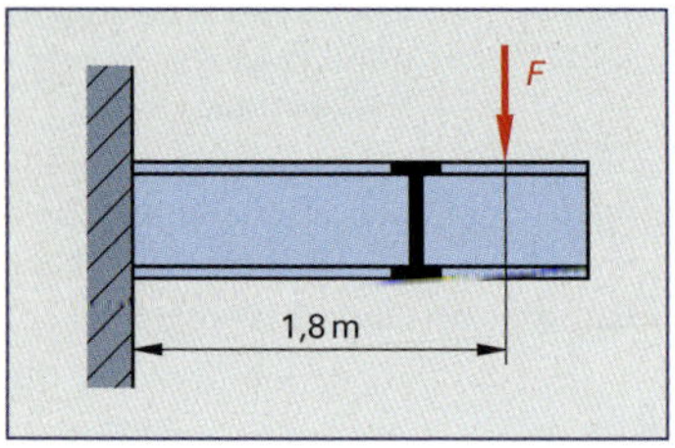

Bild 1

2. Wie groß muss das Widerstandsmoment W sein, wenn das Biegemoment M_b = 527000 N · cm und die Biegespannung σ_b = 68 N/mm² betragen?

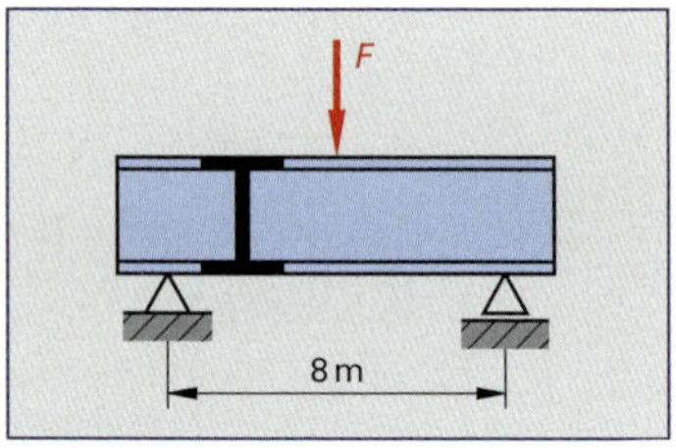

Bild 2

3. Wie groß darf das Biegemoment in einem Träger höchstens werden, wenn sein axiales Widerstandsmoment 95 cm³ beträgt und eine Biegespannung von 60 N/mm² nicht überschritten werden darf?

4. Ein Träger, I-Profil DIN 1025-S255JR-IPE240, ist einseitig eingespannt **(Bild 1)**. Die zulässige Biegespannung beträgt 80 N/mm². Wie groß darf die Kraft F sein?

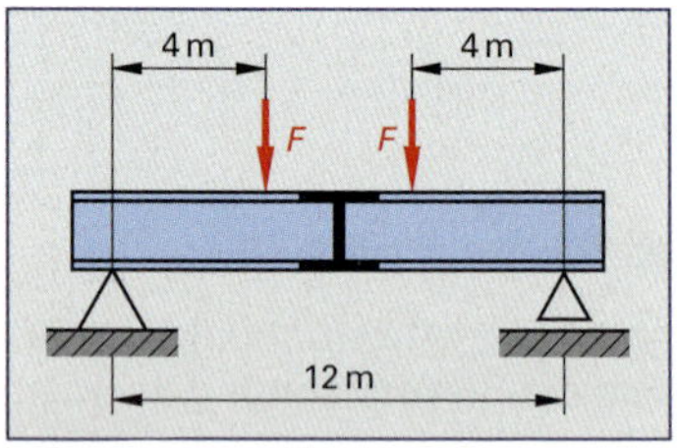

Bild 3

5. Ein Profil DIN 1025 HE 300 B liegt beidseitig auf und wird mittig mit einer Kraft F = 105 kN belastet. Die Stützweite beträgt 8 m, die zulässige Biegespannung 180 N/mm² **(Bild 2)**.

a) Wie groß ist die Biegespannung σ_b?

b) Wie groß ist bei dieser Kraftwirkung die Sicherheit?

6. Auf einen Träger DIN 1025 HE 200 B wirken die beiden gleich großen Lasten F = 25 kN **(Bild 3)**. Das maximale Biegemoment $M_{b\,max}$ und die maximale Biegespannung $\sigma_{b\,max}$ für den frei aufliegenden Träger sind zu berechnen.

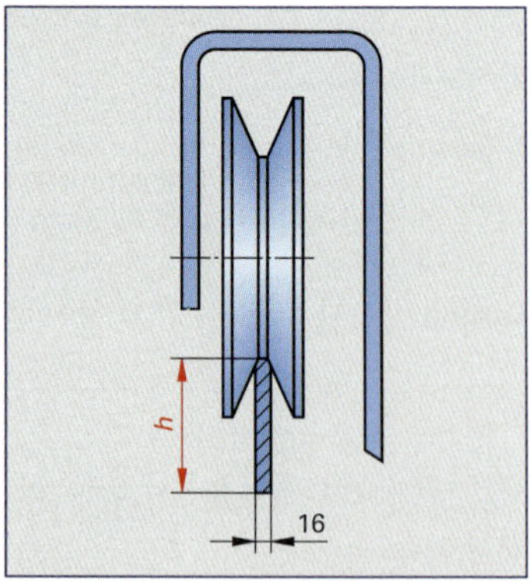

Bild 4

7. An einem oben laufenden Hallentor wird die Laufschiene aus T-Profil EN 10055-T40 durch eine hochkant aufgeschweißte Flachstahlschiene ersetzt **(Bild 4)**. Das Widerstandsmoment muss aus statischen Gründen gleich bleiben.

Welche Höhe muss die Schiene haben, wenn ihre Breite nicht mehr als 16 mm betragen soll?

8. Wie groß muss der Durchmesser der Achse nach **Bild 5** sein, wenn die zulässige Biegespannung 76 N/mm² beträgt und die Kraft von 3800 N in der Mitte angreift? Die Achse ist als frei aufliegender Träger auf 2 Stützen zu betrachten.

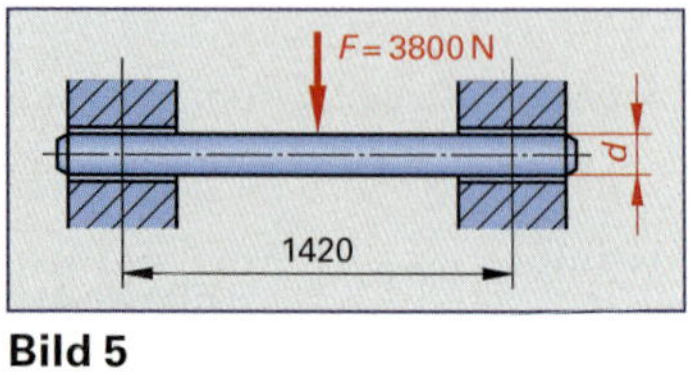

Bild 5

9. ● Ein Einachs-Anhänger wird mit 1,5 t gleichmäßig beladen. Als Achse wird ein Rohr DIN 2391-160 × 5 mit l = 1,2 m verwendet.

a) Wie groß ist die Biegespannung σ_b in der Achse?

b) Wie verändert sich die Biegespannung, wenn statt des Rohres ein Rundstahl gleicher Querschnittsfläche verwendet wird?

2.15.7 Beanspruchung auf Torsion (Verdrehung)

Wirkt auf ein Bauteil ein Drehmoment, so wird diese Verdrehung als Torsion bezeichnet. Versucht man z.B. einen Stab mit einem Hebel zu verdrehen, so wirkt auf den Stab ein Torsionsmoment **(Bild 1)**.

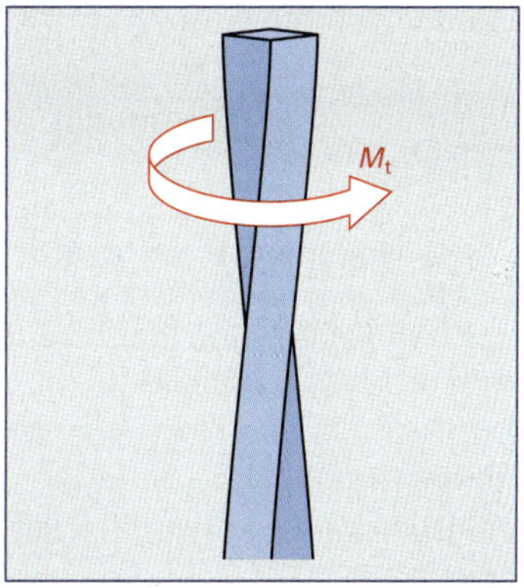

Bild 1

Bezeichnungen:

M_t	Torsionsmoment	N · m
τ_t	Torsionsspannung	N/mm²
W_p	Widerstandsmoment (polares)	mm³
G	Gleitmodul des Werkstoffes	N/mm²
I_t	Verdrehwiderstand	mm⁴
F	Kraft	N
r	Hebelarm	mm
l	Stablänge	mm
φ	Verdrehwinkel	°

Wirkt das Torsionsmoment M_t auf ein Bauteil mit dem polaren Widerstandsmoment W_p, so entsteht eine Torsionsspannung τ_t im Bauteil. Dabei werden die Randfasern am stärksten beansprucht und das Bauteil verdreht sich um den Verdrehwinkel φ **(Bild 2)**.

Das polare Widerstandsmoment ist die Kennzahl für die Festigkeit eines Profils gegen Torsion und hängt von der Form des Querschnitts ab. Es kann mithilfe des Tabellenbuches berechnet werden.

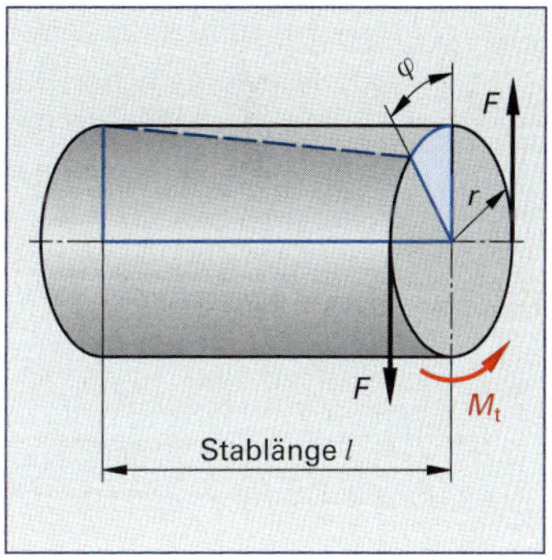

Bild 2

Für die Torsionsmoment gilt:

Torsionsmoment = Kraft · Hebelarm

$$M_t = F \cdot r$$

Für das Torsionsspannung gilt:

$$\textbf{Torsionsspannung} = \frac{\textbf{Torsionsmoment}}{\textbf{polares Widerstandsmoment}}$$

$$\tau_t = \frac{M_t}{W_p}$$

Beispiel: Eine Last F_L = 6000 N erzeugt an der Seiltrommel mit dem Durchmesser D = 250 mm ein Torsionsmoment M_t, das die Seiltrommelwelle mit d = 40 mm aushalten muss **(Bild 3)**. Es ist die Torsionsspannung in der Seiltrommelwelle zu berechnen.

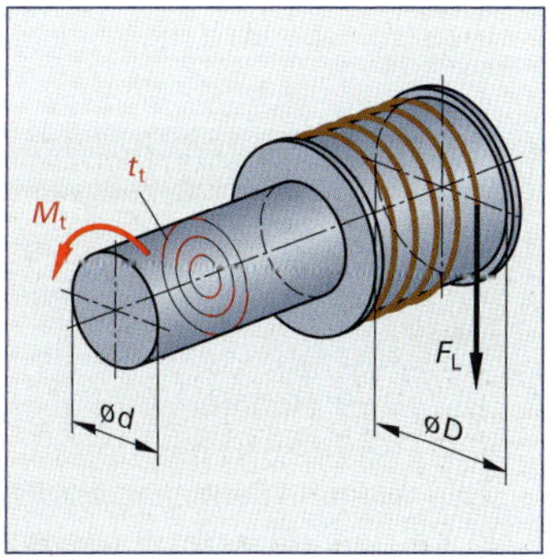

Bild 3

Lösung: $M_t = F_L \cdot \frac{D}{2} = 6000\ \text{N} \cdot \frac{250\ \text{mm}}{2} = 750000\ \text{N} \cdot \text{mm} = 750\ \text{N} \cdot \text{m}$

Nach Tabellen:

$$W_p = \frac{\pi \cdot d^3}{16} = \frac{\pi \cdot (40\ \text{mm})^3}{16} = 12566\ \text{mm}^3$$

$$\tau_t = \frac{M_t}{W_p} = \frac{750000\ \text{N} \cdot \text{mm}}{12566\ \text{mm}^3} = 59{,}7\ \frac{\text{N}}{\text{mm}^2}$$

Für den Verdrehwinkel φ auf ein Bauteil gilt:

$$\textbf{Verdrehwinkel} = \frac{\textbf{Torsionsmoment} \cdot \textbf{Stablänge}}{\textbf{Gleitmodul} \cdot \textbf{Verdrehwiderstand}} \cdot \frac{180°}{\pi}$$

$$\varphi_t = \frac{M_t \cdot l}{G \cdot I_t} \cdot \frac{180°}{\pi}$$

Dieser Verdrehwinkel φ auf ein Bauteil wird durch das wirkende Torsionsmoment M_t verursacht **(Bild 2, Seite 211)**. Die Verdrehung ist abhängig von der Stablänge l des Bauteils, dem Gleitmodul G des Werkstoffs und dem Verdrehwiderstand (Flächenträgheitsmoment für Torsion) I_t.

Der Schubmodul G ist eine Werkstoffkonstante, ähnlich wie der Elastizitätsmodul E.

Für Stahlwerkstoffe gilt: $G = 80000\ \text{N/mm}^2$

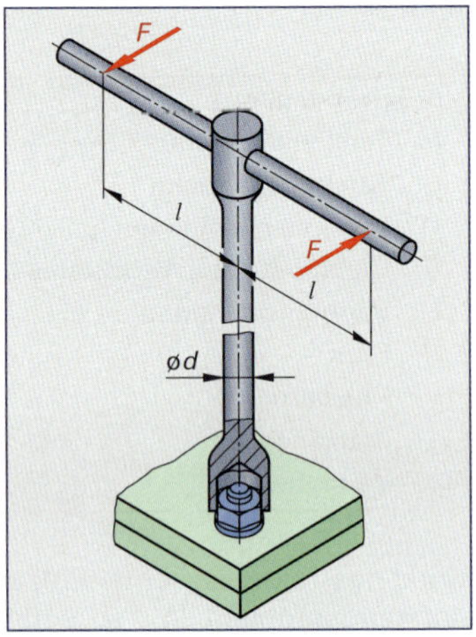

Bild 1

Beispiel: Eine Dehnschraube M 20 soll mit einem zweiarmigen Steckschlüssel mit einem Drehmoment von 420 N · m angezogen werden **(Bild 1)**. Zu berechnen sind

a) der erforderlichen Durchmesser d für eine zul. Torsionsspannung von 600 N/mm²,

b) die Hebellänge l bei einer Handkraft von 300 N,

c) der Verdrehwinkel φ für eine Schlüssellänge von 500 mm.

Lösung: Nach Tabellen:

a) $W_p = \frac{\pi \cdot d^3}{16} = \frac{M_t}{\tau_t}$; $d = \sqrt[3]{\frac{16 \cdot M_t}{\pi \cdot \tau_t}}$

$$d = \sqrt[3]{\frac{16 \times 420000\ \text{Nmm}}{\pi \cdot 600\ \text{N/mm}^2}} = 15{,}28\ \text{mm}$$

Gewählt: $\boldsymbol{d = 16}$ **mm**

b) $M_t = F \cdot 2l$; $l = \frac{M_t}{2 \cdot F} = \frac{420\ \text{N} \cdot \text{m}}{2 \cdot 300\ \text{N}} = 0{,}7\ \text{m}$

c) $\varphi = \frac{M_t \cdot l}{G \cdot I_t} \cdot \frac{180°}{\pi}$;

Nach Tabellen: $G = 80000\ \text{N/mm}^2$; $I_t = \frac{\pi}{32} d^4$

$$\varphi = \frac{420000\ \text{N} \cdot \text{mm} \cdot 500\ \text{mm}}{80000\ \text{N/mm}^2 \cdot 6434\ \text{mm}^4} \cdot \frac{180°}{\pi} = 23{,}37°$$

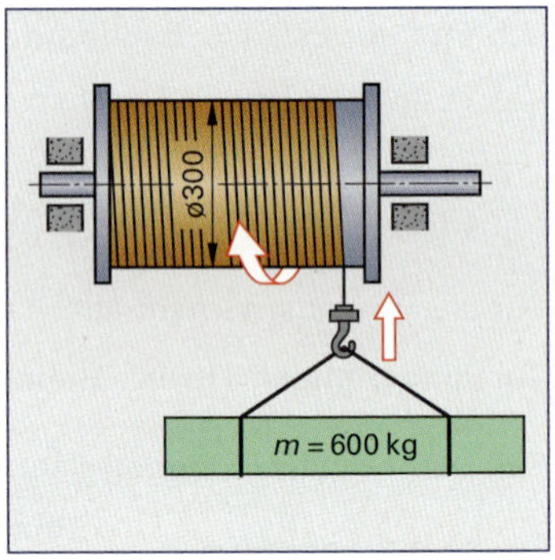

Bild 2

Aufgaben | Beanspruchung auf Torsion (Verdrehung)

1. Der Durchmesser d_w der Seiltrommelwelle **(Bild 2)** bei einer zulässigen Torsionsspannung von $\tau_t = 120\ \text{N/mm}^2$ ist zu berechnen.

2. Bei einer Hubeinrichtung wird von einer Getriebewelle (Wirkungsgrad 85 %) das Drehmoment auf die Seiltrommel übertragen, die eine Drehzahl von 60 min⁻¹ bei einer Motorleistung von 2 kW hat **(Bild 3)**. Zu berechnen ist der Wellendurchmesser, wenn $\tau_t = 100\ \text{N/mm}^2$ nicht überschritten werden darf.

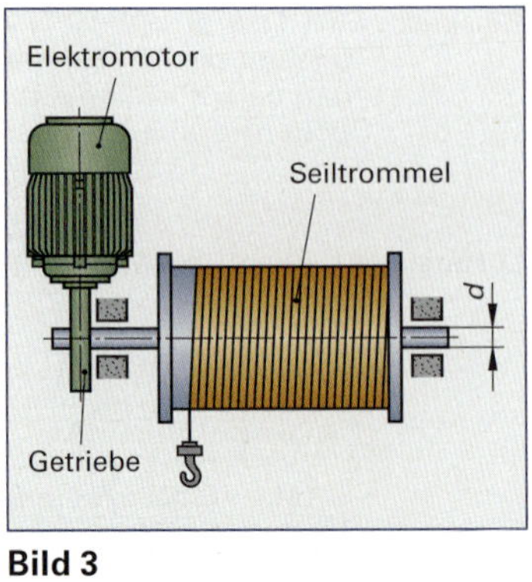

Bild 3

2.16 NC-Technik

Werkzeugmaschinen können mithilfe von Programmen durch die NC-Technik unterschiedliche Werkstücke selbstständig herstellen. Diese Programme müssen die notwendigen Werkstückkonturinformationen enthalten, die entweder in rechtwinkeligen Koordinaten oder in Polarkoordinaten **(Kapitel 2.1.7 Koordinatenmaße, Seite 48)** angegeben werden.

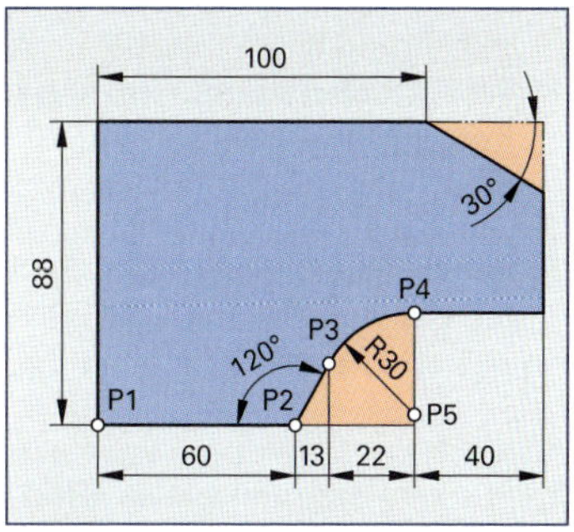

Bild 1

2.16.1 Berechnen von Werkstückkonturpunkten über Hilfsdreiecke

Je nach Art der NC-Steuerung ist es notwendig, Bohrungsmittelpunkte, Konturpunkte, Hilfs- oder Koordinatenpunkte zu berechnen. Diese Berechnung erfolgt meist über Hilfsdreiecke **(Bild 1)** oder mithilfe des Lehrsatzes des Pythagoras.

Bezeichnungen:		
P1, P2, ...	Konturpunkte, Hilfspunkte	–
a, b, c	Seiten am Dreieck	mm
X, Y, Z	Koordinatenmaße	mm
α, β, γ	Winkel am Dreieck	°

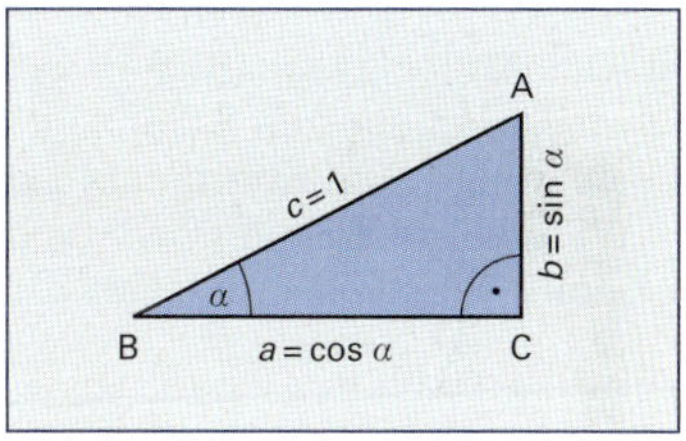

Bild 2

Zur Berechnung an rechtwinkeligen Dreiecken genügen die Winkelfunktionen **(Bild 2)** und der Lehrsatz des Pythagoras.

Gegenkathete = Hypotenuse · sin α

$$b = c \cdot \sin\alpha$$

Ankathete = Hypotenuse · cos α

$$a = c \cdot \cos\alpha$$

Hypotenuse = $\sqrt{\text{Ankathete}^2 + \text{Gegenkathete}^2}$

$$c = \sqrt{a^2 + b^2}$$

Beispiel: Welche Koordinaten ergeben sich für die Bohrungsmittelpunkte P1 und P2 sowie die Konturpunkte P3 und P4 der Bodenplatte **(Bild 3)**?

Lösung: Für die Berechnung von P1 und P2 verwendet man Hilfsdreiecke.

$b = R \cdot \sin\alpha = 400\ \text{mm} \cdot \sin 27° = \mathbf{181{,}6\ mm}$
$a = R \cdot \cos\alpha = 400\ \text{mm} \cdot \sin 27° = \mathbf{356{,}4\ mm}$
$A = \text{P1}$ X = 1200 mm – 356,4 mm = **843,6 mm**
Y = 350 mm + 181,6 mm = **531,6 mm**
$A' = \text{P2}$ X = **843,6 mm**
Y = 350 mm – 181,6 mm = **168,4 mm**

Für P3 und P4 gilt nach dem Lehrsatz des Pythagoras:
$Y = \sqrt{R^2 - (200\ \text{mm})^2} = \sqrt{(250\ \text{mm})^2 - (200\ \text{mm})^2} = 150\ \text{mm}$
P3 X = 1400 mm; Y = 350 mm + 150 mm = **500 mm**
P4 X = 1400 mm; Y = 350 mm – 150 mm = **200 mm**

Punkte P1 bis P4 im Absolutmaß:

Punkt	X-Achse	Y-Achse	Punkt	X-Achse	Y-Achse
P1	X 843,6	Y 531,6	**P3**	X 1400	Y 500
P2	X 843,6	Y 168,4	**P4**	X 1400	Y 200

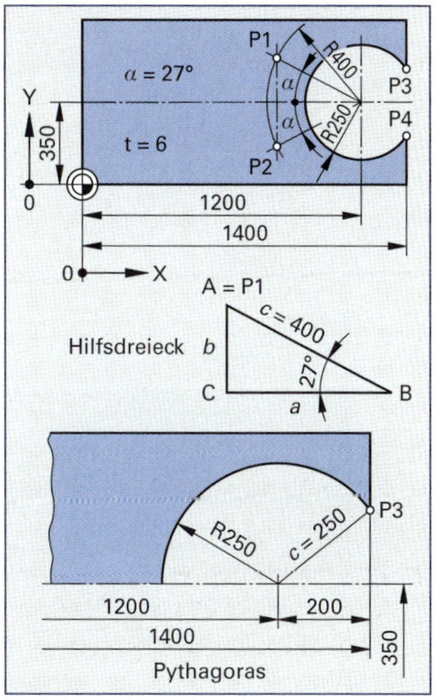

Bild 3

Aufgaben | Berechnen von Werkstückkonturpunkten über Hilfsdreiecke

1. Für die Bohrplatte **(Bild 1)** sind die Bohrungsmittelpunkte P1 bis P5 in Abhängigkeit zum Werkstücknullpunkt im Absolutmaß und im Kettenmaß zu berechnen.

2. Für die Blechplatte **(Bild 2)** sind die Koordinaten der Konturpunkte P1 bis P9 im Absolutmaß zu berechnen und in einer Tabelle darzustellen.

3. Für die Segmentplatte **(Bild 3)** sind die Bohrungsmittelpunkte P1, P2 und P3 im Absolutmaß zu errechnen.

4. Das Abdeckblech **(Bild 4)** wird auf einer numerisch gesteuerten Brennschneidanlage ausgeschnitten. Die Koordinaten der Punkte P1 bis P6 sind im Absolutmaß zu berechnen und in einer Tabelle darzustellen.

5. Für das Verstärkungsblech **(Bild 5)** sind die Werkstückkonturpunkte P1 und P11 im Absolutmaß zu berechnen und in einer Tabelle darzustellen.

6. ● Der Durchbruch im Werkstück **(Bild 6)** soll mit einer numerisch gesteuerten Brennschneidanlage herausgeschnitten werden.
Zu bestimmen sind
a) die Hilfsdreiecke zur Berechnung der Konturpunkte P1 und P2,
b) das Hilfsdreieck zur Berechnung des Punktes P3,
c) die Winkel in den Dreiecken.

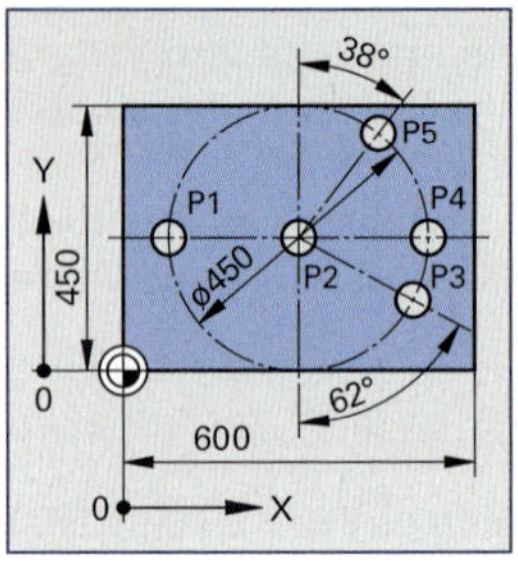

Bild 1

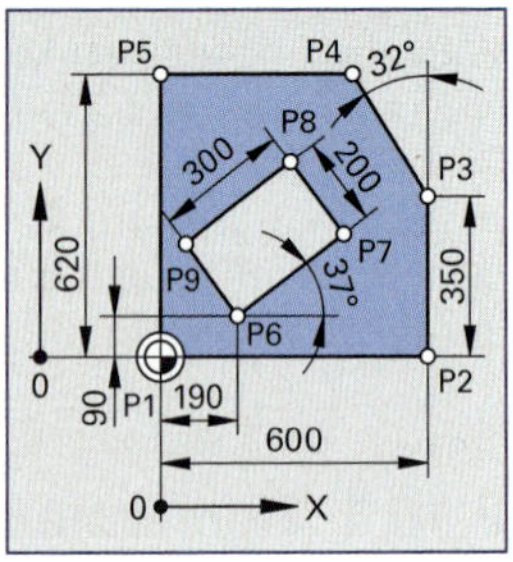

Bild 2

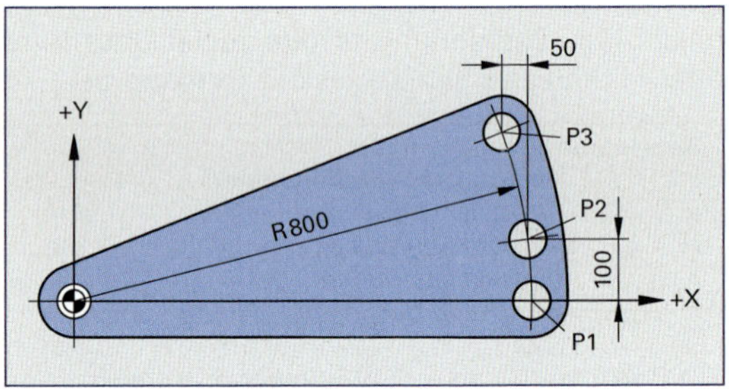

Bild 3

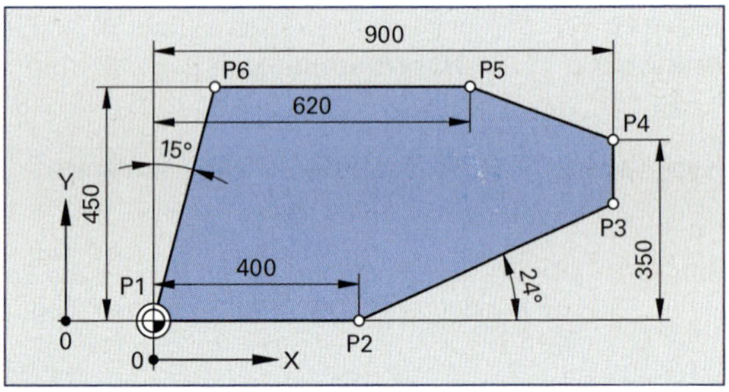

Bild 4

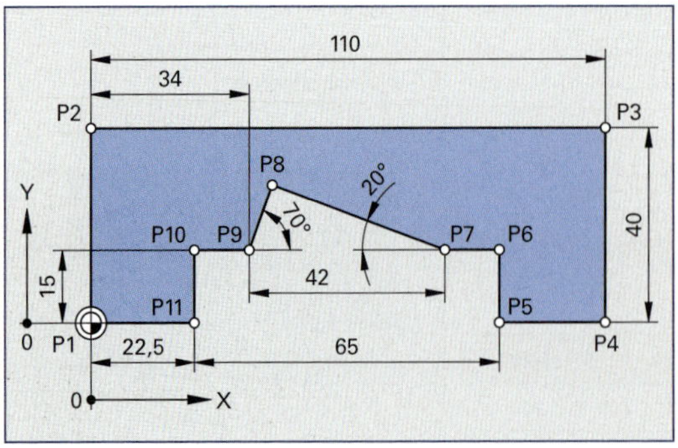

Bild 5

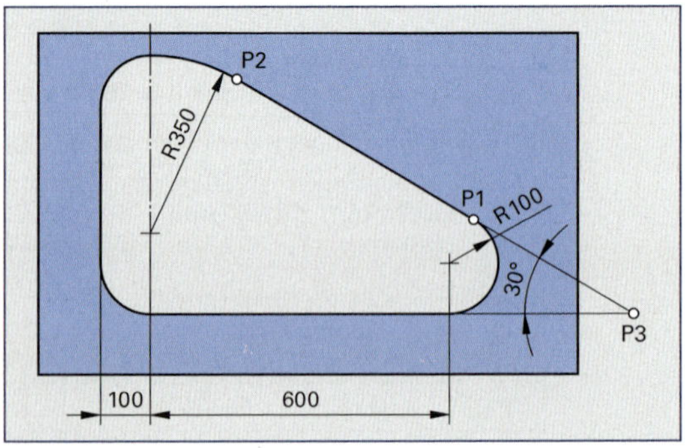

● **Bild 6**

2.16.2 Berechnen von Werkstückkonturpunkten über Winkelbeziehungen

Bezeichnungen:

P1, P2, ...	Konturpunkte, Hilfspunkte	–
X, Y, Z	Koordinatenmaße	mm
α, β, γ	Winkel am Dreieck	°
$g_1, g_2, \ldots$	Geraden	–

Verlaufen Werkstückkonturen schräg, so stehen die dabei auftretenden Winkel in bestimmten Beziehungen zueinander **(Bild 1)**. Die Gerade g_1, schneidet die Parallelen g_2 und g_3 in den Punkten P2 und P4, an denen sich jeweils gleiche Winkel bilden.

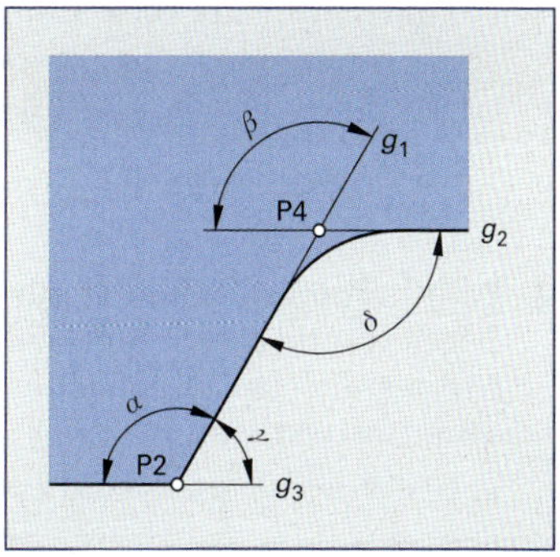

Bild 1

Nach ihrer Lage zueinander bezeichnet man

- die Winkel α und β als Stufenwinkel,
- die Winkel β und δ als Scheitelwinkel,
- die Winkel α und γ als Nebenwinkel.

Stufenwinkel sind gleich groß

$$\alpha = \beta$$

Scheitelwinkel sind gleich groß

$$\beta = \delta$$

Nebenwinkel ergänzen sich zu 180°

$$\alpha + \gamma = 180°$$

Beispiel: Zur Berechnung der Konturpunkte P3 und P5 **Bild 2** sind
a) die Hilfsdreiecke,
b) die Winkel zu bestimmen.

Lösung: a) Es können zwei deckungsgleiche Hilfsdreiecke **(Bild 2)** gebildet werden, Hilfsdreieck P3 P1 P4 und Hilfsdreieck P4 P1 P5.

b) β ist Stufenwinkel zum Winkel α: $\alpha = \beta = \mathbf{120°}$
δ ist Scheitelwinkel zum Winkel β: $\beta = \delta = \mathbf{120°}$

$$\gamma = \frac{\delta}{2} = \frac{120°}{2} = \mathbf{60°}$$

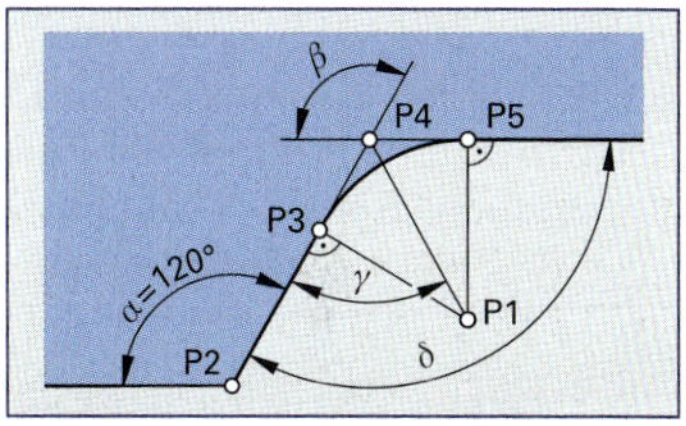

Bild 2

■ Winkelsumme im Dreieck

Legt man durch den Punkt B des Dreiecks **(Bild 3)** eine Parallele zur Seite *b*, so bilden sich die Winkel α und γ jeweils als Stufenwinkel ab. Die Winkel α, β und γ ergänzen sich zu 180°.

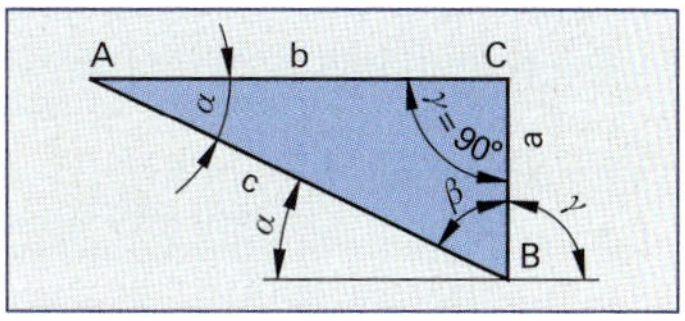

Bild 3

Die Summe der Innenwinkel im Dreieck beträgt 180°

$$\alpha + \beta + \gamma = 180°$$

Beispiel: Ein Knotenblech **(Bild 4)** hat einen Winkel von 57° zur Waagerechten. Die Winkel α und β sind zu berechnen.

Lösung: Für Nebenwinkel gilt:

$\alpha + \gamma = 180°$; $\alpha = 180° - \gamma = 180° - 57° = \mathbf{123°}$

Im Hilfsdreieck P2 P3 P4 gilt:

$\alpha' = \alpha - 90° = 123° - 90° = \mathbf{33°}$

$\alpha' + \beta + 90° = \mathbf{180°}$

$\beta = 180° - 90° - \alpha' = 180° - 90° - 33° = \mathbf{57°}$

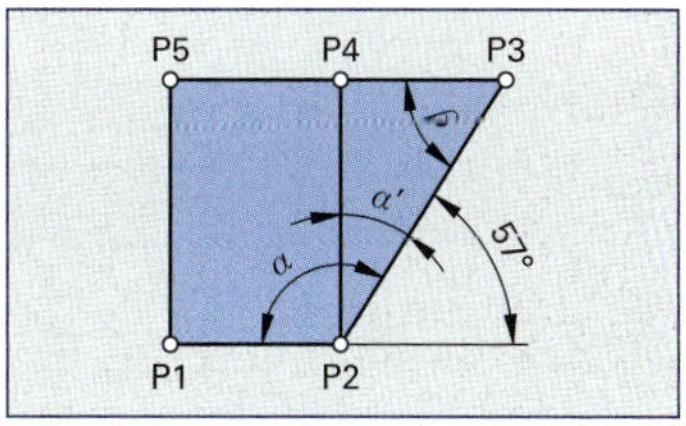

Bild 4

Aufgaben | Berechnen von Winkelstückkonturpunkten über Winkelbeziehungen

1. Für die Formplatte **(Bild 1)** sind

a) die Winkel α, β, γ und δ,

b) die Koordinatenwerte der Konturpunkte P1 bis P7 zu berechnen.

2. Ein Knotenblech **(Bild 2)** zur Verstärkung der Bodenwanne einer Kippermulde soll auf einer NC-gesteuerten Brennschneidanlage ausgeschnitten werden.

a) Die Winkel α und β sind zu berechnen.

b) Die Konturpunkte P1 bis P5 sind im Absolutmaß zu berechnen und in einer Tabelle darzustellen.

3. In eine Blechplatte soll mit einer Brennschneidanlage eine 280 mm breite Aussparung geschnitten werden, die in den Ecken durch Kreisbögen mit 100 mm Radius gerundet ist **(Bild 3)**.

Für das NC-Programm sind die Hilfspunkte P1 bis P6 und die Koordinaten der Kreismittelpunkte P7 und P8 zu berechnen.

4. Aus einer Blechtafel wird durch Knabberschneiden die durch die Punkte P1 bis P4 angegebene Kontur herausgeschnitten **(Bild 4)**.

a) Wie groß sind die Koordinaten der Punkte P1 bis P4?

b) Welche Werte haben die Koordinaten des Kreismittelpunktes P5?

5. ● Die Seitenteile von Kastenträgern **(Bild 5)** werden auf einer NC-gesteuerten Brennschneidanlage ausgeschnitten.

Zu ermitteln sind die Koordinaten der erforderlichen Hilfspunkte der Werkstückkontur.

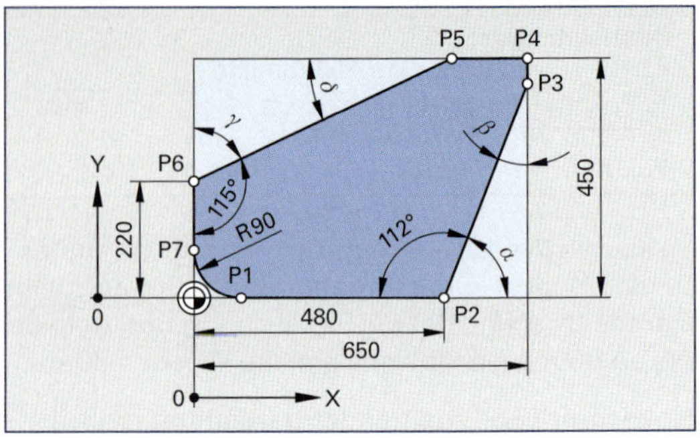

Bild 1

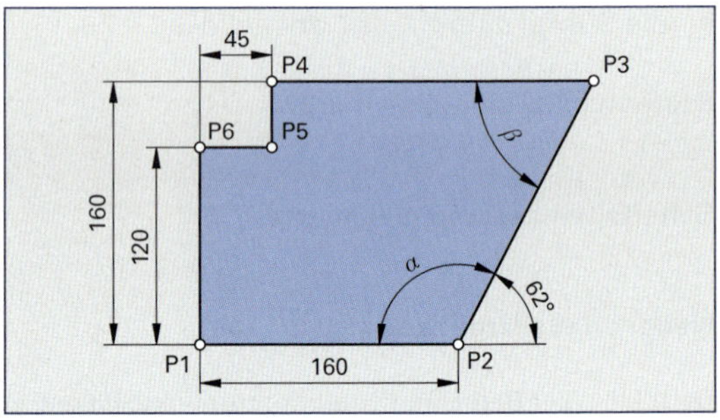

Bild 2

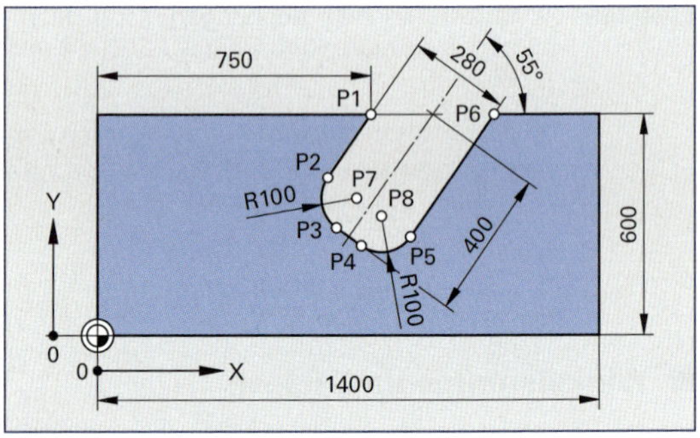

Bild 3

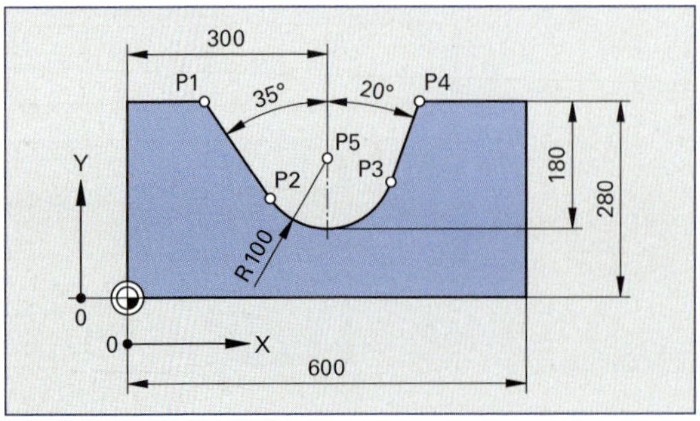

Bild 4

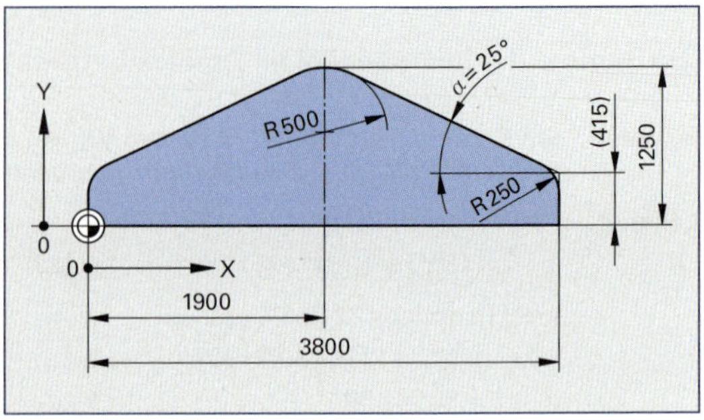

● **Bild 5**

2.17 Steuerungs- und Informationstechnik

In der Steuerungs- und Informationstechnik wird sehr häufig mit binären Signalen gearbeitet **(Bild 1)**.

Grundlage der binären Signale sind die Dualzahlen 0 und 1 **(Seite 250)**. Ist in der technischen Anwendung z. B. Strom bzw. Druck nicht vorhanden, so wird 0 gesetzt, ist Strom bzw. Druck vorhanden, so wird 1 gesetzt.

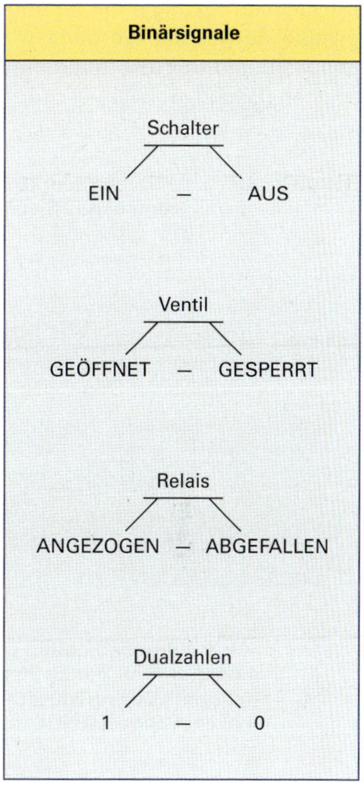

Bild 1

2.17.1 Schaltlogik

Eine eindeutige Aufgabenstellung in der Steuerungstechnik ist Voraussetzung zur Lösung eines Problems. Bei der Aufgabenstellung werden Eingangs- und Ausgangssignale festgestellt. Dabei stößt man schon bei der sprachlichen Beschreibung der Aufgabe auf bestimmte Bedingungen (für die Eingangssignale), die erfüllt sein müssen, damit das geforderte Ereignis (Ausgangssignal) eintritt.

Beispiel: Ein Montageteam besteht aus zwei Facharbeitern und einem Auszubildenden. Alle drei besitzen eine Fahrerlaubnis für den Firmenwagen. Sie haben den Auftrag, eine Fassadenverkleidung zu montieren. Damit zur Baustelle gefahren werden kann, muss der Firmenwagen vollständig beladen sein.

a) Wie heißen die Eingangs- und Ausgangssignale?

b) Wie lautet die logische Verknüpfung für das Ausgangssignal?

Lösung: a) EINGANGSSIGNALE: Facharbeiter A; Facharbeiter B; Auszubildender; beladener Firmenwagen.

AUSGANGSSIGNAL: Fahrt zur Montagebaustelle.

b) Der Firmenwagen ist beladen UND der Auszubildende ist NICHT in der Schule UND Facharbeiter A ODER Facharbeiter B ODER der Auszubildende fährt den Wagen.

Die Verarbeitungsmöglichkeiten von binären Signalen lassen sich mit den vier Grundfunktionen JA, NICHT, UND, ODER beschreiben **(Bild 2)**.

Funktion	Bildzeichen
JA	1
NICHT	1 (mit Negation am Ausgang)
UND	&
ODER	≥1

Bild 2

JA-Funktion Wird z. B. auf den Auslöser einer Autohupe gedrückt, so ertönt ein Signalton (Eingangssignal gleich Ausgangssignal).

NICHT-Funktion Wird der NOT-AUS-Taster NICHT betätigt, so arbeitet die eingeschaltete Bohrmaschine.

UND-Funktion Ist die Aufzugtüre geschlossen UND ein Knopf wird gedrückt, so fährt der Aufzug.

ODER-Funktion Zum Öffnen einer Schranke muss ein Handtaster ODER ein Fußtaster betätigt werden.

2.17.2 Logikplan

Die Problemlösung einer technischen Aufgabe kann mit einem Logikplan dargestellt werden. In einem Logikplan werden die Eingangssignale und die Ausgangssignale **(Bild 1)** mithilfe der Bildzeichen **(Bild 2)** logisch verknüpft.

Beispiel: Bei einer Tafelschere **(Bild 2)** soll der Schervorgang (Y1) ausgelöst werden. Aus Sicherheitsgründen müssen die Handtaster -SJ1 UND -SJ2 gedrückt werden UND der NOT-AUS-Taster -SJ3 darf NICHT gedrückt werden. Welcher Logikplan ergibt sich?

Lösung: Die Handtaster -SJ1 und -SJ2 müssen mit einem UND-Glied verknüpft werden Es kommt zur Teillösung mit Ausgang A, die dann wieder Eingangssignal bei der weiteren Verknüpfung ist.

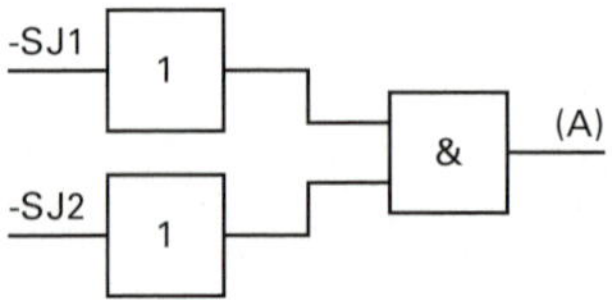

Als weitere Bedingung gilt, dass der Ausgang A der UND-Verknüpfung mit der Bedingung NOT-AUS NICHT betätigt ebenfalls mit UND verknüpft werden muss, damit das Ausgangssignal ein 1-Signal führt.

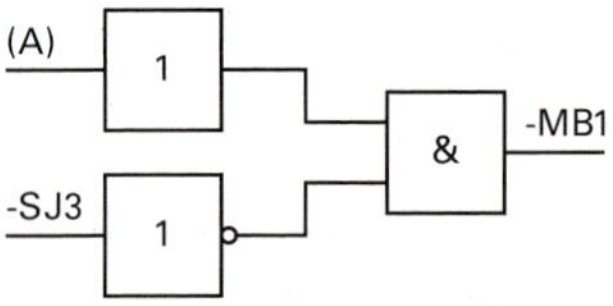

Führt man beide Teillösungen zusammen, so kommt es zur folgenden Gesamtlösung:

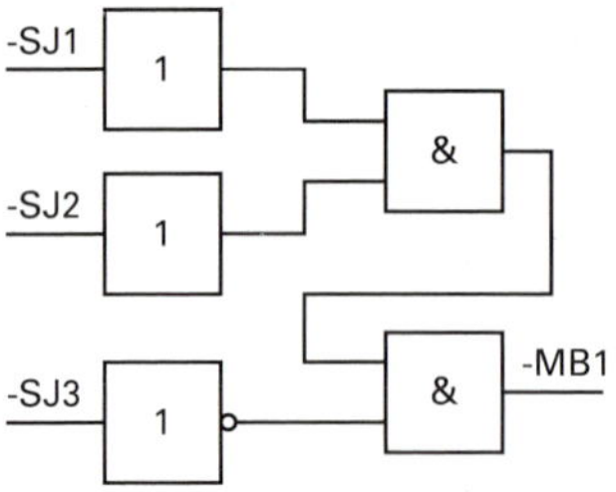

Der Logikplan wird häufig in vereinfachter Form dargestellt.

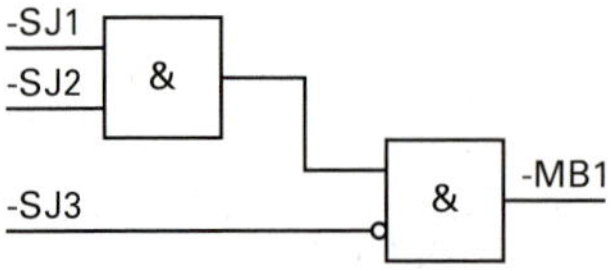

Signale in der Steuerungstechnik

EINGANGSSIGNALE

e_1, e_2, e_3, ...	allgemein
-SJ1, -SJ2, ...	Pneumatik, Hydraulik
-SF1, -SF2, ...	Elektrik
-BG1, -BG2,...	berührungslose Signalglieder
E0.1, E0.2, ...	Speicher-programmierbare Steuerungen

AUSGANGSSIGNALE

A1, A2, ...	allgemein
Y	Schaltgleichung
-MB1, -MB2,	Elektrik
A0.1, A0.2,...	Speicher-programmierbare Steuerungen

Bild 1

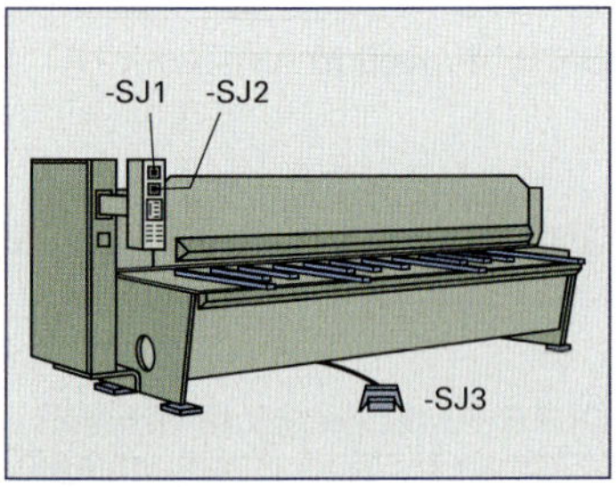

Bild 2

2.17.3 Funktionsgleichung

Signalverknüpfungen in der Steuerungstechnik können auch in Funktionsgleichungen dargestellt werden. Für diese mathematische Darstellung eines Steuerungsproblems benützt man festgelegte Rechensymbole **(Bild 1)**.

Beispiel: Aus dem dargestellten vereinfachten Logikplan ist die Funktionsgleichung zu erstellen.

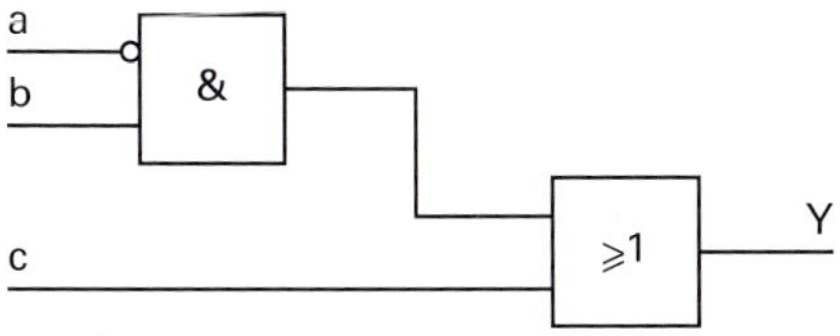

Lösung: Von den Eingangssignalen **a** und **b** des ersten Logikbausteins arbeitet man sich nach rechts vor. Als Teillösung ergibt sich am Ausgang des UND-Bausteins $\bar{a} \cdot b$. Dieser Ausgang ist wieder Eingang am nächsten Logikbaustein, bei dem der Eingang c mit $\bar{a} \cdot b$ mit ODER verknüpft wird. Der Ausgang an diesem Logiksymbol ergibt die Funktionsgleichung: $Y = \bar{a} \cdot b + c$

Rechensymbole	Beispiel
· (UND)	$Y = a \cdot b$
+ (ODER)	$Y = a + b$
= (IST GLEICH)	$Y = a$
– (NICHT)	$Y = \bar{a}$

Bild 1

2.17.4 Arbeitstabelle

Eine besonders übersichtliche Form der Darstellung von Ausgangssignalen kann mit einer Arbeitstabelle vorgenommen werden **(Bild 2, Seite 218)**. Die Arbeitstabelle wird auch als Funktionstabelle oder als Wertetabelle bezeichnet.

Für die Anzahl der Möglichkeiten m der Signalkombinationen gilt:

Möglichkeiten $m = \mathbf{2^n}$, n ist die Anzahl der Eingangssignale.

Beispiel: Es ist die Arbeitstabelle für die Funktionsgleichung $Y = S1 \cdot S2 \cdot S3$ (Bedingung für den Schervorgang an einer Tafelschere) **(Bild 2)** zu erstellen.

Lösung: Für die 3 Eingangssignale S1, S2 und S3 gilt für die Anzahl der Kombinationen: $m = 2^3$; $m = 8$.

S1	S2	S3	Y
0	0	0	0
1	0	0	0
0	1	0	0
1	1	0	1
0	0	1	0
1	0	1	0
0	1	1	0
1	1	1	0

Es wird hier schrittweise jede Kombination abgefragt, so ergibt sich z.B. aus Zeile 2: S1 betätigt und S2 nicht und S3 nicht betätigt, deshalb erscheint am Ausgang ein 0-Signal. Aus der Arbeitstabelle wird ersichtlich: für Y = 1 gibt es nur die Lösung $Y = 1 = S1 \cdot S2 \cdot \overline{S3}$.

Arbeitstabellen

JA-Funktion $Y = a$

a	Y
0	0
1	1

NICHT-Funktion $Y = \bar{a}$

a	Y
0	1
1	0

UND-Funktion $Y = a \cdot b$

a	b	Y
0	0	0
1	0	0
0	1	0
1	1	1

ODER-Funktion $Y = a + b$

a	b	Y
0	0	0
1	0	1
0	1	1
1	1	1

Bild 2

2

Aufgaben | Steuerungs- und Informationstechnik

1. Ein Auszubildender soll ein Bauelement zusammenschweißen und stellt fest, dass das Zünden der Elektrode nicht möglich ist. Für die Fehlersuche ist die logische Beschreibung seiner möglichen Kontrollen in allgemeiner Form anzugeben.

2. Damit an einer Ständerbohrmaschine der automatische Vorschub arbeitet, gelten folgende Bedingungen: NOT-AUS-Taster nicht betätigt, Bohrmaschine eingeschaltet, Bohrspindel dreht sich. Es sind für die Bedingung „Vorschub wird betätigt" (Y)
   a) der Logikplan,
   b) die Funktionsgleichung zu erstellen.

3. Für die Funktionsgleichung $Y = -\overline{SF1} \cdot (-SF2 + -SF3)$ aus der Elektropneumatik sind
   a) die Arbeitstabelle,
   b) der Logikplan zu erstellen.

4. Aus dem Logikplan **(Bild 1)** sind für die Eingangssignale a, b und c
   a) die Funktionsgleichung,
   b) die Arbeitstabelle zu erstellen.

5. Für die Arbeitstabelle **(Bild 2)** sind
   a) die Funktionsgleichung,
   b) der Logikplan zu erstellen.

6. Aus dem Pneumatikschaltplan **(Bild 3)** kann sowohl die Bedingung für das Ausfahren des Zylinderkolbens als auch die Bedingung für das Einfahren des Zylinderkolbens abgelesen werden. Zu bestimmen sind
   a) für die Ausfahrbedingung (Z) die Funktionsgleichung und die Arbeitstabelle,
   b) für die Einfahrbedingung (Y) die Funktionsgleichung und die Arbeitstabelle.

7. ● Eine Schlosserei bekommt den Auftrag, für eine Einfahrt ein Rolltor **(Bild 4)** zu fertigen. Das Rolltor soll von zwei Stellen (a) oder (b) geöffnet werden können. Als Bedingung soll gelten: Es soll sich öffnen, wenn der Schalter a ODER wenn der Schalter b betätigt wird, es darf sich jedoch nicht öffnen, wenn Schalter a UND Schalter b betätigt werden. Darzustellen sind
   a) der Logikplan,
   b) die Funktionsgleichung,
   c) die Arbeitstabelle.

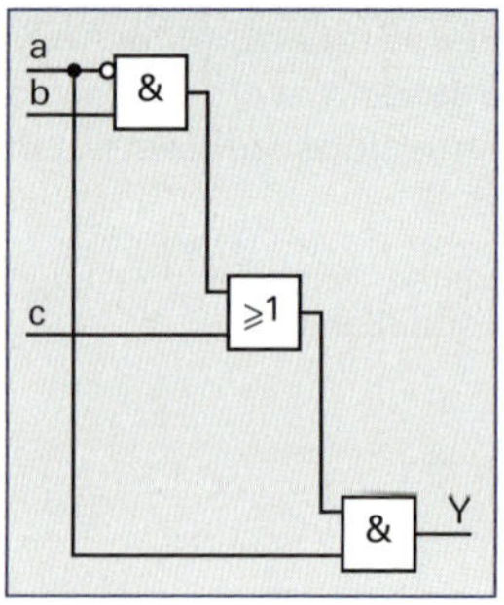

Bild 1

–BG1	–SF1	–SF2	Y
0	0	0	0
1	0	0	0
0	1	0	0
1	1	0	1
0	0	1	0
1	0	1	1
0	1	1	0
1	1	1	1

Bild 2

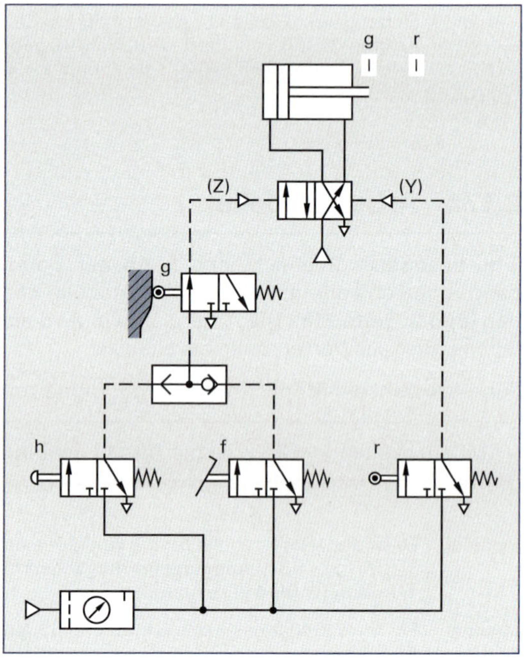

Bild 3

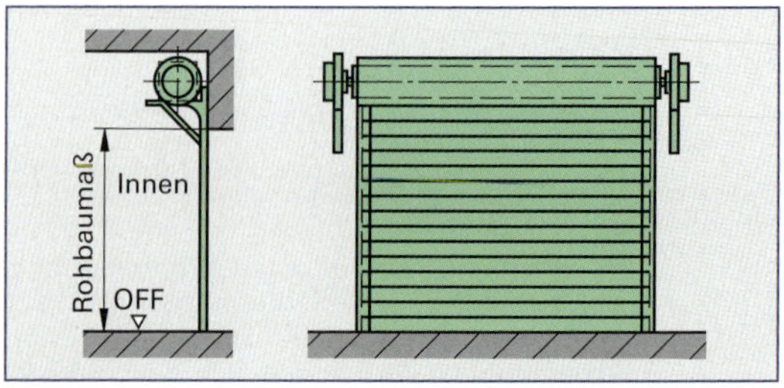

● **Bild 4**

2.18 Kostenrechnung

■ Einteilung der Kostenrechnung

Die Kostenrechnung wird in drei Hauptbereiche **(Tabelle 1)** eingeteilt. In dem jeweiligen Bereich wird errechnet, wodurch Kosten verursacht werden **(A)**, wo Kosten auftreten bzw. wofür Kosten entstanden sind **(B)** und wie die Kosten getragen werden **(C)**.

Tabelle 1: Hauptbereiche der Kostenrechnung

A Kostenartenrechnung	**B** Kostenstellenrechnung	**C** Kostenträgerrechnung
• Material • Personal • Fremdleistungen ⋮	• Fertigung • Lager • Konstruktion • Verwaltung ⋮	• Produkt • Stück • Dienstleistung ⋮

2.18.1 Kostenartenrechnung

■ Berechnung der Einzelkosten

Bei der Kostenartenrechnung werden die in den einzelnen, getrennten Bereichen eines Betriebes anfallenden Kosten errechnet. Dabei wird unterschieden zwischen den **Einzelkosten**, die direkt einem Produkt zugeschlagen werden können, und den **Gemeinkosten**, die auf die jeweils hergestellten Produkte verteilt werden müssen **(Tabelle 2)**.

Tabelle 2: Kosten

Einzelkosten	Gemeinkosten
Lohne Material Verpackung ⋮	Maschinen Energie Gehälter ⋮

Bezeichnungen:

MEK	Materialeinzelkosten	€	*FLK*	Fertigungslohnkosten	€
m_M	Verbrauchtes Materiall	kg	K_L	Stundenlohn	€/h
K_M	Materialpreis	€/kg			
n_h	Anzahl der Stunden				

Materialeinzelkosten = Verbrauchtes Material · Materialpreis

$$MEK = m_M \cdot K_M$$

Fertigungslohnkosten = Anzahl der Stunden · Stundenlohn

$$FLK = n_h \cdot K_L$$

Beispiel: Das notwendige Material für die Fertigung des Geländerelements **(Bild 1)** ist der Stückliste der **Tabelle 3** zu entnehmen Es sollen 28 Elemente hergestellt werden. Für die Fertigung eines Elements benötigen drei Gesellen im Durchschnitt 4,5 h. Die Handwerkerstunde beträgt 47,00 €/h. Die Materialpreise sind 1,17 €/kg für Rd 16; 1,14 €/kg für Rd 14 und Rd 12 und 0,93 €/kg für die Bleche. Wie hoch sind die Materialeinzelkosten und die Fertigungslöhne für alle 28 Teile?

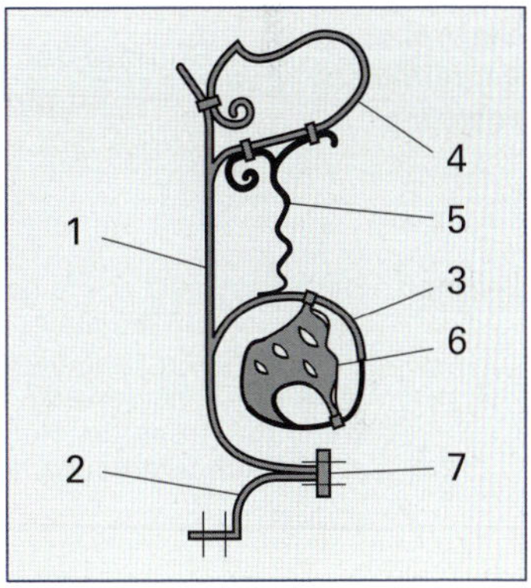

Bild 1

Tabelle 3: Stückliste

Pos.	Bezeichnung		l in mm	Stückzahl	l_{ges} in m A_{ges} in m²
1	Rd 16	S235JR	1150	28	32,2
2	Rd 16		150	28	4,2
3	Rd 16		900	28	25,2
4	Rd 14		850	28	23,8
5	Rd 12		630	28	17,64
6	Bl 6	DC04	200×150	28	0,84
7	Bl 6		60×30	28	0,05

Lösung:

Materialeinzelkosten

Pos.	Material	l_{ges} in m A_{ges} in m²	m' in kg/m m" in kg/m²	m_M in kg	K_M in €/kg	MEK in €
1, 2, 3	Rd 16	61,6	1,58	97,33	1,17	113,88
4	Rd 14	23,8	1,21	28,8	1,14	32,83
5	Rd 12	17,64	0,88	15,52	1,14	17,69
6, 7	Bl 6	0,89	47,1	41,92	0,93	38,99
Gesamt				183,57		**203,39**

Fertigungslohnkosten

$FLK = n_h \cdot K_L = 3 \cdot 28 \cdot 4{,}5\ \text{h} \cdot 47{,}00\ €/\text{h} = \mathbf{17\,766{,}00\ €}$

2.18.2 Kostenstellenrechnung

Berechnung der Gemeinkostenzuschlagssätze

Mit der Kostenstellenrechnung wird die Wirtschaftlichkeit der einzelnen Kostenstellen überprüft. Des Weiteren liefert sie Unterlagen für die Vorkalkulation. Die Gemeinkosten können nicht direkt einem Produkt zugeschlagen werden. Die Kostenstellenrechnung liefert dafür Zuschlagssätze, die für die Vorkalkulation die entsprechenden Zuschläge ergeben.

Zur Berechnung der Zuschlagssätze werden die jeweiligen Summen einem Betriebsabrechnungsbogen **(Tabelle 1)** für einen Abrechnungszeitraum entnommen.

Bezeichnungen:

FGK	Fertigungsgemeinkosten	€	*FGKZ*	Fertigungsgemeinkostenzuschlag	%
MGK	Materialgemeinkosten	€	*MGKZ*	Materialgemeinkostenzuschlag	%
VwGK	Verwaltungsgemeinkosten	€	*VwGKZ*	Verwaltungsgemeinkostenzuschlag	%
VtGK	Vertriebsgemeinkosten	€	*VtGKZ*	Vertriebsgemeinkostenzuschlag	%
FLK	Fertigungslohnkosten	€	*MEK*	Materialeinzelkosten (Lagerbestand)	€
HK	Herstellkosten	€			

Fertigungsgemeinkostenzuschlag = $\frac{\textbf{Summe der Fertigungsgemeinkosten} \cdot \textbf{100 \%}}{\textbf{Summe der Fertigungslohnkosten}}$

$$FGKZ = \frac{\Sigma\, FGK \cdot 100\,\%}{\Sigma\, FLK}$$

Materialgemeinkostenzuschlag = $\frac{\textbf{Summe der Materialgemeinkosten} \cdot \textbf{100 \%}}{\textbf{Materialeinzelkosten}}$

$$MGKZ = \frac{\Sigma\, MGK \cdot 100\,\%}{\Sigma\, MEK}$$

Verwaltungsgemeinkostenzuschlag = $\frac{\textbf{Summe der Verwaltungsgemeinkosten} \cdot \textbf{100 \%}}{\textbf{Summe der Herstellkosten}}$

$$VwGKZ = \frac{\Sigma\, VwGK \cdot 100\,\%}{\Sigma\, HK}$$

Vertriebsgemeinkostenzuschlag = $\frac{\textbf{Summe der Vertriebsgemeinkosten} \cdot \textbf{100 \%}}{\textbf{Summe der Herstellkosten}}$

$$VtGKZ = \frac{\Sigma\, VtGK \cdot 100\,\%}{\Sigma\, HK}$$

Beispiel: Der Ausschnitt aus einem Betriebsabrechnungsbogen **(Tabelle 1)** enthält verschiedene Kostenarten für einige Kostenstellen. Wie groß sind die jeweiligen Zuschlagssätze, wenn die gesamten Herstellungskosten im Abrechnungszeitraum 282588,– € betragen?

Lösung:

$$FGKZ = \frac{\Sigma\, FGK \cdot 100\,\%}{\Sigma\, FLK} = \frac{64956\,€ \cdot 100\,\%}{40980\,€} = 158{,}5\,\%$$

$$MGKZ = \frac{\Sigma\, MGK \cdot 100\,\%}{\Sigma\, MEK} = \frac{12765\,€ \cdot 100\,\%}{122715\,€} = 10{,}4\,\%$$

$$VwGKZ = \frac{\Sigma\, VwGK \cdot 100\,\%}{\Sigma\, HK} = \frac{28950\,€ \cdot 100\,\%}{282588\,€} = 10{,}24\,\%$$

$$VtGKZ = \frac{\Sigma\, VtGK \cdot 100\,\%}{\Sigma\, HK} = \frac{27800\,€ \cdot 100\,\%}{282588\,€} = 9{,}8\,\%$$

Tabelle 1: Betriebsabrechnungsbogen

Zeile	Kostenarten	Fertigung	Materialbereich	Verwaltung	Vertrieb
1	Fertigungslöhne	40980,–	–	–	–
2	Fertigungsmaterial	–	122715,–	–	–
3	Hilfslöhne	8103,–	1202,6	–	2410,–
4	Gehälter	4474,–	3580,–	15850,–	9715,–
5	Gesetzl. Sozialstg.	9782,–	956,–	3487,–	2666,–
26	Gemeinkostensumme	64956,–	12765,–	28950,–	27800,–
27	Zuschlagssätze	*FGKZ?*	*MGKZ?*	*VwGKZ?*	*VtGKZ?*

2.18.3 Kostenträgerrechnung

Ein wesentlicher Teil der Kostenträgerrechnung ist die Zuschlagskalkulation. Sie ist das gebräuchlichste Kalkulationsverfahren für Betriebe, die verschiedene Produkte herstellen, und dient zur Berechnung der Herstell- und Selbstkosten **(Bild 1)** einer Produktserie oder eines Einzelstückes.

Bezeichnungen:

MEK	Materialeinzelkosten	€	*FLK*	Fertigungslohnkosten	€	*MK*	Materialkosten	€
HK	Herstellkosten	€	*GK*	Gemeinkostensatz	€	*FK*	Fertigungskosten	€
SK	Selbstkosten	€	*GKZ*	Gemeinkostenzuschlag	%			

Einfache Zuschlagskalkulation

Bei der einfachen Zuschlagskalkulation (im Handwerk gebräuchlich) werden alle Gemeinkosten mit einem einzigen Zuschlagssatz einer Bezugsgröße zugerechnet. Bei lohnintensiven Betrieben erfolgt der Zuschlag auf die Fertigungslöhne, bei materialintensiver Produktion auf das Fertigungsmaterial.

Herstellkosten = Materialeinzelkosten + Fertigungslohnkosten + Gemeinkostensatz

$$HK = MEK + FLK + GK$$

Beispiel: Für die Geländerelemente **(Bild 1, Seite 221)** wurde ein Gemeinkostenzuschlagssatz von 250% errechnet. Wie groß sind die Herstellkosten unter Verwendung der im Beispiel Seite 221 errechneten Materialeinzelkosten und Fertigungslohnkosten?

Lösung: Für lohnintensive Fertigung gilt: $GK = FLK \cdot GKZ$ = 13608,00 € · 2,5 = 34020,00 €
$HK = MEK + FLK + GK$ = 203,39 € + 13608,00 € + 34020,00 € = **16740,89 €**

Differenzierende Zuschlagskalkulation

Bei einer differenzierenden Zuschlagskalkulation werden die Gemeinkosten aufgeteilt. Eine weitere Verfeinerung ist möglich, indem die Fertigungslöhne in einzelne Kostenstellen gegliedert werden. Jede dieser Kostenstellen wird einzeln bezuschlagt. Die Gemeinkostenzuschlagssätze werden aus dem Betriebsabrechnungsbogen ermittelt **(Kap. 2.18.2)** oder als Mittelwerte aus überbetrieblichen Vergleichen verwendet. Der schematische Lösungsweg zur Berechnung der Herstell- und Selbstkosten wird in **Bild 1** dargestellt.

Beispiel: Wie hoch sind die Herstell- und Selbstkosten der Geländerelemente **(Bild 1, Seite 221)** unter Berücksichtigung der in **Tabelle 1, Seite 222,** errechneten Zuschlagssätze?

Lösung:

Materialeinzelkosten	203,39 €	
+		
Materialgemeinkosten 10,4% von MEK	21,15 €	
Materialkosten		→ 224,54 €
Fertigungslohnkosten	13608,00 €	
+		+
Fertigungsgemeinkosten 158,5% von *FLK*	7489,12 €	
Fertigungskosten		→ 21097,12 €
Herstellkosten = *MK* + *FK*		→ 21321,66 €
Verwaltungsgemeinkosten 10,24% von *HK*	1273,72 €	
+	+	
Vertriebsgemeinkosten 9,8% von HK	1218,99 €	
Verwaltungs- und Vertriebsgemeinkosten		→ 2492,71 €
Selbstkosten		→ **23814,37 €**

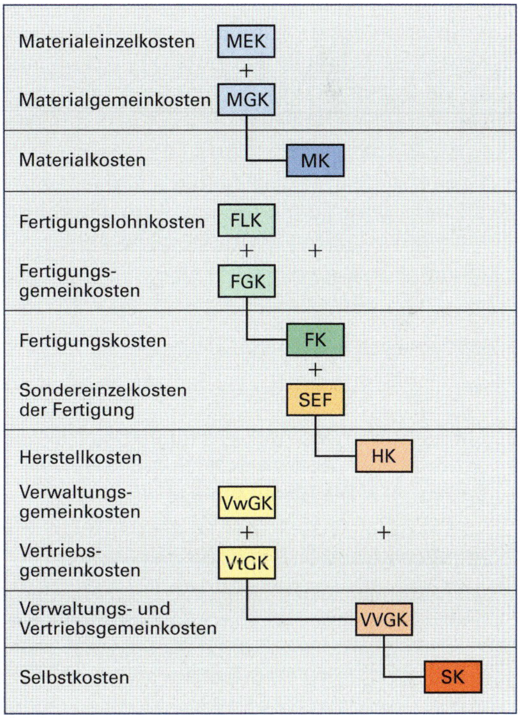

Bild 1

Aufgaben | Kostenrechnung

1. Für die Herstellung einer Aluminiumtüre wurden die Profile nach **Tabelle 1** verarbeitet. Dabei wurden 6,75 h für Maschinenarbeit, 25 h für Handarbeit und 0,25 h für WIG-Schweißen aufgewandt.

a) Wie hoch sind die Materialeinzelkosten?

b) Wie hoch sind die Fertigungslohnkosten, wenn die Handwerkerstunde 47 € kostet?

Tabelle 1

Pos.	Bezeichnung Profile	Länge l in mm	Preis in €/m
1	Blendrahmen	6094	19,08
2	Flügelrahmen	4972	15,57
3	Mittelsteg	2002	20,35
4	Sockel	1721	31,52
5	Anschlag	5028	2,41
6	Anschlag	1945	4,34
7	Glasleiste	24000	2,90

2. Für die Notleiter **Bild 1** ist mit folgenden Materialpreisen zu kalkulieren:

Flachstahl 1,57 €/kg

Rohr 2,51 €/kg

Wie hoch sind die Materialeinzelkosten für die Leiter?

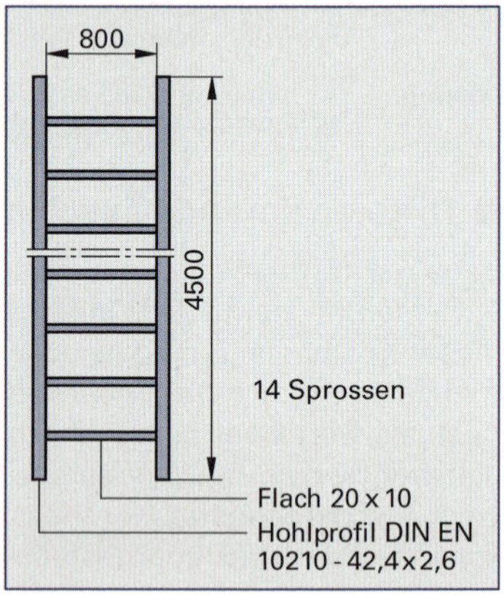

Bild 1

3. In einem Kleinbetrieb fallen in einem Jahr folgende Kosten in € an:

Materialkosten	42163,68 €,
Fertigungslohnkosten	79760,26 €,
Materialgemeinkosten	2346,00 €,
Fertigungsgemeinkosten	152541,37 €.

Wie hoch sind die Zuschlagssätze für den Material- und den Fertigungsbereich?

4. In der Betriebsabrechnung wurden für einen Stahlbaubetrieb Kosten nach **Tabelle 2** ermittelt. Wie groß sind die Gemeinkostenzuschläge für jede Abteilung?

Tabelle 2: Betriebsabrechnung

Material	0,325 Mill. €
MGK	25000 €
Fertigungslöhne	0,625 Mill. €.
FGK	2,14 Mill. €
VwGK	0,18 Mill. €
VIGK	0,16 Mill. €

5. Es sind die Herstellkosten durch einfache Zuschlagskalkulation für 35 Drückergarnituren aus Aluminiumdruckguss **(Bild 2)** zu berechnen. Die Kosten für ein Stück sind:

Materialeinzelkosten	11,50 €,
Fertigungslohnkosten	16,21 €,
Gemeinkostenzuschlag	230%.

6. Ein Fenstergitter wurde aus folgenden Halbzeugen gefertigt:
● 3,2 m Fl 30 × 10; 0,44 m Fl 35 × 6; 8,6 m Rd 16; 3 m Rd 8 und 0,16 m² Bl 2. Die Materialpreise sind:

1,55 €/kg für Fl 30 × 10; 1,24 €/kg für Fl 35 × 6; 1,6 €/kg für die Rundstähle und 0,93 €/m² für das Blech.

An Maschinenarbeit fielen 11,0 h, für Handarbeit 44,5 h und für Schweißarbeit 5 h an. Der Stundenlohn beträgt 38,00 €. Für die Zuschlagskalkulation ist mit 20% *MGKZ*, 140% *FGKZ* für Handarbeit, 200% *FGKZ* für Maschinenarbeit, 230% *FGKZ* für Schweißarbeit, 11,3% *VwGKZ* und 9,5% *VIGKZ* zu rechnen. Zu berechnen sind die Material-, Fertigungs-, Herstell- und Selbstkosten.

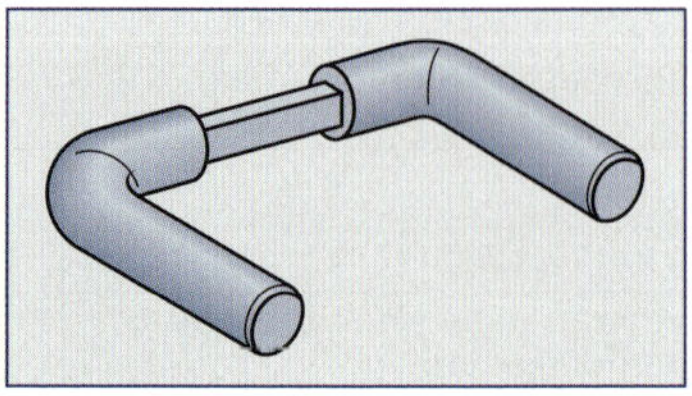

Bild 2

3 Aufgaben zur Vertiefung und Prüfungsvorbereitung

3.1 Lernfeldbezogene Projektaufgaben

3.1.1 Gartentor mit Stabfüllung

Das Gartentor **(Bild 1)** besteht aus einem Stahl-Hohlprofil-Rahmen, in den Flachstahlstäbe als Füllung mit gleichem Abstand eingeschweißt sind. Die Bänder werden aus Stahlrohrstücken und die Dorne aus Rundstahl selbst gefertigt. Zur Befestigung dienen Flachstähle als Maueranker. Den Anschlag bildet ein Winkelstahl, der mit zwei Mauerankern in der Torsäule eingelassen ist. Verschlossen und im Anschlag gehalten wird das Gartentor mit einem Rohrrahmen-Einsteckschloss mit Schließzylinder und einfacher Drückergarnitur.

1. Wie viele Stäbe sind notwendig, wenn der Abstand zwischen den Stäben 100 mm sein soll?
2. Zu bestimmen sind die Zuschnittlängen für die Hohlprofile und die Füllstäbe. Wie viele handelsübliche Profilrohre und Flachstahlstäbe werden benötigt, und wie lang ist der Abfall bei einer Schnittbreite von 4 mm?
3. Die Gesamtlänge aller Schweißnähte beträgt ca. 3000 mm. Welche rechnerische Schweißzeit ergibt sich bei einer Schweißgeschwindigkeit von v = 200 mm/min?
4. Wie groß muss der Abstand Δl zwischen Torrahmen und Anschlag **(Bild 2)** mindestens sein, wenn mit einer Temperaturdifferenz von 60 °C gerechnet wird?
5. Die oberen Bandhälften müssen gerieben werden **(Bild 3)**. Wie lange ist die rechnerische Hauptnutzungszeit für beide Buchsen, wenn mit einer Maschinenreibahle aus Schnellarbeitsstahl gearbeitet wird und An- und Überlauf zusammen 5 mm betragen?
6. Ein Kind stellt sich auf den Untergurt des Rahmens und bewirkt dadurch eine Belastung von F = 380 N **(Bild 4)**. Welches Drehmoment entsteht dadurch im Punkt A?
7. Wie hoch sind die Selbstkosten des Tores, wenn die Materialkosten 5 % der Gesamtsumme ausmachen und mit einem durchschnittlichen Stahlpreis von 540,– €/t gerechnet wird?

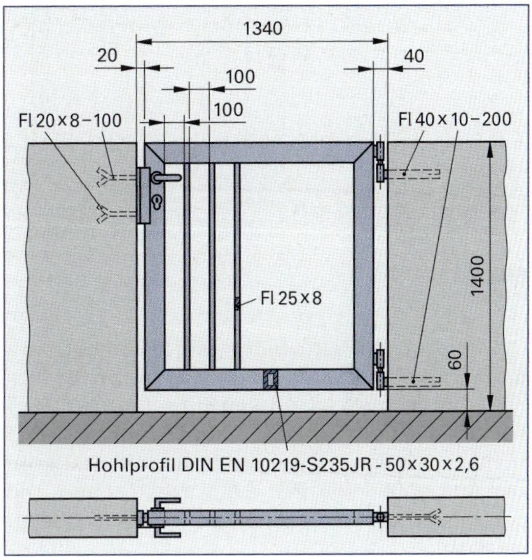

Bild 1

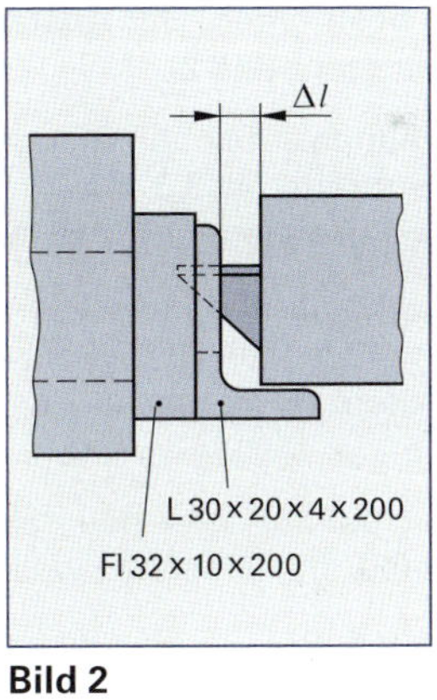

Bild 2

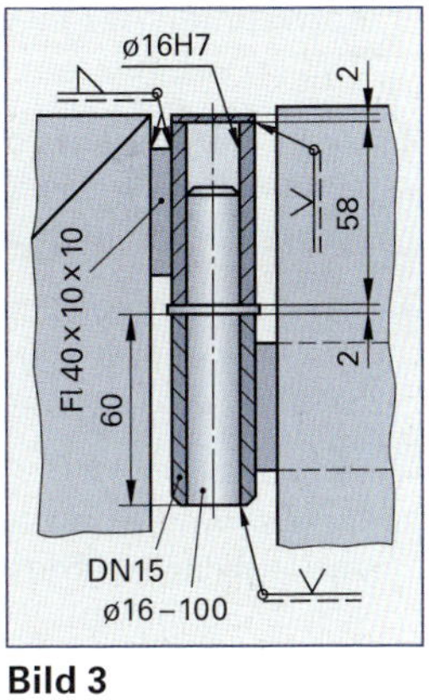

Bild 3

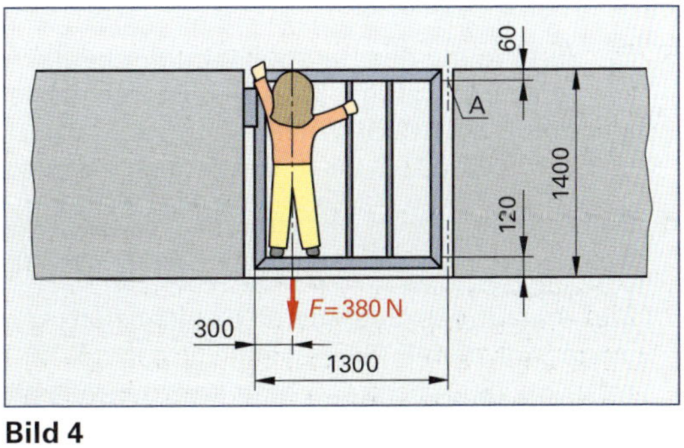

Bild 4

3.1.2 Freitragendes Schiebetor

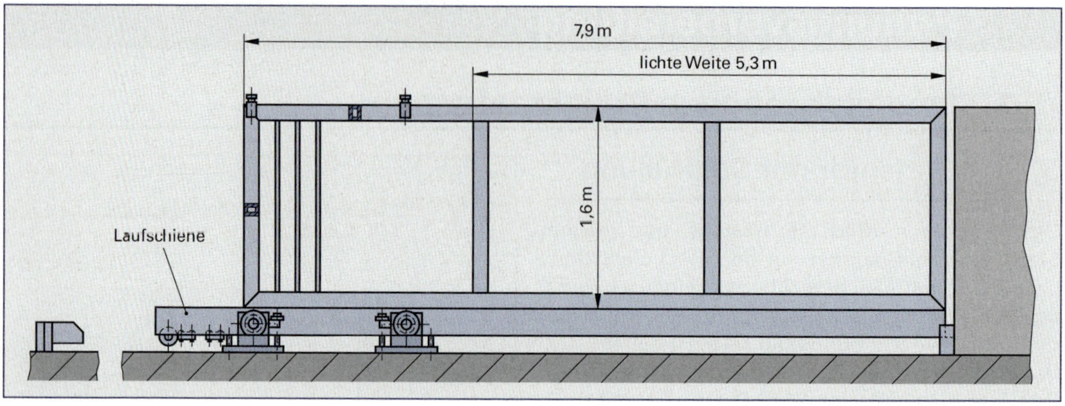

Bild 1

Das freitragende Schiebetor **(Bild 1)** besteht aus einem Stahl-Hohlprofil-Rahmen, der auf eine genormte Laufschiene geschweißt wird. Der Rahmen wird durch Friesstäbe in drei gleich große Felder aufgeteilt. Ist das Tor geschlossen, so sind zwei Felder vollständig sichtbar. Als Füllung werden Hohlprofil-Stahlrohre eingeschweißt. Der Antrieb erfolgt über einen Elektromotor mit Seil-Technik. An der Stirnseite ist ein Kontaktprofil zur Schließkanten-Sicherung angebracht.

1. Zum Zuschneiden der Profilstäbe für die Rahmenfüllung ist die notwendige Anzahl zu bestimmen. Der Abstand zwischen den Stäben soll 100 mm betragen **(Bild 2)**.
2. Die Stäbe werden von handelsüblichen Stangen mit 6 m Länge abgesägt. Die Sägeblattbreite ist 3,5 mm. Wie viele Stangen werden benötigt und wie groß ist der Abfall in %?
3. Das Ablängen erfolgt auf einer Kaltkreissäge mit einer Schnittgeschwindigkeit von $v_c = 40$ m/min. Der Durchmesser des Blattes ist 350 mm. Welche Drehzahl muss an der Säge eingestellt werden?
4. Ein Schweißer arbeitet beim Fügen der Rahmenprofile, einschließlich der Friesstäbe, mit einer Schweißgeschwindigkeit von 0,450 m/min.
   a) Wie groß ist die Schweißnahtlänge für eine Rahmenecke?
   b) Welche Schweißzeit benötigt er für das Rahmeneck?
5. Die Verbindung des Rahmens mit der Laufschiene erfolgt nach der Schweißnahtfolge **(Bild 3)**. Zu berechnen sind das Schweißnahtvolumen, das Schweißnahtgewicht und der Elektrodenverbrauch der Größe 3,2 × 450 mm nach Tabellen.
6. Das Tor soll in zwei Minuten geschlossen werden können. Mit welcher Geschwindigkeit muss der Motor das Tor bewegen?
7. **Bild 4** zeigt das Schiebetor in nicht ganz geschlossenem Zustand. Aus dem Eigengewicht kann in der Mitte eine Gewichtskraft von 3500 N angenommen werden Wie groß sind die Kräfte F_A und F_B in kN, die auf die Laufrollenlager wirken?

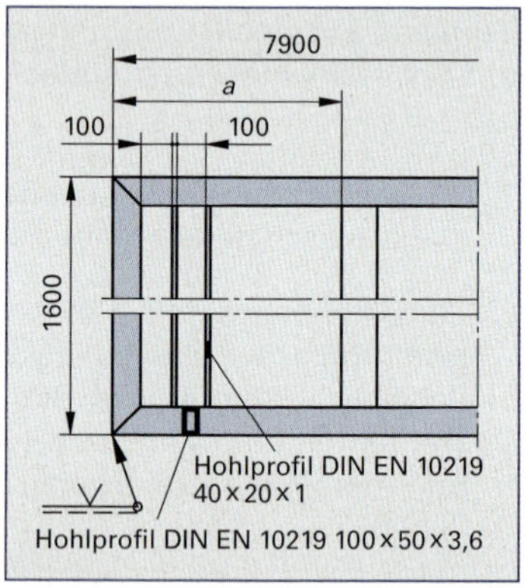

Bild 2

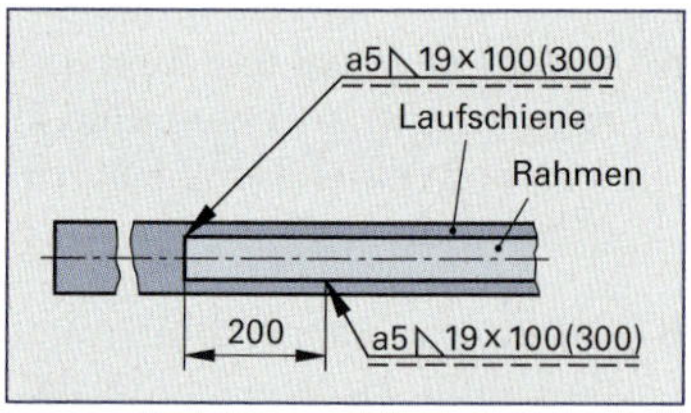

Bild 3

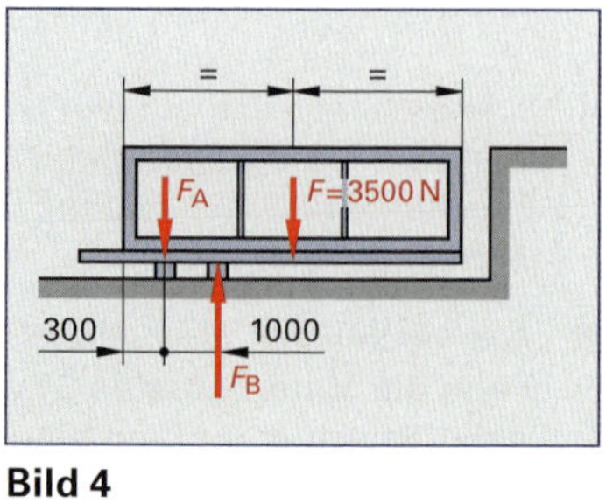

Bild 4

3.1.3 Stahltreppe

Für ein Betriebsnebengebäude soll eine einfache Stahltreppe gefertigt werden **(Bild 1)**. Ausgeführt wird sie als Wangentreppe mit seitlich befestigtem Geländer. Die 15 Auftritte werden aus Stahlblech ausgeschnitten und mit kleinstem Biegeradius gekantet. Der Steigungswinkel beträgt 38°. Die Treppe wird am unteren und oberen Ende mit Dübeln und Sechskantschrauben M 16 × 60 verschraubt.

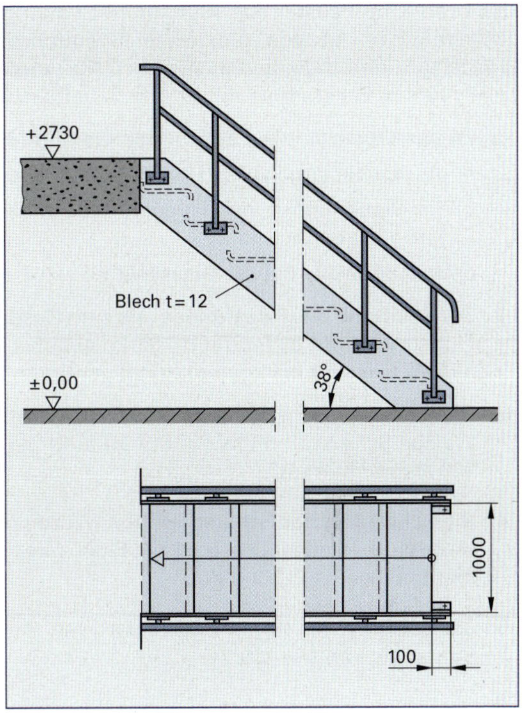

Bild 1

1. Zu berechnen sind die Konstruktionsmaße: Treppenlauflänge, Treppensteigung und Auftrittsbreite.
2. Die Wangen werden aus Blech ausgeschnitten und zusammengesetzt. Welche Länge hat der Zuschnitt?
3. In die Winkel zur Auftritt- und Treppenbefestigung **(Bild 2** und **Bild 3)** werden Löcher mit d_1 = 11 mm bzw. d_2 = 18 mm gebohrt. Die einzustellenden Drehzahlen sind mithilfe eines Drehzahldiagrammes aus Tabellenbüchern und rechnerisch zu bestimmen.
4. Wie lange ist die reine Bohrzeit für die Auftritts-Befestigungswinkel, wenn mit einer Drehzahl n = 900 min^{-1} und einem Vorschub von f = 0,2 mm gebohrt wird? Für An- und Überlauf sind je 2 mm zu berücksichtigen.
5. Zum beidseitigen Abkanten der Auftritte um 90° sind die Breiten der Blechzuschnitte zu errechnen **(Bild 4)**.
6. Für einen Kostenvoranschlag ist die Gesamtmasse ohne Geländer nach den Bestimmungen für Metallbauarbeiten zu berechnen. Zu berücksichtigen ist der Zuschlag **(2.9.4 Masse von Profilkonstruktionen, Seite 117)** für Schrauben, Federringe und Schweißzusatzwerkstoff.
7. Am Treppenaustritt und Treppenantritt treten teilweise Kräfte bis 6500 N auf **(Bild 2)**.
   a) Wie groß ist die Scherspannung in den Schrauben am Treppenkopf?
   b) Wie groß ist die theoretische Flächenpressung, wenn die Kraft vollständig und gleichmäßig über den Winkel in den Boden eingeleitet wird?
8. Zum Anschweißen der Auftritts-Befestigungswinkel werden Elektroden 3,25 × 450 mm verwendet. Wie viele Elektroden werden dabei verarbeitet?

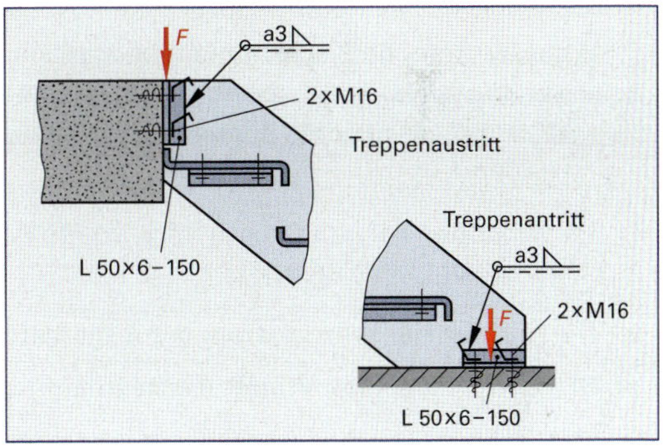

Bild 2

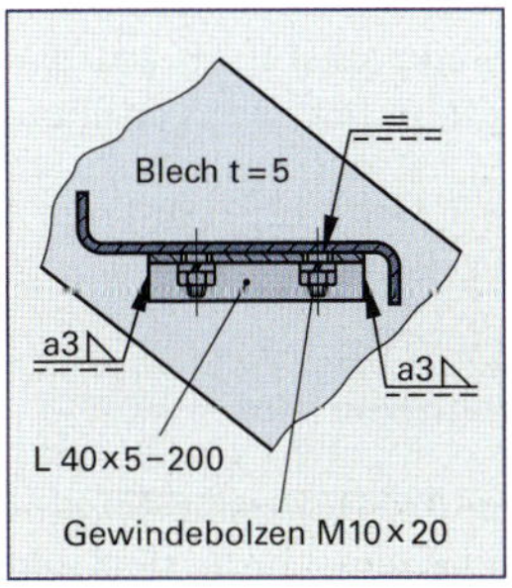

Bild 3

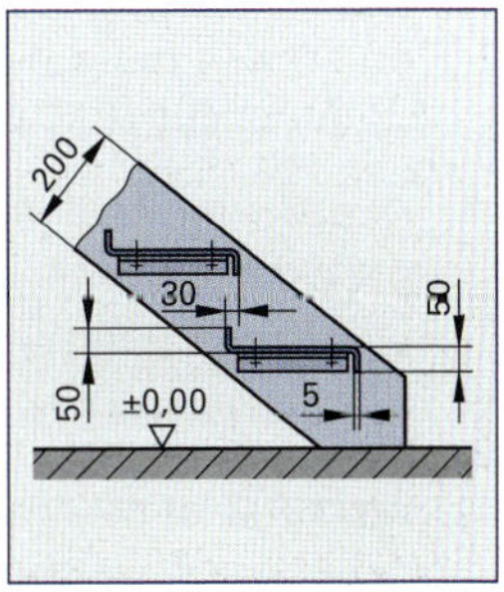

Bild 4

3

3.1.4 Aluminiumfenster

Das Dreh-Kipp-Fenster aus Aluminium-Systemprofilen **(Bild 1, Seite 229)** hat die Maße 1460 mm × 1760 mm. Es ist aus eloxierten Systemprofilen gefertigt. Die Ecken werden als geklebte Press-Stanz-Verbindungen ausgeführt. Als Verglasung wird ein Mehrscheiben-Isolierglas bestehend aus 2 × 6 mm Fensterglas mit 12 mm Scheibenzwischenraum eingesetzt.

1. Zu berechnen sind die Zuschnittlängen für **(Bild 2, Seite 229)**

a) die Fensterzarge aus Stahlrohr 30 × 15 × 2,

b) den Blendrahmen, den Flügelrahmen und die Glashalteleisten. Die Werte sind in eine Zuschnittliste einzutragen.

c) Welche Größe hat die Glasscheibe?

2. Zur Belüftung des Falzgrundes und zum Gasdruckausgleich werden in die äußere Hohlkammer des Flügelrahmens Löcher mit $d = 8$ mm gebohrt **(Bild 3, Seite 229)**. Welche mittlere Schnittgeschwindigkeit muss für die Legierung mit geringem Si-Anteil für einen HSS-Bohrer eingestellt werden?

3. Die Entwässerungsschlitze **(Bild 3, Seite 229)** werden mit einer pneumatischen Stanze hergestellt. Welche Scherkraft muss die Stanze aufbringen, wenn die Scherfestigkeit der Al-Legierung τ_{aB} = 220 N/mm^2 beträgt?

4. Die Schlitze für das Fenstergetriebe werden mit einer Einspindel-Kopierfräse hergestellt. Die Fräswelle läuft mit einer Drehzahl n = 12000 min^{-1}. Wie groß ist die Schnittgeschwindigkeit eines Hartmetall-Fräsers mit $d = 8$ mm?

5. Die Leistung des Kopierfräsers wird mit P = 1,5 kW angegeben. Welcher Strom fließt bei einer Spannung von U = 400 V?

6. Die Eckverbinder werden mit einem Zweikomponenten-Kleber verbunden. Das Mischungsverhältnis von Härter zu Kleber beträgt 1:15. Wie viel Kleber ist für 80 g Härter nötig?

7. Die Masse des Fensterflügels beträgt m = 130 kg (g = 10 m/s^2). Zu bestimmen sind

a) das auftretende Biegemoment bei gleichmäßig verteilter Streckenlast,

b) die Biegespannung im Profil für ein vom Hersteller angegebenes Widerstandsmoment W_x = 5,07 cm^3. Für die Berechnung kann der Flügel als einseitig eingespannter Träger betrachtet werden.

8. Bei Windböen können Drücke bis p = 1000 Pa auftreten. Wie groß ist die daraus entstehende Flächenpressung des Glases?

9. Wie groß ist der Wärmestrom Φ für die Verglasungsart nach Zeichnung mit einem U_g-Wert von 2,1 $\frac{\text{W}}{\text{m}^2 \cdot \text{K}}$, wenn im Winter die Raumtemperatur 21 °C ist und die Außentemperatur nachts auf 18 °C absinkt? Die Systemprofile ergeben einen U_f-Wert von 1,8 $\frac{\text{W}}{\text{m}^2 \cdot \text{K}}$. Der U_W-Wert ist der **Tabelle 1, Seite 167,** zu entnehmen.

10. Das Fenster wurde im Frühjahr bei 18 °C Außentemperatur gesetzt. Welche Änderungen der Länge und Breite muss die Silikondichtung am Maueranschluss ausgleichen, wenn die Temperatur im Sommer auf 40 °C ansteigt und im Winter auf – 24 °C absinkt?

11. Das Fensterblech **(Bild 3, Seite 229)** wird aus Aluminiumblech mit t = 2 mm auf einer Gesenk-Biegepresse hergestellt. Zu bestimmen sind

a) die Abkantwinkel α und β,

b) die Breite des Zuschnitts in mm.

12. Wie groß ist die Masse der Isolierglasscheiben ohne Berücksichtigung des Klebers und Abstandhalters, und welche mechanische Arbeit wird beim Einsetzen der Scheiben verrichtet, wenn die Flügelhöhe h = 1,02 m über dem Boden ist?

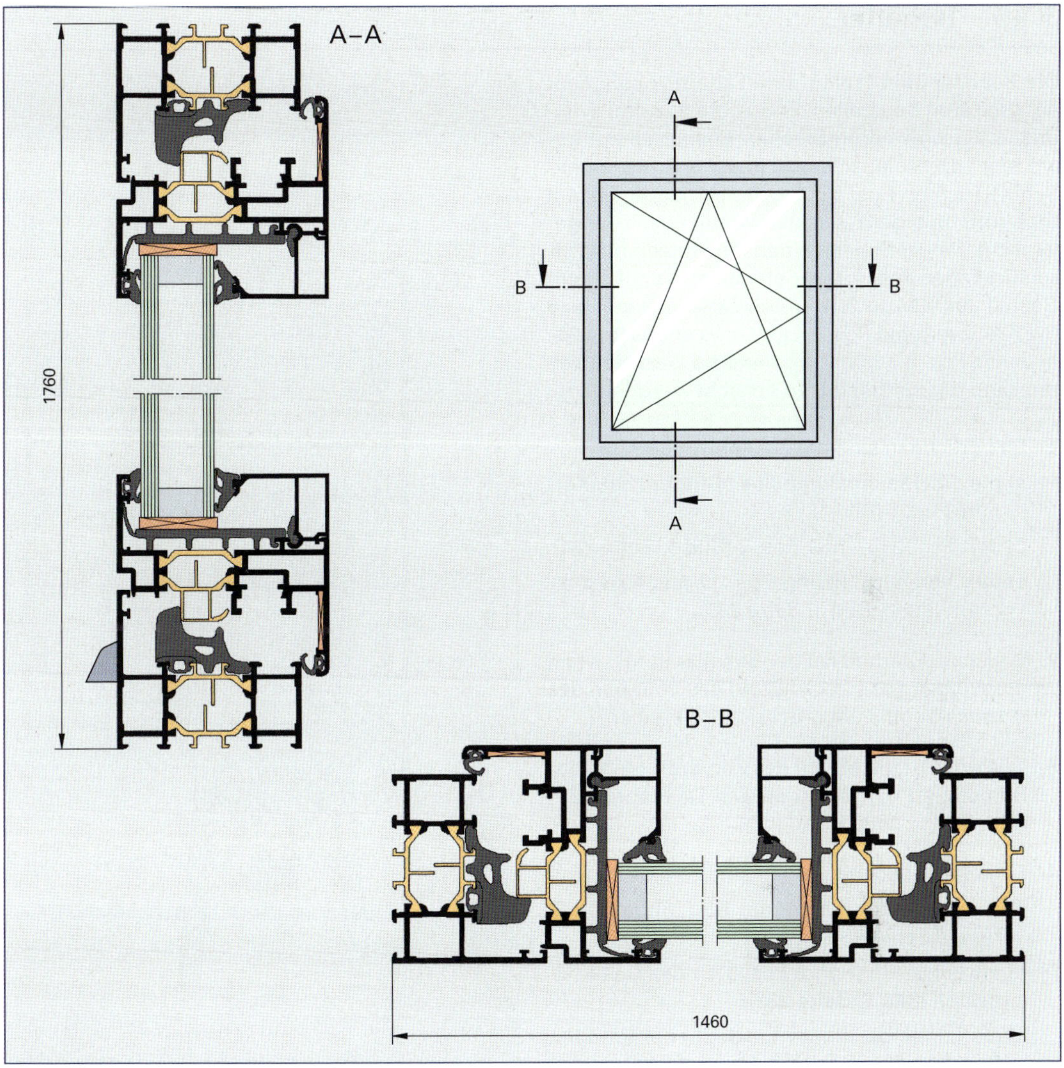

Bild 1 [1)]

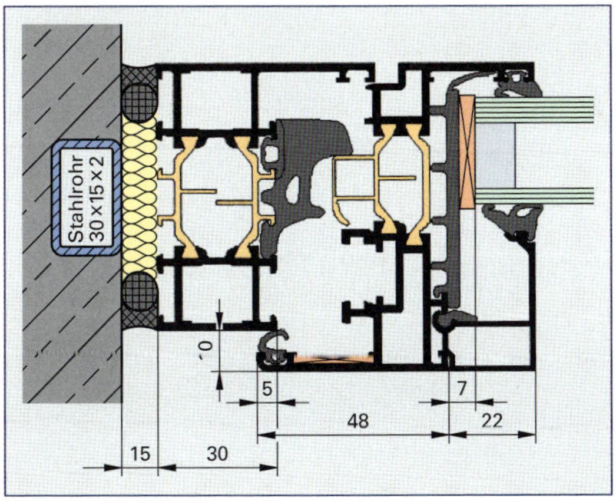

Bild 2 [1)]

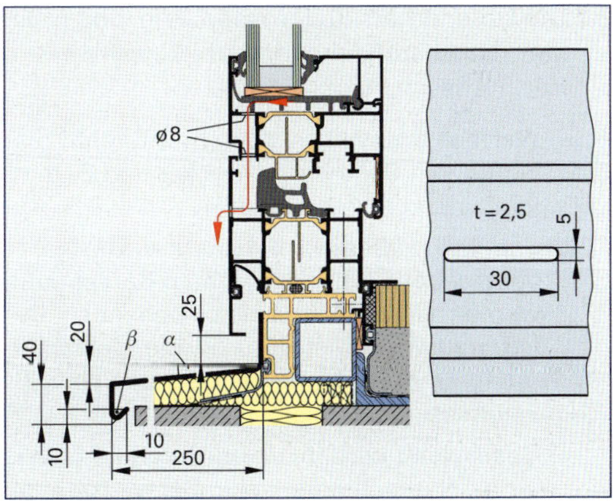

Bild 3 [1)]

[1)] Wicona

3.1.5 Behälter

Der Behälter **(Bild 1)** dient zum Lagern von Zement auf größeren Baustellen. Er besteht aus drei zylindrisch verschweißten Blechen Pos. 1, einem gewölbten Deckelabschluss Pos. 3 und einem Schütt-Trichter Pos. 2. An dem Trichter ist ein Stahlrohr mit dem Auslass-Ventil Pos. 5 angeflanscht. Der Deckel hat einen Füllstutzen mit Verschlusskappe Pos. 4. Der Behälter steht auf einem Gestell aus vier geschweißten Stahlrohren Pos. 6 mit Kreuzverband Pos. 7. Über eine angeschweißte Leiter Pos. 8 aus mittelschweren Gewinderohren kann der Einfüllstutzen erreicht werden.

1. Zu berechnen sind die Zuschnittmaße für
   a) die drei Blechbahnen des zylindrischen Körpers Pos. 1 **(Bild 1)**,
   b) den Schütt-Trichter Pos. 2 **(Bild 1, Seite 231)**,
   c) den Versteifungsring Pos. 12 aus 4 mm dickem Blech **(Bild 1, Seite 231)**.

2. Welches Volumen hat der Behälter in m^3, wenn die Wölbung des Deckels und das Volumen des Auslass-Ventils unberücksichtigt bleiben?

3. Wie groß ist die Masse des Zements, wenn der Behälter zu $^3/_4$ gefüllt ist? Die Dichte von Zement ist $\varrho = 1600\ kg/m^3$.

4. Folgende Zuschnittlängen sind zu berechnen:
   a) die gestreckte Länge der Stützringe Pos. 9 für die Schweißnähte,
   b) die Länge der Rohre Pos. 6 für das Behältergestell **(Bild 2, Seite 231)**,
   c) die Länge der Rohre für die Leiter-Wangen Pos. 8.

5. Die Leiter erhält 20 Sprossen. Wie lang müssen die Abstandshalter zum Einschweißen der Sprossen sein?

6. a) Welche Länge haben die Schweißnähte zum Fügen von Segmenten, Deckel und Schütt-Trichter?
   b) Zum Schweißen des Behälters sind V-Nähte vorgesehen. Zur vereinfachten Berechnung werden alle vier Nähte gleich behandelt. Der Öffnungswinkel ist 60° und die Nahtspaltbreite 1 mm. Zu berechnen ist das Schweißvolumen.
   c) Geschweißt wird in einem Durchgang. Wie groß ist die theoretische Schweißzeit an einem UP-Schweißautomat, wenn seine Schweißleistung 2,5 m/min beträgt?

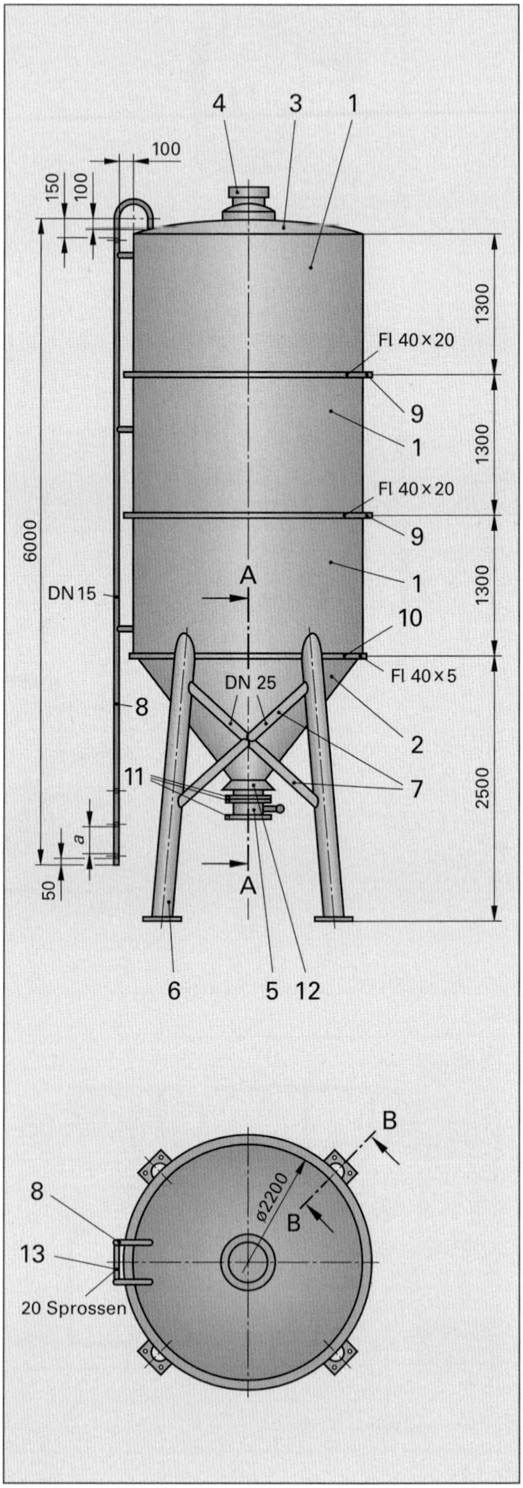

Bild 1

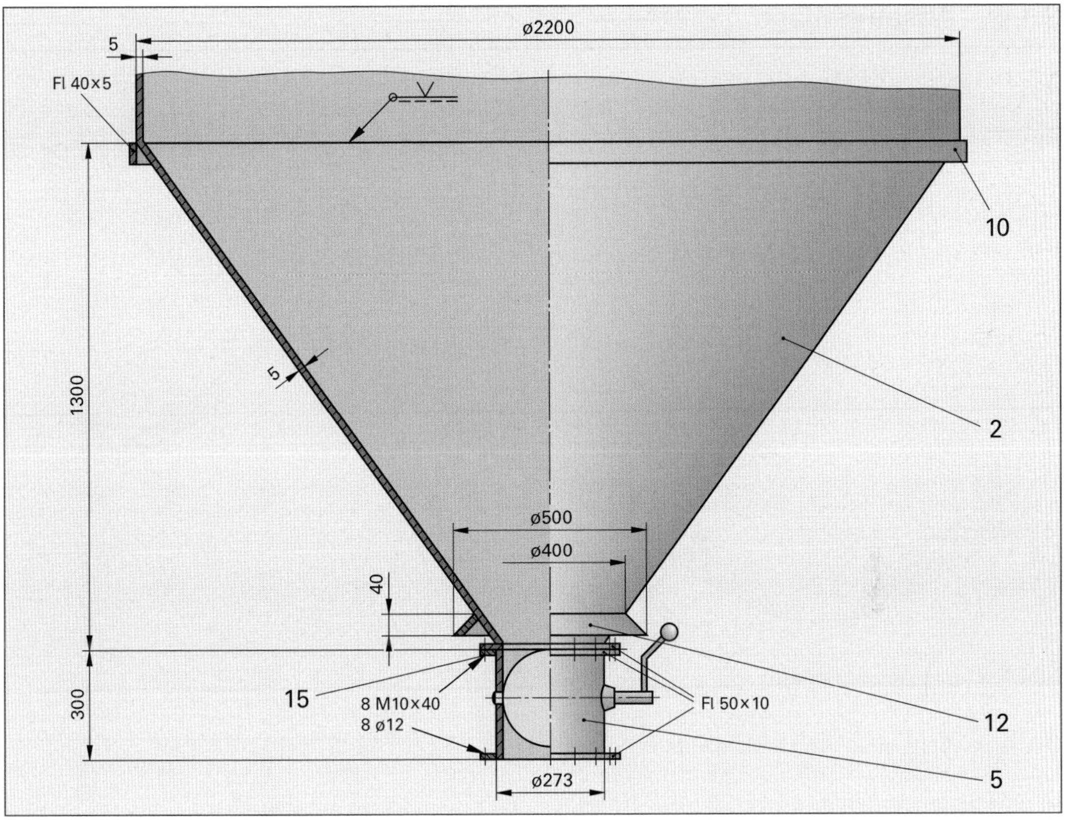

Bild 1

7. Der gefüllte Behälter hat eine Masse von m = 30000 kg. Der Querschnitt eines Stützrohres Pos. 6 beträgt A = 20,6 cm^2.

a) Wie groß ist die Druckspannung in einem Rohr?

b) Welche Flächenpressung tritt zwischen den Fußplatten Pos. 14 und den Auflageflächen bei gleichmäßiger Kraftverteilung auf?

8. Bei geschlossenem Auslass-Ventil wirkt auf die acht Schrauben M 10 × 40 Pos. 15 eine Kraft von F = 15000 N **(Bild 1)**. Die Schrauben haben die Festigkeitsklasse 8.8.

a) Wie groß ist die auftretende Zugspannung im Schraubenschaft?

b) Wie groß ist die Sicherheit gegen Fließen?

9. In die Fußplatten aus S235JR Pos. 14 **(Bild 2)** werden je vier Löcher d = 17 mm gebohrt. Zu bestimmen sind

a) die Drehzahl nach Drehzahldiagramm und der rechnerische Wert,

b) die Hauptnutzungszeit für vier Fußplatten.

Die fehlenden Werte sind Tabellenbüchern zu entnehmen.

10. Der gefüllte Behälter mit der Masse m = 30000 kg wird zum Transport auf einen Lastwagen gehoben. Wie groß sind die dabei verrichtete Arbeit und Leistung, wenn die Hubhöhe h = 1,5 m und die Zeit t = 3 min betragen?

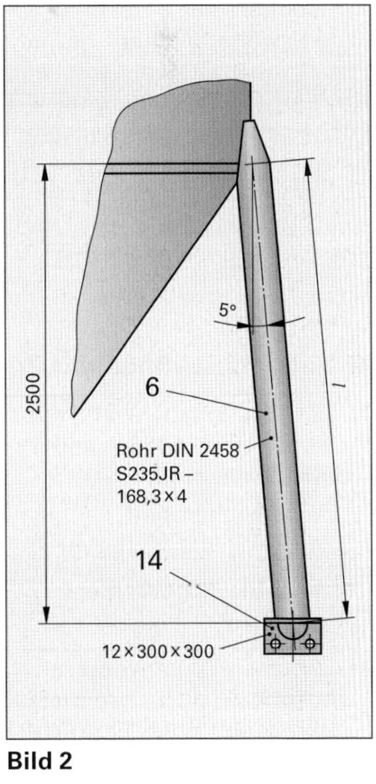

Bild 2

3

3.1.6 Absauganlage

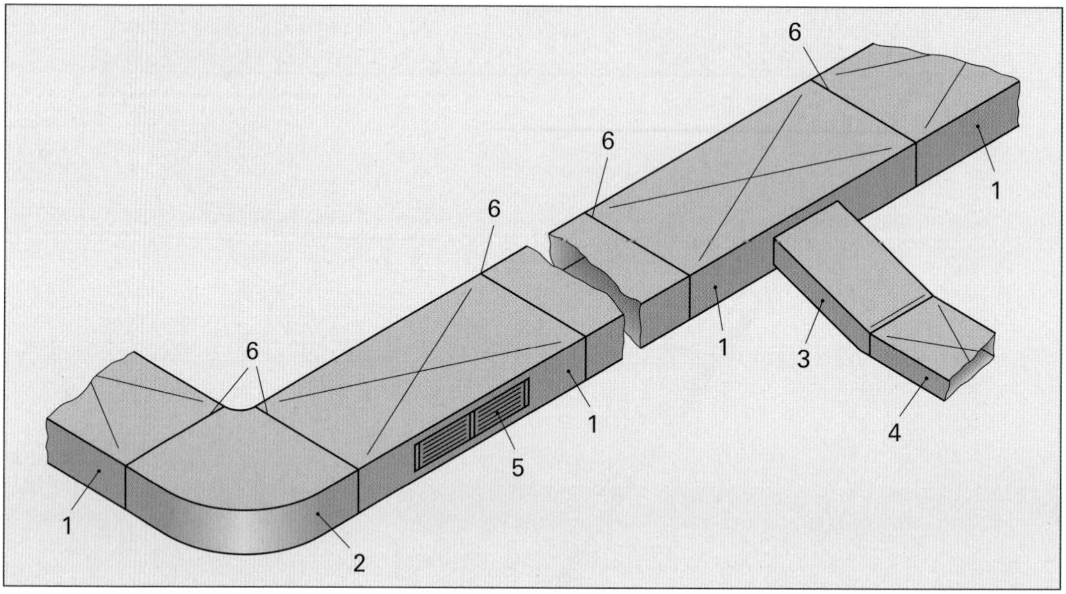

Bild 1: Abgas-Absauganlage

Der Ausschnitt einer Abgas-Absauganlage zeigt einen Hauptkanal und mehrere seitlich zugeführte, tiefer liegende Seitenkanäle **(Bild 1)**. Der Hauptkanal setzt sich zusammen aus einzelnen Segmenten Pos. 1 mit einer Länge l = 2 m und einem Kanalbogen Pos. 2 mit einer Krümmung um 90°. Jedes zweite Segment hat eine Abzugsöffnung Pos. 5, die mit einem Lamellengitter verdeckt ist. Die im Querschnitt reduzierten Seitenkanäle Pos. 4 sind über eine Kanalstufe Pos. 3 mit dem Hauptkanal verbunden. Alle Kanalteile sind aus 0,8 mm starkem, verzinktem Stahlblech hergestellt. Die einzelnen Teile werden mit Konsolen Pos. 6 aneinandergeschraubt.

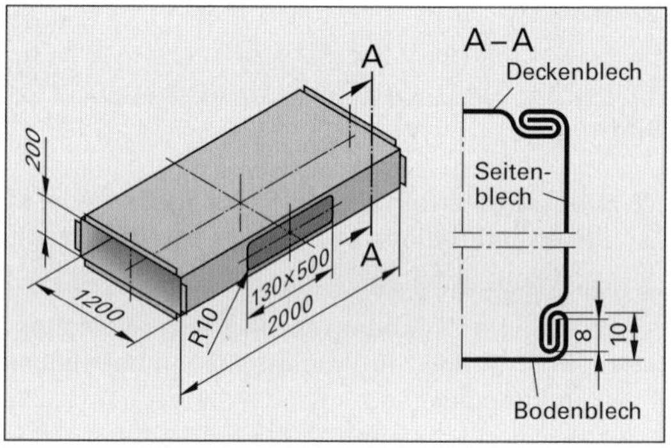

Bild 2: Hauptkanal-Segment

Hauptkanal-Segment Pos. 1

1. Das Kanalsegment wird aus einem Boden- und einem Deckenblech und zwei Seitenblechen **(Bild 2)** gefertigt.

   Zu berechnen sind

   a) die Zuschnittmaße für die Blechteile,

   b) der Blechbedarf in m².

2. Für einen Kostenvoranschlag ist das Abrechnungsgewicht zu ermitteln. Wie groß ist das Abrechnungsgewicht für ein Segment, wenn die Zinkauflage 360 g/m² beträgt?

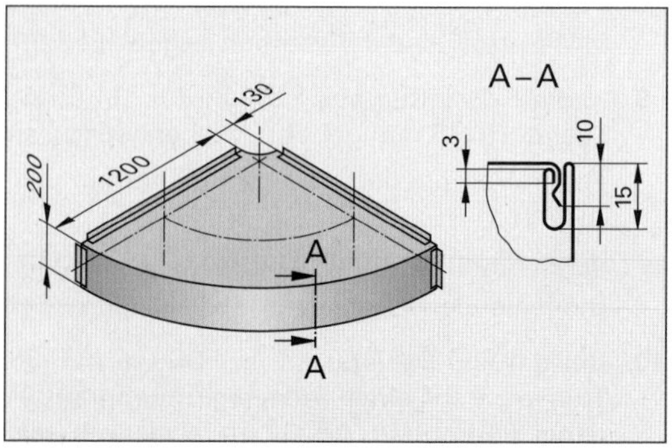

Bild 3: Kanalbogen

3. Die Abzugsöffnung **(Bild 2, Seite 232)** wird mit einer Hand-Nibbelmaschine ausgeschnitten.

Zu bestimmen sind

a) die Schnittkantenlänge für eine Öffnung,

b) die Zeit zum Ausschneiden von 12 Öffnungen bei $v = 0{,}75$ m/min

Kanalbogen Pos. 2

4. Der Kanalbogen **(Bild 3, Seite 232)** wird wie die Hauptkanal-Segmente aus vier Teilen gefertigt.

Zu bestimmen sind

a) die Zuschnittmaße für die einzelnen Bleche,

b) die Fläche der Boden- bzw. Deckelbleche,

c) der Verschnitt für Boden und Deckel bei einer Blechtafelgröße von 1,5 × 3 m.

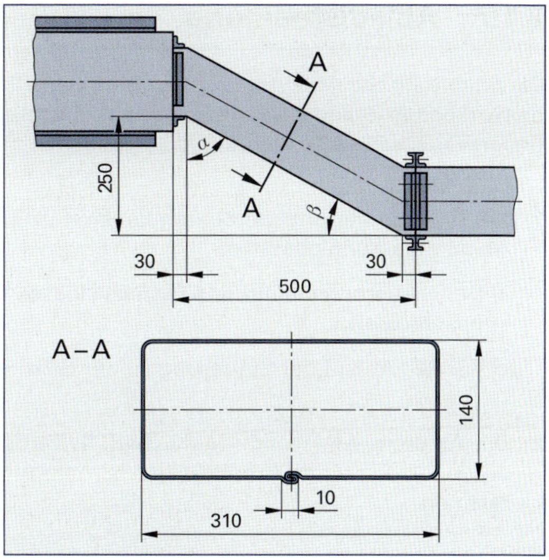

Bild 1: Kanalstufe

Kanalstufe Pos. 3

5. Der Seitenkanal liegt im Niveau niedriger als der Hauptkanal. Wie groß sind die Winkel α und β **(Bild 1)**?

6. Die Kanalstufe wird aus einem Blechstreifen mit liegendem einfachem Falz hergestellt Für die Abwicklung **(Bild 2)** sind zu bestimmen

a) die Falzzugabe z,

b) die Zuschnittmaße l und b in mm,

c) der Blechbedarf und der Verschnitt in % bei einer Blechtafel von 1 × 2 m, wenn aus einer Tafel zwei Kanalstufen gefertigt werden.

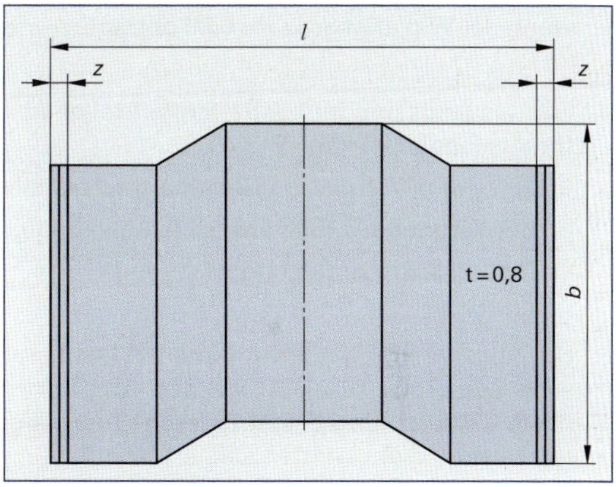

Bild 2: Abwicklung

7. Zu berechnen sind

a) die Querschnittsflächen des Hauptkanals A_H und des Seitenkanals A_s.

b) das Verhältnis der Querschnittsflächen $A_H : A_s$.

Befestigungskonsole Pos. 6

8. Für die Konsolen aus S235JRG1 zum Verbinden der einzelnen Elemente **(Bild 3)** ist die Zuschnittbreite für den kleinsten Biegeradius zu berechnen.

9. Die Quer-Konsolen der Hauptkanal-Segmente erhalten vier Bohrungen mit $d = 12$ mm **(Bild 3)**. Wie groß muss der Abstand zwischen den Bohrungen sein?

10. Die Bohrungen werden gestanzt **(Bild 3)**. Zu bestimmen sind die Scherfläche und die notwendige Scherkraft.

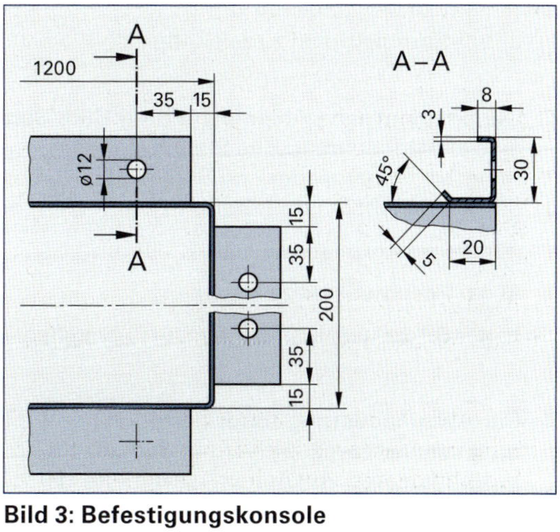

Bild 3: Befestigungskonsole

3.1.7 Ablaufsteuerung

Die pneumatische Ablaufsteuerung **(Bild, Seite 235)** mit zwei doppeltwirkenden Zylindern kann sowohl im Einzelzyklus als auch im Dauerzyklus betrieben werden.

1. Nach der Betätigung der Signalglieder –SJ1 bzw. –SJ2 wird die Ablaufsteuerung gestartet.

a) Der Steuerungsablauf des Einzelzyklusses ist mit Worten zu beschreiben.

b) Für den Ablauf der Steuerung ist der GRAFCET zu erstellen.

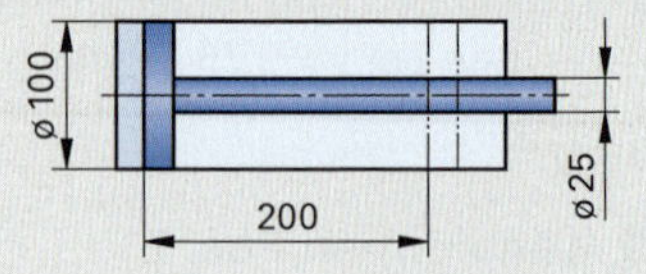

Bild 1

2. Die Aktoren –MM1 und –MM2 **(Bild 1)** werden mit p_e = 6 bar betrieben. Für einen Arbeitszyklus ist der Luftverbrauch zu berechnen.

3. Der doppeltwirkende Zylinder –MM1 wird mit einem absoluten Druck p_{abs} = 7,2 bar beaufschlagt (p_{amb} = 1 bar). Es ist die nutzbare Kolbenkraft beim Vorhub und beim Rückhub zu berechnen, wenn der Wirkungsgrad η = 0,85 beträgt.

4. Für das beidseitig impulsbetätigte Stellglied –QM1 **(Bild 2a)** ist für das Eingangssignal E12

a) die schaltalgebraische Gleichung zu erstellen,

b) die Wertetabelle **(Bild 2b)** zu vervollständigen und

c) der Logikplan zu zeichnen.

a)

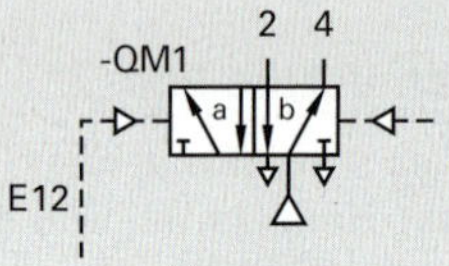

-SJ1	-SJ2	-BG3	E12
0	0	0	
1	0	0	
0	1	0	
1	1	0	
0	0	1	
1	0	1	
0	1	1	
1	1	1	

Bild 2

5. Die Ablaufsteuerung **(Bild, Seite 235)** soll als elektropneumatische Steuerung realisiert werden. Für das monostabile Stellglied –QM2 ist eine Selbsthalteschaltung, die mit einem Relais –KF1 verwirklicht werden soll, erforderlich.

Mithilfe der Zuordnungstabelle **(Tabelle 1)** ist für das Relais –KF1

a) die schaltalgebraische Gleichung zu erstellen,

b) der Logikplan anzufertigen,

c) der Stromlaufplan zu zeichnen.

6. Die pneumatische Ablaufsteuerung **Bild, Seite 235,** soll durch eine elektropneumatische Steuerung ersetzt werden. Die Zuordnung der Signalglieder und Stellglieder für den elektropneumatischen Schaltplan ist **Tabelle 1** zu entnehmen.

Für die elektropneumatische Steuerung ist

a) der Pneumatikteil zu zeichnen,

b) der Stromlaufplan für 24 V DC zu erstellen.

7. Die Ablaufsteuerung **(Bild, Seite 235)** soll mit einer Speicherprogrammierbaren Steuerung realisiert werden. Um die SPS programmieren zu können, ist mithilfe der Zuordnungstabelle **(Tabelle 1)** die Anweisungsliste anzufertigen.

Tabelle 1: Zuordnungstabelle

Pneumatik	Elektrik	SPS
-BG1	-BG1	E0.0
-BG2	-BG2	E0.1
-SJ1	-SF1	E0.2
-SJ2	-SF2	E0.3
-BG3	-BG3	E0.4
-BG4	-BG4	E0.5
-MM1+[1)]	-MB1	A0.0
-MM1–[2)]	-MB2	A0.1
-MM2	-MB3	A0.2

1) -MM1 + Zylinder -MM1 fährt aus

2) -MM1 – Zylinder -MM1 fährt ein

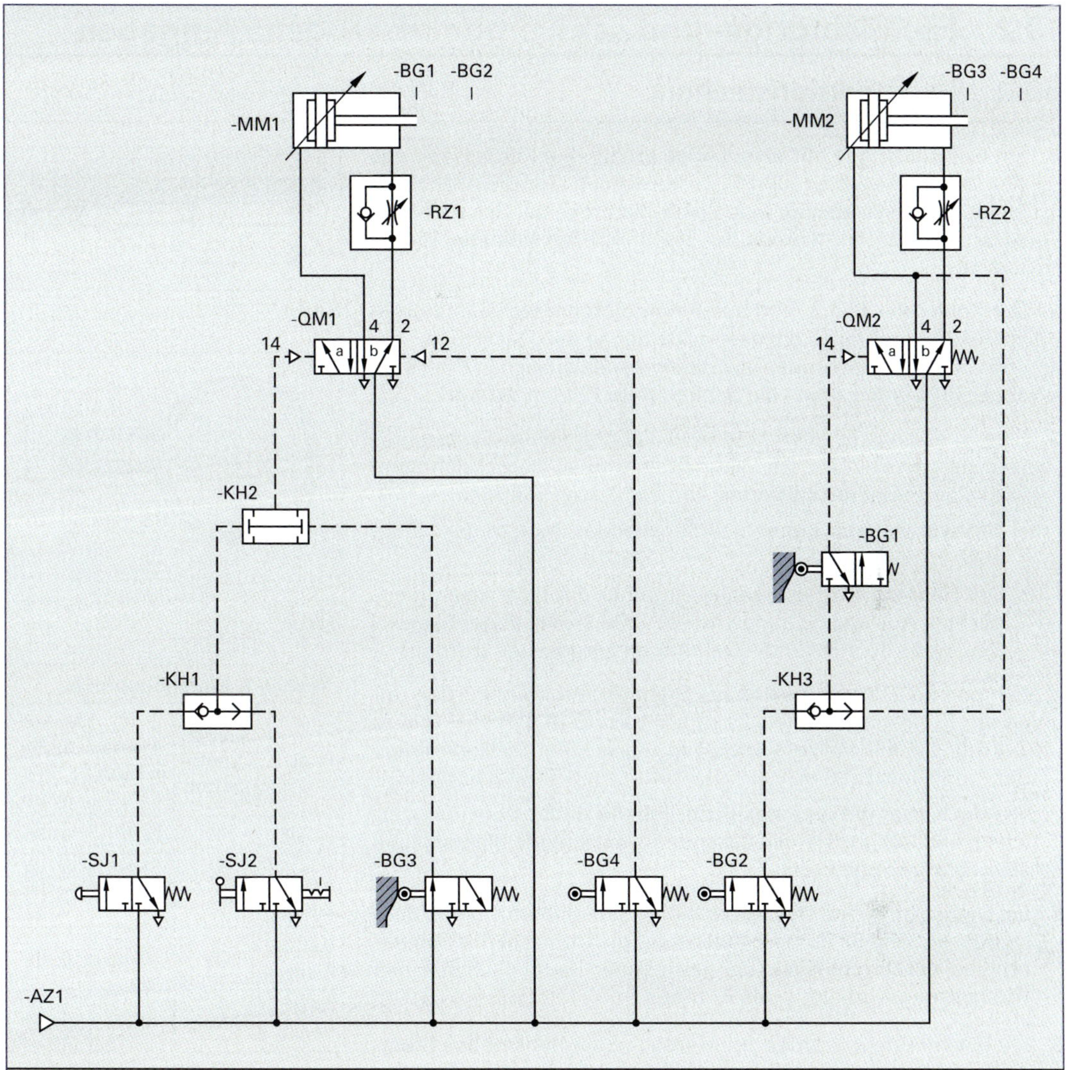

Teileliste

Pos.	Bezeichnung	Pos.	Bezeichnung
-MM1	doppelt wirkender Zylinder	-KH1	Wechselventil
-MM2	doppelt wirkender Zylinder	-KH2	Zweidruckventil
-BG1	3/2-Wegeventil; Durchflussnullstellung	-QM1	5/2-Wegeventil; impulsbetätigt
-BG2	3/2-Wegeventil; Sperrnullstellung	-RZ1	Drosselrückschlagventil
-SJ1	3/2-Wegeventil; Sperrnullstellung	-KH3	Wechselventil
-SJ2	3/2-Wegeventil; Sperrnullstellung	-QM2	5/2-Wegeventil; impulsbetätigt mit Federrückstellung
-BG3	3/2-Wegeventil; Sperrnullstellung	-RZ2	Drosselrückschlagventil
-BG4	3/2-Wegeventil; Sperrnullstellung		

Bild

3.2 Fachrichtungs- und schwerpunktbezogene Aufgaben

3.2.1 Konstruktionstechnik

1. Ein Geschäftshaus mit 12 m Länge erhält eine Kaltfassade aus Aluminium-Kassetten **(Bild 1)**. Zu berechnen sind die Anzahl der benötigten Kassetten für eine Reihe, die Breite der Schattenfuge Δl und die Zuschnittsbreite der Bleche für den kleinsten Biegeradius.

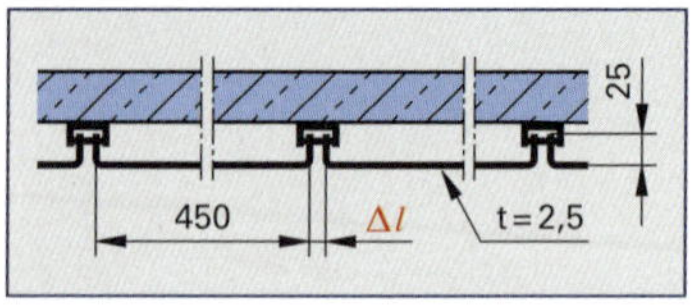

Bild 1

2. Der Rohrhalter **Bild 2** wird aus 3 mm dickem Flachstahl hergestellt. Wie groß muss die gestreckte Länge des Flachstahls sein und wie viele Teile können von einem handelsüblichen Profilstab abgesägt werden, wenn die Schnittbreite 1,5 mm beträgt?

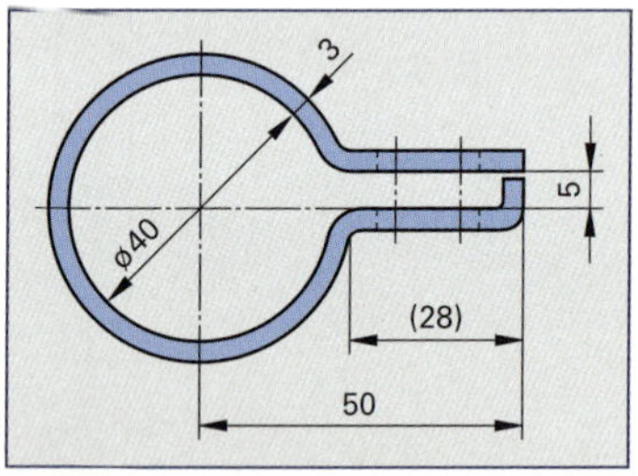

Bild 2

3. Eine 24 m lange Fensterwand wird aus Aluminium-Systemprofilen hergestellt. Um die Wärmedehnung zu berücksichtigen, wird eine Temperaturdifferenz von 50 °C angenommen.

a) Um wie viel mm dehnt sich der Blendrahmen in der Länge aus?

b) Der Rahmen wird aus sechs einzelnen Profilen zusammengesetzt. Auf welche Länge müssen die Profile abgesägt werden, wenn 30 mm für die Dehnfugen vorgesehen werden?

4. Für eine Schaufensterwand aus Stahl-Profilrohren wurden folgende Profile verarbeitet: 29 m L-Profil, 15 m T-Profil, 10,6 m Z- Profil, 2,5 m Eck-Profil und 64 m Glasleisten. Die Lieferlänge der Profile beträgt 6 m.

Welche Gesamtmasse hat nach **Tabelle 1** die Schaufensterwand, und wie groß ist die gesamte zu lackierende Mantelfläche aller verarbeiteten Profile?

Tabelle 1: Metallbauprofile

Profil	Körperbreite in mm	Masse in kg/m	Mantelfläche in m^2/m
L-Profil	30	2,3	0,185
T- Profil	30	2,75	0,188
Z-Profil	25	2,62	0,187
Eck-Profil	34	2,86	0,196
Glasleiste	12	0,27	0,057

5. Ein Drehstrommotor treibt über einen Flachriemen eine Schleifspindel an **(Bild 3)**. Zu berechnen sind die Drehzahl der Schleifscheibe, der Durchmesser der getriebenen Riemenscheibe, das Übersetzungsverhältnis des Antriebs.

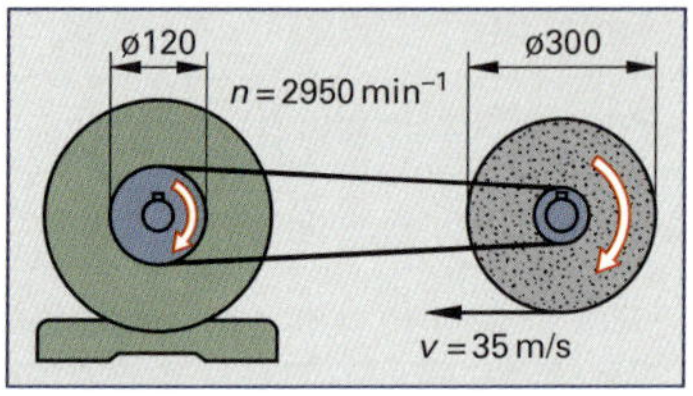

Bild 3

6. Mit einem Aufzug werden zur Montage Einzelfenster aus Stahlprofilen in den zweiten Stock, Höhe h = 8,2 m, gehoben. Die Masse eines Fensters ist m = 45 kg. Zu berechnen sind

a) die aufgebrachte mechanische Arbeit (g – 10 m/s²),

b) die Leistung des Antriebsmotors bei einer Hubgeschwindigkeit von v = 0,2 m/s und einem Wirkungsgrad von η = 0,20.

7. Ein Fenster mit der Gesamtfläche A = 1,4 m² hat einen Wärmedurchgangskoeffizienten von k_F = 2,9 W/m² · K. Wie groß ist der Wärmestrom Φ im Winter, wenn die Raumtemperatur 23 °C und die Außentemperatur –18 °C beträgt?

8. Ein waagrecht auskragendes Vordach wird von einem Zugseil gehalten **(Bild 4)**. Im Winter tritt durch Eigen- und Schneelast eine Belastung von F = 2500 N auf.

a) Die Kräfte F_1 und F_2 sind grafisch zu ermitteln. (KM: 1 cm ≙ 500 N)

b) Die Kräfte F_1 und F_2 sind rechnerisch zu überprüfen.

c) Welche Zugspannung bewirkt die Kraft F_1 im Zugseil ?

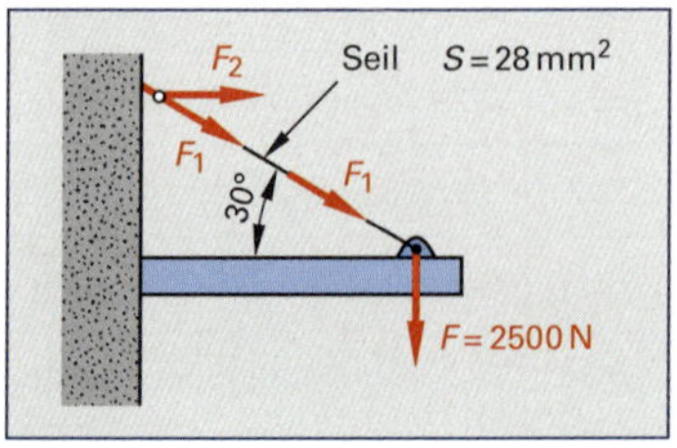

Bild 4

9. Von einem handelsüblichen Stahlprofil mit 6 m Länge werden nacheinander Stücke mit folgenden Längen abgesägt: 25 mm, 90 mm, 137 mm, 1210 mm, 685 mm, 792 mm. Die Schnittbreite des Sägeblatts ist 3,5 mm. Wie lang ist das Reststück?

10. Eine Fußplatte aus Stahl erhält drei Bohrungen mit je 60 mm Durchmesser **(Bild 1)**. Zu berechnen sind die Länge des Kontrollmaßes *x* und die Größe des Kontrollwinkels α.

11. Bei der Verarbeitung einer Blechtafel 1,5 m × 2 m entstehen 18% Verschnitt. 1 kg des 2 mm dicken Stahlbleches kostet im Einkauf 0,73 €. Wie hoch sind die Werkstoffkosten je Werkstück, wenn aus der Tafel 60 Werkstücke hergestellt werden können und für 1 kg Abfallblech 0,03 € bezahlt werden?

12. Die Bohrungen für den Flansch **(Bild 2)** werden auf einem numerisch gesteuerten Bohrwerk gebohrt. Zu bestimmen sind das Kontrollomaß *a* und die Koordinatenmaße *x* und *y*.

13. Die Antriebstrommel des Förderbandes **(Bild 5)** hat einen Durchmesser $d = 300$ mm und läuft mit einer Drehzahl $n = 20\ \text{min}^{-1}$.

a) Wie groß ist die Umfangsgeschwindigkeit der Trommel?

b) Mit welcher Geschwindigkeit wird das Schüttgut transportiert?

14. Mit welchem Druck muss der Spannzylinder **(Bild 3)** beaufschlagt werden, wenn das Werkstück mit einer Kraft $F = 20$ kN auf die Unterlage gedrückt werden soll? Der Zylinder hat einen Wirkungsgrad von 80%.

15. Die Sechskantmutter DIN 934-M12 – 8.8 eines Krangestänges **(Bild 4)** wird mit einem Drehmoment von 50 N · m angezogen.

a) Mit welcher Kraft werden die beiden Stangen aneinander gepresst?

b) Welche Kraft kann durch Reibung zwischen den beiden blankgezogenen, trocken montierten Stangen übertragen werden?

16. Ein Personenaufzug läuft mit einer Geschwindigkeit von 24 km/h. Die Gesamtmasse des Aufzugkäfigs einschließlich Personen beträgt 600 kg. Zu berechnen sind

a) die Zeit zum Erreichen einer Höhe von 100 m,

b) die mechanische Arbeit, die dabei verrichtet wird,

c) die mechanische Leistung des Antriebsmotors,

d) die Leistung, die der Motor mit einem Wirkungsgrad von 75% dem Netz entnimmt.

17. Mit dem Förderband **(Bild 5)** wird Kies transportiert. Die Gesamtmasse des Bandes beträgt 350 kg, der Kies auf dem Band wiegt 1300 kg. Zu berechnen sind

a) die Auflagerkräfte *A* und *B* in kN bei gleichmäßig verteilter Streckenlast,

b) das maximale Biegemoment zwischen den Stützfüßen,

c) die Druckspannung im Querschnitt der 4 Stützfüße aus Stahl,

d) die Flächenpressung zwischen Platte und Boden, wenn die Fußplatten 80 mm × 80 mm groß sind.

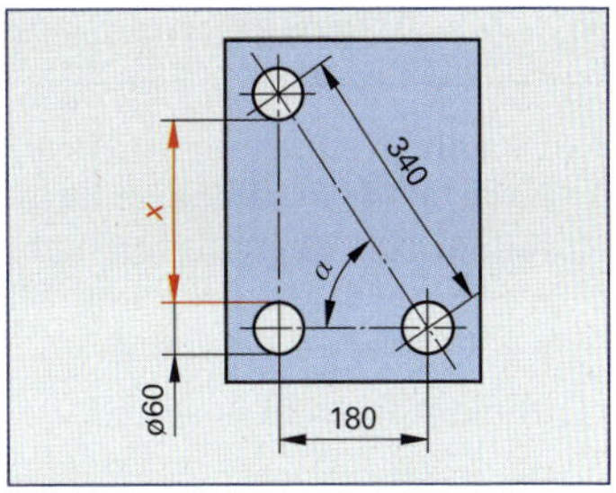

Bild 1

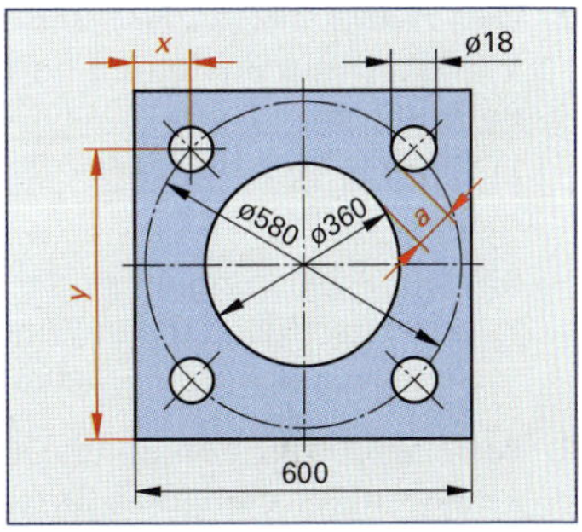

Bild 2

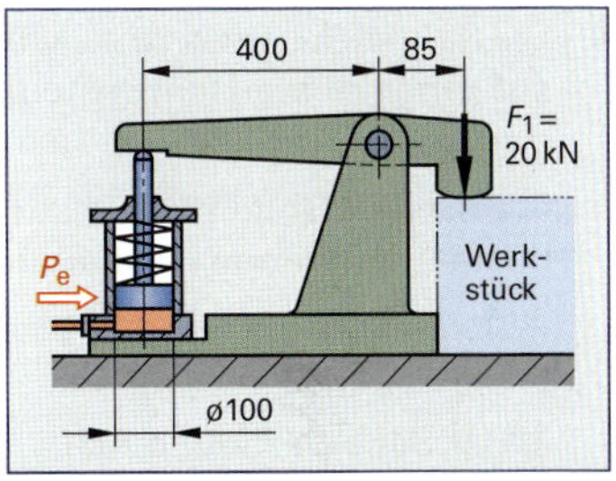

Bild 3

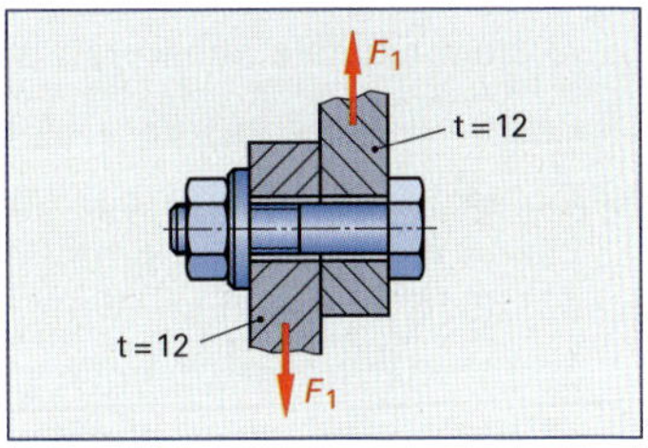

Bild 4

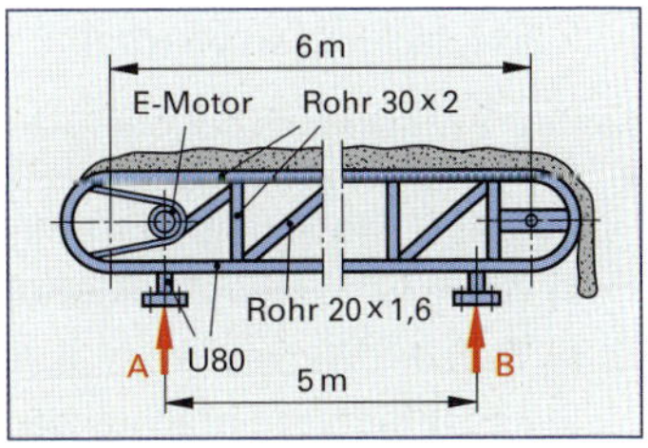

Bild 5

3.2.2 Ausrüstungstechnik

1. Es sollen auf einer NC-Brennschneidanlage 20 Knotenbleche nach **Bild 1** ausgeschnitten und anschließend auf einem numerisch gesteuerten Lehrenbohrwerk die Löcher gebohrt werden. Für die End- und Mittenabstände der Bohrungen gilt: $e = 3 \cdot d$, $e_1 = 2 \cdot d$ und $e_2 = 1{,}5 \cdot d$. Zu bestimmen sind
   a) die Abstände e, e_1 und e_2,
   b) die Koordinaten der Punkte P1 bis P5 im Absolutmaß,
   c) die Koordinaten der Punkte M1 bis M6 als Inkrementalmaße.

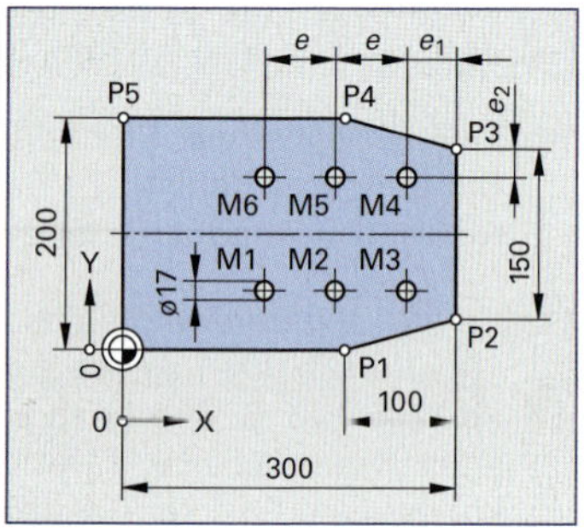

Bild 1

2. Der Hydraulikzylinder **(Bild 2)** soll mit der Geschwindigkeit $v = 8{,}2$ m/min ausfahren und dabei die Kolbenkraft $F = 250$ kN aufbringen.
   a) Welcher Volumenstrom q_V muss dem Zylinder zugeführt werden?
   b) Welche Leistung muss der Antriebsmotor der Pumpe haben, wenn der Zylinder den Wirkungsgrad $\eta_1 = 0{,}86$ und die Pumpe den Wirkungsgrad $\eta_2 = 0{,}83$ haben?

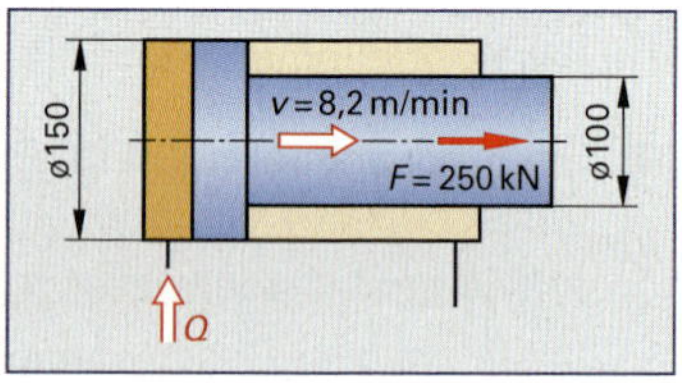

Bild 2

3. Aus kaltgewalztem Band DC03 sollen Abdeckbleche ausgeschnitten werden **(Bild 3)**. Die Mindestscherfestigkeit beträgt $\tau_{aB} = 296$ N/mm². Wie groß sind die Schneidkantenlänge, die erforderliche Schneidkraft und die erforderliche Schneidarbeit?

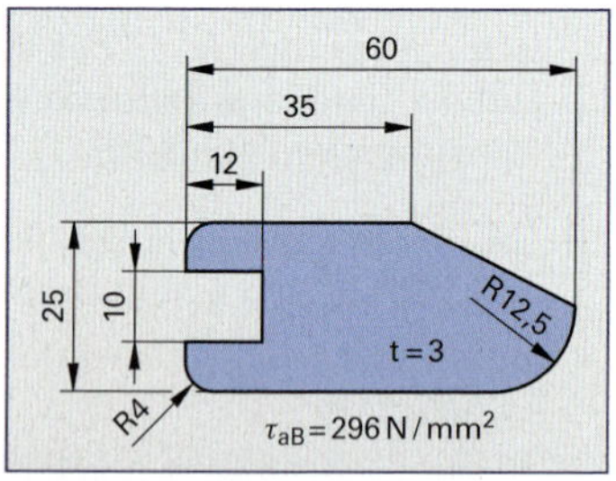

Bild 3

4. Die Seitenteile eines zu schweißenden Gehäuses **(Bild 4)** werden auf einer numerisch gesteuerten Brennschneidanlage ausgeschnitten. Die Blechdicke beträgt 15 mm. Zu bestimmen sind
   a) die Konturpunkte P1 bis P7 zum Brennschneiden,
   b) die Konturlänge des Seitenteils,
   c) die Schneidgeschwindigkeit, die einzustellen ist,
   d) die Zeit für das Schneiden von 16 Teilen,
   e) der Sauerstoff- und Acetylenverbrauch.

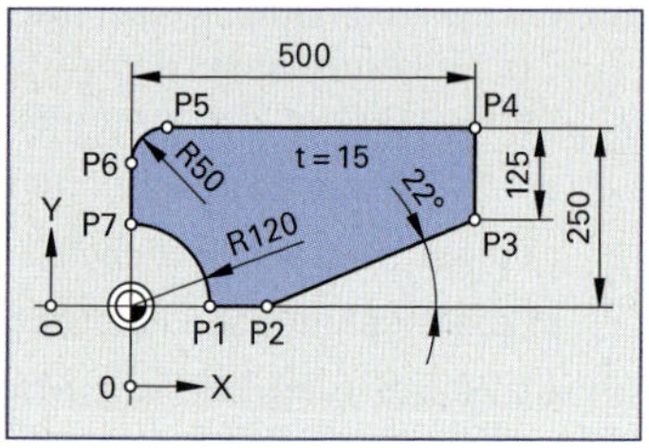

Bild 4

5. Ein Schlossriegel hat die Querschnittsmaße 35 mm × 8 mm. Er ist aus S355JR gefertigt. Zu berechnen sind
   a) die maximale Scherkraft bei gewaltsamem Aufbruch,
   b) die zulässige Scherkraft bei 8-facher Sicherheit.

6. Ein Brückengeländer aus Aluminium-Systemprofilen hat die Länge von 24 m. Im Sommer steigt die Oberflächentemperatur auf 65 °C und sinkt im Winter auf –24 °C.
   a) Um wie viel mm dehnen sich die Profile aus?
   b) Wie breit müssen die einzelnen Dehnfugen sein, wenn das Geländer aus vier Profilen zusammengesetzt wird und der Geländeranfang und das Geländerende an einer Betonsäule angeschlossen werden?

7. ● Ein Zweischeiben-Isolierglas hat den Aufbau nach **Bild 5**. Die Wärmeleitfähigkeit von Glas und Luft ist Tabellen zu entnehmen. Die Scheibengröße beträgt 1,25 m × R 2,5 m.
   a) Wie groß ist der Gesamtwärmedurchlasswiderstand?
   b) Welcher Warmestrom fließt durch die Scheibe?
   c) Es ist der vereinfachte Nachweis nach Wärmeschutzverordnung zu führen, wenn das Fenster nach Osten zeigt.

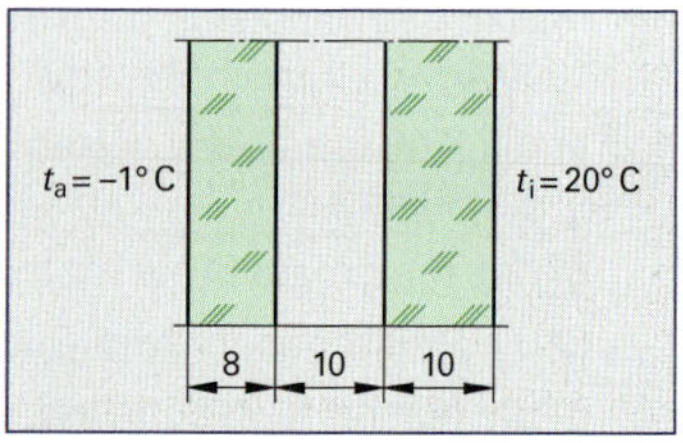

Bild 5

3.2.3 Metall- und Schiffbautechnik

1. Das Versteifungsblech **(Bild 1)** wird auf einer numerisch gesteuerten Brennschneidmaschine ausgeschnitten. Zu berechnen sind die Koordinatenmaße P1 bis P4.

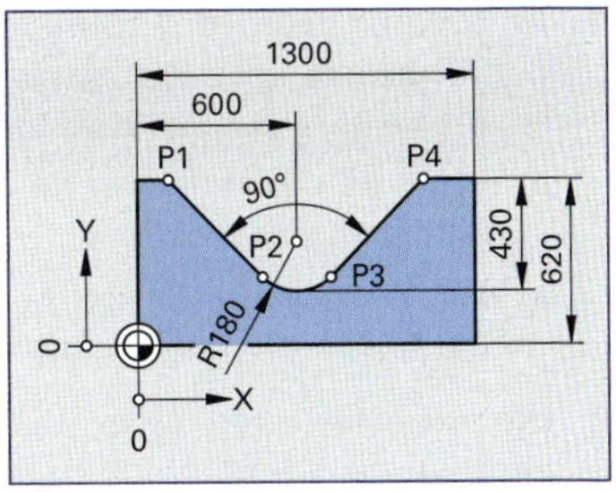

Bild 1

2. Ein Dorn soll auf der Spindelpresse **(Bild 2)** mit einer Kraft $F = 50$ kN in einen Ring gepresst werden. Die Spindel mit einem dreigängigen Gewinde senkt sich bei einer Umdrehung um 36 mm. Welche Kraft muss am Handrad der Spindelpresse mit $d = 1{,}5$ m aufgebracht werden?

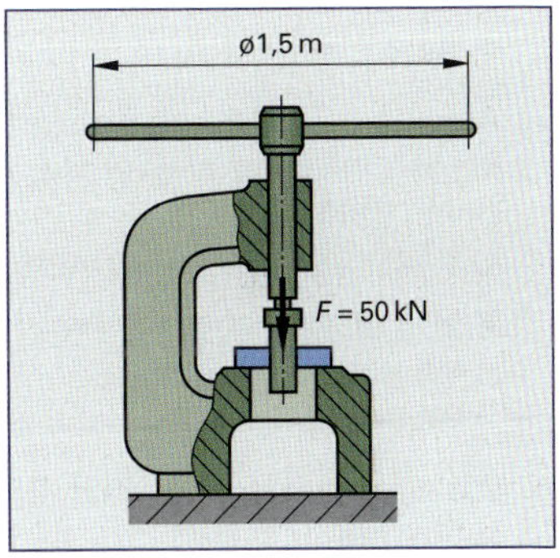

Bild 2

3. Das Abdeckblech **(Bild 3)** aus DC01 wird erst gelocht und dann ausgeschnitten.

a) Wie lang sind die Schneidkantenlängen?

b) Wie groß ist die Schneidkraft zum Lochen?

c) Wie groß ist die Schneidkraft zum Ausschneiden?

4. Das Inhaltsmanometer einer Sauerstoffflasche zeigt zu Beginn einer Schweißarbeit einen Druck von $p_1 = 132$ bar, nach der Arbeit $p_2 = 77$ bar. Das Volumen der Flasche beträgt $V = 50$ l.

a) Wie viel Liter Sauerstoff wurden verbraucht?

b) Wie viel Liter sind noch in der Sauerstoffflasche?

5. Für die Herstellung von 20 Werkstücken entstehen 156,00 € Werkstoffkosten. Zum Einrichten der Maschine werden 44 min benötigt. Die Bearbeitungszeit für ein Stück beträgt 12,5 min. Der Akkordlohn mit allen Abgaben des Arbeiters ist 39,5 €/h. Die Gemeinkosten betragen 260 % der Lohnkosten. Wie hoch sind die Selbstkosten für ein Stück?

6. Ein einfach wirkender Druckluftzylinder mit einem Durchmesser von 80 mm und einem Hub von 50 mm wirft in einer Minute 45 Werkstücke aus einer Vorrichtung.

a) Mit welcher Kraft drückt der Kolben bei einem Druck $p_e = 6$ bar, wenn der Wirkungsgrad des Zylinders 85 % beträgt?

b) Wie groß ist der Luftverbrauch des Zylinders je Minute?

c) Wie viele Zylinder könnten an einen Verdichter mit einem Volumenstrom von 9 m^3/min Ansaugluft angeschlossen werden?

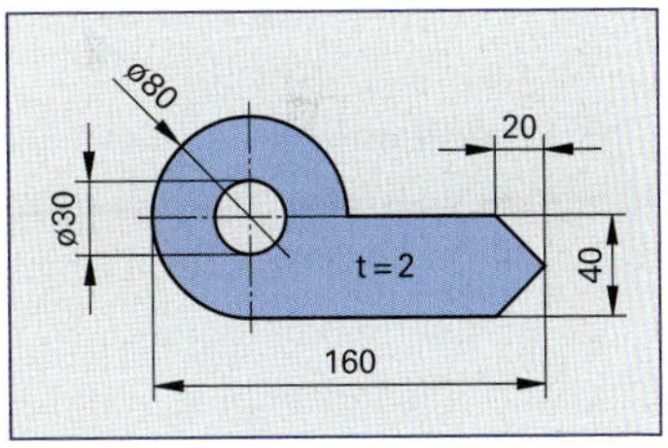

Bild 3

7. ● Bei dem hydraulischen Spannelement **(Bild 4)** kann die Spannpratze um jeweils 20 mm gegenüber dem Drehpunkt verstellt werden. Der einfach wirkende Spannzylinder hat einen Kolbendurchmesser von 63 mm und einen Wirkungsgrad von 80 %. Wie groß sind

a) die nutzbare Kolbenkraft bei einem Druck von 200 bar,

b) die Spannkraft am Werkstück in der gezeichneten Stellung des Drehpunkts der Spannpratze,

c) die Spannkräfte in den anderen Stellungen der Spannpratze?

d) Zu zeichnen ist ein Schaubild, bei dem die Spannkräfte abhängig vom Drehpunkt dargestellt werden.

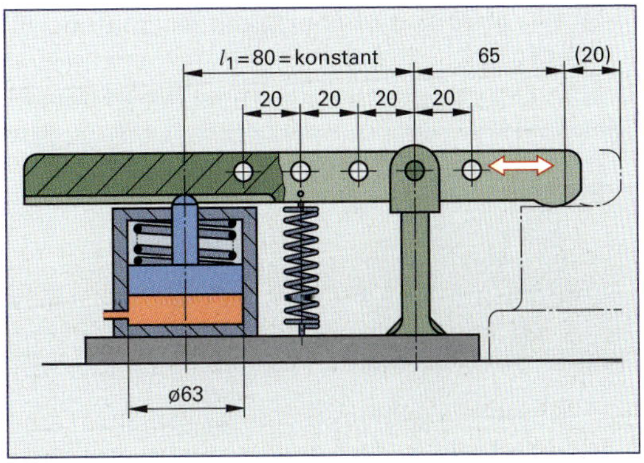

Bild 4

3.2.4 Feinblechbautechnik

1. An einem Hosenrohr soll aus strömungstechnischen Gründen der Auslassquerschnitt so groß wie die Summe der beiden Einlassquerschnitte sein **(Bild 1)**.

a) Wie groß muss die Länge l in mm gewählt werden, um diese Bedingung zu erfüllen?

b) Welche Masse m in kg hat das Hosenrohr, wenn dafür 1,4 m^2 Stahlblech mit t = 1,2 mm verarbeitet wurden?

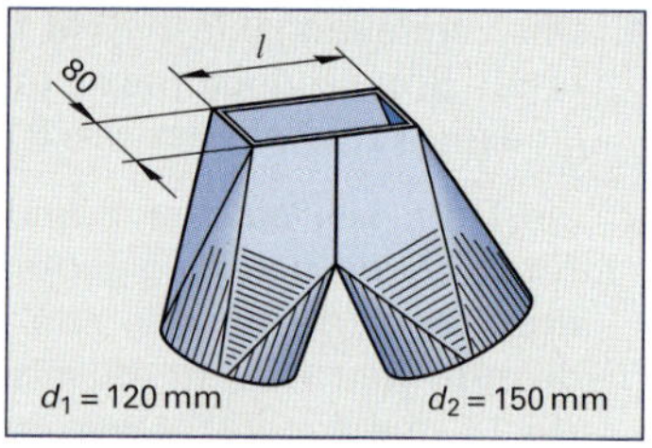

Bild 1

2. Die Abluftöffnung einer Lüftungsanlage erhält 12 gekantete Lamellen aus Stahlblech zu je 850 mm Breite **(Bild 2)**.

Zu ermitteln sind

a) die Streifenbreite B in mm für eine Lamelle,

b) der gesamte Materialbedarf A in m^2,

c) der Verschnitt A_v in % bezogen auf eine Tafel 1 m × 2 m.

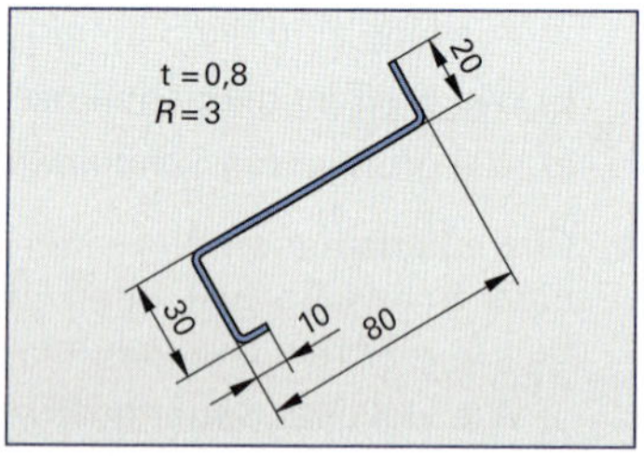

Bild 2

3. An einem 2 m langen Rohrschacht werden die Falznähte an den längeren Seiten angeordnet, um eine höhere Steifigkeit zu erzielen **(Bild 3)**.

a) Welche Breite hat die Abwicklung einer Schachthälfte?

b) Wie groß sind die Anreißmaße in mm?

c) Welchen lichten Querschnitt A in m^2 hat der Rohrschacht? Die Radien können vernachlässigt werden.

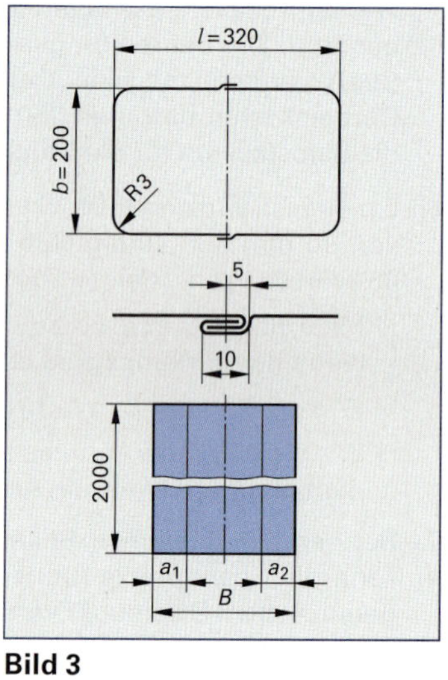

Bild 3

4. Die Hilfsvorrichtung **(Bild 4)** dient zum Anreißen großer Rohrsegmente.

a) Wie groß ist das Maß x in mm?

b) Welche Länge l in mm hat die Schweißnaht eines Segments?

5. Ein Behälter aus Aluminium erhält als Randverstärkung zwei Ringe aus L-Profil **(Bild 5)**.

Zu ermitteln sind

a) das Volumen V des Behälters in Liter,

b) die Tafelgröße $L \times B$ in mm für den Behältermantel,

c) die gestreckte Länge L in mm für einen Verstärkungsring,

d) die Gesamtlänge L in m für alle Kehlnähte.

6. An einem Lüftungskanal aus Stahlblech t = 0,6 mm, mit τ_{aB} 300 N/mm^2 werden Löcher für die Rahmenbefestigungen an einer Handhebelpresse hergestellt.

a) Wie groß ist die Scherfläche A in mm^2 bei 8,5 mm Lochdurchmesser?

b) Welche Kraft F in kN ist zum Lochen notwendig?

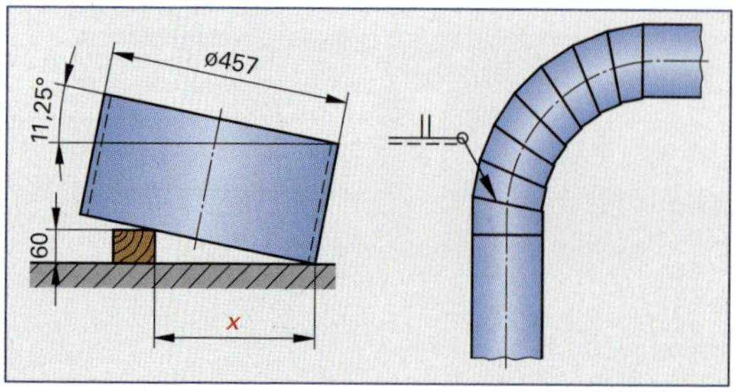

Bild 4

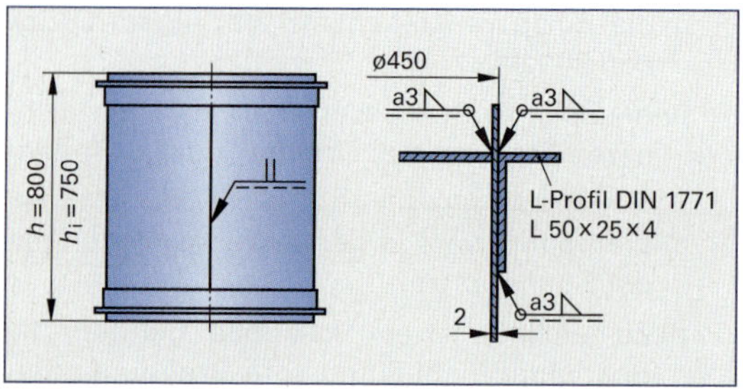

Bild 5

7. Die kegelförmige Haube für eine Abdeckung wird aus Kupferblech mit $t = 0{,}63$ mm gerundet **(Bild 1)**.

a) Wie groß ist der Spitzenwinkel α für den Zuschnitt?

b) Welche Abmessungen muss das Halbzeug mindestens haben?

c) Welche Länge L hat die Schweißnaht?

8. Ein Profil L EN 10 056-1-80 × 8 erhält 32 Bohrungen mit je 10 mm Durchmesser.

a) Mithilfe des Tabellenbuches sind eine geeignete Schnittgeschwindigkeit und der notwendige Vorschub zu wählen.

b) Die Drehzahl n in min^{-1} ist mithilfe eines Drehzahldiagramms oder durch Berechnung zu bestimmen.

c) Wie groß ist die Hauptnutzungszeit für den Auftrag?

9. Zum Schweißen von Hauben aus Aluminium **(Bild 2)** ist ein Mischungsverhältnis an der Schweißflamme $O_2 : C_2H_2 = 1{,}15 : 1$ eingestellt.

a) Welche Gesamtnahtlänge ist an 5 Hauben zu schweißen?

b) Wie groß sind Acetylen- und Sauerstoffverbrauch jeweils in Liter, wenn mit Brenner Nr. 2 geschweißt wird?

c) Wie groß ist die reine Schweißzeit t in min, wenn eine Schweißgeschwindigkeit $v = 120$ mm/min angenommen wird?

10. ● Die Aufhängung einer Entstaubungsanlage **(Bild 3)** wird durch das Rohrgewicht mit einer Kraft $F = 2400$ N belastet.

a) Welche Kraft F_G in kN wirkt in jedem Einzelstrang?

b) Welche Zugspannung σ_z in N/mm^2 herrscht im Band?

11. ● An einer CNC-gesteuerten Plasmaschneidanlage werden für die Trichter der Segmente geschnitten **(Bild 4)**.

a) Welche Koordinatenmaße haben die Punkte P1 bis P5?

b) Wie groß ist der Verschnitt A_v, bezogen auf die Tafel?

12. ● Ein handbetätigter Kraftumformer dient zum Schweißen von gekanteten Blechstreifen **(Bild 5)**.

a) Wie groß ist die Kraft F_1 in kN am Stößel?

b) Wie groß ist die Flächenpressung auf den Blechstreifen, wenn nur 2 % der Stößelfläche wirksam sind?

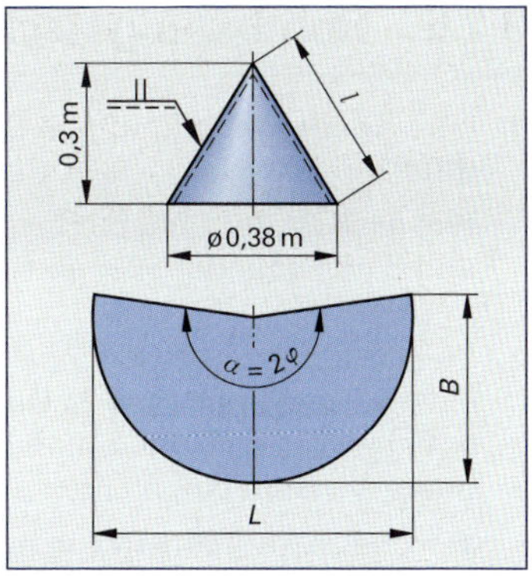

Bild 1

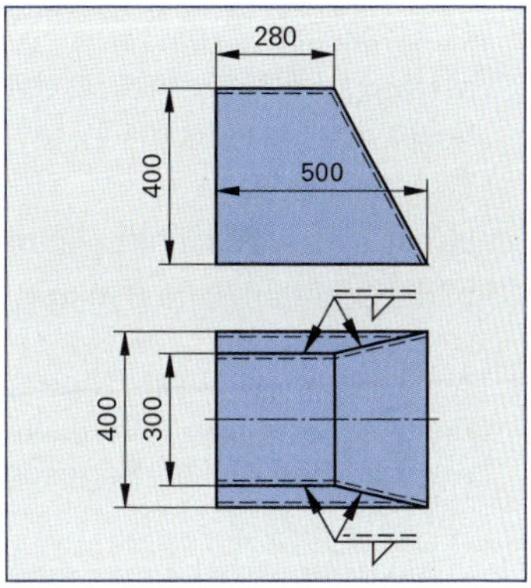

Bild 2

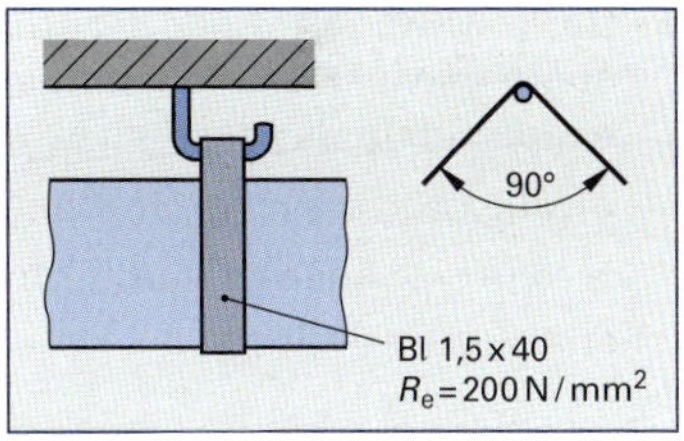

Bild 3

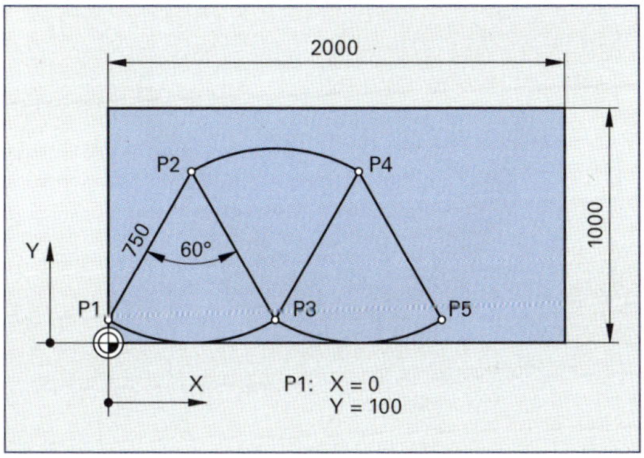

Bild 4

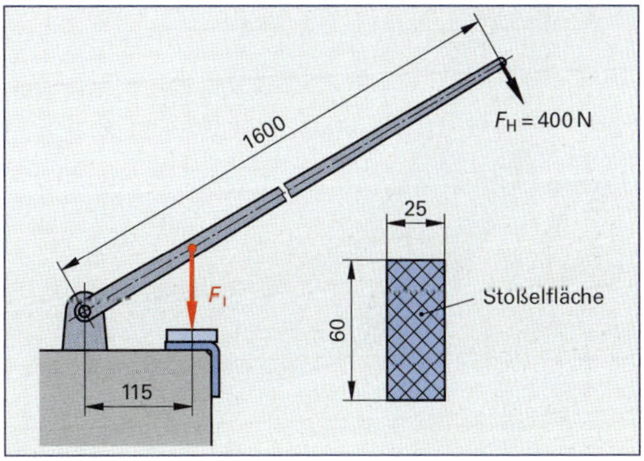

Bild 5

3.2.5 Rohrleitungstechnik

1. Eine Kondensatleitung aus DN 40 erhält ein Gefälle von 2,5% **(Bild 1)**.

Wie groß ist der Höhenunterschied *h* in mm, wenn die Punkte A und B voneinander 50 m entfernt sind?

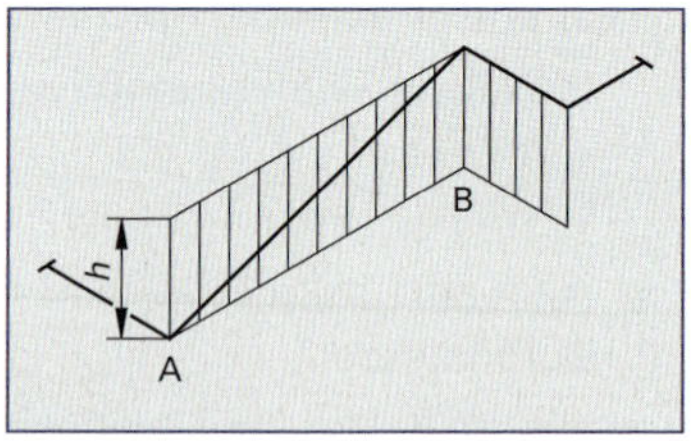

Bild 1

2. Vier Leitungen aus Gewinderohr DIN 2440-DN 32 zweigen von einem Verteiler ab **(Bild 2)**. Die Dämmung gegen Schwitzwasser hat eine Dicke *s* = 60 mm. Für Isolierarbeiten muss eine Spaltbreite *b* = 5 cm eingehalten werden.

a) In welchem Abstand *p* in mm sind die Rohre anzuschweißen?

b) Wie groß ist die Breite *B* in m?

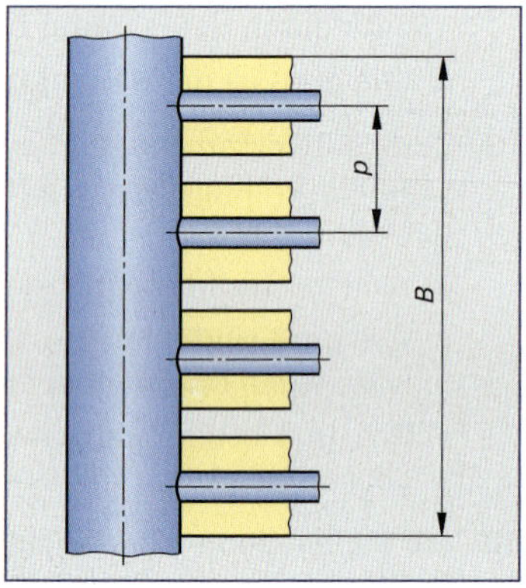

Bild 2

3. Eine Nassdampfleitung aus Rohr DIN 2448-139,7 × 4 wird mit Mineralfasermatten gegen Wärmeverlust gedämmt **(Bild 3)**. Die Matten sind 120 mm dick, der Blechmantel aus Feinblech erhält einen Schnappfalz mit 10 mm Breite.

Wie groß sind

a) der Mattenzuschnitt *L* in mm,

b) die Streifenbreite *B* in mm für den Blechmantel?

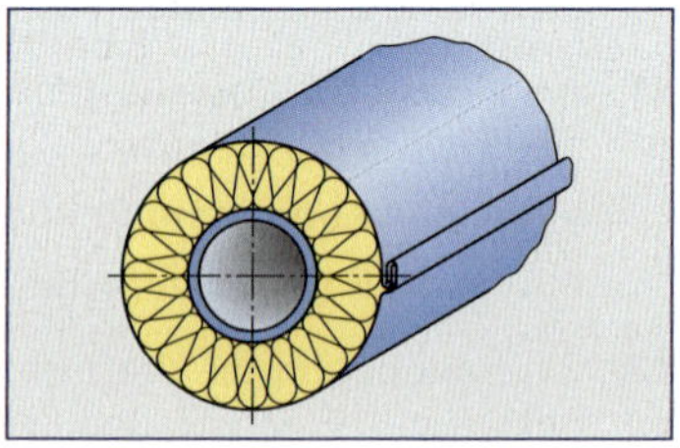

Bild 3

4. Aus Gewinderohr DIN 2440-DN 80 sollen 20 Glattrohrbogen mit $R = 3 \cdot D$ und der Schenkellänge s_l = 400 mm warm gebogen werden **(Bild 4)**. Der Sägeschnitt hat eine Breite von 3 mm. Zu berechnen sind

a) die gestreckte Länge *l* eines Bogens in mm,

b) der Materialbedarf nach Länge und Masse für den Auftrag.

5. Beim Verlegen einer Rohrleitung im Graben muss ein Böschungswinkel von 60° eingehalten werden. Der Graben soll an seiner Sohle mindestens 80 cm breit sein **(Bild 5)**.

a) Wie groß wird die Grabenbreite *b* in m?

b) Wie viel Aushub *V* in m^3 fällt beim Verlegen der Rohrstrecke auf 1 m Länge an?

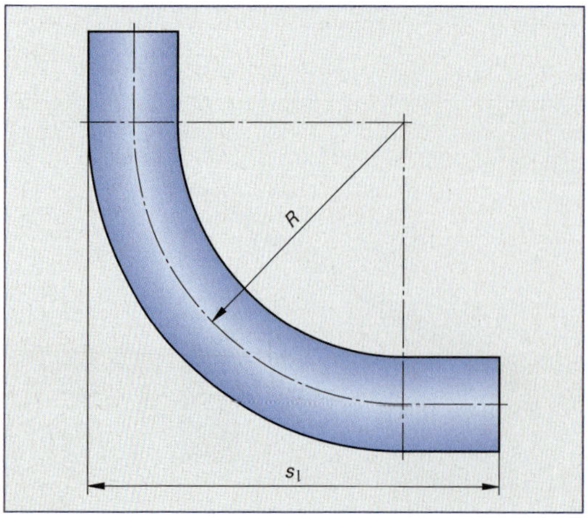

Bild 4

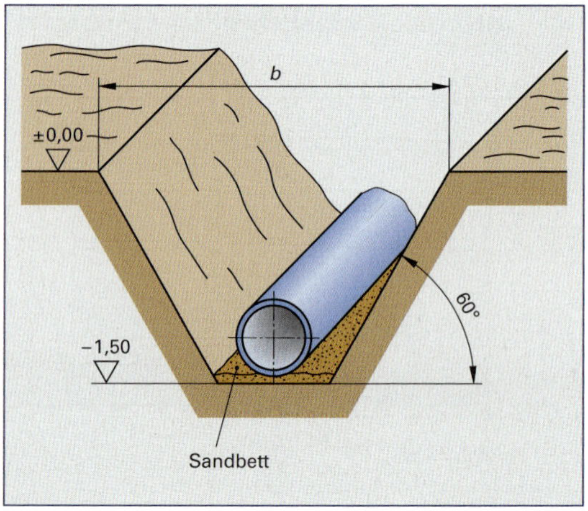

Bild 5

6. Durch eine Rohrleitung DIN 2391-90 × 4 strömt Dampf mit einer Temperatur von 300 °C. Der Abstand zweier Festpunkte misst 18 m. Die Leitung wird bei 20 °C verlegt, ein Lyrabogen kompensiert die Längenausdehnung.

Welche Längenänderung l in mm muss der Lyrabogen aufnehmen?

7. Eine Heißdampfleitung erhält als Dehnungsausgleicher einen U-Bogen aus Hohlprofil DIN EN 10210–88,9 × 3,2 **(Bild 1)**.

Zu berechnen sind

a) der Abstand b der beiden Gleitlager in m,

b) die gestreckte Länge l des halben Bogens in m.

8. An einer Gasversorgungsleitung DN 65 fallen 70 m umlaufende Nähte für Rohrstöße, Rohranschlüsse und Rohrflansche an. Es wird mit einem Brenner Nr. 2 geschweißt.

a) Wie viel Liter Sauerstoff und Acetylen werden bei der Schweißarbeit verbraucht?

b) Um wie viel bar fällt das Manometer der Sauerstoffflasche, wenn der Verbrauch erfahrungsgemäß um 20% höher als der Tabellenwert ist?

9. Der Unterstützungspunkt auf einer Rohrbrücke ist als Gleitlager ausgeführt. Das Gewicht aus Rohr, Durchflussmedium und Dämmung wirkt als Normalkraft von 6500 N auf die Gleitflächen. Die Haftreibungszahl ist $\mu = 0{,}3$ **(Bild 2)**.

a) Wie groß ist die Reibungskraft F_R am Gleitlager?

b) Um wie viel Prozent verringert sich diese Kraft, wenn ein Rollenlager mit $f = 0{,}05$ cm und einem wirksamen Rollendurchmesser $D = 120$ mm eingebaut wird?

10. Rohrgewicht und Durchflussmedium belasten das Lochband einer Rohraufhängung mit $F = 1800$ N **(Bild 3)**

a) Wie groß ist die Zugspannung σ_z in N/mm² im gefährdeten Querschnitt 1?

b) Wie groß ist die Sicherheit ν gegen Bruch, wenn die Bruchgrenze des Werkstoffs 180 N/mm² ist?

11. Durch eine Leitung Hohlprofil DIN EN 10210–88,9 × 3,2 strömt Gas mit einer Geschwindigkeit $v = 18{,}5$ m/s. Ein eingesetztes Rohrstück mit ∅ 48,3 × 3,2 verringert den Durchflussquerschnitt.

Welche Strömungsgeschwindigkeit entsteht an der Engstelle?

12. Zwei gleiche Segmente bilden das Rohrknie eines Abwasserkanals **(Bild 4)**. Sie werden auf einer Blechtafel angerissen, gerundet, verschweißt und in die Leitung eingesetzt.

Zu ermitteln sind

a) die Tafelgröße $L \times B$ für ein Segment,

b) die Abwicklungslängen l_0 bis l_{12} für die halbe Abwicklung eines Segments bei 24er-Teilung.

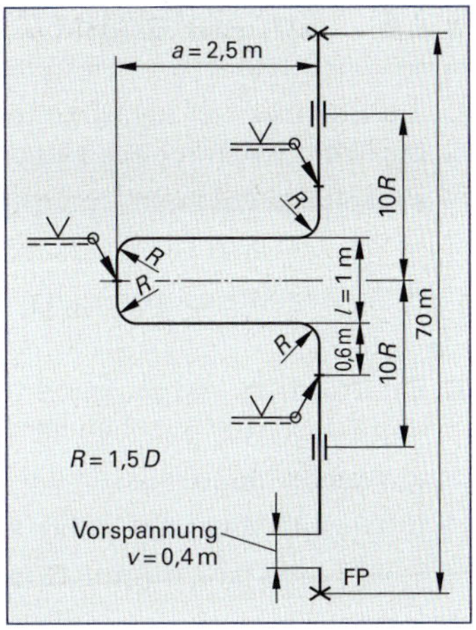

Bild 1

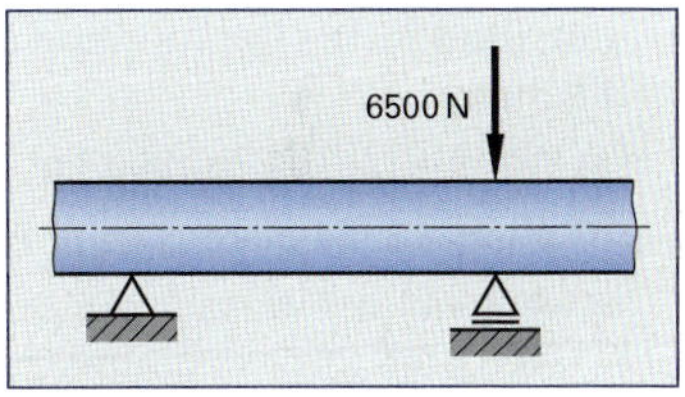

Bild 2

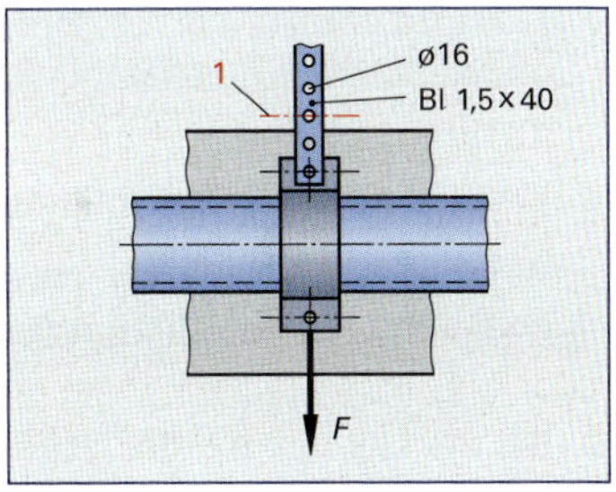

Bild 3

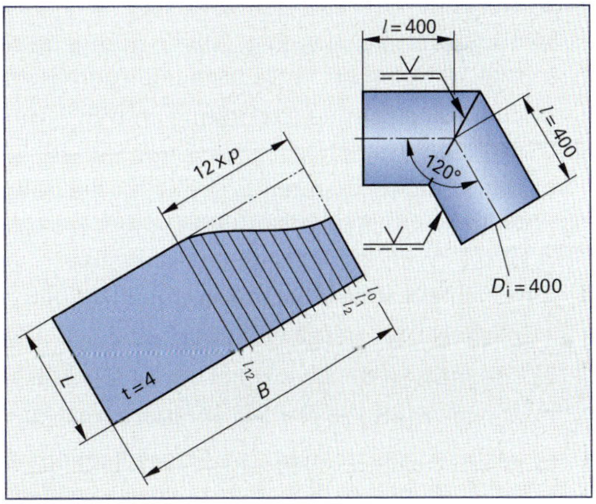

Bild 4

3.2.6 Apparatebau

1. Ein Behälter mit halbkugelförmigem Boden und Deckel ist zu 80 % mit Glycerin ϱ = 1,3 kg/dm³ gefüllt **(Bild 1)**.

a) Welches Volumen V in m³ hat der Behälter?

b) Wie viel Liter Glycerin sind im Behälter?

c) Welche Masse m in kg hat die Behälterfüllung?

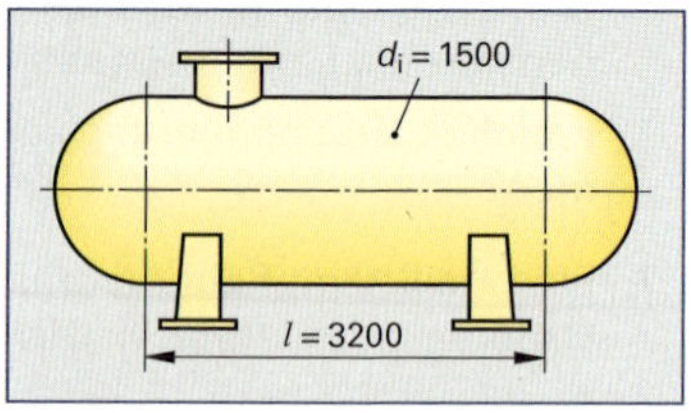

Bild 1

2. Ein Druckrohr mit Stutzen wird aus Breitband gefertigt und mit den Anschlussflanschen verschweißt **(Bild 2)**.

a) Welche Maße müssen die Breitbänder aufweisen?

b) Wie viel Meter Kehlnähte sind zu schweißen?

c) Wie groß ist der lichte Querschnitt A des Druckrohrs?

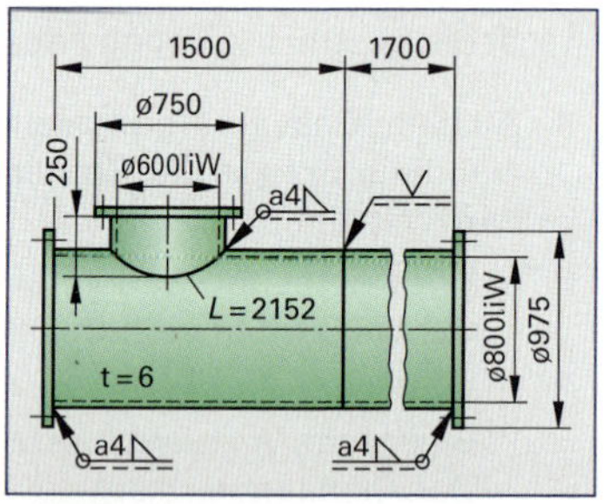

Bild 2

3. Das Register eines Wärmetauschers bilden 320 Rohre DIN 2391 50 × 2, die beiderseits in gebohrte Scheiben eingeschweißt werden **(Bild 3)**. Die Rohraußenwände wirken als Wärmeübergangsflächen.

a) Welche Masse m in kg hat das Rohrbündel?

b) Wie groß ist die gesamte Rohraußenwandfläche A in m²?

c) Wie viel m³ Wasser durchströmen das Register pro Stunde, wenn die Strömungsgeschwindigkeit v = 12 m/s ist?

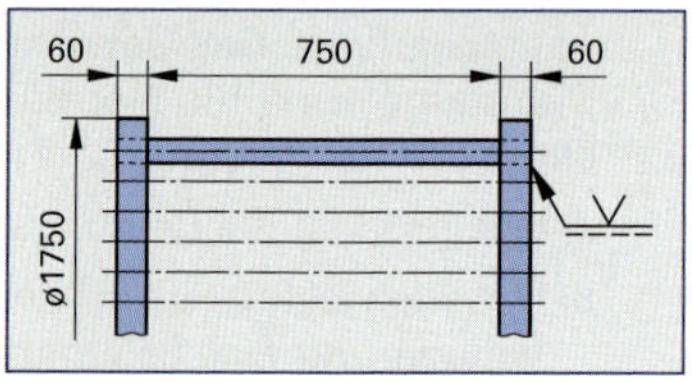

Bild 3

4. Der Einfülltrichter einer Mischanlage hat die Form eines Kegelstumpfs und ist aus 1,5 mm dickem Stahlblech gerundet. Der angeschweißte Flachstahl versteift den Rand **(Bild 4)**.

Zu ermitteln sind

a) die Längen von Kehlnaht und V-Naht,

b) die gestreckte Länge L des Flachstahls,

c) die notwendige Tafelgröße für die Abwicklung des Trichters.

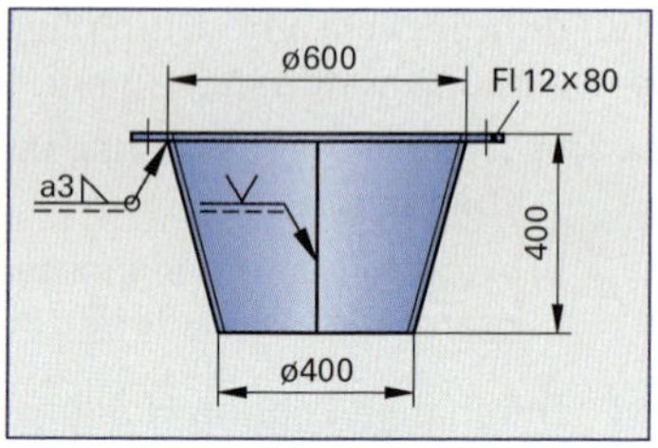

Bild 4

5. Bei der Herstellung der Scheibenbohrungen des Rohrregisters in **(Bild 3)** wird mit einem 16 mm Bohrer vorgebohrt und mit einem Aufbohrer mit ∅ 50 mm die Bohrung fertiggestellt.

Zu ermitteln sind mithilfe eines Tabellenbuches

a) die Schnittgeschwindigkeit v in m/min und der Vorschub f in mm, getrennt für Vorbohren und Aufbohren,

b) die einzustellende Drehzahl n in min⁻¹ zum Vorbohren und Aufbohren,

c) die Hauptnutzungszeit t_h in min für die Bohrarbeit, wenn beide Scheiben gemeinsam bearbeitet werden,

6. Ein Hochtank **(Bild 5)** ist mit Heizöl EL gefüllt.

a) Wie viel Liter Heizöl enthält der Tank?

b) Wie groß ist der Druck p in bar an der Entleerungsöffnung?

c) Welche Kraft F in N wirkt auf den Flansch?

d) Um wie viel cm steigt die Flüssigkeitsoberfläche, wenn sich die Temperatur des Heizöls durch Sonnenbestrahlung von 20 °C auf 45 °C erhöht?

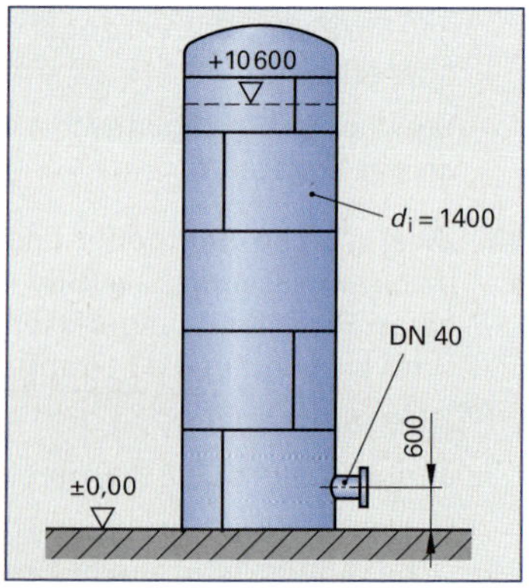

Bild 5

7. Der Blindstutzen einer Heißdampfleitung ist mit einer Scheibe und 12 Schrauben M 16 verschlossen. Die Schrauben haben die Festigkeitsklasse 8.8 **(Bild 1)**.

a) Welche Kraft F in kN wirkt durch den Dampfdruck auf die Scheibe?

b) Welche Spannung σ_z in Nimm^2 wirkt in einer Schraube?

c) Wie groß ist die Sicherheit ν gegen Fließen in einer Schraube?

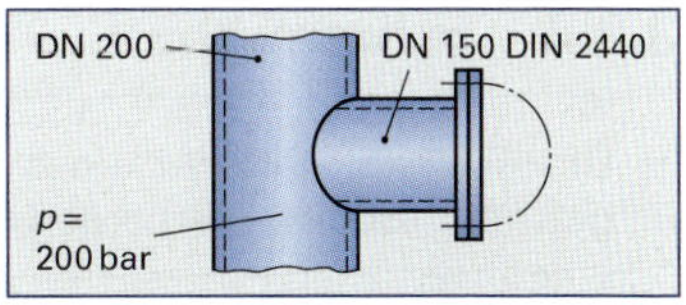

Bild 1

8. In einer propanbeheizten Mischtrommel werden 1500 kg eines Substrats von 40 °C auf 95 °C erwärmt. Das Substrat hat eine spezifische Wärmekapazität von c = 1780 J/kg · K

a) Welche Wärmemenge Q in J ist zum Erwärmen notwendig?

b) Wie viel m^3 Propangas werden beim Erwärmen verbraucht, wenn der Wirkungsgrad der Anlage 20% beträgt?

9. Die einzelnen Segmente des Rohrkrümmers für eine Lichtgasleitung sollen durch thermisches Trennen aus Breitband geschnitten und anschließend miteinander verschweißt werden **(Bild 2)**.

a) Welche Maße muss die Tafel haben, wenn die Segmente mit minimalem Verschnitt angeordnet werden?

b) Welche Masse m in kg hat der Krümmer?

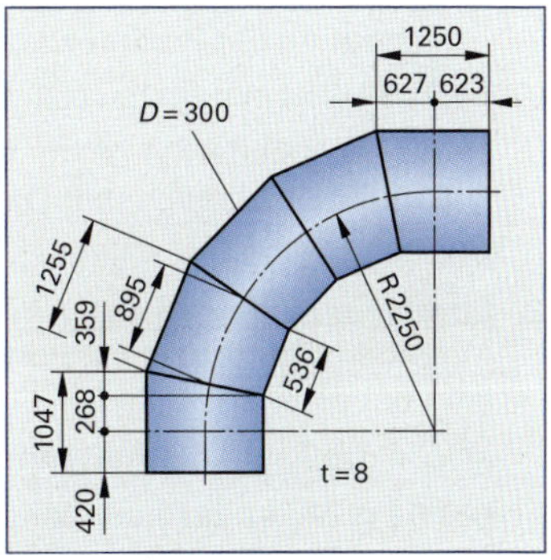

Bild 2

10. Der Sammelbehälter für Maische **(Bild 3)** hat einen rechteckigen Querschnitt und eine pyramidenförmige Bodenvertiefung.

Zu berechnen sind

a) das Fassungsvermögen V in Liter,

b) die Masse m der Maische in kg, wenn man mit einer Dichte ϱ = 1,1 kg/dm^3 rechnen kann und nur bis zur Sicherheitsmarkierung gefüllt werden darf.

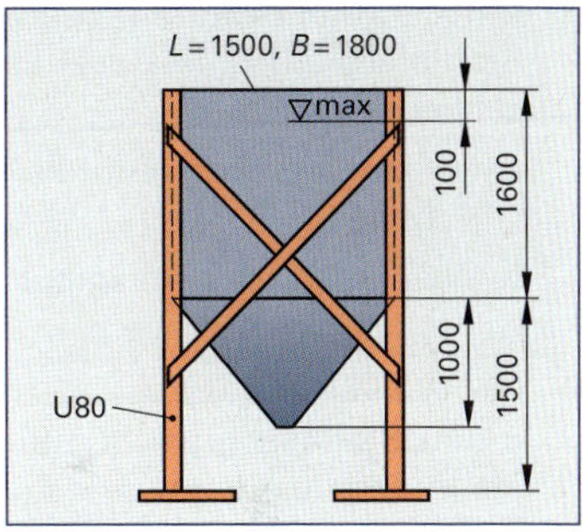

Bild 3

11. Für einen Lebensmittelbehälter bieten sich folgende Werkstoffe an **(Bild 4)**:

entweder Chrom-Nickel-Stahl mit 3 mm Wandstärke und Kosten von 6,50 €/kg

oder Kupferblech mit 4 mm Wandstärke und Kosten von 4,50 €/kg, zusätzlich Kosten für das Verzinnen von 32,00 €/m^2.

a) Wie groß ist der Materialbedarf A in m^2 für den Behälter?

b) Um welchen Betrag in € unterscheiden sich die Werkstoffkosten bei den beiden Möglichkeiten?

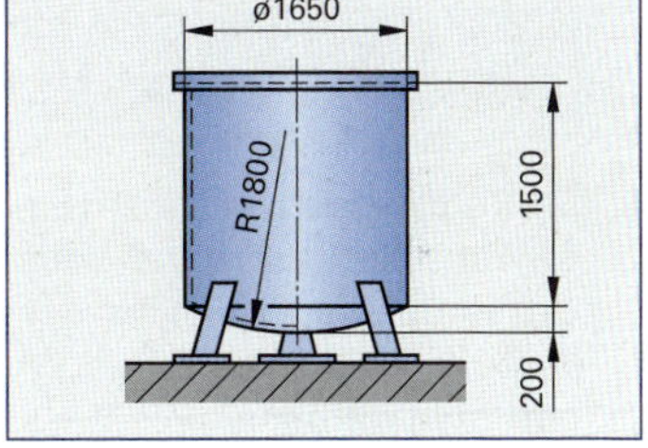

Bild 4

12. Ein Hochbehälter mit einem Fassungsvermögen von 130 m^3 soll in 15 min von einer Pumpe gefüllt werden können **(Bild 5)**.

a) Wie groß muss die Anschlussleistung der Pumpe mindestens sein, wenn der Wirkungsgrad 70% ist?

b) Welche elektrische Leistung P in kW entnimmt der Drehstrommotor dem Netz?

c) Welche Energiekosten K in € fallen täglich an, wenn der Behälter dreimal gefüllt werden muss und der Arbeitspreis K = 0,37 €/kWh beträgt?

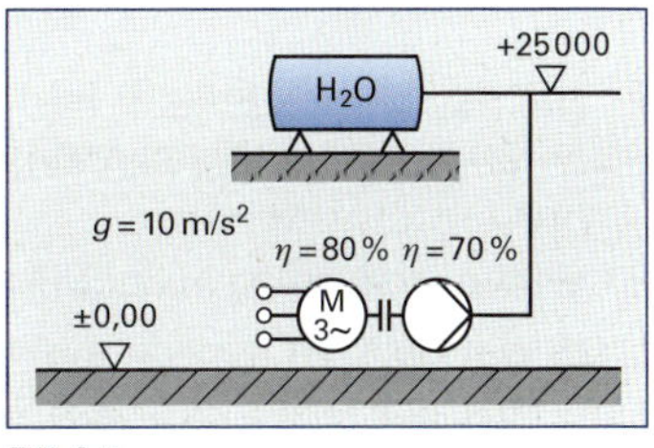

Bild 5

3

3.2.7 Fahrzeugbau

1. Der Kraftstoffbehälter eines Lkw wird aus 1,5 mm Stahlblech gefertigt **(Bild 1)**. Die beiden Prallbleche dämpfen Schlingerbewegungen.

Zu berechnen sind:

a) der Tankinhalt *V* in l bei 5% Sicherheitsraum ohne Berücksichtigung der Prallbleche,

b) die Masse *m* des Diesel-Treibstoffs einer Tankfüllung,

c) der Blechbedarf *A* in m^2 für die Herstellung des Behälters. Sicken, Umschläge und Öffnungen sind zu vernachlässigen.

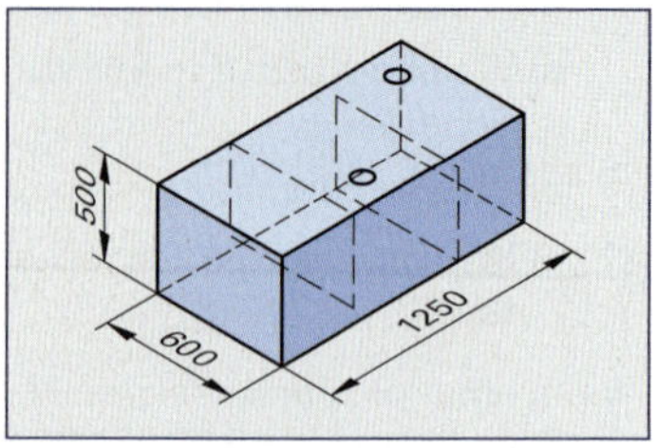

Bild 1

2. Container sind nach ihren Außenmaßen genormt. Der Typ 1 C mit einem Bruttogewicht von 20 t und einem Eigengewicht von 4,4 t hat die Maße 8 × 19 × 19 $10^1/_2$ feet.

a) Wie groß sind die Außenmaße des Containers in mm?

b) Wie groß ist das Ladevolumen *V* in m^3, wenn für die Wandstärke allseitig 100 mm abgezogen werden müssen?

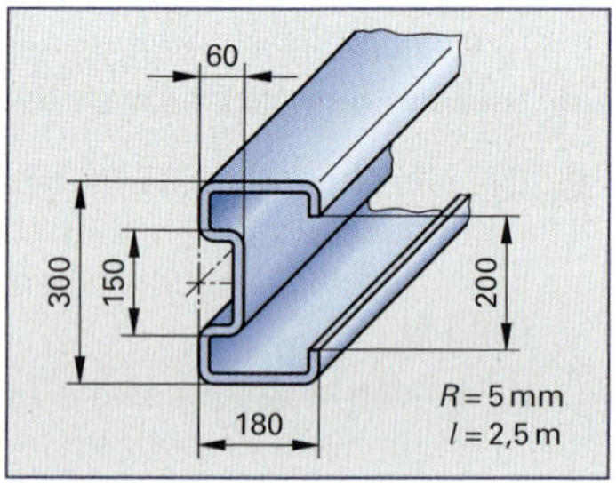

Bild 2

3. Der Unterfahrschutz eines Anhängers **(Bild 2)** ist aus 3 mm Stahlblech auf einer Gesenkbiegepresse gekantet und wird anschließend verzinkt.

a) Mit welcher Streifenbreite *B* in mm ist das Halbzeug vorzurichten?

b) Welche Masse *m* in kg hat der Unterfahrschutz?

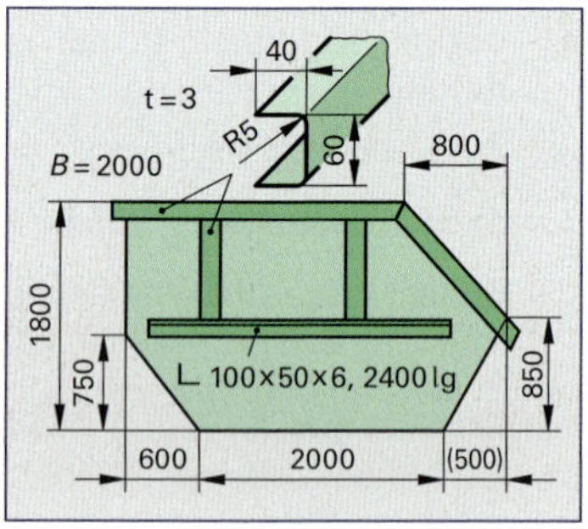

Bild 3

4. Für Wände und Boden einer Absetzkippermulde **(Bild 3)** wird 4 mm Stahlblech verarbeitet. Das gekantete U-Profil versteift die Muldenoberkante und die Aufhängung. Sämtliche Beschläge sowie die Versteifungsprofile wiegen zusammen 180 kg.

a) Wie viele m^2 Stahlblech werden für eine Mulde verarbeitet?

b) Welche Masse *m* in t hat die Kippermulde?

c) Wie groß ist die Gesamtmasse, wenn 2 m^3 Schutt mit der Dichte ϱ = 1,8 t/m^3 geladen werden?

5. Ein Zugfahrzeug mit einem Einachsenhänger fährt auf ebener Straße mit einer Geschwindigkeit v = 75 km/h. Der Anhänger hat eine Gesamtmasse von 800 kg, der wirksame Radradius ist 300 mm, die Reibung zwischen Rad und Asphalt kann mit f = 0,015 cm angenommen werden.

a) Wie groß ist die Drehzahl *n* des Rades?

b) Welche Zugkraft *F* wirkt in der Deichsel?

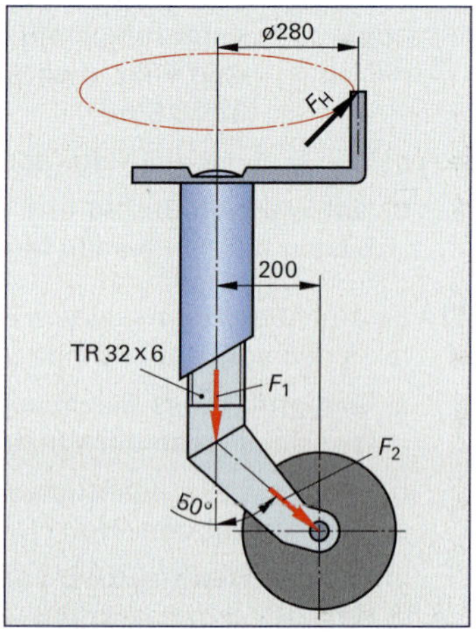

Bild 4

6. Die Handkurbel **(Bild 4)** eines Stützrades wird mit F_H = 200 N betätigt. Im Gewinde entsteht durch Flankenreibung 50% Verlust.

a) Wie groß ist die in der Spindel wirkende Kraft F_1?

b) Welche Kraft F_2 wirkt auf die Radlagerung?

c) Welches Moment *M* in N · m wird in der Stützradachse wirksam?

7. Ein Wechsellader mit der Masse $m = 12$ t ruht auf vier Stützen aus Quadratrohr 100 × 4 aus S235JR **(Bild 1)**. Die Stützen sind mit Fußplatten Bl 8 × 100 × 120 verschweißt.

a) Welche Druckspannung σ_d in N/mm² herrscht in einer Stütze?

b) Wie groß ist die Sicherheit ν gegen Fließen, wenn man Knickung in den Stützen ausschließen kann?

c) Mit welcher Flächenpressung p in N/cm² drückt eine Stütze auf die Abstellfläche?

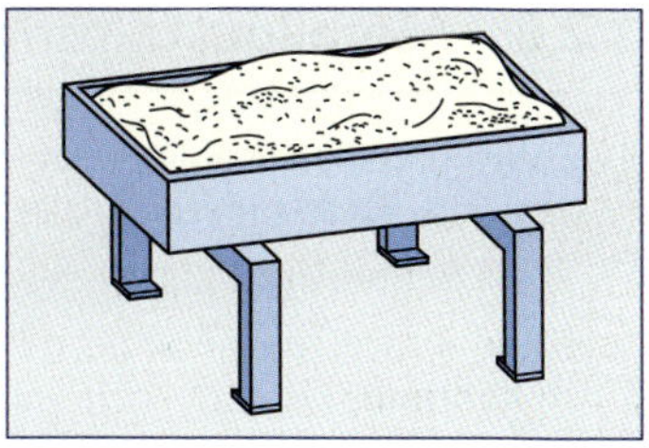

Bild 1

8. Auflieger und Ladung eines Sattelzuges **(Bild 2)** wiegen zusammen 28 t ($g = 10$ m/s²).

a) Welche Kraft F in kN wirkt in jeder der beiden Abstellstützen?

b) Mit welcher Kraft F in kN drückt der Auflieger bei Fahrbetrieb auf die Zugmaschine?

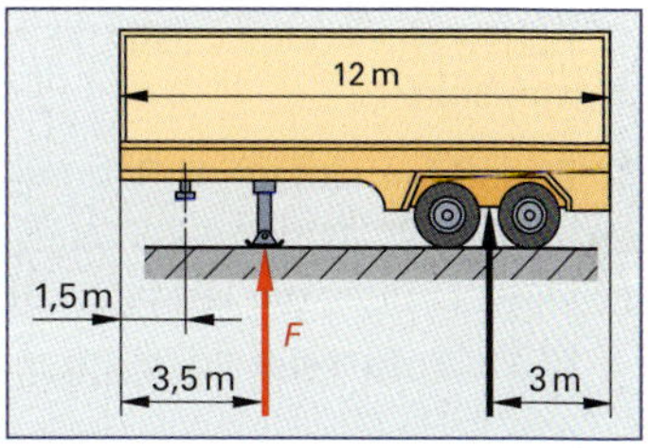

Bild 2

9. Das Gewicht des Kranwagens verteilt sich bei Ladebetrieb gleichmäßig auf die vier hydraulischen ausfahrbaren Stützbeine **(Bild 3)**.

Das maximale Biegemoment am Kranausleger beträgt 65 kN · m.

a) Wie groß ist die Flächenpressung p in N/cm² zwischen Stützenteller und Boden?

b) Welche Last m in t darf in der gezeichneten Stellung am Haken höchstens hängen ($g = 10$ m/s²)?

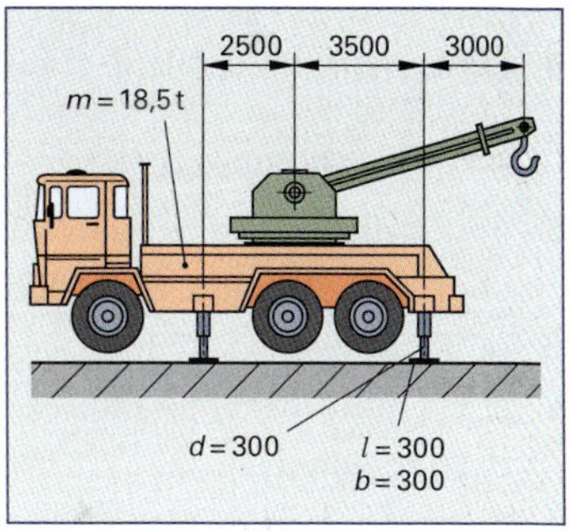

Bild 3

10. ● Am Längsträger eines Anhängers müssen 92 m Kehlnaht mit $a_1 = 4$ mm und 4 m Kehlnaht mit $a_2 = 6$ mm geschweißt werden **(Bild 4)**. Verwendet werden Elektroden 4 × 450 mm mit einer Ausbringung von 120 %.

Zu ermitteln sind

a) die Schweißnahtvolumen V_{s1} und V_{s2} in mm³,

b) der Elektrodenverbrauch aus Tabellen.

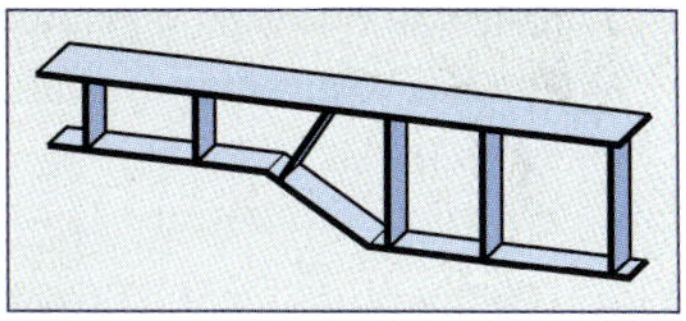

Bild 4

11. ● An einem Anhänger sind folgende Elektrolampen installiert: 4 Begrenzungsleuchten zu je 4 W, 2 Kennzeichenleuchten zu je 10 W, 4 Schlussleuchten zu je 8 W, 4 Bremsleuchten zu je 22 W und eine Rückfahrleuchte mit 55 W.

a) Wie groß ist die elektrische Anschlussleistung p in kW?

b) Welcher Strom I in A fließt bei $U = 12$ V in der Zuleitung, wenn außer am Rückfahrscheinwerfer alle Birnen brennen?

c) Welcher Strom I fließt beim Parken, wenn nur die Begrenzungsleuchten brennen?

12. ● In der Zuggabel eines Anhängers **(Bild 5)** wirkt durch das Anhängergewicht und Bremskräfte eine Kraft $F = 50$ kN. Die Zuggabel hat eine Zugfestigkeit $R_m = 900$ N/mm².

a) Wie groß ist die Zugfestigkeit σ_z in N/mm² im Querschnitt A?

b) Wie verteilt sich die Kraft auf die beiden Gabelarme? (Zeichnerische Lösung!)

c) Welche Zugspannung σ_z in N/mm² wirkt in jedem der beiden Gabelarme?

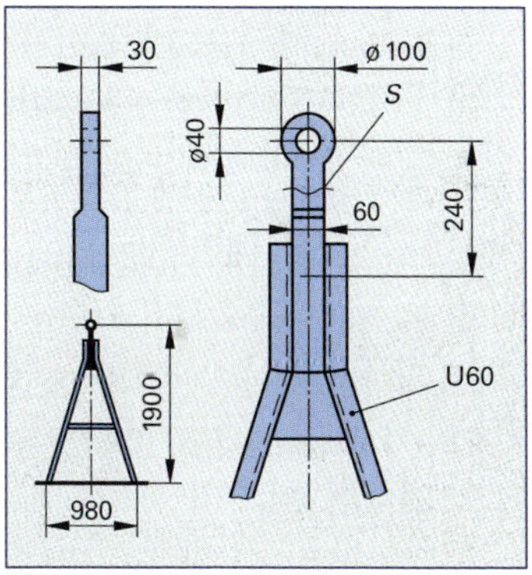

Bild 5

3.2.8 Metallgestaltung

1. Es werden Flachstähle Fl 30 × 16 nach **(Bild 1)** abgesetzt. Die Absatzlänge l = 30 mm ist für alle Stäbe gleich. Zu berechnen sind
   a) die Schmiederohlänge des flachen Absatzes bei 4% Abbrand,
   b) die Schmiederohlänge des quadratischen Absatzes bei 6% Abbrand,
   c) die Schmiederohlänge des runden Absatzes bei 8% Abbrand.

2. Ein Gasthausschild soll in einem Abstand von 1300 mm von der Hauswand hängen **(Bild 2)**. Wie lang muss die Zugstange l in mm sein?

3. Es soll ein einfaches Rautengitter gefertigt werden **(Bild 3)**. Zu berechnen sind
   a) die Länge l der längsten Diagonalstäbe in mm,
   b) die Anzahl der Lochungen im Diagonalstab für 120 mm Mittenabstand,
   c) der spitze Winkel α der Raute,
   d) die Abstände a und b in mm für die Rahmenbefestigung

4. Um eine flächengleiche Kreuzung zweier Flachstähle zu erzeugen **(Bild 4)**, werden beide Stäbe jeweils zur Hälfte abgesetzt. Um wie viel mm werden die Stäbe dabei länger?

5. Für einen Auftrag wurden folgende Halbzeuge verarbeitet:
   a) 40 m Profilstab L EN 10056-1 – 70 × 50 × 6,
   b) 125 m^2 Blech DIN 1543 – 4,5,
   c) 6,3 m Sechskantstahl SW 32,
   d) 85 m Rohr DIN 2391 – S18 – 40 × 2.
   Zu bestimmen ist die Gesamtmasse.

6. Ein Gasschmiedefeuer verbrennt 2 m^3 Erdgas pro Stunde. Der spezifische Heizwert des Gases ist 36 MJ/m^3.
   a) Welche Verbrennungswärme wird in 6 Stunden freigesetzt?
   b) Wie viel kg Stahl könnten damit theoretisch von 24 °C auf Schmiedetemperatur 1200 °C gebracht werden?

7. Ein Fallhammer hat ein Bärgewicht von 60 kg und einen Bärhub von 230 mm. Zu berechnen sind
   a) die Gewichtskraft des Bärs (g = 10 m/s^2),
   b) die mechanische Arbeit eines Arbeitshubes,
   c) die Leistung, wenn ein Arbeitshub in 0,1 s erfolgt,
   d) die Antriebsleistung bei 60% Wirkungsgrad.

8. Die Welle **(Bild 5)** wird in einer hydraulischen Presse im Gesenk geschmiedet. Die Presskraft beträgt 20 MN. Zu berechnen sind
   a) die für die Flächenpressung maßgebliche Fläche A in mm^2,
   b) die auftretende Flächenpressung.

9. Das Gasthausschild **(Bild 2)** hat die Masse m = 150 kg. Es ist mit einer Kette an dem Kragarm aufgehängt. Zu berechnen sind
   a) die Größe der Kräfte F_1, F_2 und F_3 in N (g = 10 m/s^2),
   b) der Mindestdurchmesser für die Zugstange aus S235JR.

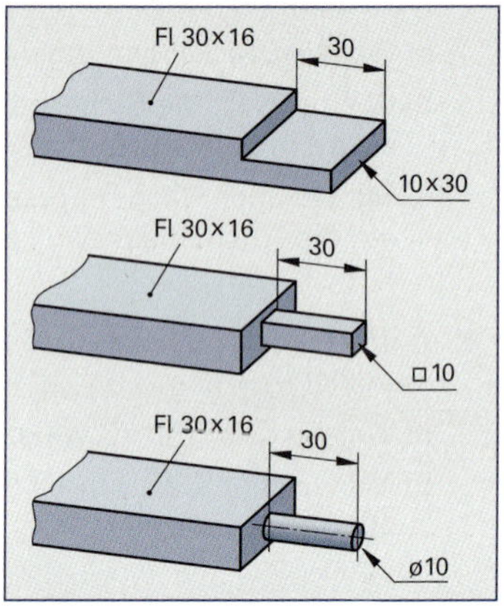

Bild 1

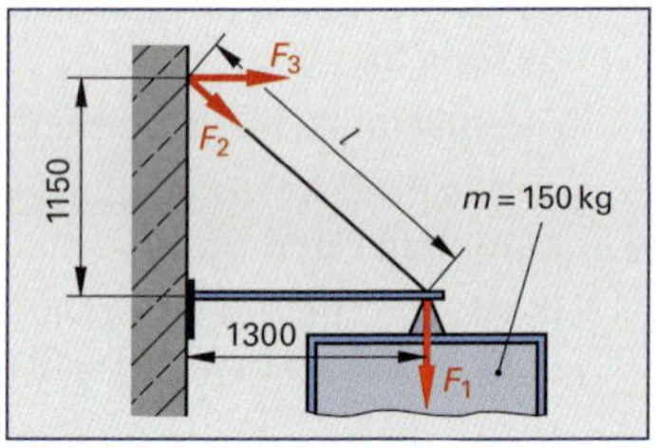

Bild 2

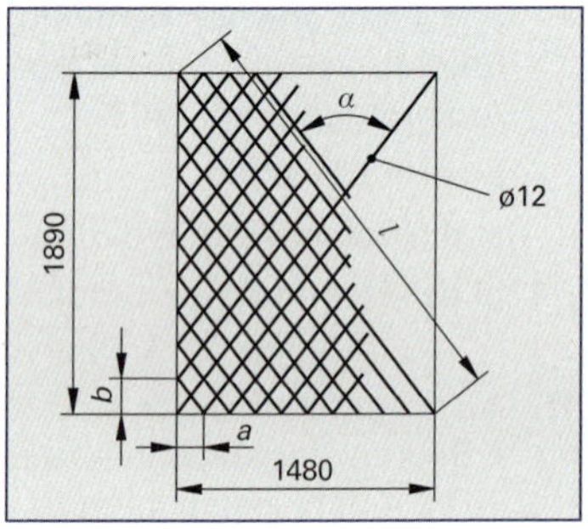

Bild 3

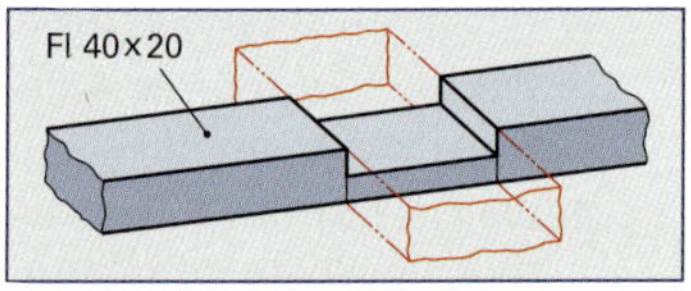

Bild 4

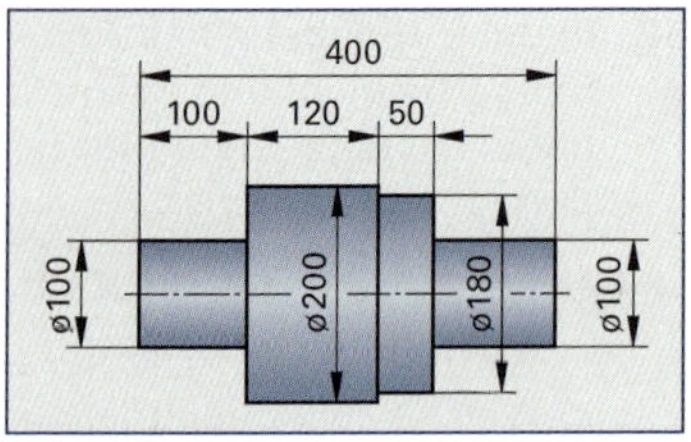

Bild 5

4 Rechnerische Grundlagen

4.1 Mathematische und physikalische Begriffe

Begriffe	Erklärung	Beispiele
Größen	Größen sind messbare physikalische Eigenschaften von Zuständen und Vorgängen. Der Wert der Größe wird dabei durch das Produkt aus Zahlwert und Einheit angegeben.	Länge, Zeit, Masse, Temperatur, Kraft Bei der Länge l = 3 m ist 3 der Zahlenwert und m (Meter) die Einheit
Einheiten	Einheiten sind ausgewählte Benennungen für Größen.	m, s, kg, K, N
Einheiten-gleichungen	Diese Gleichungen stellen Beziehungen zwischen Einheiten dar.	1 kg = 1000 g 1 m = 1000 mm
Konstanten	Gleichbleibende Zahlenwerte oder Größen bei Berechnungen in der Mathematik oder der Physik.	die Zahl π; c = 300 000 km/s (Lichtgeschwindigkeit im Vakuum)
Koeffizienten	Größen, die den Einfluss einer Stoffeigenschaft auf einen physikalischen Vorgang kennzeichnen.	α_l = 0,000012 1/K (Längenausdehnungs-koeffizient für Stahl)
Formel-zeichen	Aus Buchstaben gebildete Zeichen für Größen. Sie ersetzen Wörter und dienen zum Rechnen mit Formeln.	m für Masse; A für Fläche
Formeln	Technische oder physikalische Gleichungen aus Formelzeichen.	$s = v \cdot t$
Größen-gleichungen	Diese Gleichungen stellen Beziehungen zwischen physikalischen Gößen dar. Sie sind unabhängig von der Wahl der Einheit und enthalten Zahlenwerte, z. B. π, mathematische Zeichen, z. B. $\sqrt{\ }$, und Formelzeichen. Formeln als angewandte Größengleichungen sind im vorliegenden Buch durch eine rote Umrandung gekennzeichnet.	$d = \sqrt{\frac{4 \cdot A}{\pi}}$ $W = P \cdot t$
Zahlenwert-gleichungen	Bei diesen Gleichungen sind deren Zahlenwerte an vorgegebene Einheiten gebunden. Der Zahlenwert des Ergebnisses erhält die gewünschte Einheit nur dann, wenn alle Zahlenwerte der Gleichung in den jeweils vorgeschriebenen Einheiten eingesetzt werden. Zahlenwertgleichungen sind im vorliegendem Buch durch eine schwarze Umrandung gekennzeichnet	$W = \frac{F_n \cdot H}{15}$ $P = \frac{Q \cdot p}{600}$
Runden	Für das Auf- und Abrunden von Ergebnissen gelten die Regeln nach DIN 1333: Ist die über die angegebene Stellenzahl hinausgehende Ziffer 5 oder größer als 5, wird aufgerundet, ist die betreffende Ziffer kleiner als 5, wird abgerundet.	164,33 cm³ ≈ 164 cm³ 25,5 N ≈ 26 N 18,754 kg ≈ 18,8 kg 1355,75 W ≈ 1356 W
Ergebnisse	Die Ergebnisse in den Beispielen des vorliegenden Buches wurden mit dem Taschenrechner ermittelt und, insbesondere bei technischen Berechnungen, sinnvoll gerundet.	–

4.2 Zahlensysteme

Die elektronische Datenverarbeitung (EDV) und die Steuerungstechnik bauen auf dem dualen und hexadezimalen Zahlensystem auf, weil die elektronischen Bauelemente nur binäre[1)] Informationen verarbeiten können. Alle Zahlen, Buchstaben und sonstigen Zeichen können durch eine Kombination der beiden Symbole „0" und „1" dargestellt (codiert) werden.

Bezeichnungen:
z_{10} Zahl im Dezimalsystem (auf die Grundzahl 10 bezogen)
z_2 Zahl im Dualsystem (auf die Grundzahl 2 bezogen)
z_{16} Zahl im Hexadezimalsystem (auf die Grundzahl 16 bezogen)

Tabelle 1: Dezimal- und Dualzahlen

Dezimalzahlen z_{10}	Potenzen der Basis 2	Dualzahl z_2
0	$0 \cdot 2^0$	0
1	$1 \cdot 2^0$	1
2	$1 \cdot 2^1 + 0 \cdot 2^0$	10
3	$1 \cdot 2^1 + 1 \cdot 2^0$	11
4	$1 \cdot 2^2 + 0 \cdot 2^1 + 0 \cdot 2^0$	100
5	$1 \cdot 2^2 + 0 \cdot 2^1 + 1 \cdot 2^0$	101
6	$1 \cdot 2^2 + 1 \cdot 2^1 + 0 \cdot 2^0$	110
7	$1 \cdot 2^2 + 1 \cdot 2^1 + 1 \cdot 2^0$	111
8	$1 \cdot 2^3 + 0 \cdot 2^2 + 0 \cdot 2^1 + 0 \cdot 2^0$	1000
9	$1 \cdot 2^3 + 0 \cdot 2^2 + 0 \cdot 2^1 + 1 \cdot 2^0$	1001
10	$1 \cdot 2^3 + 0 \cdot 2^2 + 1 \cdot 2^1 + 0 \cdot 2^0$	1010

Duales Zahlensystem
(Binäres Zahlensystem)

Beim dualen Zahlensystem werden lediglich die Ziffern „0" und „1" verwendet. Alle Zahlen werden als Potenzen der Basis 2 dargestellt **(Tabelle 1)**, z. B.:

$$z_2 = 1010$$
$$z_{10} = 1 \cdot 2^3 + 0 \cdot 2^2 + 1 \cdot 2^1 + 0 \cdot 2^0$$
$$= 8 + 0 + 2 + 0$$
$$= \mathbf{10}$$

Umwandlung von Dezimalzahlen in Dualzahlen

1. Beispiel: Die Dezimalzahl $z_{10} = 14$ bzw. $(14)_{10}$ ist in eine Dualzahl z_2 umzuwandeln.

Lösung: Die Dezimalzahl wird durch die höchstmögliche Zweierpotenz dividiert. Der verbleibende Rest wird wiederum durch die höchstmögliche Zweierpotenz dividiert usw.

	2^3	2^2	2^1	2^0
$14 : 2^3 = 14 : 8 = 1$ (Rest 6)	1			
$6 : 2^2 = 6 : 4 = 1$ (Rest 2)		1		
$2 : 2^1 = 2 : 2 = 1$ (Rest 0)			1	
$0 : 2^0 = 0 : 1 = 0$ (Rest 0)				0

Die Zweierpotenzen werden nicht geschrieben, sondern nur die Faktoren: $z_2 = 1\,1\,1\,0$ oder $(1110)_2$

Umwandlung von Dualzahlen in Dezimalzahlen

2. Beispiel: Die Dualzahl $z_2 = 1\,1\,0\,1\,0\,1\,1\,1\,0$ ist in eine Dezimalzahl umzuwandeln.

Lösung: Sämtliche Ziffern der Dualzahl erhalten unterschiedliche Zweierpotenzen. Die letzte Ziffer wird mit der Potenz 2^0, die vorletzte mit 2^1, die davor mit 2^2 usw. multipliziert. Danach werden die Potenzwerte berechnet und addiert.

z_2	1	1	0	1	0	1	1	1	0
Zweierpotenz	$1 \cdot 2^8$	$1 \cdot 2^7$	$0 \cdot 2^6$	$1 \cdot 2^5$	$0 \cdot 2^4$	$1 \cdot 2^3$	$1 \cdot 2^2$	$1 \cdot 2^1$	$0 \cdot 2^0$
Potenzwert	256	128	0	32	0	8	4	2	0
z_{10} =	256 +	128 +	0 +	32 +	0 +	8 +	4 +	2 +	0
z_{10} =	**430**								

1) binär (lat.), aus 2 Einheiten bestehend

Hexadezimalsystem

Bei größeren Zahlen wird das duale Zahlensystem unübersichtlich; deshalb verwendet man bei Mikroprozessoren, z. B. für die Adressierung der Speicherplätze, häufig das hexadezimale Zahlensystem. Bei diesem Zahlensystem werden neben den Ziffern 0 bis 9 auch die Buchstaben A bis F benutzt. Die Zahlen werden in Potenzen der Basis 16 angegeben **(Tabelle 1)**, z. B.:

$z_{16} = 71$

$z_{10} = 7 \cdot 16^1 + 1 \cdot 16^0 = 112 + 1 = \mathbf{113}$

Tabelle 1: Dezimal- und Hexadezimalzahlen

Dezimalzahlen z_{10}	Hexadezimalzahlen z_{16}
0	0
1	1
2	2
3	3
4	4
5	5
6	6
7	7
8	8
9	9
10	A
11	B
12	C
13	D
14	E
15	F
16	10
17	11
18	12
19	13
20	14
21	15
22	16
23	17
24	18
25	19
26	1A
27	1B
28	1C
29	1D
30	1E
31	1F
32	20

Umwandlung von Dezimalzahlen in Hexadezimalzahlen

Beispiel: Die Dezimalzahl z_{10} = 1989 ist in eine Hexadezimalzahl umzuwandeln.

Lösung: Die Dezimalzahl wird durch die höchstmögliche 16er-Potenz dividiert. Der verbleibende Rest wird wiederum durch die höchstmögliche 16er-Potenz dividiert usw. Ist der Rest schließlich nicht mehr ganzzahlig durch 16 teilbar, wird er in einer entsprechenden Hexadezimalziffer ausgedrückt.

	16^2	16^1	16^0
$1989 : 16^2 =$ **7** (Rest 197)	7	–	–
$197 : 16^1 =$ **12** (Rest 5)	–	C	–
$5 : 16^0 =$ **5**	–	–	5
$(1989)_{10} = \mathbf{(7C5)_{16}}$			

Umwandlung von Hexadezimalzahlen in Dezimalzahlen

Beispiel: Die Hexadezimalzahl z_{16} = A2F ist in eine Dezimalzahl umzuwandeln.

Lösung: Sämtliche Sechzehnerpotenzen gemäß **Tabelle 1**. Die letzte Ziffer wird mit der Potenz 16^0, die vorletzte mit der Potenz 16^1, die davor mit der Potenz 16^7 usw. multipliziert. Danach werden die Potenzwerte berechnet und addiert.

z_{16}	A	2	F
Sechszehnerpotenz	$10 \cdot 16^2$	$2 \cdot 16^1$	$15 \cdot 16^0$
Potenzwert	2560	32	15
$z_{10} = 2560 + 32 + 15 = \mathbf{2607}$			

Aufgaben Zahlensysteme

In den **Tabellen 2** bis **4** sind die Zahlen der Aufgaben in die gesuchten Zahlensysteme umzuwandeln.

Tabelle 2	a	b	c	d	e
Dezimalzahl	24	30	100	144	250
Dualzahl	?	?	?	?	?
Hexadezimalzahl	?	?	?	?	?

Tabelle 3	a	b	c
Dualzahl	10101	01010101	11111111
Dezimalzahl	?	?	?

Tabelle 4	a	b	c	d	e
Hexadezimalzahl	C5	E8	25	8F	FF
Dezimalzahl	?	?	?	?	?

4.3 Grundrechnungsarten

Addition, Subtraktion, Multiplikation und Division zählen zu den Grundrechnungsarten. In diesem Abschnitt werden außerdem das Potenzieren, Radizieren (Wurzelziehen) und das Bruchrechnen behandelt. Die Einführung der Rechenregeln wird mit Zahlenbeispielen erläutert. Die daraus abgeleiteten Beispiele aus der Algebra führen in das technische Rechnen mit Formeln ein.

Variable

In der Algebra werden **Variablen** (Platzhalter) eingesetzt, die beliebige Zahlenwerte darstellen können **(Tabelle 1)**. Als Variable werden meist Kleinbuchstaben verwendet.

Tabelle 1: Schreibweisen von Variablen	
Zeichen	**Beispiele**
Das **Multiplikationszeichen** zwischen Zahl und Variable kann weggelassen werden.	$3 \cdot a = 3a$ $a \cdot b = ab$
Der **Faktor 1** wird meist nicht geschrieben.	$1 \cdot b = b$

4.3.1 Klammerausdrücke (Klammerterm)

Mathematische Ausdrücke können mit Klammern zusammengefasst werden. Die in Klammern stehenden Werte müssen zuerst berechnet werden. Die Rechenregeln sind in **Tabelle 2** beschrieben.

Tabelle 2: Klammerausdrücke		
Rechenregel	**Zahlenbeispiel**	**Algebraisches Beispiel**
Pluszeichen vor der Klammer Klammern, vor denen ein Pluszeichen steht, können weggelassen werden. Die Vorzeichen der Glieder bleiben unverändert.	$16 + (9 - 5)$ $= 16 + 9 - 5$ $= 20$	$a + (b - c)$ $= a + b - c$
Minuszeichen vor der Klammer Klammern, vor denen ein Minuszeichen steht, können nur aufgelöst (weggelassen) werden, wenn alle Glieder in der Klammer entgegengesetzte Vorzeichen erhalten.	$16 - (9 - 5)$ $= 16 - 9 + 5$ $= 12$	$a - (b - c)$ $= a - b + c$

4.3.2 Strich- und Punktrechnungen

Addition, Subtraktion, Multiplikation und Division können aufgrund ihrer Rechenzeichen in Strich- (–, +) und Punktrechnungen (·, :) unterteilt werden.

Strichrechnungen

Zu den Strichrechnungen zählen die Addition und die Subtraktion. Die Rechenregeln für Strichrechnungen können **Tabelle 3** entnommen werden.

Tabelle 3: Rechenregeln für die Strichrechnungen		
Rechenregel	**Zahlenbeispiel**	**Algebraisches Beispiel**
Vertauschungsgesetz Zahlen und Buchstaben können vertauscht werden.	$3 - 9 + 7$ $= 7 + 3 - 9$ $= -9 + 3 + 7$ $= 1$	$a - b + c$ $= a + c - b$ $= -b + a + c$
Zusammenfassung Einzelne Glieder können zu Teilsummen zusammengefasst werden.	$3 + 7 - 9$ $= (3 + 7) - 9$	$a + b - c$ $= (a + b) - c$
Summieren von Variablen Nur gleiche Variable können addiert oder subtrahiert werden.	–	$18a - 3a + 2b - 5b$ $= 15a - 3b$

Punktrechnungen

Multiplikationen und Divisionen bezeichnet man als Punktrechnungen. Die Rechenregeln für die Multiplikation sind in der **Tabelle 1** zusammengestellt.

Tabelle 1: Rechenregeln für die Multiplikation

Rechenregel	Zahlenbeispiel	Algebraisches Beispiel
Vertauschungsgesetz: Faktoren dürfen vertauscht werden.	$3 \cdot 4 \cdot 5 = 4 \cdot 3 \cdot 5$ $= 5 \cdot 3 \cdot 4 = 5 \cdot 4 \cdot 3$	$a \cdot b \cdot c = b \cdot a \cdot c$ $= c \cdot a \cdot b = c \cdot b \cdot a$
Vorzeichenregeln		
Gleiche Vorzeichen Haben zwei Faktoren gleiche Vorzeichen, so wird das Produkt positiv; + mal + = +; – mal – = +	$2 \cdot 5 = 10$ $(-2) \cdot (-5) = +10 = \mathbf{10}$	$a \cdot x = ax$ $(-a) \cdot (-x) = +ax = \boldsymbol{ax}$
Ungleiche Vorzeichen Haben zwei Faktoren verschiedene Vorzeichen, so wird das Produkt negativ; – mal + = –; + mal – = –	$3 \cdot (-8) = -24$ $(-3) \cdot 8 = \mathbf{-24}$	$a \cdot (-x) = -ax$ $(-a) \cdot x = \boldsymbol{-ax}$
Produkte mit Klammern		
Faktor mit Klammer: Ein Klammerausdruck wird mit einem Faktor multipliziert, in dem man jedes Glied der Klammer mit dem Faktor multipliziert. Wenn möglich, sollte man zuerst den Inhalt der Klammer zusammenfassen und dann den Wert der Klammer mit dem Faktor multiplizieren.	$7 \cdot (4+5)$ $= 7 \cdot 4 + 7 \cdot 5$ $= \mathbf{63}$ oder: $7 \cdot (4+5)$ $= 7 \cdot 9 = \mathbf{63}$	$a \cdot (b + 2b)$ $= a \cdot 3b$ $= \boldsymbol{3ab}$
Klammer mit Klammer Zwei Klammerausdrücke werden miteinander multipliziert, indem man jedes Glied der einen Klammer mit jedem Glied der anderen Klammer multipliziert. Bei Zahlen können auch zuerst die Klammerausdrücke berechnet und danach kann das Produkt gebildet werden.	$(3+5) \cdot (10-7)$ $= 3 \cdot 10 + 3 \cdot (-7) + \; 5 \cdot 10 + 5 \cdot (-7)$ $= 30 - 21 + 50 - 35$ $= \mathbf{24}$ oder: $(3+5) \cdot (10-7)$ $= 8 \cdot 3 = \mathbf{24}$	$(a+b) \cdot (c-d)$ $= \boldsymbol{ac - ad + bc - bd}$

Die Rechenregeln für die Division sind in **Tabelle 2** dargestellt. Das Rechenzeichen für die Division ist der Doppelpunkt (:) oder der Bruchstrich.

Tabelle 2: Rechenregeln für die Division

Rechenregel	Zahlenbeispiel	Algebraisches Beispiel
Bruchstrich entspricht Klammer Der Bruchstrich fasst Ausdrücke in gleicher Weise zusammen wie eine Klammer und ersetzt das Divisionszeichen.	$\frac{3+4}{2} = (3+4) : 2 = \mathbf{3{,}5}$	$\frac{a+b}{2} = \boldsymbol{\frac{a}{2} + \frac{b}{2}}$
Vertauschungsgesetz gilt nicht! Zähler und Nenner dürfen nicht vertauscht werden.	$3 : 4 \neq 4 : 3$ $\frac{3}{4} \neq \frac{4}{3}$	$a : b \neq b : a$ $\frac{a}{b} \neq \frac{b}{a}$
Vorzeichenregel		
Gleiche Vorzeichen Haben Zähler und Nenner gleiche Vorzeichen, so ist das Ergebnis positiv. + geteilt durch + = + – geteilt durch – = +	$\frac{15}{3} = 15 : 3 = \mathbf{5}$ $\frac{-15}{-3} = (-15) : (-3) = \mathbf{+5}$	$\frac{a}{b} = \boldsymbol{\frac{a}{b}}$ $\frac{-a}{-b} = \boldsymbol{\frac{a}{b}}$
Ungleiche Vorzeichen Haben Zähler und Nenner unterschiedliche Vorzeichen, so ist das Ergebnis negativ. + geteilt durch – = – – geteilt durch + = –	$\frac{15}{-3} = 15 : (-3) = \mathbf{-5}$ $\frac{-15}{3} = (-15) : 3 = \mathbf{-5}$	$\frac{a}{-b} = -\boldsymbol{\frac{a}{b}}$ $\frac{-a}{b} = -\boldsymbol{\frac{a}{b}}$
Klammerausdrücke		
Klammer geteilt durch Wert Ein Klammerausdruck wird durch einen Wert (Zahl, Buchstabe, Klammerausdruck) dividiert, indem man jedes einzelne Glied in der Klammer durch diesen Wert dividiert. Man kann auch den Klammerausdruck erst berechnen und danach dividieren.	$(16-4) : 4$ $= 16 : 4 - 4 : 4$ $= 4 - 1 = \mathbf{3}$ oder $(16-4) = 12 : 4 = \mathbf{3}$	$\frac{a-b}{b} = \frac{a}{b} - \frac{b}{b} = \boldsymbol{\frac{a}{b} - 1}$

Gemischte Punkt- und Strichrechnungen

Kommen in einer Rechnung sowohl Strich- als auch Punktrechnungen oder Klammern vor, so ist die Reihenfolge der Lösungsschritte zu beachten. Die Rechenregeln sind in **Tabelle 1** zusammengestellt.

Tabelle 1: Rechenregeln für gemischte Punkt- und Strichrechnungen

Reihenfolge der Lösungsschritte	Zahlenbeispiele	Algebraische Beispiele
1. Punktrechnungen 2. Strichrechnungen	$8 \cdot 4 - 18 \cdot 3$ $= 32 - 54$ $= \mathbf{-22}$	$3a \cdot 2b - 4a \cdot 6b$ $= 6ab - 24ab$ $= \mathbf{-18ab}$
	$\frac{16}{4} + \frac{20}{5} - \frac{18}{3} = 4 + 4 - 6 = \mathbf{2}$	$\frac{16a}{4} + \frac{3b}{b} - \frac{6c}{2c} = 4a + 3 - 3 = \mathbf{4a}$
Klammerausdrücke sowie gemischte Punkt- und Strichrechnungen: 1. Klammern 2. Punktrechnungen 3. Strichrechnungen	$8 \cdot (3 - 2) + 4\,(16 - 5)$ $= 8 \cdot 1 + 4 \cdot 11$ $= 8 + 44 = \mathbf{52}$	$a \cdot (3x + 5x) - b \cdot (12y - 2y)$ $= a \cdot 8x - b \cdot 10y$ $= \mathbf{8ax - 10by}$

Aufgaben | Gemischte Punkt- und Strichrechnungen

Die Ergebnisse der Aufgaben 1 bis 5 sind zu berechnen und auf 2 Dezimalstellen nach dem Komma zu runden.

1. a) $217{,}583 - 27{,}14 \cdot 0{,}043 + 12$ c) $7{,}1 + 16{,}27 + 14{,}13 \cdot 17{,}0203$ e) $857 - 3{,}52 \cdot 97{,}25 - 16{,}386 + 1{,}1$	b) $16{,}25 + 14{,}12 \cdot 6{,}21$ d) $74{,}24 - 1{,}258 \cdot 12{,}8$ f) $119{,}2 + 327{,}351 - 7{,}04 \cdot 7{,}36$
2. a) $17{,}13 + 13{,}25 + 15{,}35 : 2$	b) $34{,}89 + 241{,}17 : 21{,}35 - 12{,}46 : 2{,}2$
3. a) $243 : 0{,}04 - 92{,}17 - 13{,}325 + 124{,}3 : 3{,}5$	b) $507 : 0{,}05 - 261{,}17 - 114{,}325 + 142{,}3 : 18{,}4$
4. a) $18 \cdot (-5) + (-3) \cdot (-7)$ c) $\frac{-96}{16} + \frac{65}{-15}$	b) $120 : (-6) - (-15) : 5$ d) $\frac{148}{37} - \frac{-85}{17}$
5. a) $\frac{24{,}75 + 15}{12{,}6} + \frac{38{,}7 - 2{,}08}{0{,}36} - \frac{44{,}2 \cdot 13{,}1}{20{,}05 - 1{,}7}$ c) $(23{,}7 - 2{,}8) \cdot \frac{15{,}1 - 3{,}7}{16{,}9}$	b) $34{,}2 \cdot \frac{23{,}4 - 8{,}6}{2{,}4} - \frac{13{,}8 + 22{,}7}{27 - 3{,}5} \cdot 20{,}6$ d) $\frac{25 \cdot (20{,}1 - 16{,}58)}{(34{,}85 - 2{,}97) \cdot 4{,}6}$

Die Ergebnisse der Aufgaben 6 bis 8 sind zu berechnen.

6. a) $3a \cdot 4b - 10a \cdot 2b$ c) $-8m \cdot 2n + 7{,}5m \cdot (-2n)$	b) $25x \cdot (-10y) + 13x \cdot (-5y)$ d) $(-16a) \cdot (-5c) - (-5a) \cdot (-2c)$
7. a) $\frac{30x}{10y} + \frac{15x}{2y}$ c) $\frac{7{,}5x}{2{,}5y} + \frac{33x}{22y}$	b) $\frac{12m}{15n} - \frac{30m}{1{,}5n}$ d) $\frac{-2x}{-8y} - \frac{-15x}{-60y}$
8. a) $-3a \cdot (8x - 5x) - 2a \cdot (20x - 12x)$	b) $-3x \cdot (8x - 5x) + 3x \cdot (-12x - 33x)$

4.3.3 Potenzieren

Ein Produkt aus mehreren gleichen Faktoren kann abgekürzt geschrieben werden. Die abgekürzte Schreibweise nennt man Potenz; der Rechenvorgang wird als Potenzieren bezeichnet. Eine Potenz **(Bild 1)** besteht aus der Basis (Grundzahl) und dem Exponenten (Hochzahl). Der Exponent gibt an, wie oft die Basis mit sich selbst multipliziert werden muss.

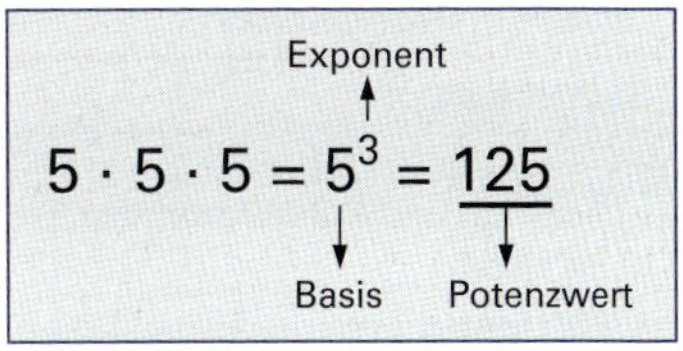

Bild 1: Potenz

Man unterscheidet Potenzen mit positiven und Potenzen mit negativen Exponenten.

Potenzen mit positiven Exponenten

Beispiele: Fläche des Quadrats **(Bild 2)** $A = l \cdot l = l^2$
$= 5\text{ mm} \cdot 5\text{ mm} = (5\text{ mm})^2 = 25\text{ mm}^2$

Volumen des Würfels **(Bild 3)** $V = l \cdot l \cdot l = l^3$
$= 5\text{ mm} \cdot 5\text{ mm} \cdot 5\text{ mm} = (5\text{ mm})^3$
$= 125\text{ mm}^3$

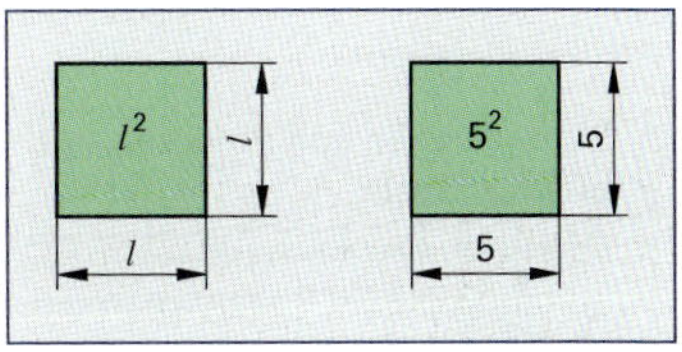

Bild 2: Quadrat

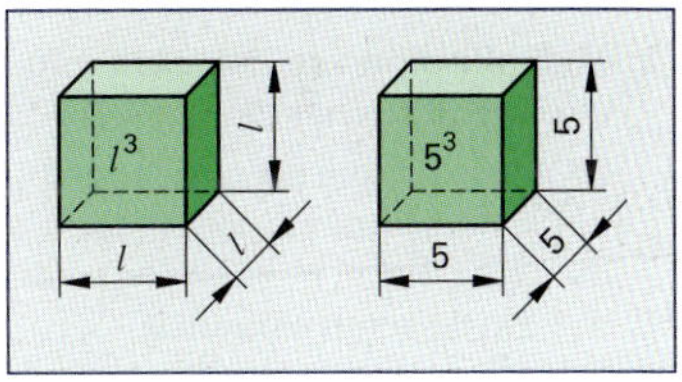

Bild 3: Würfel

Auch Produkte, Brüche oder Klammerausdrücke können die Basis von Potenzen sein.

Beispiele: **Produkt:** $(5a)^2 = 5a \cdot 5a = 25a^2$

oder $(5a)^2 = 5^2 \cdot a^2 = 5 \cdot 5 \cdot a \cdot a = 25a^2$

Bruch: $\frac{3^3}{b^3} = \frac{3 \cdot 3 \cdot 3}{b \cdot b \cdot b} = \frac{27}{b^3}$

Klammer: $(a + b)^2 = (a + b) \cdot (a + b) = a^2 + 2ab + b^2$

Potenzen mit negativen Exponenten

Eine Potenz, die im Nenner steht, kann auch mit einem negativen Exponenten im Zähler geschrieben werden. Umgekehrt kann eine Potenz mit negativem Exponenten im Zähler als Potenz mit positivem Exponenten im Nenner geschrieben werden.

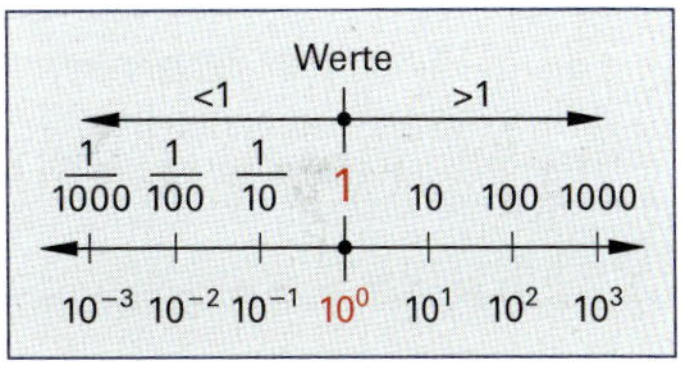

Bild 4: Zehnerpotenzen

Beispiele: $\frac{1}{4^2} = 4^{-2}$ $15^{-3}\ \frac{1}{15^3}$ $15\text{ km} \cdot \text{h}^{-1} = 15\ \frac{\text{km}}{\text{h}}$

$\frac{1}{a^n} = a^{-n}$ $\frac{1}{\text{min}} = \text{min}^{-1}$ $\text{g} \cdot (\text{kW} \cdot \text{h})^{-1} = \frac{\text{g}}{\text{kW} \cdot \text{h}}$

Potenzen mit der Basis 10 (Zehnerpotenzen)

Potenzen mit der Basis 10 werden häufig als verkürzte Schreibweise für sehr kleine oder sehr große Zahlen verwendet. Werte größer 1 können als Vielfaches von Zehnerpotenzen mit positivem Exponenten, Werte kleiner 1 als Vielfaches von Zehnerpotenzen mit negativem Exponenten dargestellt werden **(Bild 4 und Tabelle 1).**

Die Zahl vor der Zehnerpotenz wird meist im Bereich zwischen 1 und 10 angegeben.

Beispiele: $4200000 = 4{,}2 \cdot 1000000 = \mathbf{4{,}2 \cdot 10^6}$
$0{,}0000042 = 4{,}2 \cdot 0{,}000001 = \mathbf{4{,}2 \cdot 10^{-6}}$

Die Schreibweise $4{,}2 \cdot 10^6$ ist übersichtlicher als $0{,}42 \cdot 10^7$ oder $42 \cdot 10^5$.

Tabelle 1: Zehnerpotenzen

Schreibweise als		
ausgeschriebene Zahl	Zehnerpotenz	Vorsatz bei Einheiten
1000000	10^6	Mega (M)
100000	10^5	–
10000	10^4	–
1000	10^3	kilo (k)
100	10^2	hekto (h)
10	10^1	deka (da)
1	10^0	–
0,1	10^{-1}	deci (d)
0,01	10^{-2}	centi (c)
0,001	10^{-3}	milli (m)
0,0001	10^{-4}	–
0,00001	10^{-5}	–
0,000001	10^{-6}	mikro (µ)

Beim Rechnen mit Potenzen gelten besondere Regeln **(Tabelle 1)**:

Tabelle 1: Potenzieren

Rechenregel	Zahlenbeispiel	Algebraisches Beispiel	Formel
1. Addition und Subtraktion von Potenzen Potenzen dürfen nur dann addiert oder subtrahiert werden, wenn sie sowohl denselben Exponenten als auch dieselbe Basis haben.	$2 \cdot 5^2 + 4 \cdot 5^2$ $= 5^2 \cdot (2 + 4)$ $= 5^2 \cdot 6$ $\frac{2}{3^2} - \frac{1}{3^2} = \frac{1}{3^2} = 3^{-2}$	$a^3 + a^3 = 2a^3$ $\frac{7}{d^n} - \frac{4}{d^n} = \frac{3}{d^n} = 3 \cdot d^{-n}$	$ax^n + bx^n$ $= (a + b) \cdot x^n$ $\frac{a}{x^n} + \frac{b}{x^n} = \frac{a + b}{x^n}$ $= (a + b) \cdot x^{-n}$
2. Multiplikation von Potenzen mit gleicher Basis Potenzen mit gleicher Basis werden multipliziert, indem man die Exponenten addiert und die Basis beibehält.	$3^2 \cdot 3^3$ $= 3 \cdot 3 \cdot 3 \cdot 3 \cdot 3$ $= 3^5$ oder: $3^2 \cdot 3^3$ $= 3^{(2+3)} = 3^5$	$x^4 \cdot x^2$ $= x \cdot x \cdot x \cdot x \cdot x \cdot x$ $= x^6$ oder: $x^4 \cdot x^2$ $= x^{(4+2)} = x^6$	$x^m \cdot x^n = x^{m+n}$
3. Multiplikation von Potenzen mit gleichem Exponenten Potenzen mit gleichem Exponenten werden multipliziert, indem man ihre Basen multipliziert und den Exponenten beibehält.	$4^2 \cdot 6^2$ $= (4 \cdot 6)^2$ $= 24^2$ $= 576$	$6x^2 \cdot 3y^2$ $= 18x^2y^2$ $= 18(x \cdot y)^2$	$x^n \cdot y^n = (xy)^n$
4. Division von Potenzen mit gleicher Basis Potenzen mit gleicher Basis werden dividiert, indem man ihre Exponenten subtrahiert und die Basis beibehält.	$\frac{4^3}{4^2} = \frac{4 \cdot 4 \cdot 4}{4 \cdot 4} = 4$ oder: $4^3 : 4^2 = 4^{3-2} = 4^1 = 4$	$\frac{m^3}{m^2} = \frac{m \cdot m \cdot m}{m \cdot m} = m$ oder: $m^3 : m^2 = \frac{m^3}{m^2} = m^3 \cdot m^{-2}$ $= m^{3-2} = m^1 = m$	$\frac{x^m}{x^n} = x^m \cdot x^{-n}$ $= x^{m-n}$
5. Division von Potenzen mit gleichen Exponenten Potenzen mit gleichen Exponenten werden dividiert, indem man ihre Basen dividiert und den Exponenten beibehält.	$\frac{15^2}{3^2} = \left(\frac{15}{3}\right)^2 = 5^2$ $= 25$	$\frac{a^3}{b^3} = \left(\frac{a}{b}\right)^3$	$\frac{a^n}{b^n} = \left(\frac{a}{b}\right)^n$
6. Multiplikation von Potenzen mit einem Faktor Werden Potenzen mit einem Faktor multipliziert, so muss zuerst der Wert der Potenz berechnet werden.	$6 \cdot 10^3$ $= 6 \cdot 1000$ $= 6000$ $7 \cdot 10^{-2} = \frac{7}{100} = 0{,}07$	–	–
7. Potenzwert mit dem Exponenten Null Jede Potenz mit dem Exponenten Null hat den Wert 1.	$\frac{10^4}{10^4} = 10^{4-4} = 10^0 = 1$	$(m + n)^0 = 1$	$a^0 = 1$ $a \neq 0$

4.3.4 Radizieren (Wurzelziehen)

Das Radizieren[1] oder Wurzelziehen ist die Umkehrung des Potenzierens. Eine Wurzel besteht aus dem Wurzelzeichen, dem Radikanden und dem Wurzelexponenten **(Bild 1).** Der Radikand steht unter dem Wurzelzeichen; aus dieser Zahl wird die Wurzel gezogen. Der Wurzelexponent steht über dem Wurzelzeichen und gibt an, in wie viel gleiche Faktoren der Radikand aufgeteilt werden soll.

Eine Wurzelrechnung kann auch in Potenzschreibweise dargestellt werden. Der Radikand erhält im Exponenten einen Bruch. Der Zähler entspricht dem Exponenten des Radikanden, der Nenner entspricht dem Wurzelexponenten.

Beispiel: $\sqrt{9} = \sqrt[2]{9^1} = 9^{\frac{1}{2}}$

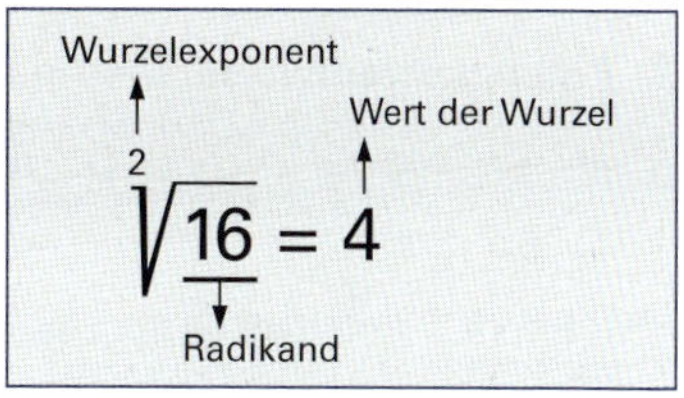

Bild 1: Darstellung einer Wurzel

Schreibweisen einer Wurzel

$$\sqrt[n]{a} = \sqrt[n]{a^1} = a^{\frac{1}{n}}$$

Quadratwurzel

$\sqrt{16}$ (sprich Quadrat-Wurzel aus 16 oder Wurzel aus 16) bedeutet, man sucht eine Zahl, die mit sich selbst multipliziert den Wert 16 ergibt.

Beispiel: $\sqrt{16} = 4$, denn $4 \cdot 4 = 16$

Der Wurzelexponent 2 bei der Quadratwurzel wird meist weggelassen.

Beispiel: $\sqrt[2]{16} = \sqrt{16} = 4$ $\quad \sqrt[2]{4^2} = \sqrt{4 \cdot 4} = \sqrt{16} = 4$

Quadratwurzel

$$\sqrt[2]{a^2} = a^{\frac{2}{2}} = a^1 = a$$

Kubikwurzel

$\sqrt[3]{27}$ (sprich 3. Wurzel aus 27 oder Kubikwurzel aus 27) bedeutet, dass man eine Zahl sucht, die dreimal mit sich selbst multipliziert den Wert 27 ergibt.

Beispiel: $\sqrt[3]{27} = 3$, denn $3 \cdot 3 \cdot 3 = 27$

Kubikwurzel

$$\sqrt[3]{a^3} = a^{\frac{3}{3}} = a^1 = a$$

Tabelle 1: Radizieren

Rechenregel	Zahlenbeispiel	Algebraisches Beispiel	Formel
1. Addition und Subtraktion von Wurzeln Wurzeln dürfen nur dann addiert oder subtrahiert werden, wenn sie gleiche Exponenten und Radikanden haben. Man addiert (subtrahiert) die Faktoren und behält die Wurzel bei.	$2\sqrt{6} + 3\sqrt{6}$ $= (2+3)\sqrt{6}$ $= 5\sqrt{6}$	$8\sqrt{m} - 3\sqrt{m}$ $= (8-3)\sqrt{m}$ $= 5\sqrt{m}$	$a\sqrt{m} + b\sqrt{m}$ $= (a+b)\sqrt{m}$
2. Radizieren eines Produktes Ist der Radikand ein Produkt, so kann die Wurzel entweder aus dem Produkt oder aus jedem einzelnen Faktor gezogen werden.	$\sqrt{9 \cdot 16} = \sqrt{144} = 12$ oder $\sqrt{9 \cdot 16} = \sqrt{9} \cdot \sqrt{16}$ $= 3 \cdot 4 = 12$	$\sqrt[3]{a \cdot b} = \sqrt[3]{a} \cdot \sqrt[3]{b}$	$\sqrt[n]{ab} = \sqrt[n]{a} \cdot \sqrt[n]{b}$
3. Radizieren einer Summe oder Differenz Ist der Radikand eine Summe oder eine Differenz, so kann nur aus dem Ergebnis die Wurzel gezogen werden.	$\sqrt{9+16} = \sqrt{25} = 5$ oder $\sqrt{5^4 - 4^2} = \sqrt{25-16}$ $= \sqrt{9} = 3$	$\sqrt[3]{a-b} = \sqrt[3]{(a-b)}$	$\sqrt[n]{a-b} = \sqrt[n]{(a-b)}$
4. Radizieren eines Quotienten Ist der Radikand ein Quotient (Bruch), so kann die Wurzel aus dem Quotienten oder aus Zähler und Nenner getrennt gezogen werden.	$\sqrt{\frac{9}{25}} = \sqrt{0{,}36} = 0{,}6$ oder $\sqrt{\frac{9}{25}} = \frac{\sqrt{9}}{\sqrt{25}} = \frac{3}{5} = 0{,}6$	$\sqrt[4]{\frac{a}{b}} = \frac{\sqrt[4]{a}}{\sqrt[4]{b}}$	$\sqrt[n]{\frac{a}{b}} = \frac{\sqrt[n]{a}}{\sqrt[n]{b}}$

[1] radix (lateinisch) Wurzel

Aufgaben | Potenzieren und Radizieren (Wurzelziehen)

1. Potenzschreibweise. Die Ausdrücke der Aufgaben a bis f sind in Potenzform zu schreiben.

a) $4a \cdot 2a \cdot a$ b) $16\ \text{dm} \cdot 2\ \text{dm} \cdot 4\ \text{dm}$ c) $2{,}5\ \text{m} \cdot 6\ \text{m} \cdot 1{,}3\ \text{m}$

d) $\frac{6a}{2} \cdot \frac{5b}{3a} \cdot \frac{1}{5} b$ e) $0{,}5\ \text{cm} \cdot \frac{1}{10}\ \text{cm} \cdot \frac{3}{4}\ \text{cm}$ f) $16\ \text{m}^2 : 8\ \text{m}$

2. Zehnerpotenzen. Die Zahlen sind in Zehnerpotenzen zu verwandeln.

a) 100; 1000; 0,01; 0,001; 1 000 000; 1/1 000 000 b) 55 420; 1 647 978; 356 763; 33 200

c) 0,033; 0,756; 0,0021; 0,000 02; 0,000 000 1 d) 1/10; 5/100; 7/1000; 33/100; 321/1000

3. Potenzschreibweise. Die folgenden Zahlen sind in Zehnerpotenzen umzuformen.

a) Lichtgeschwindigkeit $c = 299\,790\,000$ m/s

b) Umfang des Äquators $U = 40\,076\,594$ m

c) Mittlerer Abstand der Erde von der Sonne $R = 149{,}5$ Millionen km

d) Oberfläche der Erde $O = 510\,100\,933\ \text{km}^2$

4. Addition und Subtraktion. Die Potenzen sind zu addieren bzw. zu subtrahieren.

a) $5b^3 + 7b^3 + 3b^3$ b) $9m^3 - 9n^3 + 12n^3 - 5m^3 - n^3$

c) $15x^4y - 3x^2y^3 - 5x^4y$ d) $2{,}6a^2 + 5{,}9a^3 - 3{,}1a^3 + 19{,}7a^2 - a^3$

5. Multiplikation und Division. Die Potenzen sind zu multiplizieren bzw. zu dividieren.

a) $4^2 \cdot 4^3$ b) $a^5 \cdot a^4$ c) $2x^2 \cdot 4x \cdot 5x^3$ d) $0{,}5b^3 \cdot 1{,}3b^2$ e) $441x^6 : 21x^2$

f) $51a^4b^3 : 17a^2b^3$ g) $\frac{49^3}{7^3}$ h) $\frac{57^2}{19^2}$ i) $\frac{6{,}8a^2}{0{,}17a^2}$ k) $\frac{(4a)^x}{a^x}$

6. Berechnung von Wurzeln. Folgende Wurzeln sind zu berechnen bzw. vereinfacht zu schreiben.

a) $\sqrt{49}$; $\sqrt{100}$; $\sqrt{121}$; $\sqrt{168}$; $\sqrt[3]{1000}$; $\sqrt{1{,}21}$; $\sqrt{0{,}36}$; $\sqrt[3]{0{,}008}$

b) $\sqrt{a^2}$; $\sqrt{9a^2}$; $a \cdot \sqrt[3]{8m^3}$; $\sqrt{(a+b)^2}$; $\sqrt{\frac{25}{49}}$; $\sqrt{\frac{225}{16}}$; $\sqrt{\frac{a^2}{b^2}}$; $\sqrt{\frac{9c^2}{4b^2}}$

7. Wurzeln mit Variablen. Wie groß ist $\sqrt{x^2 + y^2}$ für die folgenden Werte?

a) $x = 8$; $y = 6$ b) $x = 10$ m; $y = 7{,}5$ m c) $x = 0{,}48$ cm; $y = 0{,}36$ cm

Wie groß ist $\sqrt{c^2 - b^2}$ für die folgenden Werte?

a) $c = 15$; $b = 12$ b) $c = 2{,}5$ m; $b = 1{,}5$ m c) $c = 0{,}2$ dm; $b = 0{,}16$ dm

8. Addition und Subtraktion. Die Wurzeln sind zu addieren bzw. zu subtrahieren.

a) $\sqrt{a} + \sqrt{a}$; b) $2\sqrt{m} + 7\sqrt{m}$; c) $2m\sqrt{b} + 3n\sqrt{b}$; d) $5\sqrt{9} - 3\sqrt{9}$; e) $c\sqrt{c} - 2\sqrt{c}$

9. Multiplikation und Division. Die Ausdrücke sind zu multiplizieren bzw. zu dividieren.

a) $\sqrt{4} \cdot \sqrt{9}$ b) $\sqrt{42} \cdot \sqrt{7}$ c) $\sqrt{5a} \cdot \sqrt{20a}$ d) $\sqrt{16 \cdot 49}$

e) $\sqrt{4x^2 \cdot y^2}$ f) $\sqrt{81m^4 \cdot n^2}$ g) $\sqrt{32} : \sqrt{8}$ h) $\sqrt{7ax} : \sqrt{7a}$

4.3.5 Bruchrechnen

Der Bruchterm ist ein Zahlenverhältnis und besteht aus dem Zähler und dem Nenner. Der Nenner ist die Bezugsgröße und gibt die Gesamtheit der Teile an. Der Zähler bezeichnet die Anzahl der Teile.

$$\text{Bruchterm} = \frac{\text{Zähler}}{\text{Nenner}} = \frac{3}{4} = 0{,}75$$

Das Bruchrechnen wird in der technischen Mathematik z.B. bei Teilkopf-, Kegel- oder Wechselräderberechnungen angewandt. Es wird hier nur so weit behandelt, als es für die genannten Anwendungen notwendig ist. In **Tabelle 1** sind verschiedene Arten von Brüchen aufgeführt.

Tabelle 1: Brucharten

Art	Beispiel	Kennzeichen	Wert	Bild
Echter Bruch	$\frac{1}{3}$	Zähler < Nenner	<1	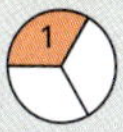
Unechter Bruch	$\frac{5}{4}$	Zähler > Nenner	>1	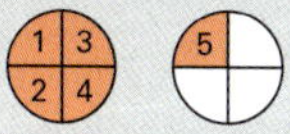
Gemischte Zahl	$1\frac{1}{4}$	Ganze Zahl und ein echter Bruch	>1	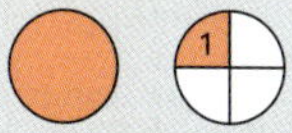
Dezimalbruch	0,75	Dezimalkomma	<1	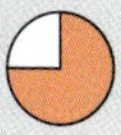

Erweitern, Kürzen und Umwandlung von Bruchtermen

Brüche können erweitert, gekürzt oder umgewandelt werden. Dabei bleibt ihr Wert unverändert **(Tabelle 2)**.

Tabelle 2: Rechenregeln für Bruchterme

Rechenregel	Zahlenbeispiel	Algebraisches Beispiel
Erweitern Beim Erweitern werden Zähler und Nenner mit demselben Faktor multipliziert.	$\frac{1}{4} = \frac{1 \cdot 6}{4 \cdot 6} = \frac{6}{24}$	$\frac{a}{b} = \frac{a \cdot c}{b \cdot c}$
Kürzen Beim Kürzen werden Zähler und Nenner durch dieselbe Zahl (bzw. denselben Buchstaben) dividiert.	$\frac{6}{24} = \frac{6:6}{24:6} = \frac{1}{4}$	$\frac{a \cdot c}{b \cdot c} = \frac{(a \cdot c):c}{(b \cdot c):c} = \frac{a}{b}$
Summen oder Differenzen Summen oder Differenzen sind vor dem Kürzen oder Erweitern zu berechnen.	$\frac{18-24}{260+20} = \frac{-6}{280} = \frac{-3}{140} = -\frac{3}{140}$	$\frac{c-b}{c+b}$ kann nicht gekürzt werden.
Umwandlung eines Bruches in einen Dezimalbruch Ein Bruch wird in einen Dezimalbruch umgewandelt, indem man den Zähler durch den Nenner dividiert.	$\frac{3}{8} = 3:8 = 0{,}375$	–
Umwandlung eines Dezimalbruches in einen Bruch Ein endlicher Dezimalbruch wird in einen Bruch verwandelt, indem man in den Zähler alle Ziffern nach dem Komma schreibt. Der Nenner erhält eine 1 mit so vielen Nullen wie der Zähler Stellen hat.	$0{,}48 = \frac{48}{100} = \frac{12}{25}$	–

Aufgaben **Bruchrechnen**

1. Die folgenden Brüche sind so zu erweitern, dass sich der Nenner 24 ergibt.
   a) 3/4 b) 1/2 c) 5/4 d) 5/12 e) 6/8
2. Die folgenden Brüche sind so weit als möglich zu kürzen.
   a) 3/21 b) 4/48 c) 33/66 d) 36/45 e) 40/132
3. Die folgenden Brüche sind in Dezimalbrüche umzuwandeln.
   a) 3/21 b) 4/48 c) 33/66 d) 36/45 e) 40/132
4. Die folgenden Dezimalbrüche sind in Brüche zu verwandeln.
   a) 0,9375 b) 0,375 c) 0,85 d) 0,2 e) 0,333

4.3.6 Schlussrechnungen (Dreisatzrechnung)

Bei der Schlussrechnung wird in drei Sätzen (Dreisatzrechnung) eine Größe berechnet. Man schließt von der bekannten Größe auf die Einheit und von dieser auf die gesuchte Größe der Mehrheit **(Bild 1)**. Man unterscheidet:

- Schlussrechnung für direkt proportionale Verhältnisse
- Schlussrechnung für indirekt proportionale Verhältnisse

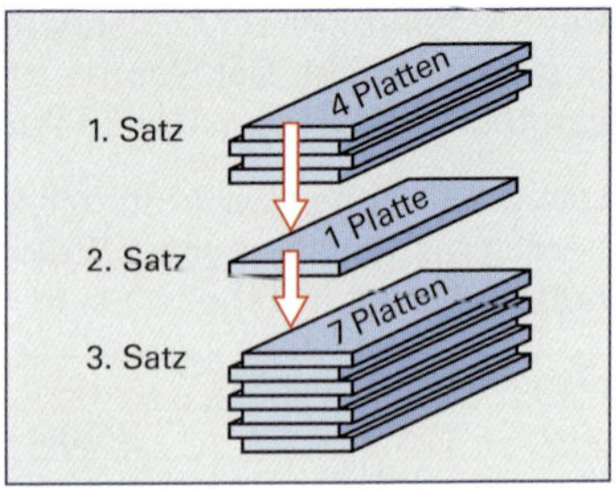

Bild 1

Schlussrechnung für direkt proportionale Verhältnisse

Bei der Schlussrechnung für direkt proportionale Verhältnisse verhalten sich zwei abhängige Größen im gleichen Verhältnis zueinander.

Beispiel: Der Antriebsmotor einer Entwässerungspumpe verbraucht in 60 Stunden 498 Liter Dieselkraftstoff **(Bild 2)**. Welche Kraftstoffmenge ist für 150 Betriebsstunden erforderlich?

Lösung: 1. Satz **Behauptung**: In 60 h ist der Verbrauch 498 l

2. Satz **Berechnung der Einheit**: In 1 h ist der Verbrauch $\frac{498\ \text{l}}{60\ \text{h}}$

3. Satz **Berechnung der Mehrheit**:

In 150 h ist der Verbrauch $\frac{498\ \text{l} \cdot 150\ \text{h}}{60\ \text{h}} = \mathbf{1245\ l}$

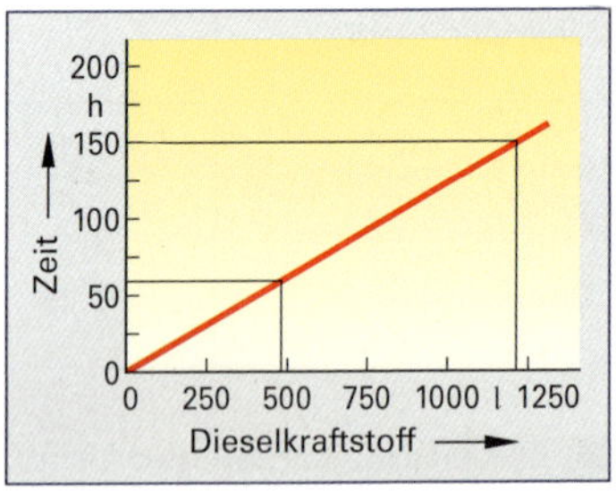

Bild 2

Schlussrechnung für indirekt proportionale Verhältnisse

Bei der Schlussrechnung für indirekt proportionale Verhältnisse verhalten sich zwei voneinander abhängige Größen im umgekehrten Verhältnis zueinander.

Beispiel: 3 Arbeiter montieren in einem Wohnhaus die Fenster in 170 Stunden **(Bild 3)**. Wie viele Stunden benötigen 12 Arbeiter für den gleichen Auftrag?

Lösung: 1. Satz **Behauptung**: 3 Arbeiter benötigen 170 h

2. Satz **Berechnung der Einheit**: 1 Arbeiter benötigt 3 · 170 h

3. Satz **Berechnung der Mehrheit**:

12 Arbeiter benötigen $\frac{3 \cdot 170\ \text{h}}{12} = \mathbf{42{,}5\ h}$

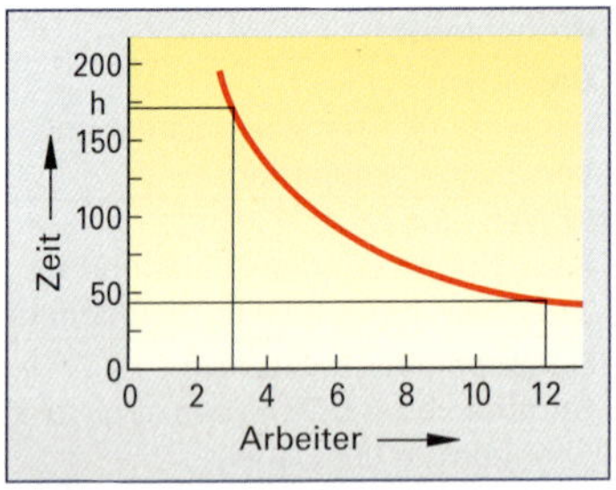

Bild 3

Aufgaben | **Schlussrechnungen (Dreisatzrechnung)**

1. Gesucht sind die Werkstoffkosten für 185 Deckel aus Stahlguss von je 1,35 kg Gewicht, wenn 1 kg des Werkstoffs 1,08 € kostet.

2. 130 l Schmieröl kosten 225 €. Wie teuer sind 84 l?

3. 7 kg Messing enthalten 4,4 kg Kupfer. Wie viel Kupfer ist in 24 kg Messing enthalten?

4. 34 Platten aus Aluminium wiegen 95 kg. Wie viel wiegen 11 Stück der gleichen Platten?

5. An einem Behälter sind 78 m Schweißnaht zu schweißen. Nach 24,75 m Schweißnaht betrug der Verbrauch an Acetylen 4950 l. Wie viel l Acetylen sind für die Fertigstellung der Naht noch erforderlich?

6. 40 Arbeiter montieren die Fassadenpaneele an einem Gebäude in 48 Tagen. Wie viele Arbeiter sind erforderlich, wenn die Arbeit 18 Tage früher fertig sein soll?

7. 4 m^2 Messingblech, 4 mm dick, wiegen 136 kg. Wie viel wiegen 10 m^2 Messingblech, 6 mm dick?

8. 6 Schweißroboter schweißen täglich in 8 Stunden 180 Mulden. Wie viele Mulden werden an einem Tag geschweißt, wenn 4 Schweißroboter taglich 10 Stunden arbeiten?

4.3.7 Prozentrechnungen

Bei der Prozentrechnung werden anteilige Größen vom Ganzen berechnet **(Bild 1)**.

Bezeichnungen:

P_s	Prozentsatz, Prozent	%
G_w	Grundwert	z. B. €, EUR
P_w	Prozentwert	z. B. €, EUR

Prozentwert = $\dfrac{\textbf{Grundwert} \cdot \textbf{Prozentsatz}}{\textbf{100\%}}$

$$P_w = \frac{G_w \cdot P_s}{100\,\%}$$

1. Beispiel: Wie groß ist der Prozentwert in € für einen Grundwert von 500,– € bei einem Prozentsatz von 7 %?

Lösung: $P_w = \dfrac{G_w \cdot P_w}{100\,\%} = \dfrac{500{,}\text{–}\,€ \cdot 7\,\%}{100\,\%} = \mathbf{35{,}\text{–}\,€}$

Die Prozentrechnung kann auch als Schlussrechnung durchgeführt werden, indem man vom Ganzen (100%) auf die Einheit (1%) schließt.

2. Beispiel: Von 600 Motorradunfällen eines Jahres verliefen 17 Unfälle tödlich **(Bild 1)**. Wie viel Prozent waren das?

a) Lösung durch Schlussrechnung:

600 Unfälle entsprechen 100 %

1 Unfall entspricht $\dfrac{100}{600}$ %

17 Unfälle entsprechen $\dfrac{100 \cdot 17}{600}\,\% = \mathbf{2{,}83\,\%}$

b) Lösung mit Formel:

$$P_w = \frac{G_w \cdot P_s}{100\,\%}$$

$$P_s = \frac{100\,\% \cdot P_w}{G_w} = \frac{100\,\% \cdot 17}{600} = \mathbf{2{,}83\,\%}$$

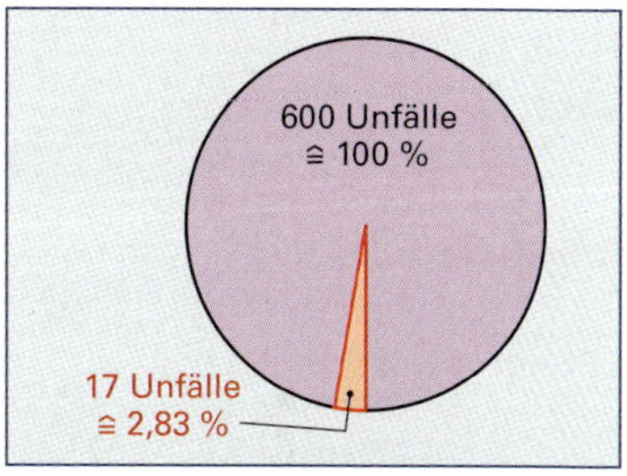

Bild 1

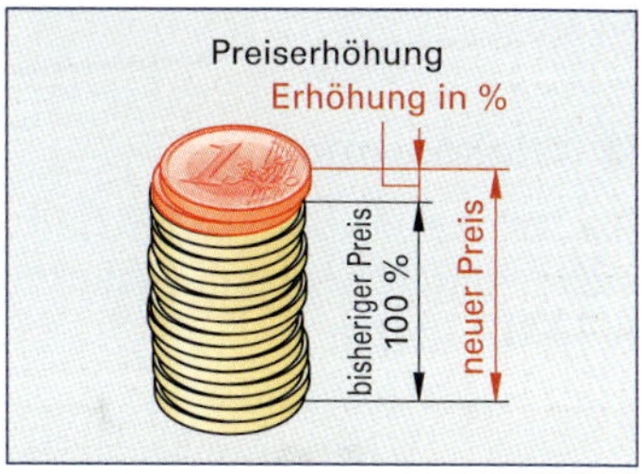

Bild 2

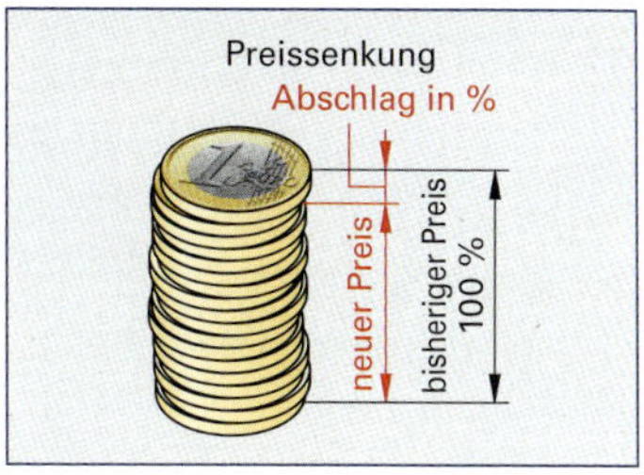

Bild 3

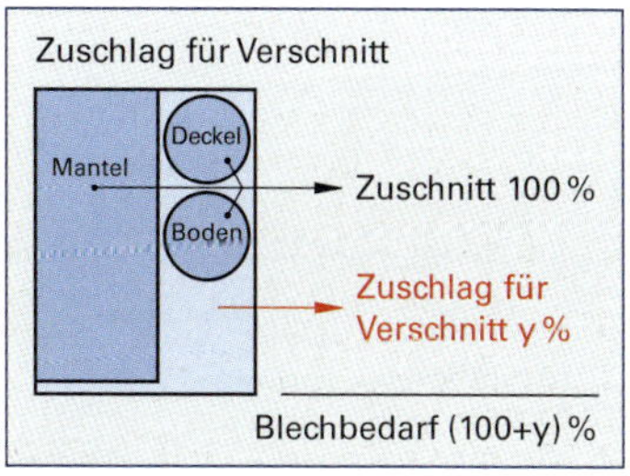

Bild 4

Aufgaben Prozentrechnungen

1. Folgende echte Brüche sollen zuerst als Dezimalzahl, dann in Prozent geschrieben werden:
   $^1/_2$; $^1/_4$; $^1/_5$; $^1/_{20}$; $^1/_{40}$; $^1/_{100}$. Beispiel: $^1/_2 = 0{,}5 \mathrel{\hat=} 50\,\%$.

2. Wie viel Prozent beträgt die jeweilige Preiserhöhung, wenn folgende Preise um je 0,40 € steigen: 3,20 €; 7,50 €; 25,50 €; 34,90 € **(Bild 2)**.

3. Wie viel Prozent beträgt die jeweilige Preisermäßigung, wenn folgende Preise um je 0,35 € herabgesetzt werden: 6,– €; 11,45 €; 4,99 €; 18,20 € **(Bild 3)**.

4. Für die Herstellung von Blechdosen ist ein Zuschnitt von 160 cm^2 Stahlblech notwendig. Als Abfall ergeben sich 44 cm^2 Stahlblech **(Bild 4)**. Gesucht ist der Zuschlag für Verschnitt in Prozent.

5. Eine 1,5 m lange Stange wird auf Zug beansprucht und verlängert sich dabei um 1 mm. Gesucht ist die prozentuale Dehnung.

4.3.8 Winkelberechnungen

Als Einheiten der Winkelmaße werden Sekunde, Minute und Grad verwendet und mit dem Faktor 60 umgerechnet **(Tabelle 1)**.

In der Technik werden Winkel überwiegend als Dezimalbruch geschrieben, weil damit einfacher gerechnet und programmiert werden kann.

1. Beispiel: Der Steigungswinkel einer Treppe beträgt 31° 42′ 54″. Wie groß ist der Winkel in Dezimalbruch-Schreibweise?

Lösung:

$$31° = 31{,}000°$$

$$42' = \frac{24°}{60} = 0{,}700°$$

$$54' = \frac{54°}{60 \cdot 60} = 0{,}015°$$

$$31°\,42'\,54'' = \mathbf{31{,}715°}$$

2. Beispiel: Die Winkelangabe α = 15,7106° ist in Grad, Minuten und Sekunden umzurechnen **(Bild 1)**.

Lösung:

$$15° = 15°$$

$$0{,}7106° = 0{,}7106 \cdot 60' = 42{,}636'$$

$$0{,}636' = 0{,}636 \cdot 60'' = 38{,}16''$$

$$15{,}7106° = \mathbf{15°\,42'\,38{,}16''}$$

Tabelle 1

Einheitenname	Einheitenzeichen	Umrechnung
Sekunde	″	–
Minute	′	1′ = 60″
Grad	°	1° = 60′

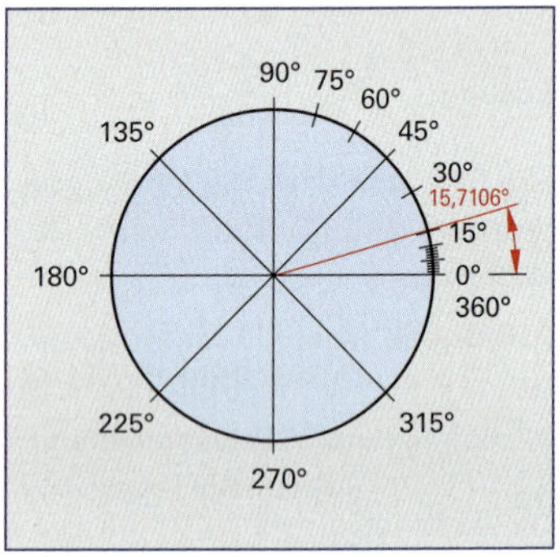

Bild 1: Winkelteilung

■ Winkelarten

Für Winkel an Parallelen und sich schneidenden Geraden bestehen durch ihre Lage bestimmte geometrische Zusammenhänge **(Bild 2)**.

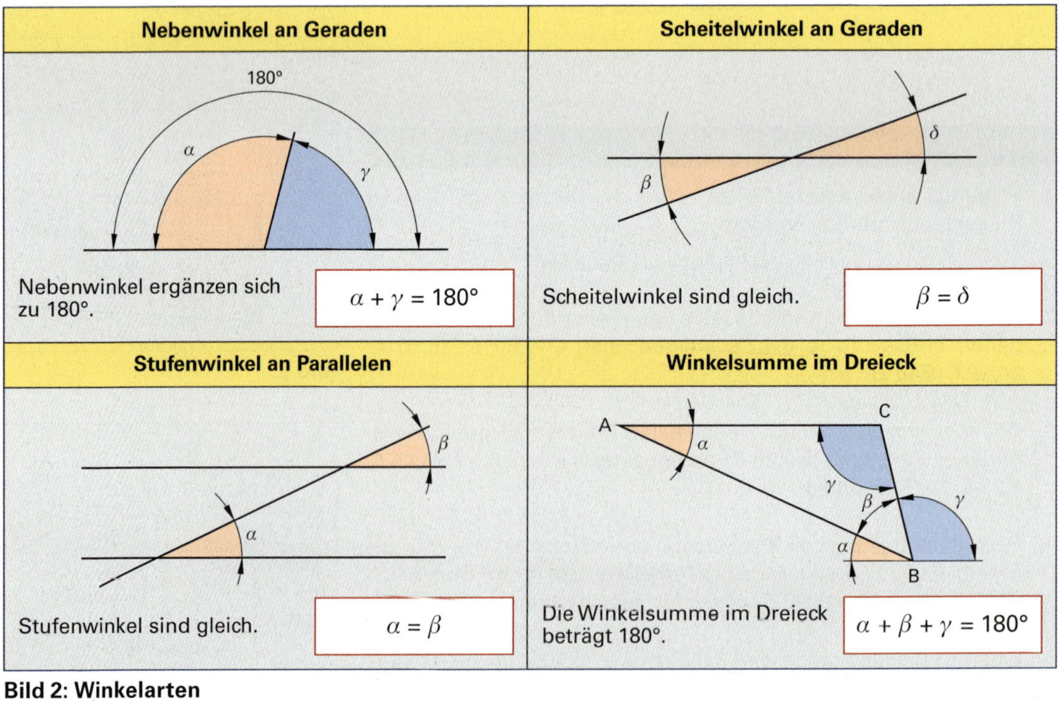

Bild 2: Winkelarten

Winkelumrechnungen mit dem Taschenrechner

Bei manchen Taschenrechnern ist die direkte Eingabe möglich.

1. Beispiel: Die Winkelangabe x = 14° 27' 36" ist in Dezimalbruch-Schreibweise zu verwandeln.

Lösung:

Lösung mit dem Taschenrechner							
Schritt	1	2	3	4	5	6	7
Eingabe	AC	14	° ′ ″	27	° ′ ″	36	° ′ ″
Anzeige	0	14	14	27	14,45	36	14,46

2. Beispiel: Die Winkelangabe β = 38,724° ist in Grad, Minuten und Sekunden zu verwandeln.

Lösung:

Lösung mit dem Taschenrechner				
Schritt	1	2	3	4
Eingabe	AC	38,724	INV	° ′ ″
Anzeige	0	38,724	38,724	38 43 26,4 = 38° 43′ 26,4″

Aufgaben Winkelberechnungen

1. Die folgenden Winkel sollen in Grad und in Minuten angegeben werden: $27\,^1/_2$°; 62,67°; 38,23°.

2. a) Wieviel Grad und Minuten sind 362′; 89′; 582′; 1324′?
   b) Wieviel Minuten und Sekunden sind 16,42′; 49,6′; 0,06′?

3. Die Winkel α, β, γ und δ der Platte in **Bild 1** sind zu berechnen.

4. Wie groß ist jeweils der dritte Dreieckswinkel in **Bild 2**, wenn
   a) α = 17°; β = 47°,
   b) γ = 72° 8′; β = 31°,
   c) α = 121°; γ = 56° 41′ gegeben sind?

5. Auf einem Kreisringstück sind 8 Bohrungen gleichmäßig verteilt **(Bild 3)**. Der Randabstand auf beiden Seiten ist jeweils 10°. Wie groß ist der Lochmittenabstand α im Winkelmaß?

6. Wie groß ist jeweils der Mittelpunktswinkel α und der Eckenwinkel β im regelmäßigen Sechseck **(Bild 4)** im Acht- und Zehneck?

7. Auf dem Lochkreis eines Flansches sind 7 Bohrungen gleichmäßig verteilt **(Bild 5)**. Wie groß ist der Mittelpunktswinkel α zwischen je zwei Bohrungen in Grad, Minuten und Sekunden?

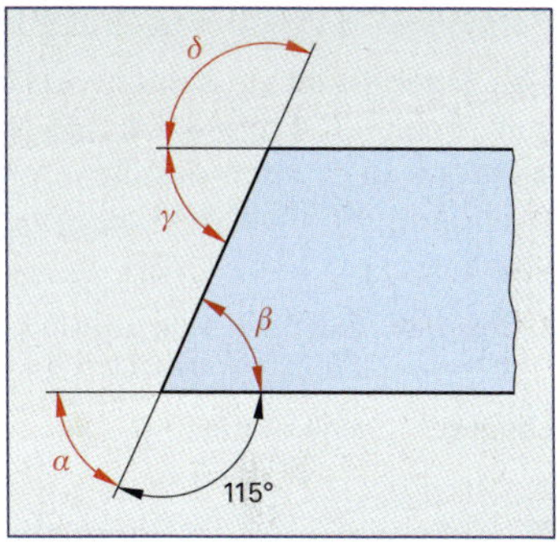

Bild 1

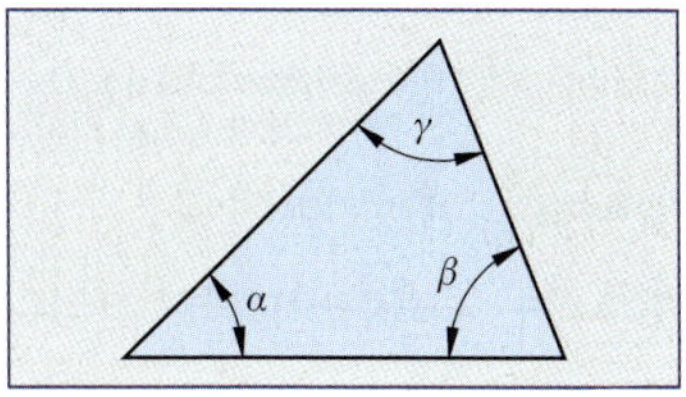

Bild 2

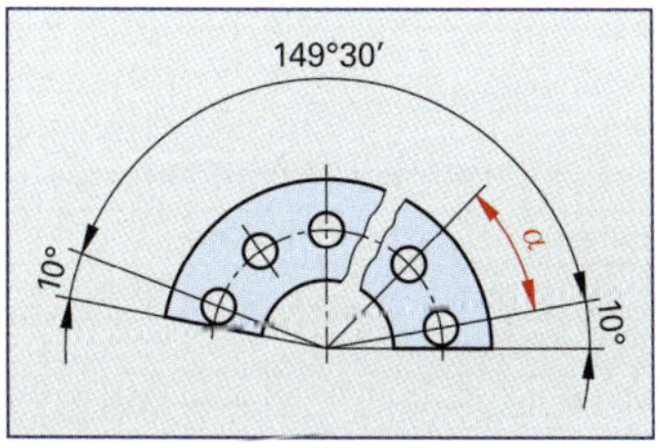

Bild 3

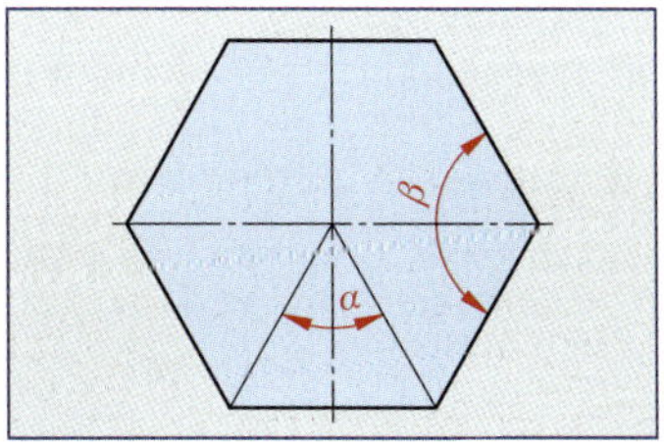

Bild 4

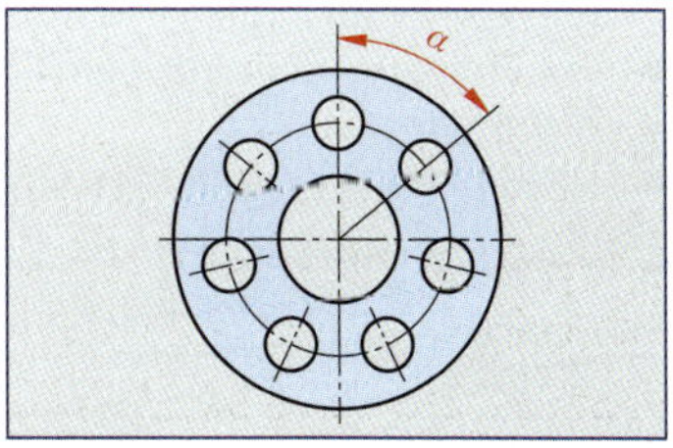

Bild 5

4.4 Angewandte Grundrechnungsarten

Technische Zusammenhänge werden häufig in mathematischen Formeln ausgedrückt, die dann zur Lösung von Problemstellungen, zum Beispiel zur Berechnung von Geschwindigkeiten, Kräften, Beanspruchungen und Zeiten, angewandt werden.

Beispiel: Formel zur Berechnung der mechanischen Leistung

$$P = \frac{F \cdot s}{t}$$

4.4.1 Formeln (Größengleichungen)

Formeln bestehen aus	Beispiele:
Formelzeichen	P für die Leistung s für den Weg t für die Zeit
Operatoren (Rechenvorschriften)	= ist gleich (Gleichheitszeichen) · Multiplikation – (Bruchstrich), Division
Konstanten	π (Zahl Pi = 3,141592654...)
Zahlen	4,10,112...

Beim Lösen von Aufgaben gelten die allgemeinen Rechenregeln der Mathematik (Seite 242). Anstelle der Platzhalter werden bekannte physikalische Größen in die Formel eingesetzt. Anschließend kann die gesuchte Größe berechnet werden.

Das **Ergebnis** ist ein **Zahlenwert** mit einer **Einheit (eine sog. Größe)**, zum Beispiel: 4 m; 12,6 s; 145 N/mm^2. Die Einheiten werden vor, während oder nach der Berechnung so umgeformt, dass der Rechengang möglich wird oder im Ergebnis die gewünschte Einheit steht.

1. Beispiel: **Leistung.** Wie groß ist die Leistung in W (Watt) für die Kraft $F = 220$ N, den Weg $s = 0{,}5$ m und die Zeit $t = 12$ s?

Lösung: siehe **Tabelle 1.**

Tabelle 1: Rechnen mit Formeln

Lösungsschritt	Rechengang
Ausgangsformel	$P = \frac{F \cdot s}{t}$
Einsetzen der bekannten Größen	$P = \frac{220\ \text{N} \cdot 0{,}5\ \text{m}}{12\ \text{s}}$
Berechnung der gesuchten Größe	$= 9{,}16\ \frac{\text{N} \cdot \text{m}}{\text{s}}$
Umrechnung der Einheit $\frac{\text{N} \cdot \text{m}}{\text{s}}$ in W (Watt)	$= 9{,}16\ \frac{\text{N} \cdot \text{m}}{\text{s}} \cdot \frac{1\ \text{W} \cdot \text{s}}{\text{N} \cdot \text{m}}$ $= \mathbf{9{,}16\ W}$

Umstellung von Formeln

Steht in einer Formel die gesuchte Größe nicht allein auf einer Seite, so kann sie erst nach einer Umstellung der Formel berechnet werden (Seite 269).

2. Beispiel: **Formelumstellung.** Die Formel für die mechanische Leistung P ist nach der Zeit t umzustellen.

Lösung: siehe **Tabelle 2.**

Tabelle 2: Formelumstellung

Beschreibung	Lösungsschritt
Formel	$P = \frac{F \cdot s}{t}$
beide Formelseiten mit t multiplizieren, rechte Seite kürzen	$P \cdot t = \frac{F \cdot s}{\not{t}} \cdot \not{t}$
beide Formelseiten durch P dividieren, linke Seite kürzen	$\frac{\not{P} \cdot t}{\not{P}} = \frac{F \cdot s}{P}$
umgestellte Formel:	$\mathbf{t = \frac{F \cdot s}{P}}$

4.4.2 Zahlenwertgleichungen

In Zahlenwertgleichungen sind die üblichen Umrechnungen von Einheiten bereits in die Formeln eingearbeitet. Beachte:

- Die Zahlenwerte der Größen dürfen nur in den vorgeschriebenen Einheiten in die Gleichung eingegeben werden.
- Die Einheiten der einzelnen Größen werden bei der Berechnung nicht mitgeführt.
- Die Einheit der gesuchten Größe (Ergebnis) ist vorgegeben.

Beipiel: Zahlenwertgleichung Drehmoment

$$M = \frac{9549 \cdot P}{n}$$

vorgeschriebene Einheiten		
Bezeichnung		Einheit
M	Drehmoment	N·m
P	Leistung	kW
n	Drehzahl	1/min

3. Beispiel: **Drehmoment *M*.** Die Hauptspindel einer Drehmaschine wird mit der Leistung $P = 25$ kW angetrieben. Wie groß ist das Drehmoment bei einer Drehzahl $n = 710$/min?

Lösung: $M = \frac{9549 \cdot P}{n} = \frac{9549 \cdot 25}{710}\ \text{N} \cdot \text{m} = 336{,}23\ \text{N} \cdot \text{m}$

4.4.3 Größen und Einheiten

In technischen Berechnungen sind die Formelzeichen aller Formeln Platzhalter für physikalische Größen **(Bild 1).** Sie bestehen aus einem

- **Zahlenwert,** der durch Messung oder Berechnung ermittelt wird, und aus einer
- **Einheit,** zum Beispiel m, kg, s, N.
  Die Größen, ihre Kurzzeichen und ihre Einheiten sind in DIN 1301 festgelegt **(Tabelle 1).**

Beispiel: Längenangabe

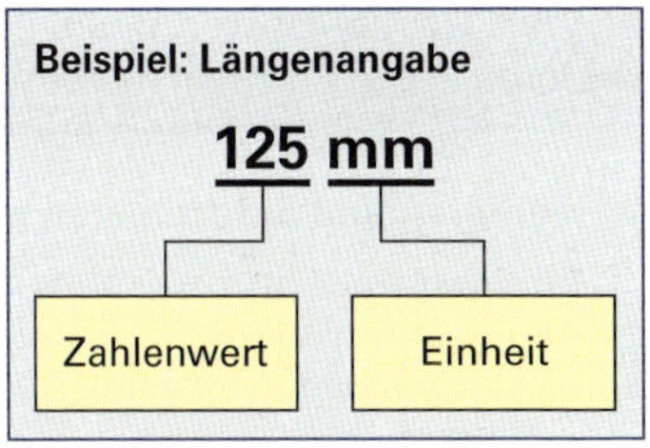

Bild 1: Physikalische Größe

Tabelle 1: Größen und Einheiten (Auszug)

Größe		Basiseinheit der Größe	
Bezeichnung	**Formelzeichen**	**Kurzzeichen**	**Name**
Länge	l	m	Meter
Fläche	A	m^2	Quadratmeter
Volumen	V	m^3	Kubikmeter
Winkel	α, β ...	°	Grad
Masse	m	kg	Kilogramm
Dichte	ϱ	kg/m^3	Kilogramm pro Kubikmeter
Kraft	F	N	Newton
Gewichtskraft	F_G	N	Newton
Leistung	P	N · m/s	Newton mal Meter pro Sekunde
Zeit	t	s	Sekunde
Drehzahl	n	1/min	Eins pro Minute
Beschleunigung	a	m/s^2	Meter pro Sekunde²

In allen Kapiteln des Rechenbuches sind die nötigen Formelzeichen und ihre Einheiten unter **„Bezeichnungen"** zusammengefasst.

Beispiel: Längenangabe

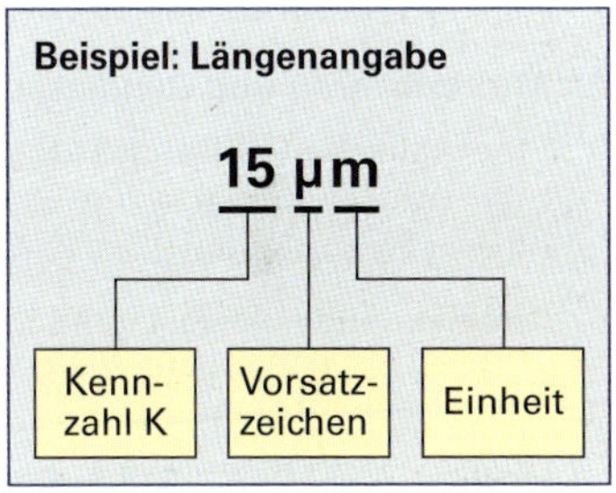

Bild 2: Schreibweise mit Vorsatzzeichen

4.4.4 Darstellung großer und kleiner Zahlenwerte

Große und kleine Zahlenwerte in physikalischen Größen lassen sich durch Vorsatzzeichen übersichtlicher darstellen **(Tabelle 2).** Die Vorsatzzeichen stehen ohne Zwischenraum vor der Einheit, zum Beispiel µm, kN, mm, cm.

Zahlenwert

$$Z = x \cdot K$$

Bezeichnungen:
Z Zahlenwert der physikalischen Größe
K Kennzahl der physikalischen Größe
x Umrechnungsfaktor

Aus der Kennzahl K und dem Umrechnungsfaktor x **(Tabelle 2)** kann der Zahlenwert der physikalischen Größe berechnet werden.

1. Beispiel: Das Lager einer NC-Drehmaschine wird mit der Kraft $F = 12$ kN belastet. Wie groß ist die Kraft in N?

Lösung: $Z = x \cdot K$; nach **Tabelle 2** $x = 10^3$
$Z = x \cdot K = 10^3 \cdot 12 = 12000$
$F =$ **12 000 N**

2. Beispiel: Die Masse einer Stange von 2355 g ist in kg zu berechnen.

Lösung: $Z = x \cdot K$; nach **Tabelle 2** $x = 10^{-3}$
$Z = 10^{-3} \cdot 2355 = 2{,}355$
$m =$ **2,355 kg**

Tabelle 2: Vorsatzzeichen und Umrechnungsfaktoren

Vorsatzzeichen	Bezeichnung	Faktor x
P	Piko-	10^{-12}
n	Nano-	10^{-9}
µ	Mikro-	10^{-6}
m	Milli-	10^{-3}
c	Zenti-	10^{-2}
d	Dezi-	10^{-1}
da	Deka-	10^{1}
h	Hekto-	10^{2}
k	Kilo-	10^{3}
M	Mega-	10^{6}
G	Giga-	10^{9}
T	Tera-	10^{12}

4.4.5 Rechnen mit physikalischen Größen

Eine physikalische Größe wird mathematisch wie ein Produkt behandelt. Der Zahlenwert und die dazu gehörende Einheit bilden die Faktoren. Beim Rechnen mit physikalischen Größen gelten die gleichen Regeln wie bei allen mathematischen Berechnungen.

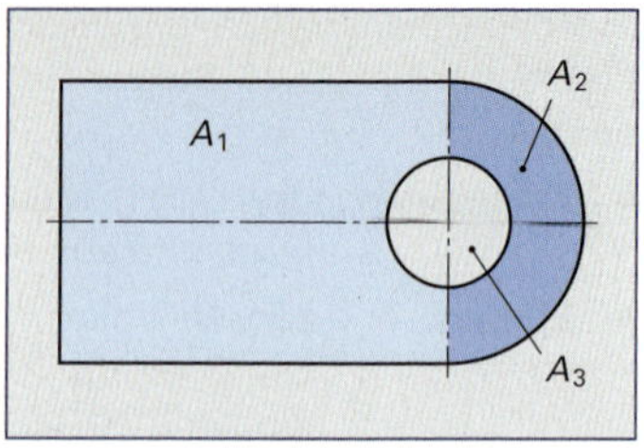

Bild 1: Formplatte

1. Addieren und Subtrahieren physikalischer Größen

Physikalische Größen können nur addiert bzw. subtrahiert werden, wenn die Einheiten gleich sind. Man addiert bzw. subtrahiert die Zahlenwerte und behält die Einheit bei.

Beispiel: **Formplatte (Bild 1).** Für die Ermittlung der Gesamtfläche A der Formplatte wurden die Teilflächen $A_1 = 415\ \text{mm}^2$, $A_2 = 1{,}455\ \text{cm}^2$ und $A_3 = 78{,}5\ \text{mm}^2$ berechnet

Wie groß ist die Gesamtfläche A?

Lösung: $A = A_1 + A_2 - A_3 = 415\ \text{mm}^2 + 145{,}5\ \text{mm}^2 - 78{,}5\ \text{mm}^2$
$= (415 + 145{,}5 - 78{,}5)\ \text{mm}^2 = \mathbf{482\ mm^2}$

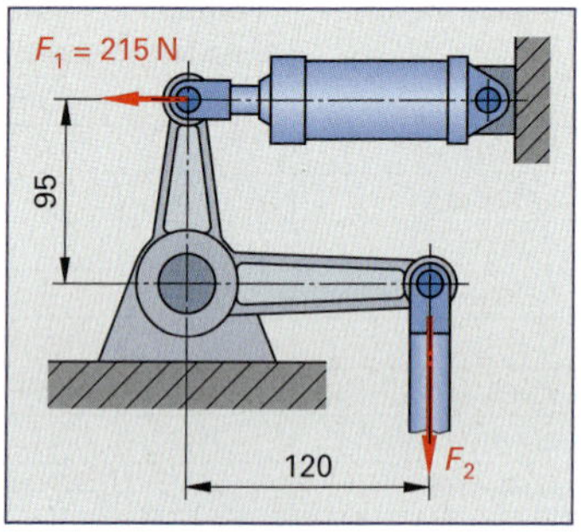

Bild 2: Umlenkhebel

2. Multiplizieren und Dividieren physikalischer Größen

Physikalische Größen werden multipliziert bzw. dividiert, indem man die Zahlenwerte und Einheiten jeweils miteinander multipliziert bzw. dividiert.

Beispiel: **Umlenkhebel (Bild 2).** Am Umlenkhebel greift die Kraft $F_1 = 215\ \text{N}$ an. Wie groß ist die Kraft F_2 für $l_1 = 95\ \text{mm}$ und $l_2 = 12\ \text{cm}$?

Lösung: $$F_2 = \frac{F_1 \cdot l_1}{l_2} = \frac{215\ \text{N} \cdot 95\ \text{mm}}{120\ \text{mm}} = 170{,}2\frac{\text{N} \cdot \cancel{\text{mm}}}{\cancel{\text{mm}}} = \mathbf{170{,}2\ N}$$

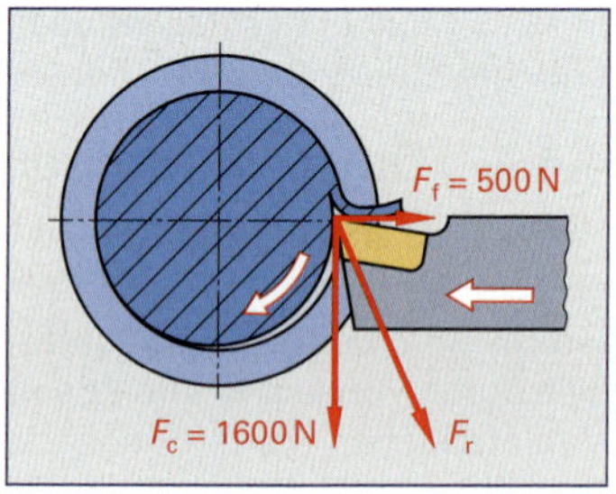

Bild 3: Kräfte beim Zerspanen

3. Potenzieren und Radizieren physikalischer Größen

Physikalische Größen werden potenziert bzw. radiziert, indem man die Zahlenwerte und Einheiten jeweils potenziert bzw. radiziert.

Beispiel: **Kräfte beim Zerspanen (Bild 3).** Auf einen Stechdrehmeißel wirken beim Einstechdrehen die Schnittkraft $F_c = 1{,}6\ \text{kN}$ und die Vorschubkraft $F_f = 500\ \text{N}$. Wie groß ist die Resultierende aus den Kräften F_c und F_f?

Lösung: $$F_r^2 = F_c^2 + F_t^2 \qquad F_r^2 = \sqrt{F_c^2 + F_f^2} = \sqrt{(1600\ \text{N})^2 + (500\ \text{N})^2}$$
$$F_r = \sqrt{(1600^2 + 500^2) \cdot \text{N}^2} = \sqrt{2810000} \cdot \sqrt{\text{N}^2} = \mathbf{1676\ N}$$

4.4.6 Umrechnen von Einheiten

Berechnungen mit Längen, Flächen, Volumen, Kräften ... sind nur dann möglich, wenn sich ihre Einheiten jeweils auf dieselbe Basis beziehen, zum Beispiel mm, mm^2, mm^3 oder N. Zur Erfüllung dieser Bedingung müssen Einheiten häufig umgerechnet werden. Dies erfolgt durch Multiplikation der vorgegebenen Einheiten mit Umrechnungsfaktoren **(Tabelle 1)**.

Tabelle 1: Umrechnung von Einheiten

Größe	Umrechnungsfaktoren	Größe	Umrechnungsfaktoren
Längen	$\frac{10\ \text{mm}}{1\ \text{cm}} = \frac{1000\ \text{mm}}{1\ \text{m}} = \frac{1\ \text{m}}{1000\ \text{mm}} = \frac{1\ \text{km}}{1000\ \text{m}}$	Zeit	$\frac{60\ \text{min}}{1\ \text{h}} = \frac{3600\ \text{s}}{1\ \text{h}} = \frac{60\ \text{s}}{1\ \text{min}} = \frac{1\ \text{min}}{60\ \text{s}}$
Flächen	$\frac{100\ \text{mm}^2}{1\ \text{cm}^2} = \frac{100\ \text{cm}^2}{1\ \text{dm}^2} = \frac{1\ \text{dm}^2}{100\ \text{cm}^2} = \frac{10^6\ \text{mm}^2}{1\ \text{m}^2}$	Winkel	$\frac{60}{1°} = \frac{60}{1} = \frac{3600}{1°} = \frac{1°}{60}$
Volumen	$\frac{1000\ \text{mm}^3}{1\ \text{cm}^3} = \frac{1000\ \text{cm}^3}{1\ \text{dm}^3} = \frac{1\ \text{dm}^3}{1000\ \text{cm}^3} = \frac{10^3\ \text{mm}^3}{1\ \text{m}^3}$	Zoll	$1\ \text{inch} = 25{,}4\ \text{mm};\quad 1\ \text{mm} = \frac{1}{25{,}4}\ \text{inch}$

Vereinfachte Umrechnungen häufig vorkommender Einheiten sind in **Tabelle 1** dargestellt.

Tabelle 1: Umrechnung von Einheiten

Länge	Fläche
1 m = 10 dm = 100 cm = 1000 mm	1 m^2 = 100 dm^2 = 10000 cm^2 = 1000000 mm^2
m ↖ 1 Stelle ↗ dm ↖ 1 Stelle ↗ cm ↖ 1 Stelle ↗ mm	m^2 ↖ 2 Stellen ↗ dm^2 ↖ 2 Stellen ↗ cm^2 ↖ 2 Stellen ↗ mm^2
1 m = 10^1 dm = 10^2 cm = 10^3 mm	1 m^2 = 10^2 dm^2 = 10^4 cm^2 = 10^6 mm^2
Volumen	**Masse**
1 m^3 = 1000 dm^3 = 1000000 cm^3 = 1000000000 mm^3	1 t = 1000 kg = 1000000 g = 1000000000 mg
m^3 ↖ 3 Stellen ↗ dm^3 ↖ 3 Stellen ↗ cm^3 ↖ 3 Stellen ↗ mm^3	t ↖ 3 Stellen ↗ kg ↖ 3 Stellen ↗ g ↖ 3 Stellen ↗ mg
1 m^3 = 10^3 dm^3 = 10^6 cm^3 = 10^9 mm^3	1 t = 10^3 kg = 10^6 g = 10^9 mg
Hohlmaß	**Kraft**
Den Inhalt von Gefäßen misst man in Litern. 1 l = 1 dm^3 1 dl = 0,1 dm^3 1 cl = 0,01 dm^3 1 ml = 0,001 dm^3 = 1 cm^3	1 MN = 1000 kN = 1000000 N 1 MN = 10^3 kN = 10^6 N

Beispiele für die Umrechnung von Einheiten

Größen	Umrechnung in größere Einheiten		Umrechnung in kleinere Einheiten	
Länge	185,4 mm = ? cm 185,4 mm = 18,54 cm	1 Stelle ←	1 Stelle →	67,5 m = ? dm 67,5 m = 675 dm
Fläche	185,4 mm^2 = ? cm^2 185,4 mm^2 = 1,854 cm^2	2 Stellen ←	2 Stellen →	67,5 m^2 = ? dm^2 67,5 m^2 = 6750 dm^2
Volumen	185,4 mm^3 = ? cm^3 185,4 mm^3 = 0,1854 cm^3	3 Stellen ←	3 Stellen →	67,5 m^3 = ? dm^3 67,5 m^3 = 67500 dm^3
inch mm	**Beispiel:** 127 mm = ? inches **Lösung:** 25,4 mm = 1 inch 1 mm = $\frac{1}{25{,}4}$ inch 127 mm = $\frac{127 \cdot 1}{25{,}4}$ inch **= 5 inches**		**Beispiel:** $3\frac{1}{4}$ inches = ? mm **Lösung:** 1 inch = 25,4 mm $3\frac{1}{4}$ inches = $\frac{13}{4}$ inches = $\frac{25{,}4\ \text{mm} \cdot 13}{4}$ **= 82,55 mm**	

Beispiel: **Leistungsberechnung.** Ein Gabelstapler **(Bild 1)** hebt eine Maschine in 0,3 min in 480 mm Höhe. Die mechanische Leistung P ist in W (Watt) zu berechnen, wenn die Maschine eine Gewichtskraft F_G = 15 kN hat.

Bild 1: Gabelstapler

Lösung:

$$P = \frac{F_G \cdot s}{t} = \frac{15\,\text{kN} \cdot 480\,\text{mm}}{0{,}3\,\text{min}}$$ Ausgangsform

$$P = \frac{15\,\cancel{\text{kN}} \cdot \frac{1000\text{N}}{\cancel{\text{kN}}} \cdot 480\,\text{mm}}{0{,}3\,\text{mm}}$$ Umrechnen der Einheit kN in N; Kürzen der Einheit kN

$$P = \frac{15 \cdot 1000\,\text{N} \cdot 480\,\cancel{\text{mm}} \cdot \frac{1\,\text{m}}{1000\,\cancel{\text{mm}}}}{0{,}3\,\text{mm}}$$ Umrechnen der Einheit mm in m; Kürzen der Einheit mm

$$P = \frac{15 \cdot \cancel{1000} \cdot 480\,\text{N} \cdot \text{m}}{\cancel{1000} \cdot 0{,}3\,\cancel{\text{min}} \cdot \frac{60\,\text{s}}{\cancel{\text{min}}}}$$ Umrechnen der Einheit min in s; Kürzen der Einheit min; Kürzen des Faktors 1000

$$P = 400\,\frac{\text{N} \cdot \text{m}}{\text{s}} = \mathbf{400\ W}$$ Berechnung des Zahlenwerts der Leistung P

$$1\,\text{W} = 1\,\frac{\text{N} \cdot \text{m}}{\text{s}}$$

Aufgaben — Umrechnung von Einheiten und Rechnen mit physikalischen Größen

1. **Umrechnungen.** Die in der **Tabelle 1** angegebenen Größen sind in die gewünschten Einheiten umzurechnen.

Tabelle 1: Umrechnung von Einheiten

Umrechnung in:	a	b	c	d	e	f	g
m und dm	100 cm	75 mm	6,5 km	1 mm	235 cm	0,7 cm	23,5 cm
cm und mm	3,7 m	39,6 dm	2,04 dm	13,007 m	0,75 dm	639 µm	7,58 dm
dm^2 und cm^2	1,45 m^2	0,265 m^2	14,7 m^2	0,056 m^2	0,09 m^2	3103 mm^2	9 mm^2
m^3 und dm^3	115 cm^3	63 mm^3	3 mm^3	1675 cm^3	0,343 cm^3	2 cm^3	125 450 mm^3
µm	0,3 mm	0,405 mm	1,75 mm	0,001 mm	1,52 mm	0,078 mm	0,035 mm

2. **Umfangsgeschwindigkeit ($v = \pi \cdot d \cdot n$).** Eine Riemenscheibe mit d = 420 mm Durchmesser hat eine Drehzahl $n = 540\ \text{min}^{-1}$.

   Die Umfangsgeschwindigkeit in m/s ist zu berechnen. Dazu ist zuerst die Umrechnung von mm in m und die Umrechnung von 1/min in 1/s notwendig.

3. **Beschleunigte Bewegung ($a = \frac{v}{t}$).** Ein Werkzeugschlitten soll mit einer Verzögerung $a = 2\ \text{m/s}^2$ aus einer Vorschubgeschwindigkeit v_f = 16 m/min zum Stillstand abgebremst werden.

   a) Die Vorschubgeschwindigkeit ist in m/s zu berechnen.

   b) Wie lange dauert der Vorgang?

4. **Kolbenkraft ($F = p_e \cdot A$).** Bei der Berechnung der wirksamen Kolbenkraft eines Hydrozylinders ist der Druck p_e = 80 bar in N/cm^2 umzurechnen (1 bar = 10 N/cm^2).

   Die Kolbenkraft F ist in kN zu berechnen bei einer Fläche $A = 66{,}75\ \text{cm}^2$.

5. **Schnittleistung ($P_c = F_c \cdot v_c$).** Wie groß ist für die Schnittkraft F_c = 6365 N und die Schnittgeschwindigkeit v_c = 110 m/min die Schnittleistung P_c in kW?

4.4.7 Umstellen von Formeln

Steht die zu berechnende Größe in einer Formel nicht allein auf einer Seite, so muss die Formel umgestellt werden. Hier gelten die gleichen Regeln wie beim Lösen von Gleichungen. Damit der Aussagewert zwischen der linken und der rechten Formelseite **(Bild 1)** erhalten bleibt, gilt für alle Schritte einer Umstellung:

Veränderung auf der linken Formelseite = **Veränderung auf der rechten Formelseite**

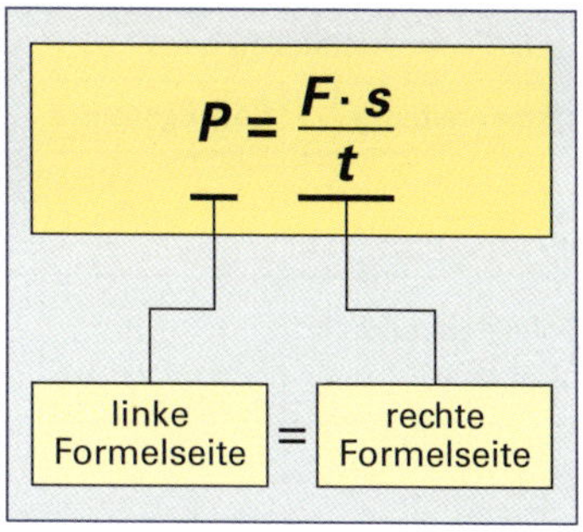

Bild 1: Formel

Bei der Umstellung kann jeder Schritt rechts von der Formel angegeben werden, z. B.

$| \cdot b$ → beide Formelseiten werden mit dem Faktor b multipliziert.

$| : A$ → beide Formelseiten werden durch A dividiert.

Die Umstellung wichtiger Formelarten zeigen folgende Beispiele.

Umstellung wichtiger Formelarten

Formeln mit Summen: $L = l_1 + l_2$
z. B.: Formel umstellen nach l_1

Beschreibung	Lösungsschritt
l_2 subtrahieren	$L = l_1 + l_2 \quad | - l_2$
auf beiden Seiten subtrahieren	$L - l_2 = l_1 + l_2 - l_2$ $L - l_2 = l_1$
Seiten vertauschen	$\mathbf{l_1 = L - l_2}$

Formeln mit Produkten: $A = l \cdot b$
z. B.: Formel umstellen nach b

Beschreibung	Lösungsschritt
dividieren durch l	$A = l \cdot b \quad | : l$
auf beiden Seiten dividieren und kürzen	$\frac{A}{l} = \frac{l \cdot b}{l}$
Seiten vertauschen	$\mathbf{b = \frac{A}{l}}$

Formeln mit Brüchen: $V = \frac{A \cdot h}{3}$
z. B.: Formel umstellen nach h

Beschreibung	Lösungsschritt
multiplizieren mit 3	$V = \frac{A \cdot h}{3} \quad | \cdot 3$
auf beiden Seiten mit 3 multiplizieren und kürzen dividieren durch A	$V \cdot 3 = \frac{A \cdot h \cdot \cancel{3}}{\cancel{3}} \quad | : A$
beide Seiten durch A dividieren und kürzen	$\frac{3 \cdot V}{A} = \frac{\cancel{A} \cdot h}{\cancel{A}}$
Seiten vertauschen	$\mathbf{h = \frac{3 \cdot V}{A}}$

Formeln mit Brüchen: $d_m = \frac{d_1 + d_2}{2}$
z. B.: Formel umstellen nach d_1

Beschreibung	Lösungsschritt
multiplizieren mit 2	$d_m = \frac{d_1 + d_2}{2} \quad | \cdot 2$
auf beiden Seiten mit 2 multiplizieren und kürzen d_2 subtrahieren	$2 \cdot d_m = \frac{(d_1 + d_2)}{\cancel{2}} \cdot \cancel{2} \quad | - d_2$
auf beiden Seiten d_2 subtrahieren	$2 \cdot d_m - d_2 = d_1 + d_2 - d_2$
Seiten vertauschen	$\mathbf{d_1 = 2 \cdot d_m - d_2}$

Formeln mit Brüchen: $n = \frac{l}{l_1 + s}$
z. B.: Formel umstellen nach s

Beschreibung	Lösungsschritt
multiplizieren mit $(l_1 + s)$	$n = \frac{l}{l_1 + s} \quad | \cdot (l_1 + s)$
beide Seiten mit $(l_1 + s)$ multiplizieren und kürzen	$n \cdot (l_1 + s) = \frac{l \cdot \cancel{(l_1 + s)}}{\cancel{(l_1 + s)}}$
Klammer auflösen $n \cdot l_1$ subtrahieren	$n \cdot l_1 + n \cdot s = l \quad | - n \cdot l_1$
dividieren durch n	$n \cdot s = l - n \cdot l_1 \quad | : n$
Ausdruck vereinfachen	$\mathbf{s = \frac{l - n \cdot l_1}{n}}$

Formeln mit Brüchen: $a = \frac{m \cdot (z_1 + z_2)}{2}$
z. B.: Formel umstellen nach z_1

Beschreibung	Lösungsschritt
multiplizieren mit 2	$a = \frac{m \cdot (z_1 + z_2)}{2} \quad | \cdot 2$
beide Seiten mit 2 multiplizieren und kürzen	$2 \cdot a = \frac{m \cdot (z_1 + z_2) \cdot \cancel{2}}{\cancel{2}}$
Klammer auflösen $m \cdot z_2$ subtrahieren	$2 \cdot a = m \cdot z_1 + m \cdot z_2 \quad | - m \cdot z_2$
dividieren durch m	$2 \cdot a - m \cdot z_2 = m \cdot z_1 \quad | : m$
Seiten vertauschen	$\mathbf{z_1 = \frac{2 \cdot a - m \cdot z_2}{m}}$

Umstellung wichtiger Formelarten (Fortsetzung)

Formeln mit Winkelfunktionen: z. B. Formel umstellen nach I $P = U \cdot I \cdot \cos\varphi$		**Formeln mit Winkelfunktionen: z. B. Formel umstellen nach sin α** $\frac{a}{\sin\alpha} = \frac{c}{\sin\gamma}$	
Beschreibung	**Lösungsschritt**	**Beschreibung**	**Lösungsschritt**
dividieren durch U	$P = U \cdot I \cdot \cos\varphi \mid : U$	multiplizieren mit sin α und kürzen	$\frac{a}{\sin\alpha} = \frac{c}{\sin\gamma} \quad \mid \cdot \sin\alpha$
dividieren durch cos φ	$\frac{P}{U} = I \cdot \cos\varphi \quad \mid : \cos\varphi$	multiplizieren mit sin γ und kürzen	$\frac{a \cdot \cancel{\sin\alpha}}{\cancel{\sin\alpha}} = \frac{c \cdot \sin\alpha}{\sin\gamma} \quad \mid \cdot \sin\gamma$
Seiten vertauschen	$\frac{P}{U \cdot \cos\varphi} = I$	dividieren durch c Seiten vertauschen	$a \cdot \sin\gamma = \frac{c \cdot \sin\alpha \cdot \cancel{\sin\gamma}}{\cancel{\sin\gamma}}$ $a \cdot \sin\gamma = c \cdot \sin\alpha \quad \mid : c$
	$\mathbf{I = \frac{P}{U \cdot \cos\varphi}}$		$\mathbf{\sin\alpha = \frac{a \cdot \sin\gamma}{c}}$

Formeln mit Potenzen: z. B. Formel umstellen nach U $P = \frac{U^2}{R}$		**Formeln mit Wurzeln: z. B. Formel umstellen nach a** $c = \sqrt{a^2 + b^2}$	
Beschreibung	**Lösungsschritt**	**Beschreibung**	**Lösungsschritt**
multiplizieren mit R und kürzen	$P = \frac{U^2}{R} \quad \mid \cdot R$	quadrieren	$c = \sqrt{a^2 + b^2} \quad \mid ^2$
radizieren Seiten vertauschen	$P \cdot R = \frac{U^2 \cdot \cancel{R}}{\cancel{R}} = U^2 \quad \mid \sqrt{\ }$	b^2 subtrahieren radizieren	$c^2 = \left(\sqrt{a^2 - b^2}\right)^2 = a^2 + b^2 \quad \mid -b^2$ $c^2 - b^2 = a^2 + b^2 - b^2 = a^2$ $c^2 - b^2 = a^2 \quad \mid \sqrt{\ }$
	$\mathbf{\sqrt{U^2} = U = \sqrt{P \cdot R}}$	Seiten vertauschen	$\sqrt{c^2 - b^2} = \sqrt{a^2}$ $\mathbf{\sqrt{a^2} = a = \sqrt{c^2 - b^2}}$

Formeln in denen die gesuchte Größe mehrfach vorkommt: z. B. Formel umstellen nach R_2 $R = \frac{R_1 \cdot R_2}{R_1 + R_2}$		**Formeln mit Summe und Produkt: z. B. Formel umstellen nach l_2** $F_B = \frac{F_1 \cdot l_1 + F_2 \cdot l_2}{l}$	
Beschreibung	**Lösungsschritt**	**Beschreibung**	**Lösungsschritt**
multiplizieren mit $(R_1 + R_2)$ und kürzen	$R \cdot (R_1 + R_2) = \frac{R_1 \cdot R_2 \cdot \left(\cancel{R_1 + R_2}\right)}{\cancel{R_1 + R_2}}$ $R \cdot (R_1 + R_2) = R_1 \cdot R_2$	multiplizieren mit l und kürzen	$F_B = \frac{F_1 \cdot l_1 + F_2 \cdot l_2}{l} \quad \mid \cdot l$ $F_B \cdot l = \frac{(F_1 \cdot l_1 + F_2 \cdot l_2) \cdot \cancel{l}}{\cancel{l}} \quad \mid - F_1 \cdot l_1$
Klammer berechnen	$R \cdot R_1 + R \cdot R_2 = R_1 \cdot R_2$	$F_1 \cdot l_1$ subtrahieren	$F_B \cdot l - F_1 \cdot l_1 = F_1 \cdot l_1 + F_2 \cdot l_2 - F_1 \cdot l_1 \mid : F_2$
$R \cdot R_2$ subtrahieren	$R \cdot R_2 + R \cdot R_1 - R \cdot R_2 = R_1 \cdot R_2 - R \cdot R_2$	F_2 dividieren und kürzen	$\frac{F_B \cdot l - F_1 \cdot l_1}{F_2} = \frac{\cancel{F_2} \cdot l_2}{\cancel{F_2}}$
R_2 ausklammern durch $(R_1 - R)$ dividieren	$R \cdot R_1 = R_2 \cdot (R_1 - R)$ $\frac{R \cdot R_1}{R_1 - R} = R_2$	Seiten vertauschen	$\mathbf{l_2 = \frac{F_B \cdot l - F_1 \cdot l_1}{F_2}}$
Seiten vertauschen	$\mathbf{R_2 = \frac{R \cdot R_1}{R_1 - R}}$		

Aufgaben | Umstellen von Formeln

1. **Kreisumfang.** Für den Kreisumfang U = 125 mm ist der Durchmesser d zu ermitteln **($U = \pi \cdot d$).**

2. **Kreisfläche (Bild 1).** Für die Kreisfläche A = 56,74 cm² ist der Durchmesser d zu berechnen $\left(A = \frac{\pi \cdot d^2}{4}\right)$.

3. **Lehrsatz des Pythagoras.** In einem rechtwinkligen Dreieck ist die Kathete a = 85 mm, die Hypotenuse c = 160 mm. Wie groß ist die Kathete b **($c^2 = a^2 + b^2$)**?

4. **Vorschubgeschwindigkeit (Bild 2).** Ein Walzenfräser mit z = 8 Zähnen wird mit einer Vorschubgeschwindigkeit v_f = 72 mm/min eingesetzt. Wie groß ist bei einer eingestellten Drehzahl n = 45 1/min der Vorschub f_z je Schneide **($v_f = n\ f_z \cdot z$)**?

5. **Zahnradübersetzung (Bild 3).** Von zwei Zahnrädern hat das treibende Rad z_1= 32 Zähne und eine Drehzahl n_1 = 440 min⁻¹. Wie groß ist die Drehzahl n_2, wenn das getriebene Rad z_2 = 80 Zähne hat **($n_1 \cdot z_1 = n_2 \cdot z_2$)**?

6. **Kraftübersetzung (Bild 4).** Welchen Durchmesser muss der Arbeitszylinder einer hydraulischen Presse erhalten, wenn der Druckzylinder mit d_1 = 20 mm mit einer Kraft F_1 = 150 N bewegt wird und am Arbeitszylinder eine Kraft F_2 = 4000 N verlangt wird **($F_1 : F_2 = d_1^2 : d_2^2$)**?

7. **Stromkreis (Bild 5).** In einem Leiter mit einem Widerstand R = 12 Ω fließt ein Strom mit I = 4,2 A. Wie groß ist die angelegte Spannung ***($I = U : R$)?***

8. **Formeln.** Die Formeln der **Tabelle 1** sind nach den einzelnen Formelzeichen umzustellen.

Tabelle 1: Formeln

Aufgabe	Formel	Aufgabe	Formel
a)	$F \cdot s = F_G \cdot h$	b)	$F_1 \cdot l_1 = F_2 \cdot l_2$
c)	$F_1 \cdot a = F_2 \cdot b$	d)	$\frac{n_t}{n_g} = \frac{z_g}{z_t}$
e)	$F_B = (F_1 + F_2) - F_A$	f)	$U = 2 \cdot (l + b)$
g)	$A_O = 2\,A + A_m$	h)	$Q = c \cdot m \cdot (t_2 - t_1)$
i)	$a = \frac{m \cdot (z_1 + z_2)}{2}$	k)	$C = \frac{D - d}{L}$
l)	$d_a = m \cdot (z + 2)$	m)	$d = \sqrt{D^2 - l^2}$
n)	$Q = q \cdot s \cdot n$	o)	$P = U \cdot I \cdot \cos\varphi$
p)	$R = \frac{R_1 \cdot R_2}{R_1 + R_2}$	q)	$F_B = \frac{(F_1 \cdot l_1 + F_2 \cdot l_2)}{l}$

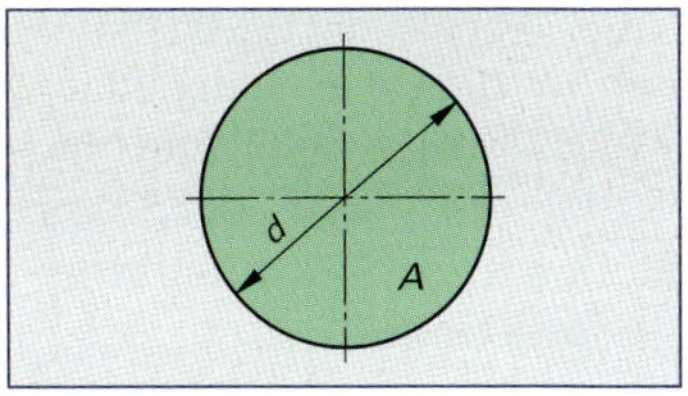

Bild 1: Kreisfläche

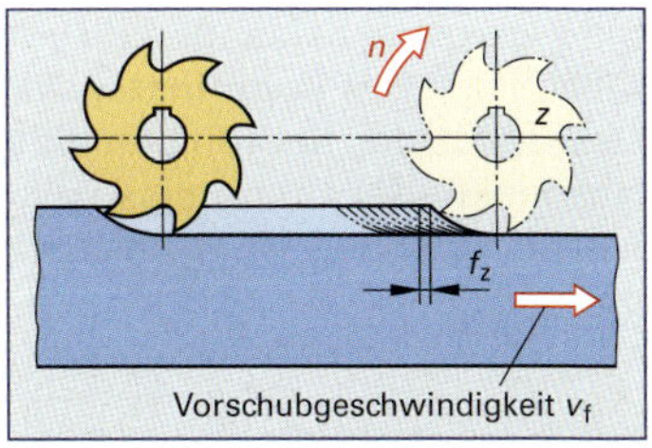

Bild 2: Vorschubgeschwindigkeit

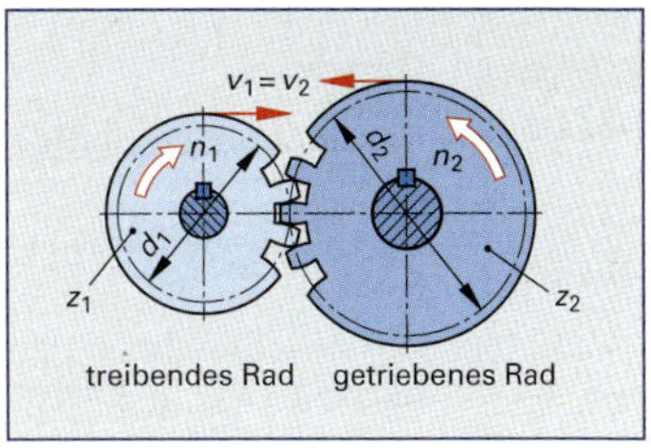

Bild 3: Zahnradübersetzung

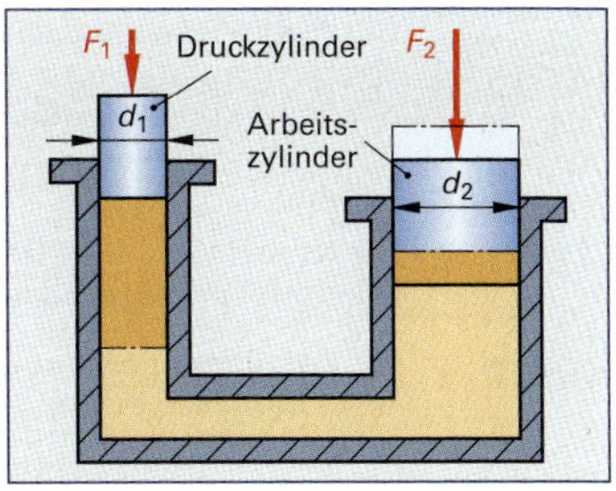

Bild 4: Kraftübersetzung

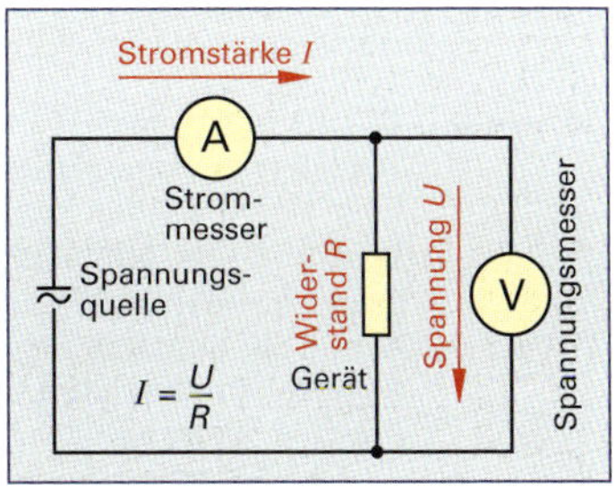

Bild 5: Stromkreis

4.5 Grafische Darstellungen von Funktionen und Messreihen

In der Technik, der Wirtschaft und in der Mathematik kommen Größen vor, die voneinander abhängig sind. Für dieses Abhängigkeitsverhältnis verwendet man den Begriff der **Funktion**.

Das Koordinatensystem zur Darstellung von Funktionen

Zwei sich senkrecht schneidende Geraden bilden ein **Achsenkreuz.** Die Achsen werden mit einer geeigneten Teilung (Maßstab) versehen. Die waagrechte Zahlengerade heißt **x-Achse** oder **Abszisse,** die senkrechte Zahlengerade **y-Achse** oder **Ordinate.** Beide zusammen bilden das **Koordinatensystem (Bild 1).** Der Schnittpunkt der Achsen ist der Koordinatenanfang, man bezeichnet ihn auch als Nullpunkt oder Ursprung. Die Lage eines Punktes im rechtwinkligen Koordinatensystem ist durch zwei Werte (Koordinaten) eindeutig bestimmt. Der x-Wert wird zuerst genannt, der y-Wert folgt durch einen Schrägstrich getrennt.

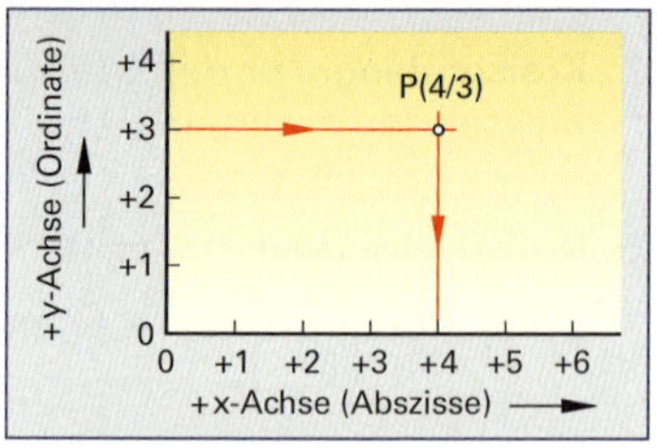

Bild 1: Koordinatensystem

1. Beispiel: P (4/3) Der Punkt P hat von der y-Achse einen Abstand $x = 4$ und von der x-Achse einen Abstand $y = 3$.

Lösung: **Bild 1**

2. Beispiel: **Gerade**

Bei einer Schraubenfeder ist der Federweg *s* von der dehnenden Federkraft *F* abhängig.

Durch Versuch wurde folgende Messreihe ermittelt **(Tabelle 1):**

Der Zusammenhang zwischen der Federkraft *F* und dem Federweg *s* soll in einem Schaubild dargestellt werden.

Tabelle 1: Messreihe

Bezeichnung der Punkte	Federkraft *F* in N	Federweg *s* in mm	Koordinaten der Punkte
P_1	1,0	33	(1/33)
P_2	2,0	66	(2/66)
P_3	3,0	99	(3/99)

Lösung: Die Messpunkte werden in das Schaubild **Bild 2** eingezeichnet. Ihre Verbindungslinie ergibt eine **Gerade.** *F* bildet die Abszisse, *s* die Ordinate.

Durch das Schaubild wird die Abhängigkeit (Proportionalität) des Federweges *s* von der Federkraft *F* deutlich.

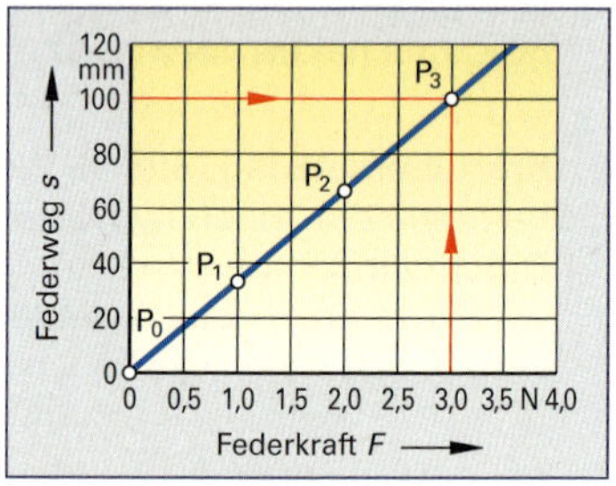

Bild 2: Federkennlinie

3. Beispiel: **Parabel**

Die Kreisfläche *A* ist in Abhängigkeit vom Durchmesser *d* grafisch darzustellen.

Tabelle 2: Kreisfläche *A* in Abhängigkeit vom Durchmesser *d*

Punkte	P_1	P_2	P_3	P_4	P_5	P_6	P_7
d in mm	0	1	2	3	4	5	6
A in mm²	0	0,8	3,1	7,1	12,6	19,6	28,3

Lösung: Für verschiedene Werte für den Durchmesser *d* berechnet man die zughörige Kreisfläche $A = \frac{\pi}{4} \cdot d^2$ **(Tabelle 2).**

Setzt man z. B. für *d* den Wert 1 mm ein, so erhält man:

$$A = \frac{\pi \cdot 1^2 \text{ mm}^2}{4} = 0{,}785 \text{ mm}^2 \approx 0{,}8 \text{ mm}^2$$

Dem Durchmesser $d = 1$ mm ist die Fläche $A = 0{,}8$ mm² zugeordnet. Durch das Wertepaar (1/0,8) ist der Punkt P_2 im Koordinatensystem festgelegt **(Bild 3).**

A und *d* bilden bei diesem Beispiel die beiden Koordinatenachsen. Wenn man die eingezeichneten Punkte verbindet, erhält man als Schaubild der Funktion

$A = \frac{\pi}{4} \cdot d^2$ eine **Parabel.**

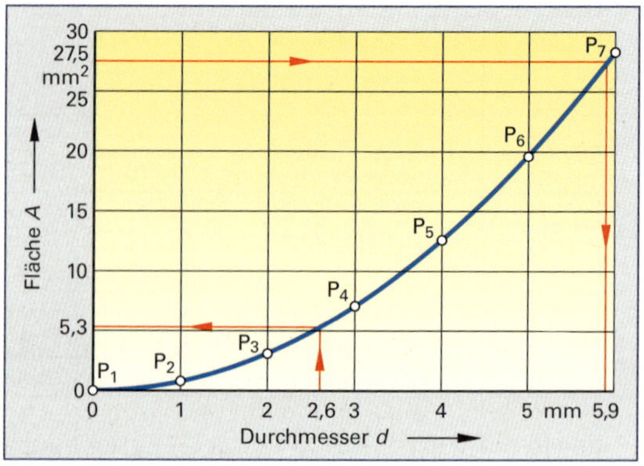

Bild 3: Parabel

4. Beispiel: Für den Durchmesser $d = 2{,}6$ mm ist der Wert für die Kreisfläche *A* aus dem **Bild 3, Seite 272,** abzulesen.

Lösung: Man zieht im Abstand $d = 2{,}6$ mm eine Parallele zur Ordinate. Durch den so gefundenen Schnittpunkt mit der Parabel zieht man eine Parallele zur Abszisse und liest auf der y-Achse den zugehörigen Wert $\mathbf{A = 5{,}3\ mm^2}$ ab.

5. Beispiel: Für die Kreisfläche $A = 27{,}5\ \text{mm}^2$ ist der zugehörige Durchmesser *d* aus dem **Bild 3, Seite 272,** zu bestimmen.

Lösung: Man sucht den Punkt $A = 27{,}5\ \text{mm}^2$ auf der y-Achse und legt durch ihn eine Parallele zur x-Achse. Durch den Schnittpunkt mit der Parabel zieht man eine Parallele zur y-Achse und erhält auf der x-Achse den zugehörigen Wert $\mathbf{d = 5{,}9\ mm}$.

6. Beispiel: Hyperbel

4 Facharbeiter erledigen einen Auftrag in 300 Stunden. Beim Einsatz von mehr Facharbeitern verringert sich die Zeit. In einem Schaubild ist die Auftragszeit in Abhängigkeit von der Zahl der Facharbeiter darzustellen.

Lösung: Die einzelnen Zeiten werden nach folgendem Ansatz errechnet:

1 Facharbeiter braucht $300\ \text{h} \cdot 4 = 1200\ \text{h}$

6 Facharbeiter brauchen $\dfrac{300\ \text{h} \cdot 4}{6} = 200\ \text{h}$

Wenn man die errechneten Wertepaare in das Koordinatensystem einzeichnet und miteinander verbindet, erhält man eine Hyperbel **(Bild 1).**

Hyperbeltafeln finden wenig Anwendung, weil ihre Aufstellung zeitraubend und umständlich ist. Durch die Verwendung logarithmisch geteilter Achsen wird die Hyperbel zu einer Linie gestreckt **(Bild 2).**

Tabelle 1: Auftragszeit in h

Anzahl der Facharbeiter	1	2	3	4	5	6	7	8	9	10
Auftragszeit	1200	600	400	300	240	200	171	150	133,3	120

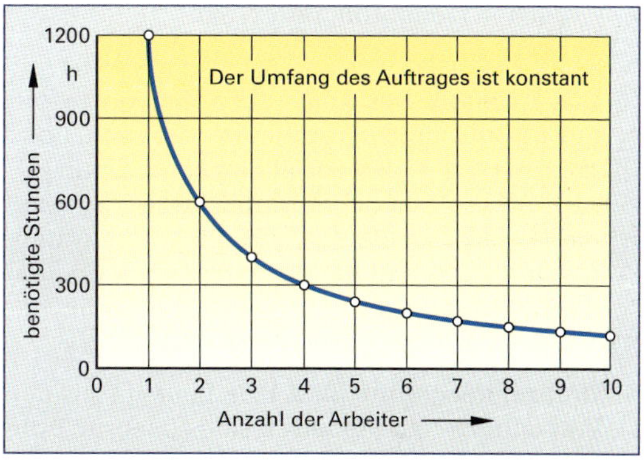

Bild 1: Hyperbel

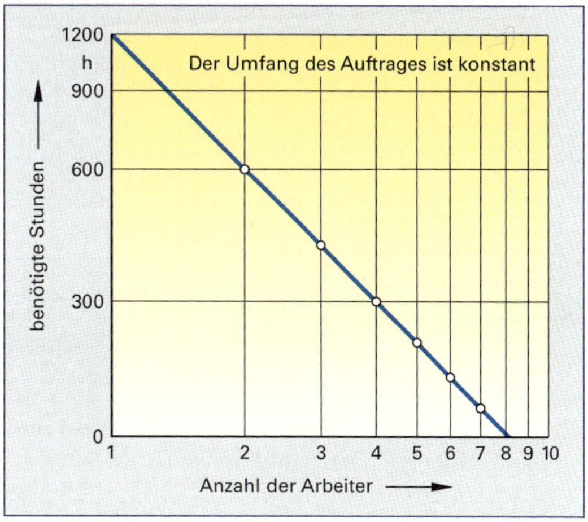

Bild 2: Logarithmisch geteilte Achsen

Aufgaben | Grafische Darstellungen von Funktionen und Messreihen

1. **Ingenieure im Maschinenbau.** Die Anzahl der Ingenieure im Maschinenbau in der Bundesrepublik Deutschland stieg im Jahr 1989 von 89600 bis ins Jahr 2007 auf 148200 **(Tabelle 2).** Stellen Sie die Zunahme der Maschinenbauingenieure in einem Flächenstreifen-Schaubild dar. Wählen Sie dafür einen geeigneten Maßstab.

Tabelle 2: Zunahme der Ingenieure im Maschinenbau

Ingenieure im Maschinenbau in Tausend	89,6	94,1	102,4	114,1	130,9	139,8	148,2
Kalenderjahr	1989	1992	1995	1998	2001	2004	2007

4

2. Messreihe einer Stichprobe. Aus einer Tagesproduktion von 400 Blechen wurden 8 Stichproben mit je 5 Blechen entnommen und die Messwerte für das Maß 1,00 ± 0,02 mm in einer Urliste **(Tabelle 1)** zusammengefasst.

a) Ermitteln Sie die Häufigkeit der Abweichungen durch eine Strichliste.

b) Stellen Sie die Abweichungen der Häufigkeit nach in einem Diagramm dar.

Tabelle 1: Urliste

Prüfmerkmal: Blechdicke 1,00 ± 0,02

Stichproben: 8

	1	2	3	4	5	6	7	8
x_1	0,97	1,01	0,98	1,03	1,00	1,03	1,03	1,03
x_2	0,98	0,98	0,99	0,99	1,01	1,01	1,02	1,02
x_3	0,99	0,99	1,01	1,02	0,99	1,02	1,02	1,00
x_4	1,00	1,02	1,00	1,00	1,02	1,00	1,00	1,02
x_5	1,00	1,00	1,01	1,01	1,01	1,01	1,01	1,01

3. CO_2-Ausstoß. Der Anteil der Fahrzeugklassen am CO_2-Ausstoß ist in einem Kreisschaubild darzustellen. Dabei entfallen auf die Oberklasse 2,7 %, auf die obere Mittelklasse 9,2 %, auf die Mittelklasse 23,3 %, auf die untere Mittelklasse 33,5 %, auf Kleinwagen 25,0 % und auf Kleinstwagen 6,3 %.

4. Drehzahldiagramm (Bild 1). In Bauteile aus den Werkstoffen nach **Tabelle 2** sind Löcher zu bohren. Mithilfe des Drehzahldiagramms sind die einzustellenden Drehzahlen zu bestimmen.

Tabelle 2: Drehzahlbestimmung

Werkstoff	Durchmesser d	Schnittgeschwindigkeit v_c
Baustahl	15 mm	35 $\frac{m}{min}$
CuZn	20 mm	60 $\frac{m}{min}$
Gusseisen	60 mm	25 $\frac{m}{min}$
Thermoplaste	20 mm	32 $\frac{m}{min}$

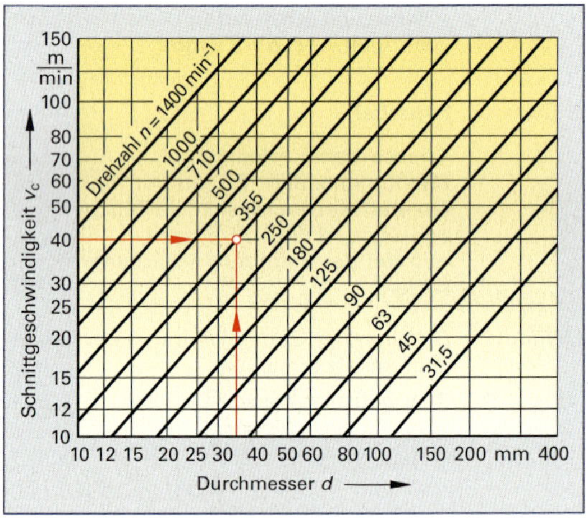

Bild 1: Drehzahldiagramm

5. Kreisumfang. Der Kreisumfang $U = \pi \cdot d$ ist grafisch für den Durchmesserbereich $d = 0$ mm bis $d = 50$ mm darzustellen.

6. Drehzahl (Bild 2). An einer Werkzeugmaschine ist das Schaubild angebracht. Für die Werkstoffe a) bis c) ist die Drehzahl n abzulesen.

a) Baustahl bei $v_c = 30\ \frac{m}{min}$, $d = 100$ mm

b) Kupfer bei $v_c = 60\ \frac{m}{min}$, $d = 25$ mm

c) Aluminium bei $v_c = 120\ \frac{m}{min}$, $d = 100$ mm

7. Schweißmaschine. Eine Schweißmaschine arbeitet mit einer Vorschubgeschwindigkeit von 300 mm/min. Die erzielte Schweißnahtlänge ist in Abhängigkeit von der Zeit grafisch darzustellen.

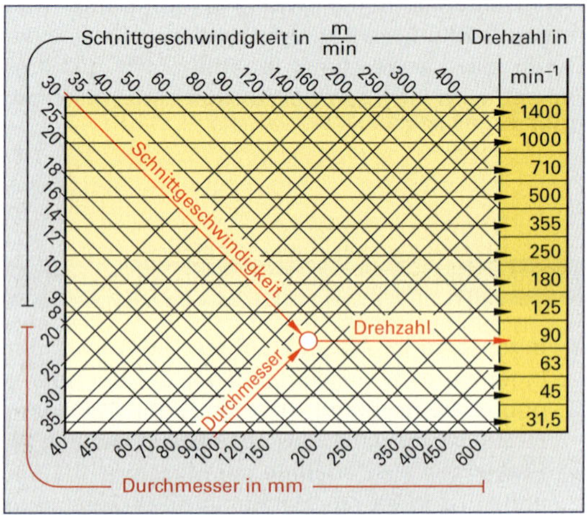

Bild 2: Schaubild (Werkzeugmaschinendiagramm)

4.6 Taschenrechner

4.6.1 Aufbau und Tastenfeld eines Taschenrechners

Taschenrechner haben neben einem Anzeigenfeld Zifferntasten, Rechentasten, Funktions- und Speichertasten **(Bild 1)**.

Anzeige

Die eingegebenen Zahlen und die Rechenergebnisse können an der Anzeige abgelesen werden.

Zifferntasten

Die Anordnung der Zifferntasten ist international genormt und deshalb auf fast allen Rechnern gleich. Neben den Tasten für die Ziffern [0] bis [9] ist in diesem Feld die Kommataste [·] untergebracht.

Rechentasten

Für die Rechentasten gelten folgende Symbole:

- [+] Additionstaste
- [–] Subtraktionstaste
- [×] Multiplikationstaste
- [÷] Divisionstaste
- [=] Ergebnistaste
- [C] Löschtaste

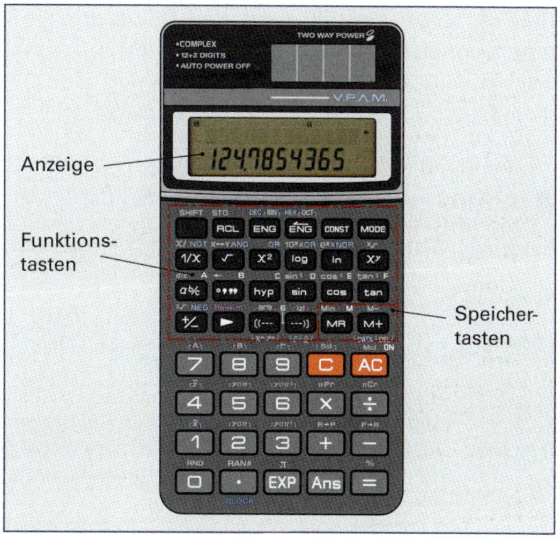

Bild 1

Funktions- und Speichertasten.

- [1/x] Kehrwert
- [√X] Quadratwurzel
- [%] Prozent
- [INV] Inversion oder Umkehrfunktion
- [cos] Cosinus
- [x²] Quadrat
- [+/–] Vorzeichenwechsel
- [π] Konstante π (Pi)
- [sin] Sinus
- [tan] Tangens
- [<] [>] Klammern
- [EXP] Zehnerpotenz
- [C] Löschtaste bei Eingabefehlern
- [AC] Gesamtlöschtaste
- [MIN] Eingabe in den Speicher
- [M+] Addition zum Speicherinhalt
- [M–] Subtraktion vom Speicherinhalt
- [MR] Rückruf des Speicherinhalts

4.6.2 Eingabe von Zahlen

Die Ziffern der einzugebenden Zahl werden der Reihe nach so mit den Zifferntasten eingegeben, wie sie geschrieben werden. Es ist vorteilhaft, vor Beginn einer neuen Rechnung die Gesamtlöschtaste [AC] zu drücken, damit frühere Eingaben gelöscht werden.

Beispiel: Die Zahl 9742,45 soll in den Rechner eingegeben werden.

Lösung: Die Eingabe der Zahl wird im **Bild 2** dargestellt.

Der Taschenrechner bietet in der Regel eine höhere Stellenzahl an, als für technische Aufgaben notwendig ist. Die Ergebnisse müssen dann sinnvoll gerundet werden.

Tastenbedienung (Eingabe ↓)	Anzeige
AC	0.
9	9.
7	97.
4	974.
2	9742.
•	9742.
4	9742.4
5	9742.45

Bild 2

4.6.3 Technische Berechnungen mit dem Taschenrechner

Elektronische Taschenrechner **(Bild 1)** sind wichtige Hilfsmittel bei der Berechnung von Zahlenwerten. Während des Rechenganges sind

- **die mathematischen Regeln** ebenso zu beachten wie
- **das Rechnen mit Einheiten.**

Bei Ergebnissen mit Dezimalbrüchen werden die Kommastellen auf eine technisch sinnvolle Zahl gerundet, zum Beispiel

124,7854365 N → gerundet auf 124,8 N
25,5568987 kW → gerundet auf 25,6 kW.

Bild 1: Taschenrechner

■ Addieren (+) und Subtrahieren (–)

Beispiel: **Distanzplatte (Bild 2).** Für die Teilflächen $A_1 = 750\ \text{mm}^2$, $A_2 = 88{,}36\ \text{mm}^2$ und $A_3 = 113{,}09\ \text{mm}^2$ ist die Gesamtfläche A der Distanzplatte zu ermitteln.

Lösung: $A = A_1 + A_2 - A_3 = 750\ \text{mm}^2 + 88{,}36\ \text{mm}^2 - 113{,}09\ \text{mm}^2$
$= (750 + 88{,}36 - 113{,}09)\ \text{mm}^2.$

Die Eingabe der Zahlen und der Rechenzeichen folgt der mathematischen Schreibweise. Jeder Rechengang beginnt mit der Taste AC und löscht alle Eingaben, auch die Speicherinhalte. Bei manchen Rechnern ist eine spezielle Taste MCl zur Löschung des Speichers vorgesehen.

Lösung mit dem Taschenrechner				
Schritt	1	2	3	4
Eingabe	AC	750	+	88,36
Anzeige	0	750	750	88,36
Schritt	5	6	7	
Eingabe	–	113,09	=	
Anzeige	838,36	113,09	725,27	

$\boldsymbol{A = 725{,}27\ \text{mm}^2}$

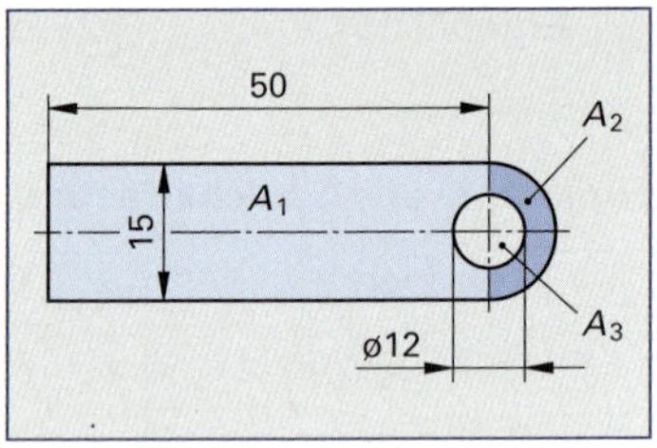

Bild 2: Distanzplatte

■ Multiplizieren (×) und Dividieren (:)

Beispiel: **Riemenfallhammer (Bild 3).** Der Riemenfallhammer erreicht eine Aufprallgeschwindigkeit von 6 m/s. Dabei wird die gesamte potenzielle Energie in kinetische Energie umgewandelt.

Wie groß ist seine kinetische Energie im Augenblick des Aufpralls, wenn seine Masse $m = 250$ kg beträgt?

Lösung:

$$W_k = \frac{m \cdot v^2}{2} = \frac{250\ \text{kg} \cdot \left(6\ \dfrac{\text{m}}{\text{s}}\right)^2}{2} = \frac{250\ \text{kg} \cdot 6^2 \cdot \dfrac{\text{m}^2}{\text{s}^2}}{2}$$

$$= \frac{250 \cdot 6^2 \cdot \text{kg} \cdot \dfrac{\text{m}^2}{\text{s}^2}}{2} = 4500\ \frac{\text{kg} \cdot \text{m}}{\text{s}^2} \cdot \text{m} = \mathbf{4500\ N \cdot m}$$

Lösung mit dem Taschenrechner						
Schritt	1	2	3	4	5	6
Eingabe	AC	250	×	6	x^2	÷
Anzeige	0	250	250	6	36	9000
Schritt	7	8				
Eingabe	2	=				
Anzeige	2	4500				

$\boldsymbol{W_k = 4500\ \text{N} \cdot \text{m}}$

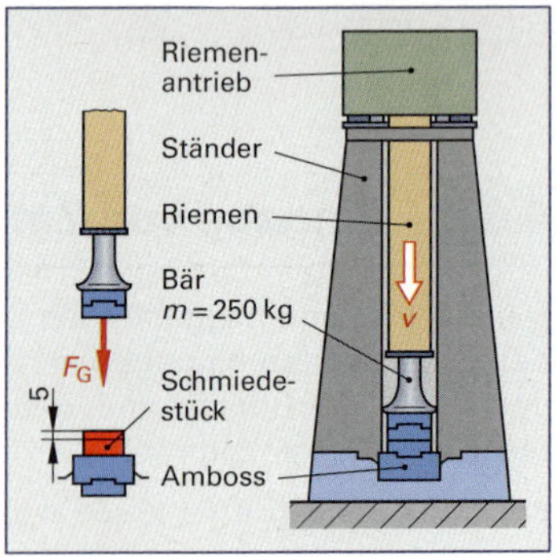

Bild 3: Riemenfallhammer

Anmerkung:

$$1 \cdot \text{N} = \frac{1 \cdot \text{kg} \cdot 1 \cdot \text{m}}{1 \cdot \text{s}^2}$$

Klammern ( )

1. Beispiel: **Trapez (Bild 1).** Ein Trapez hat folgende Abmessungen: l_1 = 200 mm; l_2 = 150 mm; und b = 120 mm. Gesucht ist der Flächeninhalt A in cm².

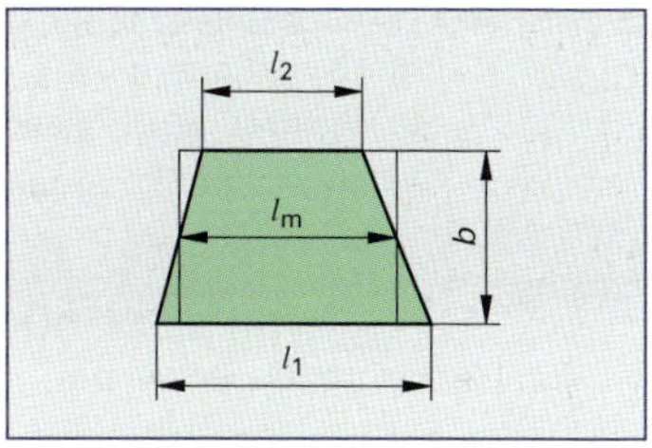

Bild 1: Trapez

Lösung:

$$A = \frac{l_1 + l_2}{2} \cdot b = \frac{(200\text{ mm} + 150\text{ mm})}{2} \cdot 120\text{ mm} = 21000\text{ mm}^2$$

$A = \mathbf{210\ cm^2}$

Fläche *A* des Trapezes – Lösung mit dem Taschenrechner											
Schritt	1	2	3	4	5	6	7	8	9	10	11
Eingabe	AC	(	200	+	150	)	:	2	×	120	=
Anzeige	0	0	200	200	150	350	350	2	175	120	21000

2. Beispiel: **Spannpratze (Bild 2).** Welches Volumen hat die Spannpratze?

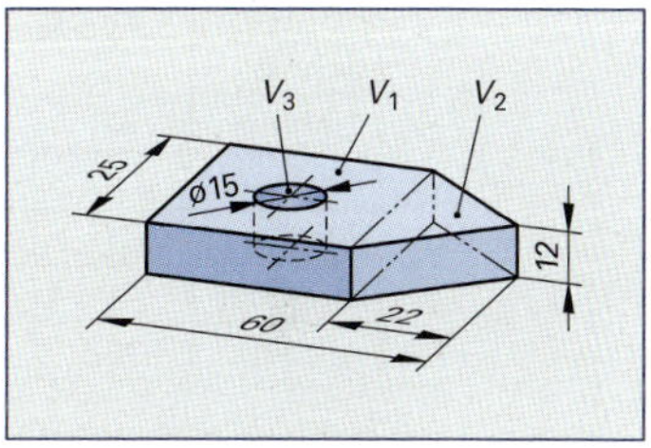

Bild 2: Spannpratze

Lösung:

$$V = V_1 + V_2 - V_3$$

$$= A_1 \cdot h + A_2 \cdot h - A_3 \cdot h = \left(A_1 + A_2 - A_3\right) \cdot h$$

$$= \left(38\text{ mm} \cdot 25\text{ mm} + \left(\frac{22\text{ mm} \cdot 25\text{ mm}}{2}\right) - \frac{\pi \cdot (15\text{ mm})^2}{4}\right) \cdot 12\text{ mm}$$

V = 12580,5 mm³ ≈ **12,6 cm³**

Volumen der Spannratze – Lösung mit dem Taschenrechner											
Schritt	1	2	3	4	5	6	7	8	9	10	11
Eingabe	AC	(	38	×	25	+	(	22	×	25	:
Anzeige	0	0	38	38	25	950	0	22	22	25	550
Schritt	12	13	14	15	16	17	18	19	20	21	22
Eingabe	2	)	–	(	π	×	15	x²	:	4	)
Anzeige	2	275	1225	0	3,1415	3,1415	15	225	706,85	4	176,7
Schritt	23	24	25	26							
Eingabe	)	×	12	=							
Anzeige	1048,37	1048,37	12	12580,5							

Winkelfunktionen sin, cos, tan

1. Beispiel: **Scheibe (Bild 3).** Wie groß ist der Winkel α der Scheibe?

Lösung:

$$\tan\alpha = \frac{\text{Gegenkathete}}{\text{Ankathete}} = \frac{\frac{130\text{ mm} - 75\text{ mm}}{2}}{25\text{ mm}} = 1{,}10$$

α = **47,72°**

Winkel α der Scheibe – Lösung mit dem Taschenrechner							
Schritt	1	2	3	4	5	6	7
Eingabe	AC	(	130	–	75	)	:
Anzeige	0	0	130	130	75	55	55
Schritt	8	9	10	11	12	13	14
Eingabe	2	:	25	=	SHIFT	tan	=
Anzeige	2	27,5	25	1,1	1,1	1,1	47,7263

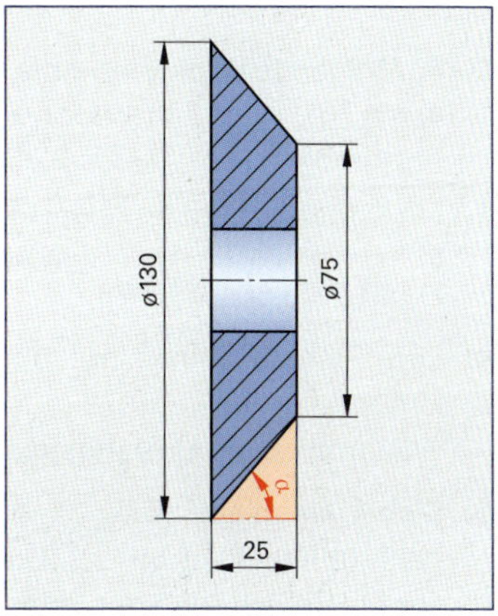

Bild 3: Scheibe

2. Beispiel: Die Spannseile eines Zeltdaches übertragen die Kräfte F_1 = 80 kN und F_2 = 100 kN.

a) Wie groß ist die Resultierende F_r?

b) In welcher Richtung wird die Verankerung belastet?

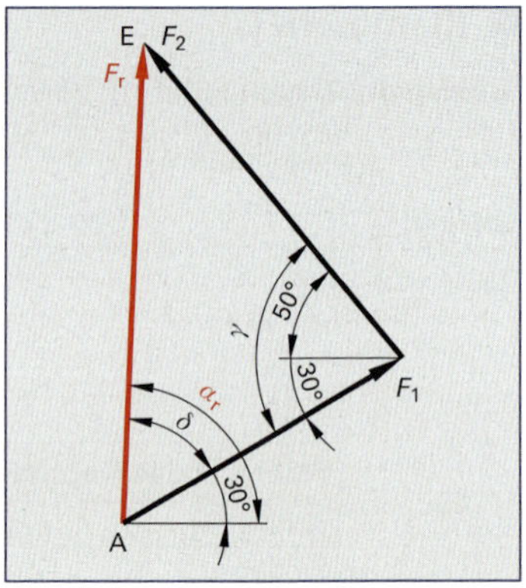

Bild 1: Krafteck-Skizze

Lösung: a) Das skizzierte Krafteck **Bild 1** hat die Form eines schiefwinkligen Dreieckes. Die Resultierende F_r wird über den Kosinussatz berechnet.

$$F_r^2 = F_1^2 + F_2^2 - 2 \cdot F_1 \cdot F_2 \cdot \cos\gamma$$

$$F_r^2 = (80\ \text{kN})^2 + (100\ \text{kN})^2 - 2 \cdot 80\ \text{kN} \cdot 100\ \text{kN} \cdot \cos 80°$$

$$F_r = \sqrt{(80\ \text{kN})^2 + (100\ \text{kN})^2 - 2 \cdot 80\ \text{kN} \cdot 100\ \text{kN} \cdot \cos 80°}$$

$$\mathbf{F_r = 116{,}71\ kN}$$

Resultierende F_r – Lösung mit dem Taschenrechner

Schritt	1	2	3	4	5	6	7	8	9	10
Eingabe	AC	80	x^2	+	100	x^2	–	2	×	80
Anzeige	0	80	6400	6400	100	10000	16400	2	2	80
Schritt	11	12	13	14	15	16	17	18		
Eingabe	×	100	×	cos	80	=	$\sqrt{\ }$	=		
Anzeige	160	16000	16000	0	80	13612,62	13612,62	116,71		

b) Die Resultierende F_r belastet die Verankerung unter dem Winkel α_r. $\alpha_r = 30° + \delta$ (Der Winkel δ wird über den Sinussatz ermittelt).

$$\frac{F_2}{\sin\delta} = \frac{F_r}{\sin\gamma}$$

$$\sin\delta = \frac{F_2 \cdot \sin\gamma}{F_r} = \frac{100\ \text{kN} \cdot \sin 80°}{116{,}712\ \text{kN}}$$

$$\delta = \mathbf{57{,}5°}$$

$$\alpha_r = 30° + 57{,}5° = \mathbf{87{,}5°}$$

Winkel δ – Lösung mit dem Taschenrechner

Schritt	1	2	3	4	5	6
Eingabe	AC	100	×	sin	80	:
Anzeige	0	100	100	0	80	98,48
Schritt	7	8	9	10	11	
Eingabe	116,71	=	SHIFT	sin	=	
Anzeige	116,71	0,8437	0,8437	0,8437	57,5	

Aufgaben – Technische Berechnungen mit dem Taschenrechner

1. Der Durchmesser eines Kreises ist aus der Fläche $A = 5{,}672\ \text{mm}^2$ zu berechnen. $\left(A = \frac{\pi \cdot d^2}{4}\right)$

2. Für folgende Winkel sind die Funktionswerte zu bestimmen:
a) sin 15° b) cos 32,42° c) tan 56,53°
d) sin 84,43° e) cos 77,2° f) tan 87,41°

3. Für folgende Funktionswerte sind die Winkel zu bestimmen:
a) $\sin\alpha = 0{,}4019$; α = ? b) $\cos\beta = 0{,}0464$; β = ?
c) $\tan\gamma = 3{,}5648$; γ = ?

4. Eine Riemenscheibe mit d = 420 mm Durchmesser hat eine Drehzahl $n = 540\ \text{min}^{-1}$.

Wie groß ist die Umfangsgeschwindigkeit in m/s? ($v = \pi \cdot d \cdot n$)

5. Sicherungsblech (Bild 2). Auf einem Stanzautomaten sollen Sicherungsbleche aus DC04 hergestellt werden.

Für die Berechnung der Schneidkraft ist zuerst die geschnittene Fläche zu bestimmen ($S = U \cdot t$).

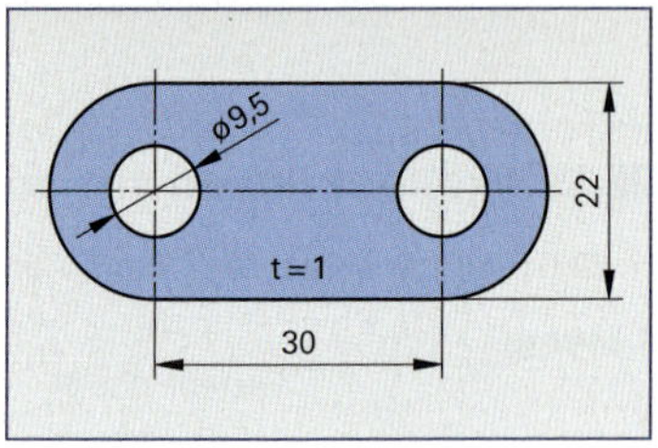

Bild 2: Sicherungsblech

A

Ablaufsteuerung 234
Abminderungsfaktor 188
Abschmelzleistung 154
Abwicklungen 135
Acetylenverbrauch 156
Achsabstand 139
Anschlagwinkel 76
Anschlussplan 32
Arbeit
–, elektrische 97
–, mechanische 82, 84
–, Spann- 86
Arbeitstabelle 219
Auflagerkräfte 80
Auftrittsbreite 129
Ausgangssignal 217

B

Beanspruchbarkeit 184
Beanspruchung auf
– Abscherung 196
– Lochleibung 197
– Zug 195
Beanspruchungen 179, 181, 182
Bemessungswerte 179
Bestimmung der lichten Weite mithilfe von Diagrammen 112
Betriebsabrechnung 222
Betriebsabrechnungsbogen 222
Bewegung
–, beschleunigte 67
–, geradlinige 63
–, kreisförmige 65
Bewegungslehre 63
Biegeachse 120
Biegemoment 208
Biegung 208
Binärsignale 217
Blechkonstruktionen 131
Bruchrechnen 259

C

Cosinus 44

D

Dezimalzahl 250
Dichte 60
Dividieren 253
Drahteinlagen 133
Drehmoment 77
Drehstrom 95
Druck
–, absoluter 99, 101
– ausbreitung 101
– festigkeit 201
–, Schwere- 99
–, Über- 99, 102
Duales Zahlensystem 250

E

Eigenlast 174
Eingangssignal 217
Einwirkungen auf Tragwerke 174
Elektrodenbedarf 151
Elektrotechnik 91
Ellipse 53
Energie
– durchlassgrad 172
–, elektrische 95
–, kinetische 82
–, potenzielle 82

F

Fallbeschleunigung 60
Falze 133
Fertigungslohnkosten 221
Festigkeitsklasse 196
Flächen
–, geradlinig begrenzte 50
–, kreisförmig begrenzte 53
– pressung 203
–, zusammengesetzte 55
Flachriementrieb 141
Flaschenzug 87
Formeln 264
Funktionen 217, 272
Funktionsgleichung 219

G

Gasverbrauch 156
– beim Schmieden 164
Gemeinkosten 222
– zuschlagssätze 223
Geradlinige Bewegung 63
Geschwindigkeit 63
Gestreckte Länge 38
Gewichtskraft 60, 80
Gewindesteigung 86
Gleitmodul 211
Goldene Regel der Mechanik 84
GRAFCET 32
Größen und Einheiten 265
Grundlagen, rechnerische 249
Grundrechnungsarten 252
–, angewandte 264

H

Hauptnutzungszeit beim Bohren, Senken, Reiben 148
Hebel 77
– gesetz 78
Heizwert, spezifischer 164
Herstellkosten 223
Hexadezimalsystem 251
Hydraulik 99
Hydraulische Presse 105
Hypotenuse 41, 44

I

Informationstechnik 217

K

Kanten 131
Kathete 41, 44
Kehlnaht 152
Keil 85
Knickfestigkeit 188
Knicklängenbeiwert 188
Kohle- und Gasverbrauch beim Schmieden 164
Kolben
– flächen 105, 107
– geschwindigkeit 107
– kraft 102, 105
Koordinaten 213
– maße 213
Körper
– berechnungen 57
–, Gewichtskraft 60
–, Masse 60
–, Oberfläche 57
–, Volumen 57
Kosten
– artenrechnung 221
– rechnung 221
– stellenrechnung 222
– trägerrechnung 223
Kraft 77, 82
– hub 85
– weg 82, 87
Kräfte
–, Darstellung 70
– parallelogramm 71
– übersetzung 105
– zerlegung 71
– zusammensetzung 70
Kreis
– abschnitt 53
– ausschnitt 53
– bogen 37
– fläche 53
– ring 53
– teilung 37
– umfang 37
Kugel 58
Kundenaufträge 7

L

Lagerkräfte 80
Längenänderung 162
– mit Diagrammen 162
Längenberechnung bei Metallbaukonstruktionen 119
Längen, gestreckte 38, 131
Lehrsatz des Pythagoras 41
Leistung
–, elektrische 95
–, mechanische 89
Leiterwiderstand 92
Lichte Weite 110, 112
Lochleibung 197
Logikplan 218
Luftdruck 99
Luftfeuchte 170
–, absolute 170
–, relative 170, 171
Luftverbrauch pneumatischer Zylinder 109

M

Mantelfläche 57
Maschinentechnik 139
Masse 60
Masseberechnungen
– mithilfe von Tabellen 61
– von Profilkonstruktionen 117

Maßstab ... 40
Materialeinzelkosten ... 221, 223
Materialkosten ... 223
Mathematische und physikalische Begriffe ... 249
Metallbaukonstruktionen ... 110
Mittlere Geschwindigkeit ... 69
Multiplizieren ... 253

N

Nachweis von
– Schraubenverbindungen ... 195
– Schweißverbindungen ... 191
Nahtplanung ... 152
NC-Technik ... 213
Nebenwinkel ... 262
Neigung ... 85
Neigungswinkel ... 76
Nutzlast ... 174

O

Oberfläche
– von Körpern ... 57
– von Profilkonstruktionen ... 116
Ohmsches Gesetz ... 91

P

Parallelschaltung von Widerständen ... 94
Pneumatik ... 99
Potenzieren ... 255
Prozentrechnung ... 261
Pythagoras ... 41

Q

Quetschgrenze ... 201

R

Radizieren ... 257
Reibungskräfte ... 74
Reihenschaltung von Widerständen ... 93
Relaissteuerung ... 32
Riementrieb ... 141
Rohmaße von Schmiede- und Pressstücken ... 127
Rollenflaschenzug ... 87

S

Sättigungsdruck ... 171
Sättigungsmenge ... 170
Schaltlogik ... 217
Scheitelwinkel ... 262
Scher
– festigkeit ... 204
– kraft ... 204
– spannung ... 204
Schiefe Ebene ... 84
Schlankheitsgrad ... 188
Schlussrechnung ... 260
Schmelzschweißen ... 151
Schneckentrieb ... 143
Schneelasten ... 174
Schneiden von Werkstoffen ... 206
Schnittgeschwindigkeit ... 65
Schraube ... 86, 195
Schweißen ... 151
Schweißnaht
– berechnung ... 151
– längen, rechnerische ... 194
Schweißposition ... 154
Schweißzeitberechnung ... 154, 158
Schwerpunktlinie ... 57
Seilkräfte ... 76
Selbstkosten ... 223
Sicherheitszahl ... 199
Sinus ... 44
Spannung, elektrische ... 91
Spreizwinkel ... 76
Statische Berechnungen ... 173
Steuerungstechnik ... 217
Streckenteilung ... 35
Streckgrenze ... 199
Strich- und Punktrechnung ... 252
Stromlaufplan ... 32
Strömungsgeschwindigkeit ... 108
Stufenwinkel ... 262

T

Tangens ... 44
Taschenrechner ... 275
Tauwasserbildung ... 170
Teilsicherheitsbeiwert ... 184
Teilungslängen
– bei Bauelementen zwischen Pfosten ... 111
– bei Gittern und Bauelementen ... 110
– gekrümmter Strecken .. 37, 114
– nach Landesbauordnung .. 111
Temperatur ... 160
Torsionsmoment ... 211
Torsionsspannung ... 211
Trägheitsradius ... 188
Tragsicherheitsnachweis ... 185
Transformator ... 98
Treppen
– berechnung ... 129
– lauflänge ... 129
– steigung ... 129

U

Überdruck ... 99
Übersetzung, einfache ... 141
Übersetzungsverhältnis ... 141
Umfangsgeschwindigkeit ... 65
Umstellen von Formeln ... 250
U-Wert ... 169, 172
–, mittlerer ... 172
–, mittlerer äquivalenter ... 172

V

Variable ... 252
Verbrennungswärme ... 164
Verdrehung ... 211
Verkettungsfaktor ... 95
Verschnitt ... 56
Vertiefung und Prüfungsvorbereitung ... 225
–, Absauganlage ... 232
–, Aluminiumfenster ... 228
–, Behälter ... 230
–, Freitragendes Schiebetor .. 226
–, Gartentor mit Stabfüllung ... 225
–, Stahltreppe ... 227
V-Naht ... 152
Volumen
– änderung ... 162
– strom ... 107
– von Körpern ... 57
Vorkalkulation ... 222
Vorschubgeschwindigkeit ... 146

W

Wärme
– dämmung ... 168
– durchgang an Bauelementen ... 168
– durchgangskoeffizient ... 169, 170
– durchgangswiderstand ... 168
– durchlasswiderstand ... 168
– menge ... 160
– schutzverordnung ... 172
– technik ... 160
– übergangswiderstand ... 168, 169, 170
Wartungsplan ... 32
Wasserdampfdiffusion ... 171
Wasserdampfdiffusionsäquivalente Luftschichtdicke ... 171
Wasserdampf-Diffusionswiderstandszahl ... 171
Wechselstrom ... 95
Werkstückkonturpunkte ... 213
Widerstand, elektrischer ... 91
Widerstandsmoment ... 208, 211
Windlast ... 175
Winkel ... 262
– berechnungen ... 262
– funktionen ... 44
– summe im Dreieck ... 215
Wirkungsgrad ... 89, 102
Wurzeln ... 257

Z

Zahlensysteme ... 250
Zahn
– radmaße ... 139
– stangentrieb ... 143
– trieb ... 141
Zug
– festigkeit ... 199
– spannung ... 199
Zugaben ... 133
Zuschlagskalkulation ... 223
Zuschnittlängen
– für Fenster ... 121
– für Türen ... 123
– gebogener Profile ... 120
– gerader Profile ... 119
– von Systemkonstruktionen ... 121